2025

공인 노무사

1차시험 | 필수 3법

핵심요약집

시대에듀

공인노무사
핵심요약집

머리말

사회가 고도화됨에 따라 노사관계 및 노동이슈가 증가하고 있고, 개별적 노사관계는 물론 집단적 노사관계에 이르기까지 분쟁의 해결이라는 측면에서 공인노무사의 역할은 더욱 증대되고 있다. 이에 따라 최근 고용노동부는 공인노무사의 인력수급을 적정화하기 위하여 2018년부터 공인노무사시험 합격인원을 기존보다 50명 더 늘리기로 하였다.

공인노무사시험은 격년제로 시행되었으나, 1998년부터는 매년 1회 치러지고 있으며, 2024년부터는 1차시험이 과목당 40문항으로 문제 수가 증가되었다. 1차시험은 5지 택일형 객관식, 2차시험은 논문형 주관식으로 진행되고, 1·2차시험 합격자에 한하여 전문지식과 응용 능력 등을 확인하기 위한 3차시험(면접)이 실시된다.

전 과목의 평균이 60점 이상이면 합격하는 1차시험 준비의 키워드는 '효율성'으로, 보다 어려운 2차시험 준비를 철저히 하기 위하여 단시간에 효율적으로 학습할 필요성이 있다. 2024년부터는 과목당 문제 수가 증가하여 문제의 난이도가 높아질 것으로 예상되므로, 이에 대해 적절히 대응할 수 있는 학습이 필요하다. 본 교재는 1차 시험의 필수 과목을 빠른 시간내 학습하고, 다회독이 가능하도록 도표식으로 구성하여 효율적으로 학습할 수 있도록 하였다.

Always with you

「2025 시대에듀 EBS 공인노무사 1차 필수 3법 핵심요약집」의 특징은 다음과 같다.

첫 번째 최신 개정법령과 최근 기출문제의 지문을 CHAPTER별로 도표식으로 구성하여, 학습의 효율성을 높이고자 하였다.

두 번째 CHAPTER별로 빈칸넣기를 구성하여 중요한 내용을 한번 더 학습할 수 있도록 하였다.

세 번째 최신 출제경향을 정확하게 반영하였으므로, 출제가능성이 높은 주제를 빠짐없이 학습할 수 있다.

본 교재가 공인노무사 시험을 준비하는 수험생 여러분에게 합격을 위한 좋은 안내서가 되기를 바라며, 여러분의 합격을 기원합니다.

편저자 올림

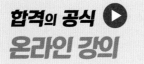
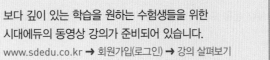

이 책의 구성과 특징

CHAPTER
01 총설

제1절 노동법의 개념

노동법의 기본원리와 이념	① 사적 자치의 원리가 아니라 인간다운 생활의 실현을 기본이념으로 하는 법 ② 과실책임의 원리를 수정하여 무과실책임의 원리 수용 ③ 집단적 자치의 원리 채택 ④ 공공이익 존중의 원리는 헌법상 명문 규정 없음
근로기준법의 목적	헌법에 따라 근로조건의 기준을 정함으로써 근로자의 기본적 생활을 보장, 향상시키며 균형 있는 국민경제의 발전을 꾀하는 것을 목적

제2절 노동법의 특수성

제3절 노동법의 경향

I 국제노동기구(ILO)

가 입		1991년에 국제노동기구(ILO)에 가입
기본협약	비준 ○	① 강제근로에 관한 협약(제29호) ② 결사의 자유 및 단결권의 보호에 관한 협약(제87호) ③ 단결권 및 단체교섭에 대한 원칙의 적용에 관한 협약(제98호) ④ 동일가치 노동에 대한 남녀근로자의 동일보수에 관한 협약(제100호) ⑤ 고용 및 직업상 차별대우에 관한 협약(제111호) ⑥ 취업최저연령에 관한 협약(제138호) ⑦ 산업안전보건과 작업환경에 관한 협약(제155호) ⑧ 가혹한 형태의 아동노동철폐에 관한 협약(제182호) ⑨ 산업안전보건 증진체계에 관한 협약(제187호)
	비준 ×	⑩ 강제근로의 폐지에 관한 협약(제105호)
기타 협약 (비준 ○)		① 최저임금결정제도 협약(제26호) ② 근로감독 협약(제81호) ③ 석면 사용 안전에 관한 협약(제162호)

II 기본협약의 비준

비준한 국제노동기구(ILO)의 협약은 국내법적 효력이 있음

▲ POINT

빈출되는 기출지문을 도표식으로 구성하여 빠르게 학습하고, 다회독을 할 수 있도록 구성하였다.

CHAPTER 01 KEYWORD 확인학습

☐ 헌법에 따라 체결·공포된 조약은 국내법과 같은 효력을 가지므로 노동법의 (❶   )이 된다.

☐ 노동조합규약은 일종의 자치적 법규범으로서 소속조합원에 대하여 (❷   )을 가진다.

☐ 고용노동부의 (❸   )은 고용노동부의 그 소속기관의 내부적 업무처리 지침에 불과하여 노동법의 법원이 아니다.

☐ 근로의 권리는 "일할 자리에 관한 권리"만이 아니라 (❹   )도 함께 내포하고 있는바, 후자는 자유권적 기본권의 성격도 갖고 있으므로 외국인근로자에게 근로의 권리에 관한 기본권주체성이 인정된다.

☐ 사용자와 개별근로자가 체결한 (❺   )은 노동법의 법원에 해당한다.

☐ 취업규칙에서 정한 기준에 미달하는 (❻   )을 정한 근로계약은 그 부분에 관하여는 무효로 하며 무효로 된 부분은 취업규칙에 정한 기준에 따른다.

☐ 취업규칙은 법령이나 해당 사업 또는 사업장에 대하여 적용되는 (❼   )과 어긋나서는 아니 된다.

☐ ILO 제100호 협약(동등보수에 관한 협약)은 (❽   )과 동일한 효력을 갖는다.

☐ 기업의 내부에 존재하는 특정 관행이 기업 사회에서 일반적으로 근로관계를 규율하는 (❾   )로서 명확히 승인된 경우 그 특정 관행은 근로계약의 내용을 이루고 있다고 인정되어 법원으로 인정된다.

☐ 헌법 제32조 제3항은 "근로조건의 기준은 인간의 존엄성을 보장하도록 법률로 정한다"고 규정하고 있는바, 인간의 존엄에 상응하는 근로조건의 기준이 무엇인지를 구체적으로 정하는 것은 일차적으로 입법자의 (❿   )에 속한다.

❶ 법원

❷ 법적 효력

❸ 행정해석

❹ 일할 환경에 관한 권리

❺ 근로계약

❻ 근로조건

❼ 단체협약

❽ 국내법

❾ 규범적인 사실

❿ 형성의 자유

▲ POINT

CHAPTER별로 키워드 빈칸넣기를 통해서, 앞의 기출지문의 중요한 부분을 한번 더 학습할 수 있도록 하였다.

자격시험 소개

◎ 공인노무사란?

⋯ 노동관계법령 및 인사노무관리 분야에 대한 전문적인 지식과 경험을 제공함으로써 사업 또는 사업장의 노동 관계업무의 원활한 운영을 도모하며, 노사관계를 자율적이고 합리적으로 개선시키는 전문인력을 말한다.

◎ 주요업무

❶ 공인노무사는 다음의 직무를 수행한다.

   (1) 노동관계법령에 따라 관계기관에 대하여 행하는 신고 · 신청 · 보고 · 진술 · 청구(이의신청 · 심사청구 및 심판청구를 포함한다) 및 권리구제 등의 대행 또는 대리

   (2) 노동관계법령에 따른 서류의 작성과 확인

   (3) 노동관계법령과 노무관리에 관한 상담 · 지도

   (4) 「근로기준법」을 적용받는 사업이나 사업장에 대한 노무관리진단

   (5) 「노동조합 및 노동관계조정법」에서 정한 사적(私的) 조정이나 중재

   (6) 사회보험관계법령에 따라 관계기관에 대하여 행하는 신고 · 신청 · 보고 · 진술 · 청구(이의신청 · 심사청구 및 심판청구를 포함한다) 및 권리구제 등의 대행 또는 대리

❷ "노무관리진단"이란 사업 또는 사업장의 노사당사자 한쪽 또는 양쪽의 의뢰를 받아 그 사업 또는 사업장의 인사 · 노무관리 · 노사관계 등에 관한 사항을 분석 · 진단하고, 그 결과에 대하여 합리적인 개선방안을 제시하는 일련의 행위를 말한다.

◎ 응시자격

❶ 공인노무사법 제4조 각 호의 결격사유에 해당하지 아니하는 사람

> 다음의 어느 하나에 해당하는 사람은 공인노무사가 될 수 없다.
> ① 미성년자
> ② 피성년후견인 또는 피한정후견인
> ③ 파산선고를 받은 사람으로서 복권(復權)되지 아니한 사람
> ④ 공무원으로서 징계처분에 따라 파면된 사람으로서 3년이 지나지 아니한 사람
> ⑤ 금고(禁錮) 이상의 실형을 선고받고 그 집행이 끝나거나(집행이 끝난 것으로 보는 경우를 포함한다) 집행이 면제된 날부터 3년이 지나지 아니한 사람
> ⑥ 금고 이상의 형의 집행유예를 선고받고 그 유예기간이 끝난 날부터 1년이 지나지 아니한 사람
> ⑦ 금고 이상의 형의 선고유예기간 중에 있는 사람
> ⑧ 징계에 따라 영구등록취소된 사람

❷ 2차시험은 당해 연도 1차시험 합격자 또는 전년도 1차시험 합격자
❸ 3차시험은 당해 연도 2차시험 합격자 또는 전년도 2차시험 합격자

◎ 시험일정

구 분	인터넷 원서접수	시험일자	시행지역	합격자 발표
2025년 제34회 1차	2025.3.21~4.4	2025.5.24	서울, 부산, 대구, 인천, 광주, 대전	2025.6.25
2025년 제34회 2차	2025.7.14~7.18	2025.8.30~8.31		2025.11.19
2025년 제34회 3차		2025.12.5	서 울	2025.12.17

※ 시험에 응시하려는 사람은 응시원서와 함께 영어능력검정시험 성적표를 제출하여야 한다.

◉ 시험시간

구 분	교 시	시험과목	문항수	시험시간	시험방법
1차시험	1	1. 노동법 Ⅰ 2. 노동법 Ⅱ	과목당 40문항 (총 200문항)	80분 (09:30~10:30)	객관식 (5지 택일형)
	2	3. 민 법 4. 사회보험법 5. 영어(영어능력검정시험 성적으로 대체) 6. 경제학원론 · 경영학개론 중 1과목		120분 (11:20~13:20)	
2차시험	1 2	1. 노동법	4문항	교시당 75분 (09:30~10:45) (11:15~12:30)	주관식 (논문형)
	3	2. 인사노무관리론	과목당 3문항	과목당 100분 (13:50~15:30) (09:30~11:10) (11:40~13:20)	
	4 5	3. 행정쟁송법 4. 경영조직론 · 노동경제학 · 민사소송법 중 1과목			
3차시험		1. 국가관 · 사명감 등 정신자세 2. 전문지식과 응용능력 3. 예의 · 품행 및 성실성 4. 의사발표의 정확성과 논리성		1인당 10분 내외	면 접

◉ 합격기준

구 분	합격자 결정
1차시험	영어과목을 제외한 나머지 과목에서 과목당 100점을 만점으로 하여 각 과목의 점수가 40점 이상이고, 전 과목 평균점수가 60점 이상인 사람
2차시험	• 과목당 만점의 40% 이상, 전 과목 총점의 60% 이상을 득점한 사람을 합격자로 결정 • 각 과목의 점수가 40% 이상이고, 전 과목 평균점수가 60% 이상을 득점한 사람의 수가 최소합격인원보다 적은 경우에는 최소합격인원의 범위에서 모든 과목의 점수가 40% 이상을 득점한 사람 중에서 전 과목 평균점수가 높은 순서로 합격자를 결정
3차시험	• 평정요소마다 "상"(3점), "중"(2점), "하"(1점)로 구분하고, 총 12점 만점으로 채점하여 각 시험위원이 채점한 평점의 평균이 "중"(8점) 이상인 사람 • 위원의 과반수가 어느 하나의 같은 평정요소를 "하"로 평정하였을 때에는 불합격

◉ 영어능력검정시험

시험명	토플(TOEFL)		토익 (TOEIC)	텝스 (TEPS)	지텔프 (G-TELP)	플렉스 (FLEX)	아이엘츠 (IELTS)
	PBT	IBT					
일반응시자	530	71	700	340	65(Level 2)	625	4.5
청각장애인	352	–	350	204	43(Level 2)	375	–

공인노무사 1차

필수 3법
핵심요약집

PART ①

노동법 Ⅰ

제1절	**노동법의 개념**

노동법의 기본원리와 이념	① 사적 자치의 원리가 아니라 인간다운 생활의 실현을 기본이념으로 하는 법 ② 과실책임의 원리를 수정하여 무과실책임의 원리 수용 ③ 집단적 자치의 원리 채택 ④ 공공이익 존중의 원리는 헌법상 명문 규정 없음
근로기준법의 목적	헌법에 따라 근로조건의 기준을 정함으로써 근로자의 기본적 생활을 보장, 향상시키며 균형 있는 국민경제의 발전을 꾀하는 것을 목적

제2절	**노동법의 특수성**

제3절	**노동법의 경향**

I 국제노동기구(ILO)

가 입		1991년에 국제노동기구(ILO)에 가입
기본협약	비준 ○	① 강제근로에 관한 협약(제29호) ② 결사의 자유 및 단결권의 보호에 관한 협약(제87호) ③ 단결권 및 단체교섭에 대한 원칙의 적용에 관한 협약(제98호) ④ 동일가치 노동에 대한 남녀근로자의 동일보수에 관한 협약(제100호) ⑤ 고용 및 직업상 차별대우에 관한 협약(제111호) ⑥ 취업최저연령에 관한 협약(제138호) ⑦ 산업안전보건과 작업환경에 관한 협약(제155호) ⑧ 가혹한 형태의 아동노동철폐에 관한 협약(제182호) ⑨ 산업안전보건 증진체계에 관한 협약(제187호)
	비준 ×	⑩ 강제근로의 폐지에 관한 협약(제105호)
기타 협약 (비준 ○)		① 최저임금결정제도 협약(제26호) ② 근로감독 협약(제81호) ③ 석면 사용 안전에 관한 협약(제162호)

II 기본협약의 비준

비준한 국제노동기구(ILO)의 협약은 국내법적 효력이 있음

제4절 노동법의 법원

Ⅰ 법원의 종류

법원성 ○	① 민 법 ② 헌법에 따라 체결·공포된 조약 ③ 기업의 특정 관행이 규범적인 사실로서 명확히 승인된 경우 　　예 노동관행이 규범적인 사실로서 명확히 승인되거나 당연한 것으로 받아들여져서, 사실상의 제도로서 　　　확립되어 있다고 할 수 있을 정도의 규범의식에 의하여 지지되고 있는 경우 ④ 단체협약 ⑤ 취업규칙 ⑥ 동등보수에 관한 협약(제100호) : 국내법과 동일한 효력 ○ ⑦ 노동조합 규약 : 자치적 법규범으로서 법적 효력 ○ ⑧ 근로계약
법원성 ×	① 사무처리지침에 불과한 고용노동부예규, 고용노동부의 행정해석 ② 고용노동부의 업무지침(대외적인 구속력 ×) ③ 강제근로의 폐지에 관한 협약(제105호) ④ 판례(대법원의 전합 판결 포함) ⑤ 법제처의 유권해석

Ⅱ 법원의 경합

① 단체협약에서 정한 근로기준에 위반하는 취업규칙 또는 근로계약 : 무효
② 근로계약에 규정되지 아니한 사항은 단체협약에 정한 기준에 의함
② 고용노동부장관은 근기법에 어긋나는 근로계약의 변경을 명할 수는 없으나 법령이나 단체협약에 어긋나는 취업규칙의 변경 명령 가능함
③ 집단적 동의를 받은 취업규칙이 불이익하게 변경된 경우에는 개별적 동의가 없는 한 유리한 근로계약의 내용이 우선 적용

Ⅲ 노동관계법에 대한 헌법재판소의 결정과 대법원의 판례

헌법재판소의 결정	• 인간의 존엄에 상응하는 근로조건의 기준 결정은 입법자의 형성의 자유에 속함 • 퇴직급여를 청구할 수 있는 권리는 근퇴법이 정하는 바에 따라 인정 • 일할 환경에 관한 권리에 대하여 외국인근로자에게 기본권주체성 인정 • 해고예고제도의 경우 상대적으로 넓은 입법 형성의 여지 있음 • 근로자공급사업의 주체를 제한하는 경우에는 직업 선택의 자유의 본질적 내용 침해 ×
대법원의 판례	• 해외연수 근로자가 퇴직할 당시 인사규정이 근로자에게 더 유리하게 개정되었다면 해외연수비용 상환의무를 면제받는 의무복무기간은 유리하게 개정된 인사규정이 적용됨 • 근기법 시행령으로 위임 없이 권리, 의무의 내용을 변경하거나 새로운 내용 규정할 수 없음

☐ 헌법에 따라 체결·공포된 조약은 국내법과 같은 효력을 가지므로 노동법의 (❶   )이 된다.

☐ 노동조합규약은 일종의 자치적 법규범으로서 소속조합원에 대하여 (❷   )을 가진다.

☐ 고용노동부의 (❸   )은 고용노동부의 그 소속기관의 내부적 업무처리 지침에 불과하여 노동법의 법원이 아니다.

☐ 근로의 권리는 "일할 자리에 관한 권리"만이 아니라 (❹   ) 도 함께 내포하고 있는바, 후자는 자유권적 기본권의 성격도 갖고 있으므로 외국인근로자에게 근로의 권리에 관한 기본권주체성이 인정된다.

☐ 사용자와 개별근로자가 체결한 (❺   )은 노동법의 법원에 해당한다.

☐ 취업규칙에서 정한 기준에 미달하는 (❻   )을 정한 근로계약은 그 부분에 관하여는 무효로 하며 무효로 된 부분은 취업규칙에 정한 기준에 따른다.

☐ 취업규칙은 법령이나 해당 사업 또는 사업장에 대하여 적용되는 (❼   )과 어긋나서는 아니 된다.

☐ ILO 제100호 협약(동등보수에 관한 협약)은 (❽   )과 동일한 효력을 갖는다.

☐ 기업의 내부에 존재하는 특정 관행이 기업 사회에서 일반적으로 근로관계를 규율하는 (❾   )로서 명확히 승인된 경우 그 특정 관행은 근로계약의 내용을 이루고 있다고 인정되어 법원으로 인정된다.

☐ 헌법 제32조 제3항은 "근로조건의 기준은 인간의 존엄성을 보장하도록 법률로 정한다"고 규정하고 있는바, 인간의 존엄에 상응하는 근로조건의 기준이 무엇인지를 구체적으로 정하는 것은 일차적으로 입법자의 (❿   )에 속한다.

❶ 법원

❷ 법적 효력

❸ 행정해석

❹ 일할 환경에 관한 권리

❺ 근로계약

❻ 근로조건

❼ 단체협약

❽ 국내법

❾ 규범적인 사실

❿ 형성의 자유

02 근로기준법 개설

제1절 근로의 권리

I 헌법 제32조, 제37조 제2항

헌법 제32조 기출 20 · 21 · 22 · 23 · 24

① 모든 국민은 근로의 권리를 가진다. 국가는 사회적·경제적 방법으로 근로자의 고용의 증진과 적정임금의 보장에 노력하여야 하며, 법률이 정하는 바에 의하여 최저임금제를 시행하여야 한다.

② 모든 국민은 근로의 의무를 진다. 국가는 근로의 의무의 내용과 조건을 민주주의원칙에 따라 법률로 정한다.

③ 근로조건의 기준은 인간의 존엄성을 보장하도록 법률로 정한다.

④ 여자의 근로는 특별한 보호를 받으며, 고용·임금 및 근로조건에 있어서 부당한 차별을 받지 아니한다.

⑤ 연소자의 근로는 특별한 보호를 받는다.

⑥ 국가유공자·상이군경 및 전몰군경의 유가족은 법률이 정하는 바에 의하여 우선적으로 근로의 기회를 부여받는다.

헌법 제37조

② 국민의 모든 자유와 권리는 국가안전보장·질서유지 또는 공공복리를 위하여 필요한 경우에 한하여 법률로써 제한할 수 있으며, 제한하는 경우에도 자유와 권리의 본질적인 내용을 침해할 수 없다.

II 근로의 권리의 내용(현행 헌법 제32조 vs 제헌 헌법 제17조)

현행 헌법 제32조	① 근로의 권리의 주체 : 국민 ○, 법인은 ×(헌법 제32조 제1항) ② 최저임금제의 보장(헌법 제32조 제1항 후문) ③ 고용의 증진과 적정임금의 보장 노력(헌법 제32조 제1항 후문) ④ 근로의 권리와 의무 규정 ○(헌법 제32조 제1항 전문, 제2항 전문) ⑤ 근로의 의무의 내용과 조건 법정주의(헌법 제32조 제2항 후문) ⑥ 근로조건기준의 법정주의(헌법 제32조 제3항) ⑦ 여자 및 연소자의 근로의 특별보호(헌법 제32조 제4항) ⑧ 국가유공자·상이군경 및 전몰군경 등의 근로기회 우선 보장(헌법 제32조 제6항) ⑨ 일반적 법률유보에 의한 근로의 권리의 제한(헌법 제37조 제2항) ⑩ 장애인의 근로에 대한 보호와 차별금지 : 명문 규정 × ⑪ 국가에 대한 직접적인 직장존속보장청구권 : 근로의 권리에서 도출 × ⑫ 고용의 증진과 적정임금의 보장 　▶ 근로자에 대한 고용증진노력의무는 1962.12.26. 개정된 제5차 개정헌법(제3공화국 헌법)에서 처음으로 규정
제헌 헌법 제17조	① 모든 국민은 근로의 권리와 의무를 가짐 ② 근로조건의 기준은 법률로써 정함 ③ 여자와 소년의 근로는 특별한 보호를 받음

Ⅲ 틀린 지문

① 국가는 사회적·경제적 방법으로 근로자의 고용의 증진과 ~~최저임금~~의 보장에 노력하여야 한다. → 적정임금
  ▶ ~~사용자는~~ 적정임금의 보장에 노력하여야 한다. → 국가는
② 국가는 법률이 정하는 바에 의하여 ~~적정임금제~~를 시행하여야 한다. → 최저임금제를
③ ~~장애인의 근로는 특별한 보호를 받는다.~~ → 규정 ×
④ ~~신체장애자는 우선적으로 근로의 기회를 부여받는다.~~ → 규정 ×
⑤ ~~장애인의~~ 근로는 특별한 보호를 받으며, 고용·임금 및 근로조건에 있어서 부당한 차별을 받지 아니한다.
  → 여자의
  ▶ ~~미성년자의~~ 근로는 고용·임금 및 근로조건에 있어서 부당한 차별을 받지 아니한다. → 여자의
⑥ 국가유공자·상이군경 및 전몰군경의 유가족은 법률이 정하는 바에 의하여 우선적으로 ~~근로의 의무를 이행하여야 한다.~~ → 근로의 기회를 부여받는다.
  ▶ ~~전몰군경은~~ 법률이 정하는 바에 의하여 우선적으로 근로의 기회를 부여받는다. → 전몰군경의 유가족은
⑦ ~~국가는 전몰군경의 유가족이 우선적으로 근로의 기회를 부여받도록 노력하여야 한다.~~ → 은 법률이 정하는 바에 의하여 우선적으로 근로의 기회를 부여받는다.
⑧ 국가는 사회적·경제적 방법으로 근로자의 고용을 ~~보장하여야 한다.~~ → 증진에 노력하여야 한다.
⑨ 모든 국민은 근로의 권리를 ~~가지며 근로의 의무를 지지 아니한다.~~ → 와 의무를 가진다.
⑩ 국가는 근로의 ~~권리~~의 내용과 조건을 민주주의원칙에 따라 법률로 정하여야 한다. → 의무의
⑪ 국가에 대한 직접적인 직장존속보장청구권은 ~~헌법상 근로의 권리에서 도출된다.~~ → 을 인정할 헌법상의 근거는 없다.
⑫ ~~근로의 권리~~는 인간의 존엄성을 보장하도록 법률로 정한다. → 근로조건의 기준은

제2절 **개별적 근로관계법과 근로기준법**

제3절 **근로기준법의 적용범위**

Ⅰ 전부 적용

상시 5인 이상의 근로자의 사용	상시 사용하는 근로자 수의 산정 시 일용근로자 포함
사업 또는 사업장	• 사업의 종류를 한정하지 아니하고 영리사업인지 여부도 불문하며, 1회적이거나 그 사업기간이 일시적이라도 근기법의 적용대상 • 상시 4명 이하의 사업장등에 적용 제한하는 이유는 영세사업장의 현실과 근로감독능력의 한계 고려

Ⅱ　일부 적용 - 상시 4명 이하의 근로자를 사용하는 사업 또는 사업장에 적용 여부

1. 구체적 검토

① 상시 3명의 근로자를 사용하는 건설업체 : 해고제한 규정 적용 ×

② 상시 5명의 유치원 교사를 채용하여 사용하는 종교단체 : 해고제한 규정 적용 ○

③ 상시 4인 이하의 근로자를 사용하는 사업장 : 야간근로에 대한 가산규정 적용 ×

2. 적용여부가 문제되는 경우(근기법)

적용 ○	적용 ×
① 중간착취의 배제(제9조) ② 공민권 행사의 보장(제10조) ③ 근로조건의 명시(제17조) ④ 단시간근로자의 근로조건(제18조) ⑤ 위약예정의 금지(제20조) ⑥ 전차금 상계의 금지(제21조) ⑦ 해고의 예고(제26조) ⑧ 금품 청산(제36조) ⑨ 미지급임금에 대한 지연이자(제37조) ⑩ 근로자의 명부 작성(제41조) ⑪ 휴게(제54조) ⑫ 휴일(제55조) ⑬ 연소자증명서(제66조) ⑭ 갱내근로의 금지(제72조)	① 법령 요지 등의 게시(제14조) ② 명시된 근로조건위반에 따른 노동위원회에 대한 손해배상의 청구(제19조 제2항) ③ 해고 등의 제한(제23조 제1항) ④ 경영상 이유에 의한 해고의 제한(제24조) ⑤ 해고된 근로자의 우선재고용(제25조) ⑥ 해고사유의 등의 서면통지(제27조) ⑦ 부당해고등의 구제신청(제28조) ⑧ 휴업수당(제46조) ⑨ 근로시간(제50조) ⑩ 연장·야간 및 휴일 근로에 대한 가산임금(제56조) ⑪ 보상·휴가제(제57조), 연차유급휴가(제60조) ⑫ 임산부가 아닌 18세 이상의 여성의 임신 또는 출산에 관한 기능에 유해·위험한 사업에 대한 사용금지(제65조 제2항) ⑬ 18세 이상의 여성에 대한 야간근로와 휴일근로의 제한(제70조 제1항) ⑭ 생리휴가(제73조), 육아시간(제75조)

Ⅲ　적용 제외

① 상시 5명의 동거하는 친족만을 사용하는 사업장 : 근기법 적용 ×

② 가사사용인 : 근기법 적용 ×

Ⅳ　국가·지자체 등

상시 1명의 공무원이 아닌 근로자를 사용하는 지방자치단체 : 근기법 적용 ○

제4절 근로기준법상 근로자

Ⅰ 의의

근로자의 개념	근기법	임금을 목적으로 사업이나 사업장에 근로를 제공하는 사람
	노조법	임금·급료 기타 이에 준하는 수입에 의하여 생활하는 자
근로의 개념	정신노동과 육체노동을 의미	

Ⅱ 근기법상 근로자인지 여부

① 공무원 : ○
② 실업(失業) 중인 자 : ×

Ⅲ 근로자성 판단기준

구 분	판단기준
임금을 목적으로 종속적인 관계에서 근로를 제공하였는지 여부에 따라 판단	○
사회보장제도에 관한 법령에서 근로자로서 지위를 인정받는지의 사정 고려	○
고용계약인지 도급계약인지 등의 계약의 형식에 따라 판단	×
기본급이나 고정급이 정하여져 있는지 여부에 따라 판단	×
직업의 종류에 따라 근로자인지 여부 판단	×

Ⅳ 임원의 근로자성 인정 여부

구 분	여 부
회사의 임원이 지휘·감독 아래 근로를 제공하면서 대가로 보수를 받아 온 경우	근로자 ○
실질적으로 회사를 경영하여 왔으나 대표이사직에서 사임한 경우	사용자로서의 책임 ○

제5절 근로기준법상 사용자

I 사용자의 개념

사용자	사업주 또는 사업경영담당자, 근로자에 관한 사항에 대하여 사업주를 위하여 행위하는 자
사업의 경영담당자	사업경영에 대하여 포괄적 위임을 받고 사업을 대표하거나 대리하는 자

II 사용자의 개념의 확장

관리사무소 직원들과 입주자 대표회의의 묵시적인 근로계약관계가 성립하는 경우에는 입주자 대표회의의 사용자로서의 책임 ○

제6절 근로기준법상 근로조건 결정규범

근기법에 미치지 못하는 근로조건을 정한 근로계약	그 부분에 한정하여 무효로 하고 근기법에서 정한 기준에 따름
취업규칙에 미달하는 근로조건을 정한 근로계약	그 부분은 무효로 하고 취업규칙에 정한 기준에 따름
취업규칙에서 정한 기준보다 유리한 근로조건을 정한 근로계약	유 효

제7절 근로기준법의 기본원리

I 최저근로조건 보장의 원칙

당사자는 근기법상 근로조건을 이유로 근로계약의 근로조건을 낮출 수 없음

II 근로조건 준수의 원칙

III 균등대우의 원칙

차별대우의 금지	• 헌법상 평등원칙의 근로관계에서의 실질적 실현 원칙 • 사용자가 국적·신앙·사회적 신분을 이유로 근로조건에 대한 차별적 처우를 하는 것은 금지되며, 사회적 신분은 반드시 선천적으로 고정되어 있는 사회적 지위에 국한된다거나 지위에 변동가능성이 없을 것까지 요구 × • 근로자를 모집·채용할 경우 차별 금지는 명문 규정 ×
적용 범위	가사사용인에 대해 차별적 처우를 하는 경우 : 근기법 적용 ×

Ⅳ 강제근로금지의 원칙

Ⅴ 폭행금지의 원칙

사용자가 근로자를 폭행한 경우는 반의사불벌죄 적용 ×

Ⅵ 중간착취 배제의 원칙

구 분	여 부
취업알선의 대가로 금품을 수령하는 경우	위반 ○
영리의 목적 없이 입사추천을 받도록 해 준 다음 취업사례금 명목의 돈을 받은 경우	위반 ×

Ⅶ 공민권 행사 보장의 원칙

공민권 행사	• 국회의원 선거 시에 투표하는 행위 : ○ • 근로자가 스스로 대통령 선거에 입후보하는 행위 : ○
공의 직무	노동조합 대의원선거에 입후보하여 선거운동을 하는 행위 : 공의 직무 ×
내 용	• 공(公)의 직무를 집행하기 위하여 필요한 시간을 청구하는 경우에는 사용자는 거부 × • 근로자가 청구한 시간을 변경하더라도 공민권 행사에 지장이 없는 경우에는 청구한 시간 변경 ○
공민권 행사와 근로관계	공(公)의 직무수행을 위하여 시간을 사용한 경우 : 공민권 행사 보장의 원칙에 따른 임금지급의무 × ▶ 공민권 행사에 필요한 시간을 유급으로 보장할 필요 ×

Ⅷ 직장 내 괴롭힘의 금지

1. 직장 내 괴롭힘의 금지의 개념

직장 내 괴롭힘이란 직장에서의 지위 또는 관계 등의 우위를 이용하여 다른 근로자에게 신체적 · 정신적 고통을 주거나 근무환경을 악화시키는 행위로, 사용자는 직장 내 괴롭힘 예방 교육을 실시하는 것이 바람직하나, 근기법에는 예방 교육의 의무적 실시에 대한 규정 ×

2. 직장 내 괴롭힘의 발생 시 조치

발생사실의 신고	누구든지 직장 내 괴롭힘 발생사실을 알게 된 경우에는 피해근로자의 동의가 없더라도 그 사실을 사용자에게 신고 가능
사실확인 조사	사용자가 직장 내 괴롭힘 발생사실을 인지한 경우에는 신고접수가 없어도 그 사실확인을 위하여 객관적으로 조사를 실시하여야 함

적절한 조치	• 사용자는 조사기간 동안 피해근로자를 보호하기 위하여 필요한 경우에는 피해근로자등의 근무장소의 변경 등 적절한 조치 의무 ○ (이 경우 피해근로자의 의사에 반하는 조치 ×) • 사용자의 조사결과 직장 내 괴롭힘 발생사실이 확인된 경우 　▶ 피해근로자가 요청하면 적절한 조치를 하여야 함 　▶ 지체 없이 행위자에 대하여 필요한 조치를 하여야 함(이 경우 피해근로자의 의견을 들어야 함)
불리한 처우의 금지	직장 내 괴롭힘 발생사실을 신고한 근로자 및 피해근로자등에게 불리한 처우 금지
비밀누설의 금지	사용자에게 보고하거나 관계 기관의 요청에 따라 필요정보를 제공하는 경우는 제외

3. 과태료의 부과

구 분	금 액
직장에서의 지위 또는 관계 등의 우위를 이용하여 다른 근로자에게 신체적・정신적 고통을 주거나 근무환경을 악화시키는 행위를 한 자	1천만원 이하의 과태료 부과
사용자가 직장 내 괴롭힘 발생사실이 확인되었으나 지체 없이 필요한 조치를 하지 아니한 경우	500만원 이하의 과태료 부과

IX 기 타

국제협약의 준수는 근기법상 기본원칙 ×

제8절 근로기준법의 실효성 확보

I 근로감독관제도

설 치	고용노동부와 그 소속기관에 근로감독관을 둠
근로감독관의 권한	① 근로감독관의 요구에 의해 사용자는 보고・출석의무 ○ ② 사용자와 근로자에 대한 심문 ③ 의사인 근로감독관이나 근로감독관의 위촉을 받은 의사는 취업을 금지하여야 할 질병의심있는 근로자에 대한 검진 ④ 사업장 등에 대한 현장조사, 장부와 서류의 제출요구 및 사용자와 근로자에 대한 심문 ⑤ 근기법 등에 따른 수사는 검사와 근로감독관이 전담하나, 근로감독관의 직무에 관한 범죄수사는 예외 ⑥ 근기법 위반죄에 관하여 사법경찰관리의 직무를 행할 자와 그 직무범위에 관한 법률에서 정하는 바에 따라 사법경찰관의 직무 수행
근로감독관의 의무	직무상 알게 된 비밀엄수 의무 ○

II 벌 칙

근로감독관이 근기법을 위반한 사실을 고의로 묵과한 경우 : 3년 이하의 징역 또는 5년 이하의 자격정지

☐ 헌법 제32조 제2항 후문은 "국가는 근로의 의무의 내용과 조건을 (❶ ⬚⬚⬚⬚⬚⬚)에 따라 법률로 정한다."고 규정하고 있다.

❶ 민주주의원칙

☐ 근로기준법은 상시 5명 이상의 근로자를 사용하는 모든 사업 또는 사업장에 적용한다. 다만, 동거하는 친족만을 사용하는 사업 또는 사업장과 (❷ ⬚⬚⬚⬚⬚⬚)에 대하여는 적용하지 아니한다.

❷ 가사(家事) 사용인

☐ 근로기준법상 균등대우원칙은 헌법상 (❸ ⬚⬚⬚⬚⬚)을 근로관계에서 실질적으로 실현하기 위한 것이다.

❸ 평등원칙

☐ 사용자는 근로자가 근로시간 중에 공(公)의 직무를 집행하고자 필요한 시간을 청구하는 경우 그 공(公)의 직무를 수행하는 데에 지장이 없으면 청구한 시간을 (❹ ⬚⬚⬚⬚⬚)할 수 있다.

❹ 변경

☐ 누구든지 법률에 따르지 아니하고는 영리로 다른 사람의 취업에 개입하거나 (❺ ⬚⬚⬚⬚)으로서 이익을 취득하지 못한다.

❺ 중간인

☐ 사용자는 조사 기간 동안 직장 내 괴롭힘과 관련하여 피해를 입은 근로자를 보호하기 위하여 필요한 경우 해당 피해근로자에 대하여 근무장소의 변경 등 적절한 조치를 하여야 한다. 이 경우 사용자는 피해근로자의 (❻ ⬚⬚⬚⬚⬚⬚)를 하여서는 아니 된다.

❻ 의사에 반하는 조치

☐ 사용자는 직장 내 괴롭힘과 관련한 조사결과 직장 내 괴롭힘 발생사실이 확인된 때에는 (❼ ⬚⬚⬚⬚⬚) 행위자에 대하여 징계, 근무장소의 변경 등 필요한 조치를 하여야 한다. 이 경우 사용자는 징계 등의 조치를 하기 전에 그 조치에 대하여 피해근로자의 의견을 들어야 한다.

❼ 지체 없이

☐ 근로조건의 기준을 확보하기 위하여 고용노동부와 그 소속 기관에 (❽ ⬚⬚⬚⬚⬚)을 둔다.

❽ 근로감독관

☐ 단시간근로자란 1주 동안의 소정근로시간이 그 사업장에서 (❾ ⬚⬚⬚⬚⬚)의 업무에 종사하는 통상근로자의 1주 동안의 소정근로시간에 비하여 짧은 근로자를 말한다.

❾ 같은 종류

☐ 평균임금이란 이를 산정하여야 할 사유가 발생한 날 이전 (❿ ⬚⬚⬚⬚⬚⬚) 동안에 그 근로자에게 지급된 임금의 총액을 그 기간의 총일수로 나눈 금액을 말한다.

❿ 3개월

CHAPTER 03 근로관계의 성립

제1절 근로계약의 의의 및 법적 성질

근로계약이란 근로를 제공하고 사용자는 임금을 지급하는 것을 목적으로 체결된 계약으로, 근로계약 체결에 관한 의사표시에 무효 또는 취소의 사유가 있는 경우, 상대방은 이를 이유로 근로계약의 무효 또는 취소 주장 가능

제2절 근로계약의 체결

I 근로계약의 당사자

국가나 지방자치단체	근로계약의 당사자 가능
친권자 또는 후견인	미성년자의 근로계약 대리체결 금지
근로계약이 미성년자에게 불리하다고 인정하는 경우	친권자, 후견인 또는 고용노동부장관은 근로계약 해지 가능

II 근로계약의 내용

1. 근로조건의 명시의무

명시사항 (변경되는 경우에도 동일)	① 임 금 ② 소정근로시간 ③ 유급주휴일 ④ 연차 유급휴가 ⑤ 취업규칙에서 정한 사항 ⑥ 기숙하는 경우 기숙사규칙에서 정한 사항 ⑦ 취업장소와 종사하여야 할 업무
서면으로 명시하여야 할 사항	① 임금의 구성항목·계산방법·지급방법 ② 소정근로시간 ③ 유급주휴일 ④ 연차유급휴가
교부의무	18세 미만인 사람과 근로계약을 체결하는 경우에는 근로조건을 서면으로 명시하여 교부
명시의무 위반에 대한 구제	근로계약 체결 시 명시된 근로조건이 사실과 다를 경우에는 즉시 근로계약 해제, 노동위원회에 손해배상 청구 ○

2. 금지되는 근로조건

① 위약금 또는 손해배상액 예정계약의 체결
② 전차금이나 전대채권과 임금의 상계
③ 강제 저축 또는 저축금관리 계약 체결

3. 금지되는 근로조건 여부

① 근로자의 위탁에 의한 저축금관리는 가능
② 근로자에 대한 신원보증계약은 위약 예정의 금지에 해당하지 아니함

제3절 근로계약과 근로관계

I 채용내정

의 의	회사가 근로자를 채용하기로 내정은 되어 있으나, 아직 정식의 근로계약을 체결하지 아니한 경우를 의미
근로관계	• 원칙 : 근기법상 규정 적용 × • 채용내정자의 해약권유보부 근로계약 : 취소통보 시 근기법 제23조(해고 등의 제한) 적용 ○ • 채용내정 취소가 무효인 경우에는 근로하였다면 받을 수 있었을 임금지급 청구 ○

II 시 용

1. 의 의

시용기간 중에 있는 근로자에 대해 사용자의 해약권이 유보되어 있는 경우라도 확정적 근로관계 존재

2. 시용계약의 법적 성질 : 근로계약

3. 시용계약과 근로관계

시용기간과 근로관계	① 시용기간의 적용을 선택적 사항으로 규정하고 있는 경우에는 시용기간의 적용을 명시하지 않았다면 정식 사원으로 채용한 것으로 간주 ② 단순히 시용기간의 만료로 해고한다는 취지로 통지한 경우에는 절차상 하자로 근로계약 종료의 효력 × ③ 시용근로관계에서 본 근로계약 체결을 거부하는 경우에는 구체적·실질적인 거부사유를 서면으로 통지 하여야 함 ④ 시용기간 만료 후 본 계약 체결을 거부하는 경우 ▶ 유보된 해약권의 행사로 보통의 해고보다 넓게 인정 ▶ 객관적으로 합리적인 이유가 존재하고 사회통념상 상당성 필요
시용기간 만료 후의 효과	시용기간 만료 후 정식근로자로 채용하는 경우에는 시용기간은 계속근로연수에 산입

Ⅲ   수습기간

해고의 예고는 수습 사용한 날부터 3개월 이내인 수습근로자에게 적용 ✕

제4절   근로계약과 당사자의 권리 및 의무

근로자의
권리와 의무
	① 근로제공이란 근로자가 자신의 노동력을 사용자가 처분할 수 있는 상태에 두는 것
	② 근로자의 책임 있는 사유로 근로제공의무를 이행하지 않은 경우
	  ▸ 근로계약의 해지는 가능하나 이행 강제 ✕
	  ▸ 근로를 제공하지 못한 부분에 대하여는 사용자의 임금지급의무 ✕
	③ 경영상의 비밀을 누설하지 않을 신의칙상의 의무 ○

사용자의 권리와 의무	① 근로자의 인격실현을 위한 신의칙상의 부수적 의무로서 보호의무 ○ ② 사용자가 정당한 이유 없이 계속하여 근로자의 근로를 수령 거부하면 손해배상책임 ○ ③ 정당한 이유 없는 해고 등의 금지 의무 ○ ④ 근로계약에 구체적 내용이 정하여 지지 아니하였더라도 안전배려의무 ○

☐ 시용기간에 있는 근로자의 경우에도 사용자의 해약권이 유보되어 있다는 사정만 다를 뿐 그 기간에 (❶   )는 존재한다.

☐ 피용자가 노무를 제공하는 과정에서 생명을 해치는 일이 없도록 필요한 조치를 강구하여야 할 사용자의 (❷   )는 근로계약에 수반되는 신의칙상의 부수적 의무이다.

☐ 명시된 근로조건이 사실과 다를 경우에 근로자는 근로조건 위반을 이유로 (❸   )할 수 있으며 즉시 근로계약을 해제할 수 있다.

☐ 단시간근로자의 근로조건은 그 사업장의 같은 종류의 업무에 종사하는 (❹   )의 근로시간을 기준으로 산정한 비율에 따라 결정되어야 한다.

☐ 시용근로관계에서 사용자가 본 근로계약 체결을 거부하는 경우에는 근로자에게 거부사유를 파악하여 대처할 수 있도록 구체적·실질적인 거부사유를 (❺   ) 통지하여야 한다.

☐ 사용자는 (❻   )이나 그 밖에 근로할 것을 조건으로 하는 전대(前貸)채권과 임금을 상계하지 못한다.

☐ 사용자는 근로계약에 덧붙여 (❼   ) 또는 저축금의 관리를 규정하는 계약을 체결하지 못한다.

☐ 근로계약을 체결할 때에 명시된 임금이 사실과 다를 경우 근로조건 위반을 이유로 근로자가 손해배상을 청구할 경우에는 (❽   )에 신청할 수 있다.

☐ 시용기간의 적용이 선택적 사항임에도 불구하고 근로자에게 시용기간이 명시되지 않았다면 근로자는 시용근로자가 아닌 (❾   )으로 채용되었다고 보아야 한다.

☐ 사용자가 시용기간 만료 후 본근로계약 체결을 거부하는 경우에도 객관적으로 합리적인 이유가 존재하여 (❿   )이 있어야 한다.

❶ 확정적 근로관계

❷ 보호의무

❸ 손해의 배상을 청구

❹ 통상 근로자

❺ 서면으로

❻ 전차금(前借金)

❼ 강제저축

❽ 노동위원회

❾ 정식사원

❿ 사회통념상 상당성

04 임금

제1절 임금의 의의

임금의 개념	근로의 대가로 임금, 봉급, 어떠한 명칭으로든지 지급하는 모든 금품
사용자가 근로자에게 지급하는 금품	총운송수입금의 전부를 회사에 납입하고 추후에 초과수입금 상당액을 운전사에게 지급한 경우는 운전사의 수입으로 되는 부분을 임금으로 봄
근로의 대가	• 차량유지비를 전 직원에 대하여 또는 일정한 직급을 기준으로 일률적으로 지급한 경우 : 근로의 대상으로 지급 ○ • 차량 보유를 조건으로 지급되었거나 직원들 개인 소유의 차량을 업무용으로 사용하는 데 필요한 비용을 보조하기 위해 지급된 경우 : 실비변상적인 것으로서 근로의 대상으로 지급 ×

제2절 평균임금

I 평균임금의 개념

평균임금	산정하여야 할 사유가 발생한 날 이전 3개월 동안에 지급된 임금의 총액을 총일수로 나눈 금액을 말하며 근로자가 취업한 후 3개월 미만인 경우도 동일
일용근로자의 평균임금	고용노동부장관이 사업이나 직업에 따라 정하는 금액

II 평균임금을 기초로 산정하여야 할 경우

• 퇴직금(근기법 제34조, 근퇴법 제8조 제1항)
• 휴업수당(근기법 제46조 제1항)
• 재해보상금(근기법 제79조 내지 제85조)
• 감급액(근기법 제95조)

III 평균임금에 산입되는 임금의 범위

계속적·정기적으로 지급되고 지급대상, 지급조건 등이 확정되어 있어 사용자에게 지급의무가 있는 경영평가성과급

Ⅳ 평균임금의 산정방법

① 산출된 평균임금액이 통상임금보다 적은 경우 : 통상임금액을 평균임금으로 함
② 평균임금의 산정기간 중에 출산전후휴가 기간이 있는 경우 : 그 기간과 지급된 임금은 삭감하여 계산

> **평균임금의 계산에서 제외되는 기간과 임금(근기법 시행령 제2조)**
> ① 근로기준법 제2조 제1항 제6호에 따른 <u>평균임금산정기간 중에 다음 각 호의 어느 하나에 해당하는 기간이 있는 경우에는</u> <u>그 기간과 그 기간 중에 지급된 임금은 평균임금산정기준이 되는 기간과 임금의 총액에서 각각 뺀다.</u>
> 1. 근로계약을 체결하고 수습 중에 있는 근로자가 수습을 시작한 날부터 3개월 이내의 기간
> 2. 법 제46조에 따른 사용자의 귀책사유로 휴업한 기간
> 3. 법 제74조 제1항부터 제3항까지의 규정에 따른 <u>출산전후휴가 및 유산·사산휴가기간</u> `기출 22`
> 4. 법 제78조에 따라 업무상 부상 또는 질병으로 요양하기 위하여 휴업한 기간
> 5. 남녀고용평등과 일·가정 양립 지원에 관한 법률 제19조에 따른 육아휴직기간
> 6. 노동조합 및 노동관계조정법 제2조 제6호에 따른 쟁의행위기간
> 7. 병역법, 예비군법 또는 민방위기본법에 따른 의무를 이행하기 위하여 휴직하거나 근로하지 못한 기간. 다만, 그 기간 중 임금을 지급받은 경우에는 그러하지 아니하다.
> 8. 업무 외 부상이나 질병, 그 밖의 사유로 사용자의 승인을 받아 휴업한 기간
> ② 법 제2조 제1항 제6호에 따른 임금의 총액을 계산할 때에는 임시로 지급된 임금 및 수당과 통화 외의 것으로 지급된 임금을 포함하지 아니한다. 다만, 고용노동부장관이 정하는 것은 그러하지 아니하다.

제3절 | 통상임금

Ⅰ 통상임금의 개념

통상임금의 개념	근로자에게 정기적이고 일률적으로 소정(所定)근로 또는 총 근로에 대하여 지급하기로 정한 시간급 금액, 일급 금액, 주급 금액, 월급 금액 또는 도급 금액
통상임금을 기초로 산정하여야 할 경우	• 해고예고수당(근기법 제26조) • 연장·야간·휴일근로수당(근기법 제56조) • 출산전후휴가(근기법 제74조)에 따른 경제적 보상

Ⅱ 통상임금의 판단기준

통상임금에 속하는지 여부		근로의 대가로 지급되는 금품으로 정기적·일률적으로 지급되는 것인지를 기준으로 판단
개념적 징표	정기성	임금과 정기상여금의 지급주기가 1개월을 넘는다는 사정만으로 그 임금이 통상임금에서 제외된다고 할 수는 없음
	일률성	'일정한 조건 또는 기준에 달한 모든 근로자'에게 지급되는 임금은 '일률적'으로 지급되는 임금에 포함
	고정성(폐기)	• 최근 전합 판결(2020다247190[전합])은 2013년 전합 판결이 설시한 고정성 개념을 통상임금의 개념적 징표에서 제외하여 폐기 • 재직조건부 임금, 근무일수 조건부 임금의 통상임금성은 인정되고, 성과급은 여전히 통상임금에 해당한다고 볼 수 없으나, 근무실적과 무관하게 최소한도의 일정액을 지급하기로 정한 경우 그 금액은 통상임금성 인정

Ⅲ 통상임금성 인정 여부가 문제되는 사례

통상임금성이 인정되는 사례	① 특정 시점에 재직 중인 근로자에게만 지급하기로 정해져 있으나, 그전에 퇴직한 근로자에게 근무일수에 비례한 임금이 지급되는 경우 : 통상임금 ○ ② 상여금이 계속적·정기적으로 지급되고 있는 경우 : 통상임금 ○
통상임금성이 인정되지 아니하는 사례	① 소정근로시간을 초과하거나 근로계약에서 정한 근로 외의 근로를 제공함으로써 지급받는 임금 : 통상임금 × ② 기업실적에 따라 일시적으로 지급하는 상여금 : 통상임금 × ③ 복지포인트 : 통상임금 ×

Ⅳ 통상임금배제합의의 효력

① 통상임금의 의미나 범위는 단체협약 등에 의해 따로 합의 ×
② 통상임금에 산입될 수당을 통상임금에서 제외하기로 하는 노사 간의 합의는 근기법에서 정한 기준에 미치지 못하는 근로조건이 포함된 부분에 한하여 무효 ○

제4절　임금지급방법의 보호

Ⅰ 임금지급의 원칙

직접불의 원칙	① 근로자로부터 임금채권을 양수받은 자는 사용자에게 직접 임금지급의 청구 × ② 임금채권을 타인에게 양도한 경우에는 사용자는 임금채권의 양수인에게 임금지급 × ③ 노동조합에 의한 근로자의 임금의 대리수령 × ④ 사용자가 근로자의 대리인에게 임금을 지급하는 경우는 직접불의 원칙에 위반됨
전액불의 원칙	① 임금채권에 대한 사용자의 상계 ▸ 동의를 얻어 근로자의 임금채권에 대하여 상계하는 경우 : 자유로운 의사에 기한 동의 여부는 엄격하고 신중하게 판단 ▸ 퇴직한 후 근로자가 지급되지 아니한 임금이나 퇴직금을 청구할 경우 : 초과 지급된 임금의 반환청구권을 자동채권으로 하는 상계 ○ ② 전차금이나 전대채권과 임금을 상계하는 경우 : 500만원 이하의 벌금부과 대상이고 상계의 효력은 무효 ○ ③ 사용자가 불법행위로 인한 손해배상채권을 가지고 있는 경우 : 근로자의 임금채권과 상계 × ④ 퇴직금 명목으로 지급한 금원에 대한 부당이득반환채권을 자동채권으로 하여 근로자의 퇴직금채권과 상계하는 경우 : 퇴직금채권의 2분의 1을 초과하는 부분에 관하여만 허용
통화불의 원칙	① 법령 또는 단체협약에 특별한 규정이 있는 경우에는 통화불의 원칙의 예외 인정 ② 임금지급에 갈음하여 제3자에 대한 채권을 양도하기로 하는 경우 : 전부 무효 ○
정기불의 원칙	① 임시로 지급하는 임금에는 매월 1회 이상 정기불의 원칙이 적용 × ② 정기불의 원칙은 연봉제에도 적용 ○ ③ 정기불의 원칙의 예외 ▸ 1개월을 초과하는 기간의 출근성적에 따라 지급하는 정근수당 ▸ 1개월을 초과하는 기간에 걸친 사유에 따라 산정되는 능률수당

> **매월 1회 이상 지급하여야 할 임금의 예외(근기법 시행령 제23조)**
>
> 법 제43조 제2항 단서에서 "임시로 지급하는 임금, 수당, 그 밖에 이에 준하는 것 또는 대통령령으로 정하는 임금"이란 다음 각 호의 것을 말한다.
>   1. 1개월을 초과하는 기간의 출근성적에 따라 지급하는 정근수당
>   2. 1개월을 초과하는 일정 기간을 계속하여 근무한 경우에 지급되는 근속수당
>   3. 1개월을 초과하는 기간에 걸친 사유에 따라 산정되는 장려금, 능률수당 또는 상여금
>   4. 그 밖에 부정기적으로 지급되는 모든 수당

Ⅱ 임금의 비상 시 지불

비상(非常)한 경우의 비용(예 출산비용, 혼인비용)을 충당하기 위하여 임금지급을 청구하는 경우는 지급기일 전이라도 임금지급 의무 ○

제5절 휴업수당

Ⅰ 옳은 지문

① 사용자 A의 휴업에 귀책사유가 있어 평균임금의 100분의 80에 해당하는 금액을 휴업수당으로 지급하였다.
② 사용자 B의 휴업에 귀책사유가 없어 휴업수당을 지급하지 아니하였다.
③ 사용자 C의 휴업에 귀책사유가 있는데 평균임금의 100분의 70에 해당하는 금액이 통상임금을 초과하므로 통상임금을 휴업수당으로 지급하였다.

제6절 임금채권의 보호

Ⅰ 체불사업주의 명단공개

체불사업주의 명단공개	① 명단공개 기준일 이전 1년 이내 임금등의 체불총액이 3천만원 이상인 경우 : 인적 사항 등 공개 가능 ② 체불사업주 인적 사항 등의 공개 여부 심의하기 위해 고용노동부에 임금체불정보심의위원회 설치 ③ 법인인 체불사업주 명단을 공개할 경우에는 그 대표자의 성명·나이·주소 및 법인의 명칭·주소 공개 ④ 관보에 싣거나 인터넷 홈페이지, 관할 지방고용노동관서 게시판 또는 그 밖에 열람이 가능한 공공장소에 3년간 게시하는 방법으로 공개 ⑤ 체불사업주 명단을 공개할 경우 : 체불사업주에게 3개월간 소명기회 부여 ○ ⑥ 명단공개 요건을 구비한 체불사업주가 사망한 경우에는 인적사항 등 공개 ×
체불자료의 목적 외 이용금지	임금등 체불자료를 받은 종합신용정보집중기관은 체불사업주의 신용도·신용거래능력 판단과 관련한 업무 외의 목적으로 이용 ×
체불자료 제공의 실효성이 없는 경우	체불사업주 사망·폐업으로 임금등 체불자료 제공의 실효성이 없는 경우에는 고용노동부장관은 종합신용정보집중기관에 임금등 체불자료를 제공하지 아니할 수 있음

Ⅱ 사망·퇴직 시 임금지급에 대한 보호

① 원칙적으로 금품청산의 지급사유가 발생한 때부터 14일 이내에 금품 지급
② 청산금품은 임금, 보상금, 그 밖에 일체의 금품
③ 특별한 사정이 있는 경우 합의에 의한 기일연장 가능하나, 연장기간의 제한 ×

Ⅲ 임금채권의 우선변제

1. 사용자의 총재산 포함 여부

① 사용자가 제3자에게 처분한 재산 : ×
② 주식회사 대표이사의 개인재산 : ×

2. 최우선변제 임금채권

① 임금채권은 사용자가 소유권을 취득하기 전에 설정된 저당권의 피담보채권보다 우선변제 ×
② 최종 3개월분의 임금은 질권 또는 저당권에 따라 담보되는 채권보다 우선변제 ○

Ⅳ 임금대장과 임금명세서

1. 사용자의 의무

사용자는 각 사업장별로 임금대장을 작성하고 임금을 지급할 때 일정사항을 기재

2. 기재사항

임금대장의 기재사항	임금명세서의 기재사항
① 성 명 ② 주민등록번호 ③ 고용 연월일 ④ 종사하는 업무 ⑤ 임금 및 가족수당의 계산기초가 되는 사항 ⑥ 근로일수 ⑦ 근로시간 수 ⑧ 연장근로, 야간근로 또는 휴일근로를 시킨 경우에는 그 시간 수 ⑨ 기본급, 수당, 그 밖의 임금의 내역별 금액(통화 외의 것으로 지급된 임금이 있는 경우에는 그 품명 및 수량과 평가총액) ⑩ 근기법 제43조 제1항 단서에 따라 임금의 일부를 공제한 경우에는 그 금액	① 근로자의 성명, 생년월일, 사원번호 등 근로자를 특정할 수 있는 정보 ② 임금지급일 ③ 임금 총액 ④ 기본급, 각종 수당, 상여금, 성과금, 그 밖의 임금의 구성항목별 금액(통화 이외의 것으로 지급된 임금이 있는 경우에는 그 품명 및 수량과 평가총액) ⑤ 임금의 구성항목별 금액이 출근일수·시간 등에 따라 달라지는 경우에는 임금의 구성항목별 금액의 계산방법(연장근로, 야간근로 또는 휴일근로의 경우에는 그 시간 수를 포함) ⑥ 임금의 일부를 공제한 경우에는 임금의 공제 항목별 금액과 총액 등 공제내역

3. 임금명세서의 교부

임금을 지급하는 경우에는 임금명세서를 서면(전자문서 포함)으로 교부하여야 함

V 임금채권의 시효

① 근기법에 따른 임금채권 : 3년의 소멸시효
② 해고무효확인의 소를 제기한 경우에는 임금채권의 소멸시효 중단

VI 임금청구권의 포기 등

① 근로자의 임금포기에 관한 약정 : 합목적적 해석 ○
② 사용자에 대한 임금청구권의 지급기한이 도래한 경우 : 포기 가능
③ 퇴직한 후 퇴직 시 발생한 퇴직금청구권을 나중에 포기하는 경우 : 포기 가능

VII 도급근로자에 대한 임금보장

근로자를 도급이나 그 밖에 이에 준하는 제도로 사용하는 경우 : 근로시간에 따라 일정액의 임금보장 의무 ○

☐ 사용자는 연장근로에 대하여는 (❶   )의 100분의 50 이상을 가산하여 근로자에게 지급하여야 한다.

❶ 통상임금

☐ 일용근로자의 평균임금은 (❷   )이 사업이나 직업에 따라 정하는 금액으로 한다.

❷ 고용노동부장관

☐ 고용노동부장관이 제공한 체불사업주의 임금등 체불자료를 제공받은 종합신용정보집중기관은 이를 체불사업주의 신용도·신용거래능력 판단과 관련한 (❸   )으로 이용하거나 누설하여서는 아니 된다.

❸ 업무 외의 목적

☐ 고용노동부장관은 체불사업주의 사망·폐업으로 임금등 체불자료 제공의 실효성이 없는 경우 등 대통령령으로 정하는 사유가 있는 경우에는 (❹   )에 임금등 체불자료를 제공하지 아니할 수 있다.

❹ 종합신용정보집중기관

☐ 근로자가 (❺   )을 양도한 경우 양수인은 스스로 사용자에 대하여 임금의 지급을 청구할 수 없다.

❺ 임금채권

☐ 사용자가 근로자에게 퇴직금 명목으로 지급한 금원 상당의 부당이득반환채권을 자동채권으로 하여 근로자의 퇴직금채권을 상계하는 것은 퇴직금채권의 (❻   )을 초과하는 부분에 해당하는 금액에 관하여만 허용된다.

❻ 2분의 1

☐ 근로자가 퇴직하여 더 이상 근로계약 관계에 있지 않은 상황에서 퇴직 시 발생한 퇴직금청구권을 나중에 (❼   )하는 것은 허용된다.

❼ 포기

☐ 정기상여금과 같이 일정한 주기로 지급되는 임금의 경우 단지 그 지급주기가 (❽   )을 넘는다는 사정만으로 그 임금이 통상임금에서 제외된다고 할 수는 없다.

❽ 1개월

☐ 근로자가 (❾   )을 초과하여 근로를 제공함으로써 사용자로부터 추가로 지급받는 임금은 통상임금에 속하지 아니한다.

❾ 소정근로시간

☐ 임금은 (❿   )로 직접 근로자에게 그 전액을 지급하여야 한다.

❿ 통화(通貨)

제1절 근로시간의 개념과 산정

I 근로시간의 의의

근로시간의 개념	• 근로자가 사용자의 지휘·감독을 받으면서 근로를 제공하는 시간 • 근로자가 사용자의 지휘·감독 아래에 있는 대기시간은 근로시간으로 간주
근로시간의 구분	• 소정근로시간 : 법정근로시간의 범위에서 근로자와 사용자 사이에 정한 근로시간 • 야간근로시간 : 오후 10시부터 오전 6시까지 사이의 근로시간

II 근로시간의 산정

1. 간주근로시간제

업무 수행 방법을 근로자의 재량에 위임할 필요가 있는 업무의 경우 근로자대표와 서면 합의로 정한 시간을 근로로 간주

2. 재량근로의 대상업무 여부

대상업무에 해당하는 사례	대상업무에 해당하지 아니하는 사례
① 신상품 또는 신기술의 연구개발이나 인문사회과학 또는 자연과학분야의 연구 업무 ② 정보처리시스템의 설계업무 ③ 정보처리시스템의 분석업무 ④ 신문, 방송 또는 출판 사업에서의 기사의 취재, 편성 또는 편집 업무 ⑤ 의복·실내장식·공업제품·광고 등의 디자인 또는 고안 업무 ⑥ 방송 프로그램·영화 등의 제작 사업에서의 프로듀서나 감독 업무	① 정보처리시스템의 교육 업무 ② 건설업에서의 관리·감독 업무 ③ 기밀을 취급하는 업무

제2절 근로시간의 보호

Ⅰ 일반근로자의 근로시간 보호

1. 기준근로시간

근기법 따른 기준근로시간	• 1주 : 휴일을 포함한 7일 • 1일의 근로시간 : 휴게시간을 제외하고 8시간 초과 × • 1주간의 근로시간 : 40시간을 초과할 수 없으나 12시간을 한도로 근로시간 연장 가능
기준근로시간의 연장	연장근로에 관한 합의는 근로계약 등으로 미리 약정 가능

2. 인가연장근로

특별한 사정이 있는 경우 근로자의 동의와 고용노동부장관의 인가로 연장 가능하나, 인가를 받을 시간이 없는 경우에는 사후에 지체 없이 승인을 받아야 함

3. 특례연장근로

대상사업	① 육상운송 및 파이프라인운송업, 다만, 노선 여객자동차운송사업은 제외 ② 수상운송업 ③ 항공운송업 ④ 기타 운송관련 서비스업 ⑤ 보건업
요 건	① 근로자대표와 서면으로 합의 ② 주 12시간을 초과하여 연장근로를 하게 하거나 휴게시간 변경 가능 ③ 근로일 종료 후 다음 근로일 개시 전까지 근로자에게 연속하여 11시간 이상의 휴식 시간을 주어야 함

Ⅱ 연소자 및 여성근로자의 근로시간 보호

15세 이상 18세 미만인 사람의 근로시간은 1일 7시간, 1주 35시간 초과 ×
(당사자 간의 합의에 의하여 1일 1시간, 1주 5시간을 한도로 연장 가능)

Ⅲ 적용의 제외

적용제외 대상근로자	① 사용자가 고용노동부장관의 승인을 받아 감시·단속적으로 근로에 종사하는 근로자 ② 사업의 종류와 관계없이 관리·감독 업무 또는 기밀을 취급하는 업무에 종사하는 근로자 ③ 토지의 경작·개간, 식물의 식재·재배·채취 사업, 그 밖의 농림 사업에 종사하는 근로자 ④ 동물의 사육, 수산 동식물의 채취·포획·양식 사업, 그 밖의 축산, 양잠, 수산 사업에 종사하는 근로자
적용제외 규정	근로시간, 휴게와 휴일에 관한 규정 적용제외

시간외근로수당	① 연장근로 : 통상임금의 100분의 50 이상을 가산하여 근로자에게 지급 ② 야간근로 : 통상임금의 100분의 50 이상을 가산하여 근로자에게 지급 ③ 휴일근로 : 8시간 이내의 휴일근로는 통상임금의 100분의 50, 8시간을 초과한 휴일근로는 통상임금의 100분의 100을 가산하여 근로자에게 지급 ④ 연장근로의 가산임금 산정방식에 대한 합의에 따라 계산한 금액이 근기법에서 정한 기준에 미치지 못할 경우에는 그 부분만큼 노사합의는 무효이고, 근기법이 정하는 기준에 따라야 함 ⑤ 연장근로이면서 야간근로에 해당하는 경우에는 연장근로수당과 야간근로수당을 각각 가산하여 지급
보상휴가제도 요건	근로자대표와의 서면 합의에 따라 가산임금 지급에 갈음하여 휴가 부여 ○
포괄임금약정	근로시간의 산정이 어려운 사정이 없음에도 포괄임금제 약정을 한 경우에는 정액의 제 수당이 법정수당에 미달하면 무효 ○

I 탄력적 근로시간제도

1. 3개월 이내의 탄력적 근로시간제도

2주간 단위 탄력적 근로시간제도	① 취업규칙이 정하는 바에 따라 시행 ② 특정한 날의 근로시간에 대한 규정 ×
3개월 단위 탄력적 근로시간제도	① 사용자는 근로자대표와 서면으로 합의 서면으로 합의해야 할 사항 ㉠ 대상 근로자의 범위 ㉡ 단위기간(3개월 이내의 일정한 기간) ㉢ 단위기간의 근로일과 그 근로일별 근로시간 ㉣ 서면 합의의 유효기간 ② 특정한 주의 근로시간은 52시간, 특정한 날의 근로시간은 12시간 초과 × ③ 사용자는 기존의 임금 수준이 낮아지지 아니하도록 임금보전방안 강구

2. 3개월을 초과하는 탄력적 근로시간제도

근로자 대표와 서면 합의로 정하는 사항	① 대상 근로자의 범위 ② 단위기간(3개월을 초과하고 6개월 이내의 일정한 기간) ③ 단위기간의 주별 근로시간 ④ 서면 합의의 유효기간
내 용	① 특정한 주의 근로시간은 52시간을, 특정한 날의 근로시간은 12시간 초과 × ② 근로일 종료 후 다음 근로일 개시 전까지 연속하여 11시간 이상의 휴식 시간 부여 ③ 단위기간 내에서 평균하여 1주간의 근로시간이 유지되는 범위에서 근로자대표와의 협의를 거쳐 단위기간의 주별 근로시간 변경 가능

3. 근로기간이 탄력적 근로시간제의 단위기간보다 짧은 경우

근로한 기간을 평균하여 1주간에 40시간을 초과하여 근로한 시간 전부에 대하여 가산임금 지급하여야 함

4. 적용 범위

① 15세 이상 18세 미만의 근로자에 대하여는 적용 ×

② 임신 중인 여성근로자에게 적용 ×, 그러나 출산 후의 여성근로자에게 적용 ○

Ⅱ 선택적 근로시간제도

1. 근로자대표와 서면합의 필요

2. 내 용

선택적 근로시간제의 정산기간은 원칙적으로 1개월이나 신상품 또는 신기술의 연구개발업무의 경우는 3개월

3. 적용범위

① 18세 미만의 근로자에게 적용 ×

② 임신 중인 여성 근로자에게 적용 ○

Ⅲ 단시간근로제도

개 념	1주 동안의 소정근로시간이 같은 종류의 업무에 종사하는 통상근로자의 1주 동안의 소정근로시간에 비하여 짧은 근로자
근로조건	그 사업장의 같은 종류의 업무에 종사하는 통상 근로자의 근로시간을 기준으로 산정한 비율로 결정
취업규칙	근로자의 근로조건, 근로형태, 직종 등의 특수성이 있는 경우에는 통상근로자에게 적용되는 취업규칙과 별도로 작성 가능
초단시간근로자	4주 동안(4주 미만으로 근로하는 경우에는 그 기간)을 평균하여 1주 동안의 소정근로시간이 15시간 미만인 근로자 : 휴일과 연차유급휴가 규정 적용 ×

□ 사용자는 단위기간 중 근로자가 근로한 기간이 그 단위기간보다 짧은 경우에는 그 단위기간 중 해당 근로자가 근로한 기간을 평균하여 (❶⬚⬚⬚⬚⬚⬚)을 초과하여 근로한 시간 전부에 대하여 가산임금을 지급하여야 한다.

□ 사용자는 3개월을 초과하는 탄력적 근로시간제에 따라 근로자를 근로시킬 경우에는 근로일 종료 후 다음 근로일 개시 전까지 근로자에게 연속하여 (❷⬚⬚⬚⬚⬚)의 휴식 시간을 주어야 한다.

□ (❸⬚⬚⬚⬚⬚)의 탄력적 근로시간제는 15세 이상 18세 미만의 근로자에 대하여는 적용하지 아니한다.

□ (❹⬚⬚⬚⬚⬚⬚⬚)의 근로시간은 1일에 7시간, 1주에 35시간을 초과하지 못한다.

□ 당사자 간에 합의하면 1주간에 (❺⬚⬚⬚⬚⬚)을 한도로 근로기준법 제50조의 근로시간을 연장할 수 있다.

□ 사용자는 야간근로에 대하여는 통상임금의 (❻⬚⬚⬚⬚⬚)을 가산하여 근로자에게 지급하여야 한다.

□ 수상운송업에 해당되는 사업에서 사용자가 (❼⬚⬚⬚⬚⬚)와 서면합의를 한 경우에는 1주간에 12시간을 초과하는 연장근로가 가능하다.

□ 정보처리시스템의 설계 또는 분석업무는 (❽⬚⬚⬚⬚⬚)의 대상업무에 해당한다.

□ 근로시간을 산정하는 경우 작업을 위하여 근로자가 사용자의 지휘·감독 아래에 있는 (❾⬚⬚⬚⬚⬚)은 근로시간으로 본다.

□ (❿⬚⬚⬚⬚⬚)이란 근로기준법 제50조, 제69조 본문에 따른 근로시간의 범위에서 근로자와 사용자 사이에 정한 근로시간을 말한다.

❶ 1주간에 40시간

❷ 11시간 이상

❸ 3개월 이내

❹ 15세 이상 18세 미만인 사람

❺ 12시간

❻ 100분의 50 이상

❼ 근로자대표

❽ 재량근로

❾ 대기시간 등

❿ 소정근로시간

휴게 · 휴일 · 휴가 및 여성과 연소근로자의 보호

제1절 | 휴게 · 휴일 · 휴가

Ⅰ 휴게시간

근로시간이 4시간인 경우는 30분 이상을, 8시간인 경우는 1시간 이상을 근로시간 도중에 주어야 함

Ⅱ 휴 일

① 유급휴일의 보장 : 1주에 평균 1회 이상으로 하여 1주 동안의 소정근로일을 개근한 자에게 부여하면 족하고 일요일일 필요 ×
② 임금을 월급으로 지급할 경우에는 유급휴일에 대한 임금도 포함
③ 근로자대표와 서면 합의를 한 경우 유급휴일을 특정한 근로일로 대체 가능

Ⅲ 휴가(연차유급휴가)

1. 연차유급휴가의 성립요건

(1) 근기법 규정

구 분	규 정
1년간 80% 이상 출근	15일의 유급휴가
계속근로기간이 1년 미만인 근로자 또는 1년간 80% 미만 출근한 근로자가 1개월 개근하는 경우	1일의 유급휴가

(2) 출근율의 산정

출근으로 처리되는 기간	① 업무상의 재해로 휴업한 기간은 장단을 불문하고 소정근로일수와 출근일수에 포함 ▶ 업무상의 재해로 휴업한 기간이 1년 전체에 걸쳐 있더라도 소정근로일수와 출근일수에 포함 ② 부당해고로 인하여 출근하지 못한 기간을 소정근로일수 및 출근일수에 모두 산입하여 산정 ③ 출산전후휴가로 휴업한 기간, 육아휴직으로 휴업한 기간, 육아기 근로시간 단축을 사용하여 단축된 근로시간, 임신기 근로시간 단축을 사용하여 단축된 근로시간 등은 출근한 것으로 간주하여 산정
결근으로 처리되는 기간	소정근로일수에 정직기간을 포함시키되 출근일수에서 제외하여 산정
소정근로일수에서 제외되는 기간	소정근로일수에서 정당한 쟁의행위기간을 제외하여 산정

2. 연차유급휴가의 내용

휴가일수	① 연차유급휴가의 총 휴가일수 : 가산휴가 포함하여 25일을 한도 ② 6년차 근로자가 5년차에 80% 이상 출근한 경우 : 연차유급휴가는 17일 ③ 7년을 계속근로한 근로자에게 연차유급휴가를 주는 경우 : 가산 유급휴가는 3일
연차유급휴가의 청구	① 사용시기를 특정하지 않은 연차유급휴가의 청구 : 효력 × ② 연차휴가수당 청구권은 연차휴가를 사용할 연도가 아닌 그 전년도 1년간의 근로에 대한 대가
연차유급휴가 수당	① 연차유급휴가 기간 : 통상임금 또는 평균임금 지급 ② 연차 휴가기간에 지급하여야 하는 임금은 유급휴가를 주기 전이나 준 직후의 임금지급일에 지급 ③ 부당해고로 인하여 지급받지 못한 임금이 연차휴가수당인 경우에 소정근로일수와 출근일수를 고려 하면 연차유급휴가의 성립요건을 충족하는 경우에는 연차휴가수당 지급
휴가부여시기	사업 운영에 막대한 지장이 있는 시기에 연차유급휴가를 청구한 경우는 시기 변경 가능

3. 연차유급휴가의 소멸

소 멸	① 연차유급휴가를 사용할 권리
	  ▸ 전년도 1년간의 근로를 마친 다음 날 발생
	  ▸ 사용자의 귀책사유로 사용하지 못한 경우를 제외하고 1년간 행사하지 아니하면 소멸
	② 계속근로기간이 1년 미만인 때 부여되는 연차유급휴가의 소멸 : 사용자의 귀책사유로 사용하지 못한
	경우 외에는 최초 1년의 근로가 끝날 때까지 행사하지 아니하면 소멸

미사용 수당	① 연차휴가에 관한 권리를 취득한 후 연차휴가를 사용하지 못하게 될 경우 : 연차휴가수당청구 ○ ② 미사용휴가에 대한 보상을 지급하는 연차유급휴가수당은 휴일근로수당 가산 적용 × ③ 연차유급휴가를 사용하기 전에 근로관계가 종료된 경우는 연차유급휴가수당 청구권은 그대로 유지 ④ 연차유급휴가 수당청구권의 소멸시효는 연차유급휴가권을 취득한 날부터 1년이 경과하여 그 휴가 불실사가 확정된 다음 날부터 기산 ⑤ 연차휴가에 관한 권리를 취득한 후 연차휴가를 사용하지 못하게 될 경우 : 연차휴가수당 청구 ○ ⑥ 업무상 재해로 연차유급휴가를 사용할 해당 연도에 전혀 출근하지 못한 경우 : 연차휴가수당 청구 ○

4. 연차유급휴가의 사용촉진

① 계속근로기간이 1년 미만인 근로자에게 연차유급휴가의 사용촉진조치를 취한 경우에는 사용하지 아니한
휴가에 대한 보상의무 ×

② 연차유급휴가 사용촉진 조치를 취하였으나, 휴가를 사용하지 아니하여 소멸된 경우에는 사용하지 아니한
휴가에 대한 보상의무 ×

5. 연차유급휴가의 대체

근로자대표와의 서면 합의에 따라 연차 유급휴가일을 갈음하여 특정한 근로일에 휴무 ○

I 여성과 연소근로자에 대한 공통된 보호

1. 유해 · 위험사업에의 사용 금지

① 임산부(임신 중이거나 산후 1년이 지나지 아니한 여성)와 18세 미만자 : 도덕상 또는 보건상 유해 · 위험한 사업에 사용 ×

② 임산부가 아닌 18세 이상의 여성 : 임신 또는 출산기능에 유해 · 위험한 사업에 사용 ×

2. 야간 · 휴일근로의 금지

18세 이상의 여성근로자	18세 이상의 여성의 휴일근로는 근로자의 동의 필요
임신 중의 여성과 18세 미만자	① 임신 중의 여성 ▶ 원칙적으로 시간외근로 × ▶ 여성이 명시적으로 청구하는 경우로서 고용노동부장관의 인가를 받은 경우 가능 ② 18세 미만자 ▶ 원칙적으로 시간외근로 × ▶ 18세 미만자의 동의와 고용노동부장관의 인가 필요
산후 1년이 지나지 아니한 여성	① 원칙적으로 시간외근로 × ② 그 여성의 동의와 고용노동부장관의 인가 필요

3. 갱내근로의 금지

여성과 18세 미만자의 갱내(坑內)근로	보건 · 의료, 보도 · 취재 등 대통령령으로 정하는 업무를 수행하기 위하여 일시적으로 필요한 경우 외에는 갱내(坑內)근로 ×
갱내근로의 예외적 허용	① 보건, 의료 또는 복지 업무 ② 신문 · 출판 · 방송프로그램 제작 등을 위한 보도 · 취재업무 ③ 학술연구를 위한 조사 업무 ④ 관리 · 감독 업무 ⑤ ①부터 ④까지의 규정의 업무와 관련된 분야에서 하는 실습 업무

4. 여성과 연소근로자의 보호에 대한 도해

[여성과 연소근로자의 보호]

구 분	18세 미만 근로자	18세 이상 여성근로자	임신 중인 여성근로자	산후 1년 미만 여성근로자
기준근로시간	1일 7시간, 1주 35시간 (근기법 제69조)	1일 8시간, 1주 40시간 (근기법 제50조)	1일 8시간, 1주 40시간 (근기법 제50조)	1일 8시간, 1주 40시간 (근기법 제50조)
연장근로	당사자와의 합의로 1일 1시간, 1주 5시간 연장 가능함 (근기법 제69조)	당사자와의 합의로 12시간 한도로 연장 가능함 (근기법 제53조)	금지되는 것이 원칙이며, 근로자의 요구가 있는 경우에는 쉬운 종류의 근로로 전환하여야 함 (근기법 제74조 제5항)	단체협약이 있는 경우라도 1일 2시간, 1주 6시간, 1년 150시간을 넘지 못함 (근기법 제71조)

야간·휴일근로	1. 원칙 : 금지 2. 예외 : 고용노동부장관의 인가와 당사자의 동의로 가능함(근기법 제70조 제2항)	원칙 : 근로자와의 동의로 가능함(근기법 제70조 제1항)	1. 원칙 : 금지 2. 예외 : 고용노동부장관의 인가와 당사자의 명시적인 청구로 가능함(근기법 제70조 제2항)	18세 미만의 근로자와 동일함
탄력적 근로시간제	적용 ×	적용 ○	적용 ×	적용 ○
선택적 근로시간제	적용 ×	적용 ○	적용 ○	적용 ○
유해·위험사업에의 사용 금지	사용 금지	임신 또는 출산에 관한 기능에 유해·위험한 사업에 사용 금지	사용 금지	사용 금지
갱내근로	1. 원칙 : 금지 2. 예외 : 대통령령이 정하는 업무를 수행하기 위하여 일시적으로 필요한 경우			

Ⅱ 연소근로자에 대한 특별보호

1. 최저취업연령의 제한

취직인허증의 발급 대상	원칙적으로 13세 이상 15세 미만인 자가 발급 받을 수 있으나 예술공연 참가를 위한 경우에는 13세 미만인 자도 취직인허증 발급 가능
취직인허증의 신청	의무교육대상자가 취직인허증을 신청하는 경우에는 학교장(의무교육대상자와 재학 중인 자로 한정) 및 친권자 또는 후견인의 서명을 받아 사용자가 될 자와 연명(連名)으로 고용노동부장관에게 신청
취직인허증의 발행·재교부	① 본인의 신청에 따라 의무교육에 지장이 없는 경우에는 직종을 지정하여서만 발행 ▶ 고용노동부장관이 취직인허증신청에 대하여 취직을 인허할 경우 : 취직인허증에 직종을 지정하여 신청한 근로자와 사용자가 될 자에게 발급 ② 유류를 취급하는 업무 중 주유업무는 고용노동부장관의 취직인허증 발급 가능 ③ 사용자 또는 15세 미만인 자는 취직인허증이 못 쓰게 되거나 잃어버린 경우에는 지체 없이 재교부 신청
취직인허증의 취소	거짓이나 그 밖의 부정한 방법으로 발급받은 사람에게는 고용노동부장관이 그 인허를 취소

2. 18세 미만 연소자증명서의 비치

① 사용자는 18세 미만인 사람에 대하여 가족관계기록사항에 관한 증명서와 친권자 또는 후견인의 동의서를 사업장에 비치하여야 함
② **사용자가 취직인허증을 갖추어 둔 경우** : 가족관계기록사항에 관한 증명서와 친권자 또는 후견인의 동의서를 사업장에 둔 것으로 봄

3. 미성년자의 임금청구

독자적으로 임금 청구 가능

Ⅲ 여성근로자에 대한 특별보호

1. 생리휴가

사용자는 여성 근로자의 청구로 월 1일의 무급 생리휴가 부여

2. 출산전후휴가와 임신기의 근로

(1) 출산전후휴가

1) 출산전후휴가기간

한 명의 자녀 임신	• 출산 전과 출산 후를 통하여 90일의 출산전후휴가 부여 • 출산 후에 45일 이상 배정
한 번에 둘 이상 자녀 임신	• 출산 전과 출산 후를 통하여 120일의 출산전후휴가 부여 • 출산 후에 60일 이상 배정
미숙아 출산	출산 전과 출산 후를 통하여 100일의 출산전후휴가 부여

2) 휴가의 분할 사용(출산 전 어느 때라도 분할사용 가능)

출산 전 분할사용 청구사유	• 임신한 근로자에게 유산·사산의 경험이 있는 경우 • 임신한 근로자가 출산전후휴가를 청구할 당시 연령이 만 40세 이상인 경우 • 임신한 근로자가 유산·사산의 위험이 있다는 의료기관의 진단서를 제출한 경우
출산 후의 휴가기간	연속하여 45일(한 번에 둘 이상 자녀를 임신한 경우 60일) 이상

(2) 유산·사산휴가

임신 중인 여성 근로자가 사산하여 휴가를 청구하는 경우	사산휴가 부여
유산휴가를 청구한 여성 근로자의 임신기간이 28주 이상인 경우	유산한 날부터 90일까지 유산휴가 부여

(3) 휴가기간 중의 임금

휴가 중 최초 60일(한 번에 둘 이상의 자녀를 임신한 경우에는 75일)은 유급

(4) 근로제공의무의 경감

시간외근로는 금지되며 임신 중의 여성근로자의 요구가 있는 경우에는 쉬운 종류의 근로로 전환

(5) 휴가종료 후의 복귀

출산전후휴가 종료된 경우에는 동일한 업무 또는 동등한 수준의 임금을 지급하는 직무로 복귀

(6) 근로시간의 단축

① 임신 후 32주 이후에 있으며 1일 근로시간이 8시간인 여성근로자가 1일 2시간의 근로시간 단축을 신청하는 경우 : 근로시간의 단축 허용

② 상시 300명 이상의 근로자를 사용하는 사업 또는 사업장의 사용자는 1일 근로시간이 8시간으로서 임신 후 12주 이내 또는 32주 이후에 있는 여성근로자가 1일 2시간의 근로시간 단축을 신청하는 경우 : 해당 근로자의 임금을 삭감하지 않고 근로시간의 단축 허용

(7) 업무시각의 변경

사용자는 임신 중인 여성근로자가 1일 소정근로시간을 유지하면서 업무의 시작 및 종료시각의 변경을 신청하는 경우 이를 허용하여야 하나, 정상적인 사업운영에 중대한 지장을 초래하는 경우 등에는 그러하지 아니함

유산 · 사산휴가의 청구 등(근기법 시행령 제43조)

① 법 제74조 제2항 전단에서 "대통령령으로 정하는 사유"란 다음 각 호의 어느 하나에 해당하는 경우를 말한다.
　1. 임신한 근로자에게 유산 · 사산의 경험이 있는 경우
　2. 임신한 근로자가 출산전후휴가를 청구할 당시 연령이 만 40세 이상인 경우
　3. 임신한 근로자가 유산 · 사산의 위험이 있다는 의료기관의 진단서를 제출한 경우
② 법 제74조 제3항에 따라 유산 또는 사산한 근로자가 유산 · 사산휴가를 청구하는 경우에는 휴가청구사유, 유산 · 사산 발생일 및 임신기간 등을 적은 유산 · 사산휴가신청서에 의료기관의 진단서를 첨부하여 사업주에게 제출하여야 한다.
③ 사업주는 제2항에 따라 유산 · 사산휴가를 청구한 근로자에게 다음 각 호의 기준에 따라 유산 · 사산휴가를 주어야 한다.
　1. 유산 또는 사산한 근로자의 임신기간이 15주 이내인 경우 : 유산 또는 사산한 날부터 10일까지
　2. 삭제 〈2025.2.18.〉
　3. 임신기간이 16주 이상 21주 이내인 경우 : 유산 또는 사산한 날부터 30일까지
　4. 임신기간이 22주 이상 27주 이내인 경우 : 유산 또는 사산한 날부터 60일까지
　5. 임신기간이 28주 이상인 경우 : 유산 또는 사산한 날부터 90일까지 `기출` 20

임신기간 근로시간 단축의 신청(근기법 시행령 제43조의2)

법 제74조 제7항에 따라 근로시간 단축을 신청하려는 여성근로자는 근로시간 단축개시 예정일의 3일 전까지 임신기간, 근로시간 단축개시 예정일 및 종료 예정일, 근무개시시각 및 종료시각 등을 적은 문서(전자문서를 포함)에 의사의 진단서(같은 임신에 대하여 근로시간 단축을 다시 신청하는 경우는 제외)를 첨부하여 사용자에게 제출하여야 한다.

임신기간 업무의 시작 및 종료 시각의 변경(근기법 시행령 제43조의3)

① 법 제74조 제9항 본문에 따라 업무의 시작 및 종료 시각의 변경을 신청하려는 여성 근로자는 그 변경 예정일의 3일 전까지 임신기간, 업무의 시작 및 종료 시각의 변경 예정 기간, 업무의 시작 및 종료 시각 등을 적은 문서(전자문서를 포함)에 임신 사실을 증명하는 의사의 진단서(같은 임신에 대해 업무의 시작 및 종료 시각 변경을 다시 신청하는 경우는 제외)를 첨부하여 사용자에게 제출해야 한다.
② 법 제74조 제9항 단서에서 "정상적인 사업 운영에 중대한 지장을 초래하는 경우 등 대통령령으로 정하는 경우"란 다음 각 호의 어느 하나에 해당하는 경우를 말한다.
　1. 정상적인 사업 운영에 중대한 지장을 초래하는 경우
　2. 업무의 시작 및 종료 시각을 변경하게 되면 임신 중인 여성 근로자의 안전과 건강에 관한 관계 법령을 위반하게 되는 경우

3. 정기건강진단

임산부 정기건강진단을 받는 데 필요한 시간을 청구하는 경우 : 허용하여 주어야 함

4. 유급수유시간

생후 1년 미만의 유아(乳兒)를 가진 여성근로자가 청구하는 경우 : 1일 2회 각각 30분 이상의 유급수유시간 부여

5. 연장근로시간의 제한

산후 1년이 지나지 아니한 여성 : 단체협약이 있더라도 1일에 2시간, 1주에 6시간, 1년에 150시간을 초과하는 시간외근로 ×

☐ 사용자는 (❶   )을 초과한 휴일근로에 대하여는 통상임금의 100분의 100 이상을 가산하여 근로자에게 지급하여야 한다.

❶ 8시간

☐ 사용자는 근로시간이 (❷   )인 경우에는 30분 이상의 휴게시간을 근로시간 도중에 주어야 한다.

❷ 4시간

☐ 사용자는 (❸   )에 대하여는 단체협약이 있는 경우라도 1일에 2시간, 1주에 6시간, 1년에 150시간을 초과하는 시간외근로를 시키지 못한다.

❸ 산후 1년이 지나지 아니한 여성

☐ 사용자는 18세 이상의 여성을 오후 10시부터 오전 6시까지의 시간 및 (❹   )에 근로시키려면 그 근로자의 동의를 받아야 한다.

❹ 휴일

☐ 사용자는 (❺   )가 1일 소정근로시간을 유지하면서 업무의 시작 및 종료 시각의 변경을 신청하는 경우 이를 허용하여야 한다.

❺ 임신 중인 여성 근로자

☐ 사용자는 임신 중이거나 산후 1년이 지나지 아니한 여성과 (❻   )를 도덕상 또는 보건상 유해·위험한 사업에 사용하지 못한다.

❻ 18세 미만자

☐ 사용자는 1일 근로시간이 8시간인 임신 후 32주 이후에 있는 여성 근로자가 1일 (❼   )의 근로시간 단축을 신청하는 경우 이를 허용하여야 한다.

❼ 2시간

☐ 근로자가 업무상 재해 등의 사정으로 말미암아 연차휴가를 사용할 (❽   )에 전혀 출근하지 못한 경우라 하더라도 이미 부여받은 연차휴가를 사용하지 않은 데 따른 연차휴가수당은 청구할 수 있다.

❽ 해당 연도

☐ 사용자 또는 (❾   )는 취직인허증이 못쓰게 되거나 이를 잃어버린 경우에는 고용노동부령으로 정하는 바에 따라 지체 없이 재교부 신청을 하여야 한다.

❾ 15세 미만인 자

☐ 사용자는 계속하여 근로한 기간이 1년 미만인 근로자에게 1개월 개근 시 (❿   )의 유급휴가를 주어야 한다.

❿ 1일

CHAPTER 07 취업규칙 및 기숙사

제1절 취업규칙

I 취업규칙의 의의, 작성 및 해석

의 의	• 사용자가 기업경영의 필요상 사업장에서 근로가 지켜야 할 근로자의 복무규율과 근로조건에 관한 준칙을 규정한 것을 의미 • 복무규율과 근로조건은 근로관계의 존속을 전제로 하는 것이지만, 근로관계 종료 후의 권리·의무에 관한 사항이라고 하더라도 사용자와 근로자 사이에 존속하는 근로관계와 직접 관련되는 것으로서 근로자의 대우에 관하여 정한 사항이라면 이 역시 취업규칙에서 정한 근로조건에 해당
작 성	취업규칙의 작성·신고의무자는 상시 10명 이상의 근로자를 사용하는 사용자
해 석	원칙적으로 객관적인 의미에 따라 해석하여야 하고, 문언의 객관적 의미를 벗어나는 해석은 신중하고 엄격하여야 함

II 취업규칙의 기재사항

① 업무의 시작과 종료시각, 휴게시간, 휴일, 휴가 및 교대근로에 관한 사항
② 임금의 결정·계산·지급방법, 임금의 산정기간·지급시기 및 승급(昇給)에 관한 사항
③ 가족수당의 계산·지급방법에 관한 사항
④ 퇴직에 관한 사항
⑤ 근로자퇴직급여 보장법에 따라 설정된 퇴직급여, 상여 및 최저임금에 관한 사항
⑥ 근로자의 식비, 작업용품 등의 부담에 관한 사항
⑦ 근로자를 위한 교육시설에 관한 사항
⑧ 출산전후휴가·육아휴직 등 근로자의 모성보호 및 일·가정 양립지원에 관한 사항
⑨ 안전과 보건에 관한 사항
⑩ 근로자의 성별·연령 또는 신체적 조건 등의 특성에 따른 사업장환경의 개선에 관한 사항
⑪ 업무상과 업무 외의 재해부조(災害扶助)에 관한 사항
⑫ 직장 내 괴롭힘의 예방 및 발생 시 조치 등에 관한 사항
⑬ 표창과 제재에 관한 사항
⑭ 그 밖에 해당 사업 또는 사업장의 근로자 전체에 적용될 사항

Ⅲ 취업규칙의 변경

1. 불이익하지 아니한 취업규칙의 변경

의견청취	근로자의 과반수로 조직된 노동조합이 있는 경우에는 그 노동조합, 노동조합이 없는 경우에는 근로자의 과반수의 의견을 들어야 함
의견청취절차의 위반	취업규칙을 작성·변경함에 있어 의견청취절차를 거치지 아니한 경우 : 무효 ×

2. 불이익한 취업규칙의 변경

(1) 불이익변경의 판단 시점

취업규칙의 변경이 이루어진 시점을 기준으로 판단

(2) 불이익변경의 판단 기준

① 취업규칙이 일부 근로자에게 유리하고, 일부 근로자에게 불리한 경우 : 불이익변경 ○
② 급여규정의 변경이 일부의 근로자에게는 유리하고 일부의 근로자에게는 불리한 경우
  ▶ 근로자집단의 동의를 요할지를 판단하는 것은 근로자 전체에 대하여 획일적으로 결정
  ▶ 이 경우는 불이익변경이므로 근로자집단의 동의 필요
③ 종전 취업규칙에 없던 정년규정을 신설하는 경우 : 불이익변경 ○

(3) 동의의 주체

① 불이익변경 요건으로서 동의주체인 근로자 과반수 : 기존 취업규칙의 적용을 받는 근로자 집단의 과반수를 의미
② 취업규칙을 불리하게 변경하는 경우 동의의 주체
  ▶ 노동조합의 동의는 대표자의 동의로 충분
  ▶ 노동조합이 없는 경우에는 근로자들의 회의방식 기타 집단적 의사결정 방식에 의한 과반수 동의 필요
  ▶ 근로조건이 이원화되어 직접적으로 불이익을 받게 되는 근로자 집단 이외에 근로자 집단이 없는 경우에는 불이익을 받는 그 근로자 집단
  ▶ 하나의 근로조건 체계 내에 있는, 일부 근로자집단은 물론 변경된 취업규칙이 적용이 예상되는 근로자 집단을 포함한 전체 근로자 집단

(4) 동의의 효력

① 노동조합의 동의를 얻어 변경된 취업규칙 : 개별적 동의 절차를 거치지 않은 비조합원에게도 적용
② 노사협의회 근로자 위원들의 동의를 얻은 경우 : 근로자들 과반수의 동의를 얻은 것과 동일시 ×

(5) 동의를 받지 못한 불이익변경의 효력

개별적 동의의 효력	집단적 의사결정방법에 의한 동의 없는 불이익한 취업규칙에 대한 개별적 동의의 효력 : 효력 ×
대가관계 없는 부분의 효력	취업규칙 중 일부가 동의 없이 불이익하게 변경되었을 때, 대가관계나 연계성이 없는, 변경된 다른 부분의 효력 : 유효
동의를 받지 못한 취업규칙의 효력	• 노동조합이나 근로자들이 집단적 동의권을 남용하였다고 볼만한 특별한 사정이 없는 한 해당 취업규칙의 작성 또는 변경에 사회통념상 합리성이 있다는 이유만으로 그 유효성 × • 취업규칙의 불리한 변경에 대한 집단적 동의권은 변경되는 취업규칙의 내용이 갖는 타당성이나 합리성으로 대체 불가 • 집단적 동의권을 남용하였다고 볼만한 특별한 사정이 있는 경우 동의가 없더라도 취업규칙의 불이익변경 유효 ○ • 근로자가 가지는 집단적 동의권은 사용자의 일방적 취업규칙의 변경 권한에 한계를 설정하고 근로조건의 노사대등결정 원칙을 실현하는 데에 중요한 의미를 갖는 절차적 권리 • 권리남용금지 원칙은 강행규정으로서 위반 여부를 법원이 직권으로 판단 가능
동의를 받지 못한 취업규칙의 신규근로자, 재입사자에 대한 효력	• 동의 없는 취업규칙의 불이익한 변경의 신규근로자에 대한 효력 : 변경된 취업규칙 적용 • 동의 없는 취업규칙의 불이익한 변경 후 재입사한 근로자에 대한 효력 : 현행의 법규적 효력을 가진 변경된 취업규칙 적용
단체협약에 의한 소급적 동의	• 단체협약을 체결할 때, 근로조건기준에 대해 소급적으로 동의하거나 승인하는 효력 : 단체협약이 시행된 이후에 협약의 적용을 받게 될 근로자들에게 미침 • 동의 없이 취업규칙이 불리하게 변경되었으나 동일한 내용의 단체협약이 체결된 경우 : 변경된 취업규칙은 유효

Ⅳ 고용노동부장관에의 신고 · 취업규칙의 심사 · 주지의무

① 취업규칙이 법령이나 단체협약에 어긋나는 경우에는 고용노동부장관은 노동위원회의 의결 없이 변경 명령 가능
② 취업규칙에 표창과 제재에 관한 사항의 기재가 없는 경우는 고용노동부장관은 변경명령을 할 수 있음

Ⅴ 취업규칙상의 징계권의 규제

근로자에 대하여 감급(減給)의 제재를 정할 경우에는 감액은 1회의 금액이 평균임금의 1일분의 2분의 1을, 총액이 1임금지급기의 임금총액의 10분의 1을 초과 ×

Ⅵ 취업규칙의 효력

취업규칙과 단체협약과의 관계	해당 사업 또는 사업장에 대하여 적용되는 단체협약과 어긋나서는 안 됨
취업규칙에 미달하는 근로조건을 정한 근로계약	그 부분은 무효로 하고 취업규칙에 정한 기준에 따름

기숙사 생활의 보장 및 기숙사의 유지관리	• 임원선거의 간섭금지 : 사용자는 기숙사생활의 자치에 필요한 임원선거에 간섭 × • 부속 기숙사에 대하여 근로자의 건강 유지, 사생활 보호 등을 위한 조치를 하여야 함
기숙사 규칙의 작성	사용자는 기숙사규칙을 작성하고, 기숙하는 근로자의 과반수의 대표자의 동의를 받아야 함
근로감독관의 권한	기숙사 등에 대한 현장조사, 장부와 서류의 제출요구 및 심문 ○

☐ 노동조합이나 근로자들이 (❶　　　　　)을 남용하였다고 볼만한 특별한 사정이 없는 한 해당 취업규칙의 변경에 사회통념상 합리성이 있다는 이유만으로 그 유효성을 인정할 수는 없다.

☐ 사용자와 근로자 사이의 근로관계 종료 후의 권리·의무에 관한 사항이라고 하더라도 사용자와 근로자 사이에 존속하는 근로관계와 직접 관련되는 것으로서 근로자의 대우에 관하여 정한 사항이라면 이 역시 취업규칙에서 정한 (❷　　　　　)에 해당한다.

☐ 취업규칙의 작성·변경에 관한 권한은 원칙적으로 (❸　　　　　)에게 있다.

☐ 사용자는 취업규칙의 작성 시 해당 사업 또는 사업장에 근로자의 과반수로 조직된 노동조합이 없는 경우에는 (❹　　　　　)의 의견을 들어야 한다.

☐ 표창과 제재에 관한 사항이 없는 취업규칙의 경우 (❺　　　　　)은 그 변경을 명할 수 있다.

☐ 취업규칙이 기존의 근로자에게 불이익하게 변경되었는지 여부를 불문하고 사용자가 취업규칙을 변경한 후 신규 취업한 근로자에게는 (❻　　　　　)이 적용된다.

☐ 취업규칙에서 근로자에 대하여 감급(減給)의 제재를 정할 경우에 그 감액은 1회의 금액이 (❼　　　　　)의 1일분의 2분의 1을, 총액이 1임금지급기의 임금총액의 10분의 1을 초과하지 못한다.

☐ (❽　　　　　) 이상의 근로자를 사용하는 사용자는 근로기준법에서 정한 사항에 관한 취업규칙을 작성하여 고용노동부장관에게 신고하여야 한다.

☐ 사용자는 근로자의 근로조건, 근로형태, 직종 등의 특수성에 따라 근로자 일부에 적용되는 (❾　　　　　)을 작성할 수 있다.

☐ 사용자가 취업규칙 불이익변경절차를 거치지 않았더라도 노동조합이 불이익변경된 취업규칙에 따르기로 하는 (❿　　　　　)을 체결한 경우에는 이의 적용을 받게 되는 기존의 근로자들에게 변경된 취업규칙이 적용된다.

❶ 집단적 동의권
❷ 근로조건
❸ 사용자
❹ 근로자의 과반수
❺ 고용노동부장관
❻ 변경된 취업규칙
❼ 평균임금
❽ 상시 10명
❾ 별도의 취업규칙
❿ 단체협약

근로관계의 변경

제1절　인사이동

전직이나 전보처분 : 원칙적으로 사용자의 권한에 속하므로 상당한 재량 ○

제2절　전직(전보)

Ⅰ　전직의 제한

근로의 내용이나 근무장소가 특별히 한정된 경우의 전직(전보)처분은 근로자의 동의 필요

Ⅱ　부당전직에 대한 구제

구제신청	사용자가 근로자에게 부당한 전직을 한 경우 : 노동위원회에 구제 신청
권리남용의 해당 여부	① 전보처분 등의 업무상의 필요성과 근로자의 생활상의 불이익을 비교·교량하여 불이익이 통상 감수하여야 할 정도를 현저하게 벗어나지 않는 경우 : 권리남용 × ▶ 전직처분을 할 때 요구되는 업무상의 필요는 인원선택의 합리성을 의미하고 업무능률의 증진, 직장질서의 유지나 회복, 근로자 간의 인화 등의 사정도 포함 ② 전보처분 등에서 협의절차를 거치지 아니한 경우 : 권리남용 × ③ 업무상 필요한 범위 내에서 상당한 재량으로 행하여진 전직처분은 특별한 사정이 없는 한 무효 ×
형벌 규정	부당 전직에 대한 형사처벌 규정 ×

제3절   전 적

전적 시 근로관계에 대한 승계특약이 없는 경우는 전적(轉籍)으로 근로관계 단절

제4절   휴 직

휴직명령의 정당한 이유 : 근로자가 상당한 기간에 걸쳐 근로의 제공을 할 수 없다거나, 근로제공을 함이 매우 부적당하다고 인정되는 경우 인정

제5절   징 계

I   징계사유의 정당성

① 근로자의 사생활에서의 비행 : 사업활동에 직접 관련이 있거나 기업의 사회적 평가를 훼손할 염려가 있는 것에 한하여 정당한 징계사유
② 여러 개의 징계사유 중 다른 일부 징계사유만으로도 징계처분의 타당성을 인정하기에 충분한 경우에 징계처분은 위법하지 아니하며 충분한지 여부에 대한 증명책임은 사용자의 부담
③ 단체협약에서 해고사유를 단체협약에만 의하도록 명시적으로 규정하고 있지 않거나 징계절차에 관하여 단체협약상의 규정과 취업규칙 등의 규정이 상호 저촉되지 아니하는 경우에는 취업규칙에서 정한 새로운 해고사유로 해고 가능

II   징계양정의 정당성

① 경미한 징계사유에 대해 가혹한 제재를 가하는 경우 : 징계권의 남용으로 무효
  ▶ 같은 정도의 비위행위에 대하여 일반적 기준과 달리 과중한 징계처분을 행하는 경우에는 위법 ○
② 징계사유로 삼지 아니한 비위행위가 아닌 평소의 소행과 근무성적, 당해 징계처분사유 전후에 저지른 비위행위사실 : 징계양정에서 참작자료 ○
③ 학력 등의 허위기재를 이유로 한 징계해고의 정당성 : 고용 당시의 사정뿐 아니라, 고용 이후 해고에 이르기까지 종사한 근로의 정상적인 제공에 지장을 초래하는지 여부 등을 종합적으로 고려하여 판단
④ 징계해고의 정당한 이유 : 사회통념상 근로계약을 계속시킬 수 없을 정도로 근로자에게 책임 있는 사유가 있는 것을 의미

Ⅲ 징계절차의 정당성

1. 징계절차규정이 있는 경우

(1) 절차위반의 효력

무효 여부	① 징계규정상 징계절차를 위반하여 징계처분이 이루어진 경우 : 무효 ② 사용자가 인사처분을 함에 있어 노동조합의 사전 동의나 승낙을 얻어야 한다거나 의견의 합치를 보아 인사처분을 하도록 단체협약 등에 규정된 경우 ▶ 그 절차를 거치지 않은 인사처분은 원칙적으로 무효이나 사용자의 인사권 행사 그 자체를 부정할 수는 없으므로 노동조합의 간부인 피용자에게 징계사유가 있음이 발견된 경우에 어떠한 경우를 불구하고 노동조합 측의 적극적인 찬성이 있어야 그 징계권을 행사할 수 있다는 취지 × ▶ 노동조합 측에 중대한 배신행위가 있고 이로 인하여 사용자 측의 절차의 흠결이 초래된 경우이거나, 노동조합 측이 합리적 근거나 이유제시도 없이 무작정 징계에 반대함으로써 사전 합의에 이르지 못하였다고 인정되는 경우나, 노동조합 측이 사전동의권의 행사를 포기하였다고 인정되는 경우에는 사용자가 이러한 합의 없이 한 해고도 유효 ○ ③ 단체협약 등에 규정된 징계재심절차를 전혀 이행하지 아니하였으나 원래의 징계처분이 요건을 모두 구비한 경우 : 원래의 징계처분은 무효
소명의 기회 부여의 정도	① 징계규정에서 징계위원회에 출석하여 소명할 기회를 부여하고 있는 경우에는 소명자료를 준비할 상당한 기간을 두고 개최일시와 장소를 통보 ② 징계혐의 사실에 대하여 진술할 기회를 부여하면 족하고, 혐의사실 개개의 사항에 대하여 빠짐없이 진술하도록 조치할 필요 × ③ 단체협약, 취업규칙에서 소명기회를 주도록 규정하고 있는 경우에는 기회제공으로 족하고 소명 자체가 반드시 이루어질 필요 × ④ 징계위원회가 개개의 혐의 사항에 대해 구체적으로 질문하고 징계대상자가 빠짐없이 진술하도록 조치하지 않은 경우는 부당한 징계 ×
징계위원회의 구성	① 무자격위원이 참여하여 징계처분이 이루어졌으나 그를 제외하더라도 의결정족수가 충족되는 경우 : 징계처분은 무효 ○ ② 단체협약에서 징계위원회를 노사 각 3명의 위원으로 구성하기로 정하면서 근로자 측 징계위원의 자격에 관하여 아무런 규정을 두지 않은 경우의 근로자 측 징계위원은 사용자 회사에 소속된 근로자로 한정

(2) 하자의 치유

징계 과정에서의 절차 위반의 하자가 재심 과정에서 보완된 경우 : 하자 치유 ○

2. 징계절차규정이 없는 경우

① 출석 및 진술의 기회 부여절차가 없어 그러한 절차를 거치지 않고 징계처분을 행한 경우 : 무효 ×
② 대기발령이 징계처분의 하나로 규정되어 있지 않은 경우 : 대기발령을 함에 있어서 변명의 기회를 부여하는 등의 징계절차 불요

제6절 직위해제(대기발령)

I 직위해제의 정당성

① 잠정적 직위해제는 징벌적 제재로서의 징계와 구별
② 대기발령 기간은 사유가 정당한 경우에도 기간은 합리적인 범위에서 이루어져야 함
③ 대기발령의 사유가 해소된 후 부당하게 장기간 동안 대기발령조치를 유지하는 경우는 정당성 ×

II 당연퇴직의 정당성

대기발령 후 일정 기간이 경과하도록 복직발령을 받지 못하는 때 당연퇴직된다는 규정을 두는 경우는 실질상 해고에 해당

III 직위해제와 구제이익

직위해제처분에 따른 효과로 법률상 불이익을 규정하고 있는 경우에는 실효된 직위해제처분에 대한 구제이익 ○

IV 휴업수당

사용자의 귀책사유로 근로자들에게 대기발령을 한 경우 : 휴업수당 지급

I 영업양도의 의의

영업양도는 일정한 영업목적에 의하여 조직화된 업체를 그 동일성은 유지하면서 일체로서 이전하는 것을 말하며, 합병과는 달리 포괄승계 되는 것이 아닌 특정승계되는 것이므로, 개개의 재산에 대하여 별도의 이전절차를 거쳐야 함. 한편 영업재산의 일부를 유보한 채 영업시설을 양도했어도 그 양도한 부분만으로도 종래의 조직이 유지되어 있다고 사회관념상 인정되는 경우 영업양도로 인정

II 승계되는 근로관계의 범위

전부양도의 경우	① 근로계약 관계가 포괄적으로 승계된 경우에는 종전 근로계약상의 지위도 그대로 승계
	  ▶ 영업양도에 의하여 근로계약 관계가 포괄적으로 승계된 경우 : 승계 후의 퇴직금 규정이 근로자에게 불리하다면 승계 전의 퇴직금 규정 적용
	② 영업양도와 근로관계의 승계
	  ▶ 양도회사의 노동조합과 양도회사 간에 체결한 단체협약 : 효력 ○
	  ▶ 양도회사에서의 근속기간을 산입하지 않기로 하는 특약 : 동의가 없는 한 무효 ○
	③ 근로관계의 일부를 승계대상에서 제외하기로 하는 특약이 있는 경우
	  ▶ 해고된 근로자를 승계의 대상에서 제외하는 경우 : 해고의 정당한 이유가 있으면 유효 ○
	  ▶ 영업양도 자체만을 사유로 삼아 근로자를 해고하는 경우 : 정당한 이유 ×
	  ▶ 실질적으로 해고에 해당하므로 정당한 이유가 없는 경우 부당해고에 대한 구제신청 가능

일부양도의 경우	승계되는 근로관계는 계약체결일 현재 그 영업부문에서 근무하는 근로자와의 근로관계를 의미
해고무효판결이 확정된 경우	해고무효판결이 확정되었으나 근로자에 대한 양도인의 현실적인 복직조치가 없었던 경우 : 근로자와 양도인의 근로관계는 양수인에게 승계

III 근로자의 승계거부권

반대 의사를 표시함으로써 양수기업에 포괄적 승계되는 대신 양도기업에 잔류하거나 양도기업과 양수기업 모두에서 퇴직 가능

□ 사용자가 전보처분 등을 함에 있어서 근로자 본인과 성실한 협의절차를 거치지 아니하였다는 사정만으로 전보처분 등이 (❶   )에 해당하여 당연히 무효가 된다고 할 수 없다.

□ 여러 개의 징계사유 중 인정되는 일부 징계사유만으로 해당 징계처분의 타당성을 인정하기에 충분한지에 대한 증명책임은 (❷   )가 부담한다.

□ (❸   )란 일정한 영업목적에 의하여 조직화된 업체를 그 동일성은 유지하면서 일체로서 이전하는 것이다.

□ 징계처분에서 징계사유로 삼지 아니한 비위행위라고 하더라도, 징계종류 선택의 자료로서 피징계자의 평소의 소행과 근무성적, 당해 징계처분사유 전후에 저지른 비위행위사실 등은 (❹   )에 있어서의 참작자료로 삼을 수 있는 것이다.

□ 대기발령은 그 사유가 정당한 경우에도 그 기간은 (❺   )에서 이루어져야 한다.

□ 노동조합 간부에 대한 징계처분을 함에 있어 노동조합과 합의하도록 단체협약에 규정된 경우 그 합의를 거치지 않은 징계처분은 (❻   )이다.

□ 근로기준법 제23조 제1항의 (❼   )란 징계해고의 경우에는 사회통념상 근로계약을 계속시킬 수 없을 정도로 근로자에게 책임 있는 사유가 있는 것을 말한다.

□ (❽   )는 잠정적 조치로서의 보직의 해제를 의미하므로 근로자의 비위행위에 대하여 행하는 징벌적 제재로서의 징계와는 그 성질이 다르다.

□ 사용자가 자신의 (❾   )에 해당하는 경영상의 필요에 따라 근로자들에게 대기발령을 한 경우에는 그 근로자들에게 휴업수당을 지급하여야 한다.

□ 원래의 징계과정에 절차위반의 하자가 있더라도 재심과정에서 보완되었다면 그 절차위반의 하자는 (❿   )된다.

❶ 권리남용
❷ 사용자
❸ 영업양도
❹ 징계양정
❺ 합리적인 범위 내
❻ 원칙적으로 무효
❼ 정당한 이유
❽ 직위해제
❾ 귀책사유
❿ 치유

CHAPTER 09 근로관계의 종료

제1절 근로관계 종료의 유형

① 사직의 의사표시는 특별한 사정이 없는 한 당해 근로계약을 종료시키는 해약고지
② 사직의 의사가 없는 근로자에게 의원면직의 형식으로 사직서를 작성, 제출하게 한 경우는 해고에 해당

제2절 해고의 실체적 정당성

I 근로자 측의 해고사유

① 18세 미만의 연소근로자를 해고하는 경우는 친권자나 후견인의 동의 불요
② 해산(파산)한 기업이 청산과정에서 근로자를 해고하는 경우는 통상해고에 해당

II 사용자 측의 해고사유

사용자가 경영상의 이유로 근로자를 해고할 경우 ① 긴박한 경영상의 필요, ② 해고회피노력, ③ 합리적이고 공정한 해고기준의 설정, ④ 근로자대표와의 사전협의 등 4가지 요건이 요구되고 있으나, 판례는 구체적 사건에서 경영상 이유에 의한 당해 해고가 각 요건을 모두 갖추어 정당한지 여부는 각 요건을 구성하는 개별사정들을 종합적으로 고려하여 판단하여야 한다는 태도

1. 경영해고의 요건

(1) 긴박한 경영상의 필요

① 긴박한 경영상 필요는 기업의 일부 영업부문이 아니라 기업 전체의 경영사정을 종합적으로 검토하여 결정
② 경영 악화를 방지하기 위한 사업의 양도·인수·합병은 긴박한 경영상의 필요로 간주
③ 인원삭감이 필요한 경우도 포함하지만, 객관적으로 보아 합리성이 있다고 인정되어야 함
④ 긴박한 경영상의 필요가 있는지를 판단할 경우는 법인의 어느 사업 부문이 다른 사업 부문과 인적·물적·장소적으로 분리·독립되어 있고 재무 및 회계가 분리되어 있으며 경영여건도 서로 달리하는 예외적인 경우가 아니라면, 법인의 일부 사업부문 내지 사업소의 수지만을 기준으로 할 것이 아니라 법인 전체의 경영사정을 종합적으로 검토하여 결정

(2) 해고회피 노력

사용자가 해고를 회피하기 위한 방법에 관하여 성실하게 협의하여 정리해고의 합의에 도달한 경우 : 이러한 사정도 해고회피노력의 판단에 참작

(3) 합리적이고 공정한 해고기준의 설정

(4) 근로자대표와의 사전협의

사전협의	해고를 하려는 날의 50일 전까지 해고의 기준 통보하고 성실하게 협의하여야 함
근로자대표의 의미	① 근로자의 과반수로 조직된 노동조합이 있는 경우에는 노동조합에 해고를 하려는 날의 50일 전까지 통보하고 성실하게 협의하면 족하고, 사용자가 노동조합과의 협의 외에 해고의 대상인 일정 급수 이상 직원들만의 대표를 새로이 선출하게 하여 그 대표와 별도로 협의를 하지 않은 경우라도 해고의 협의절차의 흠결로 무효 × ② 근로자의 과반수로 조직된 노동조합이 없는 경우에는 근로자대표에 해고를 하려는 날의 50일 전까지 통보하고 성실하게 협의 ③ 근로자의 과반수로 조직된 노동조합은 없지만, 상대방이 실질적으로 근로자의 의사를 반영할 수 있는 대표라고 볼 수 있는 사정이 있는 경우에는 근로자의 과반수의 대표로서의 자격 ○
위반의 효력	해고를 피하기 위한 방법과 해고의 기준 등에 관하여 근로자대표에게 해고를 하려는 날의 50일 전까지 통보하지 않은 경우 : 50일 기간의 준수는 정리해고의 효력요건은 아니어서, 특별한 사정이 없고 정리해고의 그 밖의 요건은 충족되었다면 그 정리해고는 유효함

2. 경영해고의 신고

① 대통령령으로 정하는 일정한 규모 이상의 인원을 해고하려는 경우 : 고용노동부장관에게 사전신고

② 상시근로자 수 99명 이하인 사업 또는 사업장의 사용자가 1개월 동안에 10명 이상의 인원을 경영상의 이유에 의하여 해고하려는 경우 : 해고일의 30일 전까지 고용노동부장관에게 사전신고의무 ○

③ 상시근로자수가 45명인 사업장의 사용자가 1개월 동안에 9명의 근로자를 경영상 이유로 해고하려는 경우 : 사전신고의무 ×

④ 경영상의 이유에 의한 해고 계획의 신고를 할 경우 : 해고사유, 해고예정인원, 근로자대표와 협의한 내용, 해고일정 포함

경영상의 이유에 의한 해고계획의 신고(근기법 시행령 제10조)

① 법 제24조 제4항에 따라 사용자는 1개월 동안에 다음 각 호의 어느 하나에 해당하는 인원을 해고하려면 최초로 해고하려는 날의 30일 전까지 고용노동부장관에게 신고하여야 한다.
  1. 상시근로자 수가 99명 이하인 사업 또는 사업장 : 10명 이상
  2. 상시근로자 수가 100명 이상 999명 이하인 사업 또는 사업장 : 상시근로자 수의 10% 이상
  3. 상시근로자 수가 1,000명 이상인 사업 또는 사업장 : 100명 이상
② 제1항에 따른 신고를 할 때에는 다음 각 호의 사항을 포함하여야 한다.
  1. 해고사유
  2. 해고예정인원
  3. 근로자대표와 협의한 내용
  4. 해고일정

3. 경영해고 후의 근로자의 보호

① 정부는 경영상 이유에 의하여 해고된 근로자에 대하여 생계안정, 재취업, 직업훈련 등 필요한 조치를 우선적으로 취하여야 함

② 해고한 날로부터 3년 이내에 해고된 근로자가 담당하였던 업무와 같은 업무를 할 근로자를 채용하려고 할 경우 : 사용자는 해고된 근로자가 원하면 우선적으로 고용

③ 사용자가 우선 재고용의무를 이행하지 아니하는 경우 해고된 근로자에게 고용의 의사표시를 갈음하는 판결을 구할 사법상의 권리가 인정되고, 재고용의무가 발생한 때부터 고용관계가 성립할 때까지의 임금 상당 손해배상금 청구 가능

4. 단체협약·취업규칙상의 해고사유

단체협약에서 해고사유를 단체협약에만 의하도록 명시적으로 제한하고 있는 경우 : 취업규칙에서 정한 새로운 해고사유로 해고할 수 없음

I　해고의 예고

1. 해고예고의 방법

① 근로자를 해고(경영상 이유에 의한 해고 포함)하려면 적어도 30일 전에 예고를 하여야 함

② 일정 시점을 특정하여 하거나 언제 해고되는지를 알 수 있는 방법으로 하여야 함

2. 해고예고수당의 지급

30일 전에 예고를 하지 아니하였을 때에는 30일분 이상의 통상임금 지급

3. 해고예고의무의 예외 인정 여부

예외에 해당	① 근로자가 계속 근로한 기간이 3개월 미만인 경우 ② 천재·사변, 그 밖의 부득이한 사유로 사업을 계속하는 것이 불가능한 경우 ③ 근로자가 고의로 사업에 막대한 지장을 초래하거나 재산상 손해를 끼친 경우로서 고용노동부령으로 정하는 다음의 사유에 해당하는 경우 ㉠ 납품업체로부터 금품이나 향응을 제공받고 불량품을 납품받아 생산에 차질을 가져온 경우 ㉡ 영업용 차량을 임의로 타인에게 대리운전하게 하여 교통사고를 일으킨 경우 ㉢ 사업의 기밀이나 그 밖의 정보를 경쟁관계에 있는 다른 사업자 등에게 제공하여 사업에 지장을 가져온 경우 ㉣ 허위사실을 날조하여 유포하거나 불법집단행동을 주도하여 사업에 막대한 지장을 가져온 경우 ㉤ 영업용 차량 운송수입금을 부당하게 착복하는 등 직책을 이용하여 공금을 착복, 장기유용, 횡령 또는 배임한 경우

	㉝ 제품 또는 원료 등을 몰래 훔치거나 불법반출한 경우
	㉮ 인사·경리·회계 담당직원이 근로자의 근무상황실적을 조작하거나 허위서류 등을 작성하여 사업에 손해를 끼친 경우
	㉯ 사업장의 기물을 고의로 파손하여 생산에 막대한 지장을 가져온 경우
	㉰ 그 밖에 사회통념상 고의로 사업에 막대한 지장을 가져오거나 재산상 손해를 끼쳤다고 인정되는 경우
예외에 해당 ×	6개월을 초과하여 단시간 근로를 계속한 경우

4. 해고예고의무위반의 효과

해고예고의무를 위반한 해고이나 정당한 이유를 갖추고 있는 경우 : 해고는 유효 ○

5. 해고예고수당의 반환청구 가부

부당해고하면서 해고예고수당을 지급한 경우 : 근로자는 해고예고수당 상당액의 반환의무 ×

Ⅱ 해고의 서면통지

1. 서면통지의 방법

해고사유의 기재정도	징계해고사유와 해고시기를 서면으로 통지할 경우에는 해고의 실질적 사유가 되는 구체적 사실 또는 비위내용 기재하여 해고사유가 무엇인지를 구체적으로 알 수 있어야 함
서면통지 규정의 위반 여부	• 해고를 서면으로 통지하면서 해고사유를 전혀 기재하지 않은 경우 : 서면통지 규정 위반 ○ • 해고사유를 구체적으로 알고 있고 충분히 대응할 수 있는 상황이어서 해고사유를 상세하게 기재하지 않은 경우 : 서면통지 규정 위반 × • 이메일(e-mail)에 의한 해고통지가 서면에 의한 해고통지의 역할과 기능을 충분히 수행하고 있는 경우 : 근로자가 이메일을 수신하는 등으로 내용을 알고 있는 이상 서면통지 규정 위반 ×

2. 서면통지 위반의 효과

해고사유와 해고시기를 명시하여 서면으로 30일 전에 해고의 예고를 한 경우는 해고사유와 해고시기의 서면통지로 간주되므로 별도의 해고사유 등의 서면통지 불요

Ⅲ 해고시기의 제한

① 임신한 여성근로자가 산전·산후의 보호휴가를 사용한 기간과 그 후 30일의 기간
② 근로자가 업무상 부상의 요양을 위하여 휴업한 기간
③ 근로자가 사용한 육아휴직 기간
④ 근로자가 업무상 질병의 요양을 위하여 휴업한 기간과 이후 30일의 기간

제4절 부당해고의 구제

Ⅰ 노동위원회에서의 구제절차

1. 초심절차

(1) 구제신청

부당해고가 있는 날부터 3개월 이내에 노동위원회에 부당해고 구제 신청

(2) 심사절차

심문을 할 경우 직권으로도 증인을 출석하게 하여 필요한 사항 질문

(3) 구제명령

구제의 이익 유무	해고무효확인청구의 소의 기각판결이 확정된 경우는 구제신청의 이익은 소멸
구제명령 또는 기각결정	① 심문을 끝내고 노동위원회가 판정하는 경우에는 부당해고등이 성립하는지에 따라 구제명령 또는 기각결정 ② 노동위원회의 판정, 구제명령 및 기각결정은 사용자와 근로자에게 서면으로 통지 ③ 근로계약기간의 만료, 정년의 도래 등으로 근로자가 원직복직이 불가능한 경우 : 이 경우에도 구제명령이나 기각결정 ④ 구제명령을 서면으로 통지받은 날부터 30일 이내의 이행기간을 정하여야 함
원직복직명령 및 임금상당액지급명령, 금전보상명령	① 구제명령을 할 때 근로자가 원직복직을 원하지 아니하는 경우에는 원직복직을 명하는 대신 받을 수 있었던 임금 상당액 이상의 금품 지급명령 가능 ② 근로계약기간의 만료로 원직복직이 불가능하더라도 부당해고가 성립한다고 판정하는 경우에는 노동위원회는 해고기간 동안 근로를 제공하였더라면 받을 수 있었던 임금 상당액에 해당하는 금품을 근로자에게 지급 명령 가능
구제명령의 불이행에 대한 제재	① 부당노동행위 구제신청의 경우에 인정되는 긴급이행명령은 부당해고 등 구제제도에서는 인정 × ② 천재·사변, 그 밖의 부득이한 사유로 구제명령을 이행하기 어려운 경우는 직권 또는 사용자의 신청에 따라 그 사유가 없어진 뒤에 이행강제금 부과 ③ 객관적으로 노력하였으나 근로자의 소재불명 등으로 구제명령을 이행하기 어려운 것이 명백한 경우에는 노동위원회가 직권으로 그 사유가 없어진 뒤에 이행강제금 부과 ④ 구제명령을 받은 사용자가 이행기한까지 구제명령을 이행하지 아니하는 경우는 근로자는 이행기한이 지난 때부터 15일 이내에 노동위원회에 알려 줄 수 있음 ⑤ 사용자가 이행기한까지 구제명령을 이행하지 아니한 경우 : 3천만원 이하의 이행강제금 부과 ⑥ 최초의 구제명령을 한 날을 기준으로 2년을 초과하지 않는 범위 내에서 매년 2회의 범위에서 구제명령이 이행될 때까지 반복하여 부과·징수 ⑦ 이행강제금의 액수, 부과 사유, 납부기한, 수납기관, 이의제기방법 및 이의제기기관 등을 명시한 문서로써 하여야 함 ⑧ 부과하기 30일 전까지 부과·징수한다는 뜻을 미리 문서로써 알려주어야 함 ⑨ 이행강제금의 부과통지를 받은 날부터 15일 이내의 납부기한을 정하여야 함 ⑩ 구제명령을 받은 자가 구제명령을 이행한 경우에는 이미 부과된 이행강제금은 징수 ⑪ 납부의무자가 납부기한까지 이행강제금을 내지 아니하는 경우는 기간을 정하여 독촉을 하고 지정된 기간에 내지 아니하면 국세 체납처분의 예에 따라 징수 ⑫ 재심판정이나 확정판결에 따라 구제명령이 취소되는 경우는 이행강제금의 부과·징수를 즉시 중지하고 이미 징수한 이행강제금은 반환

구제명령의 이행기한(근기법 시행령 제11조)
노동위원회법에 따른 노동위원회는 법 제30조 제1항에 따라 사용자에게 구제명령을 하는 때에는 이행기한을 정하여야 한다. 이 경우 이행기한은 법 제30조 제2항에 따라 사용자가 구제명령을 서면으로 통지받은 날부터 30일 이내로 한다.

이행강제금의 납부기한 및 의견제출 등(근기법 시행령 제12조)
① 노동위원회는 법 제33조 제1항에 따라 이행강제금을 부과하는 때에는 이행강제금의 부과통지를 받은 날부터 15일 이내의 납부기한을 정하여야 한다. 기출 21
② 노동위원회는 천재·사변, 그 밖의 부득이한 사유가 발생하여 제1항에 따른 납부기한 내에 이행강제금을 납부하기 어려운 경우에는 그 사유가 없어진 날부터 15일 이내의 기간을 납부기한으로 할 수 있다.
③ 법 제33조 제2항에 따라 이행강제금을 부과·징수한다는 뜻을 사용자에게 미리 문서로써 알려 줄 때에는 10일 이상의 기간을 정하여 구술 또는 서면(전자문서를 포함)으로 의견을 진술할 수 있는 기회를 주어야 한다. 이 경우 지정된 기일까지 의견진술이 없는 때에는 의견이 없는 것으로 본다.
④ 이행강제금의 징수절차는 고용노동부령으로 정한다.

이행강제금의 부과유예(근기법 시행령 제14조) 기출 21
노동위원회는 다음 각 호의 어느 하나에 해당하는 사유가 있는 경우에는 직권 또는 사용자의 신청에 따라 그 사유가 없어진 뒤에 이행강제금을 부과할 수 있다.
  1. 구제명령을 이행하기 위하여 사용자가 객관적으로 노력하였으나 근로자의 소재불명 등으로 구제명령을 이행하기 어려운 것이 명백한 경우
  2. 천재·사변, 그 밖의 부득이한 사유로 구제명령을 이행하기 어려운 경우

이행강제금의 반환(근기법 시행령 제15조)
① 노동위원회는 중앙노동위원회의 재심판정이나 법원의 확정판결에 따라 노동위원회의 구제명령이 취소되면 직권 또는 사용자의 신청에 따라 이행강제금의 부과·징수를 즉시 중지하고 이미 징수한 이행강제금을 반환하여야 한다. 기출 21
② 노동위원회가 제1항에 따라 이행강제금을 반환하는 때에는 이행강제금을 납부한 날부터 반환하는 날까지의 기간에 대하여 고용노동부령으로 정하는 이율을 곱한 금액을 가산하여 반환하여야 한다.
③ 제1항에 따른 이행강제금의 구체적 반환절차는 고용노동부령으로 정한다.

2. 재심절차

지방노동위원회의 구제명령이나 기각결정에 불복하는 경우에는 구제명령서나 기각결정서를 통지받은 날부터 10일 이내에 중앙노동위원회에 재심신청
  ▶ 사용자가 지방노동위원회의 구제명령에 불복하는 경우 중앙노동위원회에 재심을 신청하거나 행정소송법의 규정에 따라 소(訴) 제기 ×
  ▶ 중앙노동위원회의 재심판정에 대하여 불복하는 경우 재심판정서를 송달받은 날부터 15일 이내에 행정소송법의 규정에 따라 소(訴) 제기 가능

Ⅱ 행정쟁송

① 재심판정에 대하여 불복하는 경우에는 재심판정서를 송달받은 날부터 15일 이내에 소 제기
② 해고에 정당한 이유가 있음에 대한 입증책임은 사용자의 주장·입증
③ 구제명령, 기각결정 또는 재심판정은 재심신청이나 행정소송 제기에 의하여 효력이 정지 ×

Ⅲ 법원에 의한 구제절차

① 사용자가 부당해고를 한 경우는 구제신청뿐만 아니라 민사소송 제기 가능
② 징계해고한 것이 정당하지 못하여 무효로 판단되는 경우 : 곧바로 해고가 불법행위를 구성하지 않음
③ 근로자를 몰아내려는 의도로 고의로 해고한 경우는 불법행위가 성립되어 정신적 고통에 대하여도 배상 책임 ○
④ 부당한 해고처분이 무효이거나 취소된 때, 계속 근로하였다면 받을 수 있는 임금을 청구하는 경우 : 임금은 통상임금으로 국한 ×

제5절 근로관계 종료 후의 근로자 보호

Ⅰ 귀향여비의 지급

명시된 근로조건이 사실과 달라 즉시 근로계약을 해제한 경우에는 거주를 변경하는 근로자에게 귀향 여비를 지급하여야 함

Ⅱ 사용증명서의 교부

1. 청구권자와 청구기한

계속하여 30일 이상 근무한 근로자로 퇴직 후 3년 이내에 청구

2. 기재사항

근로자가 퇴직한 후 사용 기간, 업무 종류, 지위와 임금, 그 밖에 필요한 사항 중 근로자가 요구한 사항만을 적어야 함

Ⅲ 근로자명부

근로자명부의 작성	사용기간이 30일 미만인 일용근로자는 근로자명부 작성 불요
기재사항	① 성 명 ② 성(性)별 ③ 생년월일 ④ 주 소 ⑤ 이력(履歷) ⑥ 종사하는 업무의 종류 ⑦ 고용 또는 고용갱신 연월일, 계약기간을 정한 경우에는 그 기간, 그 밖의 고용에 관한 사항 ⑧ 해고, 퇴직 또는 사망한 경우에는 그 연월일과 사유 ⑨ 그 밖에 필요한 사항
변경사항	근로자명부에 적을 사항이 변경된 경우에는 지체 없이 정정하여야 함
보존기간	3년

Ⅳ 취업방해의 금지

근로자의 취업을 방해할 목적으로 비밀 기호 또는 명부의 작성·사용하거나 통신하여서는 아니 됨

Ⅴ 근로자명부와 계약서류의 보존

보존기간	근로자 명부와 근로계약에 관한 중요한 서류의 보존기간은 3년(예 퇴직에 관한 서류)	
근로계약에 관한 중요한 서류 여부	중요한 서류	① 근로계약서 ② 임금대장 ③ 임금의 결정·지급방법과 임금 계산의 기초에 관한 서류 ④ 고용·해고·퇴직에 관한 서류 ⑤ 승급·감급에 관한 서류 ⑥ 휴가에 관한 서류 ⑦ 각종의 서면합의서류 ⑧ 연소자의 증명에 관한 서류
	중요한 서류 ×	퇴직금 중간정산에 관한 증명서류

☐ 경영 악화를 방지하기 위한 사업의 양도·인수·합병은 (❶   ) 가 있는 것으로 본다.

☐ (❷   )는 해고된 근로자에 대하여 생계안정, 재취업, 직업훈련 등 필요한 조치를 우선적으로 취하여야 한다.

☐ 노동위원회는 근로계약기간의 만료로 원직복직이 불가능한 경우에도 부당 해고가 성립한다고 판정하면 근로자가 해고기간 동안 근로를 제공하였더 라면 받을 수 있었던 (❸   )을 사업주가 근로자에게 지급 하도록 명할 수 있다.

☐ (❹   )는 이행강제금 납부의무자가 납부기한까지 이행강제금 을 내지 아니하면 기간을 정하여 독촉을 하고 지정된 기간에 이행강제금을 내지 아니하면 국세 체납처분의 예에 따라 징수할 수 있다.

☐ 상시근로자 수 99명 이하인 사업 또는 사업장의 사용자는 1개월 동안에 10명 이상의 인원을 경영상의 이유에 의하여 해고하려면 최초로 해고하려 는 날의 (❺   )까지 고용노동부장관에게 신고하여야 한다.

☐ 노동위원회는 이행강제금을 부과하는 때에는 이행강제금의 부과통지를 받 은 날부터 (❻   )의 납부기한을 정하여야 한다.

☐ 부당해고등의 구제신청은 부당해고등이 있었던 날부터 (❼   ) 에 하여야 한다.

☐ 지방노동위원회의 구제명령에 불복하는 사용자는 구제명령서를 통지받은 날부터 (❽   )에 중앙노동위원회에 재심을 신청할 수 있다.

☐ 노동위원회의 구제명령, 기각결정 또는 재심판정은 중앙노동위원회에 대 한 재심신청이나 행정소송 제기에 의하여 그 효력이 (❾   )되 지 아니한다.

☐ 구제명령을 이행하기 위하여 사용자가 객관적으로 노력하였으나 근로자의 소재불명 등으로 구제명령을 이행하기 어려운 것이 명백한 경우 노동위원 회는 (❿   )에 따라 그 사유가 없어진 뒤에 이행강제금을 부과할 수 있다.

---

❶ 긴박한 경영상의 필요

❷ 정부

❸ 임금 상당액에 해당하는 금품

❹ 노동위원회

❺ 30일 전

❻ 15일 이내

❼ 3개월 이내

❽ 10일 이내

❾ 정지

❿ 직권 또는 사용자의 신청

I 반의사불벌죄

반의사불벌죄인 경우	근거 조문(근로기준법)
금품 청산 규정을 위반한 경우	제109조 제2항, 제36조
임금 전액을 지급하지 않는 등 임금에 관련된 죄를 범한 경우	제109조 제2항, 제43조
도급 사업에 대한 임금 지급, 건설업에서의 임금 지급 연대책임 규정을 위반한 경우	제109조 제2항, 제44조, 제44조의2
사용자의 귀책사유로 휴업하면서 휴업수당을 지급하지 않는 경우	제109조 제2항, 제46조
근로한 기간이 단위기간보다 짧은 경우의 임금 정산규정을 위반한 경우	제109조 제2항, 제51조의3
1개월을 초과하는 정산기간을 정하는 선택적 근로시간제에서 매 1개월마다 평균하여 1주간의 근로시간이 40시간을 초과한 시간에 대해서는 통상임금의 100분의 50 이상을 가산하여 근로자에게 지급하여야 한다는 규정을 위반한 경우	제109조 제2항, 제52조 제2항 제2호
연장·야간·휴일근로에 대한 가산수당을 지급하지 않는 경우	제109조 제2항, 제56조

II 과태료(주요한 부과사유)

1천만원 이하의 과태료	직장 내 괴롭힘을 한 자(사용자의 민법상 친족 중 대통령령으로 정하는 사람이 해당 사업 또는 사업장의 근로자인 경우를 포함)(근기법 제116조 제1항, 제76조의2)
500만원 이하의 과태료	① 사용자가 근로기준법의 시행에 관하여 근로감독관의 요구가 있는 경우에 필요한 사항에 대하여 거짓된 보고를 한 자(근기법 제116조 제2항 제1호, 제13조). ② 사용자가 취업규칙을 근로자가 자유롭게 열람할 수 있는 장소에 항상 게시하거나 갖추어 두지 않음으로써 근로자에게 널리 알리지 않은 자(근기법 제116조 제2항 제2호, 제14조 제1항).

Ⅲ 형벌

5년 이하의 징역 또는 5천만원 이하의 벌금	① 강제 근로의 금지규정에 위반한 자(근기법 제107조, 제7조) ② 폭행의 금지규정에 위반한 자(근기법 제107조, 제8조) ③ 법률에 따르지 아니하고 중간인으로서 이익을 취득한 자(근기법 제107조, 제9조) ④ 해고시기의 제한규정에 위반한 자(근기법 제107조, 제23조 제2항) ⑤ 취업 방해의 금지규정에 위반한 자(근기법 제107조, 제40조)
3년 이하의 징역 또는 5년 이하의 자격정지	근기법을 위반한 사실을 고의로 묵과한 근로감독관(근기법 제108조)
3년 이하의 징역 또는 3천만원 이하의 벌금	① 퇴직한 근로자에게 퇴직한 때부터 14일 이내에 임금을 지급하지 아니한 자(근기법 제109조 제1항, 제36조) ② 임금 전액을 지급하지 않는 등 임금에 관련된 죄를 범한 자(근기법 제109조 제1항, 제43조) ③ 도급 사업에 대한 임금 지급, 건설업에서의 임금 지급 연대책임 규정을 위반한 자(근기법 제109조 제1항, 제44조, 제44조의2) ④ 자기(사용자)의 귀책사유로 휴업하면서 휴업수당을 지급하지 않은 자(근기법 제109조 제1항, 제46조) ⑤ 근로한 기간이 단위기간보다 짧은 경우의 임금 정산규정을 위반한 자(근기법 제109조 제1항, 제51조의3) ⑥ 1개월을 초과하는 정산기간을 정하는 선택적 근로시간제에서 매 1개월마다 평균하여 1주간의 근로시간이 40시간을 초과한 시간에 대해서는 통상임금의 100분의 50 이상을 가산하여 근로자에게 지급하여야 한다는 규정을 위반한 자(근기법 제109조 제1항, 제52조 제2항 제2호) ⑦ 연장·야간·휴일근로에 대한 가산수당을 지급하지 않은 자(근기법 제109조 제1항, 제56조) ⑧ 유해·위험사업에의 사용금지규정을 위반한 자(근기법 제109조 제1항, 제65조) ⑨ 여성과 18세 미만인 사람에 대한 갱내근로금지규정에 위반한 자(근기법 제109조 제1항, 제72조) ⑩ 직장 내 괴롭힘 발생 사실을 신고한 근로자 및 피해근로자등에게 해고나 그 밖의 불리한 처우를 한 자(근기법 제109조 제1항, 제76조의3 제6항)
2년 이하의 징역 또는 2천만원 이하의 벌금 (주요한 구성요건)	① 근로자가 근로시간 중에 공(公)의 직무를 집행하기 위하여 필요한 시간을 청구하였으나 이를 거부한 자(근기법 제110조 제1호, 제10조) ② 근로자를 해고할 때 적어도 해고하려는 날의 30일 전에 예고를 하지 않은 자(근기법 제110조 제1호, 제26조)
1년 이하의 징역 또는 1천만원 이하의 벌금	확정되거나 행정소송을 제기하여 확정된 구제명령 또는 구제명령을 내용으로 하는 재심판정을 이행하지 아니한 자(근기법 제111조)
1천만원 이하의 벌금	임금의 비상시 지급규정에 위반한 자(근기법 제113조, 제45조)
500만원 이하의 벌금 (주요한 구성요건)	① 근로자의 국적을 이유로 근로조건에 대한 차별적 처우를 한 자(근기법 제114조 제1호, 제6조). ② 근로계약을 체결할 때에 임금의 구성항목·계산방법·지급방법이 명시된 서면을 근로자에게 교부하지 않은 자(근기법 제114조 제1호, 제17조 제2항) ③ 동의 없이 취업규칙을 불리하게 변경한 자(근기법 제114조 제1호, 제94조 제1항)

☐ 임금 전액을 지급하지 않는 등 임금에 관련된 죄를 범한 경우(근기법 제109조 제2항, 제43조), (❶   )와 다르게 공소를 제기할 수 없다.

❶ 피해자의 명시적인 의사

☐ 연장·야간·휴일근로에 대한 가산수당을 지급하지 않는 경우(근기법 제109조 제2항, 제56조), (❷   )와 다르게 공소를 제기할 수 없다.

❷ 피해자의 명시적인 의사

☐ 강제 근로의 금지규정에 위반한 자(근기법 제107조, 제7조)는 (❸   )에 처한다.

❸ 5년 이하의 징역 또는 5천만원 이하의 벌금

☐ (❹   )이 이 법을 위반한 사실을 고의로 묵과하면 3년 이하의 징역 또는 5년 이하의 자격정지에 처한다.

❹ 근로감독관

☐ 임금의 비상시 지급규정에 위반한 자(근기법 제113조, 제45조)는 (❺   )에 처한다.

❺ 1천만원 이하의 벌금

제1절 파견근로자 보호 등에 관한 법률

I 근로자파견과 근로관계

근로자파견의 개념	파견사업주와 사용사업주 간에 근로자파견을 약정하는 계약
근로자파견사업의 허가	① 근로자파견사업을 하려는 자 : 고용노동부장관의 허가 필요 ② 금고 이상의 형(집행유예는 제외)을 선고받고 그 집행이 끝나거나 집행을 받지 아니하기로 확정된 후 2년이 지나지 아니한 사람은 근로자파견사업의 허가 × ③ 파견사업허가의 유효기간 : 3년 ④ 근로자파견사업 갱신허가의 유효기간은 갱신 전의 허가의 유효기간이 끝나는 날의 다음 날부터 기산하여 3년
겸업금지	식품위생법상의 식품접객업, 공중위생관리법상의 숙박업, 결혼중개업의 관리에 관한 법률상의 결혼중개업을 하는 자는 근로자파견사업 불가
명의대여의 금지	파견사업주는 자기의 명의로 타인에게 근로자파견사업 허락 금지

II 대상업무와 파견기간

1. 대상업무

허용업무	① 개인보호 및 관련 종사자의 업무 ② 출산으로 결원이 생긴 제조업의 직접생산공정업무 ③ 수위 및 경비원의 업무 ④ 행정, 경영 및 재정 전문가의 업무 ⑤ 건물 청소 종사자의 업무 ⑥ 음식 조리 종사자의 업무
절대금지업무	① 건설공사현장에서 이루어지는 업무(일시적·간헐적으로 인력을 확보하여야 할 필요가 있는 경우에도 마찬가지) ② 항만운송사업법, 한국철도공사법, 농수산물 유통 및 가격안정에 관한 법률, 물류정책기본법상의 하역(荷役)업무로서 근로자공급사업 허가를 받은 지역의 업무 ③ 선원법상의 선원의 업무 ④ 산업안전보건법에 따른 유해하거나 위험한 업무

⑤ 그 밖에 근로자 보호 등의 이유로 근로자파견사업의 대상으로는 적절하지 못하다고 인정하여 대통령령으로 정하는 다음의 업무

> ㉠ 진폐의 예방과 진폐근로자의 보호 등에 관한 법률에 따른 분진작업을 하는 업무
> ㉡ 산업안전보건법에 따른 건강관리카드의 발급대상 업무
> ㉢ 의료법에 따른 의료인의 업무 및 간호조무사의 업무
> ㉣ 의료기사 등에 관한 법률에 따른 의료기사의 업무
> ㉤ 여객자동차 운수사업법에 따른 여객자동차운송사업에서의 운전업무
> ㉥ 화물자동차 운수사업법에 따른 화물자동차 운송사업에서의 운전업무

2. 파견기간

상시허용업무	고령자(55세 이상인 사람)인 파견근로자에 대하여는 2년을 초과하여 파견기간 연장 가능
일시허용업무	① 출산·질병·부상 등 그 사유가 객관적으로 명백한 경우 : 해당 사유가 없어지는 데 필요한 기간만큼 허용 ② 일시적·간헐적으로 인력을 확보할 필요가 있는 경우 : 3개월 이내의 기간. 다만, 해당 사유가 없어지지 아니하고 파견사업주, 사용사업주, 파견근로자 간의 합의가 있는 경우에는 3개월의 범위에서 한 차례만 기간 연장 허용

Ⅲ 고용의무

1. 직접고용의무

(1) 직접고용의무의 인정 여부

직접고용의무 인정	① 고용노동부장관의 허가를 받지 않고 근로자파견사업을 하는 자로부터 근로자파견의 역무를 제공받은 경우 ② 건설공사현장에서 이루어지는 업무에서 부상으로 결원이 생겨 파견근로자를 사용한 경우 ③ 건설공사현장에서 이루어지는 업무에서 연차유급휴가로 결원이 생겨 파견근로자를 사용한 경우 ④ 출산·질병·부상 등으로 결원이 생긴 경우 또는 일시적·간헐적으로 인력을 확보하여야 할 필요가 있는 경우가 아님에도 제조업의 직접생산공정업무에 파견근로자를 사용하는 경우 ⑤ 일시적·간헐적으로 인력을 확보하여야 할 필요에 따라 3월 이내의 기간에 여객자동차 운수사업법에 따른 여객자동차 운송사업의 운전업무에 파견근로자를 사용하는 경우 ⑥ 건설공사현장에서 이루어지는 업무에 파견근로자를 사용하는 경우 ⑦ 파견근로자가 파견기간의 제한을 위반하여 업무를 계속 수행한 기간 중 파견사업주가 변경된 경우
직접고용의무 인정 ×	① 제조업의 직접생산공정업무에서 일시적·간헐적으로 사용기간 내에 파견근로자를 사용한 경우 ② 출산·질병·부상으로 결원이 발생함에 따라 그 사유의 해소에 필요한 기간에 제조업의 직접생산공정업무에 파견근로자를 사용하는 경우

(2) 직접고용의무의 인정 여부에 대한 기타의 지문

① 절대적 파견금지 대상업무에 파견근로자를 사용하는 경우는 파견근로자에 대한 직접고용의무 인정
② 파견근로자에 대하여 직접고용의무를 부담하는 경우는 해당 파견근로자가 명시적으로 반대의사를 표시하거나 정당한 이유가 있는 경우에는 적용 ×
③ 고용의 의사표시를 갈음하는 판결을 구하는 이행소송의 판결이 확정된 경우에는 사용사업주와 파견근로자 사이에 직접고용관계가 성립

2. 우선적 고용노력

파견근로자를 사용하고 있는 업무에 근로자를 직접 고용하고자 하는 경우에는 당해 파견근로자를 우선적으로 고용하도록 노력하여야 함

Ⅳ 사업의 폐지

근로자파견사업을 폐지하는 신고가 있을 경우 : 근로자파견사업의 허가는 신고일부터 그 효력 상실

Ⅴ 파견사업주 및 사용사업주와 파견근로자의 관계

파견사업주와 사용사업주의 관계	① 근로자파견을 할 경우 파견근로자의 성명·성별·연령·학력·자격 그 밖에 직업능력을 사용사업주에게 통지 ② 파견고용관계가 끝난 후 사용사업주가 파견근로자를 고용하는 것을 정당한 이유 없이 금지하는 근로자파견계약 체결 × ③ 사용사업주가 파견근로에 관하여 산안법에 위반하는 경우 : 파견사업주는 근로자파견 정지 가능 ④ 파견사업주가 근로자파견사업의 허가취소 또는 영업정지 처분을 받은 경우 : 파견기간이 끝날 때까지 파견사업주로서의 의무와 권리가 있음
파견사업주와 파견근로자의 관계	① 파견근로자로 고용하지 아니한 근로자를 근로자파견의 대상으로 하려는 경우에는 미리 해당 근로자에게 그 취지를 서면으로 알리고 동의를 받아야 함 ② 쟁의행위 중인 사업장에 쟁의행위로 중단된 업무의 수행을 위하여 근로자파견 × ③ 벌칙 : 쟁의행위 중인 사업장에 그 쟁의행위로 중단된 업무의 수행을 위하여 근로자를 파견한 파견사업주는 1년 이하의 징역 또는 1천만원 이하의 벌금
사용사업주와 파견근로자의 관계	① 파견근로자의 적절한 파견근로를 위하여 사용사업관리책임자 선임 ② 파견근로자의 종교를 이유로 근로자파견계약 해지 × ③ 파견근로자에 대한 안전배려의무는 사용사업주가 부담한다는 점에 묵시적인 의사의 합치가 있음

Ⅵ 파견근로자의 근로관계

1. 파견근로자의 개별적 근로관계

(1) 근기법상 사용자로 간주

1) 파견사업주를 사용자로 간주하여 적용하는 근기법 규정

근기법 제15조(이 법을 위반한 근로계약), 제16조(계약기간), 제17조(근로조건의 명시), 제18조(단시간근로자의 근로조건), 제19조(근로조건의 위반), 제20조(위약 예정의 금지), 제21조(전차금 상계의 금지), 제22조(강제저금의 금지), 제23조(해고 등의 제한), 제24조(경영상 이유에 의한 해고의 제한), 제25조(우선 재고용 등), 제26조(해고의 예고), 제27조(해고사유 등의 서면통지), 제28조(부당해고등의 구제신청), 제29조(조사 등), 제30조(구제명령 등), 제31조(구제명령 등의 확정), 제32조(구제명령 등의 효력), 제33조(이행강제금), 제34조(퇴직급여 제도), 제36조(금품 청산), 제39조(사용증명서), 제41조(근로자의 명부), 제42조(계약 서류의 보존),

제43조(임금 지급), 제43조의2(체불사업주 명단 공개), 제43조의3(임금등 체불자료의 제공), 제44조(도급 사업에 대한 임금 지급), 제44조의2(건설업에서의 임금 지급 연대책임), 제44조의3(건설업의 공사도급에 있어서의 임금에 관한 특례), 제45조(비상시 지급), 제46조(휴업수당), 제47조(도급 근로자), 제48조(임금대장 및 임금명세서), 제56조(연장·야간 및 휴일 근로), 제60조(연차 유급휴가), 제64조(최저 연령과 취직인허증), 제66조(연소자 증명서), 제67조(근로계약), 제68조(임금의 청구), 근로기준법 제8장의 재해보상에 관한 규정

2) 사용사업주를 사용자로 간주하여 적용하는 근기법 규정

근기법 제50조(근로시간), 제51조, 제51조의2(탄력적 근로시간제), 제52조(선택적 근로시간제), 제53조(연장근로의 제한), 제54조(휴게), 제55조(휴일), 제58조(근로시간 계산의 특례), 제59조(근로시간 및 휴게시간의 특례), 제62조(유급휴가의 대체), 제63조(적용의 제외), 제69조(근로시간), 제70조(야간근로와 휴일근로의 제한), 제71조(시간외근로), 제72조(갱내근로의 금지), 제73조(생리휴가), 제74조(임산부의 보호), 제74조의2(태아검진 시간의 허용 등), 제75조(육아시간)

(2) 산안법상 사용자로 간주

① 정기적으로 실시하는 건강진단 중 고용노동부령으로 정하는 건강진단에 대해서는 파견사업주를 사업주로 간주

② 정기적인 안전·보건에 관한 교육의무규정 : 사용사업주를 사업주로 간주

(3) 임금지급의 연대책임

파견사업주가 사용사업주의 귀책사유로 인하여 임금을 지급하지 못한 경우에는 사용사업주는 당해 파견사업주와 연대하여 책임

(4) 유급휴일 또는 유급휴가의 부여

사용사업주가 파견근로자에게 유급휴일 또는 유급휴가를 주는 경우 : 유급으로 지급되는 임금은 파견사업주가 지급

2. 파견근로자의 집단적 노사관계

파견근로자의 정당한 노동조합의 활동을 이유로 근로자파견계약 해지 ×

VII 차별적 처우의 금지 및 시정

① 파견근로자가 차별적 처우를 받은 경우 : 차별적 처우가 있은 날부터 6개월 이내에 노동위원회에 시정 신청

② 고용노동부장관의 시정 요구

▶ 파견사업주와 사용사업주가 차별적 처우를 한 경우

▶ 파견사업주의 사업장에서 시정명령의 효력이 미치는 근로자 이외의 파견근로자에 대하여 차별적 처우가 있는 경우

▶ 시정요구에 따르지 아니한 경우 : 노동위원회에 통보하여야 하고, 해당 파견사업주 또는 사용사업주 및 근로자에게 그 사실 통지

③ 상시 4명 이하의 근로자를 사용하는 사업장 : 차별적 처우의 금지 및 시정에 관한 규정 적용 ×

I 서 설

목 적	기간제근로자 및 단시간근로자에 대한 불합리한 차별을 시정하고 기간제근로자 및 단시간근로자의 근로조건 보호를 강화함으로써 노동시장의 건전한 발전에 이바지함
정 의	차별적 처우 : 복리후생에 관한 사항에 대하여 합리적인 이유 없이 불리하게 처우하는 경우를 말함
적용범위	• 국가 및 지방자치단체의 기관(상시 사용하는 근로자의 수와 관계없이) : 기단법 적용 ○ • 동거의 친족만을 사용하는 사업 또는 사업장 : 기단법 적용 ×

II 기간제근로자

1. 기간제근로자의 사용

(1) 사용기간의 제한

① 기간제 근로계약의 반복갱신 등의 경우 : 계속근로한 총기간이 2년을 초과하지 아니하는 범위 안에서 사용할 수 있으나 반복갱신의 횟수는 제한 ×

② 부당한 갱신거절로 근로를 제공하지 못한 기간 : 정당한 기대권이 존속하는 범위에서는 2년의 사용제한기간에 포함 ○

(2) 예외사유 - 2년을 초과하여 기간제근로자로 사용 가능한 경우

① 사업의 완료 또는 특정한 업무의 완성에 필요한 기간을 정한 경우

② 휴직·파견 등으로 결원이 발생하여 해당 근로자가 복귀할 때까지 그 업무를 대신할 필요가 있는 경우

③ 근로자가 학업, 직업훈련 등을 이수함에 따라 그 이수에 필요한 기간을 정한 경우

④ 55세 이상인 고령자와 근로계약을 체결하는 경우

⑤ 전문적 지식·기술의 활용이 필요한 경우와 정부의 복지정책·실업대책 등에 따라 일자리를 제공하는 경우

　㉠ 전문적 지식·기술의 활용이 필요한 경우로서 대통령령으로 정하는 다음의 경우

　　• 박사 학위(외국에서 수여받은 박사 학위 포함)를 소지하고 해당 분야에 종사하는 경우

　　• 기술사 등급의 국가기술자격을 소지하고 해당 분야에 종사하는 경우

　　• 기단법 시행령 [별표 2]에서 정한 전문자격을 소지하고 해당 분야에 종사하는 경우

　㉡ 정부의 복지정책·실업대책 등에 따라 일자리를 제공하는 경우로서 대통령령으로 정하는 다음의 경우

　　• 고용정책 기본법, 고용보험법 등 다른 법령에 따라 국민의 직업능력 개발, 취업 촉진 및 사회적으로 필요한 서비스 제공 등을 위하여 일자리를 제공하는 경우

　　• 제대군인의 고용증진 및 생활안정을 위하여 일자리를 제공하는 경우

　　• 국가보훈대상자에 대한 복지증진 및 생활안정을 위하여 보훈도우미 등 복지지원 인력을 운영하는 경우우로서 대통령령으로 정하는 다음의 경우

⑥ 그 밖에 합리적인 사유가 있는 경우로서 대통령령으로 정하는 다음의 경우
    ㉠ 다른 법령에서 기간제근로자의 사용 기간을 달리 정하거나 별도의 기간을 정하여 근로계약을 체결할 수 있도록 한 경우
    ㉡ 국방부장관이 인정하는 군사적 전문적 지식·기술을 가지고 관련 직업에 종사하거나 대학에서 안보 및 군사학 과목을 강의하는 경우
    ㉢ 특수한 경력을 갖추고 국가안전보장, 국방·외교 또는 통일과 관련된 업무에 종사하는 경우
    ㉣ 고등교육법에 따른 학교(대학원대학을 포함)에서 강사 등의 업무에 종사하는 경우
    ㉤ 통계법에 따라 고시한 한국표준직업분류의 대분류 1과 대분류 2 직업에 종사하는 자의 소득세법에 따른 근로소득(최근 2년간의 연평균근로소득)이 고용노동부장관이 최근 조사한 고용형태별근로실태조사의 한국표준직업분류 대분류 2 직업에 종사하는 자의 근로소득 상위 100분의 25에 해당하는 경우
    ㉥ 4주 동안을 평균하여 1주 동안의 소정근로시간이 15시간 미만인 근로자인 경우
    ㉦ 국민체육진흥법에 따른 선수와 체육지도자 업무에 종사하는 경우
    ㉧ 국공립연구기관 등의 연구기관에서 연구업무에 직접 종사하는 경우 또는 실험·조사 등을 수행하는 등 연구업무에 직접 관여하여 지원하는 업무에 종사하는 경우

2. 우선적 고용노력

기간의 정함이 없는 근로계약을 체결하려는 경우에는 해당 사업 또는 사업장의 동종 또는 유사한 업무에 종사하는 기간제근로자를 우선적으로 고용하도록 노력하여야 함

Ⅲ   기간제근로자 보호에 관한 판례법리

기간을 정한 근로계약관계에서 갱신기대권이 인정되는 경우 사용자가 이를 위반하여 부당하게 근로계약의 갱신을 거절하는 것은 부당해고와 마찬가지로 아무런 효력이 없고, 이 경우 기간 만료 후의 근로관계는 종전의 근로계약이 갱신된 것과 동일함

Ⅳ   단시간근로자

단시간근로자의 초과근로	• 해당 근로자의 동의를 얻어야 하나, 1주간에 12시간 초과 ✕ • 통상임금의 100분의 50 이상을 가산 지급
통상근로자로의 전환노력 등	• 통상근로자를 채용하고자 하는 경우에는 해당 사업 또는 사업장의 동종 또는 유사한 업무에 종사하는 단시간근로자를 우선적으로 고용하도록 노력하여야 함 • 가사, 학업 그 밖의 이유로 근로자가 단시간근로를 신청하는 경우에는 해당 근로자를 단시간근로자로 전환하도록 노력하여야 함

Ⅴ 차별적 처우의 금지 및 시정절차

1. 차별적 처우의 금지

기간제근로자 등에 대한 차별금지	① 기간제근로자임을 이유로 당해 사업 또는 사업장에서 동종 또는 유사한 업무에 종사하는 기간의 정함이 없는 근로계약을 체결한 근로자에 비하여 차별적 처우 금지 ② 단시간근로자임을 이유로 해당 사업 또는 사업장의 동종 또는 유사한 업무에 종사하는 통상근로자에 비하여 차별적 처우 금지
비교대상 근로자	노동위원회는 신청인이 주장한 비교대상 근로자와 동일성이 인정되는 범위 내에서 조사, 심리를 거쳐 적합한 근로자를 비교대상 근로자로 선정 가능

2. 차별적 처우의 시정절차

시정신청	① 기간제근로자 또는 단시간근로자가 차별적 처우를 받는 경우 : 차별적 처우가 있은 날(계속되는 차별은 그 종료일)부터 6개월 이내에 노동위원회에 시정을 신청 ② 차별적 처우와 관련한 분쟁의 입증책임 : 사용자 부담 ③ 노동위원회에 차별적 처우에 대한 시정신청을 하는 경우에는 차별적 처우의 내용을 구체적으로 명시하여야 함
조정·중재	관계당사자 쌍방 또는 일방의 신청 또는 직권에 의하여 조정절차 개시 가능
시정명령 등	① 기간제근로자에 대하여 차별적 처우가 있었는지 여부 : 비교 대상 근로자로 선정된 근로자가 실제 수행하여 온 업무를 기준으로 판단 ② 차별적 처우의 시정신청 당시에 혹은 시정절차 진행 중에 근로계약기간이 만료된 경우 : 시정이익이 소멸되지 않음 ③ 합리적인 이유 없이 경영성과에 따른 성과금에 있어서 불리하게 처우하는 경우 : 차별적 처우에 해당 ④ 기간제근로자의 계속되는 근로 제공에 대하여 차별적인 규정 등을 적용하여 차별적으로 임금을 지급하여 온 경우 : 계속되는 차별적 처우에 해당 ⑤ 사용자가 기간제·단시간근로자임을 이유로 차별적 처우를 한 경우 : 고용노동부장관이 해당 사용자에게 시정을 요구
조정·중재 또는 시정명령의 내용	① 시정명령의 내용에는 취업규칙, 단체협약 등의 제도개선 명령이 포함될 수 있음 ② 노동위원회는 사용자의 차별적 처우에 명백한 고의가 인정되거나 차별적 처우가 반복되는 경우에는 손해액을 기준으로 3배를 넘지 않는 범위에서 배상명령 가능
시정명령이행상황의 제출요구 등	고용노동부장관은 확정된 시정명령에 대하여 사용자에게 이행상황을 제출할 것을 요구할 수 있고, 시정신청을 한 근로자는 사용자가 확정된 시정명령을 이행하지 아니하는 경우 이를 고용노동부장관에게 신고 가능
차별적 처우의 시정요구 등	확정된 시정명령을 이행할 의무가 있는 사용자의 사업장에서 해당 시정명령의 효력이 미치는 근로자 이외의 기간제근로자에 대하여 차별적 처우가 있는지를 조사하여 차별적 처우가 있는 경우에는 그 시정 요구 가능

VI 보 칙

근로조건의 서면명시	① 근로계약기간에 관한 사항 ② 근로시간·휴게에 관한 사항 ③ 임금의 구성항목·계산방법 및 지불방법에 관한 사항 ④ 휴일·휴가에 관한 사항 ⑤ 취업의 장소와 종사하여야 할 업무에 관한 사항 ⑥ 근로일 및 근로일별 근로시간(단시간근로자에 한정)
감독기관에 대한 통지	사업장에서 기단법을 위반한 사실이 있는 경우 근로자는 고용노동부장관 또는 근로감독관에게 통지할 수 있음

VII 벌 칙

1억원 이하의 과태료	확정된 시정명령을 정당한 이유 없이 이행하지 아니한 자
500만원 이하의 과태료	① 정당한 이유 없이 확정된 시정명령에 대한 고용노동부장관의 이행상황 제출요구에 따르지 아니한 자 ② 기간제근로자와 근로계약을 체결할 때 근로조건을 서면으로 명시하지 아니한 자

제3절	산업안전보건법

I 정 의

산업재해	노무를 제공하는 사람이 업무에 관계되는 건설물·설비·원재료·가스·증기·분진 등에 의하거나 작업 또는 그 밖의 업무로 인하여 사망 또는 부상하거나 질병에 걸리는 것
중대재해	① 사망자가 1명 이상 발생한 재해 ② 3개월 이상의 요양이 필요한 부상자가 동시에 2명 이상 발생한 재해 ③ 부상자 또는 직업성 질병자가 동시에 10명 이상 발생한 경우의 재해
근로자	근기법에 따른 근로자
사업주	근로자를 사용하여 사업을 하는 자
도급인	물건의 제조·건설·수리 또는 서비스의 제공, 그 밖의 업무를 도급하는 사업주(건설공사발주자는 제외)
수급인	도급인으로부터 물건의 제조·건설·수리 또는 서비스의 제공, 그 밖의 업무를 도급받은 사업주
관계수급인	도급이 여러 단계에 걸쳐 체결된 경우에 각 단계별로 도급받은 사업주 전부
건설공사발주자	건설공사를 도급하는 자로서 건설공사의 시공을 주도하여 총괄·관리하지 아니하는 자(도급받은 건설공사를 다시 도급하는 자는 제외)
안전보건진단	산업재해를 예방하기 위하여 잠재적 위험성을 발견하고 그 개선대책을 수립할 목적으로 조사·평가하는 것
작업환경측정	작업환경 실태를 파악하기 위하여 해당 근로자 또는 작업장에 대하여 사업주가 유해인자에 대한 측정계획을 수립한 후 시료를 채취하고 분석·평가하는 것

Ⅱ 정부 및 지방자치단체의 책무와 사업주 · 근로자의 의무

1. 산업재해 예방 기본계획의 수립 · 공표

기본계획의 수립 · 공표의 절차	고용노동부장관이 기본계획을 수립 → 산업재해보상보험 및 예방심의위원회의 심의 → 공표
산업재해발생건수 등의 공표	고용노동부장관은 산업재해를 예방하기 위하여 대통령령으로 정하는 사업장의 근로자 산업재해 발생건수, 재해율 또는 그 순위 등을 공표하여야 함

2. 산업재해 발생건수 등의 공표대상 사업장

① 산업재해발생 사실을 은폐한 사업장
② 산업재해의 발생에 관한 보고를 최근 3년 이내 2회 이상 하지 않은 사업장
③ 산업재해로 인한 사망자가 연간 2명 이상 발생한 사업장
④ 사망만인율(사망재해자 수를 연간 상시근로자 1만명 당 발생하는 사망재해자 수로 환산한 것)이 규모별
　같은 업종의 평균 사망만인율 이상인 사업장

Ⅲ 안전 · 보건관리체계

1. 안전 · 보건관리체계

안전보건관리책임자	사업주는 안전보건관리책임자에게 근로자의 건강진단 등 건강관리에 관한 사항의 업무를 총괄하여 관리 하도록 하여야 함
안전관리자	건설업을 제외한 상시근로자 300명 미만을 사용하는 사업장의 사업주는 안전관리전문기관에 안전관리 자의 업무를 위탁하여 운영할 수 있음
보건관리자	① 산업안전보건위원회 또는 노사협의체에서 심의 · 의결한 업무와 안전보건관리규정 및 취업규칙에서 　정한 업무의 수행 ② 사업장 순회점검, 지도 및 조치 건의업무의 수행 ③ 산업재해 발생의 원인 조사 · 분석 및 재발 방지를 위한 기술적 보좌 및 지도 · 조언업무의 수행
산업보건의	사업장에 산업보건의를 두어야 하나, 의사를 보건관리자로 둔 경우에는 산업보건의의 선임이 불요함

2. 산업안전보건위원회

구성 · 운영	근로자위원과 사용자위원이 같은 수로 구성
심의 · 의결사항	① 사업장의 산업재해 예방계획의 수립에 관한 사항 ② 안전보건관리규정의 작성 및 변경에 관한 사항 ③ 안전보건교육에 관한 사항 ④ 작업환경측정 등 작업환경의 점검 및 개선에 관한 사항 ⑤ 근로자의 건강진단 등 건강관리에 관한 사항 ⑥ 산업재해에 관한 통계의 기록 및 유지에 관한 사항 ⑦ 산업재해의 원인 조사 및 재발 방지대책 수립에 관한 사항 중 중대재해에 관한 사항 ⑧ 유해하거나 위험한 기계 · 기구 · 설비를 도입한 경우 안전 및 보건 관련 조치에 관한 사항 ⑨ 그 밖에 해당 사업장 근로자의 안전 및 보건을 유지 · 증진시키기 위하여 필요한 사항

심의·의결사항의 기준	취업규칙에 반하는 내용으로 심의·의결 ×
심의·의결사항의 위반	사업주와 근로자는 심의·의결한 사항을 성실하게 이행하여야 하고, 위반한 자는 500만원 이하의 과태료 부과

3. 안전보건관리규정의 작성 및 변경

안전보건관리규정에 포함되어야 할 사항	사업주는 사업장의 안전 및 보건을 유지하기 위하여 다음의 사항이 포함된 안전보건관리규정 작성 ① 안전 및 보건에 관한 관리조직과 그 직무에 관한 사항 ② 안전보건교육에 관한 사항 ③ 작업장의 안전 및 보건 관리에 관한 사항 ④ 사고 조사 및 대책 수립에 관한 사항 ⑤ 그 밖에 안전 및 보건에 관한 사항
안전보건관리규정의 기준 등	① 안전보건관리규정은 단체협약 또는 취업규칙에 반할 수 없고, 안전보건관리규정 중 단체협약 또는 취업규칙에 반하는 부분에 관하여는 그 단체협약 또는 취업규칙으로 정한 기준에 따름 ② 안전보건관리규정을 작성하여야 할 사업의 종류, 사업장의 상시근로자 수 등은 산안법 시행규칙으로 정하게 되어 있어, 예를 들어 상시근로자 수가 300명인 보험업 사업주는 안전보건관리규정 작성 의무
작성·변경절차	사업주가 안전보건관리규정을 작성하거나 변경할 때에는 산업안전보건위원회의 심의·의결을 거쳐야 하나, 산업안전보건위원회가 설치되어 있지 아니한 사업장의 경우에는 근로자대표의 동의 필요
준 수	사업주와 근로자는 안전보건관리규정을 지켜야 함

Ⅳ 유해·위험방지조치

1. 사업주의 의무

(1) 법령요지의 게시

산안법과 산안법에 따른 명령의 요지 및 안전보건관리규정을 각 사업장의 근로자가 쉽게 볼 수 있는 장소에 게시하거나 널리 알려야 함

(2) 위험성평가의 실시

(3) 안전보건표지의 설치·부착

(4) 안전조치

사업주는 전기, 열, 그 밖의 에너지에 의한 위험으로 인한 산업재해를 예방하기 위하여 필요한 조치를 하여야 함

(5) 고객의 폭언 등으로 인한 건강장해예방조치

(6) 유해위험방지계획서의 작성·제출

(7) 공정안전보고서의 작성·제출

2. 급박한 산업재해 발생의 위험 시 작업중지

사업주의 작업중지권	사업주는 산업재해가 발생할 급박한 위험이 있을 경우에는 즉시 작업을 중지시키고 안전 및 보건에 관하여 필요한 조치를 하여야 함
근로자의 작업중지권	① 산업재해가 발생할 급박한 위험이 있는 경우 근로자는 작업을 중지하고 대피 가능 ② 근로자가 산업재해가 발생할 급박한 위험으로 인하여 작업을 중지하고 대피하였을 경우에는 지체 없이 그 사실을 관리감독자 또는 그 밖에 부서의 장에게 보고 ③ 산업재해가 발생할 급박한 위험이 있다고 근로자가 믿을 만한 합리적인 이유가 있어 작업을 중지하고 대피한 경우에는 해고나 그 밖의 불리한 처우 불가

3. 중대재해 발생 시 조치

사업주의 조치	사업주는 중대재해가 발생하였을 경우에는 즉시 해당 작업을 중지시키고 안전 및 보건에 관하여 필요한 조치를 하여야 함
고용노동부장관의 작업중지조치 등	사업주가 작업중지의 해제를 요청한 경우 : 고용노동부장관은 심의위원회의 심의를 거쳐 작업중지를 해제

4. 중대재해 원인조사 등(고용노동부장관의 권한)

① 고용노동부장관은 중대재해가 발생하였을 때에는 원인 규명 또는 산업재해 예방대책 수립을 위하여 발생 원인을 조사
② 고용노동부장관은 중대재해가 발생한 사업장의 사업주에게 안전보건개선계획의 수립·시행, 그 밖에 필요한 조치 명령

Ⅴ 도급 시 산업재해 예방

적격수급인의 선정의무	사업주는 산업재해 예방을 위한 조치를 할 수 있는 능력을 갖춘 사업주에게 도급하여야 함
도급인의 안전조치 및 보건조치	① 도급인은 산업재해를 예방하기 위하여 안전 및 보건 시설의 설치 등 필요한 안전조치 및 보건조치를 하여야 하나, 보호구 착용의 지시 등 관계수급인 근로자의 작업행동에 관한 직접적인 조치는 제외 ② 도급인과 수급인을 구성원으로 하는 안전 및 보건에 관한 협의체를 구성하여 운영하여야 함 ③ 도급인이 붕괴의 위험이 있는 작업으로서 대통령령으로 정하는 작업을 도급하는 경우 : 해당 작업 시작 전에 수급인에게 안전 및 보건에 관한 정보를 문서로 제공하여야 함
건설업 등의 산업재해 예방	① 건설공사발주자 또는 건설공사도급인은 설계도서 등에 따라 산정된 공사기간을 단축 × ② 고용노동부장관은 산업안전보건관리비의 효율적인 사용을 위하여 건설공사의 진척 정도에 따른 사용비율 등 기준을 정할 수 있음 ③ 건설공사발주자의 책임이 있는 사유로 건설공사가 지연되어 도급인이 공사기간의 연장을 요청하는 경우에는 건설공사발주자는 특별한 사유가 없으면 공사기간을 연장하여야 함 ④ 건설공사발주자가 2개 이상의 건설공사를 도급하여 그 공사가 같은 장소에서 행해지는 경우 : 건설공사 현장에 안전보건조정자 선임 필요 ⑤ 건설공사도급인이 근로자위원과 사용자위원이 같은 수로 구성되는 노사협의체를 구성하는 경우 : 정기회의는 2개월마다 위원장이 소집하며, 임시회의는 위원장이 필요하다고 인정할 때에 소집

Ⅵ 근로자의 보건관리

작업환경 측정	• 도급인의 사업장에서 관계수급인의 근로자가 작업을 하는 경우 도급인은 법정 자격을 가진 자로 하여금 작업환경측정을 하도록 하여야 함 • 사업주가 작업환경측정을 하는 경우 근로자대표(관계수급인의 근로자대표 포함)가 요구하면 근로자대표를 참석시켜야 함
휴게시설의 설치	사업주는 근로자(관계수급인의 근로자 포함)가 휴식시간에 이용할 수 있는 휴게시설을 갖추어야 함
건강진단 및 건강관리	사업주가 건강진단을 실시하는 경우 근로자대표가 요구하면 근로자대표를 참석시켜야 함
유해 · 위험작업에 대한 근로시간의 제한	유해하거나 위험한 작업으로서 잠함 또는 잠수작업 등 높은 기압에서 하는 작업에 종사하는 근로자는 1일 6시간, 1주 34시간을 초과하여 근로할 수 없음
자격등에 의한 취업제한	사업주는 유해하거나 위험한 작업으로서 상당한 지식이나 숙련도가 요구되는 작업의 경우 필요한 자격 등을 가진 근로자가 아닌 사람에게 작업하게 해서는 아니 됨
역학조사	역학조사에 대해 근로자대표가 참석을 요구하는 경우 : 고용노동부장관은 역학조사에 참석하게 할 수 있음

Ⅶ 벌칙 - 1년 이하의 징역 또는 1천만원 이하의 벌금

다른 사람에게 자기의 성명이나 사무소의 명칭을 사용하여 지도사의 직무를 수행하게 하거나 자격증 · 등록증을 대여한 자(산안법 제170조 제7호, 제153조 제1항)

제4절 직업안정법

Ⅰ 서 설

1. 균등처우

누구든지 성별, 연령, 종교, 신체적 조건, 사회적 신분 또는 혼인 여부 등을 이유로 직업소개 또는 직업지도를 받거나 고용관계를 결정할 때 차별대우를 받지 아니함

2. 정 의

직업안정기관	직업소개, 직업지도 등 직업안정업무를 수행하는 지방고용노동행정기관
직업소개	구인 또는 구직의 신청을 받아 구직자 또는 구인자를 탐색하거나 구직자를 모집하여 구인자와 구직자 간에 고용계약이 성립되도록 알선하는 것
무료직업소개사업	수수료, 회비 또는 그 밖의 어떠한 금품도 받지 아니하고 하는 직업소개사업
근로자공급사업	공급계약에 따라 근로자를 타인에게 사용하게 하는 사업을 말하나, 근로자파견사업은 제외
고용서비스	구인자 또는 구직자에 대한 고용정보의 제공, 직업소개, 직업지도 또는 직업능력 개발 등 고용을 지원하는 서비스

3. 민간직업상담원

고용노동부장관은 직업안정기관에 직업소개, 직업지도 및 고용정보 제공 등의 업무를 담당하는 민간직업상담원을 배치할 수 있음

Ⅱ 직업안정기관의 장의 직업소개 및 직업지도 등

1. 구인의 신청

원 칙	직업안정기관의 장은 구인신청의 수리를 거부하여서는 아니 됨
예 외 (거부 O)	① 직업안정기관의 장이 수리한 구직신청 내용이 법령을 위반한 경우 ② 구인신청의 내용 중 임금, 근로시간, 그 밖의 근로조건이 통상적인 근로조건에 비하여 현저하게 부적당하다고 인정되는 경우 ③ 구인자가 구인조건을 밝히기를 거부하는 경우 ④ 구인자가 구인신청 당시 명단이 공개 중인 체불사업주인 경우

2. 구직의 신청

직업안정기관의 장은 구직자의 요청이 있거나 필요하다고 인정하여 구직자의 동의를 받은 경우에는 직업상담 또는 직업적성검사를 할 수 있음

3. 광역직업소개

통근할 수 있는 지역에서 구직자에게 직업을 소개할 수 없을 경우 : 광범위한 지역에 걸쳐 직업소개 가능

4. 직업지도

직업안정기관의 장은 새로 취업하려는 사람에게 직업지도를 하여야 함

5. 구인 · 구직의 개척

직업안정기관의 장은 구직자의 취업 기회를 확대하고 산업에 부족한 인력의 수급을 지원하기 위하여 구인 · 구직의 개척에 노력하여야 함

Ⅲ 직업안정기관의 장외의 자의 직업소개사업 및 직업정보제공사업 등

1. 직업소개사업

(1) 무료직업소개사업

영위 요건	① 국내무료직업소개사업을 하려는 자는 주된 사업소의 소재지를 관할하는 특별자치도지사·시장·군수 및 구청장에게 신고하여야 하고, 국외무료직업소개사업을 하려는 자는 고용노동부장관에게 신고하여야 함 ② 비영리법인 또는 공익단체이어야 함
신고 없이 무료직업소개사업을 영위할 수 있는 경우	① 한국산업인력공단이 하는 직업소개 ② 한국장애인고용공단이 장애인을 대상으로 하는 직업소개 ③ 각급 학교의 장, 공공직업훈련시설의 장이 재학생·졸업생 또는 훈련생·수료생을 대상으로 하는 직업소개 ④ 근로복지공단이 업무상 재해를 입은 근로자를 대상으로 하는 직업소개

(2) 유료직업소개사업

영위 요건	국내유료직업소개사업을 하려는 자는 주된 사업소의 소재지를 관할하는 특별자치도지사·시장·군수 및 구청장에게 등록하여야 하고, 국외유료직업소개사업을 하려는 자는 고용노동부장관에게 등록하여야 함
기 타	① 유료직업소개사업의 등록을 하고 유료직업소개사업을 하는 자 및 그 종사자는 구인자로부터 선급금 받아서는 아니 됨 ② 명의대여 등의 금지 : 타인에게 자기의 성명 또는 상호를 사용하여 직업소개사업을 하게 하거나 등록증 대여 금지 ③ 고급·전문인력을 소개하는 경우에는 당사자 사이에 정한 요금을 구인자로부터 수령 가능

2. 연소자에 대한 직업소개의 제한

무료직업소개사업을 하는 자와 그 종사자가 18세 미만의 구직자를 소개하는 경우에는 친권자나 후견인의 취업동의서를 받아야 함

3. 근로자의 모집

① 근로자를 고용하려는 자는 다양한 매체를 활용하여 자유롭게 근로자 모집 가능
② 국외에 취업할 근로자를 모집한 경우 : 고용노동부장관에게 신고하여야 함

4. 근로자공급사업

근로자공급사업 영위요건	고용노동부장관의 허가를 받지 아니하고는 근로자공급사업 ×
사업허가를 받을 수 있는 자	• 국내근로자공급사업 : 노동조합만이 허가를 받을 수 있음 • 국외근로자공급사업 : 국내에서 제조업·건설업·용역업, 그 밖의 서비스업을 하고 있는 자, 또는 연예인을 대상으로 하는 경우에는 비영리법인
사업허가의 유효기간	사업허가의 유효기간은 3년으로 하되, 연장허가의 유효기간은 연장 전 허가의 유효기간이 끝나는 날부터 3년

Ⅳ 보 칙

1. 결격사유

근로자공급사업의 허가를 받을 수 있는 자	금고 이상의 형의 집행유예를 선고받고 그 유예기간이 도과한 후 2년이 지나지 아니한 자

근로자공급사업의
허가를 받을 수
없는 자
	① 미성년자, 피성년후견인 및 피한정후견인
	② 파산선고를 받고 복권되지 아니한 자
	③ 금고 이상의 실형을 선고받고 그 집행이 끝나거나 집행을 하지 아니하기로 확정된 날부터 2년이 지나지 아니한 자
	④ 이 법, 성매매알선 등 행위의 처벌에 관한 법률, 풍속영업의 규제에 관한 법률 또는 청소년 보호법을 위반하거나 직업소개사업과 관련된 행위로 선원법을 위반한 자로서 다음의 어느 하나에 해당하는 자
	
	   ⑦ 금고 이상의 실형을 선고받고 그 집행이 끝나거나 집행을 하지 아니하기로 확정된 날부터 3년이 지나지 아니한 자
	   ⓛ 금고 이상의 형의 집행유예를 선고받고 그 유예기간이 끝난 날부터 3년이 지나지 아니한 자
	   ⓒ 벌금형이 확정된 후 2년이 지나지 아니한 자
	
	⑤ 금고 이상의 형의 집행유예를 선고받고 그 유예기간 중에 있는 자
	⑥ 해당 사업의 등록이나 허가가 취소된 후 5년이 지나지 아니한 자
	⑦ 임원 중에 ①부터 ⑥까지의 어느 하나에 해당하는 자가 있는 법인

2. 국고보조

고용노동부장관은 무료직업소개사업 경비의 전부 또는 일부 보조 가능

제5절 남녀고용평등과 일·가정 양립 지원에 관한 법률

Ⅰ 근로자의 정의

근복법, 근퇴법, 산재법, 산안법의 근로자	고평법상의 근로자
근기법 제2조 제1항에 따른 근로자	"사업주에게 고용된 사람과 취업할 의사를 가진 사람"을 의미

Ⅱ 여성근로자에 대한 차별대우의 금지

차별대우의 개념	① 현존하는 남녀 간의 고용차별을 없애거나 고용평등을 촉진하기 위하여 잠정적으로 특정 성을 우대하는 조치로서의 적극적 고용개선조치 하는 경우는 차별 × ② 여성 근로자의 임신, 출산, 수유 등 모성보호를 위한 조치를 취하는 경우도 차별 ×
모집과 채용에 있어서의 평등	사업주는 근로자를 모집·채용할 때 직무의 수행에 필요하지 아니한 신체적 조건, 미혼 조건 등 제시하거나 요구 ×

임금에 있어서의 평등	① 동일가치의 노동 : 당해 사업장 내의 서로 비교되는 남녀 간의 노동이 동일하거나 실질적으로 거의 같은 성질의 노동 또는 그 직무가 다소 다르더라도 객관적인 직무평가 등에 의하여 본질적으로 동일한 가치가 있다고 인정되는 노동에 해당하는 것 ② 동일 가치 노동의 기준 : 직무 수행에서 요구되는 기술, 노력, 책임 및 작업 조건 등 ③ 근로자대표위원의 의견청취 : 사업주가 동일 가치 노동의 기준을 정할 때에는 노사협의회의 근로자대표위원의 의견을 들어야 함 ④ 사업주가 임금차별을 목적으로 설립한 별개의 사업 : 동일한 사업 간주

Ⅲ 직장 내 성희롱 금지

1. 직장 내 성희롱의 개념 및 금지와 예방

개 념	① 근로자가 직장 내의 지위를 이용하여 다른 근로자에게 성적 언동 등으로 성적 굴욕감 또는 혐오감을 느끼게 하는 경우 또는 상급자가 업무와 관련하여 다른 근로자에게 성적 언동 또는 그 밖의 요구 등에 따르지 아니하였다는 이유로 근로조건 및 고용에서 불이익을 주는 경우를 말함 ② 직장 내 성희롱이 성립하기 위해서는 행위자에게 반드시 성적 동기나 의도 불요
금지 및 예방	① 사업주, 상급자 또는 근로자는 직장 내 성희롱 금지 ② 사업주 및 근로자는 성희롱 예방 교육을 매년 받아야 함 ③ 사업주는 직장 내 성희롱 예방 교육을 고용노동부장관의 지정기관에 위탁하여 실시할 수 있음

2. 직장 내 성희롱 발생 시 조치

발생사실의 신고	누구든지 직장 내 성희롱 발생 사실을 알게 된 경우에는 그 사실을 해당 사업주에게 신고 가능
사실확인 조사	① 사업주가 직장 내 성희롱 발생 사실을 알게 된 경우 : 지체 없이 사실 확인을 위한 조사를 실시하여야 함 ② 직장 내 성희롱 발생 사실에 대한 신고를 받거나 알게 되어 사실 확인을 위한 조사를 하게 된 경우에는 피해를 입은 근로자 또는 피해를 입었다고 주장하는 근로자가 조사 과정에서 성적 수치심 등을 느끼지 아니하도록 하여야 함
적절한 조치	① 사업주는 직장 내 성희롱 발생 사실에 따른 조사 기간 동안 피해근로자등을 보호하기 위하여 필요한 경우에는 피해근로자등의 근무장소의 변경, 유급휴가 명령 등 적절한 조치를 하여야 함(이 경우 피해근로자의 의사에 반하는 조치 ×) ② 사실확인을 위한 조사 결과 직장 내 성희롱 발생사실이 확인된 경우에는 피해근로자가 요청하면 근무장소의 변경 등 적절한 조치를 하여야 함

3. 고객 등에 의한 성희롱 방지

① 사업주는 고객 등 업무와 밀접한 관련이 있는 자가 업무수행 과정에서 근로자에게 성적 굴욕감 또는 혐오감 등을 느끼게 하여 해당 근로자가 고충 해소를 요청할 경우에는 근무장소의 변경 등 적절한 조치를 하여야 함
② 사업주는 성희롱을 당한 근로자가 피해를 주장한 것을 이유로 해고나 불이익한 조치 ×

4. 벌 칙

사업주가 성희롱 발생 사실을 신고한 근로자에 대하여 파면 등 불리한 처우를 하는 경우 : 3년 이하의 징역 또는 3천만원 이하의 벌금

Ⅳ 여성의 직업능력 개발 및 고용 촉진

국가, 지방자치단체 및 사업주는 여성의 직업능력 개발 및 향상을 위하여 모든 직업능력 개발 훈련에서 남녀에게 평등한 기회를 보장하여야 함

Ⅴ 여성근로자의 모성보호

1. 배우자 출산휴가

① 사업주는 근로자가 배우자의 출산을 이유로 휴가를 고지하는 경우에 20일의 휴가를 주어야 하며, 이 경우 사용한 휴가기간은 유급
② 출산전후휴가급여등이 지급된 경우에는 그 금액의 한도에서 지급책임 면제
③ 근로자의 배우자가 출산한 날부터 120일이 지나면 사용할 수 없으며, 배우자 출산휴가는 3회에 한정하여 나누어 사용 가능
④ 사업주는 배우자 출산휴가를 이유로 근로자를 해고하거나 그 밖의 불리한 처우 금지

2. 난임치료휴가

① 사업주는 근로자가 인공수정 또는 체외수정 등 난임치료를 받기 위하여 휴가를 청구하는 경우에 연간 6일 이내의 휴가를 주어야 하며, 이 경우 최초 2일은 유급. 다만, 근로자가 청구한 시기에 휴가를 주는 것이 정상적인 사업 운영에 중대한 지장을 초래하는 경우에는 근로자와 협의하여 그 시기 변경 가능
② 사업주는 난임치료휴가를 이유로 해고, 징계 등 불리한 처우 금지
③ 사업주는 난임치료휴가의 청구 업무를 처리하는 과정에서 알게 된 사실을 난임치료휴가를 신청한 근로자의 의사에 반하여 다른 사람에게 누설 금지

Ⅵ 일 · 가정의 양립지원

1. 육아휴직

신청권자	사업주는 임신 중인 여성 근로자가 모성을 보호하거나 근로자가 만 8세 이하 또는 초등학교 2학년 이하의 자녀(입양한 자녀 포함)를 양육하기 위하여 휴직을 신청하는 경우는 허용하여야 함
휴직기간	1년 이내
불리한 처우의 금지	① 원칙 : 해고나 그 밖의 불리한 처우 금지 ② 예외 : 사업주가 사업을 계속할 수 없는 경우는 육아휴직기간에 해고 가능
휴직 후 복직	사업주는 육아휴직을 마친 근로자를 휴직 전과 같은 업무 또는 같은 수준의 임금을 지급하는 직무에 복귀시켜야 하고, 육아휴직 기간은 근속기간에 포함
기간제, 파견근로자의 육아휴직 기간	기단법에 따른 사용기간 또는 파견법에 따른 근로자파견기간에서 제외
육아휴직의 사용형태	근로자는 육아휴직을 3회에 한정하여 나누어 사용 가능. 이 경우 임신 중인 여성 근로자가 모성 보호를 위하여 육아휴직을 사용한 횟수는 육아휴직을 나누어 사용한 횟수에 포함 ×

2. 육아기 근로시간 단축

신청권자	사업주는 근로자가 만 12세 이하 또는 초등학교 6학년 이하의 자녀를 양육하기 위하여 근로시간의 단축을 신청하는 경우에 허용하여야 함
불허사유 및 불허사유 통보	① ㉠ 단축개시예정일의 전날까지 해당 사업에서 계속 근로한 기간이 6개월 미만인 근로자가 신청한 경우, ㉡ 사업주가 직업안정기관에 구인신청을 하고 14일 이상 대체인력을 채용하기 위하여 노력하였으나 대체인력을 채용하지 못한 경우. 다만, 직업안정기관의 장의 직업소개에도 불구하고 정당한 이유 없이 2회 이상 채용을 거부한 경우는 제외, ㉢ 육아기 근로시간 단축을 신청한 근로자의 업무 성격상 근로시간을 분할하여 수행하기 곤란하거나 그 밖에 육아기 근로시간 단축이 정상적인 사업 운영에 중대한 지장을 초래하는 경우로서 사업주가 이를 증명하는 경우 ② 사업주가 육아기 근로시간 단축을 허용하지 아니하는 경우에는 해당 근로자에게 그 사유를 서면으로 통보하고 육아휴직을 사용하게 하거나 출근 및 퇴근 시간 조정 등 다른 조치를 통하여 지원할 수 있는지를 해당 근로자와 협의
단축기간	1년 이내로 하나, 근로자가 육아휴직 기간 중 사용하지 아니한 기간이 있으면 그 기간의 두 배를 가산한 기간 이내
단축 후 근로시간	육아기 근로시간 단축을 허용하는 경우 : 단축 후 근로시간은 주당 15시간 이상이어야 하고 35시간 초과 ×
불리한 처우의 금지	사업주는 육아기 근로시간 단축을 이유로 해당 근로자에게 해고나 그 밖의 불리한 처우 금지
휴직 후 복직	사업주는 근로자의 육아기 근로시간 단축기간이 끝난 후에 그 근로자를 육아기 근로시간 단축 전과 같은 업무 또는 같은 수준의 임금을 지급하는 직무에 복귀시켜야 함
근로시간 단축의 사용형태	근로자는 육아기 근로시간 단축을 나누어 사용 가능. 이 경우 나누어 사용하는 1회의 기간은 1개월(근로계약기간의 만료로 1개월 이상 근로시간 단축을 사용할 수 없는 기간제근로자에 대해서는 남은 근로계약기간) 이상이 되어야 함

3. 육아기 근로시간 단축 중 근로조건 등

근로조건의 불리한 변경 금지	근로시간에 비례하여 적용하는 경우 외에는 육아기 근로시간 단축을 이유로 그 근로조건을 불리하게 하여서는 안 됨
근로조건의 서면결정	근로조건(육아기 근로시간 단축 후 근로시간 포함)은 사업주와 그 근로자 간에 서면으로 결정
연장근로	사업주는 육아기 근로시간 단축을 하고 있는 근로자에게 단축된 근로시간 외에 연장근로를 요구할 수 없으나, 그 근로자가 명시적으로 청구하는 경우에는 주 12시간 이내에서 연장근로 가능
평균임금의 산정	평균임금을 산정하는 경우에는 그 근로자의 육아기 근로시간 단축 기간을 평균임금 산정기간에서 제외

4. 가족돌봄휴직

① 가족돌봄휴직기간은 연간 최장 90일로 하며, 이를 나누어 사용할 수 있음

② 가족돌봄휴직 및 가족돌봄휴가 기간은 평균임금 산정기간에서는 제외되나, 근속기간에는 포함

5. 가족돌봄 등을 위한 근로시간 단축

(1) 근로시간 단축의 허용사유와 예외사유

허용사유	① 근로자가 가족의 질병, 사고, 노령으로 인하여 그 가족을 돌보기 위한 경우 ② 근로자 자신의 질병이나 사고로 인한 부상 등의 사유로 자신의 건강을 돌보기 위한 경우 ③ 55세 이상의 근로자가 은퇴를 준비하기 위한 경우 ④ 근로자의 학업을 위한 경우
불허사유 및 불허사유 통보	① ㉠ 가족돌봄등단축개시예정일의 전날까지 해당 사업에서 계속 근로한 기간이 6개월 미만의 근로자가 신청한 경우, ㉡ 사업주가 직업안정기관에 구인신청을 하고 14일 이상 대체인력을 채용하기 위하여 노력했으나 대체인력을 채용하지 못한 경우. 다만, 직업안정기관의 장의 직업소개에도 불구하고 정당한 이유 없이 2회 이상 채용을 거부한 경우는 제외, ㉢ 가족돌봄등근로시간단축을 신청한 근로자의 업무 성격상 근로시간을 분할하여 수행하기 곤란하거나 그 밖에 가족돌봄등근로시간단축이 정상적인 사업 운영에 중대한 지장을 초래하는 경우로서 사업주가 이를 증명하는 경우, ㉣ 가족돌봄등근로시간단축 종료일부터 2년이 지나지 않은 근로자가 신청한 경우 ② 사업주가 근로시간 단축을 허용하지 아니하는 경우에는 해당 근로자에게 그 사유를 서면으로 통보하고 휴직을 사용하게 하거나 그 밖의 조치를 통하여 지원할 수 있는지를 해당 근로자와 협의

(2) 근로시간 단축기간과 단축기간의 연장 사유

단축기간	1년 이내
단축 후 근로시간	근로자에게 근로시간 단축을 허용하는 경우 단축 후 근로시간은 주당 15시간 이상이어야 하고 30시간 초과 ×

연장 사유	① 연장사유에 해당하는 다음의 경우(아래에 해당하는 근로자는 합리적인 이유가 있는 경우 추가로 2년의 범위 안에서 근로시간 단축의 기간 연장 가능)
	  ㉠ 근로자가 가족의 질병, 사고, 노령으로 인하여 그 가족을 돌보기 위한 경우
	  ㉡ 근로자 자신의 질병이나 사고로 인한 부상 등의 사유로 자신의 건강을 돌보기 위한 경우
	  ㉢ 55세 이상의 근로자가 은퇴를 준비하기 위한 경우
	② 근로자의 학업을 위한 경우 : 연장사유에 해당하지 아니함

(3) 가족돌봄 등을 위한 근로시간 단축 중 근로조건 등

① 근로시간 단축을 한 근로자의 근로조건은 사업주와 근로자 간에 서면으로 결정
② 근로시간 단축을 하고 있는 근로자에게 근로시간 외 연장근로를 요구할 수 없으나, 근로시간 단축을 하고 있는 근로자가 명시적으로 청구하는 경우는 단축된 근로시간 외에 주 12시간 이내에서 연장근로 가능

Ⅶ 분쟁의 예방과 해결

분쟁의 자율적 해결노력	① 고용노동부장관은 남녀고용평등 이행을 촉진하기 위하여 사업장 소속 근로자 중 노사가 추천하는 사람을 명예고용평등감독관으로 위촉 가능 ② 사업주는 근로자가 고충을 신고하였을 때에는 해당 사업장에 설치된 노사협의회에 고충의 처리를 위임하는 등 자율적인 해결을 위하여 노력
시정신청	① 근로자가 차별적 처우등의 시정신청을 하는 경우에는 차별적 처우등의 내용을 구체적으로 명시하여야 함 ② 차별적 처우등을 받은 날(차별적 처우등이 계속되는 경우 그 종료일)부터 6개월 이내에 그 시정 신청할 수 있음

노동위원회의 판정	사업주의 차별적 처우등이 반복되는 경우 : 노동위원회는 손해액을 기준으로 3배를 넘지 아니하는 범위에서 배상 명령할 수 있음
시정명령 이행상황의 제출요구 등	고용노동부장관은 확정된 시정명령에 대하여 사업주에게 이행상황 제출 요구할 수 있음
차별적 처우의 시정요구	사업주가 차별적 처우를 한 경우에는 고용노동부장관이 시정을 요구할 수 있음
입증책임	사업주가 부담

제6절　최저임금법

I　적용범위

① 외국인 근로자 : 최저임금 보장규정이 그대로 적용
② 근로자를 사용하는 모든 사업 또는 사업장에 적용하나, 동거하는 친족만을 사용하는 사업과 가사(家事)사용인에게는 적용 ×
③ 선원법의 적용을 받는 선원과 선원을 사용하는 선박의 소유자는 적용 ×

II　최저임금

1. 최저임금의 결정기준과 구분

최저임금은 근로자의 생계비, 유사 근로자의 임금, 노동생산성 및 소득분배율 등을 고려하여 결정, 이 경우에 사업의 종류별로 구분하여 정할 수 있음

2. 최저임금액

① 일·주 또는 월을 단위로 하여 최저임금액을 정할 경우에는 시간급으로도 표시하여야 함
② 감시 또는 단속적인 근로에 종사자하는 사람으로서 사용자가 고용노동부 장관의 승인을 받은 사람의 최저임금 : 최임법상의 최저임금액
③ 1년 이상의 기간을 정하여 근로계약을 체결하고 수습 중에 있는 근로자로서 수습을 시작한 날부터 3개월 이내인 사람(단순노무업무로 고용노동부장관이 정하여 고시한 직종에 종사하는 근로자는 제외) : 시간급 최저임금액에서 100분의 10을 뺀 금액이 그 근로자의 시간급 최저임금액

3. 최저임금의 효력

① 사용자는 최저임금의 적용을 받는 근로자에게 최저임금액 이상의 임금을 지급하여야 함
② 최임법에 따른 최저임금을 이유로 종전의 임금수준을 낮출 수 없음
③ 최저임금의 적용을 받는 근로자와 사용자의 근로계약 중 최저임금액에 미치지 못하는 금액을 임금으로 정한 부분은 무효이고 이 부분은 최저임금액과 동일한 임금을 지급하기로 한 것으로 간주

④ 최저임금에 산입하는 임금의 범위에 포함 여부

포함 ○	단체협약에 임금항목으로서 지급근거가 명시되어 있는 임금 또는 수당
포함 ×	㉠ 소정(所定)근로시간 또는 소정의 근로일에 대하여 지급하는 임금 외의 임금으로서 고용노동부령으로 정하는 다음의 임금 ㉮ 연장근로 또는 휴일근로에 대한 임금 및 연장·야간 또는 휴일 근로에 대한 가산임금 ㉯ 연차 유급휴가의 미사용수당 ㉰ 유급으로 처리되는 휴일(근기법 제55조 제1항에 따른 유급휴일은 제외)에 대한 임금 ㉱ 그 밖에 명칭에 관계없이 ㉮에서 ㉰에 준하는 것으로 인정되는 임금 ㉡ 상여금, 그 밖에 이에 준하는 것으로서 고용노동부령으로 정하는 다음의 임금의 월 지급액 중 해당 연도 시간급 최저임금액을 기준으로 산정된 월 환산액의 100분의 25에 해당하는 부분 ㉮ 1개월을 초과하는 기간에 걸친 해당 사유에 따라 산정하는 상여금, 장려가급, 능률수당 또는 근속수당 ㉯ 1개월을 초과하는 기간의 출근성적에 따라 지급하는 정근수당 ㉢ 식비, 숙박비, 교통비 등 근로자의 생활 보조 또는 복리후생을 위한 성질의 임금으로서 다음의 어느 하나에 해당하는 것 ㉮ 통화 이외의 것으로 지급하는 임금 ㉯ 통화로 지급하는 임금의 월 지급액 중 해당 연도 시간급 최저임금액을 기준으로 산정된 월 환산액의 100분의 7에 해당하는 부분

⑤ 일반택시운송사업에서 운전업무에 종사하는 근로자의 최저임금에 산입되는 임금의 범위는 생산고에 따른 임금을 제외한 임금으로 함
  ▶ 택시운전근로자들의 최저임금에 산입되는 임금의 범위는 생산고에 따른 임금을 제외한 임금으로 한다는 내용의 최임법 규정은 과잉금지원칙을 위반하여 일반택시 운송사업자들의 계약의 자유를 침해하지 않음
⑥ 도급인이 책임져야 할 사유로 수급인이 근로자에게 최저임금액에 미치지 못하는 임금을 지급한 경우 : 도급인은 해당 수급인과 연대책임
⑦ 근로자가 자기의 사정으로 소정근로시간의 근로를 하지 아니하거나 사용자가 정당한 이유로 근로자에게 소정근로 시간의 근로를 시키지 아니한 경우 : 최저임금의 지급 강제 ×
⑧ 근로자의 임금을 정하는 단위가 된 기간이 그 근로자에게 적용되는 최저임금액을 정할 때의 단위가 된 기간과 다른 경우에는 그 근로자에 대한 임금을 다음의 구분에 따라 시간에 대한 임금으로 환산
  ▶ 주(週) 단위로 정해진 임금은 그 금액을 1주의 최저임금 적용기준 시간 수(1주 동안의 소정근로시간 수와 근기법에 따라 유급으로 처리되는 시간 수를 합산한 시간 수)로 나눈 금액으로 하여 환산

4. 최저임금의 적용제외

정신장애나 신체장애로 근로능력이 현저히 낮은 사람으로서 사용자가 고용노동부장관의 인가를 받은 사람은 최저임금 적용 ×
▶ 정신 또는 신체의 장애가 업무수행에 직접적으로 현저한 지장을 주는 것이 명백하다고 인정되어 고용노동부장관의 인가를 받은 사람은 최저임금 적용 ×

5. 기 타

① 최저임금의 적용을 위한 임금에 산입되지 않는 임금을 최저임금의 적용을 위한 임금의 범위에 산입하여 미달하는 부분을 보전하기로 약정한 경우 : 그 약정은 무효 ○

② 최임법이 적용되는 경우 사용자가 지급할 임금액 : 근로계약에서 정한 임금산정 기준기간 내에 평균적인 최저임금액 이상을 지급하면 충분하나, 임금산정 기준기간은 특별한 사정이 없는 한 1개월 초과 ×

③ 통상임금이 최저임금액보다 적은 경우의 연장근로수당 및 야간근로수당 : 통상임금 자체가 최저임금액을 그 최하한으로 한다고 볼 수 없으므로 시급 최저임금액을 기준으로 수당 산정 ×

Ⅲ 최저임금의 결정

1. 최저임금의 결정

① 고용노동부장관은 매년 8월 5일까지 최저임금을 결정하여야 함. 즉 고용노동부장관은 매년 3월 31일까지 최저임금위원회에 심의를 요청하고, 위원회가 심의하여 의결한 최저임금안에 따라 최저임금 결정

② 위원회는 고용노동부장관으로부터 최저임금에 관한 심의 요청을 받은 경우 이를 심의하여 최저임금안을 의결하고 심의 요청을 받은 날부터 90일 이내에 고용노동부장관에게 제출

③ 고용노동부장관은 위원회가 심의하여 제출한 최저임금안에 따라 최저임금을 결정하기가 어렵다고 인정되면 20일 이내에 그 이유를 밝혀 위원회에 10일 이상의 기간을 정하여 재심의 요청 가능

④ 위원회는 재심의 요청을 받은 때에는 그 기간 내에 재심의하여 그 결과를 고용노동부장관에게 제출

⑤ 고용노동부장관은 재심의에서 재적위원 과반수의 출석과 출석위원 3분의 2 이상의 찬성으로 당초의 최저임금안을 재의결한 경우에는 그에 따라 최저임금 결정

2. 최저임금에 대한 이의제기

① 고용노동부장관은 위원회로부터 최저임금안을 제출받은 때에는 지체 없이 사업 또는 사업장의 종류별 최저임금안 및 적용 사업의 범위 고시

② 고용노동부장관이 고시한 최저임금안에 대하여 이의가 있는 경우 : 고시된 날부터 10일 이내에 고용노동부장관에게 이의 제기 가능

3. 최저임금의 고시와 효력발생

① 고용노동부장관은 최저임금을 결정한 때에는 지체 없이 그 내용을 고시하여야 함

② 고시한 최저임금은 다음 연도 1월 1일부터 효력이 발생하지만, 고용노동부장관이 필요하다고 인정하면 효력발생 시기를 따로 정할 수 있음

4. 주지의무

① 근로자에게 주지시켜야 할 최저임금의 내용

    ㉠ 적용을 받는 근로자의 최저임금액

    ㉡ 최저임금에 산입하지 아니하는 임금

    ㉢ 해당 사업에서 최저임금의 적용을 제외할 근로자의 범위

    ㉣ 최저임금의 효력발생 연월일

② 최저임금의 적용을 받는 사용자는 해당 최저임금을 근로자가 쉽게 볼 수 있는 장소에 게시하거나 널리 알려야 함

Ⅳ 최저임금위원회

설 치	최저임금에 관한 심의와 그 밖에 최저임금에 관한 중요 사항을 심의하기 위하여 고용노동부에 최저임금위원회 설치
구성 등	① 근로자와 사용자 및 공익을 각각 대표하는 위원(각 9명)으로 구성 ② 공익위원인 2명의 상임위원을 두며, 상임위원은 고용노동부장관의 제청에 의하여 대통령이 임명 ③ 위원의 임기는 3년으로 하되, 연임 가능 ④ 위원이 궐위(闕位)되면 그 보궐위원의 임기는 전임자 임기의 남은 기간으로 하며, 궐위된 날부터 30일 이내에 후임자를 위촉하거나 임명하여야 하나, 남은 임기가 1년 미만인 경우에는 위촉하거나 임명 불요 ⑤ 위원은 임기가 끝났더라도 후임자가 임명되거나 위촉될 때까지 계속하여 직무 수행
위원장과 부위원장	위원장과 부위원장 각 1명을 두며, 위원장과 부위원장은 공익위원 중에서 최저임금위원회가 선출
특별위원	최저임금위원회에는 관계 행정기관의 공무원 중에서 3명 이내의 특별위원 선임 가능
의결정족수	원칙적으로 재적위원 과반수의 출석과 출석위원 과반수의 찬성으로 의결
전문위원회	최저임금위원회는 필요하다고 인정하면 사업의 종류별 또는 특정 사항별로 전문위원회 설치 가능

Ⅴ 보 칙

고용노동부장관은 근로자의 생계비와 임금실태 등을 매년 조사하여야 함

Ⅵ 벌 칙

1. 형벌 - 3년 이하의 징역 또는 2천만원 이하의 벌금

최저임금액보다 적은 임금을 지급하거나 최저임금을 이유로 종전의 임금을 낮춘 자

2. 과태료 - 100만원 이하의 과태료

① 해당 최저임금을 그 사업의 근로자가 쉽게 볼 수 있는 장소에 게시하거나 그 외의 적당한 방법으로 근로자에게 널리 알리지 아니한 자

② 임금에 관한 사항의 보고를 하지 아니하거나 거짓 보고를 한 자

I   정 의

퇴직급여제도 : 확정급여형퇴직연금제도, 확정기여형퇴직연금제도, 중소기업퇴직연금기금제도 및 퇴직금제도

II   적용범위

근로자를 사용하는 모든 사업 또는 사업장에 적용되나, 동거하는 친족만을 사용하는 사업 및 가구 내 고용활동에는 적용 ×

III   퇴직급여제도

설정 대상	퇴직급여제도 중 하나 이상의 제도를 설정하여야 하나, 계속근로기간이 1년 미만인 근로자, 4주간을 평균하여 1주간의 소정근로시간이 15시간 미만인 근로자에 대하여는 설정 ×
설정·변경	• 근로자 과반수가 가입한 노동조합이 있는 경우에는 그 노동조합의 동의 필요 • 근로자의 과반수가 가입한 노동조합이 없으면 근로자 과반수(근로자대표)의 동의 필요
차등설정의 금지	하나의 사업에서 급여 및 부담금 산정방법의 적용 등에 관하여 차등설정 ×

IV   퇴직금제도

1. 법정퇴직금

사용자는 계속근로기간 1년에 대하여 30일분 이상의 평균임금을 퇴직금으로 근로자에게 지급할 수 있는 제도를 설정하여야 함

2. 퇴직금의 지급시기

(1) 중간정산 사유인지 여부

중간정산 사유 O	① 무주택자인 근로자가 본인 명의로 주택을 구입하는 경우 ② 무주택자인 근로자가 주거를 목적으로 전세금 또는 보증금을 부담하는 경우. 이 경우 근로자가 하나의 사업에 근로하는 동안 1회로 한정 ③ 근로자가 6개월 이상 요양을 필요로 하는 다음의 어느 하나에 해당하는 사람의 질병이나 부상에 대한 의료비를 해당 근로자가 본인 연간 임금총액의 1천분의 125를 초과하여 부담하는 경우 　　㉠ 근로자 본인 　　㉡ 근로자의 배우자 　　㉢ 근로자 또는 그 배우자의 부양가족 ④ 퇴직금 중간정산을 신청하는 날부터 거꾸로 계산하여 5년 이내에 근로자가 채무자 회생 및 파산에 관한 법률에 따라 파산선고를 받은 경우 ⑤ 퇴직금 중간정산을 신청하는 날부터 거꾸로 계산하여 5년 이내에 근로자가 채무자 회생 및 파산에 관한 법률에 따라 개인회생절차개시 결정을 받은 경우 ⑥ 사용자가 기존의 정년을 연장하거나 보장하는 조건으로 단체협약 및 취업규칙 등을 통하여 일정나이, 근속시점 또는 임금액을 기준으로 임금을 줄이는 제도를 시행하는 경우

	⑦ 사용자가 근로자와의 합의에 따라 소정근로시간을 1일 1시간 또는 1주 5시간 이상 단축함으로써 단축된 소정근로시간에 따라 근로자가 3개월 이상 계속 근로하기로 한 경우 ⑧ 근로시간의 단축으로 근로자의 퇴직금이 감소되는 경우 ⑨ 재난으로 피해를 입은 경우로서 고용노동부장관이 정하여 고시하는 사유에 해당하는 경우
중간정산 사유 ×	사용자가 근로자와의 합의에 따라 연장근로시간을 1일 1시간 또는 1주 5시간 이상 단축한 경우

(2) 퇴직금산정을 위한 계속근로기간

정산시점부터 새로 계산

(3) 관련증명 서류 보존기간

퇴직금을 중간정산하여 지급한 경우에는 퇴직한 후 5년이 되는 날까지 보관

3. 퇴직금의 시효

퇴직금을 받을 권리는 3년간 행사하지 아니하면 시효로 소멸

V 퇴직연금제도

1. 퇴직연금제도의 종류

(1) 확정급여형퇴직연금제도

의 의	근로자가 받을 급여의 수준이 사전에 결정되어 있는 퇴직연금제도
급여종류 및 수급요건	급여종류는 연금 또는 일시금으로 하되, 연금은 55세 이상으로서 가입기간이 10년 이상인 가입자에게 지급할 것. 이 경우 연금의 지급기간은 5년 이상이어야 함
운용현황의 통지	퇴직연금사업자는 매년 1회 이상 적립금액 및 운용수익률 등을 가입자에게 통지

(2) 확정기여형퇴직연금제도

의 의	사용자가 부담하여야 할 부담금의 수준이 사전에 결정되어 있는 퇴직연금제도
부담금의 납입	사용자는 가입자의 연간 임금총액의 12분의 1 이상에 해당하는 부담금을 현금으로 확정기여형퇴직연금제도 계정에 납입
적립금의 중도인출 사유	① 무주택자인 가입자가 본인 명의로 주택을 구입하는 경우 ② 무주택자인 가입자가 주거를 목적으로 전세금 또는 보증금을 부담하는 경우. 이 경우 가입자가 하나의 사업 또는 사업장에 근로하는 동안 1회로 한정 ③ 재난으로 피해를 입은 경우로서 고용노동부장관이 정하여 고시하는 사유와 요건에 해당하는 경우 ④ 가입자가 6개월 이상 요양을 필요로 하는 다음의 어느 하나에 해당하는 사람의 질병이나 부상에 대한 의료비를 본인 연간 임금총액의 1천분의 125를 초과하여 부담하는 경우 　㉠ 가입자 본인 　㉡ 가입자의 배우자 　㉢ 가입자 또는 그 배우자의 부양가족 ⑤ 중도인출을 신청한 날부터 거꾸로 계산하여 5년 이내에 가입자가 채무자 회생 및 파산에 관한 법률에 따라 파산선고를 받은 경우 ⑥ 중도인출을 신청한 날부터 거꾸로 계산하여 5년 이내에 가입자가 채무자 회생 및 파산에 관한 법률에 따라 개인회생절차개시 결정을 받은 경우 ⑦ 퇴직연금제도의 급여를 받을 권리를 담보로 제공하고 대출을 받은 가입자가 그 대출 원리금을 상환하기 위한 경우로서 고용노동부장관이 정하여 고시하는 사유에 해당하는 경우

(3) 개인형퇴직연금제도

설정적격자	• 퇴직급여제도의 일시금을 수령한 사람 • 확정급여형퇴직연금제도, 확정기여형퇴직연금제도 또는 중소기업퇴직연금기금제도의 가입자로서 자기의 부담으로 개인형퇴직연금제도를 추가로 설정하려는 사람
10명 미만을 사용하는 사업에 대한 특례	상시 10명 미만의 근로자를 사용하는 사업의 사용자가 개별 근로자의 동의를 받거나 그의 요구에 따라 개인형퇴직연금제도를 설정하는 경우에는 해당 근로자에 대하여 퇴직급여제도 설정한 것으로 간주

2. 수급권의 보호

(1) 양도 또는 압류의 금지

퇴직연금제도의 급여를 받을 권리(중소기업퇴직연금기금제도를 포함) : 양도 또는 압류하거나 담보로 제공 ×

(2) 수급권의 담보제공

담보제공의 사유	① 무주택자인 가입자가 본인 명의로 주택을 구입하는 경우 ② 무주택자인 가입자가 주거를 목적으로 전세금 또는 보증금을 부담하는 경우. 이 경우 가입자가 하나의 사업 또는 사업장에 근로하는 동안 1회로 한정 ③ 가입자가 6개월 이상 요양을 필요로 하는 다음의 어느 하나에 해당하는 사람의 질병이나 부상에 대한 의료비를 부담하는 경우 　㉠ 가입자 본인 　㉡ 가입자의 배우자 　㉢ 가입자 또는 그 배우자의 부양가족 ④ 담보를 제공하는 날부터 거꾸로 계산하여 5년 이내에 가입자가 채무자 회생 및 파산에 관한 법률에 따라 파산선고를 받은 경우 ⑤ 담보를 제공하는 날부터 거꾸로 계산하여 5년 이내에 가입자가 채무자 회생 및 파산에 관한 법률에 따라 개인회생절차개시 결정을 받은 경우 ⑥ 다음의 어느 하나에 해당하는 사람의 대학등록금, 혼례비 또는 장례비를 가입자가 부담하는 경우 　㉠ 가입자 본인 　㉡ 가입자의 배우자 　㉢ 가입자 또는 그 배우자의 부양가족 ⑦ 사업주의 휴업 실시로 근로자의 임금이 감소하거나 재난으로 피해를 입은 경우로서 고용노동부장관이 정하여 고시하는 사유와 요건에 해당하는 경우
담보제공의 한도	①, ②, ③, ④, ⑤, ⑥의 경우는 가입자별 적립금의 100분의 50, ⑦의 경우는 임금 감소 또는 재난으로 입은 가입자의 피해 정도 등을 고려하여 고용노동부장관이 정하여 고시하는 한도

3. 책무 및 감독

① 퇴직연금제도를 설정한 사용자는 자기 또는 제3자의 이익을 도모할 목적으로 운용관리업무 및 자산관리업무의 수행계약을 체결하는 행위 ×

② 퇴직연금사업자가 운용관리업무 및 자산관리업무에 따른 계약 체결과 관련된 약관등을 제정하거나 변경하려는 경우에는 미리 금융감독원장에게 보고하여야 함

I 서 설

적용범위	근로자를 사용하는 모든 사업 또는 사업장에 적용되나, 국가와 지방자치단체가 직접 수행하는 사업에는 적용 ×
국고의 부담	국가는 매 회계연도 예산의 범위에서 임금채권보장을 위한 사무집행에 드는 비용의 일부를 일반회계에서 부담
임금채권보장기금 심의위원회	• 임금채권보장기금의 관리·운용에 관한 중요사항을 심의하기 위하여 고용노동부에 설치 • 근로자를 대표하는 사람, 사업주를 대표하는 사람 및 공익을 대표하는 사람으로 구성하되, 각각 같은 수로 구성

II 임금채권의 지급보장

1. 대지급금의 지급

(1) 대지급금의 지급사유와 범위

대지급금의 범위 포함 여부	포함 ○	• 최종 3개월분의 임금 • 최종 3년간의 퇴직급여 등 • 최종 3개월분의 휴업수당
	포함 ×	재해보상금
관련업무의 지원	사업장 규모 등 고용노동부령으로 정하는 기준에 해당하는 퇴직한 근로자가 대지급금을 청구하는 경우에는 공인노무사로부터 대지급금청구서 작성, 사실확인 등에 관한 지원을 받을 수 있음	

(2) 대지급금의 청구와 지급

대지급금을 지급받으려는 사람은 도산대지급금의 경우 파산선고등 또는 도산 등 사실인정이 있은 날부터 2년 이내에 고용노동부장관에게 대지급금의 지급을 청구해야 함

(3) 재직 근로자에 대한 대지급금의 지급

해당 근로자가 하나의 사업에 근로하는 동안 1회만 지급

(4) 체불임금 및 생계비 융자

① 고용노동부장관은 사업주가 근로자에게 임금등을 지급하지 못한 경우에 사업주의 신청에 따라 체불 임금등을 지급하는 데 필요한 비용 또는 사업주로부터 임금등을 지급받지 못한 근로자(퇴직한 근로자 포함)의 생활안정을 위하여 근로자의 신청에 따라 생계비에 필요한 비용 융자 가능

② ①의 융자금액은 고용노동부장관이 해당 근로자에게 직접 지급

(5) 미지급임금 등의 청구권 대위

대지급금을 지급하였을 경우에는 지급한 금액의 한도에서 미지급 임금 등을 청구할 수 있는 권리를 대위(代位)함

(6) 사업주의 부담금

고용노동부장관은 대지급금을 지급하는 데 드는 비용에 충당하기 위하여 사업주로부터 부담금 징수

> **대지급금의 청구와 지급(임채법 시행령 제9조)**
> ① 대지급금을 지급받으려는 사람은 다음 각 호의 구분에 따른 기간 이내에 고용노동부장관에게 대지급금의 지급을 청구해야
> 한다.
>   1. 도산대지급금의 경우 : 파산선고등 또는 도산등사실인정이 있는 날부터 2년 이내 [기출] 23
>   2. 법 제7조 제1항 제4호에 따른 대지급금의 경우 : 판결등이 있은 날부터 1년 이내
>   3. 법 제7조 제1항 제5호에 따른 대지급금의 경우 : 체불임금등·사업주확인서가 최초로 발급된 날부터 6개월 이내
>   4. 법 제7조의2 제1항에 따른 대지급금의 경우 : 판결등이 있은 날부터 1년 이내 또는 체불임금등·사업주확인서가 최초로
>   발급된 날부터 6개월 이내
> ② 제1항에서 규정한 사항 외에 대지급금의 청구 및 지급 등에 필요한 사항은 고용노동부령으로 정한다.

2. 사업주의 부담금

(1) 부담금의 산정

① 고용노동부장관은 대지급금의 지급이나 체불 임금등 및 생계비의 융자 등 임금채권보장사업에 드는 비용
에 충당하기 위하여 사업주로부터 부담금 징수. 사업주가 부담하여야 하는 부담금은 그 사업에 종사하는
근로자의 보수총액에 1천분의 2의 범위에서 위원회의 심의를 거쳐 고용노동부장관이 정하는 부담금비율
을 곱하여 산정한 금액

② 보수총액을 결정하기 곤란한 경우에는 징수법에 따라 고시하는 노무비율(勞務比率)에 따라 보수총액
결정

③ 도급사업의 일괄적용에 관한 징수법 규정은 부담금 징수에 관하여 준용. 임채법은 사업주의 부담금에
관하여 다른 법률에 우선하여 적용

(2) 부담금의 경감

고용노동부장관은 다음의 어느 하나에 해당하는 사업주에 대하여는 부담금을 경감 가능. 이 경우 그 경감기
준은 고용노동부장관이 위원회의 심의를 거쳐 결정

① 근기법 또는 근퇴법에 따라 퇴직금을 미리 정산하여 지급한 사업주

② 법률 제7379호 근퇴법 부칙 제2조 제1항에 따른 퇴직보험 등에 가입한 사업주, 근퇴법에 따른 확정급여형
퇴직연금제도, 확정기여형퇴직연금제도, 중소기업퇴직연금기금제도 또는 개인형퇴직연금제도를 설정한
사업주

③ 외고법에 따라 외국인근로자 출국만기보험·신탁에 가입한 사업주

3. 수급권의 보호

① 대지급금을 지급받을 권리 : 양도 또는 압류하거나 담보 제공 ✕

② 대지급금을 받을 권리가 있는 사람이 부상 또는 질병으로 수령할 수 없는 경우에는 그 가족에게 수령
위임 가능

③ 미성년자인 근로자 : 독자적으로 대지급금의 지급 청구 가능

④ 대지급금수급계좌의 예금에 관한 채권 : 압류 ✕

Ⅲ 포상금의 지급

거짓으로 대지급금이 지급된 사실을 지방고용노동관서 또는 수사기관에 신고하거나 고발한 자에게 포상금을 지급할 수 있음

Ⅳ 임금채권보장기금

1. 기금의 설치

고용노동부장관은 대지급금의 지급이나 체불 임금등 및 생계비의 융자 등 임금채권보장사업에 충당하기 위하여 임금채권보장기금 설치

2. 기금의 관리·운용

기금은 고용노동부장관이 관리·운용하며, 기금의 관리·운용 등에 관하여는 산재법 일부 규정 준용

Ⅴ 보 칙

1. 소멸시효

사업주로부터 부담금을 징수할 권리 : 3년간 행사하지 아니하면 시효로 소멸

2. 벌 칙

(1) 벌 금

1) 10년 이하의 징역 또는 1억원 이하의 벌금

임금채권보장업무에 종사하였던 자로서 업무수행과 관련하여 알게 된 사업주 또는 근로자 등의 정보를 누설한 자

2) 3년 이하의 징역 또는 3천만원 이하의 벌금

① 거짓으로 대지급금을 받은 자

② 거짓으로 다른 사람으로 하여금 대지급금을 받게 한 자

(2) 과태료 - 1천만원 이하의 과태료

정당한 사유 없이 재산목록의 제출을 거부하거나 거짓의 재산목록을 제출한 자

I 서 설

1. 근로복지정책의 기본원칙

중소·영세기업 근로자, 기간제근로자, 단시간근로자, 파견근로자, 하수급인이 고용하는 근로자, 저소득근로자 및 장기근속근로자는 근로자 복지향상 지원의 우대대상자가 될 수 있도록 하여야 함

2. 사업주 및 노동조합의 책무

사업주의 책무	사업주는 해당 사업장 근로자의 복지증진을 위하여 노력하고 근로복지정책에 협력하여야 함
노동조합 및 근로자의 책무	노동조합 및 근로자는 근로의욕 증진을 통하여 생산성 향상에 노력하고 근로복지정책에 협력하여야 함

3. 목적 외 사용금지

국가 또는 지방자치단체가 근로자의 주거안정, 생활안정 및 재산형성 등 근로복지를 위하여 보조 또는 융자한 자금은 목적 외 사업에 사용 ×

4. 기본계획의 수립

협의에 의한 기본계획의 수립	고용노동부장관은 관계 중앙행정기관의 장과 협의하여 근로복지 증진에 관한 기본계획을 5년마다 수립
기본계획에 포함되어야 하는 사항	① 근로자의 주거안정에 관한 사항 ② 근로자의 생활안정에 관한 사항 ③ 근로자의 재산형성에 관한 사항 ④ 우리사주제도에 관한 사항 ⑤ 사내근로복지기금제도에 관한 사항 ⑥ 선택적 복지제도 지원에 관한 사항 ⑦ 근로자지원프로그램 운영에 관한 사항 ⑧ 근로자를 위한 복지시설의 설치 및 운영에 관한 사항 ⑨ 근로복지사업에 드는 재원 조성에 관한 사항 ⑩ 직전 기본계획에 대한 평가 ⑪ 그 밖에 근로복지증진을 위하여 고용노동부장관이 필요하다고 인정하는 사항
기본계획에 포함될 필요가 없는 사항	고용동향과 인력수급전망에 관한 사항

5. 근로복지사업의 추진협의

지방자치단체, 국가의 보조를 받는 비영리법인이 근로복지사업을 추진하는 경우에는 고용노동부장관과 협의하여야 함

Ⅱ   근로자의 주거안정

근로자주택의 종류, 규모, 공급대상근로자, 공급방법과 그 밖에 필요한 사항은 국토교통부장관이 고용노동부장 관과 협의하여 정함

Ⅲ   근로자의 생활안정 및 재산형성

생활안정자금의 지원	국가는 근로자의 생활안정을 지원하기 위하여 근로자 및 그 가족의 의료비·혼례비·장례비 등의 융자 등 필요한 지원을 하여야 함
근로자우대저축	국가는 근로자의 재산형성을 지원하기 위하여 근로자를 우대하는 저축에 관한 제도를 운영하여 야 함

Ⅳ   근로복지시설 등에 대한 지원

이용료의 차등 수령 : 근로자의 소득수준, 가족관계 등을 고려하여 근로복지시설의 이용자를 제한하거나 이용료 를 차등하여 받을 수 있음

Ⅴ   우리사주제도

1. 우리사주조합의 설립

우리사주조합의 설립 및 운영에 관하여 근기법에서 규정한 사항을 제외하고는 민법 중 사단법인에 관한 규정 준용

2. 우리사주조합의 운영

우리사주조합원총회의 의결사항	① 규약의 제정과 변경에 관한 사항 ② 우리사주조합기금의 조성에 관한 사항 ③ 예산 및 결산에 관한 사항 ④ 우리사주조합의 대표자 등 임원 선출 ⑤ 그 밖에 우리사주조합의 운영에 관하여 중요한 사항
총회에 갈음한 대의원회의 설치	규약으로 우리사주조합원 총회를 갈음할 대의원회를 두는 경우에도 규약의 제정과 변경에 관한 사항은 총회의 의결 필요
대표자 등의 선출	우리사주조합의 대표자 등 임원과 대의원은 우리사주조합원의 직접·비밀·무기명 투표로 선출
우리사주운영위원회의 설치	우리사주조합에 대한 지원내용, 지원조건 등을 협의하기 위하여 우리사주제도 실시회사와 우리 사주조합을 각각 대표하는 같은 수의 위원으로 우리사주운영위원회를 둘 수 있음
장부와 서류의 보존	우리사주조합의 대표자는 우리사주조합원이 열람할 수 있도록 장부와 서류를 작성하여 그 주된 사무소에 갖추어 두고, 이를 10년간 보존하여야 함

3. 차입을 통한 우리사주의 취득

우리사주조합은 우리사주제도 실시회사, 지배관계회사, 수급관계회사, 그 회사의 주주 및 금융회사 등으로부터 우리사주 취득자금을 차입하여 우리사주 취득 가능

4. 우리사주 취득의 강요금지

우리사주제도 실시회사의 사용자가 우리사주조합원에게 주식을 우선배정하는 경우는 우리사주조합원의 의사에 반하여 조합원을 일정한 기준으로 분류하여 우리사주를 할당하는 행위를 하여서는 아니 됨

5. 우리사주조합의 해산사유

① 해당 우리사주제도 실시회사의 파산
② 사업의 폐지를 위한 해당 우리사주제도 실시회사의 해산
③ 사업의 합병·분할·분할합병 등을 위한 해당 우리사주제도 실시회사의 해산
④ 지배관계회사 또는 수급관계회사의 근로자가 해당 우리사주제도 실시회사의 우리사주조합에 가입하는 경우. 다만, 지배관계회사 또는 수급관계회사 자체에 설립된 우리사주조합이 우리사주를 예탁하고 있거나, 우리사주조합원이 우리사주매수선택권을 부여받은 경우에는 대통령령으로 정하는 기간 동안은 해산 ×
⑤ 우리사주조합의 임원이 없고 최근 3회계연도의 기간 동안 계속하여 우리사주 및 우리사주 취득 재원의 조성 등으로 자산을 보유하지 아니하였으며 우리사주조합의 해산에 대하여 고용노동부령으로 정하는 바에 따라 우리사주조합의 조합원에게 의견조회를 한 결과 존속의 의사표명이 없는 경우

Ⅵ 사내근로복지기금제도

1. 근로조건의 유지

사용자는 사내근로복지기금의 설립 및 출연을 이유로 근로관계당사자 간에 정하여진 근로조건을 낮출 수 없음

2. 사내근로복지기금의 설립

① 사내근로복지기금 : 법인으로 설립
② 사내근로복지기금법인(기금법인)은 자금을 차입 ×

3. 기금법인의 사업

수익금으로 시행할 수 있는 사업 ○	① 주택구입자금등의 보조, 우리사주 구입의 지원 등 근로자 재산형성을 위한 지원 ② 장학금·재난구호금의 지급, 그 밖에 근로자의 생활원조 ③ 모성보호 및 일과 가정생활의 양립을 위하여 필요한 비용 지원 ④ 기금법인 운영을 위한 경비지급 ⑤ 근로복지시설로서 고용노동부령으로 정하는 시설에 대한 출자·출연 또는 같은 시설의 구입·설치 　및 운영 ⑥ 해당 사업으로부터 직접 도급받는 업체의 소속 근로자 및 해당 사업에의 파견근로자의 복리후생 증진 ⑦ 공동근로복지기금 지원 ⑧ 사용자가 임금 및 그 밖의 법령에 따라 근로자에게 지급할 의무가 있는 것 외에 대통령령으로 정하는 　다음의 사업 　㉠ 근로자의 체육·문화활동의 지원 　㉡ 근로자의 날 행사의 지원 　㉢ 그 밖에 근로자의 재산 형성 지원 및 생활 원조를 위한 사업으로서 정관에서 정하는 사업
수익금으로 시행할 수 있는 사업 ×	사업주의 체불임금 지급에 필요한 비용지원

4. 다른 복지와의 관계

사내근로복지기금법인이 설치된 경우 : 설치 당시에 운영하고 있는 근로복지제도 또는 근로복지시설의 운영을 중단하거나 감축 ×

Ⅶ 선택적 복지제도

① 사업주는 근로자가 여러 가지 복지항목 중에서 자신의 선호와 필요에 따라 자율적으로 선택하여 복지혜택을 받는 제도를 설정하여 실시 가능
② 사업주가 선택적 복지제도를 실시할 때에는 해당 사업 내의 모든 근로자가 공평하게 복지혜택을 받을 수 있도록 하여야 하나, 근로자의 직급, 근속연수, 부양가족 등을 고려하여 합리적인 기준에 따라 수혜수준을 차등 설정 가능

Ⅷ 보칙(특수형태근로종사자 등에 대한 특례)

국가 또는 지방자치단체는 근로자가 아니면서 자신이 아닌 다른 사람의 사업을 위하여 다른 사람을 사용하지 아니하고 자신이 직접 노무를 제공하여 해당 사업주이거나 노무수령자로부터 대가를 얻는 사람 또는 산재법에 따른 중·소기업 사업주(근로자를 사용하는 사업주 제외)에 해당하는 사람을 대상으로 근로복지사업 실시 가능

I 서 설

1. 적용범위

외국인근로자 및 외국인근로자를 고용하고 있거나 고용하려는 사업 또는 사업장에 적용되나, 선박에 승무(乘務)하는 선원 중 대한민국 국적을 가지지 아니한 선원 및 그 선원을 고용하고 있거나 고용하려는 선박의 소유자에 대하여는 적용 ×

2. 외국인력정책위원회

설 치	외국인근로자의 고용관리 및 보호에 관한 주요사항을 심의 · 의결하기 위하여 국무총리 소속으로 설치
심의 · 의결사항	① 외국인근로자 관련 기본계획의 수립에 관한 사항 ② 외국인근로자 도입 업종 및 규모 등에 관한 사항 ③ 외국인근로자를 송출할 수 있는 국가("송출국가")의 지정 및 지정취소에 관한 사항 ④ 외국인근로자의 취업활동 기간 연장에 관한 사항 ⑤ 그 밖에 대통령령으로 정하는 다음의 사항 　㉠ 외국인근로자를 고용할 수 있는 사업 또는 사업장에 관한 사항 　㉡ 사업 또는 사업장에서 고용할 수 있는 외국인근로자의 규모에 관한 사항 　㉢ 외국인근로자를 송출할 수 있는 국가(이하 "송출국가")별 외국인력 도입 업종 및 규모에 관한 사항 　㉣ 외국인근로자의 권익보호에 관한 사항 　㉤ 그 밖에 외국인근로자의 고용 등에 관하여 외국인력정책위원회의 위원장이 필요하다고 인정하는 사항

3. 외국인근로자 도입계획의 공표

고용노동부장관은 외국인근로자 도입계획을 정책위원회의 심의 · 의결을 거쳐 수립하여 매년 3월 31일까지 공표하여야 함

II 외국인근로자의 고용절차

1. 내국인구인노력

외국인근로자를 고용하려는 자는 직업안정기관에 우선 내국인 구인 신청을 하여야 함

2. 외국인구직자 명부의 작성

① 고용노동부장관은 송출국가의 노동행정을 관장하는 정부기관의 장과 협의하여 외국인구직자 명부 작성. 다만, 송출국가에 노동행정을 관장하는 독립된 정부기관이 없을 경우 가장 가까운 기능을 가진 부서를 정하여 정책위원회의 심의를 받아 그 부서의 장과 협의
② 고용노동부장관은 송출국가가 송부한 송출대상 인력을 기초로 외국인구직자 명부를 작성 · 관리

3. 외국인근로자 고용허가

① 직업안정기관이 아닌 자는 외국인근로자의 선발, 알선, 그 밖의 채용에 개입 ✕

② 고용허가서를 발급받은 사용자는 고용허가서 발급일로부터 3개월 이내에 외국인근로자와 근로계약 체결

4. 근로계약

① 사용자가 법률에 따라 선정한 외국인근로자를 고용하려는 경우에는 고용노동부령으로 정하는 표준근로계약서를 사용하여 근로계약을 체결하여야 하고, 근로계약의 효력발생시기는 외국인근로자가 입국한 날

② 외국인근로자와 근로계약을 체결하려는 경우에는 한국산업인력공단 등에 대행하게 할 수 있음

③ 입국한 날부터 3년의 범위 내에서 당사자 간의 합의에 따라 근로계약을 체결하거나 갱신 가능

④ 취업활동기간이 연장되는 외국인근로자와 사용자는 연장된 취업활동기간의 범위에서 근로계약 체결 가능

5. 사증발급인정서

외국인근로자와 근로계약을 체결한 사용자는 외국인근로자를 대리하여 법무부장관에게 사증발급인정서 신청 가능

6. 외국인취업교육

외국인근로자는 입국한 후에 15일 이내에 한국산업인력공단 또는 외국인 취업교육기관에서 국내 취업활동에 필요한 사항을 주지(周知)시키기 위하여 실시하는 교육(이하 "외국인취업교육")을 받아야 하고, 사용자는 외국인근로자가 외국인취업교육을 받을 수 있도록 하여야 함

7. 사용자교육

외국인근로자고용허가를 최초로 받은 사용자는 노동관계법령·인권 등에 관한 교육을 받아야 함

Ⅲ 외국인근로자의 고용관리

1. 출국만기보험 · 신탁

① 외국인근로자를 고용한 사업 또는 사업장의 사용자는 외국인근로자의 출국 등에 따른 퇴직금 지급을 위하여 외국인근로자를 피보험자 또는 수익자로 하는 보험 또는 신탁에 가입하여야 함

② 사용자가 출국만기보험 등에 가입한 경우에는 퇴직금제도를 설정한 것으로 간주

2. 귀국비용보험 · 신탁

외국인근로자는 귀국 시 필요한 비용에 충당하기 위하여 보험 또는 신탁에 가입하여야 함

3. 귀국에 필요한 조치

외국인근로자가 근로관계의 종료, 체류기간의 만료 등으로 귀국하는 경우에는 귀국하기 전에 임금 등 금품관계를 청산하는 등 필요한 조치를 하여야 함

4. 외국인근로자의 고용관리

사용자가 외국인근로자와의 근로계약을 해지하거나 고용과 관련된 중요사항을 변경하는 등의 사유가 발생하였을 경우에는 직업안정기관의 장에게 신고하여야 함

5. 취업활동기간의 제한

외국인근로자는 입국한 날부터 3년의 범위에서 취업활동 가능

6. 취업활동기간 제한에 관한 특례

① ㉠ 고용허가를 받은 사용자에게 고용된 외국인근로자로서 취업활동기간 3년이 만료되어 출국하기 전에 사용자가 고용노동부장관에게 재고용허가를 요청한 근로자, ㉡ 특례고용가능확인을 받은 사용자에게 고용된 외국인근로자로서 취업활동기간 3년이 만료되어 출국하기 전에 사용자가 고용노동부장관에게 재고용허가를 요청한 근로자는 한 차례만 2년 미만의 범위에서 취업활동기간을 연장받을 수 있음

② 고용노동부장관은 감염병 확산, 천재지변 등의 사유로 외국인근로자의 입국과 출국이 어렵다고 인정되는 경우에는 정책위원회의 심의·의결을 거쳐 1년의 범위에서 취업활동기간 연장 가능

7. 고용허가 또는 특례고용가능확인의 취소

취소사유	① 거짓이나 그 밖의 부정한 방법으로 고용허가나 특례고용가능확인을 받은 경우 ② 사용자가 입국 전에 계약한 임금 또는 그 밖의 근로조건을 위반하는 경우 ③ 사용자의 임금체불 또는 그 밖의 노동관계법 위반 등으로 근로계약을 유지하기 어렵다고 인정되는 경우
취소절차	직업안정기관의 장은 취소사유에 해당하는 사용자에 대하여 외국인근로자 고용허가를 취소할 수 있음

8. 외국인근로자 고용의 제한

고용제한 사유	① 고용허가 또는 특례고용가능확인을 받지 아니하고 외국인근로자를 고용한 자 ② 외국인근로자의 고용허가나 특례고용가능확인이 취소된 자 ③ 이 법 또는 출입국관리법을 위반하여 처벌을 받은 자 ④ 외국인근로자의 사망으로 산업안전보건법에 따른 처벌을 받은 자 ⑤ 그 밖에 대통령령으로 정하는 다음의 사유에 해당하는 자 ㉠ 고용허가서를 발급받은 날 또는 외국인근로자의 근로가 시작된 날부터 6개월 이내에 내국인 근로자를 고용조정으로 이직시킨 자 ㉡ 외국인근로자로 하여금 근로계약에 명시된 사업 또는 사업장 외에서 근로를 제공하게 한 자 ㉢ 근로계약이 체결된 이후부터 외국인 취업교육을 마칠 때까지의 기간 동안 경기의 변동, 산업 구조의 변화 등에 따른 사업 규모의 축소, 사업의 폐업 또는 전환, 감염병 확산으로 인한 항공기 운항 중단 등과 같은 불가피한 사유가 없음에도 불구하고 근로계약을 해지한 자
고용제한 기간	당해 사실이 발생한 날부터 3년간 외국인근로자의 고용 제한

Ⅳ 외국인근로자의 보호

차별금지	사용자는 외국인근로자라는 이유로 부당하게 차별하여 처우 ×
외국인근로자 권익보호위원회	직업안정기관에 관할 구역의 노동자단체와 사용자단체 등이 참여하는 외국인근로자 권익보호협의회를 둘 수 있음
사업 또는 사업장 변경	사용자가 정당한 사유로 근로계약을 해지하려고 하거나 근로계약이 만료된 후 갱신을 거절하려는 경우에는 작업안정기관의 장에게 변경 신청

☐ 건설공사현장에서 이루어지는 업무, 선원법상 선원의 업무, 물류정책기본법상 하역업무로서 직업안정법에 따라 근로자공급사업 허가를 받은 지역의 업무 등은 파견법상(❶   )에 해당한다.

☐ 누구든지 국가 또는 지방자치단체가 근로자의 주거안정, 생활안정 및 재산형성 등 근로복지를 위하여 근로복지기본법에 따라 융자한 자금을 그 (❷   )에만 사용하여야 한다.

☐ 기간제 및 단시간근로자 보호 등에 관한 법률상 휴직·파견 등으로 결원이 발생하여 해당 근로자가 복귀할 때까지 그 업무를 대신할 필요가 있는 경우 (❸   )을 초과하여 기간제근로자로 사용할 수 있다.

☐ 외국인근로자는 입국한 후에 (❹   )에 한국산업인력공단 또는 외국인 취업교육기관에서 국내취업활동에 필요한 사항을 주지(周知)시키기 위하여 실시하는 교육을 받아야 한다.

☐ 남녀고용평등과 일·가정 양립 지원에 관한 법률상 해당 근로자에게 육아기 근로시간 단축을 허용하는 경우 단축 후 근로시간은 주당 15시간 이상이어야 하고 (❺   )을 넘어서는 아니 된다.

☐ 임금채권보장법령상 도산대지급금을 지급받으려는 사람은 도산등 사실인정이 있은 날부터 (❻   )에 고용노동부장관에게 대지급금의 지급을 청구해야 한다.

☐ (❼   )이란 산업재해를 예방하기 위하여 잠재적 위험성을 발견하고 그 개선대책을 수립할 목적으로 조사·평가하는 것을 말한다.

☐ 직업안정법상 국외 무료직업소개사업을 하려는 자는 고용노동부장관에게 (❽   )하여야 한다.

☐ 근로자퇴직급여 보장법령에 의하면 사용자는 계속근로기간이 (❾   )인 근로자에 대하여는 퇴직급여제도를 설정하지 않아도 된다.

☐ 고용노동부장관은 매년 3월 31일까지 (❿   )에 최저임금에 관한 심의를 요청하여야 한다.

---

❶ 절대적 파견금지 대상 업무

❷ 목적사업

❸ 2년

❹ 15일 이내

❺ 35시간

❻ 2년 이내

❼ 안전보건진단

❽ 신고

❾ 1년 미만

❿ 최저임금위원회

종합문제

Ⅰ 법원에 소를 제기하여야 하는 경우

① 성별을 이유로 한 차별에 따른 정신적 손해배상의 청구
② 사용자의 불법적인 직장폐쇄로 인한 손해배상의 청구
③ 산업재해로 인한 손해배상의 청구

Ⅱ 근로자대표와의 서면 합의를 필요로 하는 경우

① 3개월 단위의 탄력적 근로시간제의 실시(근기법 제51조 제2항)
② 선택적 근로시간제의 실시(근기법 제52조)
③ 보상 휴가제 실시(근기법 제57조)
④ 재량적 근로시간제의 실시(근기법 제58조 제3항)
⑤ 연차유급휴가의 대체(근기법 제62조)

Ⅲ 근기법상 서면으로 할 것을 요하지 아니하는 경우

① 경영상 이유에 의한 해고 시 해고를 피하기 위한 방법 및 해고 기준 결정(근기법 제24조)
② 근로자를 해고하고자 할 경우의 30일 전 해고 예고(근기법 제26조)
③ 2주 단위 탄력적 근로시간제(근기법 제51조 제1항)
④ 개별 근로자와 사용자 간의 연장근로의 합의(근기법 제53조 제1항)
⑤ 연장·야간 및 휴일 근로의 가산임금의 지급(근기법 제56조)

- 사용자는 근로자대표와의 (❶   )에 따라 연차 유급휴가일을 갈음하여 특정한 근로일에 근로자를 휴무시킬 수 있다.

- 사용자는 경영해고를 피하기 위한 방법과 해고의 기준 등에 관하여 그 사업 또는 사업장에 근로자의 과반수로 조직된 노동조합이 있는 경우에는 그 노동조합에 해고를 하려는 날의 (❷   )까지 통보하고 성실하게 협의하여야 한다.

- 사용자는 근로자를 해고(경영상 이유에 의한 해고를 포함)하려면 적어도 30일 전에 예고를 하여야 하고, 30일 전에 예고를 하지 아니하였을 때에는 30일분 이상의 (❸   )을 지급하여야 한다.

- 사용자는 취업규칙(취업규칙에 준하는 것을 포함)에서 정하는 바에 따라 2주 이내의 일정한 단위기간을 평균하여 1주 간의 근로시간이 제50조 제1항의 근로시간을 초과하지 아니하는 범위에서 특정한 주에 제50조 제1항의 근로시간을, 특정한 날에 제50조 제2항의 근로시간을 초과하여 근로하게 할 수 있다. 다만, 특정한 주의 근로시간은 (❹   )을 초과할 수 없다.

- 사용자는 (❺   )의 휴일근로에 대하여는 통상임금의 100분의 50 이상을 가산하여 근로자에게 지급하여야 한다.

❶ 서면 합의

❷ 50일 전

❸ 통상임금

❹ 48시간

❺ 8시간 이내

합격의 공식
시대에듀

무언가를 시작하는 방법은
말하는 것을 멈추고, 행동을 하는 것이다.

– 월트 디즈니 –

PART 2

노동법 Ⅱ

제1절　집단적 노사관계법

제2절　노동법의 연혁

우리나라	① 제헌헌법 제18조의 규정 내용 ▶ 근로자의 단결, 단체교섭과 단체행동의 자유는 법률의 범위 내에서 보장 ▶ 영리를 목적으로 하는 사기업에 있어서 근로자는 법률의 정하는 바에 의하여 이익의 분배에 균점할 권리가 있음(사기업체 근로자의 이익분배균점권) ② 1963년 개정 노동조합법 : 복수노조 금지조항 도입 ③ 1953년 제정 노동쟁의조정법 : 쟁의행위 민사면책조항 규정 ④ 1963년 개정 노동조합법 : 노동조합의 정치활동 금지 규정 신설 ⑤ 1997년 제정 노조법 : 1997.3.13. 노조법이 제정되어 당일 시행 ⑥ 2010년 개정 노조법 : 교섭창구단일화의 절차와 방법에 관한 규정 신설
독 일	독일의 1919년 바이마르헌법 : 단결의 자유를 명문화

제3절　노동3권

의 의	헌법의 근로3권 보장취지는 근로자의 이익과 지위의 향상을 도모하는 사회복지국가 건설의 과제를 달성하고자 함에 있는 것
법적 성격	노동3권에 대한 헌재의 태도 : 사회권적 성격을 띤 자유권(자유권적 측면과 생존권적 측면 동시에 보유)이라고 보아, 사회권적 성격으로 인해 입법조치를 통하여 근로자의 헌법적 권리를 보장할 국가의 의무 인정
주 체	• 근로자 : 근로조건의 향상을 위하여 자주적인 단결권·단체교섭권 및 단체행동권을 가짐 • 개인택시운전자 : 임금·급료 기타 이에 준하는 수입에 의하여 생활하는 자라 할 수 없으므로 노동3권의 주체 ×
상호관계	노동3권에 대한 대법원의 태도 : 근로3권 중에 단체교섭권이 중핵적 권리라는 입장
제한의 법적 근거	노동3권 제한에 관한 개별적 제한규정이 없더라도 헌법 제37조 제2항의 일반유보조항에 따라 노동3권 제한 가능 ▶ 국가안전 보장·질서 유지 또는 공공복리를 위하여 필요한 경우 법률로써 제한 가능
근로의 특수성에 의한 제한	공무원인 근로자 : 법률이 정하는 자에 한하여 단결권·단체교섭권 및 단체행동권을 가짐
사업·업무의 특수성에 의한 제한	법률이 정하는 주요방위산업체에 종사하는 근로자 : 이들의 단체행동권은 법률이 정하는 바에 의하여 제한하거나 인정하지 아니할 수 있음

☐ 복수노조 금지제도는 (❶   )을 개정하면서 "조직이 기존 노동조합의 정상적인 운영을 방해하는 것을 목적으로 하는 경우" 노동조합의 설립을 허용하지 않는다고 규정하여 노동법에 처음 도입되었다.

☐ 단체협약에서 다른 노동조합의 단체교섭권을 사전에 배제하는 이른바 (❷   )은 단체교섭권의 본질적 내용을 침해할 우려가 있다.

☐ 근로자는 (❸   )을 위하여 자주적인 단결권·단체교섭권 및 단체행동권을 가진다.

☐ 단체교섭권은 사실행위로서의 단체교섭의 권한 외에 교섭한 결과에 따라 (❹   )을 포함한다.

☐ 법률이 정하는 주요방위산업체에 종사하는 근로자의 (❺   )은 법률이 정하는 바에 의하여 이를 제한할 수 있다.

☐ 우리나라는 2024년 현재 ILO 기본협약 중 (❻   )을 비준하고 있지 아니하다.

☐ 단결권은 단결할 자유만을 가리키고, (❼   )는 일반적 행동의 자유 또는 결사의 자유에 그 근거가 있다.

☐ 노동3권은 사회적 보호기능을 담당하는 자유권 또는 (❽   )을 띤 자유권이라고 말할 수 있다.

☐ 대법원은 근로3권 중에 (❾   )이 중핵적 권리라는 입장을 취하고 있다.

☐ 헌법재판소는 노동3권 제한에 관한 개별적 제한규정을 두고 있지 않는 경우, (❿   )의 일반유보조항에 따라 노동3권을 제한할 수 있다는 입장을 취하고 있다.

---

❶ 1963년 노동조합법

❷ 유일교섭단체조항

❸ 근로조건의 향상

❹ 단체협약을 체결할 권한

❺ 단체행동권

❻ 강제근로의 폐지에 관한 협약(제105호)

❼ 단결하지 아니할 자유

❽ 사회권적 성격

❾ 단체교섭권

❿ 헌법 제37조 제2항

CHAPTER 02 단결권

Ⅰ 단결권의 의의

노동3권에 대한 헌재의 태도

▶ 적극적 단결권은 근로자 개인의 단결하지 않을 자유보다 중시되어야 하나, 이로 인해 단결하지 아니할 자유의 본질적인 내용 침해 ×

▶ 단결권에는 집단적 단결권은 포함되나 단결하지 아니할 자유, 즉 소극적 단결권은 포함 ×

▶ 소극적 단결권은 일반적 행동의 자유 또는 결사의 자유에 근거

▶ 단결권에는 단결선택권이 포함

▶ 단체교섭권은 어떠한 제약도 허용되지 아니하는 절대적인 권리 ×

Ⅱ 단결의 주체

1. 근로자

(1) 노조법상의 근로자의 의의

노조법상 근로자의 개념	직업의 종류를 불문하고 임금·급료 기타 이에 준하는 수입에 의하여 생활하는 자
노조법상 근로자의 범위	① 근기법상 근로자에 한정 × ② 현실적으로 취업하고 있는 사람, 일시적으로 실업상태에 있는 사람, 구직 중인 사람을 포함하여 노동3권을 보장할 필요성이 있는 사람도 포함 ③ 근로자성이 인정되는 한, 외국인인지 여부나 취업자격의 유무 불문
근기법상 근로자와의 구별	① 근기법상의 근로자의 개념 : 직업의 종류와 관계없이 임금을 목적으로 사업이나 사업장에 근로를 제공하는 자 ② 주식회사의 이사 등 임원이 대표이사의 지휘·감독 아래 일정한 노무를 담당하고 그 대가로 일정한 보수를 받아 온 경우에는 근기법상 근로자에 해당

(2) 노조법상의 근로자에 해당하는지 여부

① 노무제공관계의 실질에 비추어 판단

② 노동조합에의 참가가 금지되는 자인지 여부를 일정한 직급이나 직책에 의하여 일률적으로 결정 ×

106 공인노무사 1차 필수 3법 핵심요약집

(3) 노조법상의 근로자 인정 여부에 대한 기타의 지문

① 노조법상 근로자가 초기업별 노동조합과 직접적인 근로계약관계가 인정되지 아니하는 경우에도 초기업별 노동조합에 가입 가능
② 취업활동을 할 수 있는 체류자격을 받지 않은 외국인이 사용종속관계하에서 근로를 제공하고 그 대가로 임금 등을 받아 생활하는 경우에는 노동조합에 가입 가능

2. 노동조합

(1) 노동조합의 의의

노동조합의 개념	근로자가 주체가 되어 자주적으로 단결하여 근로조건의 유지·개선 기타 근로자의 경제적·사회적 지위의 향상을 도모함을 목적으로 조직하는 단체 또는 그 연합단체
노동조합의 단결권	노동조합 : 단결권 행사의 주체 ○

(2) 노동조합에 대한 기타의 지문

① 단위노동조합이 연합단체인 노동조합에 가입하는 경우에는 그 연합단체인 노동조합의 규약이 정하는 의무를 성실하게 이행하여야 함
② 총연합단체인 노동조합 : 소속 노동조합의 활동에 대하여 협조·지원 또는 지도할 수 있음

Ⅲ 단결의 상대방

사용자	의 의	사업주, 사업의 경영담당자 또는 그 사업의 근로자에 관한 사항에 대하여 사업주를 위하여 행동하는 자
	사용자에 해당하는 사례	① 부당노동행위구제명령을 이행할 수 있는 법률적 또는 사실적인 권한이나 능력을 가지는 지위에 있으나 직접고용관계에 있지 않은 경우 ② 근로자의 인사, 급여, 후생, 노무관리 등 근로조건 결정 또는 업무상 명령이나 지휘감독을 하는 등의 사항에 대하여 사업주로부터 일정한 권한과 책임을 부여받은 경우 ③ 사업의 근로자에 관한 사항에 대하여 사업주를 위하여 행동하는 경우
사용자단체		노동관계에 관하여 그 구성원인 사용자에 대하여 조정 또는 규제할 수 있는 권한을 가진 사용자의 단체

제2절 노동조합의 설립

I 실질적 요건

1. 적극적 요건

2. 소극적 요건

(1) 노동조합 해당 여부

노동조합에 해당 ○	노동조합에 해당 ×
최소한의 규모라 하더라도 사용자로부터 노동조합사무소를 제공받은 경우	① 복리사업만을 목적으로 하는 경우 ② 항상 사용자의 이익을 대표하여 행동하는 자의 참가를 허용하는 경우 ③ 주로 정치운동을 목적으로 하는 경우 ④ 공제사업만을 목적으로 하는 경우

(2) 소극적 요건에 대한 심사취지

요건을 갖추지 못한 노동조합의 난립을 방지함으로써 근로자의 자주적이고 민주적인 단결권 행사의 보장

(3) 설립무효확인의 소 제기

단체교섭의 주체가 되고자 하는 복수 노동조합 중 어느 한 노동조합은 다른 노동조합에 대한 설립무효확인의 소 제기 가능

II 형식적 요건

1. 노동조합의 설립신고

신고서의 기재사항	① 명 칭 ② 주된 사무소의 소재지 ③ 조합원수 ④ 임원의 성명과 주소 ⑤ 소속된 연합단체가 있는 경우에는 그 명칭 ⑥ 연합단체인 노동조합에 있어서는 그 구성노동단체의 명칭, 조합원수, 주된 사무소의 소재지 및 임원의 성명·주소
신고서의 제출	① 2 이상의 시·군·구(자치구)에 걸치는 단위노동조합을 설립하고자 하는 경우에는 설립신고서에 규약을 첨부하여 특별시장·광역시장·도지사에게 제출 ② 산업별 연합단체인 노동조합을 설립하고자 하는 경우에는 설립신고서를 고용노동부장관에게 제출 ③ 근로조건의 결정권이 있는 독립된 사업 또는 사업장에 조직된 노동단체인 경우에는 명칭이 무엇이든 상관없이 노동조합의 설립신고 가능

2. 행정관청의 심사절차

(1) 신고증의 교부

① 설립신고서를 접수한 행정관청은 반려·보완사유가 없는 경우 : 3일 이내에 신고증 교부
② 노동조합의 설립신고서를 접수한 때부터 3일 이내에 설립신고서의 반려 또는 보완지시가 없는 경우 : 설립신고증의 교부가 없으면 노동조합 성립 ×

(2) 설립신고서의 보완

설립신고서의 보완사유	① 설립신고서에 규약이 첨부되어 있지 아니하거나 설립신고서 또는 규약의 기재사항 중 누락 또는 허위 사실이 있는 경우 ② 임원의 선거 또는 규약의 제정절차가 총회의 의결절차나 규약으로 정한 임원의 자격에 관한 사항에 위반되는 경우
설립신고서의 보완요구	행정관청은 20일 이내의 기간을 정하여 보완을 요구하여야 함

(3) 설립신고서의 반려

설립신고서 반려사유 ○	① 설립하고자 하는 노동조합이 사용자 또는 항상 그의 이익을 대표하여 행동하는 자의 참가를 허용하는 경우 ② 설립하고자 하는 노동조합이 경비의 주된 부분을 사용자로부터 원조받는 경우 ③ 설립하고자 하는 노동조합이 공제·수양 기타 복리사업만을 목적으로 하는 경우 ④ 설립하고자 하는 노동조합이 근로자가 아닌 자의 가입을 허용하는 경우 ⑤ 설립하고자 하는 노동조합이 주로 정치운동을 목적으로 하는 경우 ⑥ 설립신고서의 보완을 요구하였음에도 불구하고 그 기간 내에 보완을 하지 아니하는 경우
설립신고서 반려사유 ×	① 설립신고서에 규약이 첨부되어 있지 아니한 경우 ② 지역별 노동조합이 일시적으로 실업 상태에 있는 자를 구성원으로 포함시키고 있는 경우

(4) 행정관청의 심사절차에 대한 기타의 지문

노동조합설립신고서의 보완을 요구하거나 그 신고서를 반려하는 경우에는 노동위원회의 의결 불요

3. 심사의 방법

설립신고서 접수 시 노조법 제2조 제4호 각 목에 해당 여부가 문제된다고 볼만한 객관적인 사정이 있는 경우에는 설립신고서와 규약 내용 외의 사항에 대하여 실질적인 심사를 거쳐 반려 여부 결정

Ⅲ 노동조합의 설립과 법적 효과

1. 설립시기

노동조합이 신고증을 교부받은 경우 : 설립신고서가 접수된 때에 설립을 간주

2. 법적 효과

노동조합으로 설립된 경우	① 노동쟁의의 조정 및 부당노동행위의 구제 신청 ○ ② 노동쟁의 중재 신청 ○ ③ 규약이 정하는 바에 의하여 법인으로 설립 가능 ④ 노동조합이라는 명칭 사용 ○

	⑤ 노동위원회의 근로자위원 추천 ○ ⑥ 규약이 정하는 바에 의하여 법인으로 설립 가능 ⑦ 그 사업체를 제외하고는 세법이 정하는 바에 따라 조세 부과하지 아니함
근로자단체에 불과한 경우	이 경우에도 단체교섭권과 단체협약체결권을 인정(헌법 제33조 제1항)

3. 설립신고 후의 변경사항

(1) 변경신고

설립신고된 사항 중 명칭, 대표자의 성명에 변경이 있는 경우 그날부터 30일 이내에 행정관청에게 변경신고

(2) 변경통보

노동조합은 매년 1월 31일까지 전년도에 규약의 변경이 있는 경우 변경된 규약내용, 전년도에 임원의 변경이 있는 경우에는 변경된 임원의 성명, 전년도 12월 31일 현재의 조합원 수(연합단체인 노동조합에 있어서는 구성단체별 조합원 수)를 행정관청에게 통보

Ⅳ   노동조합 설립신고서 반려제도의 위헌 여부

노동조합을 설립할 때 행정관청에 설립신고서를 제출하게 하고 그 요건을 충족하지 못하는 경우 설립신고서를 반려하도록 하고 있는 노조법 제12조 제3항 제1호는 헌법상 금지된 단체결성에 대한 허가제에 해당하지 않음

Ⅴ   노동조합과 법인격

1. 법인격의 취득

노동조합을 법인으로 하려는 경우 : 주된 사무소의 소재지를 관할하는 등기소에 등기

2. 변경등기 등

① 노동조합의 대표자는 법인등기사항(명칭, 목적 및 사업, 대표자의 성명 및 주소, 해산사유를 정한 때에는 그 사유)이 변경된 경우에는 변경 후 3주일 이내에 주된 사무소의 소재지에서 변경사항 등기
② 법인인 노동조합이 주된 사무소를 이전한 경우 해당 노동조합의 대표자는 이전 후 3주일 이내에 종전 소재지 또는 새 소재지에서 새 소재지와 이전 연월일 등기

3. 준용규정

법인인 노동조합 : 노조법에 규정된 것을 제외하고는 민법 중 사단법인에 관한 규정 적용

Ⅵ   법외노조

노조법상 노동조합이 아님을 통보하는 법외노조통보는 적법하게 설립된 노동조합의 법적 지위를 박탈하는 중대한 침익적 처분으로서 원칙적으로 국민의 대표자인 입법자가 스스로 형식적 법률로써 규정하여야 할 사항이고, 행정입법으로 이를 규정하기 위하여는 반드시 법률의 명시적이고 구체적인 위임이 있어야 함

Ⅰ 조합원의 지위 및 권리 · 의무

1. 조합원의 권리

차별대우의 금지	노동조합의 조합원은 어떠한 경우에도 인종, 종교, 성별, 연령, 신체적 조건, 고용형태, 정당 또는 신분에 의하여 차별대우를 받지 아니함
조합운영상황 공개요구권	노동조합의 대표자는 회계연도마다 결산결과와 운영상황을 공표하여야 하며 조합원의 요구가 있을 때에는 이를 열람하게 하여야 함

2. 조합원의 의무

노동조합의 조합원은 균등하게 그 노동조합의 모든 문제에 참여할 권리와 의무를 가지나, 노동조합은 그 규약으로 조합비를 납부하지 아니하는 조합원의 권리 제한 가능

Ⅱ 노동조합의 규약과 행정관청의 감독 등

1. 조합규약

(1) 의무적 기재사항 해당 여부

규약의 의무적 기재사항 ○	① 명 칭 ② 목적과 사업 ③ 주된 사무소의 소재지 ④ 조합원에 관한 사항(연합단체인 노동조합에 있어서는 그 구성단체에 관한 사항) ⑤ 소속된 연합단체가 있는 경우에는 그 명칭 ⑥ 대의원회를 두는 경우에는 대의원회에 관한 사항 ⑦ 회의에 관한 사항 ⑧ 대표자와 임원에 관한 사항 ⑨ 조합비 기타 회계에 관한 사항 ⑩ 규약변경에 관한 사항 ⑪ 해산에 관한 사항 ⑫ 쟁의행위와 관련된 찬반투표 결과의 공개, 투표자 명부 및 투표용지 등의 보존 · 열람에 관한 사항 ⑬ 대표자와 임원의 규약위반에 대한 탄핵에 관한 사항 ⑭ 임원 및 대의원의 선거절차에 관한 사항 ⑮ 규율과 통제에 관한 사항
규약의 의무적 기재사항 ×	단체협약의 체결에 관한 권한의 위임에 관한 사항

(2) 조합규약에 대한 기타의 지문

① 노조법이 반드시 총회의 의결을 거치도록 규정하고 있는 사항 이외의 다른 사항을 규약에 추가하는 것 가능

② 노동조합의 선거관리규정 : 자치적 법규범으로서 국가법질서 내에서 법적 효력 ○

③ 노동조합과 조합원 간의 분쟁에 관하여 노동조합을 상대로 한 제소금지를 정한 노동조합의 규정 : 무효 ○

2. 행정관청의 감독

조합규약 및 조합결의·처분의 시정	① 노동조합의 규약이 노동관계법령에 위반한 경우에는 행정관청은 노동위원회의 의결을 얻어 시정 명령 ② 노동조합의 결의 또는 처분이 규약에 위반된다고 인정할 경우에는 이해관계인의 신청이 있는 경우에 한하여 노동위원회의 의결을 얻어 시정 명령
자료의 제출	① 노동조합 : 행정관청이 요구하는 경우에는 결산결과와 운영상황을 보고하여야 함 ② 행정관청 : 노동조합으로부터 결산결과 또는 운영상황의 보고를 받으려는 경우에는 그 사유와 그 밖에 필요한 사항을 적은 서면으로 10일 이전에 요구하여야 함
서류비치와 보존	① 서류비치의무 　㉠ 조합원 명부(연합단체인 노동조합에 있어서는 그 구성단체의 명칭) 　㉡ 규 약 　㉢ 임원의 성명·주소록 　㉣ 회의록 　㉤ 재정에 관한 장부와 서류 ② 보존기간 : 노동조합의 회의록, 재정에 관한 장부와 서류의 보존기간은 3년

Ⅲ 노동조합의 기구

1. 의결기관

(1) 총 회

1) 개최시기

정기총회	① 노동조합의 최고의결기관 ② 노동조합 : 매년 1회 이상 총회를 개최하여야 함 ③ 노동조합의 대표자 : 총회의 의장
임시총회	① 노동조합의 대표자 　㉠ 필요하다고 인정할 때 임시총회 또는 임시대의원회를 소집할 수 있음 　㉡ 조합원의 3분의 1 이상이 회의에 부의할 사항을 제시하고 회의의 소집을 요구한 때에는 지체 없이 임시총회를 소집하여야 함 ② 연합단체인 노동조합의 대표자 : 구성단체의 3분의 1 이상이 회의에 부의할 사항을 제시하고 회의의 소집을 요구한 때에는 지체 없이 임시총회 또는 임시대의원회를 소집하여야 함 ③ 총회 또는 대의원회의 소집권자가 없는 경우 : 행정관청은 조합원 또는 대의원의 3분의 1 이상이 회의에 부의할 사항을 제시하고 소집권자의 지명을 요구한 때에는 15일 이내에 회의의 소집권자를 지명하여야 함

2) 소집절차

① 총회(대의원회)의 공고기간 : 회의개최일 7일전까지 공고하여야 하나, 노동조합이 동일한 사업장 내의 근로자로 구성된 경우에는 규약으로 공고기간 단축할 수 있음
② 노동조합 위원장선거를 위한 임시총회의 소집공고 등 절차상 하자가 있었으나, 총유권자의 약 90%의 조합원이 참여하고 입후보나 총회 참여에 어떠한 지장이 없던 경우 : 총회에서의 위원장 선출결의는 유효 ○

3) 의결사항

① 규약의 제정과 변경에 관한 사항

② 임원의 선거와 해임에 관한 사항

③ 단체협약에 관한 사항

④ 예산·결산에 관한 사항

⑤ 기금의 설치·관리 또는 처분에 관한 사항

⑥ 연합단체의 설립·가입 또는 탈퇴에 관한 사항

⑦ 합병·분할 또는 해산에 관한 사항

⑧ 조직형태의 변경에 관한 사항

⑨ 기타 중요한 사항

4) 의결방법

표결권의 특례	노동조합이 특정 조합원에 관한 사항을 의결할 경우에는 그 조합원은 표결권이 없음
의결정족수	① 다음 사항은 재적조합원 과반수의 출석과 출석조합원 과반수의 찬성으로 의결 　㉠ 임원의 선거 　㉡ 예산·결산에 관한 사항 　㉢ 기금의 설치에 관한 사항 ② 다음 사항은 재적조합원 과반수의 출석과 출석조합원 3분의 2 이상의 찬성으로 의결 　규약의 제정·변경, 임원의 해임, 합병·분할·해산 및 조직형태의 변경에 관한 사항
조합원의 직접·비밀·무기 명투표에 의하여야 할 경우	① 규약의 제정·변경에 관한 사항 ② 대의원의 선출에 관한 사항 ③ 임원의 선거·해임에 관한 사항 ④ 노동조합의 쟁의행위 실시에 관한 사항

(2) 대의원회 및 대의원

설 치	노동조합은 규약으로 총회에 갈음할 대의원회를 둘 수 있음
선출 방법	① 조합원의 직접·비밀·무기명투표에 의하여 선출 ② 하나의 사업 또는 사업장을 대상으로 조직된 노동조합의 대의원은 그 사업 또는 사업장에 종사하는 　조합원 중에서 선출 ③ 대의원을 직접·비밀·무기명투표에 의하여 선출하도록 정한 규정은 강행규정임
임 기	규약으로 정하되 3년 초과 ×
총회와 대의원회의 의결사항의 구별	노동조합의 총회가 규약의 제·개정결의를 통하여 총회에 갈음할 대의원회를 두고 규약의 개정에 관한 사항을 대의원회의 의결사항으로 정한 경우라도 이로써 총회의 규약개정권한이 소멸된다고 볼 수 없음

2. 집행기관

임 기	규약으로 정하되 3년 초과 × ▶ 임원의 임기를 2년으로 정한 규약은 적법 ○
선 임	① 노동조합의 임원 자격 : 규약으로 정하되, 하나의 사업 또는 사업장을 대상으로 조직된 노동조합의 　임원은 그 사업 또는 사업장에 종사하는 조합원 중에서 선출 ② 임원의 선거에 있어서 출석조합원 과반수의 찬성을 얻은 자 없는 경우에는 규약이 정하는 바에 　따라 결선투표를 실시하여 다수의 찬성을 얻은 자를 임원으로 선출

3. 노조전임자와 근로시간면제제도

(1) 노조전임자

지 위	① 사용자와의 사이에 기본적 노사관계는 유지되고 기업의 근로자로서의 신분도 보유 ② 조합전임자에 관하여 특별한 규정을 두거나 특별한 관행이 존재하지 아니하는 한 출·퇴근에 대한 사규의 적용 ○
활 동	① 단체협약이 유효기간의 만료로 효력이 상실되었으나, 단체협약상의 노조대표의 전임규정이 규범적 부분도 아닌 경우에는 노동조합 전임자는 원직 복귀명령에 응하여야 함 ② 노동조합전임자의 급여지급을 요구하고 이를 관철할 목적의 쟁의행위 금지 : 삭제됨 ③ 전임자가 사용자의 사업과는 무관한 상부 또는 연합관계에 있는 노동단체와 관련된 활동에 따른 재해를 입은 경우 : 업무상 재해 × ④ 전임자의 근로제공의무 존부 : 원칙적으로 노조전임발령 전에는 근로제공의무가 면제 × ⑤ 노동조합의 전임자 통지가 사용자의 인사명령을 거부하기 위한 수단으로 이용된 경우 : 전임운용권의 행사는 권리남용 ○
급 여	노동조합 전임자들의 퇴직금을 산정하는 경우에는 노동조합 전임자와 동일 직급 및 호봉 근로자들의 평균임금을 기준으로 하여 퇴직금 산정

(2) 근로시간면제자

① 단체협약으로 정하거나 사용자의 동의가 있는 경우에는 사용자 또는 노동조합으로부터 급여를 지급받으면서 근로를 제공하지 아니하고 노동조합의 업무에 종사할 수 있음

② 단체협약으로 정하거나 사용자의 동의로 사용자 또는 노동조합으로부터 급여를 지급받으면서 근로계약 소정의 근로를 제공하지 아니하고 노동조합의 업무에 종사하는 근로자의 정당한 노동조합활동을 제한 금지

③ 근로시간면제한도를 초과하는 내용을 정한 단체협약 또는 사용자의 동의는 그 부분에 한정하여 무효 ○

(3) 근로시간면제심의위원회

설 치	경제사회노동위원회에 설치

구 성	① 위원장 : 공익을 대표하는 위원 중에서 위원회가 선출
	② 위 원
	
	   ⑦ 근로자를 대표하는 위원과 사용자를 대표하는 위원 및 공익을 대표하는 위원 각 5명씩 성별을 고려하여 구성
	   ⓛ 공익을 대표하는 위원은 경제사회노동위원회 위원장이 추천한 15명 중에서 노동단체와 경영자단체가 순차적으로 배제하고 남은 사람으로 구성
	   ⓒ 위원의 임기는 2년
	   ⓔ 위원이 궐위된 경우 보궐위원의 임기는 전임자(前任者) 임기의 남은 기간
	   ⓜ 위원은 임기가 끝났더라도 후임자가 위촉될 때까지 계속하여 그 직무 수행

심의·의결	① 근로시간 면제 한도를 심의·의결하고, 3년마다 적정성 여부를 재심의하여 의결할 수 있고, 경제사회노동위원회 위원장은 위원회가 의결한 사항을 고용노동부장관에게 즉시 통보 ② 재적위원 과반수의 출석과 출석위원 과반수의 찬성으로 의결 : 경제사회노동위원회 위원장으로부터 심의 요청을 받은 경우에는 심의 요청을 받은 날부터 60일 이내에 심의·의결 ③ 근로시간 면제한도 : 근로시간면제심의위원회는 근로시간면제한도를 정할 때 사업 또는 사업장에 종사하는 근로자인 조합원 수와 해당 업무의 범위 등을 고려하여 시간과 이를 사용할 수 있는 인원으로 정할 수 있음
고용노동부장관의 고시	고용노동부장관은 경제사회노동위원회 위원장이 통보한 근로시간면제한도 고시

4. 감사기관

① 노사관계법은 감사기관에 관한 명문규정을 두고 있지 아니하나, 회계감사에 한하여 이를 의무로 규정
② 노동조합 회계감사
  ㉠ 노동조합의 대표자 : 회계감사원으로 하여금 6월에 1회 이상 당해 노동조합의 모든 재원 및 용도 등에 대한 회계감사를 실시하게 하고 그 내용과 감사결과를 전체 조합원에게 공개
  ㉡ 노동조합의 회계감사원 : 필요하다고 인정할 경우 당해 노동조합의 회계감사를 실시하고 그 결과를 공개 가능

IV 노동조합의 활동

1. 조합활동 주체의 정당성

조합원의 행위가 노동조합의 조직적인 활동 자체가 아닐지라도 그 성질상 노동조합활동으로 볼 수 있을 경우에는 노동조합의 업무를 위한 행위에 해당

2. 조합활동 수단의 정당성

비종사조합원의 조합활동	① 사용자의 효율적인 사업 운영에 지장을 주지 아니하는 범위에서 사업 또는 사업장 내에서 노동조합 활동을 할 수 있음 ② 종사근로자인 조합원이 해고되어 부당노동행위의 구제신청을 한 경우에는 중앙노동위원회의 재심 판정이 있을 때까지는 종사근로자로 간주
조합활동과 시설관리권	① 사업장 내의 노동조합활동 ▸ 사용자의 시설관리권에 바탕을 둔 합리적인 규율이나 제약을 준수하여야 함 ▸ 근로조건의 유지 개선과 근로자의 경제적 지위의 향상을 도모하기 위하여 필요하고 근로자들의 단결 강화에 도움이 되는 행위 ▸ 취업규칙이나 단체협약에 별도의 허용규정이 있거나 관행 또는 사용자의 승낙이 있는 경우 외에는 취업시간(근무시간) 외에 행하여져야 함 ② 배포 허가제를 채택하고 있는 경우 배포행위의 정당성 : 허가뿐만 아니라 그 유인물의 내용이나 배포 방법 등 제반 사정을 고려하여 판단 ▸ 문서의 배포행위의 정당성 : 배포한 목적이 노동조합원들의 단결이나 근로조건의 유지·개선과 복지증진 기타 경제적·사회적 지위의 향상을 도모하기 위한 것이고, 문서의 내용이 전체적으로 보아 진실한 것이라면, 정당한 활동범위에 속하는 것으로 보아야 함

V 노동조합의 합병·해산과 조직변경

1. 노동조합의 합병·분할

2. 노동조합의 해산

(1) 노동조합의 해산사유 여부

해산사유 O	① 총회 또는 대의원회의 해산결의가 있는 경우 ② 합병 또는 분할로 소멸한 경우 ③ 규약에서 정한 해산사유가 발생한 경우 ④ 노동조합의 임원이 없고 노동조합으로서의 활동을 1년 이상 하지 아니한 것으로 인정되는 경우로서 행정관청이 노동위원회의 의결을 얻은 경우 ▶ 행정관청이 관할 노동위원회의 의결을 얻은 때에 해산된 것으로 보며, 노동위원회가 의결을 할 때에는 해산사유 발생일 이후의 해당 노동조합의 활동 고려 불가
해산사유 ×	노동조합의 대표자가 제명된 경우

(2) 해산절차

대표자는 해산한 날부터 15일 이내에 행정관청에게 신고

3. 노동조합의 조직변경

조직변경의 의의	노동조합의 조직변경은 조합의 존속 중에 그 동질성은 유지하면서 조직을 변경하는 것
조직변경의 절차	① 조합원의 범위를 변경하는 조직변경은 변경 전후의 조합의 실질적 동일성이 인정되는 범위 내에서 인정 ② 총회 또는 대의원회의 의결 : 재적조합원 과반수의 출석과 출석조합원 3분의 2 이상의 찬성에 의한 의결이 있어야 함
조직변경의 효과	조직변경이 유효하게 이루어진 경우에는 변경 후의 노동조합이 변경 전 노동조합의 재산관계 및 단체협약의 주체로서의 지위를 그대로 승계
산별노조지부·분회에서 기업별 노조로의 전환	① 산별노조의 지회가 기업별 노동조합에 준하는 실질을 가지고 있는 경우에는 총회의 의결을 거쳐 독립한 기업별 노동조합으로 조직형태 변경 가능 ② 산별노조의 지회가 노동조합 유사의 독립한 근로자단체로서 법인 아닌 사단에 해당하는 경우에는 조직형태 변경 결의로 기업별 노동조합으로 전환 가능 ③ 산업별 노동조합의 지회가 산별별 노동조합의 활동을 위한 내부적인 조직에 그치는 경우에는 총회의 결의로 그 소속 변경 × ④ 어느 사업장의 근로자로 구성된 노동조합은 구성원인 근로자가 주체가 되어 자주적으로 단결하고 민주적으로 운영되어야 하므로 다른 사업장의 노동조합을 결성하거나 그 조직형태 등을 결정할 수 없음

☐ 사업 또는 사업장에 종사하는 근로자(종사근로자)인 조합원이 해고되어 노동위원회에 부당노동행위의 구제신청을 한 경우에는 중앙노동위원회의 (❶   )이 있을 때까지 종사근로자로 본다.

❶ 재심판정

☐ 노동조합은 매년 1월 31일까지 전년도 12월 31일 현재의 조합원수를 (❷   )에 통보하여야 한다.

❷ 행정관청

☐ 행정관청은 설립신고서 또는 규약이 기재사항의 누락등으로 보완이 필요한 경우에는 대통령령이 정하는 바에 따라 (❸   )의 기간을 정하여 보완을 요구하여야 한다.

❸ 20일 이내

☐ 총회는 예산·결산에 관한 사항을 재적조합원 과반수의 출석과 출석조합원 과반수의 찬성으로 의결한다. 다만, (❹   ), 임원의 해임, 합병·분할·해산 및 조직형태의 변경에 관한 사항은 재적조합원 과반수의 출석과 출석조합원 3분의 2 이상의 찬성이 있어야 한다.

❹ 규약의 제정·변경

☐ 하나의 사업 또는 사업장을 대상으로 조직된 노동조합의 대의원은 그 사업 또는 사업장에 (❺   ) 중에서 선출하여야 한다.

❺ 종사하는 조합원

☐ 근로시간면제심의위원회는 근로시간 면제 한도를 심의·의결하고, (❻   )마다 그 적정성 여부를 재심의하여 의결할 수 있다.

❻ 3년

☐ 노동조합의 임원이 없고 계속하여 (❼   ) 조합원으로부터 조합비를 징수한 사실이 없어서 행정관청이 노동위원회의 의결을 얻은 경우 노동조합은 해산한다.

❼ 1년 이상

☐ 노동조합이 특정 조합원에 관한 사항을 의결할 경우에는 그 조합원은 (❽   )이 없다.

❽ 표결권

☐ 대의원회는 회의개최일 (❾   )까지 그 회의에 부의할 사항을 공고하여야 하나, 노동조합이 동일한 사업장 내의 근로자로 구성된 경우에는 그 규약으로 공고기간을 단축할 수 있다.

❾ 7일 전

☐ 노동조합은 그 (❿   )으로 조합비를 납부하지 아니하는 조합원의 권리를 제한할 수 있다.

❿ 규약

제1절   단체교섭

I   서 설

단체교섭권의 정당한 행사 : 민·형사상 책임의 면제

II   단체교섭의 주체

1. 단체교섭의 당사자

근로자 측의 당사자	① 해당 노동조합(단위노동조합) ② 분회나 지부 : 분회나 지부가 독자적인 규약 및 집행기관을 가지고 독립된 조직체로서 활동을 하는 경우 ▶ 고유한 사항에 대하여는 독자적으로 단체교섭하고 단체협약 체결 ○ ▶ 그 분회나 지부가 설립신고를 하였는지 여부에 영향 ✕ ③ 연합단체인 노동조합 : 노조법 제2조 제4호의 요건을 갖춘 연합단체인 노동조합은 단체교섭의 당사자 ○ ④ 유일교섭단체조항 : 단체교섭의 결과 노사가 특정의 노동조합이 유일한 교섭주체임을 인정하는 취지의 단체협약을 체결한 경우는 무효로 봄
사용자 측의 당사자 (개별 사용자 또는 사용자단체)	① 사용자단체가 그 구성원인 사용자에 대하여 조정 또는 규제할 수 있는 권한을 가지고 있는 경우에는 교섭당사자의 지위 ○ ▶ 단체교섭의 당사자로서의 사용자단체는 노동조합과의 단체교섭 및 단체협약을 체결하는 것을 목적으로 하고 구성원인 각 사용자에 대하여 통제력을 가지고 있어야 함 ② 사용자단체가 교섭 또는 단체협약의 체결에 관한 권한을 위임하는 경우는 교섭사항과 권한범위를 정하여 위임하여야 함

2. 단체교섭의 담당자

(1) 사용자 측의 담당자

사용자 또는 사용자단체가 교섭 또는 단체협약의 체결에 관한 권한을 위임한 경우에는 그 사실을 노동조합에게 통보하여야 함

(2) 근로자 측의 담당자

노동조합의 대표자	① 노동조합의 대표자는 노동조합 또는 조합원을 위하여 사용자나 사용자단체와 교섭하고 단체협약을 체결할 권한 ○ ② 교섭대표노동조합의 대표자 : 교섭을 요구한 모든 노동조합 또는 조합원을 위하여 사용자와 교섭하고 단체협약을 체결할 권한 ○
노동조합으로부터 권한위임을 받은 자	① 노동조합은 단체협약의 체결에 관한 권한을 위임 가능 ② 권한을 위임받은 자 : 그 노동조합과 사용자를 위하여 위임받은 범위 안에서 그 권한을 행사 ③ 단위 노동조합이 연합단체에 단체교섭권한을 위임한 경우 : 단위 노동조합의 단체교섭권한은 중첩적으로 존재 ④ 노동조합이 교섭 또는 단체협약의 체결에 관한 권한을 위임한 경우에는 그 사실을 사용자 또는 사용자단체에게 통보하여야 함

Ⅲ 노조대표자의 단체협약체결권한과 제한

노조대표자의 단체협약체결권한	단체교섭권에는 단체협약체결권을 포함
협약체결권한 제한규정의 위법성	① 노동조합은 대표자의 단체협약체결권한을 전면적·포괄적으로 제한 × ② 노동조합의 대표자가 사용자와 단체교섭 결과 합의에 이르렀더라도 단체교섭위원들이 연명으로 서명하지 않는 한 단체협약을 체결할 수 없도록 노동조합규약을 정한 경우 : 위법 ③ 조합원들의 의사를 반영하고 대표자의 업무 수행에 대한 적절한 통제를 위하여 단체협약체결권한의 행사를 절차적으로 제한하는 경우는 단체협약체결권한을 전면적·포괄적으로 제한하는 것이 아닌 이상 허용
인준투표제와 관련된 제 논점	노동조합의 대표자가 단체협약의 내용을 합의한 후 다시 협약안의 가부에 관하여 조합원 총회의 의결을 거치도록 하는 인준투표제 : 위법

Ⅳ 교섭창구단일화

1. 교섭 및 체결권한

교섭대표노동조합의 대표자 : 단체협약 체결 여부에 대해 원칙적으로 소수노동조합이나 그 조합원의 의사에 기속된다고 볼 수 없음

2. 단일화의 원칙 및 예외적인 개별교섭

단일화의 원칙	하나의 사업장에서 근로자가 설립하거나 가입한 노동조합이 2개 이상인 경우에는 노동조합은 교섭대표노동조합을 정하여 교섭 요구하여야 함
예외적인 개별교섭	사용자가 교섭창구 단일화 절차를 거치지 아니하기로 동의한 경우 ▶ 하나의 사업장에 설립된 복수의 노동조합은 각자 교섭 요구 가능 ▶ 사용자는 교섭을 요구한 모든 노동조합과 성실히 교섭하여야 함

3. 교섭창구단일화절차

(1) 교섭참여노동조합의 확정

① 노동조합의 단체협약이 2개 이상 있는 경우 : 먼저 도래하는 단체협약의 유효기간 만료일 이전 3개월이 되는 날부터 사용자에게 교섭 요구 가능할 수 있음

② 노동조합이 사용자에게 교섭을 요구하는 경우 : 노동조합의 명칭, 그 교섭을 요구한 날, 현재의 조합원 수 등 고용노동부령으로 정하는 사항을 적은 서면으로 하여야 함

③ 노동조합 교섭요구사실의 공고기간 : 사용자가 법령에 따라 교섭을 요구받은 날부터 7일간 공고하여야 함

④ 사용자가 교섭요구 사실의 공고를 하지 아니하거나 다르게 공고하는 경우 : 노동조합은 노동위원회에 시정요청

(2) 교섭대표노동조합의 자율적 결정

① 교섭대표노동조합결정절차에 참여한 모든 노동조합은 대통령령으로 정하는 기한 내에 자율적으로 교섭 대표노동조합을 정함

② 자율적으로 교섭대표노동조합을 결정하여 그 결과를 사용자에게 통지한 이후 일부 노동조합이 그 이후의 절차에 참여하지 않은 경우에도 교섭대표노동조합의 지위는 유지됨

(3) 과반수 교섭대표노동조합

① 교섭대표노동조합을 자율적으로 결정하는 기한까지 교섭대표노동조합을 정하지 못하고 사용자의 동의를 얻지 못한 경우에는 교섭창구 단일화 절차에 참여한 노동조합의 전체 종사근로자인 조합원 과반수로 조직된 노동조합이 교섭대표노동조합

② 교섭창구단일화절차에 참여한 노동조합의 전체 조합원 과반수로 조직된 노동조합에는 2개 이상의 노동조합이 위임 또는 연합 등의 방법으로 교섭창구단일화절차에 참여한 노동조합 전체 조합원의 과반수가 되는 경우를 포함

③ 교섭창구 단일화 절차에서 조합원 수 산정 : 종사근로자인 조합원을 기준

(4) 공동교섭대표단

노조 간 자율적 공동교섭대표단의 구성	① 공동교섭대표단에 참여할 수 있는 노동조합 : 조합원 수가 교섭창구단일화절차에 참여한 노동조합의 전체 조합원 100분의 10 이상인 노동조합 ② 사용자에게 공동교섭대표단의 통지가 있은 이후 공동교섭대표단 결정 절차에 참여한 노동조합 중 일부 노동조합이 그 이후의 절차에 참여하지 않은 경우에도 교섭대표노동조합의 지위는 유지
노동위원회 공동교섭대표단의 결정	공동교섭대표단의 구성에 합의하지 못할 경우에는 노동위원회는 해당 노동조합의 신청에 따라 조합원 비율을 고려하여 이를 결정할 수 있음

(5) 노동위원회 결정에 대한 불복

교섭대표노동조합을 결정함에 있어 교섭요구사실 등에 대한 이의가 있는 경우에는 노동위원회는 노동조합의 신청을 받아 그 이의에 대한 결정을 할 수 있음

4. 교섭대표노동조합의 법적 지위

당사자지위의 인정	교섭대표노동조합의 대표권은 단체교섭 및 단체협약 체결(보충교섭이나 보충협약 체결을 포함)과 단체협약의 구체적인 이행과정에만 미치는 것이고, 노사관계 전반에까지 당연히 미친다고 볼 수 없음
지위유지기간	① 교섭대표노동조합은 그 결정이 있은 후 사용자와 체결한 첫 번째 단체협약의 효력이 발생한 날을 기준으로 2년이 되는 날까지 교섭대표노동조합의 지위를 유지하나, 새로운 교섭대표노동조합이 결정된 경우에는 그 결정된 때까지 교섭대표노동조합의 지위를 유지 ② 교섭대표노동조합의 지위 유지기간이 만료되었음에도 불구하고 새로운 교섭대표노동조합이 결정되지 못할 경우에는 기존 교섭대표노동조합은 새로운 교섭대표노동조합이 결정될 때까지 교섭대표노동조합의 지위를 유지
지위의 상실	교섭대표노동조합이 그 결정된 날부터 1년 동안 단체협약을 체결하지 못한 경우에는 어느 노동조합이든지 사용자에게 교섭을 요구할 수 있음

5. 유일노조의 교섭대표노동조합지위의 인정 여부

하나의 사업 또는 사업장 단위에서 유일하게 존재하는 노동조합이 교섭창구단일화절차를 형식적으로 거쳤다고 하더라도, 교섭대표노동조합의 지위를 취득할 수 없다고 봄

교섭권한 등의 위임통보(노조법 시행령 제14조)

① 노동조합과 사용자 또는 사용자단체(이하 "노동관계당사자")는 법 제29조 제3항에 따라 교섭 또는 단체협약의 체결에 관한 권한을 위임하는 경우에는 교섭사항과 권한범위를 정하여 위임하여야 한다.

② 노동관계당사자는 법 제29조 제4항에 따라 상대방에게 위임사실을 통보하는 경우에 다음 각 호의 사항을 포함하여 통보하여야 한다.

  1. 위임을 받은 자의 성명(위임을 받은 자가 단체인 경우에는 그 명칭 및 대표자의 성명)

  2. 교섭사항과 권한범위 등 위임의 내용

노동조합의 교섭요구시기 및 방법(노조법 시행령 제14조의2)

① 노동조합은 해당 사업 또는 사업장에 단체협약이 있는 경우에는 법 제29조 제1항 또는 제29조의2 제1항에 따라 그 유효기간 만료일 이전 3개월이 되는 날부터 사용자에게 교섭을 요구할 수 있다. 다만, 단체협약이 2개 이상 있는 경우에는 먼저 이르는 단체협약의 유효기간 만료일 이전 3개월이 되는 날부터 사용자에게 교섭을 요구할 수 있다.

② 노동조합은 제1항에 따라 사용자에게 교섭을 요구하는 때에는 노동조합의 명칭, 그 교섭을 요구한 날 현재의 종사근로자인 조합원 수 등 고용노동부령으로 정하는 사항을 적은 서면으로 해야 한다.

노동조합 교섭요구사실의 공고(노조법 시행령 제14조의3)

① 사용자는 노동조합으로부터 제14조의2에 따라 교섭요구를 받은 때에는 그 요구를 받은 날부터 7일간 그 교섭을 요구한 노동조합의 명칭 등 고용노동부령으로 정하는 사항을 해당 사업 또는 사업장의 게시판 등에 공고하여 다른 노동조합과 근로자가 알 수 있도록 하여야 한다.

② 노동조합은 사용자가 제1항에 따른 교섭요구사실의 공고를 하지 아니하거나 다르게 공고하는 경우에는 고용노동부령으로 정하는 바에 따라 노동위원회에 시정을 요청할 수 있다. **기출** 23

③ 노동위원회는 제2항에 따라 시정요청을 받은 때에는 그 요청을 받은 날부터 10일 이내에 그에 대한 결정을 하여야 한다.

다른 노동조합의 교섭요구시기 및 방법(노조법 시행령 제14조의4)

제14조의2에 따라 사용자에게 교섭을 요구한 노동조합이 있는 경우에 사용자와 교섭하려는 다른 노동조합은 제14조의3 제1항에 따른 공고기간 내에 제14조의2 제2항에 따른 사항을 적은 서면으로 사용자에게 교섭을 요구하여야 한다.

교섭요구노동조합의 확정(노조법 시행령 제14조의5)

① 사용자는 제14조의3 제1항에 따른 공고기간이 끝난 다음 날에 제14조의2 및 제14조의4에 따라 교섭을 요구한 노동조합을 확정하여 통지하고, 그 교섭을 요구한 노동조합의 명칭, 그 교섭을 요구한 날 현재의 종사근로자인 조합원 수 등 고용노동부령으로 정하는 사항을 5일간 공고해야 한다.

② 제14조의2 및 제14조의4에 따라 교섭을 요구한 노동조합은 제1항에 따른 노동조합의 공고내용이 자신이 제출한 내용과 다르게 공고되거나 공고되지 아니한 것으로 판단되는 경우에는 제1항에 따른 공고기간 중에 사용자에게 이의를 신청할 수 있다.

③ 사용자는 제2항에 따른 이의신청의 내용이 타당하다고 인정되는 경우 신청한 내용대로 제1항에 따른 공고기간이 끝난 날부터 5일간 공고하고 그 이의를 제기한 노동조합에 통지하여야 한다.

④ 사용자가 제2항에 따른 이의신청에 대하여 다음 각 호의 구분에 따른 조치를 한 경우에는 해당 노동조합은 해당 호에서 정한 날부터 5일 이내에 고용노동부령으로 정하는 바에 따라 노동위원회에 시정을 요청할 수 있다.

  1. 사용자가 제3항에 따른 공고를 하지 아니한 경우 : 제1항에 따른 공고기간이 끝난 다음 날

  2. 사용자가 해당 노동조합이 신청한 내용과 다르게 제3항에 따른 공고를 한 경우 : 제3항에 따른 공고기간이 끝난 날

⑤ 노동위원회는 제4항에 따른 시정요청을 받은 때에는 그 요청을 받은 날부터 10일 이내에 그에 대한 결정을 하여야 한다.

자율적 교섭대표노동조합의 결정 등(노조법 시행령 제14조의6)

① 제14조의5에 따라 교섭을 요구한 노동조합으로 확정 또는 결정된 노동조합은 법 제29조의2 제3항에 따라 자율적으로 교섭대표노동조합을 정하려는 경우에는 제14조의5에 따라 확정 또는 결정된 날부터 14일이 되는 날을 기한으로 하여 그 교섭대표노동조합의 대표자, 교섭위원 등을 연명으로 서명 또는 날인하여 사용자에게 통지해야 한다.

② 사용자에게 제1항에 따른 교섭대표노동조합의 통지가 있는 이후에는 그 교섭대표노동조합의 결정절차에 참여한 노동조합 중 일부 노동조합이 그 이후의 절차에 참여하지 않더라도 법 제29조 제2항에 따른 교섭대표노동조합의 지위는 유지된다.

과반수노동조합의 교섭대표노동조합 확정 등(노조법 시행령 제14조의7)

① 법 제29조의2 제3항 및 이 영 제14조의6에 따른 교섭대표노동조합이 결정되지 못한 경우에는 법 제29조의2 제3항에 따른 교섭창구단일화절차에 참여한 모든 노동조합의 전체 종사근로자인 조합원 과반수로 조직된 노동조합(둘 이상의 노동조합이 위임 또는 연합 등의 방법으로 교섭창구단일화절차에 참여하는 노동조합 전체 종사근로자인 조합원의 과반수가 되는 경우를 포함. 이하 "과반수노동조합")은 제14조의6 제1항에 따른 기한이 끝난 날부터 5일 이내에 사용자에게 노동조합의 명칭, 대표자 및 과반수노동조합이라는 사실 등을 통지해야 한다.

② 사용자가 제1항에 따라 과반수노동조합임을 통지받은 때에는 그 통지를 받은 날부터 5일간 그 내용을 공고하여 다른 노동조합과 근로자가 알 수 있도록 해야 한다.

③ 다음 각 호의 사유로 이의를 제기하려는 노동조합은 제2항에 따른 공고기간 내에 고용노동부령으로 정하는 바에 따라 노동위원회에 이의신청을 해야 한다.

  1. 사용자가 제2항에 따른 공고를 하지 않은 경우

  2. 공고된 과반수노동조합에 대하여 그 과반수 여부에 이의가 있는 경우

④ 노동조합이 제2항에 따른 공고기간 내에 이의신청을 하지 않은 경우에는 같은 항에 따라 공고된 과반수노동조합이 교섭대표노동조합으로 확정된다.

⑤ 노동위원회는 제3항에 따른 이의신청을 받은 때에는 교섭창구단일화절차에 참여한 모든 노동조합과 사용자에게 통지하고, 조합원 명부(종사근로자인 조합원의 서명 또는 날인이 있는 것으로 한정) 등 고용노동부령으로 정하는 서류를 제출하게 하거나 출석하게 하는 등의 방법으로 종사근로자인 조합원 수에 대하여 조사·확인해야 한다.

⑥ 제5항에 따라 종사근로자인 조합원 수를 확인하는 경우의 기준일은 제14조의5 제1항에 따라 교섭을 요구한 노동조합의 명칭 등을 공고한 날로 한다.

⑦ 노동위원회는 제5항에 따라 종사근로자인 조합원 수를 확인하는 경우 둘 이상의 노동조합에 가입한 종사근로자인 조합원에 대해서는 그 종사근로자인 조합원 1명별로 다음 각 호의 구분에 따른 방법으로 종사근로자인 조합원 수를 산정한다.

  1. 조합비를 납부하는 노동조합이 하나인 경우 : 조합비를 납부하는 노동조합의 종사근로자인 조합원 수에 숫자 1을 더할 것

  2. 조합비를 납부하는 노동조합이 둘 이상인 경우 : 숫자 1을 조합비를 납부하는 노동조합의 수로 나눈 후에 그 산출된 숫자를 그 조합비를 납부하는 노동조합의 종사근로자인 조합원 수에 각각 더할 것

  3. 조합비를 납부하는 노동조합이 하나도 없는 경우 : 숫자 1을 종사근로자인 조합원이 가입한 노동조합의 수로 나눈 후에 그 산출된 숫자를 그 가입한 노동조합의 종사근로자인 조합원 수에 각각 더할 것

⑧ 노동위원회는 노동조합 또는 사용자가 제5항에 따른 서류제출요구 등 필요한 조사에 따르지 않은 경우에 고용노동부령으로 정하는 기준에 따라 종사근로자인 조합원 수를 계산하여 확인한다.

⑨ 노동위원회는 제5항부터 제8항까지의 규정에 따라 조사·확인한 결과 과반수노동조합이 있다고 인정하는 경우에는 그 이의신청을 받은 날부터 10일 이내에 그 과반수노동조합을 교섭대표노동조합으로 결정하여 교섭창구단일화절차에 참여한 모든 노동조합과 사용자에게 통지해야 한다. 다만, 그 기간 이내에 종사근로자인 조합원 수를 확인하기 어려운 경우에는 한 차례에 한정하여 10일의 범위에서 그 기간을 연장할 수 있다.

자율적 공동교섭대표단 구성 및 통지(노조법 시행령 제14조의8)

① 법 제29조의2 제3항 및 제4항에 따라 교섭대표노동조합이 결정되지 못한 경우에, 같은 조 제5항에 따라 공동교섭대표단에 참여할 수 있는 노동조합은 사용자와 교섭하기 위하여 다음 각 호의 구분에 따른 기간 이내에 공동교섭대표단의 대표자, 교섭위원 등 공동교섭대표단을 구성하여 연명으로 서명 또는 날인하여 사용자에게 통지해야 한다.

  1. 과반수노동조합이 없어서 제14조의7 제1항에 따른 통지 및 같은 조 제2항에 따른 공고가 없는 경우 : 제14조의6 제1항에 따른 기한이 만료된 날부터 10일간

  2. 제14조의7 제9항에 따라 과반수노동조합이 없다고 노동위원회가 결정하는 경우 : 제14조의7 제9항에 따른 노동위원회 결정의 통지가 있은 날부터 5일간

② 사용자에게 제1항에 따른 공동교섭대표단의 통지가 있은 이후에는 그 공동교섭대표단결정절차에 참여한 노동조합 중 일부 노동조합이 그 이후의 절차에 참여하지 않더라도 법 제29조 제2항에 따른 교섭대표노동조합의 지위는 유지된다.

`기출` 22

노동위원회결정에 의한 공동교섭대표단의 구성(노조법 시행령 제14조의9)

① 법 제29조의2 제5항 및 이 영 제14조의8 제1항에 따른 공동교섭대표단의 구성에 합의하지 못한 경우에 공동교섭대표단 구성에 참여할 수 있는 노동조합의 일부 또는 전부는 노동위원회에 법 제29조의2 제6항에 따라 공동교섭대표단 구성에 관한 결정 신청을 해야 한다.

② 노동위원회는 제1항에 따른 공동교섭대표단 구성에 관한 결정신청을 받은 때에는 그 신청을 받은 날부터 10일 이내에 총 10명 이내에서 각 노동조합의 종사근로자인 조합원 수에 따른 비율을 고려하여 노동조합별 공동교섭대표단에 참여하는 인원 수를 결정하여 그 노동조합과 사용자에게 통지해야 한다. 다만, 그 기간 이내에 결정하기 어려운 경우에는 한 차례에 한정하여 10일의 범위에서 그 기간을 연장할 수 있다.

③ 제2항에 따른 공동교섭대표단결정은 공동교섭대표단에 참여할 수 있는 모든 노동조합이 제출한 종사근로자인 조합원 수에 따른 비율을 기준으로 한다.

④ 제3항에 따른 종사근로자인 조합원 수 및 비율에 대하여 그 노동조합 중 일부 또는 전부가 이의를 제기하는 경우 종사근로자인 조합원 수의 조사·확인에 관하여는 제14조의7 제5항부터 제8항까지의 규정을 준용한다.

⑤ 공동교섭대표단 구성에 참여하는 노동조합은 사용자와 교섭하기 위하여 제2항에 따라 노동위원회가 결정한 인원 수에 해당하는 교섭위원을 각각 선정하여 사용자에게 통지하여야 한다.

⑥ 제5항에 따라 공동교섭대표단을 구성할 때에 그 공동교섭대표단의 대표자는 공동교섭대표단에 참여하는 노동조합이 합의하여 정한다. 다만, 합의되지 않은 경우에는 종사근로자인 조합원 수가 가장 많은 노동조합의 대표자로 한다.

교섭대표노동조합의 지위 유지기간 등(노조법 시행령 제14조의10)

① 법 제29조의2 제3항부터 제6항까지의 규정에 따라 결정된 교섭대표노동조합은 그 결정이 있은 후 사용자와 체결한 첫 번째 단체협약의 효력이 발생한 날을 기준으로 2년이 되는 날까지 그 교섭대표노동조합의 지위를 유지하되, 새로운 교섭대표노동조합이 결정된 경우에는 그 결정된 때까지 교섭대표노동조합의 지위를 유지한다.

② 제1항에 따른 교섭대표노동조합의 지위 유지기간이 만료되었음에도 불구하고 새로운 교섭대표노동조합이 결정되지 못할 경우 기존 교섭대표노동조합은 새로운 교섭대표노동조합이 결정될 때까지 기존 단체협약의 이행과 관련해서는 교섭대표노동조합의 지위를 유지한다.

③ 법 제29조의2에 따라 결정된 교섭대표노동조합이 그 결정된 날부터 1년 동안 단체협약을 체결하지 못한 경우에는 어느 노동조합이든지 사용자에게 교섭을 요구할 수 있다. 이 경우 제14조의2 제2항 및 제14조의3부터 제14조의9까지의 규정을 적용한다.

Ⅴ 교섭단위 결정

1. 원 칙

교섭대표노동조합의 결정단위(교섭단위)는 하나의 사업 또는 사업장으로 함

2. 예 외

신청권자	하나의 사업장에서 교섭단위를 분리·통합할 필요가 있다고 인정되는 경우에는 노동위원회는 노동관계 당사자의 양쪽 또는 어느 한 쪽의 신청을 받아 교섭단위를 분리·통합하는 결정할 수 있음
교섭단위분리·통합결정	① 노동위원회가 교섭단위 분리·통합결정 신청을 받은 경우 ▸ 해당 사업 또는 사업장의 모든 노동조합과 사용자에게 그 내용 통지 ▸ 분리·통합결정 신청을 받은 날부터 30일 이내에 교섭단위 분리·통합결정을 하고 해당 사업 또는 사업장의 모든 노동조합과 사용자에게 통지 ② 사용자가 교섭요구 사실을 공고하기 전인 경우에는 노동위원회에 교섭단위의 분리·통합결정 신청 가능 ③ 사용자가 교섭요구 사실을 공고한 경우에는 교섭대표노동조합이 결정된 날 이후 교섭단위의 분리·통합결정 신청 가능 ④ 교섭단위 분리·통합신청에 대한 노동위원회의 결정이 있기 전에 교섭 요구가 있는 경우에는 교섭단위 결정이 있을 때까지 교섭창구단일화절차의 진행 정지
노동위원회 결정에 대한 불복	① 노동위원회의 결정에 관하여는 그 절차가 위법하거나, 내용이 위법한 경우, 그 밖에 월권에 의한 것인 경우에 한하여 불복 가능 ② 교섭단위 분리결정에 대한 재심신청 : 중재재정서의 송달을 받은 날부터 10일 이내에 중앙노동위원회에 그 재심 신청

> **교섭단위 결정(노조법 시행령 제14조의11)**
> ① 노동조합 또는 사용자는 법 제29조의3 제2항에 따라 교섭단위를 분리하거나 분리된 교섭단위를 통합하여 교섭하려는 경우에는 다음 각 호에 해당하는 기간에 노동위원회에 교섭단위를 분리하거나 분리된 교섭단위를 통합하는 결정을 신청할 수 있다. 기출 22
> 　1. 제14조의3에 따라 사용자가 교섭요구사실을 공고하기 전 기출 22
> 　2. 제14조의3에 따라 사용자가 교섭요구사실을 공고한 경우에는 법 제29조의2에 따른 교섭대표노동조합이 결정된 날 이후
> ② 제1항에 따른 신청을 받은 노동위원회는 해당 사업 또는 사업장의 모든 노동조합과 사용자에게 그 내용을 통지해야 하며, 그 노동조합과 사용자는 노동위원회가 지정하는 기간까지 의견을 제출할 수 있다.
> ③ 노동위원회는 제1항에 따른 신청을 받은 날부터 30일 이내에 교섭단위를 분리하거나 분리된 교섭단위를 통합하는 결정을 하고 해당 사업 또는 사업장의 모든 노동조합과 사용자에게 통지해야 한다. 기출 22
> ④ 제3항에 따른 통지를 받은 노동조합이 사용자와 교섭하려는 경우 자신이 속한 교섭단위에 단체협약이 있는 때에는 그 단체협약의 유효기간 만료일 이전 3개월이 되는 날부터 제14조의2 제2항에 따라 필요한 사항을 적은 서면으로 교섭을 요구할 수 있다.
> ⑤ 제1항에 따른 신청에 대한 노동위원회의 결정이 있기 전에 제14조의2에 따른 교섭요구가 있는 때에는 교섭단위를 분리하거나 분리된 교섭단위를 통합하는 결정이 있을 때까지 제14조의3에 따른 교섭요구사실의 공고 등 교섭창구단일화절차의 진행은 정지된다. 기출 22
> ⑥ 제1항부터 제5항까지에서 규정한 사항 외에 교섭단위를 분리하거나 분리된 교섭단위를 통합하는 결정신청 및 그 신청에 대한 결정 등에 관하여 필요한 사항은 고용노동부령으로 정한다.

Ⅵ 공정대표의무

1. 의 의

① 공정대표의무는 단체교섭권의 본질적 내용이 침해되지 않도록 하기 위한 제도적 장치로 기능하고, 단체협약의 효력이 교섭창구단일화 절차에 참여한 다른 노동조합에게도 미치는 것을 정당화하는 근거가 됨

② 교섭대표노동조합과 사용자는 교섭창구 단일화절차에 참여한 노동조합 또는 그 조합원 간에 합리적 이유 없이 차별 ×

③ 교섭대표노동조합은 교섭창구 단일화 절차에 참여하지 않았으나 해당 사업 또는 사업장 내에 설립되어 있는 노동조합에 대하여 공정대표의무를 부담 ×

④ 사용자는 공정대표의무를 부담

2. 범 위

공정대표의무는 단체교섭의 과정이나 단체협약의 내용뿐만 아니라 단체협약의 이행과정에서도 준수되어야 함

3. 증명책임

공정대표의무를 위반한 차별에 합리적 이유가 있다는 점에서 교섭대표노동조합이나 사용자에게 주장·증명책임을 짐

4. 공정대표의무의 구체적인 내용

사용자가 단체협약에 따라 교섭대표노동조합에 노동조합 사무실을 제공한 경우에는 특별한 사정이 없는 한 교섭창구 단일화 절차에 참여한 다른 노동조합에게도 사무실을 제공하여야 함

5. 노동위원회 결정에 대한 불복

① 노동위원회의 시정명령에 대한 불복절차 : 부당노동행위 구제명령에 대한 불복절차를 준용
   ▶ 공정대표의무 위반에 관한 재심판정에 대한 불복 : 재심판정서의 송달을 받은 날부터 15일 이내에 행정소송 제기

② 교섭대표노동조합이 공정대표의무를 위반하여 차별한 경우 : 교섭창구단일화절차에 참여한 노동조합은 그 행위가 있은 날(단체협약내용의 일부 또는 전부가 공정대표의무에 위반되는 경우에는 단체협약 체결일)부터 3개월 이내에 대통령령으로 정하는 방법과 절차에 따라 노동위원회에 시정 요청할 수 있음

③ 노동위원회가 공정대표의무 위반의 시정신청을 받은 경우
   ▶ 지체 없이 필요한 조사와 관계당사자에 대한 심문을 하여야 함
   ▶ 심문을 할 경우 신청이나 직권으로 증인을 출석하게 하여 필요한 사항 질문할 수 있음

④ 공정대표의무 위반에 대한 시정명령이나 결정은 서면으로 하여야 하며, 교섭대표노동조합, 사용자 및 그 시정을 신청한 노동조합에 각각 통지하여야 함

⑤ 노동위원회는 공정대표의무 위반의 시정신청에 대하여 합리적 이유 없이 차별하였다고 인정한 경우에는 시정명령을 하여야 함

6. 벌 칙

① 사용자의 공정대표의무 위반 : 벌칙규정 ×

② 시정명령이 확정된 경우 그 시정명령에 위반한 자 : 3년 이하의 징역 또는 3천만원 이하의 벌금

> **공정대표의무 위반에 대한 시정(노조법 시행령 제14조의12)**
> ① 노동조합은 법 제29조의2에 따라 결정된 교섭대표노동조합과 사용자가 법 제29조의4 제1항을 위반하여 차별한 경우에는 고용노동부령으로 정하는 바에 따라 노동위원회에 공정대표의무 위반에 대한 시정을 신청할 수 있다.
> ② 노동위원회는 제1항에 따른 공정대표의무 위반의 시정신청을 받은 때에는 지체 없이 필요한 조사와 관계당사자에 대한 심문(審問)을 하여야 한다. `기출` 23
> ③ 노동위원회는 제2항에 따른 심문을 할 때에는 관계당사자의 신청이나 직권으로 증인을 출석하게 하여 필요한 사항을 질문할 수 있다. `기출` 23
> ④ 노동위원회는 제2항에 따른 심문을 할 때에는 관계당사자에게 증거의 제출과 증인에 대한 반대심문을 할 수 있는 충분한 기회를 주어야 한다.
> ⑤ 노동위원회는 제1항에 따른 공정대표의무 위반의 시정신청에 대한 명령이나 결정을 서면으로 하여야 하며, 그 서면을 교섭대표노동조합, 사용자 및 그 시정을 신청한 노동조합에 각각 통지하여야 한다.
> ⑥ 노동위원회의 제1항에 따른 공정대표의무 위반의 시정신청에 대한 조사와 심문에 관한 세부절차는 중앙노동위원회가 따로 정한다.

Ⅶ 단체교섭의 대상

단체교섭의 대상 여부의 판단	단체교섭권을 보장한 취지에 비추어 판단	
단체교섭의 대상에 해당 여부	단체교섭의 대상 ○	① 근로조건에 영향을 미치는 경영악화 등을 이유로 한 부서폐지결정 ② 근로조건의 개선요구에 주된 목적이 있는 연구소장 퇴진요구 ③ 강행법규나 공서양속에 반하지 않는 집단적 노동관계에 관한 사항 ④ 조합원의 근로조건에 영향을 미치는 비조합원에 관한 사항 ⑤ 근로조건 자체는 아니지만 근로조건과 밀접한 관련을 가지는 사항 ⑥ 사용자가 처분할 수 있는 근로자의 대우 또는 당해 단체적 노사관계의 운영에 관한 사항 ⑦ 보건에 관한 사항
	단체교섭의 대상 ×	① 정리해고에 관한 노동조합의 요구내용이 사용자는 정리해고를 하여서는 아니 된다는 취지인 경우에는 원칙적으로 단체교섭의 대상 × ② 기업의 구조조정 실시 여부

Ⅷ 단체교섭의 방법

① 노동조합과 사용자 또는 사용자단체
  ▶ 신의에 따라 성실히 교섭하고 단체협약을 체결하여야 하며 권한 남용 ×
  ▶ 정당한 이유 없이 교섭 또는 단체협약의 체결을 거부하거나 해태 ×
② 국가 및 지방자치단체 : 기업·산업·지역별 교섭 등 다양한 교섭방식을 노동관계 당사자가 자율적으로 선택할 수 있도록 지원하고 단체교섭이 활성화될 수 있도록 노력하여야 함

Ⅰ 단체협약의 성립요건

① 서면으로 작성하여 당사자 쌍방이 서명 또는 날인
② 단체협약의 체결일부터 15일 이내에 당사자 쌍방이 연명으로 행정관청에게 신고
③ 단체협약은 그 합의가 반드시 정식의 단체교섭절차를 거쳐서 이루어질 것을 요구되는 것은 아니므로 노동조합과 사용자 쌍방이 노사협의회를 거쳐 실질적·형식적 요건을 갖춘 합의가 있는 경우 : 단체협약 ○

Ⅱ 단체협약의 내용 및 효력

1. 단체협약의 규범적 효력

효 력	단체협약에 정한 근로조건 기타 근로자의 대우에 관한 기준에 위반하는 취업규칙 또는 근로계약의 부분 : 무효
내 용	① 단체협약 중 근로조건 기타 근로자의 대우에 관하여 정한 부분 : 근로계약관계를 직접 규율하는 효력 ○ ② 임금에 관한 사항, 근로시간에 관한 사항, 해고사유에 관한 사항, 휴일·휴가, 인사와 관련한 사항 : 규범적 효력 ○ ③ 단체협약의 개정에도 불구하고 종전의 단체협약과 동일한 내용의 취업규칙이 있는 경우 : 개정된 단체협약에는 개정된 협약이 우선적으로 적용된다는 내용의 합의가 포함 ○
협약자치한계	① 노동조합은 사용자와 근로조건을 불리하게 변경하는 내용의 단체협약을 체결할 수 있고, 특별한 사정이 없는 한 그러한 노사 간의 합의는 유효함 ▶ 노동조합이 근로조건을 불리하게 변경하는 내용의 단체협약을 체결한 경우에 사전에 근로자들로부터 개별적인 동의나 수권을 받을 필요 없음 ② 현저히 합리성을 결한 단체협약 : 근로조건을 불리하게 변경하는 내용의 단체협약이 현저히 합리성을 결하여 노동조합의 목적을 벗어난 것으로 볼 수 있는 특별한 사정이 있는 경우에는 그 합의는 무효로 봄 ③ 이미 구체적으로 지급청구권이 발생한 임금 등에 대하여 근로자들로부터 개별적인 동의나 수권을 받지 않은 이상 단체협약만으로 포기나 지급유예와 같은 처분행위를 할 수 없음 ④ 노동조합이 근로조건 결정기준에 관하여 소급적으로 동의하는 내용의 단체협약을 체결한 경우에 동의나 승인의 효력은 단체협약이 시행된 이후 해당 사업장에서 근무하면서 단체협약의 적용을 받게 될 조합원이나 근로자에 대해서만 생길 뿐, 단체협약 체결 이전에 퇴직한 근로자에게는 효력이 없음

2. 단체협약의 채무적 효력

① 채무적 효력 : 노동조합과 사용자 간의 권리·의무를 준수하여야 하는 의무
② 평화의무, 평화조항, 조합활동에 관한 편의제공조항, 단체교섭의 절차 및 기타 규칙, 숍 조항, 쟁의행위에 관한 사항 : 채무적 효력 ○
   ▶ 평화의무 : 노동조합이 단체협약의 유효기간 중에 단체협약에서 정한 근로조건 등의 변경이나 폐지를 요구하는 쟁의행위를 행하지 않을 의무
③ 단체협약이 실효된 경우 채무적 부분의 효력 : 종료

Ⅲ 단체협약의 적용범위

1. 인적 적용범위 – 일반적 구속력

① 하나의 사업 또는 사업장에 상시 사용되는 동종의 근로자 반수 이상이 하나의 단체협약의 적용을 받게 된 경우에는 당해 사업 또는 사업장에 사용되는 다른 동종의 근로자에 대하여도 당해 단체협약 적용

② 일반적 구속력과 관련하여 사업장 단위로 체결되는 단체협약의 적용범위가 특정되지 않았거나 단체협약 조항이 공통적으로 적용되는 경우에는 직종의 구분 없이 사업장 내의 모든 근로자가 동종의 근로자에 해당

▶ 일반적 구속력에서의 동종의 근로자 : 당해 단체협약의 규정에 의하여 그 협약의 적용이 예상되는 자
▶ 일반적 구속력에 따라 단체협약의 적용을 받게 되는 '동종의 근로자'에는 조합원의 자격이 없는 자는 포함 ✕

2. 장소적 적용범위 – 지역적 구속력

① 일정한 지역에서 사용자 간 부당경쟁방지의 목적

② 하나의 지역에 있어서 종업하는 동종의 근로자 3분의 2 이상이 하나의 단체협약의 적용을 받게 된 때에 행정관청이 당해 단체협약의 지역적 구속력 적용을 결정하는 경우에는 당해 지역에서 종업하는 다른 동종의 근로자와 그 사용자에 대하여도 당해 단체협약이 적용

③ 행정관청은 당해 단체협약의 당사자의 쌍방 또는 일방의 신청에 의하거나 직권으로 노동위원회의 의결을 얻어 단체협약의 지역적 구속력 적용 결정

④ 단체협약의 당사자 일방의 신청으로 단체협약의 지역적 구속력 적용결정을 하는 경우에는 중앙노동위원회의 조정 불요

⑤ 단체협약의 지역적 확장적용의 결정을 한 경우 : 지체 없이 공고

⑥ 이미 별도의 단체협약을 체결하여 그 협약의 적용을 받고 있는 근로자에게는 효력 ✕

3. 시간적 적용범위

(1) 단체협약의 유효기간 만료와 실효 여부

단체협약의 유효기간	① 3년을 초과하지 않는 범위에서 노사가 합의하여 결정 ② 유효기간을 정하지 아니하거나 3년을 초과하는 유효기간을 정한 경우 : 3년 　例 노동조합과 사용자가 단체협약의 유효기간을 4년으로 정한 경우 : 유효기간 3년
노조법 제32조 제3항 본문이 적용되는 경우	① 단체협약에 자동연장협정규정이 있는 경우 : 당초의 유효기간이 만료된 후 3월까지에 한하여 단체협약의 효력이 유효 ✕ ② 단체협약의 유효기간이 만료되는 때를 전후하여 새로운 단체협약을 체결하고자 하였으나 체결되지 아니한 경우 : 별도의 약정이 있는 경우를 제외하고는 종전의 단체협약은 그 효력만료일부터 3월까지 계속 효력 ○
노조법 제32조 제3항 단서가 적용되는 경우	① 단체협약의 유효기간이 경과한 후에도 새로운 단체협약이 체결되지 아니한 때 새로운 단체협약이 체결될 때까지 종전 단체협약의 효력을 존속시킨다는 약정 : 유효 ○ ▶ 단체협약에 그 유효기간이 경과한 후에도 새로운 단체협약이 체결되지 아니한 때에 별도의 약정이 있는 경우 : 그에 따르되, 당사자 일방은 해지하고자 하는 날의 6월 전까지 상대방에게 통고함으로써 종전의 단체협약 해지 ② 단체협약의 유효기간이 경과한 후에도 새로운 단체협약이 체결되지 않은 때에는 체결될 때까지 해지권을 행사하지 못하도록 하는 약정 : 무효 ○

(2) 단체협약 실효 후의 근로관계

① 단체협약이 실효되었으나 개별적인 노동조건에 관한 부분을 변경하는 새로운 단체협약, 취업규칙이 체결·작성되지 아니하거나 개별적인 근로자의 동의를 얻지 아니한 경우에는 실효된 단체협약이 근로계약의 내용으로서 사용자와 근로자를 규율
② 단체협약이 실효되었다고 하더라도 개별적인 노동조건에 관한 부분이 개별적인 근로자의 근로계약 내용으로서 사용자와 근로자를 규율하는 경우는 해고사유 및 해고의 절차에 관한 부분도 그대로 적용
③ 일정한 조건이 성취될 때까지 특정 단체협약 조항에 따른 합의의 효력이 유지되도록 단체협약을 체결한 경우에는 단체협약 조항에 따른 합의는 해제조건의 성취로 효력 소멸

Ⅳ 단체협약의 종료

단체협약 중 위법한 내용이 있는 경우에는 행정관청은 노동위원회의 의결을 얻어 그 시정을 명할 수 있음

Ⅴ 단체협약의 해석

불리한 해석 금지의 원칙	단체협약과 같은 처분문서를 해석하는 경우 : 명문의 규정을 근로자에게 불리하게 변형해석 ×
노동위원회의 단체협약의 해석	① 단체협약의 해석 또는 이행방법에 관하여 관계당사자 간에 의견의 불일치가 있는 경우에는 당사자 쌍방 또는 단체협약에 정하는 바에 의하여 어느 일방이 노동위원회에 그 해석 또는 이행방법에 관한 견해의 제시를 요청 가능 ▶ 단체협약의 해석 또는 이행방법에 관하여 관계당사자 간에 의견의 불일치가 있는 경우 : 노동위원회는 직권으로 그 해석 또는 이행방법에 관한 견해를 제시 × ② 노동위원회가 단체협약의 해석 또는 이행방법에 관한 견해의 제시를 요청받은 경우 ▶ 해석요청을 받은 날부터 30일 이내에 명확한 견해를 제시 ▶ 노동위원회가 제시한 해석 또는 이행방법에 관한 견해는 중재재정과 동일한 효력 ○ ③ 단체협약의 해석에 관한 지방노동위원회의 제시견해가 위법 또는 월권에 의한 경우에는 중앙노동위원회에 재심 신청

Ⅵ 단체협약의 중요조항

조합원자격에 관한 조항	일정범위의 근로자에 대하여만 단체협약을 적용하기로 규정한 경우에는 단체협약은 그 범위에 속한 근로자에게만 적용
해고협의·합의조항 (인사절차조항)	① 단체협약에 조합원의 인사나 징계에 대해 노동조합의 의견을 청취하도록 하고 있는 경우 : 의견을 청취하지 않고 조합원에 대한 인사나 징계처분을 하였더라도 처분의 효력 ○ ② 해고의 사전합의조항을 단체협약에 두었으나, 그러한 절차를 거치지 아니하고 해고한 경우 : 해고처분은 원칙적으로 무효 ○ ③ 사용자가 인사처분을 할 때 노동조합의 사전 동의나 승낙을 얻도록 단체협약 등에 규정된 경우 : 절차를 거치지 아니한 인사처분은 원칙적으로 무효 ○
고용안정협약 (경영해고제한조항)	정리해고를 제한하기로 하는 내용의 단체협약을 체결한 경우는 강행법규나 사회질서에 위반 × ▶ 경영권에 속하는 사항(경영상 해고에 대한 사항)에 대한 단체협약의 내용이 강행법규나 사회질서에 위배되지 않는 경우 : 단체협약으로서의 효력 ○

☐ (❶　　　　　　)는 법령에 따라 교섭단위 분리의 결정 신청을 받은 때에는 해당 사업 또는 사업장의 모든 노동조합과 사용자에게 그 내용을 통지하여야 한다.

❶ 노동위원회

☐ 단체협약에 그 유효기간을 정하지 아니한 경우에 그 유효기간은 (❷　　　　　　)으로 한다.

❷ 3년

☐ (❸　　　　　　)은 단체협약 중 위법한 내용이 있는 경우에는 노동위원회의 의결을 얻어 그 시정을 명할 수 있다.

❸ 행정관청

☐ 교섭대표노동조합으로 결정된 노동조합이 그 결정된 날부터 (❹　　　　　　) 단체협약을 체결하지 못한 경우에는 어느 노동조합이든지 사용자에게 교섭을 요구할 수 있다.

❹ 1년 동안

☐ 교섭대표노동조합과 사용자는 교섭창구 단일화 절차에 참여한 노동조합 또는 그 조합원 간에 (❺　　　　　　) 차별을 하여서는 아니 된다.

❺ 합리적 이유 없이

☐ 교섭창구 단일화 절차에 참여한 노동조합은 단체협약의 내용의 일부가 (❻　　　　　　)에 위반되는 경우에는 단체협약 체결일부터 3개월 이내에 그 시정을 요청할 수 있다.

❻ 공정대표의무

☐ 교섭대표노동조합의 대표자는 단체협약 체결 여부에 대해 원칙적으로 소수노동조합이나 그 조합원의 의사에 (❼　　　　　　)된다고 볼 수 없다.

❼ 기속

☐ 단체협약의 당사자가 하여야 할 단체협약의 신고는 (❽　　　　　　)으로 해야 한다.

❽ 당사자 쌍방이 연명

☐ 단체협약과 같은 (❾　　　　　　)를 해석함에 있어서는 그 명문의 규정을 근로자에게 불리하게 변형해석할 수 없다.

❾ 처분문서

☐ 단체협약에 그 유효기간이 경과한 후에도 새로운 단체협약이 체결되지 아니한 때에는 새로운 단체협약이 체결될 때까지 종전 단체협약의 효력을 존속시킨다는 취지의 별도의 약정이 있는 경우에는 그에 따르되, 당사자 일방은 해지하고자 하는 날의 (❿　　　　　　)까지 상대방에게 통고함으로써 종전의 단체협약을 해지할 수 있다.

❿ 6월 전

04 단체행동권

제1절 서 설

I 단체행동의 의의

노동쟁의	노동조합과 사용자 또는 사용자단체 간에 임금·근로시간·복지·해고 기타 대우 등 근로조건의 결정에 관한 주장의 불일치로 인하여 발생한 분쟁상태
쟁의행위	노동관계 당사자가 그 주장을 관철할 목적으로 행하는 행위와 이에 대항하는 행위로서 업무의 정상적인 운영을 저해하는 행위

II 쟁의행위에 대한 노조법상의 규율

근로자는 쟁의행위기간 중에는 현행범 외에는 노조법 위반을 이유로 구속 ×

제2절 쟁의행위의 정당성

I 쟁의행위 주체의 정당성

노동조합	① 독립적인 분회·지부 ② 비공인쟁의행위 ㉠ 조합원은 노동조합에 의하여 주도되지 아니한 쟁의행위 실행 × ㉡ 조합원 전체가 아닌 소속 부서 조합원만의 의사에 의한 결의에 따라 다른 근로자의 작업거부를 선동하여 회사의 업무를 방해한 경우 : 노동조합의 조직적인 활동이 아닐 뿐만 아니라 정당한 노동조합의 활동 ×
쟁의행위 주체의 제한	① 방산물자의 완성에 필요한 정비 업무에 종사하는 자 : 쟁의행위 실행 × ② 주요방위산업체에 종사하는 근로자 중 방산물자의 완성에 필요한 개량업무에 종사하는 자 : 쟁의행위 실행 × ③ 주요방위산업체에 종사하는 근로자 중 전력, 용수 및 주로 방산물자를 생산하는 업무에 종사하는 자 : 쟁의행위 실행 ×

Ⅱ 쟁의행위 목적의 정당성

1. 정당성 여부의 판단

쟁의행위의 목적 중 일부가 정당하지 못한 경우에는 주된 목적 내지 진정한 목적에 의하여 쟁의 목적의 당부 판단

2. 목적의 정당성 인정 여부

목적의 정당성이 인정 ○	① 노동조합이 다소 무리한 임금 인상을 요구하면서 한 쟁의행위 ② 부당노동행위 구제절차를 거치지 아니한 쟁의행위 ③ 목적이 근로조건의 향상을 위한 자치적 교섭을 조성하는데 있는 쟁의행위 ④ 노동조합이 사용자가 수용할 수 없는 과다한 요구를 하면서 행한 쟁의행위
목적의 정당성이 인정 ×	① 쟁의행위기간에 대한 임금의 지급을 요구하여 이를 관철할 목적으로 하는 쟁의행위 ② 단체협약이 체결된 직후 자신들에게 불리하다는 이유만으로 단체협약의 무효화를 주장하면서 한 쟁의행위 ③ 단체교섭사항이 될 수 없는 사항을 달성하려는 쟁의행위 ④ 특별한 사정이 없는 한 노동조합이 실질적으로 구조조정의 실시 자체를 반대하기 위하여 나간 쟁의행위 ⑤ 평화의무 위반의 쟁의행위 ▶ 단체협약의 유효기간 중에 단체협약에서 이미 정한 근로조건이나 기타 사항의 변경·개폐를 요구하는 쟁의행위

Ⅲ 쟁의행위 시기·절차의 정당성

1. 조정전치주의

(1) 조정전치주의의 취지

① 노동관계당사자는 노동쟁의가 발생한 때에는 어느 일방이 상대방에게 서면으로 통보하여야 하고, 쟁의행위는 조정절차를 거치지 아니하면 실행 ×

② 쟁의행위가 조정전치의 규정에 따른 절차를 거치지 않은 경우에는 부당한 결과를 초래할 우려가 있는지의 여부 등 구체적 사정을 살펴서, 그 정당성 유무를 가려 형사상 죄책 유무 판단

(2) 조정신청은 했으나 조정결정은 없는 경우

노동조합이 노동쟁의 조정신청을 하여 조정기간이 만료되었으나 조정종료 결정이 없는 경우 : 쟁의행위 가능

(3) 쟁의사항의 부가

조정전치절차 및 찬반투표절차를 거쳐 정당한 쟁의행위를 개시한 후 쟁의사항과 밀접하게 관련된 새로운 쟁의사항이 부가된 경우 : 부가된 사항에 대한 별도의 조정절차 및 찬반투표절차를 거쳐야 할 의무 ×

2. 쟁의행위에 대한 찬반투표

(1) 의 의

노동조합의 쟁의행위는 종사근로자인 조합원의 직접·비밀·무기명투표에 의한 조합원 과반수의 찬성으로 결정

(2) 찬반투표를 거치지 아니한 쟁의행위의 정당성

절차를 따를 수 없는 객관적인 사정이 없음에도, 쟁의행위를 위한 찬반투표절차를 거치지 아니하였으나 조합원의 민주적 의사결정이 실질적으로 확보되었다고 볼 수 있는 경우 : 정당성 ×

(3) 찬반투표에 참여할 조합원의 범위

① 지역별·산업별·업종별 노동조합의 경우 총파업이 아닌 이상 쟁의행위를 예정하고 있는 해당 지부 소속 조합원의 직접·비밀·무기명 투표에 의한 과반수의 찬성이 있는 경우 : 쟁의행위는 절차적으로 적법 ○

② 교섭대표노동조합이 결정된 때에는 그 절차에 참여한 노동조합의 전체 조합원의 직접·비밀·무기명투표에 의한 과반수의 찬성으로 결정하지 아니하면 쟁의행위 실행 ×

(4) 쟁의행위에 대한 찬반투표에 대한 기타의 지문

① 쟁의행위에 대한 조합원 찬반투표가 노동위원회의 조정절차를 거치지 않고 실시된 경우 : 정당성 상실 ×

② 조합원의 쟁의행위 찬반투표 : 대의원회의 투표로 갈음 ×

3. 쟁의행위의 사전신고

(1) 사전신고 대상

쟁의행위의 일시, 쟁의행위의 장소, 쟁의행위의 참가인원, 쟁의행위의 방법

(2) 신고절차의 미준수

노조법상 적법한 절차를 거쳤으나 쟁의발생 신고절차를 미준수한 경우 : 정당성 ○

Ⅳ 쟁의행위 수단·방법의 정당성

1. 폭력·파괴행위와 직장점거의 금지

① 노동조합은 쟁의행위의 본질상 사용자의 점유를 배제하여 조업을 방해하는 형태로 쟁의행위 실행 ×

② 쟁의행위는 생산 기타 주요업무에 관련되는 시설과 이에 준하는 시설로서 이를 점거하는 형태로 실행 ×

  ▶ 전기시설, 철도의 차량, 항행안전시설, 항공기 등은 점거금지시설에 해당

③ 일부 소수의 근로자가 폭력행위 등의 위법행위를 한 경우 : 전체로서의 쟁의행위는 위법 ×

④ 쟁의행위가 폭력이나 파괴행위의 형태로 행하여질 경우에는 사용자는 즉시 행정관청과 관할 노동위원회에 신고하여야 함

2. 타 법익과의 조화·균형

① 노동조합은 쟁의행위가 적법하게 수행될 수 있도록 지도·관리·통제할 책임

② 작업시설이나 원료·제품의 변질 또는 부패를 방지하기 위한 작업은 쟁의행위기간 중에도 정상적으로 수행되어야 함

3. 쟁의행위의 유형과 정당성

(1) 준법투쟁

휴일근무를 집단적으로 거부하여 회사업무의 정상적인 운영을 저해하는 행위 : 쟁의행위 실행 ○

(2) 피케팅

① 피케팅을 조업을 계속하려는 자에 대하여 평화적 설득, 구두와 문서에 의한 언어적 설득의 범위 내에서 행한 경우는 쟁의행위 수단·방법의 정당성 ○

② 위력에 의한 물리적 강제 : 피케팅으로 정당화 ×

③ 쟁의행위는 그 쟁의행위와 관계없는 자 또는 근로를 제공하고자 하는 자의 출입·조업 기타 정상적인 업무를 방해하는 방법이나, 쟁의행위의 참가를 호소하거나 설득하는 행위로서 폭행·협박 사용 ×

④ 쟁의행위가 쟁의행위와 관계없는 자 또는 근로를 제공하고자 하는 자의 출입·조업·기타 정상적인 업무를 방해하는 방법으로 행하여지는 경우에는 사용자는 즉시 행정관청과 관할 노동위원회에 신고

(3) 직장점거

① 사업장시설의 점거 범위가 일부분이고 사용자 측의 출입이나 관리지배를 배제하지 않는 병존적인 점거인 경우 : 정당성 ○

② 직장 또는 사업장시설을 전면적, 배타적으로 점거하여 출입을 저지하거나 사용자 측의 관리지배를 배제하여 업무의 중단 또는 혼란을 야기케 하는 행위 : 정당성 ×

Ⅰ 정당한 쟁의행위의 민·형사책임 면제

① 사용자가 쟁의행위로 인하여 손해를 입은 경우는 노동조합 또는 근로자에 대하여 배상을 청구 ×

② 단체교섭의 주체가 될 수 있는 자에 의하여 행하여진 쟁의행위는 주체면에서 정당행위의 요건을 충족

Ⅱ 정당하지 않은 쟁의행위와 민·형사 및 징계책임

1. 민사책임

(1) 불법행위로 인한 손해배상책임

1) 손해배상책임의 인정 여부

손해배상책임 인정 ○	① 불법행위를 구성하는 정당성이 없는 쟁의행위로 사용자가 손해를 입은 경우 ▶ 노동조합이나 근로자에 대한 손해배상 청구 ○ ▶ 노동조합의 책임 외에 불법행위를 주도한 조합간부들에 대하여도 책임 추궁 ○ ② 사용자가 "단체교섭을 거부하여서는 아니 된다"라는 취지의 집행력 있는 판결이나 가처분결정을 받은 경우 : 해당 노동조합의 단체교섭을 거부하면 불법행위 ○
손해배상책임 인정 ×	① 불법쟁의행위 시 일반 조합원이 노동조합의 지시에 따라 단순히 노무를 정지한 경우 : 공동불법행위 책임 × ② 사용자가 노동조합과의 단체교섭을 정당한 이유 없이 거부한 경우 ▶ 위법한 행위로 평가되어 바로 불법행위 × ▶ 건전한 사회통념이나 사회상규상 용인될 수 없는 정도에 이른 것으로 인정되는 경우이어야 불법행위로 인정됨

2) 손해배상책임의 인정 범위

① 불법쟁의행위에 대한 귀책사유가 있는 노동조합이나 노동조합 간부의 배상액의 범위 : 불법쟁의행위와 상당인과관계에 있는 모든 손해

② 노무를 정지할 때에 준수하여야 할 사항 등이 정하여져 있는 일반 조합원이 노동조합 등의 지시에 따라 쟁의행위로서 단순히 노무를 정지한 경우 : 노무정지와 상당인과관계에 있는 손해배상 책임 ○

(2) 과실상계

사용자가 성실교섭의무를 다하지 않은 등 불법쟁의행위에 원인을 제공하였다고 볼 사정이 있는 경우는 사용자의 과실을 손해배상액 산정함에 참작 ○

2. 형사책임

① 집단적 노무 제공의 거부가 전격적으로 이루어져 사업운영에 심대한 혼란 내지 막대한 손해를 초래하는 등으로 사용자의 사업 계속에 관한 자유의사가 제압·혼란될 수 있다고 평가할 수 있는 경우 : 위력에 의한 업무방해죄 ○

② 사용자가 제3자와 공동으로 관리·사용하는 공간을 근로자들이 관리자의 의사에 반하여 침입·점거한 경우 : 주거침입죄 ○

제4절　쟁의행위의 법적 효과

Ⅰ　파업과 근로관계

파업기간 중 근로계약관계 : 각자의 주된 의무(근로자의 노무제공의무와 사용자의 임금지급의무)는 면하나 성실의무·배려의무는 존속

Ⅱ　파업과 임금관계

① 사용자는 근로자가 쟁의행위에 참가하여 근로를 제공하지 아니한 경우는 그 기간 중의 임금을 지급할 의무 ×
② 파업기간 중 파업참가자에게 임금을 지급하기로 한 단체협약이 있는 경우에는 임금지급의무 ○
③ 파업참가 전에 근로자가 이미 청구권을 취득한 임금은 파업기간 중이라도 이를 지급
④ 유급휴일에 대한 법리 : 임금청구권이 발생하지 아니하는 쟁의행위인 파업에도 적용
　▶ 유급휴가를 이용하여 파업에 참여하는 근로자 : 유급휴가에 대한 임금청구권 ×

Ⅲ　태업과 임금관계

무노동 무임금 원칙은 태업에도 적용

제5절　사용자의 쟁의행위

Ⅰ　직장폐쇄의 의의

사용자의 쟁의권으로서의 직장폐쇄권 : 헌법상 명문규정 ×

Ⅱ　직장폐쇄의 성립요건

미리 행정관청 및 노동위원회에 각각 신고하여야 함

136　공인노무사 1차 필수 3법 핵심요약집

Ⅲ 직장폐쇄의 정당성

대항성	노동조합이 쟁의행위를 개시한 이후에만 방어적으로 직장폐쇄 가능
방어성	① 직장폐쇄가 쟁의행위에 대한 대항·방위 수단으로서 상당성이 인정되는 경우 : 정당성 ○ ② 방어적인 목적을 벗어나 적극적으로 노동조합의 조직력을 약화시키기 위한 목적 등을 갖는 공격적 직장폐쇄의 경우 : 정당성 × ③ 직장폐쇄가 정당한 쟁의행위로 인정되지 아니하고 적법하게 사업장을 점거 중인 근로자들이 퇴거 요구에 불응한 채 직장점거를 계속한 경우 : 퇴거불응죄 ×
업무복귀의 의사표시 이후의 직장폐쇄	쟁의행위를 중단하고 업무에 복귀할 의사를 집단적·객관적으로 표시하였음에도 사용자가 직장폐쇄를 계속 유지하면서 공격적 직장폐쇄로 변질된 경우 : 정당성 ×

Ⅳ 직장폐쇄의 법적 효과

1. 직장폐쇄와 근로관계

근로관계가 정지되는 것에 불과하므로 근로관계의 소급적 소멸 ×

2. 임금지급의무의 면제

① 정당한 직장폐쇄 기간 동안의 대상 근로자에 대한 임금지급의무 : ×

② 직장폐쇄가 정당한 쟁의행위로 평가받지 못하는 경우 : 대상 근로자에 대한 임금 지급 의무 ○

3. 정당한 직장점거의 배제 가부

직장점거의 배제 가부	① 적법하게 개시된 직장점거에 대응하여 적법하게 직장폐쇄를 한 경우 : 점거 중인 근로자들에 대한 퇴거요구 ○ ② 적법하게 개시된 직장점거에 대응하여 적법하게 직장폐쇄를 한 사용자의 퇴거요구에 불응한 행위 : 퇴거불응죄 ○
직장점거 배제의 범위	① 직장폐쇄가 정당한 쟁의행위로 평가받아 물권적 지배권이 전면적으로 회복되는 경우 : 사업장의 출입 제한 가능 ② 직장폐쇄가 정당한 쟁의행위라도 정상적인 노조활동에 필요한 시설에 대한 조합원의 출입 : 허용 ○

제6절 안전보호시설과 필수유지업무

I 안전보호시설의 유지 · 운영의무

안전보호시설에 대한 쟁의행위 금지	사업장의 안전보호시설에 대하여 정상적인 유지 · 운영을 정지 · 폐지 또는 방해하는 쟁의행위 ×
행정관청 등에 대한 신고	쟁의행위가 안전보호시설에 대하여 정상적인 유지 · 운영을 정지 · 폐지 또는 방해하는 행위로 행하여지는 경우 : 전화로도 신고 가능
행정관청의 행위중지통보	① 쟁의행위가 안전보호시설에 대하여 정상적인 유지 · 운영을 정지 · 폐지 또는 방해하는 행위에 해당한다고 인정하는 경우 : 행정관청은 노동위원회의 의결을 얻어 그 행위에 대한 중지 통보 ② 노동조합이 안전보호시설의 정상적인 운영을 정지하는 쟁의행위를 하였으나, 사태가 급박하지 않은 경우 : 행정관청은 직권으로 행위중지통보 ×

II 필수유지업무의 유지 · 운영의무

1. 필수유지업무의 의의

필수공익사업의 업무 중 그 업무가 정지되거나 폐지되는 경우 공중의 생명 · 건강 또는 신체의 안전이나 공중의 일상생활을 현저히 위태롭게 하는 업무로서 대통령령이 정하는 업무

2. 필수유지업무에 대한 쟁의행위 금지

필수유지업무의 정당한 유지 · 운영을 정지 · 폐지 또는 방해하는 행위는 쟁의행위로서 이를 행할 수 없음

3. 필수유지업무협정

도 입	2006년 12월 30일 노조법 개정 시에 도입
성립요건	쟁의행위기간 동안 필수유지업무의 정당한 유지 · 운영을 위하여 노동관계 당사자가 서면으로 체결하여야 하고, 쌍방이 서명 또는 날인
내 용	필수유지업무의 필요 최소한의 유지 · 운영 수준, 대상 직무 및 필요인원 등을 규정

4. 필수유지업무결정

신 청	필수유지업무협정이 체결되지 아니하는 경우에는 노동위원회에 필수유지업무의 필요 최소한의 유지 · 운영 수준, 대상직무 및 필요인원 등의 결정을 신청하여야 함
담 당	노동위원회가 필수유지업무 수준 등을 결정할 경우 : 특별조정위원회가 담당
통 보	노동위원회가 필수유지업무 수준 등을 결정한 경우 : 지체 없이 서면으로 노동관계당사자에게 통보하여야 함

5. 필수유지업무방해죄

노동위원회의 필수유지업무수준 등 결정에 따라 쟁의행위를 한 경우에는 필수유지업무를 정당하게 유지·운영하면서 쟁의행위를 한 것으로 간주

6. 필수유지업무 근로근무자의 지명

노동조합은 필수유지업무협정이 체결되거나 필수유지업무결정이 있는 경우 사용자에게 필수유지업무에 근무하는 조합원 중 쟁의행위기간 동안 근무하여야 할 조합원을 통보하여야 하며, 사용자는 이에 따라 근로자를 지명하고 노동조합과 그 근로자에게 통보하여야 하나, 노동조합이 쟁의행위 개시 전까지 이를 통보하지 아니한 경우에는 사용자가 필수유지업무에 근무하여야 할 근로자를 지명하고 이를 노동조합과 그 근로자에게 통보

7. 필수공익사업별 주요 필수유지업무

필수유지업무 해당 여부	해당 ○	① 철도사업 중 철도 차량의 운전업무, 철도 차량 운행에 필요한 통신시설을 유지·관리하는 업무 ② 항공운수사업 중 객실 승무업무 ③ 수도사업의 업무 중 배수시설의 운영업무 ④ 혈액공급사업의 업무 중 채혈업무 ⑤ 통신사업의 업무 중 기간망의 운영·관리업무
	해당 ×	항공운수사업의 업무 중 창 정비업무

8. 관련 판례

필수유지업무에 종사하는 근로자에게 다른 업무영역의 근로자보다 쟁의권 행사에 더 많은 제한을 가하는 경우 : 평등원칙 위반 ×

I 대체근로 등의 제한

사업과 관계없는 자의 대체 금지	① 쟁의행위기간 중 그 쟁의행위로 중단된 업무의 수행을 위하여 당해 사업과 관계있는 자의 채용 또는 대체 가능 ▸ 쟁의행위 기간 중 쟁의행위로 중단된 업무 수행을 위하여 당해 사업과 관계없는 자의 채용 또는 대체 ✕ ② 사용자가 쟁의행위로 중단된 업무를 수행하기 위해 당해 사업과 관계있는 자로 대체하였는데 대체한 근로자마저 사직하여 신규채용하게 된 경우 : 채용제한 위반 ✕
도급 등의 금지	사용자는 쟁의행위기간 중 쟁의행위로 중단된 업무를 도급 또는 하도급 ✕

II 필수공익사업에서의 대체근로 등의 허용

대체근로 등의 허용	① 쟁의행위 기간 중에 한하여 당해 사업과 관계없는 자를 채용 또는 대체하거나 그 업무를 도급 또는 하도급 ② 사용자는 파업참가자의 100분의 50을 초과하지 않는 범위 안에서 채용 또는 대체하거나 도급 또는 하도급
대체근로자 수의 제한	필수공익사업의 사업 또는 사업장 파업참가자수 : 파업 참가를 이유로 근로의 일부 또는 전부를 제공하지 아니한 자의 수를 1일 단위로 산정

❑ 근로자는 쟁의행위 기간 중에는 (❶   ) 외에는 노동조합 및 노동관계조정법 위반을 이유로 구속되지 아니한다.

❶ 현행범

❑ 사용자는 노동조합이 쟁의행위를 개시한 이후에만 (❷   )를 할 수 있다.

❷ 직장폐쇄

❑ 노동관계 당사자는 노동쟁의가 발생한 때에는 어느 일방이 이를 상대방에게 (❸   )으로 통보하여야 한다.

❸ 서면

❑ 노동관계 당사자가 필수유지업무 유지·운영 수준, 대상직무 및 필요인원 등의 결정을 신청하면 관할 노동위원회는 지체 없이 그 신청에 대한 결정을 위한 (❹   )를 구성하여야 한다.

❹ 특별조정위원회

❑ 방위사업법에 의하여 지정된 주요방위산업체에 종사하는 근로자 중 방산물자의 완성에 필요한 정비 업무에 종사하는 자는 (❺   )를 할 수 없다.

❺ 쟁의행위

❑ 노동관계 당사자 쌍방 또는 일방은 (❻   )이 체결되지 아니하는 때에는 노동위원회에 필수유지업무의 대상직무 등의 결정을 신청하여야 한다.

❻ 필수유지업무협정

❑ 노동조합은 쟁의행위 기간에 대한 (❼   )을 요구하여 이를 관철할 목적으로 쟁의행위를 하여서는 아니 된다.

❼ 임금의 지급

❑ 사용자의 직장폐쇄가 정당한 쟁의행위로 인정되지 아니하는 때에는 적법한 쟁의행위로서 사업장을 점거 중인 근로자들이 사용자로부터 퇴거 요구를 받고 이에 불응한 채 직장점거를 계속하더라도 (❽   )가 성립하지 아니한다.

❽ 퇴거불응죄

❑ 노동조합의 쟁의행위는 직접·비밀·무기명투표에 의한 종사근로자인 (❾   )의 찬성으로 결정하지 아니하면 이를 행할 수 없다.

❾ 조합원 과반수

❑ 쟁의행위가 폭력이나 파괴행위의 형태로 행하여질 경우 사용자는 즉시 그 상황을 (❿   )에 신고하여야 한다.

❿ 행정관청과 관할 노동위원회

CHAPTER 05 노동쟁의조정제도

제1절	서 설

제2절	노동쟁의조정제도

Ⅰ 서 설

자주성	① 노동쟁의가 발생한 경우 : 노동관계당사자는 이를 자주적으로 해결하도록 노력하여야 함 ② 노동관계당사자 간에 노동관계에 관한 주장이 일치하지 아니할 경우 : 국가 및 지방자치단체는 쟁의행위를 가능한 한 예방하고 노동쟁의의 신속·공정한 해결에 노력하여야 함 ③ 노동쟁의 조정에 관한 규정 : 노동관계당사자가 직접 근로조건 기타 노동관계에 관한 사항을 정하거나 노동관계에 관한 주장의 불일치를 조정하고 필요한 노력을 하는 것을 방해하지 아니함
신속성	노동관계의 조정을 할 경우 : 노동관계당사자와 노동위원회 기타 관계기관은 사건을 신속히 처리하도록 노력하여야 함
공익성	국가·지방자치단체·국공영기업체·방위산업체 및 공익사업에 있어서의 노동쟁의의 조정 : 우선적으로 취급하고 신속히 처리하여야 함

Ⅱ 노동쟁의조정제도의 기본체계

1. 사적 조정절차

성 립	노동쟁의 : 사적 조정 또는 중재에 의한 해결 가능 ▶ 노조법상의 조정 및 중재 규정은 노동관계 당사자가 사적 조정 또는 중재방법(사적 조정 등)에 의하여 노동쟁의를 해결하는 것을 방해 × ▶ 노동관계당사자가 노동쟁의를 사적 조정 등의 규정에 의하여 해결하기로 한 경우나 단체협약에서 정하는 바에 따라 해결하기로 한 경우 : 노동관계 당사자는 노동위원회에 신고 ▶ 사적 조정 등의 신고는 공적 조정 또는 중재가 진행 중인 경우에도 가능
내 용	사적 조정 등을 수행하는 자는 노동관계 당사자로부터 수수료, 수당 및 여비 등을 받을 수 있음
공적 조정절차규정의 준용	① 사적 조정에 의하여 노동쟁의를 해결하기로 한 경우 : 조정을 개시한 날부터 기산하여 일반사업은 10일, 공익사업은 15일 이내에 종료하여야 함 ② 사적 중재에 의하여 노동쟁의를 해결하기로 한 경우 : 중재 시 쟁의행위의 금지기간에 관한 노조법 규정 적용 ○
효 력	① 사적 조정 등에 의하여 조정 또는 중재가 이루어진 경우 : 단체협약과 동일한 효력 ○ ② 단체협약이 정하는 바에 따라 행한 노동쟁의의 조정의 효력 : 단체협약과 동일한 효력 ○
기 타	① 노동위원회에 의한 조정절차가 개시된 이후에 관계당사자의 합의가 있다면 사적 조정절차 개시 가능 ② 사적 중재에 의하여 노동쟁의를 해결하기로 한 경우 : 쟁의행위의 금지기간은 중재를 개시한 날부터 기산

2. 공적 조정절차

① 노동위원회 : 조정신청 전이라도 관계당사자의 자주적인 분쟁해결 지원 가능
② 조정위원회 또는 단독조정인이 조정의 종료를 결정한 경우 : 그 후에도 노동위원회는 노동쟁의 해결을 위한 조정 가능

Ⅲ 노동쟁의 조정의 유형 및 절차

1. 일반사업에 대한 조정절차

조정의 개시	관계당사자의 일방이 노동쟁의의 조정을 신청한 경우에는 노동위원회는 지체 없이 조정을 개시하여야 하나, 노동쟁의 조정의 신청내용이 조정의 대상이 아니라고 인정할 경우 그 사유 및 다른 해결방법을 알려주어야 함	
조정의 진행	조정위원회	① 노동위원회의 위원장이 지명하되, 근로자를 대표하는 조정위원은 사용자가, 사용자를 대표하는 조정위원은 노동조합이 각각 추천하는 노동위원회의 위원 중에서 조정위원 지명. 다만, 조정 위원회의 회의 3일 전까지 관계당사자가 추천하는 위원의 명단 제출이 없을 때에는 당해 위원을 위원장이 따로 지명 가능 ② 근로자를 대표하는 위원 또는 사용자를 대표하는 위원의 불참 등으로 인하여 조정위원회의 구성이 어려운 경우 : 노동위원회의 위원장은 노동위원회의 공익을 대표하는 위원 중에서 3인을 조정위원으로 지명 가능. 다만, 관계 당사자 쌍방의 합의로 선정한 노동위원회의 위원이 있는 경우에는 그 위원을 조정위원으로 지명
	단독조정인	① 관계당사자 쌍방의 신청 또는 동의를 얻은 경우 : 노동위원회는 단독조정인에게 조정을 행하게 할 수 있음 ② 당해 노동위원회의 위원 중에서 관계 당사자의 쌍방의 합의로 선정된 자를 그 노동위원회의 위원장이 단독조정인으로 지명
조정기간	조정의 신청이 있는 날부터 일반사업은 10일, 공익사업은 15일	
조정의 효력	① 조정안이 관계당사자에 의하여 수락된 경우 : 조정위원 전원 또는 단독조정인은 조정서를 작성하고 관계당사자와 함께 서명 또는 날인하여야 하며 조정서의 내용은 단체협약과 동일한 효력 ○ ② 조정안이 관계당사자 쌍방에 의하여 수락된 후 그 해석 또는 이행방법에 관하여 관계당사자 간에 의견의 불일치가 있는 경우 : 관계당사자는 당해 조정위원회 또는 단독조정인에게 그 해석 또는 이행방법에 관한 명확한 견해의 제시를 요청하여야 하고, 조정위원회 또는 단독조정인은 그 요청을 받은 날부터 7일 이내에 명확한 견해 제시 ③ 조정위원회의 조정안의 해석 또는 이행방법에 관한 견해가 제시되기 전인 경우에는 당해 조정안의 해석 또는 이행에 관하여 쟁의행위 ×	

2. 공익사업에 관한 조정절차

(1) 공익사업과 필수공익사업

공익사업	필수공익사업
① 정기노선 여객운수사업 및 항공운수사업	① 철도사업, 도시철도사업 및 항공운수사업
② 수도사업, 전기사업, 가스사업, 석유정제사업 및 석유공급사업	② 수도사업, 전기사업, 가스사업, 석유정제사업 및 석유공급사업
③ 공중위생사업, 의료사업 및 혈액공급사업	③ 병원사업 및 혈액공급사업
④ 은행 및 조폐사업	④ 한국은행사업
⑤ 방송 및 통신사업	⑤ 통신사업

(2) 공익사업에 대한 특칙

공익사업에 있어서의 노동쟁의의 조정 : 우선적으로 취급하고 신속히 처리하여야 함

(3) 특별조정위원회

설 치	특별조정위원회는 공익사업의 노동쟁의의 조정을 위하여 노동위원회에 설치
구 성	① 특별조정위원 3인으로 구성 ② 위원장은 공익을 대표하는 노동위원회의 위원인 특별조정위원 중에서 호선하고, 당해 노동위원회의 위원이 아닌 자만으로 구성된 경우에는 그중에서 호선. 다만, 공익을 대표하는 위원인 특별조정위원이 1인인 경우에는 당해 위원이 위원장 ③ 특별조정위원은 그 노동위원회의 공익을 대표하는 위원 중에서 노동조합과 사용자가 순차적으로 배제하고 남은 4인 내지 6인 중에서 노동위원회의 위원장이 지명. 다만, 관계당사자가 합의로 당해 노동위원회의 위원이 아닌 자를 추천하는 경우에는 그 추천된 자 지명

(4) 중 재

중재의 의의	① 중재는 노동위원회에 설치된 중재위원회가 당사자 쌍방에 대하여 당사자의 수락 여부와 관계없이 구속력 있는 중재결정을 내리는 절차를 의미 ② 중재는 일반사업이든 공익사업이든 관계없이 신청할 수 있고, 중재는 일반적으로 조정이 실패한 경우에 신청하지만 조정을 거치지 않고 신청할 수도 있음 ③ 노동위원회는 노동쟁의 중재의 신청내용이 중재의 대상이 아니라고 인정할 경우 그 사유 및 다른 해결방법을 알려주어야 함
중재의 개시	① 관계당사자의 쌍방이 함께 중재를 신청한 때 ② 관계당사자의 일방이 단체협약에 의하여 중재를 신청한 때 ③ 노동쟁의가 중재에 회부된 경우에는 그날부터 15일간은 쟁의행위 ×
중재의 진행	① 중재위원회 : 노동위원회의 공익을 대표하는 위원 중에서 관계당사자의 합의로 선정한 자에 대하여 노동위원회의 위원장이 지명하는 3인의 위원으로 구성 ② 중재위원회 위원장 : 중재위원 중에서 호선
중재의 효력	① 중재재정은 서면으로 작성하며 효력발생기일 명시 ② 중재재정이 확정된 경우 당사자의 동의 없이 단체협약과 동일한 효력 ○ ③ 중재재정의 해석 또는 이행방법에 관하여 관계당사자 간에 의견의 불일치가 있는 경우 당해 중재위원회의 해석에 따르며 그 해석은 중재재정과 동일한 효력 ○
중재재정에 대한 불복	① 노동위원회의 중재재정 또는 재심결정은 중앙노동위원회에의 재심신청 또는 행정소송의 제기에 의하여 효력 정지 × ② 지방노동위원회의 중재재정이 월권에 의한 것이라고 인정하는 경우에는 관계당사자는 중앙노동위원회에 재심 신청 가능 ③ 지방노동위원회 또는 특별노동위원회의 중재재정을 재심한 경우 중앙노동위원회는 지체 없이 그 재심결정서를 관계 당사자와 관계 노동위원회에 각각 송달 ④ 중앙노동위원회의 중재재정이나 중재재정에 대한 재심결정이 위법이거나 월권에 의한 것이라고 인정하는 경우 중재재정서 또는 재심결정서의 송달을 받은 날부터 15일 이내에 행정소송 제기 가능

3. 긴급조정절차

(1) 긴급조정의 의의 및 요건

긴급조정의 의의	쟁의행위가 공익사업에 관한 것이거나 규모가 크거나 성질이 특별한 것으로서 현저히 국민경제를 해하거나 국민의 일상생활을 위태롭게 할 위험이 현존하는 경우에는 고용노동부장관은 긴급조정을 결정
긴급조정의 요건	① 고용노동부장관이 긴급조정의 결정을 하고자 할 경우 : 미리 중앙노동위원회 위원장의 의견을 들어야 함 ② 고용노동부장관이 긴급조정을 결정한 경우 : 지체 없이 그 이유를 붙여 공표함과 동시에 중앙노동위원회와 관계당사자에게 각각 통고하여야 함

(2) 긴급조정결정의 효과

쟁의행위의 중지	① 관계당사자는 즉시 쟁의행위를 중지하여야 하며, 공표일부터 30일이 경과하지 아니하면 쟁의행위 재개 × ② 긴급조정 결정의 공표는 신문·라디오 기타 공중이 신속히 알 수 있는 방법으로 하여야 함
중앙노동위원회의 조정과 중재	① 중앙노동위원회가 고용노동부장관으로부터 긴급조정결정의 통고를 받은 경우에는 지체 없이 조정을 개시하여야 함 ② 중앙노동위원회의 위원장이 긴급조정이 성립될 가망이 없다고 인정한 경우에는 공익위원의 의견을 들어 중재에 회부할 것인가의 여부 결정 ③ 중앙노동위원회의 위원장이 중재회부의 결정을 한 경우에는 중앙노동위원회는 지체 없이 중재를 행하여야 함

□ 노동쟁의가 중재에 회부된 때에는 그날부터 (❶   )은 쟁의행
　위를 할 수 없다.

❶ 15일간

□ 관계 당사자는 긴급조정의 결정이 공표된 때에는 즉시 쟁의행위를 중지하
　여야 하며, 공표일부터 (❷   )이 경과하지 아니하면 쟁의행위
　를 재개할 수 없다.

❷ 30일

□ 사적 조정에 의하여 조정이 이루어진 경우에 그 내용은 (❸   )
　과 동일한 효력을 가진다.

❸ 단체협약

□ 공익사업의 노동쟁의의 조정을 위하여 둔 특별조정위원회의 특별조정위원
　은 관계 당사자가 합의로 당해 노동위원회의 위원이 아닌 자를 추천하는
　경우에는 그 추천된 자를 (❹   )이 지명한다.

❹ 노동위원회의 위원장

□ 관계 당사자는 중앙노동위원회의 중재재정이나 중재재정에 대한 재심결정
　이 위법이거나 월권에 의한 것이라고 인정하는 경우에는 그 중재재정서
　또는 재심결정서의 (❺   )부터 15일 이내에 행정소송을 제기
　할 수 있다.

❺ 송달을 받은 날

□ (❻   )는 고용노동부장관의 긴급조정결정 통고를 받은
　때에는 지체 없이 조정을 개시하여야 한다.

❻ 중앙노동위원회

□ 노동위원회의 (❼   ) 또는 재심결정은 중앙노동위원회에의
　재심신청 또는 행정소송의 제기에 의하여 그 효력이 정지되지 아니한다.

❼ 중재재정

□ 노동위원회는 관계당사자의 일방이 노동쟁의의 조정을 신청한 때에는 (❽
　) 조정을 개시하여야 하며 관계당사자 쌍방은 이에 성실히
　임하여야 한다.

❽ 지체 없이

□ 고용노동부장관은 쟁의행위가 (❾   )에 관한 것이거나 그 규
　모가 크거나 그 성질이 특별한 것으로서 현저히 국민경제를 해하거나 국민
　의 일상생활을 위태롭게 할 위험이 현존하는 때에는 긴급조정의 결정을
　할 수 있다.

❾ 공익사업

□ 국가 및 지방자치단체는 노동관계당사자 간에 노동관계에 관한 주장이 일
　치하지 아니할 경우에 쟁의행위를 가능한 한 예방하고 노동쟁의의 (❿
　)에 노력하여야 한다.

❿ 신속·공정한 해결

06 부당노동행위구제제도

제1절 서 설

I 부당노동행위제도의 의의

미국의 입법례	미국의 1935년 와그너법 : 근로자의 단결권·단체교섭권·단체행동권을 명문화 ▸ 미국의 와그너법 : 사용자를 부당노동행위주체로 인정
우리나라의 입법례	① 1953년에 제정된 노동조합법 : 사용자의 부당노동행위 금지만을 규정 ② 노동조합법, 노동쟁의조정법 : 1953년에 제정 ③ 부당노동행위제도 : 1953년 3월 8일 노동조합법 제정 시에는 처벌주의, 이후에는 구제주의를 취하다가 1986년에는 구제주의와 처벌주의 병행, 1997년에는 노동법을 전면개정하면서 구제주의와 처벌주의는 그대로 유지 ④ 노동조합의 부당노동행위 : 노조법에 규정 ×

II 부당노동행위의 객체

구제명령을 이행할 수 있는 법률적 또는 사실적인 권한이나 능력을 가지는 지위에 있는 자는 구제명령의 대상자인 사용자에 해당 ○

제2절 부당노동행위의 유형

I 불이익취급

1. 성립요건

(1) 근로자의 정당한 단결활동 등

구 분	여 부
근로자가 노동조합에 가입 또는 가입하려고 한 것을 이유로 그 근로자를 해고하거나 불이익을 주는 행위	부당노동행위 ○
노동조합의 업무를 위한 정당한 행위를 한 것을 이유로 그 근로자에게 불이익을 주는 행위	부당노동행위 ○
근로자가 정당한 단체행위에 참가한 것을 이유로 하여 그 근로자에게 불이익을 주는 행위	부당노동행위 ○

(2) 사용자의 불이익처분 여부

사용자의 불이익처분 ○	① 근로자의 정당한 노동조합활동을 실질적인 이유로 하면서도 표면적으로는 업무상 필요성을 들어 배치전환한 행위 : 부당노동행위 ○ ② 특정 근로자가 파업에 참가하였거나 노조활동에 적극적이라는 이유로 해당 근로자에게 연장근로 등을 거부하는 행위 : 부당노동행위 ○ ③ 노조전임자를 다른 영업사원과 동일하게 판매실적에 따른 승격기준만을 적용하여 승격에서 배제한 행위 : 부당노동행위 ○ ④ 특정 노동조합의 조합원이라는 이유로 다른 노동조합의 조합원 또는 비조합원보다 불리하게 상여금을 적게 지급하는 불이익을 준 행위 : 부당노동행위 ○ ⑤ 사용자가 노동조합활동을 방해하려는 의사로 노동조합의 간부를 승진시켜 조합원자격을 잃게 한 행위 : 부당노동행위 ○ ⑥ 근로자가 파업에 참가하는 것을 이유로 불이익취급을 하는 행위 : 부당노동행위 ○
사용자의 불이익처분 ×	현실적인 행위나 조치로 나타남이 없이 단순히 근로자에게 향후 불이익한 대우를 하겠다는 의사를 말로써 표시하는 행위 : 부당노동행위 ×

2. 인과관계

① 부당노동행위 의사의 존재 여부 : 이를 추정할 수 있는 객관적 사정을 종합하여 판단
② 부당노동행위에 대한 사실의 주장 및 증명책임 : 근로자 또는 노동조합

3. 불이익취급의 경합

구 분	여 부
표면적으로 내세우는 해고사유와는 달리 실질적으로 근로자의 정당한 조합활동을 이유로 해고한 행위	부당노동행위 ○
정당한 해고사유가 있어 근로자를 해고하였으나 사용자에게 근로자의 노동조합 활동을 못마땅하게 여긴 흔적이 있거나 사용자의 반노동조합의사가 추정되는 행위	부당노동행위 ×

Ⅱ 반조합계약(비열계약)

1. 의 의

① 근로자가 어느 노동조합에서 탈퇴할 것을 고용조건으로 하는 행위 : 부당노동행위 ○
  ▶ 노동조합이 해당 사업장에 종사하는 근로자의 3분의 2 이상을 대표하고 있을 때에 근로자가 그 노동조합의 조합원이 될 것을 고용조건으로 하는 단체협약을 체결하는 행위 : 부당노동행위 ×
② 유니언 숍 협정이 체결된 사업장의 사용자는 단체협약에 명문규정이 있는 경우에도 제명된 것을 이유로 근로자에게 신분상 불이익한 행위 ×

2. 유니온 숍 제도

① 유니언 숍 협정에 따라 탈퇴한 근로자를 해고하였으나 그 근로자가 조합원지위확인을 구하는 소를 제기하여 승소한 경우 : 해고는 취소 간주 ×
② 사용자의 지배·개입의 의사가 없었더라도 유니언 숍 협정에 의하여 사용자가 노동조합을 탈퇴한 근로자를 해고할 의무를 이행하지 않은 행위 : 부당노동행위 ×

Ⅲ 단체교섭의 거부·해태

의 의	노동조합의 대표자 또는 노동조합으로부터 위임을 받은 자와의 단체협약체결 기타의 단체교섭을 정당한 이유 없이 거부하거나 해태하는 행위 : 부당노동행위 ○
단체교섭거부· 해태의 부당노동행위	① 사용자가 단체교섭을 거부할 정당한 이유가 없고 불성실한 단체교섭으로 판정된 행위 : 부당노동행위 ○ ② 사용자가 노동조합으로부터 위임을 받은 자의 단체협약체결 기타의 단체교섭을 정당한 이유 없이 거부하거나 해태하는 행위 : 부당노동행위 ○ ③ 사용자가 단체교섭에 성실히 응하였다고 믿었더라도 객관적으로 불성실한 단체교섭으로 판정되는 행위 : 부당노동행위 ○ ④ 쟁의행위 중이더라도 새로운 타협안이 제시되는 등 교섭 재개가 의미 있을 것으로 기대할 만한 사정변경이 생긴 경우에는 사용자는 다시 단체교섭에 응하여야 함 ⑤ 쟁의기간 중이라는 사정이 사용자가 단체교섭을 거부할 만한 정당한 이유 ×

Ⅳ 지배·개입

성립요건	단결권의 침해라는 결과의 발생 불요
구체적 검토	사용자가 연설 등을 통하여 의견을 표명할 경우 노동조합의 조직이나 운영을 지배하거나 개입하는 의사가 인정되는 행위 : 부당노동행위 ○

Ⅴ 노조전임자의 급여지원 및 노동조합의 운영비 원조

1. 노조전임자의 급여지원

① 노동조합 전임자에 대한 급여지원 행위 : 부당노동행위 ×

② 근로시간 면제 한도를 초과하여 급여를 지급하는 행위 : 부당노동행위 ○

③ 단체협약 등 노사 간 합의에 의한 것이라도 타당한 근거 없이 과다하게 책정된 급여를 근로시간면제자에게 지급하는 경우 : 부당노동행위 ○

2. 노동조합의 운영비 원조

① 사용자가 근로자의 후생자금 또는 경제상의 불행 그 밖에 재해의 방지와 구제 등을 위한 기금을 기부하는 것과 최소한의 규모의 노동조합사무소를 제공하는 것 및 그 밖에 이에 준하여 노동조합의 자주적인 운영 또는 활동을 침해할 위험이 없는 범위에서의 운영비를 원조하는 행위 : 부당노동행위 ×

② 노동조합의 자주성을 저해하거나 저해할 위험이 현저하지 않은 운영비원조행위를 부당노동행위로 규제하는 경우 : 헌법불합치

3. 2020년 개정 노동법의 태도 – 운영비 원조를 예외적으로 허용할 경우의 고려사항

① 운영비 원조의 목적과 경위

② 원조된 운영비 횟수와 기간

③ 원조된 운영비 금액과 원조방법

④ 원조된 운영비가 노동조합의 총수입에서 차지하는 비율

⑤ 원조된 운영비의 관리방법 및 사용처 등

Ⅵ 부당노동행위금지규정에 위반한 법률행위의 효력

강행법규인 부당노동행위금지규정에 위반된 법률행위는 사법상으로도 효력 ×

제3절 부당노동행위의 구제절차

Ⅰ 노동위원회에 의한 구제절차

1. 당사자

① 부당노동행위에 대한 구제신청인은 권리를 침해당한 근로자 또는 노동조합

② 노동조합을 조직하려고 한다는 이유로 근로자에 대하여 부당노동행위를 한 경우, 후에 설립된 노동조합 도 독자적인 구제신청권을 갖음

2. 초심절차

(1) 구제의 신청

구제신청기간	권리를 침해당한 근로자 또는 노동조합이 부당노동행위가 있은 날(계속하는 행위는 그 종료일)부터 3월 이내
구제신청의 이익	근로자를 해고한 회사가 실질적으로 폐업하여 법인격까지 소멸됨으로써 복귀할 사업체의 실체가 없어진 경우에는 부당노동행위 구제신청의 이익 ×

(2) 심 문

① 노동위원회가 부당노동행위 구제신청을 받은 경우 : 지체 없이 필요한 조사와 관계 당사자의 심문을 하여 야 함

② 노동위원회가 구제신청에 대한 심문을 할 경우

▶ 신청이나 직권으로 증인을 출석하게 하여 필요한 사항을 질문

▶ 증거의 제출과 증인에 대한 반대심문을 할 수 있는 충분한 기회를 주어야 함

(3) 구제명령

① 노동위원회가 구제신청에 대한 심문을 종료한 경우 : 구제명령이나 구제신청 기각결정

② 노동위원회가 부당노동행위가 성립한다고 판정한 경우 : 서면으로 구제명령 발령

③ 노동위원회의 판정·명령 및 결정 : 서면으로 하되, 당해 사용자와 신청인에게 각각 교부하여야 함

④ 노동위원회의 부당노동행위구제명령 : 사법상(私法上)의 법률관계를 발생 또는 변경 ×

⑤ 이행강제금제도 : 부당노동행위 구제명령에 대하여는 적용 ×

3. 재심절차

① 지방노동위원회의 기각결정에 불복이 있는 관계당사자 : 결정서의 송달을 받은 날부터 10일 이내에 재심신청

② 지방노동위원회, 특별노동위원회의 구제명령에 불복이 있는 관계 당사자 : 명령서의 송달을 받은 날부터 10일 이내에 재심신청

③ 노동위원회의 구제명령·기각결정 : 재심신청에 의하여 효력 정지 ×

4. 행정소송

소의 제기	① 중앙노동위원회의 재심판정에 불복이 있는 관계당사자 : 재심판정서의 송달을 받은 날부터 15일 이내에 행정소송 제기 ② 노동위원회의 구제명령·기각결정 또는 재심판정 : 행정소송의 제기에 의하여 효력 정지 ×
긴급이행명령	① 사용자가 재심판정에 대하여 행정소송을 제기한 경우 ▶ 관할법원은 중앙노동위원회의 신청에 의하여 결정으로써, 판결이 확정될 때까지 구제명령의 전부 또는 일부 이행명령 가능 ▶ 관할 법원은 신청이나 직권으로 중앙노동위원회 구제명령의 이행결정 취소 가능 ② 관할 법원에 의한 중앙노동위원회 구제명령의 이행명령을 위반한 자 : 500만원 이하의 금액의 과태료

Ⅱ 법원에 의한 구제절차

부당노동행위에 대한 구제제도 : 민사적, 형사적 구제

☐ 사용자의 부당노동행위로 인하여 그 권리를 침해당한 근로자 또는 노동조합은 (❶   )에 그 구제를 신청할 수 있다.

☐ 근로자가 노동조합의 업무를 위한 정당한 행위를 한 것을 이유로 그 근로자에게 불이익을 주는 사용자의 행위는 (❷   )에 해당한다.

☐ 지배·개입으로서의 부당노동행위의 성립에 반드시 근로자의 단결권의 침해라는 (❸   )까지 요하는 것은 아니다.

☐ 사용자는 노동조합의 운영비를 원조하는 행위를 할 수 없으나, 노동조합의 (❹   )을 침해할 위험이 없는 범위에서의 운영비 원조행위는 할 수 있다.

☐ 사용자가 중앙노동위원회의 재심판정에 대하여 행정소송을 제기한 경우에 관할법원은 (❺   )에 의하여 결정으로써, 판결이 확정될 때까지 중앙노동위원회의 구제명령의 전부 또는 일부를 이행하도록 명할 수 있으며, 당사자의 신청에 의하여 또는 직권으로 그 결정을 취소할 수 있다.

☐ 부당노동행위 구제의 신청은 계속하는 부당노동행위의 경우 (❻   ) 이내에 행하여야 한다.

☐ 노동조합이 해당 사업장에 종사하는 근로자의 (❼   )을 대표하고 있을 때에 근로자가 그 노동조합의 조합원이 될 것을 고용조건으로 하는 단체협약의 체결은 부당노동행위에 해당하지 않는다.

☐ 노동위원회는 부당노동행위구제신청에 따른 심문을 할 때에는 (❽   )으로 증인을 출석하게 하여 필요한 사항을 질문할 수 있다.

☐ 정당한 해고사유가 있어 근로자를 해고한 경우에 있어서는 비록 사용자에게 (❾   )가 추정된다고 하더라도 부당노동행위에 해당한다고 할 수 없다.

☐ 노동위원회의 판정·명령 및 결정은 서면으로 하되, 이를 (❿   )에게 각각 교부하여야 한다.

❶ 노동위원회

❷ 부당노동행위

❸ 결과의 발생

❹ 자주적인 운영 또는 활동

❺ 중앙노동위원회의 신청

❻ 그 종료일부터 3월

❼ 3분의 2 이상

❽ 관계당사자의 신청에 의하거나 직권

❾ 반노동조합의사

❿ 당해 사용자와 신청인

CHAPTER 07 형벌 및 과태료

Ⅰ 노조법상 위반 행위

1. 반의사불벌죄 여부

부당노동행위금지규정에 위반한 자에 대한 형사처벌 : 반의사불벌죄 ×

2. 형 벌

(1) 3년 이하의 징역 또는 3천만원 이하의 벌금

① 노동조합에 의하여 주도되지 아니한 쟁의행위 금지규정에 위반한 자_(노조법 제89조 제1호, 제37조 제2항)

② 쟁의행위와 관계없는 자의 출입 등의 방해금지와 쟁의행위의 참가를 호소하거나 설득하는 행위로서 폭행·협박을 사용하는 행위 금지규정에 위반한 자_(노조법 제89조 제1호, 제38조 제1항)

③ 폭력이나 파괴행위 또는 생산 기타 주요업무에 관련되는 시설을 점거하는 형태의 쟁의행위 금지규정을 위반한 자_(노조법 제89조 제1호, 제42조 제1항)

④ 필수유지업무의 정당한 유지·운영을 정지·폐지 또는 방해하는 쟁의행위 금지규정을 위반한 자_(노조법 제89조 제1호, 제42조의2 제2항)

⑤ 부당노동행위의 경우(공정대표의무 위반에 준용되는 경우 포함) 확정되거나 행정소송을 제기하여 확정된 구제명령에 위반한 자_(노조법 제89조 제2호, 제85조 제3항, 제29조의4 제4항)

(2) 2년 이하의 징역 또는 2천만원 이하의 벌금

① 쟁의행위 기간에 대한 임금의 지급을 관철할 목적으로 쟁의행위를 한 자_(노조법 제90조, 제44조 제2항)

② 중재재정이나 재심결정이 확정된 경우 이에 따르지 아니한 자_(노조법 제90조, 제69조 제4항)

③ 긴급조정 시의 쟁의행위 중지규정을 위반한 자_(노조법 제90조, 제77조)

④ 부당노동행위 금지규정에 위반한 자_(노조법 제90조, 제81조 제1항)

(3) 1년 이하의 징역 또는 1천만원 이하의 벌금

① 작업시설의 손상 등을 방지하기 위한 작업 수행 등 노동조합의 지도와 책임 규정을 위반한 자_(노조법 제91조, 제38조 제2항)

② 노동조합의 쟁의행위는 그 조합원의 직접·비밀·무기명투표에 의한 조합원 과반수의 찬성으로 결정하여야 한다는 쟁의행위의 제한과 금지 규정에 위반한 자_(노조법 제91조, 제41조 제1항)

③ 사업장의 안전보호시설에 대한 정상적인 유지·운영을 정지·폐지 또는 방해하는 쟁의행위 금지규정을 위반한 자_(노조법 제91조, 제42조 제2항)

④ 쟁의행위 기간 중 쟁의행위로 중단된 업무의 수행을 위한 당해 사업과 관계없는 자에 대한 채용 또는 대체금지 규정을 위반한 자(노조법 제91조, 제43조 제1항)

⑤ 쟁의행위기간 중 쟁의행위로 중단된 업무의 도급 또는 하도급 금지규정을 위반한 자(노조법 제91조, 제43조 제2항)

⑥ 필수공익사업 또는 사업장 파업참가자의 100분의 50을 초과하지 않는 범위 안에서의 채용·대체·도급·하도급 제한 규정을 위반한 자(노조법 제91조, 제43조 제4항)

⑦ 조정절차를 거치지 아니하고 쟁의행위를 한 자(노조법 제91조, 제45조 제2항 본문)

⑧ 노동조합이 쟁의행위를 개시하기 전에 직장폐쇄를 한 자(노조법 제91조, 제46조 제1항)

⑨ 중재 시의 쟁의행위의 금지 규정에 위반한 자(노조법 제91조, 제63조)

(4) 1천만원 이하의 벌금

1) 단체협약의 내용 중 다음에 해당하는 사항을 위반한 자(노조법 제92조 제2호)

① 임금·복리후생비, 퇴직금에 관한 사항

② 근로 및 휴게시간, 휴일, 휴가에 관한 사항

③ 징계 및 해고의 사유와 중요한 절차에 관한 사항

④ 안전보건 및 재해부조에 관한 사항

⑤ 시설·편의제공 및 근무시간 중 회의참석에 관한 사항

⑥ 쟁의행위에 관한 사항

2) 조정서의 내용 또는 중재재정서의 내용을 준수하지 아니한 자(노조법 제92조 제3호)

(5) 500만원 이하의 벌금

① 노조법에 의하여 설립된 노동조합이 아니면서 노동조합이라는 명칭을 사용한 자(노조법 제93조 제1호, 제7조 제3항)

② 규약 및 결의처분의 시정 규정에 위반한 자(노조법 제93조 제2호, 제21조 제1항, 제2항)

③ 단체협약 중 위법한 내용이 있는 경우에는 노동위원회의 의결을 얻어 시정을 명할 수 있다는 규정을 위반한 자(노조법 제93조 제2호, 제31조 제3항)

3. 양벌규정

부당노동행위 규정 위반에 관한 명문의 양벌규정 : 노조법 제94조 본문에 규정하고 있고, 단서는 상당한 주의와 감독을 한 경우에는 면책됨을 규정

Ⅱ 근참법상 위반 행위

1. 형 벌

(1) 1천만원 이하의 벌금

① 협의회의 설치를 정당한 사유 없이 거부하거나 방해한 자

② 협의회에서 의결된 사항을 정당한 사유 없이 이행하지 아니한 자

③ 중재 결정의 내용을 정당한 사유 없이 이행하지 아니한 자

(2) 500만원 이하의 벌금

정당한 사유 없이 시정명령을 이행하지 아니하거나 자료제출 의무를 이행하지 아니하는 사용자

(3) 200만원 이하의 벌금

협의회를 정기적으로 개최하지 아니하거나 고충처리위원을 두지 아니한 사용자

2. 과태료 – 200만원 이하의 과태료

협의회규정을 제출하지 아니한 사용자

□ 부당노동행위금지규정에 위반한 자에 대한 형사처벌에 관하여는 (❶)이 적용되지 아니한다.

□ 노동조합에 의하여 주도되지 아니한 쟁의행위 금지규정에 위반한 자(노조법 제89조 제1호, 제37조 제2항)는 (❷)에 처한다.

□ 부당노동행위의 경우(공정대표의무 위반에 준용되는 경우 포함) 확정되거나 행정소송을 제기하여 확정된 구제명령에 위반한 자(노조법 제89조 제2호, 제85조 제3항, 제29조의4 제4항)는 (❸)에 처한다.

□ 노동조합이 쟁의행위를 개시하기 전에 직장폐쇄를 한 자(노조법 제91조, 제46조 제1항)는 (❹)에 처한다.

□ 노동조합 및 노동관계조정법에 의하여 설립된 노동조합이 아니면서 노동조합이라는 명칭을 사용한 자(노조법 제93조 제1호, 제7조 제3항)는 (❺)에 처한다.

❶ 반의사불벌죄 규정

❷ 3년 이하의 징역 또는 3천만원 이하의 벌금

❸ 3년 이하의 징역 또는 3천만원 이하의 벌금

❹ 1년 이하의 징역 또는 1천만원 이하의 벌금

❺ 500만원 이하의 벌금

제1절 서 설

제2절 노사협의제도

I 서 설

노사협의제도의 연혁	① 우리나라의 노사협의회제도 : 과거 노동조합법에 규정 ② 1980년에 제정된 노사협의회법 : 노사협의회의 설치, 구성 등을 구체적으로 규정
노사협의제도	① 근참법상의 근로자 : 근기법상의 근로자를 의미 ② 노사협의회 : 근로자와 사용자가 참여와 협력을 통하여 근로자의 복지증진과 기업의 건전한 발전을 도모하기 위하여 구성하는 협의기구 ③ 사용자가 근로자위원에게 불이익을 주는 처분을 하거나 근로자위원의 선출에 개입하거나 방해하는 경우 : 고용노동부장관의 시정명령

II 노사협의회의 설치

1. 법규정

근로조건에 대한 결정권이 있는 사업이나 사업장 단위로 설치하여야 하나, 상시 30명 미만의 근로자를 사용하는 사업이나 사업장은 설치 의무 ✕

2. 시행령 규정

하나의 사업에 종사하는 전체 근로자 수가 30명 이상인 경우 : 해당 근로자가 지역별로 분산되어 있더라도 그 주된 사무소에 노사협의회 설치

Ⅲ 노사협의회의 구성

1. 노사대표의 선정

근로자와 사용자를 대표하는 같은 수의 위원으로 하되, 각 3명 이상 10명 이하로 구성

2. 근로자위원의 선임

근로자의 투표에 의한 선출	① 근로자 과반수가 참여하여 직접·비밀·무기명 투표로 선출하되, 근로자위원의 선출에 입후보하려는 사람은 해당 사업이나 사업장의 근로자여야 함 ② 사업 또는 사업장의 특수성으로 인하여 부득이한 경우 : 부서별로 근로자 수에 비례하여 근로자위원을 선출할 위원선거인을 근로자 과반수가 참여한 직접·비밀·무기명 투표로 선출하고 위원선거인 과반수가 참여한 직접·비밀·무기명 투표로 근로자위원을 선출
과반수 노동조합이 있는 경우	근로자의 과반수로 조직된 노동조합이 있는 경우에는 노동조합의 대표자와 그 노동조합이 위촉하는 자로 선임

3. 사용자위원의 선임

해당 사업이나 사업장의 대표자와 대표자가 위촉하는 자로 선임

4. 의장과 간사

의장을 두며, 의장은 위원 중에서 호선(互選), 이 경우 근로자위원과 사용자위원 중 각 1명을 공동의장으로 할 수 있음

5. 위원의 임기

① 노사협의회의 근로자위원의 결원이 생긴 경우 : 30일 이내에 보궐위원을 위촉하거나 선출하되, 노동조합이 조직되어 있지 아니한 경우에는 근로자위원 선출 투표에서 선출되지 못한 사람 중 차점자를 근로자위원으로 함
② 보궐위원의 임기 : 전임자 임기의 남은 기간

6. 위원의 신분

① 비상임·무보수
② 노사협의회 위원으로서의 직무수행과 관련하여 근로자위원에게 불이익을 주는 처분 ×
③ 위원의 협의회 출석 시간과 이와 직접 관련된 시간으로서 노사협의회규정으로 정한 시간 : 근로시간 간주

7. 사용자의 의무

근로자위원의 업무를 위하여 장소의 사용 등 기본적인 편의를 제공하여야 함

Ⅳ 노사협의회의 운영

1. 회 의

개 최	3개월마다 정기적으로 회의를 개최하여야 하며, 필요에 따라 임시회의 개최 가능
회의의 소집	① 노사협의회 의장은 노사 일방의 대표자가 회의의 목적을 문서로 밝혀 회의의 소집을 요구하면 요구에 따라야 함 ② 노사협의회 의장은 회의 개최 7일 전에 회의 일시, 장소, 의제 등을 각 위원에게 통보
정족수	근로자위원과 사용자위원 각 과반수의 출석으로 개최하고 출석위원 3분의 2 이상의 찬성으로 의결
회의 공개	원칙적으로 공개하나, 노사협의회의 의결로 공개하지 아니할 수 있음
협의회규정	협의회는 협의회규정을 제정하고 협의회를 설치한 날부터 15일 이내에 고용노동부장관에게 제출하여야 하며, 이를 변경하는 경우에도 동일

2. 임의중재

① 노사협의회가 의결사항에 관하여 의결하지 못한 경우에는 근로자위원과 사용자위원의 합의로 협의회에 중재기구를 두어 해결하거나 노동위원회나 그 밖의 제3자에 의한 중재를 받을 수 있음
② 노사협의회에서의 의결사항의 해석에 관하여 의견이 일치하지 아니하는 경우에는 노사협의회는 노동위원회의 중재를 받을 수 있음

Ⅴ 노사협의회의 임무

1. 협의사항

① 생산성 향상과 성과 배분
② 근로자의 채용·배치 및 교육훈련
③ 근로자의 고충처리
④ 안전, 보건, 그 밖의 작업환경 개선과 근로자의 건강 증진
⑤ 인사·노무관리의 제도 개선
⑥ 경영상 또는 기술상의 사정으로 인한 인력의 배치전환·재훈련·해고 등 고용조정의 일반원칙
⑦ 작업과 휴게시간의 운용
⑧ 임금의 지불방법·체계·구조 등의 제도 개선
⑨ 신기계·기술의 도입 또는 작업공정의 개선
⑩ 작업수칙의 제정 또는 개정
⑪ 종업원지주제와 그 밖에 근로자의 재산 형성에 관한 지원
⑫ 직무 발명 등과 관련하여 해당 근로자에 대한 보상에 관한 사항
⑬ 근로자의 복지 증진
⑭ 사업장 내 근로자 감시설비의 설치
⑮ 여성근로자의 모성보호 및 일과 가정생활의 양립을 지원하기 위한 사항
⑯ 남녀고용평등과 일·가정 양립 지원에 관한 법률에 따른 직장 내 성희롱 및 고객 등에 의한 성희롱 예방에 관한 사항
⑰ 그 밖의 노사협조에 관한 사항

2. 의결사항

① 근로자의 교육훈련 및 능력개발 기본계획의 수립

② 복지시설의 설치와 관리

③ 사내근로복지기금의 설치

④ 고충처리위원회에서 의결되지 아니한 사항

⑤ 각종 노사공동위원회의 설치

3. 보고사항(사용자위원의 보고사항)

① 경영계획 전반 및 실적에 관한 사항

② 분기별 생산계획과 실적에 관한 사항

③ 인력계획에 관한 사항

④ 기업의 경제적·재정적 상황

Ⅵ 고충처리제도

고충처리위원	설 치	모든 사업 또는 사업장에는 근로자의 고충을 청취하고 처리하기 위하여 고충처리위원을 두어야 하나, 상시 30명 미만의 근로자를 사용하는 사업이나 사업장을 그러하지 아니함
	구성 및 임기	① 고충처리위원은 노사를 대표하는 3명 이내의 위원으로 구성하되, 협의회가 설치되어 있는 사업이나 사업장의 경우에는 협의회가 그 위원 중에서 선임하고, 협의회가 설치되어 있지 아니한 사업이나 사업장의 경우에는 사용자가 위촉 ② 위원의 임기는 3년으로 하되, 연임할 수 있으며, 보궐위원의 임기는 전임자 임기의 남은 기간 ③ 위원은 임기가 끝난 경우라도 후임자가 선출될 때까지 계속 그 직무 담당
고충의 처리 및 통보		① 고충처리위원은 근로자로부터 고충사항을 청취한 경우에는 10일 이내에 조치 사항과 그 밖의 처리결과를 해당 근로자에게 통보 ② 고충처리위원이 처리하기 곤란한 사항은 협의회의 회의에 부쳐 협의 처리

Ⅶ 벌 칙

노사협의회의 설치를 정당한 사유 없이 거부하거나 방해한 자 : 1천만원 이하의 벌금

☐ 노사협의회는 (❶   )마다 정기적으로 회의를 개최하여야 하며, 필요에 따라 임시회의를 개최할 수 있다.

☐ 노사협의회는 협의회규정을 제정하고 협의회를 설치한 날부터 15일 이내에 (❷   )에게 제출하여야 한다.

☐ 고충처리위원이 처리하기 곤란한 사항은 (❸   )에 부쳐 협의 처리한다.

☐ 모든 사업 또는 사업장에는 근로자의 고충을 청취하고 이를 처리하기 위하여 고충처리위원을 두어야 한다. 다만, 상시 (❹   )의 근로자를 사용하는 사업이나 사업장은 그러하지 아니하다.

☐ 근로자참여 및 협력증진에 관한 법률 제4조(노사협의회의 설치) 제1항에 따른 노사협의회의 설치를 정당한 사유 없이 거부하거나 방해한 자는 (❺   )에 처한다.

☐ 사용자가 근로자참여 및 협력증진에 관한 법률 제18조(협의회규정)를 위반하여 노사협의회규정을 제출하지 아니한 때에는 (❻   )를 부과한다.

☐ 근로자의 복지증진은 근로자참여 및 협력증진에 관한 법률 제20조 제1항 제13호에서 정한 노사협의회의 (❼   )에 해당한다.

☐ (❽   )란 근로자와 사용자가 참여와 협력을 통하여 근로자의 복지증진과 기업의 건전한 발전을 도모하기 위하여 구성하는 협의기구를 말한다.

☐ 노사협의회는 노사협의회에서 의결된 사항의 해석에 관하여 의견이 일치하지 아니하는 경우 (❾   )를 받을 수 있다.

☐ 사내근로복지기금의 설치, 각종 노사공동위원회의 설치, 복지시설의 설치와 관리 등은 근로자참여 및 협력증진에 관한 법률 제21조에서 정한 노사협의회의 (❿   )에 해당한다.

❶ 3개월
❷ 고용노동부장관
❸ 노사협의회의 회의
❹ 30명 미만
❺ 1천만원 이하의 벌금
❻ 200만원 이하의 과태료
❼ 협의사항
❽ 노사협의회
❾ 노동위원회의 중재
❿ 의결사항

제1절 서 설

노동위원회의 연혁	우리나라의 노동위원회법 : 1953년에 처음 제정
노동위원회의 특성	• 노동위원회 : 그 권한에 속하는 업무를 독립적으로 수행 • 중앙노동위원회위원장 : 중앙노동위원회 및 지방노동위원회의 예산·인사·교육훈련 기타 행정사무를 총괄하며, 소속공무원을 지휘·감독

제2절 노동위원회의 종류와 소관사무 및 조직

I 노동위원회의 종류와 소관사무

1. 종 류

중앙노동위원회와 지방노동위원회	고용노동부장관 소속으로 설치
특별노동위원회	중앙행정기관의 장 소속으로 설치

2. 소관사무

중앙노동위원회	① 둘 이상의 지방노동위원회의 관할 구역에 걸친 노동쟁의의 조정사건 ② 지방노동위원회 및 특별노동위원회의 처분에 대한 재심사건 : 당사자의 신청이 있는 경우 지방노동위원회 또는 특별노동위원회의 처분을 재심하여 이를 인정·취소 또는 변경 가능 ③ 사무처리 및 법령의 해석에 관한 지시권 : 지방노동위원회 또는 특별노동위원회에 대하여 노동위원회의 사무처리에 관한 기본방침 및 법령의 해석에 관하여 필요한 지시 가능 ④ 협조 요청과 개선 권고 등 : 그 사무집행을 위하여 필요하다고 인정하는 경우에 관계 행정기관에 협조를 요청할 수 있으며, 협조를 요청받은 관계 행정기관은 특별한 사유가 없으면 이에 따라야 하며, 관계 행정기관으로 하여금 근로조건의 개선에 필요한 조치를 하도록 권고 가능
지방노동위원회	둘 이상의 관할 구역에 걸친 사건 : 주된 사업장의 소재지를 관할하는 지방노동위원회에서 관장

3. 사건의 이송

접수된 사건이 다른 노동위원회의 관할인 경우에는 지체 없이 해당 사건을 관할 노동위원회로 이송

Ⅱ 노동위원회의 조직

1. 위원의 위촉

(1) 근로자위원의 위촉

중앙노동위원회 근로자위원	노동조합이 추천한 사람 중에서 고용노동부장관의 제청으로 대통령이 위촉
지방노동위원회 근로자위원	노동조합이 추천한 사람 중에서 지방노동위원회 위원장의 제청으로 중앙노동위원회 위원장이 위촉

(2) 공익위원의 위촉

① 해당 노동위원회 위원장, 노동조합 및 사용자단체가 각각 추천한 사람 중에서 노동조합과 사용자단체가 순차적으로 배제하고 남은 사람을 위촉대상 공익위원으로 함
② 중앙노동위원회 공익위원 : 고용노동부장관의 제청으로 대통령이 위촉
③ 지방노동위원회 공익위원 : 지방노동위원회 위원장의 제청으로 중앙노동위원회 위원장이 위촉

2. 사회취약계층에 대한 권리구제업무 대리

노동위원회는 노조법에 따른 판정에 관한 사건에서 사회취약계층을 위하여 변호사나 공인노무사로 하여금 권리구제업무를 대리하게 할 수 있음

3. 위원장 및 상임위원 등

노동위원회 위원장	① 중앙노동위원회 위원장 : 중앙노동위원회의 공익위원이 될 수 있는 자격을 갖춘 사람 중에서 고용노동부장관의 제청으로 대통령이 임명 ② 해당 노동위원회(중앙노동위원회, 지방노동위원회)의 공익위원이 되며, 심판사건, 차별적 처우 시정사건, 조정사건 담당
상임위원	상임위원은 해당 노동위원회의 공익위원이 되며, 심판사건, 차별적 처우 시정사건, 조정사건을 담당
사무처와 사무국	① 중앙노동위원회에는 사무처를 두고, 지방노동위원회에는 사무국 설치 ② 중앙노동위원회 상임위원은 사무처장 겸직

4. 위원의 임기

① 노동위원회 위원의 임기 : 3년으로 하되, 연임 가능
② 위원장 또는 상임위원이 궐위되어 임명한 후임자의 임기 : 새로 시작

5. 공익위원의 자격기준

노동위원회는 공익위원의 자격기준에 따라 노동문제에 관한 지식과 경험이 있는 사람을 공익위원으로 위촉하되, 여성의 위촉이 늘어날 수 있도록 노력하여야 함

I　회의의 구성 및 업무

전원회의	재적위원 과반수의 출석으로 개의하고 출석위원 과반수의 찬성으로 의결
부분별 위원회	차별시정위원회 : 차별시정담당 공익위원 중 위원장이 지명하는 3명으로 구성하며, 기단법, 파견법, 일학습병행법 또는 고평법에 따른 차별적 처우의 시정 등과 관련된 사항 처리

II　회의의 운영

회의의 진행	① 부문별 위원회 위원장 : 부문별 위원회의 원활한 운영을 위하여 필요하다고 인정하는 경우에 주심위원을 지명하여 사건의 처리를 주관하게 할 수 있음 ② 관계당사자 양쪽이 모두 단독심판을 신청하거나 단독심판으로 처리하는 것에 동의한 경우에는 단독심판으로 사건 처리
회의의 의결과 송달	① 부문별 위원회의 회의 : 구성위원 전원의 출석으로 개의 ② 노동위원회의 처분 : 처분결과를 서면으로 송달하여야 하며, 처분의 효력은 판정서·명령서·결정서 또는 재심판정서를 송달받은 날부터 발생 ③ 공시송달 사유 ▶ ㉠ 서류의 송달을 받아야 할 자의 주소가 분명하지 아니한 경우, ㉡ 서류의 송달을 받아야 할 자의 주소가 국외에 있거나 통상적인 방법으로 확인할 수 없어 서류의 송달이 곤란한 경우, ㉢ 서류의 송달을 받아야 할 자가 등기우편 등으로 송달하였으나 송달을 받아야 할 자가 없는 것으로 확인되어 반송되는 경우 ▶ 노동위원회의 게시판이나 인터넷 홈페이지에 게시하는 방법으로 하며, 게시한 날부터 14일이 지난 때에 효력 발생
화해	① 노동위원회는 판정·명령 또는 결정이 있기 전까지 관계당사자의 신청을 받아 또는 직권으로 화해를 권고하거나 화해안 제시 가능 ② 노동위원회는 화해안을 작성할 때 관계 당사자의 의견을 충분히 들어야 하며, 판정·명령 또는 결정이 있기 전까지 화해안을 제시하여 관계 당사자가 수락한 경우에는 화해조서 작성 ③ 화해조서에는 관계 당사자, 화해에 관여한 부문별 위원회(단독심판 포함)의 위원 전원이 모두 서명하거나 날인 ④ 노위법에 따라 작성된 화해조서는 재판상 화해의 효력 ○

III　위원의 제척 사유

① 위원 또는 위원의 배우자이거나 배우자였던 사람이 해당 사건의 당사자가 되거나 해당 사건의 당사자와 공동권리자 또는 공동의무자의 관계에 있는 경우
② 위원이 해당 사건의 당사자와 친족이거나 친족이었던 경우
③ 위원이 해당 사건에 관하여 진술이나 감정을 한 경우
④ 위원이 당사자의 대리인으로서 업무에 관여하거나 관여하였던 경우

⑤ 위원이 속한 법인, 단체 또는 법률사무소가 해당 사건에 관하여 당사자의 대리인으로서 관여하거나 관여하였던 경우

⑥ 위원 또는 위원이 속한 법인, 단체 또는 법률사무소가 해당 사건의 원인이 된 처분 또는 부작위에 관여한 경우

Ⅳ 중앙노동위원회의 처분에 대한 불복

중앙노동위원회의 처분에 대한 소송은 중앙노동위원회 위원장을 피고로 하여 처분의 송달을 받은 날부터 15일 이내에 제기

제4절 보 칙

노동위원회의 사건처리에 관여한 위원이나 직원 또는 그 위원이었거나 직원이었던 변호사·공인노무사 등은 영리를 목적으로 그 사건에 관한 직무 수행 금지

제5절 벌 칙

노동위원회의 보고 또는 서류 제출 요구에 응하지 아니하는 자 : 500만원 이하의 벌금

CHAPTER 09 KEYWORD 확인학습

- 노동위원회는 관계 당사자가 화해안을 수락하였을 때에는 (❶ ┄┄┄)를 작성하여야 한다.

❶ 화해조서

- 노동위원회법에 따라 작성된 화해조서는 민사소송법에 따른 (❷ ┄┄┄)의 효력을 갖는다.

❷ 재판상 화해

- 노동위원회는 서류의 송달을 받아야 할 자의 주소가 분명하지 아니한 경우에는 (❸ ┄┄┄)을 할 수 있다.

❸ 공시송달

- 공시송달은 노동위원회의 게시판이나 인터넷 홈페이지에 게시하는 방법으로 하며, 게시한 날부터 (❹ ┄┄┄)이 지난 때에 효력이 발생한다.

❹ 14일

- 노동위원회는 관계 행정기관으로 하여금 근로조건의 개선에 필요한 조치를 하도록 (❺ ┄┄┄)할 수 있다.

❺ 권고

- 중앙노동위원회의 처분에 대한 소송은 (❻ ┄┄┄)을 피고로 하여 처분의 송달을 받은 날부터 15일 이내에 제기하여야 한다.

❻ 중앙노동위원회 위원장

- 중앙노동위원회와 지방노동위원회는 (❼ ┄┄┄) 소속으로 두며, 지방노동위원회의 명칭·위치 및 관할구역은 대통령령으로 정한다.

❼ 고용노동부장관

- 노동위원회 위원장은 해당 노동위원회(중앙노동위원회, 지방노동위원회)의 (❽ ┄┄┄)이 되며, 심판사건, 차별적 처우 시정사건, 조정사건을 담당할 수 있다.

❽ 공익위원

- 부문별 위원회 위원장은 부문별 위원회의 원활한 운영을 위하여 필요하다고 인정하는 경우에 (❾ ┄┄┄)을 지명하여 사건의 처리를 주관하게 할 수 있다.

❾ 주심위원

- 노동위원회 위원장은 관계당사자 양쪽이 모두 단독심판을 신청하거나 단독심판으로 처리하는 것에 동의한 경우에 심판담당 공익위원 또는 (❿ ┄┄┄) 중 1명을 지명하여 사건을 처리하게 할 수 있다.

❿ 차별시정담당 공익위원

제1절 공무원의 노동조합 및 운영에 관한 법률

I 의 의

교노법(1999.1.29. 제정)이 공노법(2005.1.27. 제정)보다 먼저 제정

II 주 체

사실상 노무에 종사하는 공무원 : 공노법의 적용 ×

III 노동조합활동의 보장 및 한계

공무원이 노동조합활동을 하는 경우에는 다른 법령에서 규정하는 공무원의 의무에 반하는 행위 불가

IV 정치활동과 쟁의행위의 금지

노동조합과 그 조합원
▶ 정치활동의 금지
▶ 쟁의행위의 금지

V 노동조합의 설립

노동조합을 설립하려는 사람은 고용노동부장관에게 설립신고서 제출

VI 가입범위

① 다른 공무원에 대하여 지휘·감독권을 행사하는 일반직공무원은 노동조합에 가입 ×
② 교정·수사 등 공공의 안녕과 국가안전보장에 관한 업무에 종사하는 공무원은 노동조합에 가입 ×

VII 노동조합전임자의 지위

노동조합 전임자의 지위	① 임용권자의 동의를 받아 노동조합으로부터 급여를 지급받으면서 노동조합의 업무에만 종사 가능 ② 국가공무원법 또는 지방공무원법에 따라 휴직명령을 하여야 함 ③ 국가와 지방자치단체는 공무원이 전임자임을 이유로 승급이나 그 밖에 신분과 관련하여 불리한 처우 ×
근무시간 면제자 등	노동조합이 단체협약으로 정하거나 정부교섭대표의 동의를 얻은 경우에는 공무원은 근무시간 면제 한도를 초과하지 아니하는 범위에서 보수의 손실 없이 정부교섭대표와의 이 법 또는 다른 법률에서 정하는 업무와 건전한 노사관계 발전을 위한 노동조합의 유지·관리업무수행

VIII 교섭 및 체결권한 등

단체교섭의 담당자	노동조합의 대표자	노동조합의 대표자는 그 노동조합에 관한 사항 또는 조합원의 보수·복지 그 밖의 근무조건에 관하여 정부교섭대표와 각각 교섭하고 단체협약을 체결할 권한 ○ 다만, 법령 등에 따라 국가나 지방자치단체가 그 권한으로 행하는 정책결정에 관한 사항, 임용권의 행사 등 그 기관의 관리·운영에 관한 사항으로서 근무조건과 직접 관련되지 아니하는 사항은 교섭 대상 ×
	정부교섭 대표	① 법령 등에 따라 스스로 관리하거나 결정할 수 있는 권한을 가진 사항에 대하여 노동조합이 교섭을 요구할 때에는 정당한 사유가 없으면 요구에 따라야 함 ② 정부교섭대표가 효율적인 교섭을 위하여 필요한 경우 ▶ 다른 정부교섭대표와 공동으로 교섭하거나, 다른 정부교섭대표에게 교섭 및 단체협약 체결 권한 위임 가능 ▶ 정부교섭대표가 아닌 관계 기관의 장으로 하여금 교섭에 참여하게 할 수 있음
단체교섭의 절차		① 단체교섭에 대하여 개별교섭방식 금지 ② 노동조합은 단체교섭을 위하여 노동조합의 대표자와 조합원으로 교섭위원 구성 ③ 노동조합의 대표자 : 정부교섭대표와 교섭하려는 경우 교섭하려는 사항에 대하여 권한을 가진 정부교섭대표에게 서면으로 교섭 요구 ④ 교섭을 요구하는 노동조합이 둘 이상인 경우에는 해당 노동조합에 교섭창구를 단일화하도록 요청할 수 있고, 교섭창구가 단일화된 때에는 교섭에 응하여야 함

IX 단체협약의 효력

① 단체협약의 유효기간은 3년을 초과하지 않는 범위에서 노사의 합의로 결정 가능
② 단체협약의 내용 중 법령·조례 또는 예산에 의하여 규정되는 내용과 법령 또는 조례에 의하여 위임을 받아 규정되는 내용은 단체협약으로서의 효력 ×
③ 단체협약의 내용 중 법령·조례 또는 예산에 의하여 규정되는 내용일지라도 이행될 수 있도록 성실하게 노력하여야 함
  ▶ 단체협약으로서의 효력을 가지지 아니하는 내용에 대하여는 이행될 수 있도록 성실하게 노력하여야 함

X 조정절차

조정	조정 개시	단체교섭이 결렬된 경우 : 당사자 어느 한쪽 또는 양쪽은 중앙노동위원회에 조정 신청
	조정 담당자	공무원 노동관계 조정위원회 : 단체교섭이 결렬된 경우 조정·중재하기 위하여 중앙노동위원회에 설치
	조정 기간	조정기간은 조정신청을 받은 날부터 30일 이내
중재		단체교섭이 결렬되어 관계당사자 양쪽이 함께 중재를 신청한 경우에는 중앙노동위원회는 지체 없이 중재
불복절차		① 중앙노동위원회의 중재재정이 위법하거나 월권에 의한 것이라고 인정하는 경우 관계 당사자는 중재재정서를 송달받은 날부터 15일 이내에 중앙노동위원회 위원장을 피고로 하여 행정소송 제기 가능 ② 중재재정이 확정된 경우 관계 당사자는 이에 따라야 하나, 확정된 중재재정을 위반한 행위에 대한 벌칙 규정 × ③ 중앙노동위원회의 중재재정은 행정소송의 제기에 의하여 효력 정지 ×

XI 다른 법률과의 관계

공노법 규정은 공무원이 공무원직장협의회의 설립·운영에 관한 법률에 따라 직장협의회를 설립·운영하는 것을 방해 ×

제2절 교원의 노동조합 및 운영에 관한 법률

I 정치활동과 쟁의행위의 금지

노동조합과 그 조합원
▶ 정치활동의 금지
▶ 쟁의행위의 금지

II 노동조합의 설립

① 초·중등교육법에 따른 교원 : 시·도 단위 또는 전국 단위로만 노동조합 설립
② 고등교육법에 따른 교원 : 개별학교 단위, 시·도 단위 또는 전국 단위로 노동조합 설립
③ 노동조합을 설립하려는 사람 : 고용노동부장관에게 설립신고서 제출

III 가입범위

① 교원 : 유아교육법, 초·중등교육법, 고등교육법(강사는 제외)에서 규정하고 있는 교원
② 교원으로 임용되어 근무하였던 사람으로서 노동조합 규약으로 정하는 사람

Ⅳ   노동조합전임자의 지위

노동조합 전임자의 지위	① 임용권자의 동의를 받아 노동조합으로부터 급여를 지급받으면서 노동조합의 업무에만 종사 가능 ② 교육공무원법 및 사립학교법에 따른 휴직명령을 받은 것으로 간주 ③ 전임기간 중 전임자임을 이유로 승급 또는 그 밖의 신분상의 불이익 ×
근무시간 면제자 등	① 노동조합이 단체협약으로 정하거나 임용권자가 동의하는 경우에는 교원은 근무시간 면제 한도를 초과하지 아니하는 범위에서 보수의 손실 없이 교육부장관, 시·도지사, 시·도 교육감 등과의 협의·교섭, 고충처리, 안전·보건활동 등의 업무와 건전한 노사관계 발전을 위한 노동조합의 유지·관리업무 가능 ② 교원근무시간면제심의위원회 : 근무시간 면제 한도를 정하기 위하여 경제사회노동위원회에 설치 ③ 유아교육법에 따른 교원, 초·중등교육법에 따른 교원의 경우 교원근무시간면제심의위원회는 시·도 단위를 기준으로 하고, 고등교육법에 따른 교원의 경우 개별학교 단위를 기준으로 하여 조합원의 수를 고려하되, 교원 노사관계의 특성을 반영하여 근무시간 면제 한도를 심의·의결하고, 3년마다 그 적정성 여부를 재심의하여 의결 가능 ④ 근무시간 면제 한도를 초과하는 내용의 단체협약 또는 임용권자의 동의는 그 부분에 한정하여 무효 O
근무시간 면제사용의 정보 공개	임용권자는 전년도에 노동조합별로 근무시간을 면제받은 시간 및 사용인원, 지급된 보수 등에 관한 정보를 고용노동부장관이 지정하는 인터넷 홈페이지에 3년간 게재하는 방법으로 공개

Ⅴ   교섭 및 체결권한 등

단체교섭의 담당자	노동조합의 대표자	① 노동조합 또는 조합원의 임금, 근무조건, 후생복지 등 경제적·사회적 지위 향상에 관하여 교육부장관 등과 교섭하고 단체협약을 체결할 권한 ② 유아교육법이나 초·중등교육법에 따른 교원이 설립한 노동조합의 대표자는 교육부장관, 시·도 교육감 또는 사립학교 설립·경영자와, 고등교육법에 따른 교원이 설립한 노동조합의 대표자는 교육부장관, 시·도지사, 국·공립학교의 장 또는 사립학교 설립·경영자와 단체교섭하고 단체협약을 체결할 권한을 가짐. 전자의 경우 사립학교 설립·경영자는 전국 또는 시·도 단위로 연합하여 교섭에 응하여야 함
단체교섭의 절차		① 노동조합의 교섭위원은 해당 노동조합의 대표자와 그 조합원으로 구성 ② 노동조합의 대표자가 교육부장관, 시·도지사, 시·도 교육감, 국·공립학교의 장 또는 사립학교 설립·경영자와 단체교섭을 하려는 경우에는 교섭하려는 사항에 대하여 권한을 가진 자에게 서면으로 교섭 요구 ③ 교섭위원의 수는 교섭노동조합의 조직 규모 등을 고려하여 정하되, 10명 이내로 선임 ④ 교섭노동조합이 둘 이상이나, 교섭창구 단일화 합의가 이루어지지 않은 경우 교섭노동조합의 조합원 수(교원인 조합원의 수)에 비례하여 교섭위원을 선임하여 교섭 ⑤ 단체교섭을 하거나 단체협약을 체결하는 경우에는 관계당사자는 국민여론과 학부모의 의견을 수렴하여 성실하게 교섭하고 단체협약 체결

Ⅵ   단체협약의 효력

단체협약의 내용 중 법령·조례 또는 예산에 의하여 규정되는 내용과 법령 또는 조례에 의하여 위임을 받아 규정되는 내용 : 단체협약으로서의 효력 ×

Ⅶ 조정절차

조 정	조정 개시	단체교섭이 결렬된 경우 : 당사자 어느 한쪽 또는 양쪽은 중앙노동위원회에 조정 신청
	조정 담당자	• 교원 노동관계 조정위원회 : 교원의 노동쟁의를 조정·중재하기 위하여 중앙노동위원회에 설치하여야 하나, 단독조정인에 의한 조정 규정 × • 교원 노동관계 조정위원회 : 중앙노동위원회 위원장이 지명하는 조정담당 공익위원 3명으로 구성
	조정기간	조정신청을 받은 날부터 30일 이내에 마쳐야 하나, 별도의 조정기간 연장 규정 ×
중 재	중재 개시사유	① 단체교섭이 결렬되어 관계 당사자 양쪽이 함께 중재를 신청한 경우 ② 중앙노동위원회가 제시한 조정안을 당사자의 어느 한쪽이라도 거부한 경우 ③ 중앙노동위원회 위원장이 직권으로 또는 고용노동부장관의 요청에 따라 중재에 회부한다는 결정을 한 경우
	중재기간	중재기간에 대한 규정 ×
	불복절차	중앙노동위원회의 중재재정이 위법하거나 월권에 의한 것이라고 인정하는 경우에는 중재재정서를 송달받은 날부터 15일 이내에 중앙노동위원회 위원장을 피고로 하여 행정소송 제기 가능

☐ 교원은 (❶   )를 받아 노동조합으로부터 급여를 지급받으면서 노동조합의 업무에만 종사할 수 있다.

☐ 교정·수사 등 공공의 안녕과 (❷   )에 관한 업무에 종사하는 공무원은 공무원의 노동조합에 가입할 수 없다.

☐ 임용권자의 동의를 받아 노동조합으로부터 급여를 지급받으면서 노동조합의 업무에만 종사하는 사람(전임자)에 대하여는 그 기간 중 국가공무원법 또는 지방공무원법에 따라 (❸   )을 하여야 한다.

☐ 교원근무시간면제심의위원회는 (❹   )마다 근무시간 면제 한도의 적정성 여부를 재심의하여 의결할 수 있다.

☐ 교노법상 근무시간 면제 한도를 초과하는 내용을 정한 단체협약 또는 임용권자의 동의는 (❺   ) 무효로 한다.

☐ 법령 등에 따라 (❻   )가 그 권한으로 행하는 정책결정에 관한 사항, 임용권의 행사 등 그 기관의 관리·운영에 관한 사항으로서 근무조건과 직접 관련되지 아니 하는 사항은 공노법상 단체교섭의 대상이 될 수 없다.

☐ 공노법상 노동조합의 대표자가 행한 단체교섭이 결렬된 경우 이를 조정·중재하기 위하여 (❼   )에 공무원 노동관계 조정위원회를 둔다.

☐ 교노법상 교섭노동조합의 교섭위원의 수는 조직 규모 등을 고려하여 정하되, (❽   )로 한다.

☐ 공노법상 정부교섭대표는 효율적인 교섭을 위하여 필요한 경우 다른 정부교섭대표와 공동으로 교섭하거나, 다른 정부교섭대표에게 교섭 및 단체협약 체결 권한을 (❾   )할 수 있다.

☐ 교노법상 노동조합의 대표자가 단체교섭을 하거나 단체협약을 체결하는 경우에 관계당사자는 (❿   )을 수렴하여 성실하게 교섭하고 단체협약을 체결하여야 한다.

❶ 임용권자의 동의

❷ 국가안전보장

❸ 휴직명령

❹ 3년

❺ 그 부분에 한정하여

❻ 국가나 지방자치단체

❼ 중앙노동위원회

❽ 10명 이내

❾ 위임

❿ 국민여론과 학부모의 의견

CHAPTER 11 종합문제

I 노조법상의 주요기한

30일 이내를 기한으로 하는 경우	노동조합의 처분이 노동관계법령에 위반하여 행정관청의 시정명령을 받은 노동조합이 이를 이행하여야 할 기한
15일 이내를 기한으로 하는 경우	① 노동조합에 임시총회 소집권자가 없는 경우 행정관청의 회의소집권자 지명 기한 ② 노동조합의 대표자가 회의의 소집을 고의로 기피하거나 이를 해태하여 조합원 또는 대의원의 3분의 1 이상이 소집권자의 지명을 요구할 때 행정관청의 노동위원회에 대한 의결 요청 기한 ③ 합병 또는 분할로 소멸하여 노동조합이 해산한 때 노동조합 대표자가 해산한 날부터 이를 행정관청에게 신고하여야 할 기한 ④ 단체협약 당사자가 단체협약의 체결일부터 이를 행정관청에게 신고하여야 할 기한

II 이해관계인의 신청 요부

1. 이해관계인의 신청을 요건으로 노동위원회의 의결을 얻어 시정을 명할 수 있는 경우

노동조합의 결의 또는 처분이 규약에 위반된다고 인정할 경우

2. 노동위원회의 의결을 얻어 시정을 명할 수 있는 경우

① 노동조합의 결의 또는 처분이 노동관계법령에 위반된다고 인정할 경우
② 노동조합의 규약이 노동관계법령에 위반한 경우
③ 노동조합의 결의 또는 처분이 단체협약에 위반된다고 인정할 경우
④ 노동조합의 규약이 취업규칙에 위반한 경우

III 노조법상의 서면 요구 여부

서면 요구 ○	① 단체협약의 작성 ② 행정관청에 대한 노동조합의 쟁의행위 신고 ③ 상대방에 대한 노동쟁의 발생의 통보 ④ 노동위원회의 부당노동행위 구제신청 판정
서면 요구 ×	관계당사자에 대한 긴급조정 결정의 통고

Ⅳ　노동위원회의 조정과 중재의 비교

1. 기 간
① 일반사업에서의 조정기간 : 10일
② 중재로 인한 쟁의행위 금지기간 : 15일

2. 효력의 발생
① 조정안 : 조정위원 전원 또는 단독조정인이 조정서를 작성하고 관계 당사자와 함께 서명 또는 날인
② 중재재정 : 명문의 규정은 없으나 중재위원 전원의 서명 또는 날인

3. 위원의 선임
① 조정위원은 당해 노동위원회의 위원 중에서 사용자를 대표하는 자, 근로자를 대표하는 자 및 공익을 대표하는 자 각 1인을 그 노동위원회의 위원장이 지명하되, 근로자를 대표하는 조정위원은 사용자가, 사용자를 대표하는 조정위원은 노동조합이 각각 추천하는 노동위원회의 위원 중에서 지명
② 중재위원은 당해 노동위원회의 공익을 대표하는 위원 중에서 관계 당사자의 합의로 선정한 자에 대하여 그 노동위원회의 위원장이 지명

4. 조정과 중재
각각 사적 조정과 사적 중재로 대신 가능

5. 조정서와 중재재정에 대한 해석
조정서에 대한 해석 또는 이행방법에 관한 견해는 중재재정과 동일한 효력

Ⅴ　부당해고 구제제도와 부당노동행위 구제제도의 비교

1. 행정소송의 제기
양 제도 모두 재심판정이 행정소송의 제기에 의하여 효력 정지 ×

2. 이행강제금 제도
부당노동행위 구제명령에는 적용 ×

3. 확정된 구제명령을 불이행한 사용자에 대한 형벌 부과
① 부당해고 구제명령을 이행하지 아니한 자 : 1년 이하의 징역 또는 1천만원 이하의 벌금
② 부당노동행위 구제명령에 위반한 자 : 3년 이하의 징역 또는 3천만원 이하의 벌금

4. 형벌 부과 여부

부당해고 자체에는 형벌을 부과하지 아니하나, 부당노동행위를 한 자에 대하여 2년 이하의 징역 또는 2천만 원 이하의 벌금

5. 해고가 불이익취급의 부당노동행위에 해당하는 경우

노동위원회의 구제명령 : 복직명령과 임금 상당액 지급명령

VI 노동위원회의 의결 요부

노동위원회의 의결 필요 ○	① 조합규약의 시정명령 ② 휴면노조의 해산 ③ 단체협약의 시정명령 ④ 지역단위에서 단체협약의 효력확장 결정 ⑤ 노동조합의 결의·처분의 시정명령
노동위원회의 의결 필요 ×	① 노동조합에 대한 자료제출 요구 ② 사업장 단위에서 단체협약의 효력확장 결정

VII 신고사항과 대상기관

① 취업규칙의 작성·변경 – 고용노동부장관
② 노동조합의 해산 – 행정관청
③ 단체협약 – 행정관청
④ 직장폐쇄 – 행정관청과 노동위원회
⑤ 노동조합 설립의 신고 – 고용노동부장관, 시도지사, 시장·군수·구청장
⑥ 노동관계 당사자가 합의하여 사적 조정으로 노동쟁의를 해결할 때의 신고 – 노동위원회
⑦ 총회 또는 대의원회의 해산결의에 의한 노동조합의 해산 신고 – 행정관청

VIII 노동관계법의 제정 순서

① 파견근로자 보호 등에 관한 법률[1998.2.20. 제정]
② 교원의 노동조합 설립 및 운영 등에 관한 법률[1999.1.29. 제정]
③ 공무원의 노동조합 설립 및 운영 등에 관한 법률[2005.1.27. 제정]
④ 기간제 및 단시간근로자 보호 등에 관한 법률[2006.12.21. 제정]

- 행정관청은 노동조합의 결의 또는 처분이 노동관계법령 또는 규약에 위반된다고 인정할 경우에는 노동위원회의 의결을 얻어 그 시정을 명할 수 있다. 다만, 규약위반 시의 시정명령은 (❶   )의 신청이 있는 경우에 한한다.

- 규약에서 정한 해산사유가 발생한 경우, 합병 또는 분할로 소멸한 경우, 총회 또는 대의원회의 해산결의가 있는 경우 등으로 노동조합이 해산한 때에는 그 대표자는 (❷   ) 이내에 행정관청에게 이를 신고하여야 한다.

- 고용노동부장관, 특별시장·광역시장·특별자치시장·도지사·특별자치도지사 또는 시장·군수·구청장이 노동조합의 설립신고서를 접수한 때에는 설립신고서의 보완을 요구하는 경우와 설립신고서를 반려하는 경우를 제외하고는 (❸   ) 이내에 신고증을 교부하여야 한다.

❶ 이해관계인

❷ 해산한 날부터 15일

❸ 3일

실패의 99%는

변명하는 습관이 있는 사람들에게서 온다.

- 조지 워싱턴 -

민법

제1편

민법총칙

01 민법 서론

제1절 서 설

제2절 민법의 법원

I 의 의

법원이란 법의 존재형식 내지 법을 인식하는 자료를 의미

II 성문민법

민법의 법원으로서의 성문민법에는 법률·명령·대법원규칙·조약·자치법 등이 포함되며, 민법 제1조에서의 법률은 고유한 의미의 법률뿐만 아니라 널리 성문법 또는 제정법 전체를 의미

III 불문민법

1. 관습법의 의의와 성립

의 의	• 사회의 관행으로 생성된 사회생활규범이 사회의 법적 확신과 인식에 의하여 법적 규범으로 승인·강행되기에 이른 것으로 법령에 저촉되지 않는 한 법칙으로서의 효력이 인정 • 따라서 관습법으로 승인되었으나 사회 구성원들이 그러한 관행의 법적 구속력에 대하여 확신을 갖지 않게 되었다거나, 전체 법질서에 부합하지 않게 된 경우에는 관습법의 효력 ×
성 립	• 관행의 존재와 그 관행에 대한 일반적인 법적 확신의 취득으로 성립 • 법원의 판결에 의하여 관습법의 존재 및 그 구체적 내용이 인정되는 경우라면 그 관행은 법적 확신을 갖춘 때로 소급하여 관습법으로서의 지위 취득

2. 관련 판례

① 소유권이전등기를 경료하지 않은 미등기무허가건물의 매수인에게 관습상의 물권 인정 ×

② 종중의 명칭사용이 비록 명칭사용에 관한 관습에 어긋나는 경우라도 그 점만 가지고 바로 그 종중의 실체 부인 ×

③ 가족의례준칙 제13조의 규정과 배치되는 사실인 관습의 효력을 인정하려는 경우에는 그와 같은 관습에 대한 당사자의 주장과 증명과 이 관습이 임의규정에 관한 것인지 여부에 대한 법원의 심리·판단 필요

3. 관습법과 사실인 관습 구별

구 분	관습법	사실인 관습
법적 효력	• 관습법은 법령에 저촉되지 않는 한 법칙으로서의 효력이 있으나, 관습법이 헌법에 위반되는 경우에는 법원이 관습법의 효력을 부인할 수 있으므로 위헌법률심판의 대상 × • 성문법과 관습법의 효력상의 우열에 관하여 변경적 효력설(대등적 효력설)을 취하는 경우에는 신법우선의 원칙에 따라 결정	• 사실인 관습은 법령으로서의 효력이 없는 단순한 관행으로서 법률행위의 당사자의 의사를 보충 • 임의규정과 다른 관습이 있으나 당사자의 의사가 명확하지 아니한 경우 그 관습을 적용 • 제정법이 주로 임의규정일 경우 법률행위의 해석기준이나 의사를 보충하는 기능을 하여 이를 재판의 자료로 할 수 있으나, 제정법이 주로 강행규정일 경우 원칙적으로 사실인 관습의 법적 효력 ×
주장·증명책임	당사자의 주장·증명을 기다리지 아니하고 법원이 직권으로 확정	당사자가 주장·증명

제3절　민법의 기본원리

❑ 수목의 집단이나 미분리 과실에 대하여 관습상 인정되는 공시방법은 (❶ ㅤㅤㅤㅤㅤㅤ)이다.

❶ 명인방법

❑ (❷ ㅤㅤㅤㅤㅤㅤ)이 법규범으로서 효력이 인정되기 위해서는 전체 법질서에 부합하여야 한다.

❷ 관습법

❑ 일단 성립한 관습법이라도 사회 구성원들이 그 관행의 (❸ ㅤㅤㅤㅤㅤ)에 대해 확신을 갖지 않게 되면 그 효력이 부정된다.

❸ 법적 구속력

❑ 사실인 관습은 그 존재를 (❹ ㅤㅤㅤㅤㅤ)가 주장·입증하여야 한다.

❹ 당사자

❑ (❺ ㅤㅤㅤㅤ)과 다른 관습이 있는 경우에 당사자의 의사가 명확하지 아니한 때에는 그 관습에 의한다.

❺ 임의규정

제1절 법률관계와 권리 · 의무

작용(효력)에 따른 사권의 분류	• 지배권 : 물권 등 • 청구권 : 채권 등 • 항변권 : 동시이행의 항변권(연기적 항변권) 등 • 형성권 : 제한능력자의 취소권, 매매예약의 완결권, 공유물분할청구권, 지료증감청구권, 지상물매수청구권, 　부속물매수청구권, 매매대금감액청구권 등
내용에 따른 사권의 분류	인격권, 가족권(신분권), 사원권, 재산권

제2절 신의성실의 원칙

I 신의성실의 원칙

1. 강행규정과 적용범위

강행규정	신의성실의 원칙 위반 여부는 법원이 직권으로 판단할 수 있음
적용범위	사적 자치의 영역을 넘어 공공질서를 위하여 공익적 요구를 선행시켜야 할 경우에도 합법성의 원칙을 희생하 여서라도 신뢰보호의 필요성이 인정되는 경우에는 적용 가능(포괄적 적용)

2. 신의성실의 원칙상 의무인정 여부

신의칙상 의무가 인정	• 입원환자의 휴대품 등의 도난방지함에 필요한 조치를 강구할 병원의 보호의무 • 투숙객에게 객실을 사용 · 수익하게 할 의무를 넘어서 고객의 안전을 배려할 숙박업자의 보호의무 • 아파트 단지 인근에 공동묘지가 조성되어 있는 경우 아파트 분양자의 고지의무
신의칙상 의무가 인정 ×	물상보증인이 되려는 자에게 주채무자의 신용상태를 조사해서 고지할 채권자의 의무

3. 신의성실의 원칙의 위반 여부

위반 O	• 취득시효 완성 후 그 사실을 모르고 권리를 주장하지 않기로 하였다가 후에 시효주장을 하는 경우 • 매도인의 해제권이 더 이상 행사되지 아니할 것으로 매수인이 신뢰하는 데에 정당한 사유가 있으나 매도인이 해제권을 행사하는 경우
위반 ×	• 강행법규를 위반한 약정을 한 사람이 스스로 그 약정의 무효를 주장하는 경우 • 토지거래허가를 받지 않고 토지매매계약을 체결한 당사자가 스스로 그 계약의 무효를 주장하는 경우 • 송전선 통과사실을 알고도 토지를 취득한 자가 송전선철거를 구하는 경우(토지 소유권의 행사가 제한된 상태를 용인하였다고 할 수 없어 신의성실의 원칙 위반 ×) • 법정대리인의 동의를 요하는 법률행위를 단독으로 한 미성년자가 미성년임을 이유로 당해 법률행위를 취소하는 경우 • 법정대리인의 동의 없이 신용구매계약을 체결한 미성년자가 나중에 법정대리인의 동의 없음을 사유로 들어 취소하는 경우 • 자신의 의사무능력을 이유로 타인과 체결한 저당권설정계약의 무효를 주장하는 경우

4. 관련 판례

채권자가 계약에 따른 급부의 이행을 청구하는 때에 법원이 공평의 이념 또는 신의칙과 같은 일반원칙에 의하여 급부의 일부를 감축하는 것은 원칙적으로 허용 안 됨

Ⅱ 사정변경의 원칙

의 의	법률행위 당시의 기초가 된 객관적 사정의 현저한 변화로 최초에 약정한 내용을 당사자에게 강제하는 것이 형평에 어긋나게 되어 신의칙상 계약을 변경하거나, 해제 또는 해지할 수 있게 하도록 하는 원칙
계약의 해제가 인정되는 사정	계약의 기초가 된 객관적 사정을 의미
관련 판례	• 임대차계약당사자가 차임을 증액하지 않기로 약정한 경우에도 사정변경의 원칙에 따라 차임 증액 가능 • 경제상황의 변동으로 당사자에게 손해가 생겼으나 사정변경을 예견할 수 있었던 경우에는 사정변경을 이유로 계약 해제 ×

Ⅲ 권리남용금지의 원칙

1. 권리남용의 강행규정성과 일반적 요건

강행규정		권리남용금지의 원칙 위반 여부는 법원의 직권조사사항
일반적 요건	객관적 요건	권리행사의 사회질서 위반
	주관적 요건	권리행사의 목적이 오직 상대방에게 고통을 주고 손해를 입히려는 데 있을 뿐 권리를 행사하는 사람에게 아무런 이익이 없는 경우이어야 함

2. 권리남용금지의 원칙의 위반 여부

위반 ○	• 소멸시효에 기한 항변권의 행사를 배척할 특별한 사정이 있음에도 채무자가 소멸시효의 완성을 주장하는 경우 • 소멸시효 완성 전에 채무자가 시효중단을 현저히 곤란하게 하여 채권자가 아무런 조치를 할 수 없었으나, 채무자가 시효완성을 주장하는 경우 • 소멸시효 완성 후 채무자가 이를 원용하지 않을 것 같은 태도를 보여 이를 신뢰한 권리자가 그로부터 시효정지에 준하는 단기간 내에 그의 권리를 행사하자 채무자가 시효완성을 주장하는 경우 • 상표권의 행사가 권리행사의 외형을 갖추었다 하더라도 법적으로 보호받을 만한 가치가 없다고 인정되는 경우
위반 ×	권리행사로 권리행사자가 얻을 이익보다 상대방이 잃을 손해가 현저히 크다는 사정이 있는 경우

Ⅳ 실효의 원칙

의 의	신의성실의 원칙에 바탕을 둔 파생원칙
관련 판례	• 인지청구권은 실효의 법리 적용 안 함 • 실효의 법리를 적용하는 경우 종전 토지 소유자가 권리를 행사하지 아니하였다는 사정은 고려·안 함

☐ 사정변경의 원칙에 기한 계약의 해제가 인정되는 경우, 그 사정에는 계약의 기초가 된 (❶)만이 포함된다.

❶ 객관적 사정

☐ 채무자가 시효완성 전에 채권자의 권리행사나 시효중단을 불가능 또는 현저히 곤란하게 하였다는 등의 특별한 사정이 있는 경우에는 채무자가 소멸시효의 완성을 주장하는 것은 신의성실의 원칙에 반하여 (❷)으로서 허용될 수 없다.

❷ 권리남용

☐ 인지청구권은 본인의 일신전속적인 신분관계상의 권리로서 포기할 수도 없으며 포기하였더라도 그 효력이 발생할 수 없는 것이고, 이와 같이 인지청구권의 포기가 허용되지 않는 이상 거기에 (❸)가 적용될 여지도 없다.

❸ 실효의 법리

☐ 강행법규에 위반한 자가 스스로 그 약정의 무효를 주장하는 것은 달리 특별한 사정이 없는 한 (❹)에 반하는 것이라고 할 수 없다.

❹ 신의칙

☐ 강행규정을 위반하여 무효인 법률행위는 (❺)하여도 그 효력이 생기지 아니한다.

❺ 추인

제1절 서 설

I 권리능력과 행위능력

권리능력	권리·의무의 주체가 될 수 있는 능력
행위능력	단독으로 완전하고 유효한 법률행위를 할 수 있는 능력

II 의사능력

1. 의의와 증명책임

의 의	의사능력은 자신의 행위의 의미나 결과를 정상적인 인식력과 예기력을 바탕으로 합리적으로 판단할 수 있는 정신적 능력 내지 지능을 말하는 것으로, 어떤 법률행위에 그 일상적인 의미만을 이해하여서는 알기 어려운 특별한 법률적인 의미나 효과가 부여되어 있는 경우에는 그 행위의 일상적인 의미뿐만 아니라 법률적인 의미나 효과에 대하여도 이해하여야 함
의사능력의 유무	구체적인 법률행위와 관련하여 개별적으로 판단
증명책임	의사무능력자의 법률행위의 무효를 주장하는 자에게 의사무능력에 대한 증명책임

2. 의사무능력자의 법률행위

법률행위의 효력	• 사용자가 의사능력이 없는 상태에서 피용자와 근로계약을 체결한 경우 당해 근로계약은 무효이므로 취소의 대상 × • 미성년자가 의사무능력상태에서 법정대리인의 동의 없이 법률행위를 한 경우 법정대리인은 미성년을 이유로 법률행위 취소 가능 • 의사능력의 흠결을 이유로 법률행위가 무효가 되는 경우, 의사무능력자의 반환범위는 현존이익의 한도 내 (그의 선·악 불문)
법률행위의 추인	• 의사무능력 상태인 사용자가 근로계약을 추인하는 경우 무효 ○ • 사용자가 의사능력을 회복하여 추인하는 경우 그 근로계약은 그때부터 유효 ○

3. 관련 판례

의사무능력자가 자신이 소유하는 부동산에 근저당권을 설정해 주고 금융기관으로부터 금원을 대출받아 제3자에게 대여한 경우 제3자에 대한 부당이득반환채권을 금융기관에게 양도할 의무와 금융기관의 저당권등기 말소의무는 동시이행의 관계임

Ⅰ 태아의 권리능력

입법주의	원칙적으로 권리능력이 없지만 구체적인 사례에서 보호의 필요성이 있는 경우에 출생한 것으로 간주 (개별보호주의)
권리능력	태아는 상속순위에서 이미 출생한 것으로 간주

Ⅱ 동시사망

2인 이상이 동일한 위난으로 사망한 경우에는 동시에 사망한 것으로 추정

Ⅲ 제한능력자제도

1. 미성년자

(1) 성년기

2018년 12월 1일 오후 4시에 출생한 경우 2037년 12월 1일 0시에 성년

(2) 법정대리인

미성년자가 법률행위를 함에 있어서 법정대리인이 동의를 하는 경우 그 동의는 명시적이어야 하는 것은 아니고 묵시적으로도 가능

(3) 행위능력

원 칙	• 미성년자가 법률행위를 하려면 법정대리인(친권자)의 동의를 얻어야 하고 법정대리인의 동의없이 매매계약을 체결한 경우 법정대리인과 미성년자는 취소 가능하나, 미성년자가 법정대리인의 동의를 얻어 이미 법률행위를 하였다면 법정대리인은 그 동의를 취소 × • 미성년자의 법률행위의 유효를 주장하는 자에게 법정대리인의 동의가 있었다는 점에 대한 증명책임이 있음
예 외	• 권리만을 얻거나 의무만을 면하는 행위 　－ 미성년자가 타인에게 부동산을 증여하는 내용의 증여계약을 구두로 체결한 후, 증여의 의사가 서면으로 표시되지 아니하였음을 이유로 증여계약을 해제하는 경우 법정대리인의 동의 × 　－ 미성년자가 자신에 대한 채무면제계약에 관해 승낙의 의사표시를 하는 경우 법정대리인의 동의가 없어도 확정적으로 유효 ○ • 범위를 정하여 처분이 허락된 재산을 처분하는 행위 　－ 법정대리인이 미성년자에게 범위를 정하여 재산의 처분을 허락하는 경우 명시적 허락뿐만 아니라 묵시적 허락도 가능 　－ 미성년자가 법정대리인으로부터 재산처분의 허락을 받았지만 그 재산을 처분하기 전인 경우 법정대리인은 그 허락을 취소 가능

- 허락된 영업에 관한 행위

  - 미성년후견인이 미성년자에게 특정한 영업을 허락한 경우 미성년자에게는 성년자와 동일한 행위능력이 인정되므로 그 영업에 관한 법정대리권은 소멸
  - 법정대리인이 미성년자에게 영업을 허락한 후 미성년자가 그 영업허락의 취소 전에 그 영업을 위하여 상품주문행위를 한 경우 미성년자는 미성년임을 이유로 취소 ×
  - 법정대리인의 허락을 얻은 미성년자의 영업에 대한 허락을 취소한 경우 선의의 제3자에게 대항 ×

- 근로계약의 체결
- 대리행위
- 제한능력을 이유로 하는 취소

  - 법정대리인뿐만 아니라 제한능력자(법정대리인의 동의없이 단독으로)는 재판상 또는 재판 외로 취소권 행사 가능
  - 미성년자가 제한능력을 이유로 자신이 행한 법률행위를 단독으로 취소한 경우 법정대리인은 미성년자가 행한 취소의 의사표시를 다시 취소 ×
  - 법정대리인의 동의 없이 미성년자가 신용구매계약을 체결한 경우 미성년자는 동의없음을 이유로 계약 취소 가능
  - 미성년자가 신용카드이용계약을 취소하였으나 신용카드발행인이 가맹점계약에 따라 가맹점에게 신용카드이용대금을 지급한 경우 미성년자는 신용카드회원으로서 자신의 가맹점에 대한 매매대금 지급채무를 법률상 원인 없이 면제받는 이익을 얻었으므로 이를 반환하여야 함
  - 미성년자가 법정대리인의 동의 없이 법률행위를 하면서 특약에 의하여 미성년을 이유로 한 취소를 하지 않기로 한 경우 강행규정을 위반하는 취소권 배제의 특약은 무효 ○

2. 피성년후견인

(1) 성년후견개시 심판의 요건과 절차

심판의 요건	실질적 요건	질병, 장애, 노령, 그 밖의 사유로 인한 정신적 제약으로 사무를 처리할 능력이 지속적으로 결여된 사람
	형식적 요건	가정법원이 성년후견 개시의 심판을 하는 경우 본인의 의사를 고려하여야 함
심판의 절차		성년후견개시의 심판이 있으면 후견등기에 관한 법률에 의한 후견등기에 공시

(2) 피성년후견인의 행위능력

원 칙	피성년후견인이 성년후견인의 동의를 얻어 단독으로 토지매매계약을 체결한 경우 취소 가능
예 외	• 가정법원이 성년후견 개시의 심판을 하는 경우 취소할 수 없는 피성년후견인의 법률행위의 범위를 정할 수 있으므로, 성년후견 개시의 심판을 받은 자가 취소할 수 없는 범위에 속하는 법률행위를 성년후견인의 동의 없이 한 경우 유효한 법률행위 가능 • 피성년후견인이 행한 법률행위가 일상생활에 필요하고 그 대가가 과도하지 아니한 경우 성년후견인은 취소 ×

(3) 성년후견종료의 심판

성년후견 개시의 원인이 소멸된 경우 가정법원에 성년후견종료의 심판 청구 가능

3. 피한정후견인

(1) 한정후견개시 심판의 요건과 절차

심판의 요건	실질적 요건	질병, 장애, 노령, 그 밖의 사유로 인한 정신적 제약으로 사무를 처리할 능력이 부족한 사람
	형식적 요건	• 본인, 배우자, 4촌 이내의 친족, 미성년후견인, 미성년후견감독인, 성년후견인, 성년후견감독인, 특정후견인, 특정후견감독인, 검사 또는 지방자치단체의 장의 청구 • 가정법원이 한정후견 개시의 심판을 하는 경우 본인의 의사를 고려하여야 함
심판의 절차		성년후견개시의 심판을 청구하였으나 가정법원이 필요하다고 인정하는 경우 한정후견개시의 심판 가능

(2) 피한정후견인의 행위능력

원 칙	가정법원은 피한정후견인이 한정후견인의 동의를 받아야 하는 행위의 범위를 정할 수 있고, 한정후견인의 동의가 있어야 하는 법률행위에 있어서 동의가 없으면 피한정후견인의 이익이 침해될 염려가 있음에도 동의하지 않아, 피한정후견인이 동의 없이 법률행위를 한 경우 한정후견인은 취소 가능
예 외	• 피한정후견인이 한정후견인의 동의를 필요로 하지 아니하는 행위를 하는 경우 확정적으로 유효한 법률행위를 할 수 있음 • 가정법원이 한정후견개시의 심판을 할 경우 취소할 수 없는 법률행위의 범위를 정할 수 있다는 민법 규정 ×

(3) 한정후견종료의 심판

① 가정법원이 피한정후견인 또는 피특정후견인에 대하여 성년후견 개시의 심판을 할 경우 종전의 한정후견 또는 특정후견에 대한 종료 심판을 하여야 함

② 한정후견개시의 심판이 있은 후 한정후견개시의 원인이 소멸한 경우 한정후견종료의 심판을 청구 가능

4. 피특정후견인

피특정후견인의 의의	가정법원은 질병, 장애, 노령, 그 밖의 사유로 인한 정신적 제약으로 일시적 후원 또는 특정한 사무에 관한 후원이 필요한 사람으로서 특정후견의 심판을 받은 자
특정후견 심판의 요건	• 특정후견 개시의 요건이 갖추어진 경우 본인도 가정법원에 특정후견 개시의 심판 청구 가능 • 본인의 의사에 반하여는 할 수 없음
특정후견인의 행위능력	가정법원이 특정후견의 심판을 하는 경우 특정후견의 기간 또는 사무의 범위를 정하여야 함

5. 제한능력자의 상대방의 보호

(1) 상대방의 최고권

최고의 요건	• 제한능력자와 거래한 상대방이 최고를 하는 경우 최고의 상대방은 최고를 수령할 능력이 있고, 취소나 추인을 할 수 있는 능력이 있어야 함 • 매매계약을 체결할 당시 계약의 당사자가 미성년자임을 알았던 경우에도 법정대리인에게 추인 여부의 확답 촉구 가능
최고의 효과	• 제한능력자가 능력자가 된 후에 1개월 이상의 기간을 정하여 추인 여부의 확답을 촉구하여 그가 확답을 발송하지 아니하면 추인 간주 • 제한능력자가 아직 능력자가 되지 못하여 그의 법정대리인에게 1개월 이상의 기간을 정하여 그 취소할 수 있는 행위를 추인할 것인지 여부의 확답을 촉구하였으나 법정대리인이 확답을 발송하지 아니한 경우 추인 간주

(2) 상대방의 철회권과 거절권

철회권	• 제한능력자와 계약을 체결한 상대방이 자기의 의사표시를 철회하는 경우 법정대리인뿐만 아니라 제한능력자도 철회의 상대방이 될 수 있음 • 의사표시를 철회할 수 있지만, 계약 당시에 제한능력자임을 알았을 경우에는 철회 ×
거절권	제한능력자의 단독행위에 대해 상대방이 거절하는 경우 상대방의 선·악의 불문하고 인정

(3) 취소권의 배제

① 제한능력자가 속임수로써 자기를 능력자로 믿게 한 경우 적극적 기망수단을 사용한 경우에만 속임수로 인정(판례)

② 미성년자가 속임수로써 법정대리인의 동의가 있는 것으로 믿게 한 경우 미성년자나 법정대리인은 당해 행위 취소 ×

③ 피성년후견인이 속임수로써 성년후견인의 동의가 있는 것으로 믿게 한 경우 제한능력을 이유로 취소 가능

IV 부재자의 재산관리와 실종제도

1. 부재자의 개념

① 부재자는 실종선고와 달리 반드시 생사불명일 필요는 없으며, 법인은 성질상 부재자가 될 수 없음

② 부재자의 법정대리인이 부재자의 재산을 관리하는 경우 부재자의 재산관리에 관한 규정 적용 ×

2. 부재자재산의 관리

(1) 부재자가 재산관리인을 둔 경우

원 칙	법원은 특별한 사정이 없는 한 새로운 재산관리인을 선임할 수 없고, 부재자 본인은 재산관리인과는 별개로 스스로 법률행위를 유효하게 할 수 있음
예 외	• 부재자가 재산관리인을 정하였으나 부재자의 생사가 분명하지 않은 경우 법원은 재산관리인을 개임하는 것이 가능하고, 재산관리인은 법원의 명령이 있는 경우 관리할 재산목록을 작성하여야 하고, 법원은 재산의 관리 및 반환에 관하여 상당한 담보를 제공하게 할 수 있음 • 법원이 선임한 재산관리인이 재산을 보전하기 위하여 필요한 처분을 한 경우 부재자의 재산으로 그 비용을 지급

(2) 부재자가 재산관리인을 두지 아니한 경우

선임 재산관리인의 지위	일종의 법정대리인으로 언제든지 사임할 수 있고, 법원도 언제든지 개임할 수 있음
선임 재산관리인의 권한	• 재산관리인의 처분행위에 대하여 법원이 허가를 하는 경우 과거의 처분행위를 추인하는 허가도 가능 • 부재자의 재산관리인이 법원으로부터 매각을 허가받은 재산을 매도담보로 제공하거나 이에 저당권을 설정하는 경우 다시 법원의 허가를 받을 필요 × • 부재자의 재산관리인이 법원으로부터 매각을 허가받은 재산에 부재자와 관련없는 타인의 채무담보를 위해 저당권을 설정하는 경우 저당권은 무효 ○
재산관리의 종료	• 법원이 부재자의 재산관리인을 선임하였으나 부재자가 사망한 경우 선임결정이 취소되지 아니하는 한 권한 소멸 × • 법원에 의해 선임된 재산관리인이 재산을 처분하였으나 부재자에 대한 실종선고로 재산처분행위가 있기 이전에 실종선고기간이 만료되어 부재자가 사망한 것으로 간주된 경우에도 재산처분행위는 유효 ○

3. 실종선고제도

(1) 실종선고의 요건

실질적 요건	해녀가 해산물을 채취하다가 행방불명된 경우 특별실종선고를 위한 사망의 원인이 될 위난 ×
형식적 요건	이해관계인 또는 검사의 청구가 있어야 하며, 실종자의 상속인이 여러 명인 경우의 이해관계인은 선순위의 상속인임

(2) 실종선고의 효과

사망의 간주	• 실종선고로 사망간주된 자의 배우자가 생명보험청구소송을 제기하는 경우 실종선고가 취소되지 아니하는 한 소송에 영향 × • 실종선고로 사망간주된 자의 배우자가 사망보험금을 수령한 후 부재자가 생존해 있는 것으로 증명된 경우 보험회사의 사망보험금 반환소송에 영향 × • 실종자에 대해 실종선고가 되어 확정되었는데도 타인의 청구에 의하여 다시 실종선고가 있는 경우 앞의 실종선고에 따라 법률관계가 정리되어야 함
사망간주의 범위	• 실종선고를 받은 자가 생존하여 새로운 주소에서 행한 법률관계는 실종선고가 취소되지 않았더라도 유효하며, 부재자에 대한 실종선고사실을 알고 있는 자와의 법률행위도 유효 ○ • 부재자에 대한 실종선고는 공법상의 법률관계(선거권, 납세의무 등)에 영향 ×
사망간주의 시기	• 2013년 4월 16일 제주도행 여객선이 침몰하여 행방불명된 자에 대하여 2015년 2월 11일 실종선고가 내려진 경우 2014년 4월 16일 24시에 사망 간주 • 甲은 2005.1.2. 침몰한 선박에서 행방불명이 되었고 甲의 배우자는 2006.3.2. 법원에 실종선고를 신청하여 법원이 2006.9.1. 실종선고를 한 경우 甲은 2006.1.2. 24:00부터 사망 간주 • 1988.5.1. 오후에 최종적으로 생존이 확인된 한국인 甲에 대하여 2001.6.1. 보통실종선고가 있었던 경우 1993.5.1.을 도과함으로써 사망 간주 • 가상화폐 투자에 실패한 甲은 부인 乙을 볼 면목이 없어 2015.9.15. 지리산으로 들어가 누구와도 연락을 하지 않자, 甲의 생사를 알지 못한 乙은 2021.9.7. 법원에 실종선고를 청구하여 2022.3.10. 실종선고가 된 경우 보통실종의 경우 사망 간주 시점은 2020.9.15. 24시(또는 2020.9.16. 오전 0시) • 실종기간 만료 시를 기준으로 상속이 개시된 이후 실종선고의 취소사유가 발생하였으나 실종선고 취소의 심판이 없는 경우 사망한 때로 간주되는 시점과는 다른 사망시점을 기준으로 상속관계를 인정 ×

(3) 실종선고의 취소

절 차		실종선고의 취소에는 공시최고절차 불요
효 과	원 칙	• 소급효 • 부재자에 대한 실종선고의 취소가 있는 경우 실종선고는 소급적으로 무효 ○
	예 외	• 소급효의 제한 • 실종선고의 취소가 있을 때에 실종의 선고를 직접원인으로 하여 재산을 취득한 자가 있는 경우 　– 선의인 경우 : 그 받은 이익이 현존하는 한도에서 반환할 의무 　– 악의인 경우 : 그 받은 이익에 이자를 붙여서 반환하고 손해가 있으면 이를 배상 • 실종선고로 사망간주된 자의 배우자가 부재자에 대한 실종선고 후 그 취소 전에 선의로 생명보험금을 수령한 경우 배우자는 실종의 선고를 직접원인으로 하여 재산을 취득한 자에 해당하므로 선의라면 받은 이익이 현존하는 한도에서 반환할 의무

I　권리능력 없는 사단과 재단

1. 권리능력없는 사단(비법인사단)

(1) 의 의

의 의	사단의 실체를 갖추고 있으나 법인등기를 하지 아니한 단체
비법인사단에 준용되는 민법규정	법인의 권리능력(민법 제34조), 법인의 불법행위능력(민법 제35조), 사단법인의 정관변경(민법 제42조), 이사의 대리인 선임(민법 제62조), 임시이사의 선임(민법 제63조)

(2) 법률관계

1) 대표자의 대표권의 제한

비법인사단의 대표자가 정관에 위반하여 대표행위를 한 경우 등기가 없더라도 상대방이 알았거나 알 수 있었을 경우에는 무효 ○

2) 포괄적 위임의 제한(복임권의 제한)

비법인사단의 대표자로부터 포괄적 위임을 받은 수임인의 대행행위는 비법인사단에 효력 ×

3) 비법인사단의 기관

법원에 의해 선임된 비법인사단의 임시이사는 원칙적으로 정식이사와 동일한 권한을 가짐

4) 비법인사단의 불법행위책임

유추적용	법인의 불법행위책임에 관한 민법 제35조 제1항은 비법인사단에 유추적용	
비법인사단의 불법행위책임의 인정 여부	인정 ○	• 종중의 대표자가 직무와 관련하여 불법행위를 한 경우 • 비법인사단을 실질적으로 운영하면서 사실상 대표하는 사람이 대표자로 등기되어 있지 않은 경우 • 비법인사단 대표자의 직무에 관한 행위가 개인적 이익을 도모하기 위한 것이거나 법령에 위반된 것인 경우
	인정 ×	비법인사단의 대표자의 행위가 직무에 해당하지 아니함을 피해자가 알았거나 중대한 과실로 알지 못한 경우

5) 총유물의 사용·수익·처분 여부

① 사원총회결의를 거치지 않아 무효가 되는 비법인사단 대표자의 총유물 처분행위에는 '권한을 넘은 표현대리'의 법리 적용 ×

② 비법인사단의 대표자가 사원총회의 결의를 거치지 아니하고 총유물을 처분한 경우 무효 ○

③ 비법인사단의 대표자가 보증계약을 체결하면서 사원총회의 결의를 거치지 아니한 경우 보증계약은 비법인사단에게 효력 ○

④ 비법인사단의 채권자가 총유재산에 관한 권리를 대위행사하는 경우 사원총회의 결의 등 내부적인 의사결정절차를 거칠 필요 ×

⑤ 비법인사단 대표자가 소유권이전의무의 존재를 인식하고 있다는 뜻을 표시하는 승인을 한 경우 총유물의 관리행위나 처분행위 ×

6) 비법인사단 총회의 결의

① 비법인사단의 사원총회 결의는 사원 과반수의 출석과 출석사원 의결권의 과반수로 의결

② 비법인사단의 총회에서 소집 통지시에 기재한 목적 사항 외의 사항에 대하여 결의한 경우 구성원 전원이 참석하여 그 사항에 대하여 의결한 경우가 아닌 한 결의는 원칙적으로 무효 ○

7) 비법인사단의 소송상의 지위

① 비법인사단이 그 명의로 총유재산에 관한 소송을 제기하는 경우 사원총회의 결의를 거쳐야 함

② 총유재산에 관한 소송은 비법인사단이 그 명의로 사원총회의 결의를 거쳐 하거나 그 구성원 전원이 당사자가 되어 필수적 공동소송의 형태로 할 수 있을 뿐이므로, 대표자가 사원총회의 결의를 거쳐 총유재산에 대한 소를 제기하는 경우나 사원총회의 결의를 거쳐 총유재산의 보존행위로서 소를 제기하는 경우 각 소송의 당사자적격 ×

2. 권리능력없는 재단(비법인재단)

Ⅱ 종중의 법률관계

1. 종중의 의의

고유한 의미의 종중	공동선조와 성과 본을 같이하는 후손은 성별의 구별 없이 성년이 되면 당연히 종중의 구성원
종중유사의 단체	• 구성원의 한정 : 종중 유사단체가 공동선조의 후손 중 남성만으로 그 구성원을 한정하는 경우 헌법 제11조에 위반 × • 절차흠결의 치유 : 종중의 규약이나 관례에 의하여 종중원이 일정한 일시에 일정한 장소에서 정기적으로 회합하여 종중의 대소사를 처리하기로 미리 정해져 있어 따로 소집통지나 의결사항을 통지하지 아니한 경우 종중총회의 결의를 무효라고 할 수 없다는 법리는 종중 유사단체에도 적용

2. 종중의 법률관계

종중총회의 결의	• 종중재산의 분배에 관한 종중총회의 결의내용이 현저하게 불공정하거나 선량한 풍속 기타 사회질서에 반하는 경우 또는 종원의 고유하고 기본적인 권리의 본질적인 내용을 침해하는 경우 결의는 무효 ○ • 종중 정관이나 규약에 종중 재산의 처분에 관한 규정이 없어 종중이 총유에 속하는 수용보상금을 종중원들에게 분배하는 결의를 한 경우 유효 ○
종중규약에 의한 의결권 제한	특정지역 내에 거주하는 일부 종중원에 한하여 의결권을 주고 그 밖의 지역 종중원의 의결권은 박탈할 개연성이 많은 종중규약은 종중의 본질에 반하여 무효 ○

Ⅲ 교회의 분열과 재산귀속관계

1. 교회의 분열 여부와 소멸

교회의 분열 여부	사단의 분열을 인정하지 아니하는 민법의 법리가 비법인사단인 교회에도 적용되므로 분열 허용되지 않음
교회의 소멸	비법인사단인 교회의 교인이 존재하지 않게 된 경우 그 교회는 해산하여 청산절차에 들어가서 청산의 목적범위 내에서 권리·의무의 주체가 됨

2. 교회탈퇴 시의 법률관계

종전 교회재산의 귀속관계	일부 교인들이 교회를 탈퇴하여 교인으로서의 지위를 상실하게 된 경우 종전 교회의 재산은 잔존 교인들의 총유로 귀속하고 탈퇴 교인들은 더 이상 종전 교회의 재산에 대한 권리 ×
탈퇴결의의 의결정족수	사단법인 정관변경에 준하여 의결권을 가진 교인 2/3 이상의 찬성에 의한 결의를 필요

Ⅳ 법인의 설립

1. 비영리사단법인의 설립행위

사단법인 정관의 법적 성질은 자치법규

2. 주무관청의 허가

Ⅴ 재단법인 출연재산의 귀속시기

서 설	지명채권을 출연한 경우에는 견해의 대립 없이 법인이 성립된 때로부터 법인의 재산
생전처분으로 설립하는 경우	• 생전처분으로 재단법인을 설립하는 경우 증여에 관한 규정 준용 • 출연재산의 귀속시기 　－ 학설 : 민법 제48조 적용설(다수설) 　－ 판례 : 출연자와 법인 사이에는 민법 제187조가, 제3자에 대한 관계에서는 민법 제186조 적용 • 증여에 관한 규정이 준용되므로, 생전처분으로 재단법인을 설립하는 자가 서면으로 착오에 의해 재산출연의 의사표시를 한 경우 착오 취소 가능
유언으로 설립하는 경우	유언으로 재단법인을 설립하는 경우 출연재산(지명채권)은 유언의 효력이 발생한 때로부터 법인에 귀속

Ⅵ 법인의 능력

1. 법인의 권리능력(민법 제34조의 "목적범위 내"의 의미)

① 학설은 소극적으로 목적에 반하지 아니하는 범위 내라고 넓게 이해하는 견해와 적극적으로 법인이 목적을 수행하는데 필요한 범위 내라고 좁게 해석하는 견해가 대립하나, 판례는 법률이나 정관에 명시된 목적과 그 목적을 수행하는데 있어 직접·간접으로 필요한 범위 내를 포함한다고 판시

② 대표기관이 법인의 목적범위 외의 행위로 인하여 타인에게 손해를 가한 경우 법인의 불법행위책임 ×

2. 법인의 불법행위능력

(1) 의 의

법인은 이사 기타 대표자가 그 직무에 관하여 타인에게 가한 손해를 배상할 책임이 있고, 이사 기타 대표자는 이로 인하여 자기의 손해배상책임을 면하지 못하며, 이러한 불법행위책임은 사단법인뿐만 아니라 재단법인에 대하여도 적용

(2) 요 건

1) 대표기관의 행위일 것

대표기관에 해당하는 사례	법인을 실질적으로 운영하면서 사실상 대표하는 사람이 대표자로 등기되어 있지 않은 자
대표기관에 해당하지 아니하는 사례	• 대표권이 없는 이사 • 대표기관이 아닌 기관(사원총회·감사) • 이사가 선임한 임의대리인

2) 대표기관이 직무에 관하여 타인에게 손해를 주었을 것

대표자의 행위가 대표자 개인의 사리를 도모하기 위한 것이었거나 혹은 법령의 규정에 위배된 것이었다 하더라도 외관상 객관적으로 직무에 관한 행위라고 인정할 수 있다면 직무에 관한 행위에 해당

3) 대표기관이 일반불법행위의 요건을 갖출 것

(3) 효 과

대표자의 불법행위로 인해 법인의 불법행위책임이 인정되는 경우 대표자도 법인과 연대하여 제3자에 대하여 손해배상책임

(4) 법인의 불법행위책임의 인정 여부

인정 ○	• 법인이 대표기관의 선임·감독에 주의를 다한 경우에도 면책규정이 없으므로 불법행위책임 인정 • 법인의 대표자의 행위가 자신의 이익을 도모하기 위한 것이나 직무관련성이 인정되는 경우 • 법인을 실질적으로 운영하면서 사실상 대표하는 사람이 대표자로 등기되어 있지 않은 경우
인정 ×	• 대표권이 없는 이사가 제3자에 대하여 불법행위를 행한 경우 • 대표기관이 법인의 목적과 관계없이 대표기관 자신이나 제3자의 이익을 도모할 목적으로 그 권한을 남용한 것을 상대방이 알았거나 알 수 있었던 경우 • 법인의 대표자의 행위가 직무에 관한 행위에 해당하지 아니함을 피해자 자신이 알았거나 또는 중대한 과실로 인하여 알지 못한 경우

Ⅶ 법인의 기관

1. 서설

타인에게 대표자로서의 권한을 포괄적으로 위임하고 직무를 전혀 집행하지 않은 경우 이사의 선관주의의무 위반 인정

2. 이사

(1) 임면

정관기재사항 및 등기사항	• 필요상설기관으로 정관에 임면방법을 기재하여야 하고, 성명과 주소는 등기사항임 • 이사의 성명과 주소에 대한 변경등기 전에 신임이사가 직무행위를 한 경우 변경등기는 대항요건이므로 그 행위는 법인에 대하여 유효 ○
해임 및 퇴임	• 정관에 이사의 해임에 관한 규정은 없으나 법인이 이사를 해임하고자 하는 경우, 정당한 이유 없이도 언제든지 해임할 수 있으며, 다만 불리한 시기에 부득이한 사유 없이 해임한 경우는 상대방에게 손해배상책임 • 정관에 이사의 해임사유에 관한 규정이 있는 경우 이사의 중대한 의무위반 또는 정상적인 사무집행 불능 등의 특별한 사정이 없는 한 정관에서 정하지 아니한 사유로 이사 해임 × • 이사 중 일부의 임기가 만료되었더라도 아직 임기가 만료되지 아니한 다른 이사들로 정상적인 활동을 할 수 있는 경우 　– 임기만료된 이사는 당연히 퇴임 　– 법인의 정상적인 활동이 가능한지 여부는 임기만료시를 기준으로 판단 • 후임이사가 유효하게 선임되었으나 그 선임의 효력을 둘러싼 다툼이 있는 경우 후임이사의 직무수행권 인정

(2) 직무권한

서설	이사는 선량한 관리자의 주의로 그 직무를 행하여야 함
대외적 권한 (법인의 대표)	• 각자대표의 원칙 • 대표자의 채무불이행이 인정되는 경우 법인의 고의·과실은 대표자의 고의·과실을 기준으로 결정되므로 채무불이행으로 인한 손해배상책임은 법인에게 귀속 • 법인의 채무불이행책임이 성립하면 대표자는 불법행위의 요건을 구비하는 경우 불법행위책임 성립 • 대리에 관한 규정이 준용되므로 이사가 법인을 위한 것임을 현명하지 아니하고 자기의 명의로 소비대차계약을 체결한 경우 소비대차계약의 효력은 이사에게 귀속 • 대표권의 제한 　– 정관기재는 효력요건이고 등기는 대항요건 　– 이사의 대표권에 대한 제한을 등기하지 아니한 경우 제3자(선·악의 불문)에게 대항 × 　– 공동대표라는 대표권의 제한을 등기하지 않은 상태에서 공동대표이사 중 1인이 거래상대방과 체결한 소비대차계약에 대하여 공동대표이사 중 다른 1인이 이의를 제기한 경우 소비대차계약은 무효 × • 대표권의 남용 : 대표자가 대표권의 범위 내에서 한 행위이나, 자기 또는 제3자의 이익을 도모할 목적으로 그 권한을 남용한 경우 일단 법인의 행위로서 유효하나 그 행위의 상대방이 대표자의 진의를 알았거나 알 수 있었을 때에는 법인에 대하여 무효 ○
대내적 권한	법인의 직무집행

3. 이사의 임의대리인

정관 또는 총회의 결의로 금지하지 아니한 특정 사항에 한하여 임의대리인 선임(복임권의 제한)

▶ 법인의 대표자로부터 포괄적 위임을 받은 수임인의 대행행위는 법인에 효력 ×

4. 직무대행자

가처분명령에 의하여 선임된 직무대행자가 허가 없이 통상사무에 속하는 행위를 한 경우 법인은 선의의 제3자에 대하여 책임

5. 임시이사 · 특별대리인

① 이사가 없거나 결원이 있는 경우에 이로 인하여 손해가 생길 염려 있는 경우 법원은 이해관계인이나 검사의 청구에 의하여 임시이사 선임

② 법인과 이사의 이익이 상반되는 경우 이사는 대표권이 없으므로 법원은 특별대리인을 선임하여야 함

6. 감 사

정관 또는 총회의 결의로 둘 수 있는 임의기관

7. 사원총회

의 의	사단법인의 필수기관
종류 및 소집절차	• 소집은 1주간 전에 그 회의의 목적사항을 기재한 통지를 발하고 기타 정관에 정한 방법에 의하여야 함 • 통지한 사항에 관하여서만 결의할 수 있으나 정관에 다른 규정이 있는 때에는 그 규정에 의함 • 정관으로 달리 정함이 없는 경우 총사원의 5분의 1 이상으로부터 회의의 목적사항을 제시하여 청구한 때에는 이사는 임시총회를 소집하여야 하며, 이 정수는 정관으로 증감할 수 있음
의결권	서면이나 대리인으로 결의권을 행사할 수 있으나, 정관에 다른 규정이 있는 때에는 ×
사원권	사단법인의 사원의 지위는 정관의 규정에 의하는 외에 양도 또는 상속 ×

Ⅷ 정관변경

1. 정관의 변경

사단법인	사단법인의 정관에서 사원총회의 결의에 의하지 않고 정관을 변경할 수 있다고 규정한 경우 정관의 규정은 무효 ○
재단법인	• 재단법인의 정관은 변경방법을 정관에 정한 때에 한하여 변경할 수 있으나, 목적달성 또는 재산의 보전을 위하여 적당한 경우에는 규정이 없더라도 명칭 또는 사무소의 소재지 변경 가능 • 재단법인의 목적을 달성할 수 없는 경우 주무관청의 허가를 얻어 설립의 취지를 참작하여 그 목적 기타 정관의 규정 변경 가능 　- 재단법인의 정관변경에 주무관청의 허가를 얻지 못한 경우 무효 ○ • 재단법인의 기본재산을 처분하는 행위는 물론 기본재산으로 편입하는 행위는 정관의 변경을 초래하므로 주무관청의 허가가 있어야 유효 ○

2. 정관의 보충

재단법인의 설립자가 그 명칭, 사무소소재지 또는 이사임면의 방법을 정하지 아니하고 사망한 경우 이해관계인 또는 검사의 청구에 의하여 법원이 이를 결정

IX 법인의 소멸

1. 법인의 해산

2. 법인의 청산

청산법인의 능력	• 해산한 법인은 청산의 목적범위 내에서만 권리가 있고 의무를 부담 • 법인이 청산종결등기를 하였으나 실제로 청산사무가 종료되지 아니한 경우 청산종결등기는 대항요건에 불과하므로 청산법인으로 존속
청산인의 직무권한	청산인이 간접적으로 잔여재산 귀속권리자의 지정방법을 정하도록 한 정관규정에 반하여 이사회의 결의 없이 잔여재산을 처분한 경우 특별한 사정이 없는 한 무효 ○

☐ 민법상 법인의 이사의 대표권 제한은 이를 (❶   )에 기재하지 아니하면 그 효력이 없다.

❶ 정관

☐ 민법상 법인의 정관의 변경사항을 등기해야 하는 경우, 이를 등기하지 않으면 제3자에게 (❷   )할 수 없다.

❷ 대항

☐ 비법인사단의 대표자의 행위가 직무에 관한 행위에 해당하지 아니함을 피해자 자신이 (❸   )에는 비법인사단에게 손해배상책임을 물을 수 없다.

❸ 알았거나 또는 중대한 과실로 인하여 알지 못한 경우

☐ 비법인사단의 대표자의 대표권 제한에 관하여는 이를 등기할 방법이 없어 민법 제60조의 규정을 준용할 수 없으므로, 그 거래상대방이 그와 같은 대표권제한사실을 (❹   )에는 그 거래행위는 비법인사단에 대하여 효력이 없다.

❹ 알았거나 알 수 있었을 경우

☐ 법정대리인이 미성년자에게 특정한 영업을 허락한 경우, 그 영업 관련 행위에 대한 법정대리인의 (❺   )은 소멸한다.

❺ 대리권

☐ 가정법원은 한정후견개시의 심판을 할 때 (❻   )를 고려하여야 한다.

❻ 본인의 의사

☐ 가정법원이 성년후견개시의 심판을 하는 경우 취소할 수 없는 피성년후견인의 (❼   )를 정할 수 있다.

❼ 법률행위의 범위

☐ 생전처분으로 재단법인을 설립하는 때에는 출연재산은 법인이 (❽   )로부터 법인의 재산이 된다.

❽ 성립된 때

☐ 비법인사단의 사원이 존재하지 않게 된 경우, 법인 아닌 사단은 청산사무가 완료될 때까지 청산의 목적범위 내에서 (❾   )가 된다.

❾ 권리의무의 주체

☐ 제한능력자가 맺은 계약은 추인이 있을 때까지 상대방이 그 의사표시를 철회할 수 있지만, 상대방이 계약 당시에 제한능력자임을 (❿   )에는 철회할 수 없다.

❿ 알았을 경우

CHAPTER 04 권리의 객체

제1절 서 설

제1절 서 설

제2절 물 건

I 물 건

사람의 유체·유골은 매장·관리·제사·공양의 대상이 될 수 있는 유체물로서, 제사용 재산인 분묘와 함께 그 제사주재자에게 승계

II 단일물·합성물·집합물

증감·변동하는 유동집합물의 특정이 가능한 경우 하나의 물건으로 보아 채권담보의 목적으로 삼는 양도담보설정계약 가능

제3절 동산과 부동산

I 부동산

1. 부동산인 토지

① 어떤 토지가 지적공부상 1필의 토지로 등록된 경우 특별한 사정이 없는 한, 그 경계는 지적도상의 경계에 의하여 특정
② 토지등기부에 분필등기가 되었으나 분할절차를 밟지 않은 경우 분필의 효과 ×

2. 토지의 정착물

건 물	건물의 개수	공부상의 등록에 의하여 결정되는 것이 아니라 물리적 구조, 거래 또는 이용의 목적물로서 관찰한 건물의 상태 등 객관적 사정과 건축한 자 또는 소유자의 의사 등 주관적 사정을 참작하여 결정
	건물의 경계	사회통념상 독립한 건물로 인정되는 건물 사이의 현실의 경계에 의하여 특정

등기된 입목	입목에 관한 법률에 의하여 입목등기를 한 수목의 집단은 토지와 별개의 부동산으로 취급
명인방법을 갖춘 수목의 집단이나 미분리 과실	수목 또는 수목의 집단이나 미분리과실에 명인방법을 갖춘 경우 토지와 독립된 물건으로서 거래의 객체
농작물	성숙한 농작물은 명인방법을 갖추지 아니하였더라도 경작자에게 소유권이 귀속(판례)

Ⅱ 동산

부동산 외의 물건은 모두 동산이며, 예를 들어 관리할 수 있는 자연력도 동산

제4절 주물과 종물

Ⅰ 의 의

1. 주물과 종물의 개념

물건의 소유자가 그 물건의 일상적인 사용을 돕기 위하여 자기 소유의 다른 물건을 이에 부속하게 한 경우에 그 물건을 주물이라 하고 주물에 부속된 다른 물건은 종물이라고 함

2. 부합과의 구별

개 념	소유자를 달리하는 수개의 물건이 결합하여 사회관념상 한 개의 물건으로 보이고 그 분리가 사회관념상 불가능하거나 극히 곤란하게 된 경우에 이를 분리하지 않고 하나의 물건으로 어느 특정인의 소유로 귀속시키는 것
관련 판례	타인의 토지에 권원 없이 수목을 식재하였으나 이를 부단히 관리하고 있는 경우에도 수목의 소유권은 토지소유자에게 귀속

Ⅱ 종물의 요건

1. 주물의 상용에 공할 것

주물의 소유자의 상용에 공여되고 있으나, 주물 그 자체의 효용과는 직접 관계없는 물건은 종물 ×

2. 독립한 물건일 것

독립한 물건이면 동산·부동산을 불문

3. 주물과 종물이 모두 동일한 소유자의 소유에 속할 것

III 종물의 효과

주물의 처분	주물에 설정된 저당권은 특별한 사정이 없으면 종물에 미치고, 주물에 대한 압류(공법상의 처분에 해당)의 효력은 종물에게 미치나, 주물의 점유로 인한 시효취득의 효력은 점유하지 않은 종물에게 영향 ×
종물의 처분	주물을 처분하는 경우 당사자 간의 특약으로 종물만을 별도로 처분 가능 – 종물을 주물의 처분에서 제외하는 당사자의 특약은 유효 ○
유추적용	• 주물과 종물의 관계에 관한 법리는 특별한 사정이 없는 한 권리 상호 간의 관계에도 적용 • 타인 소유 토지 위에 존재하는 건물의 소유권과 그 건물의 부지에 관한 건물소유자의 토지임차권 사이에도 유추적용 가능 • 어떤 권리가 다른 권리의 경제적 효용에 이바지하는 관계에 있는 경우 어떤 권리는 다른 권리에 대한 종된 권리 • 건물에 대한 저당권의 효력은 특별한 사정이 없는 한 그 건물의 소유를 목적으로 하는 지상권에도 미침

IV 관련 판례

종물 ○	• 농지에 부속한 양수시설 • 횟집점포건물에 붙여서 신축한 생선보관용 수족관 건물 • 주유소의 주유기 • 공장건물과 인접한 저유조 • 백화점건물의 전화교환설비 • 건물 외의 창고 · 연탄창고 · 공동변소 • 배와 노(학설) • 자물쇠와 열쇠(학설)
종물 ×	• 건물의 정화조 • 주유소의 유류저장탱크 • 호텔의 객실에 설치된 전화기 · 텔레비전 등

제5절 원물과 과실

I 의 의

물건으로부터 생기는 경제적 수익을 과실이라고 하고, 과실을 생기게 하는 물건을 원물이라고 함

II 과실의 종류

천연과실		물건의 용법에 의하여 수취하는 산출물로, 그 원물로부터 분리하는 때에 이를 수취할 권리자에게 귀속
법정과실	의 의	건물의 사용대가인 차임, 토지사용의 대가인 지료, 금전사용의 대가인 이자는 법정과실인 반면 노동의 대가인 임금, 소유권이전의 대가인 매매대금 등은 법정과실 ×
	귀 속	당사자의 다른 약정이 없는 한 수취할 권리의 존속기간일수의 비율로 취득
	관련 판례	국립공원의 입장료는 토지의 사용대가가 아닌 점에서 민법상의 과실 ×

☐ 종물은 주물의 구성부분이 아닌 (❶　　　　　)이어야 한다.

❶ 독립한 물건

☐ 부동산 매수인이 매매대금을 완제한 후, 그 부동산이 인도되지 않은 상태에서 그로부터 발생한 과실은 특별한 사정이 없는 한 (❷　　　　　)에게 귀속된다.

❷ 매수인

☐ 물건과 물건 상호 간의 관계에 관한 주물과 종물의 법리는 (❸　　　　　　　　)에도 유추적용될 수 있다.

❸ 권리와 권리 상호 간의 관계

☐ 특정이 가능하다면 증감·변동하는 (❹　　　　　)도 하나의 물건으로 다루어질 수 있다.

❹ 유동집합물

☐ 주물·종물 관계는 특별한 사정이 없는 한 (❺　　　　　) 소유의 물건 사이에서 인정된다.

❺ 동일인

☐ 당사자는 주물을 처분할 때에 (❻　　　　　)으로 종물을 제외하거나 종물만 별도로 처분할 수 있다.

❻ 특약

☐ 노동의 대가인 임금은 (❼　　　　　)이 아니다.

❼ 법정과실

☐ 관리할 수 있는 자연력은 (❽　　　　　)이다.

❽ 동산

☐ 입목에 관한 법률에 의하여 입목등기를 한 수목의 집단은 토지와 별개의 (❾　　　　　)이다.

❾ 부동산

☐ (❿　　　　　)은 수취할 권리의 존속기간일수의 비율로 취득한다.

❿ 법정과실

CHAPTER 05 권리의 변동

제1절   서 설

제2절   법률행위

Ⅰ   법률행위의 종류

계약과 단독행위	• 상대방 있는 단독행위 : 동의, 채무면제, 추인, 취소, 상계, 해제, 해지 • 상대방 없는 단독행위 : 재단법인설립행위, 유언, 소유권의 포기 등
의무부담행위와 처분행위	• 의무부담행위 : 당사자에게 일정한 의무를 발생시키는 행위를 말하는 것으로 매매계약과 같은 채권행위가 전형적인 예 • 처분행위 : 현존하는 권리의 변동을 직접 일으키는 행위로, 물권의 변동을 일으키는 물권행위(소유권의 양도 또는 제한물권의 설정)와 물권 이외의 권리의 변동을 일으키는 준물권행위(채권양도 또는 채무면제)로 구분할 수 있음
생전행위와 사인행위	• 생전행위 : 보통의 법률행위 • 사인행위 : 유언, 사인증여

Ⅱ   법률행위의 목적

1. 의 의

법률행위가 유효하려면 법률행위의 목적이 확정성, 실현가능성, 적법성, 사회적 타당성이라는 요건을 구비하여야 함

2. 목적의 적법성

(1) 강행규정과 임의규정의 구별

강행규정	법률행위가 강행규정에 위반하여 무효인 경우 언제나 불법원인급여에 해당하는 것은 아니고, 이 경우는 절대적 무효로 선의의 제3자에게도 주장 가능하나 추인하여도 그 효력 ×
임의규정	예를 들어 임차인의 필요비·유익비상환청구권은 임의규정

(2) 강행규정에 위반하여 무효인지 여부

무효에 해당하는 사례	• 식목을 목적으로 하는 토지임대차의 임차인이 차임의 감액을 청구할 수 없다는 약정 • 증권회사 직원이 정당한 이유 없이 고객에게 증권거래와 관련하여 발생하는 손실을 보전하여 주기로 하는 고객과의 약정
무효에 해당하지 아니하는 사례	• 건물의 임차인이 개조한 부분에 대한 원상회복의무를 면하는 대신 그 개조비용의 상환청구권을 포기하기로 하는 약정 • 채권자의 과실로 채무자가 제공한 담보물의 가치가 감소되더라도 보증인의 면책주장을 배제하는 채권자와 보증인 사이의 약정 • 사단법인의 사원의 지위를 양도하거나 상속할 수 있다는 약정

3. 목적의 사회적 타당성

(1) 동기의 불법

동기의 착오와 마찬가지로 동기가 표시되거나 상대방에게 알려진 경우에 한하여 민법 제103조 적용

(2) 반사회질서의 법률행위

1) 판단시기

법률행위가 반사회질서행위로 무효인지 여부는 법률행위가 이루어진 때를 기준으로 판단

2) 반사회질서의 법률행위의 유형화

정의관념에 반하는 행위	• 소송사건의 증인으로서 증언에 대한 대가를 약정하여 대가의 내용이 통상적으로 용인될 수 있는 수준을 초과하는 경우 • 수사기관에서 참고인으로서 허위진술을 해 주는 대가로 금원을 지급하기로 한 행위 • 형사사건에 관한 성공보수약정 행위 • 매도인의 배임행위에 제2매수인이 적극 가담하여 행해진 부동산이중매매행위 • 과도하게 무거운 위약벌을 약정한 행위
윤리적 질서에 반하는 행위	• 본처가 장래의 부첩관계에 대하여 동의하는 경우, 다만, 기왕의 부첩관계에 대하여 용서한 경우는 손해배상 청구권의 포기라고 해석되는 한 반사회질서의 법률행위 × • 부첩(夫妾)관계의 종료를 해제조건으로 하는 증여계약
개인의 자유를 매우 심하게 제한하는 행위	• 어떠한 일이 있어도 이혼하지 아니하겠다는 각서 • 단독계약 · 영업의 자유나 기타의 거래활동을 극도로 제한하는 경업금지계약
사행성이 현저한 행위	• 도박자금에 제공할 목적으로 금전을 대차한 경우 반사회적 법률행위이므로 대차계약으로 인한 금전의 반환 청구 × • 보험사고를 가장하여 보험금을 취득할 목적으로 체결된 다수의 생명보험계약은 그 목적에 대한 보험자의 인식 여부를 불문하고 반사회질서의 법률행위

3) 반사회질서의 법률행위에 해당하지 아니하는 사례

① 뇌물로 받은 금전을 소극적으로 은닉하기 위하여 이를 임치하는 약정

② 강제집행을 면할 목적으로 부동산에 허위의 근저당권을 설정하는 행위

③ 양도소득세 회피 및 투기를 목적을 한 당사자 간의 매매계약

▶ 양도소득세를 회피할 목적으로 실제로 거래한 가액보다 낮은 금액을 매매대금으로 기재한 경우 반사회질서
의 법률행위 ×

④ 매매계약에서 매도인에게 부과될 공과금을 매수인이 책임진다는 취지의 특약을 한 행위

⑤ 해외파견 후 귀국일로부터 상당기간 동안 소속회사에서 근무하지 않으면 해외파견 소요경비를 배상한다는 사규나 약정
⑥ 민사사건에 관한 성공보수약정 행위
⑦ 법률행위의 성립과정에 강박이라는 불법적 방법이 사용된 데에 불과한 행위
⑧ 전통사찰의 주지직을 거액의 금품을 대가로 양도·양수하기로 하는 약정이 있음을 알고도 이를 묵인 혹은 방조한 상태에서 한 종교법인의 주지임명행위
⑨ 부동산을 매도인이 이미 제3자에게 매각한 사실을 매수인이 단순히 알고 있었던 상태에서 매도인의 요청으로 그 부동산을 매수하기로 한 행위

4) 반사회질서의 법률행위의 효과

① 반사회질서의 법률행위인 매매계약을 원인으로 하여 물권적 청구권을 행사하는 경우 상대방은 법률행위의 무효 주장 가능
② 주장할 이익이 있는 자라면 누구든지 반사회질서의 법률행위로 무효라는 주장 가능
③ 반사회질서의 법률행위는 절대적 무효이므로 선의의 제3자에게도 대항 가능

5) 관련 판례

① 반사회질서의 법률행위로 무효인 부동산이중매매
   ㉠ 매도인의 배임행위에 제2매수인이 적극 가담한 반사회질서의 법률행위
   ㉡ 제1매수인은 매도인을 대위함이 없이 제2매수인에 대하여 직접 소유권이전등기말소 청구 ×
   ㉢ 매도인에 대한 소유권이전등기청구권을 보전하기 위하여 채권자취소권 행사 ×
   ㉣ 절대적 무효이므로 제2매수인으로부터 부동산의 소유권을 취득한 선의의 전득자는 매매계약의 유효 주장 ×

② 제2매수인에게 소유권이전등기가 경료된 통상의 부동산이중매매
   ㉠ 제1매수인의 권리
      ㉮ 부동산이중매매에서 제2매수인에게 소유권이전등기가 경료된 경우 제1매수인은 매도인에게 목적 부동산의 인도 및 소유권이전등기청구 ×
      ㉯ 부동산이중매매에서 매도인이 제2매수인에게 소유권이전등기를 경료하여 제1매수인에 대한 소유권이전등기의무가 이행불능이 된 경우 제1매수인은 별도의 최고없이, 잔대금지급의무에 대한 이행제공없이 매매계약 해제 가능
      ㉰ 제1매수인의 잔금미지급이 있음에도 계약을 해제하지 아니하고 제2매수인에게 소유권이전등기를 마쳐준 경우에도 제1매수인에게 이행불능에 따른 책임 부담
      ㉱ 매도인의 책임있는 사유에 의한 소유권이전등기의무의 이행불능이 된 경우이므로 계약해제권, 대상청구권, 손해배상청구권(전보배상청구권) 행사 가능
         ▶ 제1매수인은 대상청구권의 행사로써 매도인의 수용보상금의 반환을 구하거나, 수용보상금청구권의 양도를 구하는 것은 가능하나, 수용보상금청구권 자체가 제1매수인에게 귀속되는 것으로 이해하여 매도인에게 지급할 매매대금을 대상(代償)으로 지급 청구 ×
      ㉲ 부동산의 이중매매에서 매매목적물을 제2매수인에게 처분한 가격이 통상가격을 넘는 경우 그 처분가격이 아니라 시가 상당액이 배상액 산정의 기준
      ㉳ 소유권이전등기의무의 이행불능으로 인한 손해배상청구권과 불법행위로 인한 손해배상청구권이 경합하는 경우 선택적 행사 가능

㉚ 소유권이전등기의무의 이행불능 이전에 소유권이전등기청구권을 보전하기 위해 제2매수인에게 이루어진 양도행위에 대하여 채권자취소권 행사 불가능

　　　▶ 부동산이중매매의 매도인이 제2매수인에게 소유권이전등기를 마쳐준 경우 제1매수인은 매도인의 소유권이전등기의무가 이행불능됨으로써 발생한 손해배상채권을 피보전채권으로 하여 제2매매행위에 대한 채권자취소권 행사 ×

　　㉛ 부동산이중매매에서 제1매수인이 아닌 제2매수인과 단순히 매매계약이 체결된 사실이 있더라도 매도인의 제1매수인에 대한 소유권이전등기의무는 이행불능 ×

　ⓛ 제1매매계약의 이행에 착수하기 전에 제3자가 매도인을 적극 유인하여 해당 부동산을 매수한 경우 매도인과 제3자 사이의 그 매매계약은 반사회질서의 법률행위 ×

(3) 불공정한 법률행위

1) 적용범위와 효과

적용범위	• 대가관계 없는 일방적 급부행위(예를 들어 부담없는 증여)는 민법 제104조 적용 × • 경매목적물이 시가에 비해 현저하게 낮은 가격으로 매각된 경우 민법 제104조 적용 ×
효 과	• 불공정한 법률행위로서 무효인 법률행위는 법정추인에 의하여 유효 × • 불공정한 법률행위는 절대적 무효이므로 선의의 제3자에게 대항 가능 • 매매계약이 불공정한 법률행위에 해당하여 무효일 때 특별한 사정이 없는 한 그 계약에 관한 부제소합의도 무효 ○

2) 요 건

객관적 요건	• 급부와 반대급부 사이의 '현저한 불균형'은 구체적·개별적 사안에 있어서 일반인의 사회통념에 따라 결정 • 그 판단은 피해당사자의 궁박·경솔·무경험의 정도를 고려하여 당사자의 주관적 가치가 아닌 거래상의 객관적 가치에 의하여야 함
주관적 요건	• 궁박은 반드시 경제적인 것에 한정하지 않으며, 정신적 또는 심리적 원인도 포함 • 무경험은 일반적인 생활체험의 부족을 의미하는 것으로서 어느 특정영역에 있어서의 경험부족이 아니라 거래일반에 대한 경험부족 • 궁박, 경솔, 무경험은 모두 구비하여야 하는 것은 아니고 어느 하나만 갖추어져도 충분 • 급부와 반대급부가 현저히 균형을 잃은 경우 법률행위가 곧 궁박·경솔 또는 무경험으로 인해 이루어진 것으로 추정 × • 대리인이 매매계약을 체결한 경우, 무경험은 그 대리인을 기준으로 판단하고 궁박상태에 있었는지의 여부는 본인의 입장에서 판단
기준시기	급부 상호 간에 현저한 불균형이 있는지의 여부는 법률행위 시를 기준으로 판단

3) 불공정한 법률행위에 해당하는 사례와 해당하지 아니한 사례

해당 ○	• 불공정한 법률행위를 할 때 그 법률행위의 불공정성을 이유로 하여 법률행위의 효력을 다툴 수 없다는 합의가 함께 행하여진 경우 • 전매계약 체결 당시 정신적·심리적 원인에 기인하는 궁박한 상태에 있었던 경우
해당 ×	• 급부 간 현저한 불균형이 있으나 폭리자에게 폭리행위의 악의가 없는 경우 • 계약체결 당시 불공정한 법률행위가 아니더라도 사후에 외부환경의 급격한 변화로 계약당사자 일방에게 큰 손실이, 상대방에게는 그에 상응하는 큰 이익이 발생할 수 있는 계약 • 경매목적물이 시가에 비해 현저하게 낮은 가격으로 매각된 경우 • 행정기관에 진정서를 제출하여 상대방을 궁지에 빠뜨린 다음 이를 취하하는 조건으로 거액의 급부를 제공받기로 약정한 경우 • 법률행위의 성립 시에는 존재하지 않았던 급부간의 현저한 불균형이 그 이후 외부적 사정의 급격한 변화로 인하여 발생한 경우

Ⅲ 법률행위의 해석

1. 해석의 의의
내심의 의사가 어떤지에 관계없이 당사자가 그 표시행위에 부여한 객관적인 의미를 명백하게 확정하는 것

2. 해석의 방법

(1) 자연적 해석
① 표의자와 상대방의 내심의 효과의사가 일치하는 경우 자연적 해석에 의해 매매목적물 결정
② 쌍방 당사자가 모두 특정 토지를 매매계약의 목적물로 삼았으나 지번 등에 관하여 착오를 일으켜 별개의 토지를 목적물로 표시한 경우 특정 토지에 대한 매매계약의 성립
③ 계약상 지위에 관하여 당사자들의 합치된 의사와 달리 착오로 잘못 기재한 경우 자연적 해석에 의해 계약 당사자의 지위 결정
④ 본인이 대리인을 통하여 계약을 체결하는 것에 대하여 상대방이 그러한 사정을 알고 대리인과 계약을 체결하였는데 대리권이 존재하지 않은 경우 계약의 당사자는 상대방과 본인이 됨
⑤ 법률행위의 자연적 해석이 행해지는 경우 표시상의 착오는 문제될 여지 ×

(2) 규범적 해석
① 행위자가 타인의 이름으로 법률행위를 한 경우 자연적 해석 후 규범적 해석에 의하여 당사자 결정
② 계약내용이 처분문서로 작성된 경우 특별한 사정이 없는 한 문언대로 의사표시의 존재와 내용을 인정하여야 함
③ 금융실명제 아래의 예금계약상의 채권자는 원칙적으로 예금명의자이나, 예금명의인이 아닌 출연자에게 예금반환채권을 귀속시키기로 하는 약정이 있는 경우에는 그 출연자를 예금주로 하는 금융거래계약이 성립
④ 예금명의자의 위임에 의하여 자금출연자가 대리인으로 예금계약을 체결한 경우 예금계약의 반환청구권자는 예금명의자
⑤ 행위자와 상대방이 모두 행위자 자신이 계약의 당사자라고 이해하였거나, 상대방의 입장에서 합리적으로 평가할 때 행위자 자신이 계약의 당사자가 된다고 보는 경우 행위자가 계약의 당사자가 되고 그 계약의 효과는 행위자에게 귀속
⑥ 불법행위로 인한 손해배상에 관하여 가해자와 피해자 사이에 피해자가 일정한 금액을 지급받고 그 나머지의 청구를 포기하기로 약정한 경우 후발손해는 합의 당시의 사정으로 보아 예상이 불가능한 것으로서, 손해가 중대한 것일 때에는 다시 그 배상을 청구 가능
⑦ 문서의 기재내용과 다른 명시적, 묵시적 약정이 있는 사실이 인정될 경우 그 기재내용과 다른 사실을 인정 가능
⑧ 계약의 당사자가 누구인지 여부는 당사자의 의사해석 문제
  ▶ 당사자들의 의사가 일치하는 경우 그 의사에 따라 계약의 당사자를 확정
  ▶ 당사자들의 의사가 합치되지 않는 경우 상대방의 관점에서 합리적인 사람이라면 누구를 계약의 당사자로 이해하였을 것인지를 기준으로 판단

(3) 보충적 해석
쌍방의 공통하는 동기의 착오가 있는 경우 객관적으로 추인되는 정당한 이익조정 의사인 당사자의 의사를 보충하여 계약 해석 가능

3. 해석의 기준

사적 자치가 인정되는 분야의 제정법이 임의규정인 경우 사실인 관습은 법률행위의 해석기준 가능

4. 관련 판례

매매계약사항에 이의가 생겼을 때에는 매도인의 해석에 따른다는 약정을 한 경우 법원의 법률행위해석권을 구속 ×

제3절 **의사표시**

Ⅰ **흠있는 의사표시**

1. 진의아닌 의사표시(비진의표시)

(1) 개요 / 개념과 요건

개 념	의사와 표시의 불일치를 표의자가 스스로 알면서 하는 의사표시
요 건	• 의사표시의 존재 • 진의와 표시의 불일치 　– 비진의표시에서 '진의'는 특정한 내용의 의사표시를 하고자 하는 표의자의 생각을 말하는 것이지 진정으로 마음속에서 바라는 사항을 의미 × • 표의자가 그러한 사실을 알고 있을 것
효 과	어떠한 의사표시가 비진의표시로서 무효라고 주장하는 경우 무효임을 주장하는 자에게 그 증명책임
적용범위	공무원이 사직의 의사표시를 하는 사인의 공법행위의 경우 진의아닌 의사표시에 관한 규정 적용 ×

(2) 진의아닌 의시표시에 해당 여부

진의아닌 의사표시에 해당하는 사례	• 회사의 경영방침에 따라 사직원을 제출하고 퇴사 후 즉시 재입사하여 실질적인 근로관계의 단절이 없이 계속 근무한 경우 • 근로자들이 사용자의 지시에 따라 사직의 의사 없이 사직서를 제출하였고 사용자가 선별적으로 수리하여 의원면직 처리한 경우
진의아닌 의사표시에 해당하지 아니하는 사례	• 표의자가 진정으로 마음 속에서 바라지는 아니하였더라도 당시의 상황에서는 그것이 최선이라고 판단하여 의사표시를 하였을 경우 • 비록 재산을 강제로 빼앗긴다는 본심이 있었으나 표의자가 강박에 의하여서나마 증여를 하기로 하고 증여의 의사표시를 한 경우 • 물의를 일으킨 사립대학교 조교수가 이사장 앞으로 형식상 사직원을 제출한 경우 • 근로자가 희망퇴직의 권고를 받고 제반 사항 등을 종합적으로 고려하여 심사숙고한 결과 사직서를 제출한 경우 • 장관의 지시에 따라 공무원이 일괄사표를 제출하여 일부 공무원에 대해 의원면직 처분이 이루어진 경우 • 법률상의 장애로 자기명의로 대출받을 수 없는 자를 위하여 대출금채무자로서 명의를 빌려준 경우 • 학교법인이 그 학교의 교직원의 명의로 금융기관으로부터 금전을 차용한 경우(명의대여자의 의사표시는 비진의의사표시가 아니므로 주채무자로서 책임)

2. 통정한 허위의 의사표시

(1) 개념과 요건

개 념	상대방과 통정하여 행하는 자기의 진의와는 다른 의사표시
구 별	내부적으로는 증여의 의사를 가지고 계약을 체결하였으나 매매계약의 형식을 빌린 경우 이는 은닉행위로서 증여계약으로의 효력 ○
요 건	• 의사표시의 존재 • 표시와 진의의 불일치 • 상대방과 통정이 있을 것 – 표의자의 진의와 표시의 불일치에 관하여 상대방과의 사이에 합의가 있어야 함

(2) 효 과

1) 당사자 간의 효과

① 통정허위표시로 매도인이 매매계약을 이행하지 아니하는 경우 매수인은 채무불이행으로 인한 손해배상청구 ✕

② 통정허위표시로서 의사표시가 무효라고 주장하는 경우 무효임을 주장하는 자에게 그 증명책임 ○

③ 채무자의 법률행위가 통정허위표시로서 무효이나, 그 법률행위가 채권자취소권의 요건을 갖춘 경우 채권자취소권 행사 가능

④ 통정허위표시의 선의의 제3자가 목적부동산의 소유권을 취득한 경우 가장매도인은 가장매수인에게 부당이득반환청구 ○

⑤ 통정허위표시로 인한 채무를 이행한 경우 불법원인급여 ✕

2) 제3자에 대한 효과

① 제3자의 의의 : 허위표시의 당사자와 포괄승계인 이외의 자로서 허위표시에 의하여 외형상 형성된 법률관계를 토대로 새로운 법률상 이해관계를 맺은 자를 의미하며 제3자가 선의인 경우 누구도 허위표시의 무효로 대항 ✕

② 통정허위표시의 무효를 대항할 수 없는 제3자의 해당 여부

제3자에
해당하는 사례
	• 임대차보증금반환채권에 대한 압류 및 추심명령을 받은 임대차보증금반환채권양수인의 채권자
	• 가장근저당권설정계약이 유효하다고 믿고 그 피담보채권을 가압류한 자
	• 통정한 허위표시에 의하여 생긴 채권을 가압류한 가압류채권자
	• 가장양수인으로부터 소유권이전등기청구권 보전을 위한 가등기를 경료받은 자
	• 파산채권자 모두가 악의로 되지 않는 경우의 파산관재인
	• 허위표시의 무효에 대한 악의의 제3자로부터 선의로 전득한 자
	• 통정허위표시에 따른 선급금 반환채무 부담행위에 기하여 선의로 그 채무를 보증하여 이행한 자
	• 가장매수인으로부터 부동산을 매수하여 소유권이전등기를 경료한 제3자
	• 가장매수인으로부터 목적부동산에 저당권을 설정받은 저당권자
	
	  – 저당권자가 악의라면 가장매도인은 저당권자에게 저당권설정등기의 말소청구 ○
	  – 저당권자가 선의라면 가장매도인은 가장매수인에게 진정명의회복을 위한 소유권이전등기청구 가능

제3자에 해당하지 아니하는 사례	• 가장소비대차의 계약상 지위를 선의로 이전받은 자 • 차주와 통정하여 금전소비대차를 체결한 금융기관으로부터 계약을 인수한 자 • 허위표시에 대하여 선의인 가장매수인의 상속인 • 당사자 사이의 통정한 허위의 의사표시[매매예약(註)]에 기하여 허위 가등기가 설정된 후 그 원인이 된 통정허위표시가 철회되었으나 허위 가등기가 잔존하는 동안에 가등기명의인인 가장매매예약의 예약자가 자기 앞으로 임의로 소유권이전의 본등기를 마친 경우, 다시 예약자의 본등기를 토대로 그로부터 소유권이 전등기를 경료받은 자(이 자의 신뢰의 대상이 될 수 있는 '외관'은 예약자 명의의 가등기가 아니라 단지 예약자 명의의 본등기일 뿐이라는 점에서 민법 제108조 제2항의 제3자에 해당 ×)

③ 제3자의 선의

    ㉠ 허위표시의 무효를 대항할 수 없는 제3자는 선의로 충분하고 무과실은 불요

    ㉡ 통정허위표시의 제3자가 악의라도 그 전득자가 통정허위표시에 대하여 선의인 경우 전득자에게 허위 표시의 무효 주장 ×

        ▸ 가장매매계약의 매수인으로부터 부동산을 매수한 제3자가 선의로 전득한 경우 가장매매의 매도인은 전득자를 상대로 부동산의 인도 청구 ×

    ㉢ 가장전세권자에게 전세권근저당권설정등기를 경료받은 악의의 제3자로부터 전세권근저당권부 채권을 선의로 압류한 경우 가장전세권설정자는 선의의 전득자에게 대항 ×

    ㉣ 본인의 지시에 따라 대리인이 상대방과 가장매매계약을 체결하였으나, 상대방이 제3자에게 소유권이 전등기를 경료하여 준 경우 제3자가 선의라면 유효하게 소유권 취득

④ '대항하지 못한다'는 의미

    ▸ 선의의 제3자가 보호받는 경우 허위표시의 당사자뿐만 아니라 누구도 제3자에게 무효를 주장할 수 없으나, 선의의 제3자가 스스로 허위표시의 무효를 주장하는 것은 가능

(3) 통정허위표시에 해당하는 사례

① 임대차보증금반환채권을 담보할 목적으로 체결된 전세권설정계약이 임대차계약의 내용과 양립할 수 없는 범위 내인 경우

② 차명(借名)으로 대출받으면서 명의대여자에게는 법률효과를 귀속시키지 않기로 하는 합의가 대출기관과 실제 차주 사이에 있었던 경우

③ 동일한 대출한도 제한을 회피하기 위하여 실질적인 주채무자가 제3자를 형식상의 주채무자로 내세우고 금융기관도 양해하여 제3자 명의로 대출관계서류를 작성한 경우

(4) 채권자대위권 · 채권자취소권과 관련된 사례

무자력한 채무자인 가장매도인이 가장매수인인 제3채무자(내지 수익자)에게 자신의 유일한 부동산의 소유권 이전등기를 경료하여 준 경우

  ▸ 채권자는 채권자대위권 행사의 요건을 구비하여 가장매수인에게 소유권이전등기의 말소등기청구권 대위행사 가능

  ▸ 채권자는 수익자를 피고로 법원에 채권자취소권의 행사로써 사해행위의 취소 및 원상회복 청구 가능

3. 착오로 인한 의사표시

(1) 의 의

표시에 의해 추단되는 의사와 진의가 일치하지 아니하며 그 불일치를 표의자 자신이 모르는 의사표시

(2) 착오의 유형

1) 표시상의 착오

신원보증서류에 서명날인한다는 착각에 빠진 상태로 연대보증의 서면에 서명날인한 경우 표시상의 착오에 해당하므로 민법 제109조 적용

2) 내용의 착오

3) 동기의 착오

동기의 착오가 법률행위의 내용의 중요부분의 착오에 해당함을 이유로 취소하려는 경우 동기를 의사표시의 내용으로 삼을 것을 표시하고 의사표시의 해석상 법률행위의 내용으로 되어 있다고 인정되면 충분하고, 별도로 그 동기를 의사표시의 내용으로 삼기로 하는 합의는 불요

(3) 취소권 발생의 요건

1) 법률행위의 내용의 중요부분에 착오가 있을 것(이중적 기준설)

① 판단기준

객관적 현저성	보통 일반인도 표의자의 처지에 있었더라면 그러한 의사표시를 하지 않았으리라고 생각될 정도로 중요한 것
주관적 현저성	표의자가 그러한 착오가 없었더라면 그 의사표시를 하지 않았으리라고 생각될 정도로 중요한 것

② 중요부분의 착오에 해당 여부

중요부분에 착오에 해당하는 사례	• 토지매매계약에 있어 토지의 현황·경계에 관한 착오 • 상대방이 유발한 동기의 착오 　- 동기의 착오가 상대방의 부정한 방법에 의하여 유발되었거나 상대방으로부터 제공된 경우 표시되지 않았더라도 의사표시를 취소 가능 　- 설명의무를 위반하여 동기의 착오에 빠져 보험계약을 체결하였으나 착오가 없었다면 보험계약을 체결하지 않았거나 적어도 동일한 내용으로 보험계약을 체결하지 않았을 것임이 명백한 경우 고객은 보험계약을 취소 가능 　- 토지 전부가 시(市)의 개발대상에 편입된다는 시(市)공무원의 말을 믿고 매매계약을 체결한 경우 매매계약의 중요 부분을 이루는 동기의 착오를 이유로 의사표시 취소 가능 • 법률에 관한 착오(양도소득세가 부과될 것인데도 부과되지 아니하는 것으로 오인)가 그것이 법률행위의 내용의 중요부분에 관한 것인 경우 • 미필적인 장래의 불확실한 사실이 법률행위의 내용의 중요부분에 관한 것인 경우 • 위작(僞作)된 서화(書畫)를 진품으로 알고 매수한 경우
중요부분에 착오에 해당하지 아니하는 사례	• 착오로 인하여 표의자가 경제적인 불이익을 입지 않은 경우 • 부동산 매매에서 목적물의 시가에 관한 착오 • 주채무자의 차용금반환채무를 보증할 의사로 공정증서에 서명·날인하였으나 그 공정증서가 기존의 구상금채무에 관한 준소비대차계약의 공정증서였던 경우 • 건물 및 부지를 현상태대로 매수하였으나 부지의 지분이 근소하게 부족한 경우

2) 표의자의 중과실이 없을 것

① 중대한 과실은 표의자의 직업, 행위의 종류, 목적 등에 비추어 보통 요구되는 주의를 현저히 결여하는 것
② 상대방이 표의자의 착오를 알고 이용한 경우 착오가 표의자의 중대한 과실로 인한 것이라도 표의자는 의사표시를 취소 가능
③ 착오의 존재와 그 착오가 법률행위의 중요부분에 관한 것이라는 점은 표의자에게 증명책임
④ 표의자의 중대한 과실 유무에 대한 증명책임은 표의자의 상대방이 부담
⑤ 법률행위의 내용의 중요부분에 착오가 있으나, 표의자에게 중대한 과실이 인정되는 경우 착오를 이유로 의사표시 취소 ✕

(4) 효 과

법률행위의 소급적 무효	착오가 법률행위 일부에만 관계된 경우 그 부분만의 일부취소가 가능하며, 그 효과는 일부무효의 법리가 적용
불법행위로 인한 손해배상책임	경과실로 인해 착오에 빠진 표의자가 자신의 의사표시를 취소한 경우 상대방에 대하여 불법행위로 인한 손해 배상책임 ✕

(5) 적용범위

① 착오로 인한 의사표시의 취소에 관한 민법 제109조 제1항은 당사자의 합의로 적용배제 가능
② 상대방이 착오자의 진의에 동의한 것으로 인정될 경우 착오자는 계약취소 ✕
③ 민사소송법상의 소송행위는 착오 취소 ✕
④ 소송대리인으로부터 소송대리인 사임신고서 제출을 지시받은 사무원의 착오로 소송대리인의 의사에 반하여 소를 취하한 경우 소취하는 유효 ○
⑤ 재단법인의 출연자가 착오를 원인으로 취소를 한 경우 재단법인의 성립 여부나 출연된 재산의 기본재산인 여부와 관계없이 그 의사표시 취소 가능

(6) 착오취소 규정과 다른 규정의 경합 여부

착오와 사기의 경합	• 표시상의 착오가 제3자의 기망행위에 의하여 일어난 경우 상대방이 제3자의 기망행위를 알았는지 여부를 불문하고 표의자는 착오 취소 가능 • 기망행위로 인하여 법률행위의 중요부분에 관하여 착오를 일으켰거나, 법률행위의 내용으로 표시되지 아니한 의사결정의 동기에 관하여 착오를 일으킨 경우 기망행위를 이유로 한 사기취소가 인정되므로 전자의 경우는 착오취소와의 경합 인정
착오와 담보책임의 경합	매매계약 내용의 중요 부분에 착오가 있는 경우 매수인은 매도인의 하자담보책임이 성립 여부와 관계없이 착오를 이유로 매매계약 취소 가능
해제와 취소의 경합	매도인이 매수인의 채무불이행을 이유로 매매계약을 해제한 경우 매수인은 착오를 이유로 매매계약 취소 가능
화해계약에 있어서의 착오	• 화해의 목적인 분쟁 이외의 사항에 착오가 있는 경우 착오를 이유로 화해계약을 취소 가능 • 의사의 수술 후 환자에게 새로이 발생한 증세에 대하여 그 책임소재와 손해배상 여부를 둘러싸고 분쟁이 있다가 화해계약이 체결된 경우 증세가 수술로 인한 것이 아니라는 것이 밝혀졌더라도 의사는 착오를 이유로 화해계약 취소 ✕

(7) 착오취소의 신의칙상 제한

착오로 인한 불이익이 법령의 개정 등 사정의 변경으로 소멸된 경우 착오를 이유로 한 취소권의 행사는 신의칙에 의해 제한될 수 있음

4. 사기 · 강박에 의한 의사표시

(1) 의 의

사기에 의한 의사표시는 남을 속여서 하게 한 의사표시로, 의사와 표시의 불일치가 있을 수 없고 의사표시의 동기에 착오가 있는 경우이고, 강박에 의한 의사표시는 표의자를 위협하여 하게 한 의사표시를 의미

(2) 요 건

1) 사기에 의한 의사표시

① 의사표시의 존재

② 사기자의 고의

③ 기망행위가 있었을 것

기망행위에 해당하는 사례	• 백화점 변칙세일 • 아파트 인근에 쓰레기매립장이 건설될 예정이라는 사실을 분양계약자에게 고지하지 않은 경우
기망행위에 해당하지 아니하는 사례	상품의 광고에 다소의 과장 · 허위가 수반되었으나, 일반상거래의 관행과 신의칙에 비추어 시인될 수 있는 경우

④ **기망행위의 위법성** : 교환계약의 당사자 일방이 자기 소유의 목적물의 시가에 관하여 침묵한 경우 특별한 사정이 없는 한 기망행위의 위법성 ✕

⑤ 인과관계

2) 강박에 의한 의사표시

① 의사표시의 존재

② 강박자의 고의

③ 강박행위가 있었을 것

　㉠ 법률행위 취소의 원인인 강박으로 볼 수 있는 경우 표의자로 하여금 외포심을 생기게 하고 이로 인하여 법률행위 의사를 결정하게 할 고의로써 불법으로 해악을 통고한 것이어야 함

　㉡ 강박에 의한 법률행위가 무효로 되는 경우 의사결정을 할 수 있는 여지가 완전히 박탈된 상태에서 의사표시가 이루어져 법률행위의 외형만이 만들어진 것에 불과한 정도이어야 함

　▸ 절대적 폭력에 의해 의사결정을 할 수 있는 여지를 완전히 박탈당한 상태에서 의사표시가 행하여진 경우 그 의사표시는 무효 ○

　㉢ 국가에 의한 공권력 행사의 내용이 기본권을 침해하는 경우 강박에 의한 의사표시는 당연무효 ✕

④ **강박행위의 위법성** : 부정행위의 대한 고소, 고발이 부정한 이익의 취득을 목적으로 하는 경우 위법한 강박행위에 해당

⑤ 인과관계

(3) 효 과

1) 상대방의 사기·강박

① 매도인의 기망에 의하여 타인의 물건을 매수하였으나, 타인의 물건인줄 알았더라면 매수하지 아니하였을 사정이 있는 경우 민법 제110조에 의하여 매수의 의사표시 취소 가능

② 상대방의 대리인 등 상대방과 동일시할 수 있는 자의 사기나 강박이 있는 경우 제3자의 사기로 볼 수 없으므로, 상대방의 악의·과실 유무에 관계없이 사기 취소 가능

　▶ 피용자가 상대방의 대리인 등 상대방과 동일시할 수 있는 지위에 있는 경우 제3자의 기망행위 ✕

③ 은행과 동일시할 수 있는 은행출장소장의 사기에 의하여 대출계약을 체결한 경우 제3자의 사기로 볼 수 없으므로, 상대방(은행)의 악의·과실 유무에 관계없이 사기 취소 가능

2) 제3자의 사기·강박

① 표의자가 제3자의 사기로 상대방 없는 의사표시를 한 경우 언제든지 그 의사표시를 취소 가능

② 상대방있는 의사표시에 관하여 제3자가 사기나 강박을 행한 경우 상대방이 그 사실을 알았거나 알 수 있었을 경우에 한하여 의사표시 취소 가능

　▶ 상대방 있는 의사표시에 관하여 제3자가 강박을 행한 경우 의사표시의 취소는 선의의 제3자에게 대항 ✕

③ 상대방의 피용자이거나 상대방이 사용자책임을 져야 할 관계에 있는 자는 제3자의 사기에 의한 의사표시에 있어서의 제3자에 해당

3) 제3자에 대한 효과

사기에 의한 의사표시를 취소하는 경우 양립되지 아니하는 법률관계를 가졌던 것이 취소 이전인지 이후인지 여부를 불문하고 선의의 제3자에게 대항 ✕

(4) 적용범위

민사소송법상의 소송행위는 강박을 이유로 취소 ✕

(5) 사기취소 규정과 다른 규정의 경합 여부

1) 사기와 착오의 경합

2) 사기와 담보책임의 경합

3) 사기·강박과 불법행위책임의 경합

① 불법행위를 구성하는 제3자의 기망행위에 기하여 매매계약을 체결한 경우 계약을 취소하지 않고 불법행위로 인한 손해배상만을 청구하는 것도 가능

　▶ 법률행위가 사기에 의한 것으로서 취소되었으나, 동시에 불법행위를 구성하는 경우 부당이득반환청구권과 불법행위로 인한 손해배상청구권은 병존하고 선택적으로 행사 가능

　▶ 영업양도계약이 사기에 의한 것으로서 취소되었으나, 동시에 불법행위를 구성하는 경우 취소로 인한 부당이득반환청구권과 불법행위로 인한 손해배상청구권을 선택적으로 행사 가능

② 강박에 의한 법률행위가 동시에 불법행위를 구성하는 경우 취소로 인한 부당이득반환청구권과 불법행위로 인한 손해배상청구권을 선택적으로 행사 가능

4) 화해계약에 있어서의 착오

사기에 의해 화해계약이 체결되어 화해의 목적인 분쟁에 관한 사항에 착오가 있는 경우 사기를 이유로 화해계약 취소 가능

(6) 사기취소와 관련된 사례

사기에 의한 매매계약의 제3자에게 소유권이전등기가 경료된 후 매매계약이 취소된 경우

① 표의자는 악의의 제3자를 상대로 목적부동산반환청구 가능

② 표의자는 선의의 제3자에게 부당이득반환청구권 행사 ×

▶ 선의의 제3자가 소유권을 취득하였다면 표의자는 기망자에게 목적물의 가액, 법정이자 및 임대수익을 반환 청구할 수 있으나, 전매차익은 운용이익이므로 반환청구 ×

Ⅱ 의사표시의 효력발생

1. 서 설

상대방 있는 의사표시는 원칙적으로 상대방에게 도달되어야 효력 발생

2. 상대방 있는 의사표시의 효력발생시기

(1) 도달주의의 원칙

1) 도달의 의미

채권양도의 통지와 같은 준법률행위의 도달은 사회 관념상 채무자가 통지의 내용을 알 수 있는 객관적 상태에 놓여졌을 때를 의미

2) 의사표시의 도달 인정 여부

도달 ○	• 의사표시가 기재된 내용증명 우편물이 발송되고 반송되지 않은 경우 특별한 사정이 없는 한, 그 무렵에 송달 • 정당한 사유 없이 통지의 수령을 거절한 경우 통지의 내용을 알 수 있는 객관적 상태에 놓여 있는 때에 의사표시의 효력 발생 • 채권양도의 통지가 채무자의 주소 등에 해당하지 아니하는 장소에서 행하여진 경우라도 사회통념상 그 통지의 내용을 알 수 있는 객관적 상태에 놓여졌을 때에 그 효력 발생 • 부당하게 등기취급 우편물의 수취를 거부함으로써 내용을 알 수 있는 객관적 상태의 형성을 방해한 것이 신의성실의 원칙에 반한다고 인정되는 경우 수취 거부 시에 의사표시의 효력 ○
도달 ×	• 아파트 경비원이 집배원으로부터 우편물을 수령한 후 우편함에 넣어 둔 경우 우편물을 수취하였다고 추단 × • 우편물이 상대방의 집에 도달하자 가사도우미가 수취한 후 그대로 두었는데, 의사표시자가 미개봉된 우편물을 회수하여 가지고 간 경우 • 내용증명우편이나 등기우편과는 달리, 보통우편의 방법으로 발송된 경우 상당 기간 내에 도달하였다고 추정할 수 없고 송달의 효력을 주장하는 측에서 도달사실을 증명하여야 함

3) 관련 판례

법인 대표이사의 사임의 의사표시가 권한 대행자에게 도달한 때에 효력이 발생하나, 권한 대행자에게 사표 처리를 일임한 경우에는 권한 대행자의 수리행위가 있어야 사임의 효력이 발생하고, 그 이전에는 사임의사를 철회 가능

(2) 도달주의의 효과

① 청약자가 청약의 의사표시를 발송한 후 사망한 경우 의사표시의 효력에 영향 ×

② 표의자의 의사표시가 상대방에게 도달하기 전에 그 표의자가 사망한 경우 상속인은 의사표시의 도달 전에 이를 철회 가능

3. 의사표시의 수령능력

① 의사표시의 상대방이 의사표시를 받은 때에 제한능력자인 경우 의사표시자는 의사표시로써 상대방에게 대항 ✕

② 매매계약에 관하여 해제사유가 발생하여 해제의 의사가 상대방 당사자가 아닌 상대방의 미성년 자(子)에게 도달한 경우 해제의 의사표시로써 상대방에게 대항할 수 없어, 해제의 효력 ✕

제4절   법률행위의 대리

I   대리권(본인과 대리인 사이의 관계)

1. 대리권의 의의

대리권은 타인이 본인의 이름으로 의사표시를 하거나 제3자의 의사표시를 수령함으로써 직접 본인에게 그 법률효과를 귀속시킬 수 있는 법률상의 지위 또는 자격(대리권은 대리인의 권리가 아니라 권한이자 의무의 성격)

2. 대리권의 발생원인

법정대리권의 발생원인	법률의 규정(부부의 일상가사대리권 등), 지정권자의 지정(지정후견인 등), 법원의 선임(부재자재산관리인 등)
임의대리권의 발생원인	• 대리인의 외양을 가지고 행위하는 것을 본인이 알면서도 이의를 하지 아니하고 방임하는 경우 본인의 대리권 수여가 추단될 수 있음 • 대리행위를 한 자에게 대리권이 있다는 점은 대리행위의 효과를 주장하는 자에게 증명책임 • 대리인의 대리행위 이후에 수권행위를 철회한 경우 철회로 장래를 향하여 대리권이 소멸하므로 본인은 상대방에게 매매계약상의 책임 • 대리인의 대리행위 이후에 착오를 이유로 수권행위를 취소한 경우 민법 제109조 제2항의 적용으로 본인은 상대방에게 매매계약상의 책임

3. 대리권의 범위와 그 제한

(1) 대리권의 범위

1) 법정대리권의 범위

법정대리권의 발생근거인 법률의 규정에 따라 결정

2) 임의대리권의 범위

① 임의대리에 있어서 대리행위에 취소원인이 있는 경우 임의대리인이 취소를 하려면 별도의 수권 필요

② 대여금의 영수권한만을 위임받은 대리인이 대여금채무의 일부를 면제하기 위해서는 본인의 특별수권 필요

③ 임의대리권의 범위 내에 해당 여부

임의대리권의 범위 내에 해당하는 사례	• 권한을 정하지 아니한 대리인은 소멸시효의 중단, 기한이 도래한 채무의 변제와 같은 보존행위 가능 • 포괄적으로 대리권을 수여받은 대리인은 매매대금의 지급기일을 연기해 줄 권한 ○ – 매매계약을 체결할 대리권을 수여받은 대리인은 매매대금의 지급기일을 연기해 줄 권한 × • 매매계약을 체결할 대리권을 수여받은 대리인은 중도금이나 잔금을 수령할 권한 ○
임의대리권의 범위 내에 해당하지 아니하는 사례	• 계약의 체결에 관한 대리권을 수여받은 대리인은 체결된 계약의 해제 등 일체의 처분권과 상대방의 의사를 수령할 권한 × • 금전소비대차 내지 그를 위한 담보권설정계약을 체결할 권한을 수여받은 대리인은 본래의 계약관계를 해제할 권한 × • 상대방이 매매대금의 지급을 지체하더라도 대리인은 이행지체를 이유로 계약 해제 × • 예금계약의 체결을 위임받은 대리인은 예금을 담보로 대출을 받거나 처분할 수 있는 권한 ×

④ 보충규정으로서의 민법 제118조
  ㉠ 보존행위, 이용 또는 개량행위, 기한이 도래한 채무의 변제는 가능
  ㉡ 대리인은 본인의 주택을 수선하기 위한 공사계약을 체결하는 것은 가능하나, 본인의 예금을 주식으로 전환 ×

(2) 대리권의 제한

1) 자기계약 및 쌍방대리의 제한

① 대리인이 부동산입찰절차에서 동일물건에 관하여 이해관계가 다른 2인 이상을 대리한 경우 입찰은 무효 ○
② 자동차 매도의 대리권을 수여받은 자가 본인의 허락 없이 본인의 자동차를 스스로 시가보다 저렴하게 매수하는 계약을 체결한 경우 그 매매계약은 무효 ○
③ 친권자가 자신의 부동산을 미성년 자녀에게 증여하는 경우 자기계약이지만 유효 ○
④ 예금인출의 대리권을 부여받은 대리인의 본인에 대한 금전채권의 변제기가 도래한 경우 본인의 예금을 인출하여 자신의 채권변제에 충당 가능
⑤ 사채알선업자가 대주와 차주 쌍방을 대리하여 소비대차계약을 유효하게 체결한 경우 사채알선업자는 차주가 한 변제를 수령할 권한 ○
⑥ 본인의 허락이 없으면 쌍방대리는 불가능하고, 채무의 이행일지라도 새로운 이해관계를 수반하는 대물변제나 경개계약 체결 등은 본인의 허락이 없는 한 허용 ×

2) 공동대리

대리인이 수인인 경우 각자가 본인을 대리하는 것이 원칙

4. 대리권의 남용

① 대리권 남용에 대해 진의 아닌 의사표시에 관한 민법 제107조 제1항 단서가 유추적용되는 경우 선의의 제3자 보호에 관한 제2항도 함께 유추적용
② 상대방이 대리인의 배임적 대리행위 사실을 알았거나 알 수 있었을 경우 대리행위는 무효이므로 본인에게 효력 ×
  ▸ 상대방이 대리인의 배임적 대리행위 사실을 과실없이 알지 못한 경우 대리행위는 본인에게 효력 ○

③ 대리인이 상대방과 공모하여 대리권을 남용한 경우 제3자의 악의는 무효를 주장하는 자가 주장·증명 책임

④ 계약이 대리인에 의하여 체결하여, 대리인의 진의가 본인의 이익이나 의사에 반하여 자기 또는 제3자의 이익을 위한 것이고 상대방이 그 사정을 알 수 있었던 경우 본인은 아무런 계약상의 책임 ×

⑤ 표현대리가 성립한 경우에도 표현대리인의 배임적 대리행위 사실을 그 상대방이 알았거나 알 수 있었을 경우 민법 제107조 제1항 단서의 유추해석상 그 대리행위는 무효 ○

5. 대리권의 소멸

본인의 사망, 대리인의 사망, 성년후견의 개시 또는 파산, 그 원인된 법률관계(계약관계)의 종료나 본인의 수권행위 철회

Ⅱ 대리행위(대리인과 상대방 사이의 관계)

1. 현명주의

현명의 의의	대리인의 대리적 효과의사인 대리의사를 외부에 표시하는 의사표시를 말하며, 대리인이 그 권한 내에서 본인을 위한 것임을 표시한 경우 직접 본인에게 대하여 효력 발생
현명의 방식	• 대리에 있어 본인을 위한 것임을 표시하는 현명은 명시적·묵시적 방법 모두 인정 • 대리인이 자기가 본인이라고 하면서 계약을 체결하였으나, 대리권의 범위 내인 경우 계약의 효력은 본인에게 발생
현명하지 아니한 대리행위의 효력	• 본인을 위한 것임을 표시하지 않은 의사표시는 대리인 자신을 위한 것으로 볼 수 있으나, 상대방이 대리인으로서 한 것임을 알았거나 알 수 있었을 경우에는 본인에게 법률효과의 귀속 • 대리인이 대리행위를 하면서 본인을 위한 것임을 표시하지 않은 경우 대리인은 착오를 이유로 의사표시 취소 ×

2. 대리행위의 하자

원칙 (대리인 표준)	• 의사표시의 효력이 의사의 흠결로 인하여 영향을 받을 경우 그 사실의 유무는 대리인을 표준하여 결정 – 대리인에 의한 의사표시의 경우 착오의 유무는 대리인을 표준으로 결정 • 대리인에 의한 의사표시의 경우 착오의 유무는 대리인을 표준으로 결정되기 때문에 대리인의 표시내용과 본인의 의사가 다른 경우 본인은 착오를 이유로 의사표시를 취소 × • 매수인이 대리인을 통하여 분양택지 매수지분의 매매계약을 체결한 경우 대리인이 그 계약 내용을 잘 알고 있었다고 인정되는 때에는 매수인이 선의라고 하더라도 착오를 이유로 매매계약 취소 × • 부동산의 이중매매의 제2매수인의 대리인이 매매대상 토지에 관한 사정을 잘 알면서 매도인의 배임행위에 가담한 경우 대리행위의 하자 유무는 대리인을 기준으로 결정
예 외	특정한 법률행위를 위임하여 대리인이 본인의 지시에 좇아 그 행위를 한 경우 본인은 자기가 안 사정에 관하여 대리인의 부지(不知)를 주장 ×

3. 대리인의 능력

① 대리인은 행위능력자임을 요하지 아니하나, 대리행위 당시 의사능력을 존재하여야 함
- ▶ 미성년자를 임의대리인으로 선임 가능
- ▶ 의사능력이 있는 피성년후견인을 대리인으로 선임 가능
- ▶ 대리인이 피한정후견인인 경우 본인은 대리인의 제한능력을 이유로 대리행위의 효력을 부인 ×
- ▶ 대리인이 미성년자인 경우 본인은 대리인의 제한능력을 이유로 대리인이 현명하여 체결한 매매계약을 취소 ×

② 미성년자인 임의대리인이 법정대리인의 동의없이 본인을 대리하여 법률행위를 한 경우 법정대리인이 무능력을 이유로 내부적 법률관계(위임)를 취소하면 내부적 법률관계는 소급하여 무효 ○

③ 법정대리인이 내부적 법률관계를 취소하기 전에 미성년자인 임의대리인이 본인을 대리하여 상대방과 매매계약을 체결한 경우 본인은 대리인의 제한능력을 이유로 매매계약 취소 ×

④ 법정대리인이 내부적 법률관계를 취소한 후 미성년자인 임의대리인이 본인을 대리하여 상대방과 매매계약을 체결한 경우 미성년자인 임의대리인은 상대방에게 무권대리인으로서의 책임 ×

Ⅲ 대리의 효과(본인과 상대방 사이의 관계)

① 대리인이 권한에 기하여 상대방으로부터 계약상 급부를 수령하였으나 본인이 대리인으로부터 그 수령한 급부를 현실적으로 인도받지 못한 경우
- ▶ 법률효과는 직접 본인에게 귀속
- ▶ 예를 들어 대리인이 상대방으로부터 수령한 중도금을 본인에게 인도하지 아니한 경우 상대방은 본인에 대한 중도금지급채무를 면함

② 대리인이 상대방으로부터 매매대금을 수령하였으나 본인에게 아직 전달하지 아니한 경우 상대방의 매매대금 채무는 소멸

③ 대리인에 의하여 체결된 계약이 상대방에 의하여 유효하게 해제된 경우 상대방의 급부를 본인이 현실적으로 인도받지 못하였더라도, 본인이 원상회복의무 부담
- ▶ 본인이 대리인으로부터 수령한 급부를 현실적으로 인도받지 못하였다거나 계약상 채무의 불이행에 관하여 대리인에게 책임 있는 사유가 있다고 하여도 마찬가지임

④ 수인의 대리인이 본인을 위하여 각각 상충되는 내용의 계약을 체결한 경우 체결된 계약은 모두 본인에 대하여 효력 ○

Ⅳ 복대리

1. 의 의

복대리인의 개념	대리인이 자신의 이름으로 선임한 본인의 대리인
복대리인의 법적 성질	원대리인의 복임행위는 본인을 위한 대리행위가 아니라 복대리인에 대한 대리권의 병존적 부여행위

2. 대리인의 복임권과 책임

임의대리인의 복임권과 책임	• 원칙적으로 복대리인을 선임할 수 없으나, 본인의 승낙이 있거나 부득이한 사유가 있는 경우 복대리인 선임 가능하며 그 선임감독에 관한 책임 　– 임의대리인이 본인의 승낙없이 복대리인을 선임한 경우 복대리인의 법률행위는 원칙적으로 본인에게 효력 × • 대리인 자신에 의한 처리가 필요하지 아니한 법률행위에 대하여 본인이 복대리 금지의 의사를 명시하지 아니한 경우 복대리인의 선임에 관하여 묵시적인 승낙 간주 　– 오피스텔의 분양업무는 대리인의 능력에 따라 본인의 분양사업의 성공 여부가 결정되는 것이므로, 대리권을 수여받은 자는 본인의 명시적 승낙이 없는 이상 부득이한 사유 없이 복대리인 선임 ×
법정대리인의 복임권과 책임	언제든지 복대리인을 선임할 수 있고, 선임감독의 과실유무에 관계없이 모든 책임을 부담하나, 부득이한 사유로 복대리인을 선임한 경우 그 선임감독에 관한 책임

3. 복대리인의 지위

대리인에 대한 관계	대리인의 대리권은 복대리인의 선임에 의해 소멸하지 아니하며, 대리인과 복대리인 모두 본인을 대리
상대방에 대한 관계	상대방에 대하여 대리인과 동일한 권리의무
본인에 대한 관계	본인에 대하여 대리인과 동일한 권리의무

4. 복대리권의 소멸

대리권 일반의 소멸사유, 내부적 법률관계의 종료 또는 수권행위의 철회, 대리인의 대리권의 소멸로 복대리권의 소멸

Ⅴ　표현대리

1. 표현대리의 의의

표현대리의 본질과 무권대리와의 관계	• 표현대리가 성립되는 경우 무권대리의 성질이 유권대리로 전환 × • 무권대리행위의 상대방이 유권대리를 주장하는 경우 무권대리에 해당하는 표현대리에 해당한다는 주장 　포함 ×
표현대리의 일반적 성립요건과 일반적 효과	• 대리행위가 강행법규에 위반하는 경우 표현대리의 법리가 적용 × • 표현대리행위가 성립하는 경우 과실상계의 법리 유추적용 × • 본인이 무권대리행위임을 이유로 대리행위의 무효를 주장하는 경우 대리행위의 상대방에게 표현대리행위 　라는 주장 및 증명책임

2. 표현대리의 유형

(1) 대리권 수여표시에 의한 표현대리

1) 의 의

본인이 실제로 타인에게 대리권을 수여하지 아니하였음에도 불구하고 이를 수여하였다고 표시함으로써 대리권 수여의 외관이 만들어진 경우, 본인에게 책임을 지우는 제도

2) 요 건

① 대리권수여의 표시

ⓐ 반드시 대리권 또는 대리인이라는 말을 사용하여야 하는 것이 아니라 사회통념상 대리권을 추단할 수 있는 직함이나 명칭 등의 사용을 승낙 또는 묵인한 경우에도 인정

▶ 대리인의 외양을 가지고 행위하는 것을 알면서도 이의를 하지 아니하고 방임하는 등 사실상의 용태에 의하여 대리권의 수여가 추단되는 경우도 인정

ⓑ 본인과 대리행위를 한 자 사이의 기본적인 법률관계의 성질이나 그 효력의 유무와는 관계없이 어떤 자에게 대리권을 수여하였다는 표시를 제3자에게 한 경우에 성립

② 표시된 대리권의 범위 내의 행위일 것

③ 상대방의 선의·무과실

3) 효 과

표현대리는 상대방이 주장하는 경우에 비로소 문제되는 것이고 주장하지 아니하는 한 본인 측에서 표현대리 주장 ×

4) 대리권 수여의 표시에 의한 표현대리의 성립 여부

표현대리가 성립하는 사례	특정인에게 대리권 수여의 표시를 하였으나 대리권은 수여하지 않았고, 상대방이 선의·무과실인 경우
표현대리가 성립하지 아니하는 사례	• 본인의 성명을 모용하여 자기가 마치 본인인 것처럼 기망하여 본인 명의로 직접 법률행위를 한 경우 • 주식거래에 관한 투자수익보장약정이 강행법규의 위반으로 무효이나, 약정을 체결할 권한이 수여되어 있는 　경우(약정을 체결할 권한의 수여 여부와 무관하게) 표현대리 성립 ×

(2) 권한을 넘은 표현대리

1) 의 의

대리인이 그 권한 외의 법률행위를 한 때에 제3자가 그 권한이 있다고 믿을 만한 정당한 이유가 있는 경우, 본인에게 책임을 지우는 제도

2) 요 건

① 대리인에게 기본대리권이 존재할 것

　㉠ 기본대리권으로 인정되는 사례 : 일상가사대리권, 복대리권, 법정대리권

　㉡ 문제된 법률행위와 수여받은 대리권 사이에 아무런 관계가 없는 경우에도 적용

　　▶ 기본대리권이 등기신청행위라 할지라도 표현대리인이 그 권한을 유월하여 대물변제라는 사법행위를 한 경우에도 적용

② 권한을 넘은 표현대리행위가 존재할 것 : 권한을 넘은 표현대리에 관한 민법 제126조의 제3자는 당해 표현대리행위의 직접 상대방을 의미

③ 정당한 이유의 존재 : 정당한 이유의 존부는 자칭 대리인의 대리행위가 행하여질 때에 존재하는 모든 사정을 객관적으로 관찰하여 판단

3) 효 과

민법 제126조의 표현대리가 성립하면 상대방은 표현대리인이 한 법률행위의 효력을 본인에게 주장 가능

4) 권한을 넘은 표현대리의 성립 여부

표현대리가 성립하는 사례	• 기본대리권에 의한 권한 외의 대리행위를 하였으나 상대방에게 그런 권한이 있었다고 믿을 만한 정당한 이유가 있는 경우 • 복대리인 선임권한이 없는 대리인이 선임한 복대리인이 권한 외의 대리행위를 하였으나 상대방에게 그런 권한이 있었다고 믿을 만한 정당한 이유가 있는 경우 • 처가 특별수권없이 남편 소유의 부동산을 처분하였으나, 상대방이 처에게 남편이 그 행위에 관한 대리의 권한을 주었다고 믿었음을 정당화할 만한 객관적 사정이 있는 경우 • 과거에 가졌던 대리권이 소멸되어 대리권 소멸 후의 표현대리로 인정되는 경우에 그 표현대리의 권한을 넘는 대리행위가 있을 경우 • 아파트에 관한 일체의 관리권한을 위임받아 본인으로 가장하여 아파트를 상대방에게 임대한 후 다시 본인으로 가장하여 상대방(임차인)에게 아파트를 매도한 경우 • 대리인이 본인의 인장을 위조하여 권한을 넘은 무권대리행위를 하였는데 그 인장의 위조나 행사가 범죄행위가 되는 경우 • 본인의 성명을 모용하였더라도 모용자에게 본인을 대리할 기본대리권이 있었고, 상대방으로서는 모용자가 본인 자신으로서 본인의 권한을 행사하는 것으로 믿은 데 정당한 사유가 있었던 경우 • 대리문구를 어음상에 기재하지 않고 직접 본인 명의로 기명날인을 하여 어음행위를 하는 이른바 기관 방식 또는 서명대리 방식의 어음행위가 이루어진 경우 표현대리 규정 유추적용 ○
표현대리가 성립하지 아니하는 사례	• 사술을 써서 대리행위의 표시를 하지 아니하고 단지 본인의 성명을 모용하여 자기가 마치 본인인 것처럼 기망함으로써 본인 명의로 직접 법률행위를 한 경우 • 주택조합의 대표자가 조합원 총회의 결의를 거치지 아니하고 총유에 속하는 건물을 처분한 경우 • 비법인사단인 교회의 대표자가 교인총회의 결의를 거치지 않고 총유물인 교회재산을 처분한 경우

(3) 대리권소멸 후의 표현대리

1) 의 의

대리권이 소멸하여 대리권이 없는 자의 대리행위에 대하여 상대방이 선의·무과실인 경우, 본인에게 책임을 지우는 제도

2) 요 건

① 이전에 존재하던 대리권이 소멸하였을 것

② 대리인이 권한 내의 행위를 하였을 것

③ 상대방의 선의·무과실

3) 적용범위

① 임의대리권뿐만 아니라 법정대리인의 대리권이 소멸된 경우에도 적용

② 대리권 소멸 후 선임한 복대리인의 무권대리행위에 대하여 상대방이 선의·무과실인 경우 대리권 소멸 후의 표현대리가 성립

4) 효 과

민법 제129조의 표현대리가 성립하면 상대방은 표현대리인이 한 법률행위의 효력을 본인에게 주장 가능

5) 대리권소멸 후의 표현대리가 성립하는 사례

① 대리권 소멸 후 선임한 복대리인의 무권대리행위에 대하여 상대방이 선의·무과실인 경우

② 대표이사의 퇴임등기가 이루어진 후 퇴임대표이사가 종전대표이사를 대리하여 무권대표행위를 한 경우

VI 협의의 무권대리

1. 의 의

개 념	대리인이 대리권없이 대리행위를 하였으나, 표현대리가 성립하지 아니하는 경우로, 계약의 무권대리와 단독행위의 무권대리가 있음
문제되는 사례	무권리자의 처분 행위에 대하여 권리자의 추인이 있는 경우 원칙적으로 소급효 ○

2. 계약의 무권대리

(1) 본인과 상대방 사이의 관계

1) 본인의 권리

① 추인의 당사자

ㄱ 추인권자는 본인이지만 무권대리인이 추인에 관한 특별수권을 부여받은 경우에는 추인 가능

ㄴ 추인의 상대방은 무권대리인, 무권대리행위의 직접의 상대방 및 그 무권대리행위로 인한 권리 또는 법률관계의 승계인

▶ 본인이 무권대리행위에 대한 추인을 무권대리인에게 하여 이러한 사정을 모르는 상대방이 계약철회를 통보한 경우 무권대리행위는 확정적으로 무효 ○

▶ 무권대리행위의 추인의 의사표시를 무권대리인에게 한 경우 본인은 상대방에게 추인의 효력 주장 ×

② **추인의 방법** : 추인은 명시적인 방법만 아니라 묵시적인 방법으로도 가능하며, 무권대리행위에 의하여 매매계약이 체결되었으나, 본인이 중도금을 수령한 경우 본인에게 매매를 원인으로 한 소유권이전등기 의무 발생

③ **일부추인의 가부** : 하나의 무권대리행위 일부나 변경을 가한 본인의 추인은 상대방의 동의가 없으면 무효 ○

④ **추인의 효과**

    ㉠ 본인의 추인으로 무권대리행위는 다른 의사표시가 없는 때에는 계약체결 당시로 소급하여 효력 발생 ○

        ▶ 추인으로 무권대리행위는 처음부터 유권대리행위이었던 것과 마찬가지로 다루어지지만 법률행위의 효력발생시기에 관한 다른 약정이 있다면 그에 따름

    ㉡ 무권대리행위 후 본인이 매매목적물을 제3자에게 양도하고 소유권이전등기를 경료하여 준 경우 무권대리행위에 대한 추인이 있더라도 제3자는 유효하게 소유권 취득

    ㉢ 종중을 대표할 권한 없는 자가 한 소송행위를 추인한 경우 총회결의에 따라 소송행위를 추인하면 행위시로 소급하여 유효하게 되며, 추인의 소급효를 제한하고 있는 민법 제133조 단서의 규정은 적용 여지 ×

    ㉣ 무권대리행위의 추인에 따라 계약의 소급효가 인정되더라도 배타적 권리를 취득한 제3자에게 대항 ×

⑤ **추인의 거절**

    ㉠ 본인이 무권대리인의 법률행위에 대하여 추인거절의 의사표시를 한 경우 무권대리행위는 확정적으로 무효가 되므로 번복하여 추인 ×

    ㉡ 상대방이 상당한 기간을 정하여 계약의 추인 여부의 확답을 최고하였으나, 본인이 이 기간 내에 확답을 발하지 않은 경우 추인 거절 간주

⑥ **추인에 해당하지 아니하는 사례**

    ㉠ 범죄가 되는 무권대리행위 사실을 알고도 장기간 형사고소를 하지 아니한 경우

    ㉡ 본인이 무권대리 사실을 알고 있으면서 이의를 제기하지 않은 경우

2) 무권대리인과 상속

무권대리인이 본인의 부동산을 선의의 상대방에게 임의로 매도하여 그가 소유권이전등기를 마쳤으나, 무권대리인이 본인을 상속한 후 무권대리행위임을 주장하여 이미 경료된 소유권이전등기의 말소를 청구하는 경우 신의성실의 원칙 위반

3) 상대방의 권리

최고권	• 상대방은 무권대리행위에 대하여 선·악의에 관계없이 최고권 인정 • 상대방이 상당한 기간을 정하여 계약의 추인 여부의 확답을 최고하였으나, 본인이 이 기간을 경과하여 추인한 경우 무권대리행위는 확정적으로 무효 ○

철회권	• 상대방은 무권대리행위에 대하여 본인의 추인이 있을 때까지 철회 가능
	  – 무권대리행위의 추인의 의사표시를 무권대리인에게 한 경우 상대방은 추인이 있었음을 알지 못하였다면 철회 가능
	  – 본인이 무권대리인에게 추인하였으나 상대방이 알지 못한 경우 본인은 추인의 효력을 주장할 수 없으므로 상대방은 추인이 있음을 알 때까지 철회할 수 있고, 추인이 있었음을 주장할 수도 있음
	  – 본인이 무권대리인에게 추인하였으나, 상대방이 본인의 추인사실을 알게 된 경우 상대방은 자신의 의사표시를 철회 ×

	• 계약 당시 무권대리임을 알았다면 상대방은 자신의 의사표시를 철회 × • 무권대리행위의 상대방이 철회권을 유효하게 행사한 경우 무권대리행위는 확정적으로 무효이므로 본인은 추인할 수 없고, 상대방은 무권대리인에 대하여 민법 제135조에 따른 무권대리인의 책임 추궁 × • 무권대리행위의 상대방이 대리인에게 대리권이 없음을 알았다는 점은 철회의 효과를 다투는 본인에게 주장 · 증명책임

(2) 대리인과 상대방 사이의 관계(무권대리인의 상대방에 대한 책임)

책임의 법적 성질	무과실책임

책임의 요건	• 무권대리인이 대리권을 증명하지 못하고 본인의 추인을 받지 못할 것
	
	     – 본인이 무권대리행위를 추인한 경우 상대방은 무권대리인에게 민법 제135조의 책임 추궁 ×
	
	 • 상대방의 선의 · 무과실
	
	     – 계약체결 당시 상대방이 대리인의 대리권 없음을 알았거나 알 수 있었다는 사실은 무권대리인에게 주장 · 증명책임
	
	 • 무권대리인이 제한능력자가 아닐 것

책임의 내용	• 상대방의 선택에 따라 계약의 이행 또는 손해배상책임(손해배상액의 예정 가능) • 본인이 추인을 거절하여 상대방이 무권대리인의 책임 중 계약의 이행을 선택한 경우 이 경우에도 무권대리인의 채무불이행에 대비하여 마련한 손해배상액의 예정조항 적용 • 무권대리행위가 제3자의 기망이나 문서위조 등 위법행위로 야기된 경우 상대방에 대한 책임 ○ • 제한능력자인 임의대리인이 법정대리인의 동의 없이 무권대리행위로 계약을 체결한 경우 제한능력자는 무권대리인으로서 계약이행 책임 ×

(3) 본인과 무권대리인 사이의 관계

본인이 추인하면 사무관리가 성립하고, 추인하지 아니하면 부당이득, 불법행위책임 등이 문제될 수 있고, 내부적 법률관계에서 채무불이행책임을 추궁할 수도 있음

(4) 관련 판례

타인의 생명보험에서 피보험자가 서면으로 동의의 의사표시를 하지 아니한 경우 보험계약은 무효이고, 추인한 경우에도 유효 ×

3. 단독행위의 무권대리

대리권이 없는 자가 재단법인의 설립행위를 대리하였으나 본인이 추인한 경우 언제나 무효이며 무권대리인도 이행책임 ×

법률행위의 무효와 취소

I 무효와 취소의 의의

개 념	처음부터 법률행위의 효력이 당연히 발생하지 아니하는 경우를 무효라고 하고, 취소권자의 취소라는 행위가 있어야 비로소 소급적으로 무효가 되는 경우를 취소라고 함
구 별	무효는 누구든지 주장할 수 있으나, 취소는 취소권자만 주장 가능

II 법률행위의 무효

1. 의 의

법률행위가 성립요건을 구비하지 못한 경우를 법률행위의 부존재라 하고, 성립요건을 구비하였으나 효력요건을 갖추지 못한 경우를 무효라고 함

2. 무효의 효과

무효인 법률행위의 내용에 따른 법률효과를 침해하는 것처럼 보이는 위법행위가 있는 경우 그로 인한 손해배상 청구 ×

3. 일부무효

법률행위의 일부분이 무효인 경우 원칙적으로 전부 무효 ○

4. 유동적 무효

(1) 의 의

법률행위가 무효이기는 하지만 추인 등에 의하여 행위시에 소급하여 유효로 될 수 있는 무효를 의미

(2) 유동적 무효에 대한 판례 법리

1) 확정적 무효로 되는 경우

① 토지거래허가구역 내의 토지매매계약이 처음부터 허가를 배제하거나 잠탈하는 내용의 계약일 경우 확정적 무효 ○

② 당사자가 허가신청절차 협력의무의 이행거절의사를 명백히 표시한 경우 매매계약은 확정적으로 무효 ○

③ 유동적 무효상태의 토지거래계약이 확정적으로 무효가 되는데 귀책사유가 있는 자도 그 계약의 무효를 주장 가능

2) 유동적 무효상태의 법률관계

① 허가신청절차 협력의무 관련 사례

㉠ 토지거래허가구역 내의 토지에 대하여 관할 관청의 허가 없이 체결된 매매계약이 유동적 무효인 경우 허가를 신청하기 위해 필요한 협력의무의 이행 소구 가능

㉡ 토지거래허가를 받지 않은 매매계약의 매수인은 매도인에 대한 토지거래허가 신청절차 협력청구권을 피보전권리로 하여 매매목적 토지의 처분을 금하는 가처분을 신청 가능

ⓒ 매수인이 매도인에 대해 토지거래허가 신청절차에 협력할 의무의 이행을 청구하는 경우 매도인은 매매대금지급 의무이행의 제공이 있을 때까지 그 협력의무의 이행을 거절 ×

ⓔ 토지거래허가를 받지 않은 매매계약에서 매도인과 매수인 및 제3자 사이에 제3자가 매수인의 지위를 이전받는다는 취지의 합의를 한 경우 관할 관청의 허가가 없는 이상 제3자가 매도인에 대하여 직접 토지거래허가 신청절차 협력의무의 이행 청구 ×

▸ 토지거래허가를 받지 않은 매매계약에서 매도인과 매수인 및 제3자 사이에 제3자가 매수인의 지위를 이전받는다는 취지의 합의를 한 경우 최초매도인과 매수인 간의 매매계약에 관하여 관할관청의 허가가 있어야 비로소 효력 발생

ⓜ 토지거래허가신청절차에 협력할 의무를 위반한 경우 협력의무위반을 이유로 매매계약 해제 ×

ⓗ 허가 구역 내 토지거래계약이 허위표시에 의하여 이루어진 경우 허위표시임을 주장하여 계약을 확정적으로 무효화시키고 거래허가절차에 협력할 의무를 면할 수 있음

② 계약의 이행 관련 사례

ⓐ 토지거래허가구역 내의 토지에 대한 매매계약이 관할 관청의 허가가 없어 유동적 무효의 상태에 있는 경우 허가가 있을 것을 조건으로 하여 소유권이전등기절차의 이행 청구 ×

ⓑ 토지거래허가가 있기 전에 매도인이 매수인에게 소유권이전을 위한 등기서류의 이행제공을 한 경우라도 매수인의 이행지체 ×

ⓒ 토지거래허가가 있기 전에 매수인의 대금지급의무의 불이행이 있는 경우 매도인의 계약해제 ×

▸ 토지거래허가구역 내의 토지에 대하여 매매계약을 체결하였으나, 상대방의 채무불이행이 있는 경우 거래계약을 해제하거나 그로 인한 손해배상 청구 ×

ⓔ 매매계약 체결 당시 일정한 기간 안에 토지거래허가를 받기로 약정하였으나, 약정기간이 경과한 경우 매매계약이 확정적으로 무효 ×

③ 계약금 관련 사례

ⓐ 토지거래허가를 받지 않은 매매계약에서 계약금이 수수된 경우 매도인은 당사자 일방이 이행에 착수하기 전이라도 계약금의 배액을 상환하고 계약을 해제 가능

▸ 계약금만 수수한 상태에서 토지거래허가신청을 하고 관할관청으로부터 그 허가를 받은 경우 아직 이행의 착수가 있다고 볼 수 없으므로 매도인으로서는 계약금의 배액을 상환하여 매매계약 해제 가능

ⓑ 유동적 무효상태의 매매계약을 체결하고 매도인이 임의로 계약금을 지급한 경우 지급한 계약금은 그 계약이 유동적 무효상태로 있는 한 부당이득반환청구 ×

④ 계약의 취소 관련 사례 : 토지거래허가구역 내의 토지에 대한 매매계약이 관할 관청의 허가가 없어 유동적 무효의 상태에 있는 경우 사기 또는 강박에 의한 계약의 취소 가능

▸ 토지거래허가구역 내의 토지에 대한 매매계약이 사기에 의하여 체결된 경우 사기 취소함으로써 허가신청절차의 협력의무를 면할 수 있고, 계약금의 반환도 청구 가능

⑤ 손해배상액의 예정 관련 사례

ⓐ 유동적 무효상태에 있는 토지거래계약이 확정적으로 무효가 되는 것을 대비한 손해배상액의 예정 유효 ○

ⓑ 토지거래허가신청절차 협력의무 위반에 따른 손해배상액을 예정하는 약정은 유효 ○

3) 확정적으로 유효가 되는 경우

① 유동적 무효상태의 토지매매계약에 대하여 관할관청으로부터 허가를 받은 경우 매매계약은 소급해서 유효 ○

② 매매계약이 체결되어 유동적 무효 상태에 있었으나, 토지거래허가구역이 지정해제된 경우 매매계약은 확정적으로 유효 ○

4) 유동적 무효와 관련된 중요 사례(토지거래허가구역 내의 토지와 건물을 일괄하여 매매한 경우)

▶ 특별한 사정이 인정되는 경우에 한하여 토지에 대한 매매거래허가가 있기 전에 건물만의 소유권이전등기를 명할 수 있다고 보아야 할 것

▶ 특별한 사정이 없는 경우에는 토지에 대한 거래허가가 있어 그 매매계약의 전부가 유효한 것으로 확정된 후에 토지와 함께 이전등기를 명하는 것이 옳음

5. 무효행위의 전환

의 의	법률행위의 일부가 무효이나, 그 무효부분이 없더라도 법률행위를 하였을 것으로 인정되는 경우 나머지 부분은 무효 ×
요 건	무효인 법률행위가 존재하여야 하고, 그 법률행위가 다른 법률행위로서의 요건을 구비하여야 하며 당사자의 가상적 의사가 인정되어야 함
효 과	무효행위 전환의 요건이 구비되면 원래의 법률행위시점부터 다른 법률행위로서의 효력이 인정됨
적용범위	• 불공정한 법률행위의 경우 무효행위의 전환 가능 – 매매계약이 매매대금의 과다로 말미암아 불공정한 법률행위에 해당하더라도, 무효를 알았더라면 대금을 다른 액으로 정하여 매매계약에 합의하였을 것이라고 인정되는 경우 다른 대금액을 내용으로 하는 매매계약이 성립 • 직권해임, 직권휴직 및 징계해임 등에서 어느 한 처분이 정당한 사유나 절차의 흠결로 무효이나 다른 처분으로서 정당한 사유 및 절차적 요건을 갖춘 경우 다른 처분으로서의 효력 ×

6. 무효행위의 추인

의 의	무효인 법률행위는 추인하여도 그 효력이 발생하지 아니하나, 당사자가 그 무효임을 알고 추인하는 경우는 그때부터 새로운 법률행위로 간주
요 건	• 법률행위가 무효임을 알고 그 행위의 효과를 자기에게 귀속시키도록 하는 단독행위로서의 무효행위의 추인은 묵시적인 방법으로도 가능 • 무효행위의 추인이 있었다는 사실은 새로운 법률행위의 성립을 주장하는 자에게 증명책임이 있음

효 과	• 불공정한 법률행위는 무효행위의 추인 ×
	
	  – 폭리행위의 무효원인이 해소되지 않은 경우 추인이 있으면 유효 ×
	
	• 법률행위가 무효임을 알고 이를 추인한 경우 그때부터 유효하므로 가장매매의 당사자가 가장매매를 추인한 경우 추인한 때부터 유효 ○
	• 취소할 수 있는 법률행위를 취소한 후 그 취소 원인이 소멸된 경우 무효인 법률행위의 추인의 요건과 효력으로서 추인 가능
	
	  – 표의자가 강박에 의한 의사표시를 적법하게 취소한 경우 강박상태에서 벗어난 후 무효행위 추인의 요건을 갖추어 추인 가능
	
	• 허위표시에 기초하여 무효인 가등기를 유효한 등기로 전용하기로 약정한 경우 그때부터 유효 ○

한 계	당사자가 반사회적 법률행위를 그 무효임을 알고서 추인하는 경우 절대적 무효 ○

Ⅲ 법률행위의 취소

1. 의 의

일단 유효하게 성립한 법률행위의 효력을 제한능력 또는 의사표시의 결함을 이유로 취소권자의 의사표시에 의하여 행위시에 소급하여 무효로 하는 것

2. 취소의 당사자

취소권자	취소할 수 있는 법률행위는 제한능력자, 착오·사기·강박에 의하여 의사표시를 한 자, 그의 대리인 또는 승계인이 취소 가능 – 미성년자가 법정대리인의 동의없이 단독으로 법률행위를 한 경우 미성년자가 단독으로 취소 가능 – 전세권자의 사기에 의해 건물에 전세권이 설정되고 그 건물이 양도된 경우 건물양수인(특정승계인)은 전세권 설정 계약 취소 가능 – 미성년자가 자신 소유의 토지를 법정대리인의 동의 없이 매도하고 매수인이 제3자에게 위 토지를 순차 매도 후 미성년자가 매수인과의 매매계약을 취소한 경우 미성년자는 선의의 제3자에게도 대항할 수 있으므로 취소에 의하여 토지에 관한 소유권 회복 가능
취소의 상대방	취소할 수 있는 법률행위의 상대방이 확정되어 있는 경우 취소는 상대방에 대한 의사표시로 하여야 함 – 甲이 乙의 사기로 토지를 乙에게 헐값에 판 후 乙이 丙에게 전매한 경우 사기로 인한 법률행위의 취소의 상대방은 乙 – 수탁보증인이 보증계약을 취소할 경우 채권자를 상대방으로 하여 의사표시를 하여야 함

3. 취소의 방법

취소의 의사표시	• 취소권은 제척기간 내에 재판상 행사하거나, 재판 외에서 의사표시를 하는 방법으로도 권리를 행사 가능 – 제한능력자의 취소권은 재판상 또는 재판 외로 행사 가능하며, 취소의 의사표시는 명시적이어야 하는 것은 아니고, 법률행위의 효력을 처음부터 배제하려고 한다는 의사가 드러나면 충분 • 법률행위의 취소를 전제로 한 소송상의 이행청구나 이를 전제로 한 이행거절은 취소의 의사표시를 포함
일부취소	• 하나의 법률행위의 일부분에만 취소사유가 있다고 하더라도 그 법률행위가 가분적이거나 그 목적물의 일부가 특정될 수 있다면 그 나머지 부분이라도 이를 유지하려는 당사자의 가정적 의사가 인정되는 경우 그 일부만의 취소도 가능 • 임차권양도계약과 권리금계약이 결합하여 전체가 경제적·사실적으로 일체로서 행하여져 불가분의 관계에 있는 경우 하나의 계약에 대한 기망 취소의 의사표시는 전체 계약에 대한 취소의 효력 ○ • 매매계약의 체결 시 토지의 일정 부분을 매매의 대상에서 제외시키는 특약을 한 경우 특약만을 기망에 의한 법률행위로서 취소 ×

4. 취소의 효과

원칙 (소급적 무효)	• 사기 또는 강박 등을 이유로 매매계약이 취소된 경우 채무불이행으로 인한 손해배상책임이 아닌 부당이득 반환의무 부담 • 법률행위의 취소는 취소원인이 종료되었는지 여부와 무관하게 취소권의 행사기간 내에 행사 가능
예외 소급효의 예외 (제한능력자의 반환범위에 관한 특칙)	• 법정대리인의 동의를 요하는 법률행위를 미성년자가 단독으로 하여 법정대리인이 당해 법률행위를 취소하는 경우 현존이익의 한도에서 받은 이익 반환 – 제한능력자의 부당이득반환 범위는 현존이익의 한도 내(그의 선·악 불문) – 제한능력자가 제한능력을 이유로 법률행위를 취소한 경우 그 행위로 인하여 받은 이익이 현존하는 한도에서 상환(償還)할 책임 • 제한능력을 이유로 의사표시를 취소한 경우 선의의 제3자에게 대항 ○
계속적 계약관계에서의 특칙	근로자의 기망으로 체결된 근로계약이 사용자에 의해 적법하게 취소된 경우 취소의 의사표시 이후 장래에 관하여만 근로계약의 효력 소멸 ○ – 허위의 이력서를 제출하여 체결한 근로계약으로 노무를 제공하였으나 사용자가 사기를 이유로 근로계약을 취소한 경우 근로계약은 취소의 의사표시 이후의 장래에 관하여만 효력이 소멸하고 이전의 법률관계는 유효

5. 취소할 수 있는 법률행위의 추인

요 건	• 추인은 취소의 원인이 종료된 후에 하여야 하므로, 피성년후견인은 법정대리인의 동의가 있더라도 취소할 수 있는 법률행위를 추인 × • 미성년자가 법정대리인의 동의 없이 한 법률행위를 법정대리인이 추인한 경우 미성년자는 법률행위를 취소 × – 법정대리인의 동의없는 제한능력자의 법률행위에 대해 법정대리인이 추인하는 경우 법정대리인의 경우에는 취소의 원인이 소멸되었는지 여부에 상관없이 추인 가능
효 과	취소할 수 있는 법률행위를 적법하게 추인한 경우에는 다시 취소할 수 없으나, 적법하게 취소한 경우에는 무효인 법률행위로서도 다시 추인 가능

6. 법정추인

(1) 의 의

① 미성년자가 법정대리인의 동의 없이 매매계약을 체결하고 성년이 되기 전에 스스로 채무의 일부를 이행한 경우 계약 추인 간주 ×

② 불공정한 법률행위, 반사회적 법률행위, 강행법규의 위반 등의 무효인 법률행위의 경우에는 법정추인에 의해 유효 ×

(2) 법정추인의 사유

1) 전부나 일부의 이행

① 취소할 수 있는 법률행위로부터 생긴 채권에 관하여 취소의 원인이 종료한 후에 취소권자가 이의를 유보하지 않고 상대방에게 이행하거나 상대방의 이행을 받은 경우 법정추인사유에 해당

▶ 취소할 수 있는 법률행위로부터 발생한 채권의 일부에 대하여 취소권자가 상대방의 이행을 수령한 경우

② 미성년자가 단독으로 발급받은 신용카드로 구입한 물품의 대금을 성년자가 되어 이의없이 결제한 경우 법정추인이 되므로 물품구입계약의 취소 ×

2) 이행의 청구

취소권자가 채무이행을 청구한 것에 한하여 법정추인 사유

▸ 취소할 수 있는 법률행위는 취소권자가 추인할 수 있는 후에 이의를 보류하지 않고 이행청구를 한 경우

3) 경 개

4) 담보의 제공

취소권자가 취소할 수 있는 매매계약으로부터 취득한 토지에 지상권을 설정한 경우

5) 취소할 수 있는 행위로 취득한 권리의 전부나 일부의 양도

취소권자가 양도한 경우에 한하여 법정추인 사유

6) 강제집행

(3) 효 과

요건이 구비되면 추인이 있었던 것으로 간주

7. 단기제척기간

(1) 법적 성질

법률관계를 조속히 확정하여 상대방을 보호하기 위한 제척기간

(2) 취소권의 단기소멸

① 취소권은 추인할 수 있는 날로부터 3년 내, 법률행위를 한 날로부터 10년 내에 행사

   ▸ 강박에 의한 의사표시에 대한 취소권의 행사기간은 추인할 수 있는 날로부터 3년 내, 법률행위를 한 날로부터 10년 내에 행사

② 추인할 수 있는 날은 취소의 원인이 종료되어 취소권행사에 관한 장애가 없어져서 취소권자가 취소의 대상인 법률행위를 추인할 수도 있고 취소할 수도 있는 상태가 된 때

③ 미성년자가 법정대리인의 동의 없이 법률행위를 한 경우 미성년자는 추인할 수 있는 날인 성년이 된 날로부터 3년 이내에 취소권 행사 가능

④ 단기제척기간의 도과로 취소권이 소멸하여 유효하게 된 법률행위를 이행하지 아니하는 경우 채무자는 채무불이행책임 부담

8. 미성년자가 매매계약을 체결한 사례(법정대리인의 동의 없이 미성년자가 매매계약을 체결한 경우)

  ▸ 미성년자가 혼인한 경우 성년의제된 시점부터 3년이 경과하지 아니하였다면 매매계약 취소 가능

  ▸ 취소의 원인이 소멸된 후에 추인할 수 있으므로 아직 미성년자라면 유효하게 추인 ×

  ▸ 미성년자는 성년의제로 법정대리인의 동의없이 유효하게 추인 가능

  ▸ 성년이 되었다면 당연히 추인 가능

  ▸ 이혼한 미성년자가 종전에 법정대리인의 동의없이 체결한 매매계약의 매매대금을 이의없이 수령한 경우 성년의제효과는 이혼에도 불구하고 유지되고 전부나 일부의 이행에 해당하므로 법정추인에 해당

Ⅰ 조건

1. 의 의

① 조건은 법률행위의 효력의 발생 또는 소멸을 장래 불확실한 사실의 발생 여부에 의존하게 하는 법률행위의 부관을 말하며, 조건을 붙이고자 하는 의사표시는 묵시적 의사표시나 묵시적 약정도 가능

② 조건을 법률행위에 붙이고자 하는 의사가 있었으나 이를 외부에 표시하지 아니한 경우 법률행위의 동기에 불과

   ▶ 조건을 붙이고자 하는 의사표시는 묵시적 의사표시나 묵시적 약정으로도 가능

③ 법률이 요구하는 요건인 법정조건은 법률행위의 부관으로서의 조건 ✕

2. 조건의 종류

(1) 정지조건

① 정지조건부 법률행위는 조건이 성취되면 성취한 때부터 효력 발생하고, 정지조건부 법률행위에 해당한다는 사실은 법률효과의 발생을 다투려는 자에게 주장·증명책임

   ▶ 법률행위에 조건이 붙어 있는지 여부는 조건의 존재를 주장하는 자에게 증명책임

② '대금이 완납되면 매매목적물의 소유권이 이전된다'는 조항이 있는 소유권유보부 매매에서 대금완납 조건은 정지조건

(2) 해제조건

① 해제조건 있는 법률행위의 조건이 성취된 경우 법률행위의 효력 소멸

② 합의내용이 이행되지 않은 경우 합의를 무효로 하기로 하였는데 부도가 난 후 상대방에게 합의서상의 채무를 이행할 수 없다고 통고한 경우 "합의서 내용이 불이행된 때"라는 조건이 성취한 것

③ 매수인이 중도금을 약정 일자에 지급하지 아니하면 계약이 해제된 것으로 한다는 특약이 있는 경우 매수인의 중도금지급지체로 계약은 그 일자에 자동적으로 해제된 것

④ 건축허가를 받을 때 매매계약이 성립하고 건축허가 신청이 불허될 경우에는 이를 무효로 한다는 약정 아래 이루어진 원·피고의 토지매매계약은 해제조건부계약

(3) 수의조건

제작물공급계약의 당사자들이 보수의 지급시기에 관하여 "수급인이 공급한 목적물을 도급인이 검사하여 합격하면 도급인은 수급인에게 그 보수를 지급한다"는 내용의 조건을 붙인 경우 조건에 해당하지 아니하고, 조건에 해당한다 하더라도 순수수의조건 ✕

(4) 가장조건

불법조건	조건부 법률행위에 있어 조건의 내용 자체가 불법적인 것이어서 무효일 경우 또는 조건을 붙이는 것이 허용되지 아니하는 법률행위에 조건을 붙인 경우 법률행위 전부가 무효 ○
	− 조건이 선량한 풍속 기타 사회질서에 위반한 것인 경우 조건뿐만 아니라 그 법률행위는 무효 ○ − 부첩관계인 부부생활의 종료를 해제조건으로 하는 증여계약은 조건만이 아니라 증여계약 자체가 무효 ○

기성조건	조건이 법률행위의 당시 이미 성취한 것인 경우 그 조건이 정지조건이면 조건 없는 법률행위로 하고 해제조건 이면 그 법률행위는 무효 ○
	– 정지조건부 화해계약 당시 이미 그 조건이 성취된 경우 조건이 없는 화해계약
불능조건	조건이 법률행위의 당시에 이미 성취할 수 없는 것인 경우 그 조건이 해제조건이면 조건 없는 법률행위로 하고 정지조건이면 그 법률행위는 무효 ○

3. 조건에 친하지 아니한 법률행위

단독행위나 신분행위에는 원칙적으로 조건을 부가할 수 없으나, 신분행위인 유언의 경우에는 정지조건을 부가할 수 있음

4. 조건의 성취와 불성취

(1) 조건의 성취 또는 불성취의 주장

조건성취의 주장	• 조건의 성취로 인하여 불이익을 받을 당사자가 신의성실에 반하여 조건의 성취를 방해한 경우 상대방은 그 조건이 성취한 것으로 주장
	– 고의에 의한 방해만이 아니라 과실에 의한 방해도 포함
	• 신의성실에 반하여 조건의 성취를 방해할 경우 성취가 의제되는 시점은 방해행위가 없었더라면 조건이 성취되었을 것으로 추산되는 시점
조건불성취의 주장	조건의 성취로 인하여 이익을 받을 당사자가 신의성실에 반하여 조건을 성취시킨 경우 상대방은 그 조건이 성취하지 아니한 것으로 주장

(2) 조건의 성취 또는 불성취의 효과

① 조건성취의 효력발생시기에 관한 민법의 규정은 임의규정

▶ 당사자가 조건성취의 효력을 그 성취 전으로 소급하게 할 의사를 표시한 경우 그 의사에 따라 효력 ○

② 정지조건부 채권양도에 있어서 조건이 성취되었다는 사실은 채권양도의 효력을 주장하는 자에게 그 증명책임

5. 조건부 법률행위의 일반적 효력

조건부 권리의 보호	• 조건 있는 법률행위의 당사자는 조건의 성부가 미정인 동안에 조건의 성취로 인하여 생길 상대방의 이익을 해하지 못함
	• 해제조건부 증여로 인한 부동산소유권이전등기를 마친 경우 등기된 조건이 성취되기 전에 수증자가 한 처분행위는 조건성취의 효과를 제한하는 한도 내에서 무효 ○
조건부 권리의 처분 등	조건의 성취가 미정한 권리의무는 일반규정에 의하여 처분, 상속, 보존 또는 담보 제공 가능

Ⅱ 기 한

1. 의 의

법률행위의 효력의 발생 또는 소멸을 장래 발생할 것이 확실한 사실에 의존하게 하는 법률행위의 부관

2. 기한의 종류

(1) 시기와 종기

종기 있는 법률행위는 기한이 도래한 때로부터 그 효력 소멸

(2) 확정기한과 불확정기한

어떤 부관인지 여부가 명확하지 아니한 경우	• 부관에 표시된 사실이 발생하지 않으면 채무를 이행하지 않아도 된다고 보는 것이 합리적인 경우는 조건 • 부관에 표시된 사실이 발생한 때 및 발생하지 않는 것이 확정된 때에도 채무를 이행하여야 한다고 보는 것이 합리적인 경우는 불확정기한
불확정기한	• 이미 부담하고 있는 채무의 변제에 관하여 일정한 사실이 부관으로 붙여진 경우 변제기를 유예한 것으로서 그 사실이 발생한 때 또는 발생하지 아니하는 것으로 확정된 때에 기한이 도래 • 어떠한 법률행위에 불확정기한이 부관으로 붙여진 경우 그 법률행위에 따른 채무는 이미 발생하여 있고 불확정기한은 변제기나 이행기를 유예한 것에 불과

3. 기한에 친하지 아니한 법률행위

상계의 의사표시는 조건 또는 기한을 붙이지 못하므로 시기(始期) 부가 ×, 반면 현상광고에 정한 행위의 완료에는 조건이나 기한 부가 가능

4. 기한부 법률행위의 효력

기한의 효력에 대하여 기한 도래시부터 생기며 특약을 하더라도 소급효 ×

5. 기한의 이익

(1) 의 의

기한이 도래하지 아니함으로써 당사자가 받는 이익

(2) 기한의 이익의 추정

채무자를 위한 것으로 추정	기한의 이익은 채무자를 위한 것으로 추정되므로 기한이익 상실에 대한 특약이 가능하고, 기한의 이익이 상대방의 이익을 위하여도 존재하는 경우 상대방의 손해를 배상하고 기한의 이익 포기 가능
전형계약에서의 기한의 이익	무상임치(민법 제693조)의 경우 임치인(채권자)이 기한의 이익을 가지나, 무이자부 소비대차의 경우 차주(채무자)가 기한의 이익

(3) 기한의 이익의 포기(장래효)

기한의 이익은 포기할 수 있지만, 상대방의 이익을 해하지 못함

(4) 기한의 이익의 상실

① 기한이익의 상실에 관한 민법 제388조은 임의규정

② 채무자가 담보를 손상, 감소 또는 멸실하게 하거나, 담보제공의 의무를 이행하지 않는 경우 기한의 이익을 주장 ×

(5) 기한이익 상실의 특약

추 정	기한이익 상실의 특약은 특별한 사정이 없는 한 형성권적 기한이익 상실의 특약으로 추정
유 형	• 정지조건부 기한이익 상실의 특약에서는 기한의 이익 상실사유가 발생함과 동시에 이행지체 책임 발생하고 채무 전액에 대하여 그때부터 소멸시효 진행 • 형성권적 기한이익 상실의 특약에서는 형성권적 기한이익 상실의 특약이 있는 할부채무는 1회의 불이행이 있더라도 각 할부금에 대해 각 변제기의 도래시마다 그때부터 순차로 소멸시효가 진행하고 채권자가 잔존 채무 전액의 변제를 구하는 취지의 의사를 표시한 경우에 한하여 전액에 대하여 그때부터 소멸시효 진행

(6) 기한이익 상실의 특약과 관련된 사례

甲은 乙로부터 1억원을 빌리면서 5회에 걸쳐 매회 2천만원씩 분할상환하되, 분할변제기한을 1회라도 지체하였을 때는 기한의 이익을 잃는 것으로 특약한 경우

▶ 1회 변제기한이라도 지체하면 2천만원씩 분할상환금의 변제기도래 시마다 순차적으로 지체책임

☐ 대여금채무의 이행지체에 따른 확정된 지연손해금채무는 그 (❶   )부터 지체책임이 발생한다.

    ❶ 이행청구를 받은 때

☐ (❷   )이 법령의 개정 등 사정의 변경으로 소멸하였다면 그 착오를 이유로 한 취소권의 행사는 신의칙에 의해 제한될 수 있다.

    ❷ 착오로 인한 불이익

☐ 통정허위표시가 성립하기 위하여는 의사표시의 진의와 표시가 일치하지 아니하고, 그 불일치에 관하여 상대방과 사이에 (❸   )가 있어야 한다.

    ❸ 합의

☐ 계약당사자 일방의 대리인이 계약을 하면서 상대방을 기망한 경우, (❹   )이 그 사실을 몰랐거나 알 수 없었더라도 계약의 상대방은 민법 제110조 제1항에 따라 그 기망을 이유로 의사표시를 취소할 수 있다.

    ❹ 본인

☐ 민법 제135조의 상대방에 대한 무권대리인의 책임은 (❺   )책임이다.

    ❺ 무과실

☐ 법률행위에 의하여 수여된 대리권은 본인의 사망, 대리인의 사망, 대리인의 성년후견의 개시 또는 파산 외에 그 (❻   )에 의하여 소멸한다.

    ❻ 원인된 법률관계(계약 관계)의 종료

☐ 불공정한 법률행위와 관련하여 급부 상호 간에 현저한 불균형이 있는지의 여부는 (❼   )를 기준으로 판단한다.

    ❼ 법률행위시

☐ 권한을 넘은 표현대리에 관한 민법 제126조의 제3자는 당해 표현대리행위의 (❽   )만을 의미한다.

    ❽ 직접 상대방

☐ 조건이 법률행위의 당시 이미 성취한 것인 경우에는 그 조건이 (❾   )이면 조건 없는 법률행위이다.

    ❾ 정지조건

☐ 비진의표시에서 (❿   )란 특정한 내용의 의사표시를 하고자 하는 표의자의 생각을 말하는 것이지 진정으로 마음속에서 바라는 사항을 뜻하는 것은 아니다.

    ❿ 진의

CHAPTER 06 기간

제1절 기간

I 기간의 의의

개 념	어느 시점부터 어느 시점까지의 계속된 시간
적용범위	민법의 기간에 관한 규정은 보충적인 규정이므로 기간계산에 관하여 당사자의 약정이 있는 경우 그에 따를 수 있고, 사법관계뿐만 아니라 공법관계에서도 적용

II 기간의 계산방법

1. 기간을 시 · 분 · 초로 정하는 경우

기간을 시, 분, 초로 정한 경우 즉시로부터 기산

2. 기간을 일 · 주 · 월 · 년으로 정한 경우

기산점	초일 불산입을 원칙으로 하나, 법령이나 법률행위 등에 의하여 달리 정하는 것도 가능하고 예외적으로 나이는 출생일을 산입하여 만(滿) 나이로 계산하고, 연수로 표시
만료점	기간을 주, 월 또는 연으로 정한 경우 역에 의하여 계산하고, 주, 월 또는 연의 처음으로부터 기간을 기산하지 아니하는 경우 최후의 주, 월 또는 연에서 그 기산일에 해당한 날의 전일로 기간이 만료, 다만, 기간의 말일이 토요일 또는 공휴일에 해당한 경우 기간은 그 익일로 만료

3. 기간계산의 기출사례

(1) 기간의 만료점

① 2023년 2월 10일(금요일) 오후 10시 30분부터 12시간이라고 한 경우 기간의 만료점은 2023년 2월 11일(토요일) 오전 10시 30분

② 2004년 1월 17일 오후 2시에 태어난 甲이 성년이 되는 시점은 2023.1.17. 0시(또는 2023.1.16. 24시)

▶ 1997년 6월 3일(화) 오후 2시에 태어난 사람이 성년이 되는 시점은 2016년 6월 3일 0시(또는 2016년 6월 2일 24시)

▶ 2017년 1월 13일(금) 17시에 출생한 사람이 성년이 되는 시점은 2036년 1월 12일 24시(또는 1월 13일 0시)

▶ 1988년 3월 2일 출생한 사람이 성년이 되는 시점은 2007년 3월 1일 오후 12시

③ 2022년 11월 30일 오전 10시부터 3개월이라고 한 경우 기간의 만료점은 2023년 2월 28일(화요일) 24시

④ 2023년 5월 1일부터 10일간이라고 한 경우 기간의 만료점은 2023년 5월 10일(수요일) 24시

⑤ 2021년 5월 8일(토)에 계약기간을 '앞으로 3개월'로 정한 경우 기산점은 5월 9일(일) 오전 0시이고 만료점은 8월 9일(월) 오후 24시

⑥ 2023년 5월 27일(토) 13시부터 9시간의 만료점은 2023년 5월 27일 22시

⑦ 2023년 5월 21일(일) 14시부터 7일간의 만료점은 2023년 5월 29일 24시

⑧ 과제물을 10월 3일 오후 4시부터 46시간 내에 제출하라고 한 경우 10월 5일 오후 2시까지 제출

⑨ 2012년 1월 31일 오후 3시에 친구로부터 500만원을 무상으로 빌리면서 1개월 후에 갚기로 한 경우 2012년 2월 1일부터 기산하여 2012년 2월 말일까지 반환

(2) 사원총회소집발송일

① 사원총회소집일이 2023년 3월 10일(금요일) 오후 2시인 경우 사원총회소집일 1주일 전에 통지를 발송하여야 하므로 소집통지를 늦어도 3월 2일 24시까지 발송하여야 함

② 사단법인의 사원총회일이 2023년 6월 2일(금) 10시인 경우 총회소집통지는 늦어도 2023년 5월 25일 중에는 발송하여야 함

③ 사원총회일이 3월 15일인 경우 소집통지를 1주간 전에 발송하여야 하므로, 늦어도 3월 7일 오후 12시 전까지 소집통지를 발송하여야 함

☐ 1997년 6월 3일(화) 오후 2시에 태어난 사람이 성년이 되는 시기는 (❶)이다.

☐ 기간의 기산점에 관한 민법 제157조의 초일 불산입의 원칙은 (❷)로 달리 정할 수 있다.

☐ 정관상 사원총회의 소집통지를 1주간 전에 발송하여야 하는 사단법인의 사원총회일이 2023년 6월 2일(금) 10시인 경우, 총회소집통지는 늦어도 (❸)에는 발송하여야 한다.

☐ 주, 월 또는 연의 처음으로부터 기간을 기산하지 아니하는 때에는 최후의 주, 월 또는 연에서 그 기산일에 해당한 날의 (❹)로 기간이 만료한다.

☐ 기간을 주, 월 또는 연으로 정한 때에는 (❺)에 의하여 계산한다.

❶ 2016년 6월 3일(금) 0시

❷ 당사자의 합의

❸ 2023년 5월 25일 중

❹ 전일

❺ 역(曆)

제1절 **소멸시효**

I 서설

1. 소멸시효와 제척기간의 구별

구 분	소멸시효	제척기간
권 리	청구권	형성권
성 질	권리불행사로 권리소멸	권리관계의 조속한 확정
효력발생 시점 기출 09·11	소급효	장래효
중단·정지 기출 09·11·15	인정 ○	인정 ×
포 기 기출 09	인정 ○	인정 ×
기간의 단축·경감 기출 09·11·15·17	인정 ○	인정 ×
배제, 연장, 가중	인정 ×	인정 ×
기산점	권리를 행사할 수 있는 때	권리가 발생한 때
증명책임 기출 09·11	당사자가 주장	법원이 직권조사

2. 제척기간에 관한 기타 기출지문

① 제척기간의 경과에는 민소법상 추후보완이 인정되지 아니하며 점유보호청구권의 제척기간은 출소기간이라고 보아야 함

② 채권양도의 통지는 양도인이 채권이 양도되었다는 사실을 채무자에게 알리는 것에 그치는 행위이므로, 그것만으로 제척기간 준수에 필요한 권리의 재판 외 행사 ×

③ 제척기간이 완성된 채권이 그 완성 전에 상계할 수 있었던 경우 이를 자동채권으로 하여 상대방의 채권과 상계 가능

Ⅱ 소멸시효의 요건

1. 소멸시효의 대상적격

(1) 소멸시효에 걸리는 권리

(2) 소멸시효에 걸리지 아니하는 권리

1) 비재산권

인격권 등 비재산권

2) 형성권

① 매매예약의 완결권의 행사기간을 약정한 경우 그 기간 내에 행사하여야 하나, 그러한 약정이 없는 경우 예약이 성립한 때로부터 10년 내에 이를 행사

▶ 행사시기를 특별히 약정한 경우 권리의 발생일로부터 10년간의 기간이 경과되면 만료

② 환매권 등 형성권을 재판상 행사하는 경우 소장부본이 그 형성권의 제척기간 내에 상대방에게 송달되어야 함

▶ 환매권 등 형성권의 행사결과 발생하는 소유권이전등기청구권은 환매권을 행사한 때로부터 일반채권과 같이 10년의 소멸시효 기간 진행

3) 소유권

소유권에 기한 물권적 청구권, 합의해제에 따른 매도인의 원상회복청구권은 소멸시효의 대상 ×

4) 법률행위로 인한 등기청구권

① 부동산 매수인의 소유권이전등기청구권은 채권적 청구권으로 10년의 소멸시효에 걸리나, 매수인이 부동산을 인도받아 사용·수익하고 있는 경우나, 타인에게 처분하고 그 점유를 승계하여 준 경우에는 소멸시효의 진행 ×

② 신축 중인 건물에 관한 소유권이전등기청구권은 건물이 완공되지 아니한 동안에는 진행 ×

5) 소멸시효에 걸리지 않는 재산권

공유물분할청구권은 공유관계가 존속하는 한 소멸시효의 대상 ×

2. 소멸시효의 기산점 : 권리의 불행사

(1) 의 의

소멸시효의 기산점은 권리를 행사할 수 있는 때로부터 진행하나, 법률상의 장애가 있는 경우에는 진행 ×

▶ 사실상 권리의 존재나 권리행사 가능성을 알지 못하였고 알지 못함에 과실이 없는 경우 법률상 장애사유에 해당하지 아니하므로 소멸시효의 진행

(2) 변론주의의 적용대상

소멸시효가 완성되어 시효이익을 받으려는 자는 소송상 시효완성의 주장책임을 부담하고, 법원은 당사자가 주장한 사실을 기초로 재판을 하여야 하므로, 당사자가 주장하는 소멸시효의 기산일과 본래의 소멸시효 기산일이 다른 경우 법원은 당사자가 주장하는 기산일을 기준으로 소멸시효 계산

▶ 당사자가 주장하는 소멸시효 기산일이 본래의 기산일보다 뒤의 날짜인 경우에도 당사자가 주장하는 기산일을 기준으로 소멸시효 계산

(3) 각종 권리의 소멸시효의 기산점

권 리	소멸시효의 기산점
확정기한부 채무	기한이 도래한 때부터
불확정기한부 채무	기한이 객관적으로 도래한 때부터 **기출** 16
기한의 정함이 없는 채무	• 채권이 성립한 때부터 • 부당이득반환청구권 – 채권 성립 시부터 • 의사의 치료 채권 – 각 진료가 종료될 때부터
동시이행의 항변권이 붙은 권리	이행기가 도래한 때 **기출** 16 · 21
정지조건부 권리	조건이 성취된 때 **기출** 21
기한이익 상실 특약이 있는 경우	• 정지조건부 기한이익상실의 특약 – 사유 발생 시(정지조건이 성취된 때) • 형성권적 기한이익상실의 특약 – 본래의 변제기
부작위채권	위반행위가 있은 때 **기출** 16 · 17
선택채권	선택권 행사 가능 시 **기출** 18
채무불이행에 기한 손해배상청구권	채무불이행이 발생한 때 : 소유권이전등기말소 등기 의무의 이행불능으로 인한 전보배상청구권의 소멸시효는 말소등기 의무가 이행 불능상태에 돌아간 때로부터 진행(대판 2005.9.15. 2005다29474). **기출** 16 · 21
대상청구권	원칙 : 이행불능 시
불법행위에 기한 손해배상청구권	• 손해 및 가해자를 안 때(민법 제766조 제1항) • 불법행위가 있은 때(민법 제766조 제2항)
계속적 물품공급계약에서 발생한 외상대금채권	각 외상대금채권이 발생한 때로부터 개별적으로 진행 **기출** 20

(4) 소멸시효의 기산점에 대한 기타 기출지문

① 정지조건부 권리에서 정지조건이 성취되지 아니한 경우 소멸시효 진행 ×

② 토지매매로 따른 소유권이전등기의무의 이행불능으로 인한 손해배상채권의 소멸시효는 소유권이전채무가 이행불능된 때부터 진행

③ 무권대리인에 대해 가지는 계약이행청구권이나 손해배상청구권의 소멸시효는 두 청구권 중 하나를 선택할 수 있을 때부터 진행

▶ 무권대리인에 대한 계약이행 또는 손해배상청구권의 소멸시효는 대리권의 증명 또는 본인의 추인을 얻지 못한 때부터 진행

④ 후유증 등으로 불법행위 당시에는 전혀 예견할 수 없었던 새로운 손해가 발생하였다거나 예상외로 손해가 확대된 경우 그러한 사유가 판명된 때부터 민법 제766조 제1항에서 정한 소멸시효기간이 진행

⑤ 확정기한부 채권이 반대채권과 동시이행관계에 있는 경우 기한이 도래한 때(이행기의 도래)부터 소멸시효가 진행

▶ 부동산에 대한 매매대금채권이 소유권이전등기청구권과 동시이행의 관계에 있는 경우 매매대금채권은 그 지급기일 이후 소멸시효 진행

⑥ 보험금청구권의 소멸시효의 기산점
  ▶ 원칙적으로 보험사고가 발생한 때부터 진행
  ▶ 객관적으로 보아 보험사고가 발생한 사실을 확인할 수 없는 사정이 있는 경우 보험금청구권자가 보험사고의 발생을 알았거나 알 수 있었던 때부터 진행
⑦ 부당이득반환청구권의 소멸시효의 기산점
  ▶ 청구권이 성립한 때로부터 진행
  ▶ 권리의 존재나 발생을 알지 못하였다고 하더라도 소멸시효의 진행에 장애 ✕
⑧ 대상청구권의 소멸시효의 기산점
  ▶ 원칙 : 매도인의 소유권이전등기의무가 이행불능 되었을 때 매수인이 그 권리를 행사할 수 있다고 보아야 하므로 그때부터 소멸시효 진행
  ▶ 예외 : 상당한 기간이 지난 뒤에야 대상청구의 방법과 절차가 마련된 경우라면, 대상을 청구할 수 있는 방법이 마련된 시점부터 대상청구권에 대한 소멸시효 진행
⑨ 계약의 해제로 인한 원상회복청구권(예를 들어 계약해제로 인한 계약금등반환청구권)의 소멸시효는 해제 시, 즉 원상회복청구권이 발생한 때부터 진행

3. 소멸시효기간

일반채권	• 민법상 채권은 10년, 상사채권은 5년이 원칙이고, 소멸시효기간은 변론주의의 적용대상이 되지 않아 법원이 직권 판단	
	− 금전채무의 이행지체로 인하여 발생하는 지연손해금은 10년의 소멸시효의 대상	
	• 보험계약자가 다수의 계약을 통하여 보험금을 부정 취득할 목적으로 보험계약을 체결하여 그 계약이 선량한 풍속 기타 사회질서에 반하여 무효인 경우 보험자의 보험금에 대한 부당이득반환청구권은 5년의 상사 소멸시효기간 적용	
단기시효	3년	• 1년 이내의 기간으로 정한 금전 또는 물건의 지급을 목적으로 한 채권은 변제기가 1년 이내의 채권을 말하는 것이 아니라 1년 이내의 정기에 지급되는 채권을 의미 • 수급인인 도급인에 대한 공사대금채권의 소멸시효기간 : 3년
		− 수급인의 도급인에 대한 저당권설정청구권의 소멸시효기간 : 3년
	1년	음식료 채권의 시효기간 : 1년
판결에 의해 확정된 채권	• 단기소멸시효에 걸리는 채권에 대하여 판결이 확정된 경우 소멸시효기간은 10년	
	− 3년의 소멸시효기간이 적용되는 채권이 지급명령에서 확정된 경우 소멸시효기간은 10년으로 연장	
	• 주채무에 관한 판결이 확정되어 소멸시효가 10년으로 된 경우 보증인에 대한 채권의 소멸시효기간은 종전의 시효기간 적용	

Ⅲ 시효의 장애(소멸시효의 중단과 정지)

1. 소멸시효의 중단

(1) 의 의

소멸시효가 진행하는 도중에 권리의 불행사라는 소멸시효의 기초가 되는 사실을 깨뜨리는 사정이 발생한 경우, 이미 진행한 시효기간의 효력을 상실하게 하는 제도로, 소멸시효의 중단 여부는 변론주의의 원칙상 당사자의 주장이 있어야 판단

(2) 소멸시효의 중단사유

1) 청 구

① 재판상 청구

㉠ 개 관

의 의	자기의 권리를 재판상 주장하는 것을 말하며, 보통 소를 제기하는 것을 의미		
요 건	민사소송 ○ (각종의 모든 소 ○, 재심 ○)	형사소송 × (단, 배상명령신청 ○)	행정소송 × 기출 08 · 13 (단, 과세처분의 취소 또는 무효확인의 소 ○)
효 과	• 소멸시효의 중단 시점 : 소를 제기한 날(제소), 응소한 때(응소) • 재판상 청구는 소송의 각하, 기각 또는 취하의 경우에는 시효중단의 효력이 없음 기출 06 · 09 • 피고로서 응소하여 적극적으로 권리를 주장하고 그것이 받아들여진 경우에는, 시효중단의 효력이 있음 기출 09 • 피고가 응소하여 권리를 주장하였으나 그 소가 각하되거나 취하되는 경우에는, 6월 이내에 재판상의 청구 등 다른 시효중단조치를 취한 때에는 응소 시에 시효중단의 효력이 있음 기출 18		

㉡ 재판상 청구에 의한 시효중단의 인정 여부

㉮ 시효중단이 인정되는 사례

ⓐ 권리자인 피고가 응소하여 권리를 주장하였으나 그 소가 취하되어 본안에서 그 권리주장에 관한 판단 없이 소송이 종료된 후 종료된 때부터 6월 내에 가압류를 한 경우 응소 시에 소급하여 시효중단의 효력 ○

ⓑ 대항요건을 갖추지 못한 채권양도의 양도인이 채무자를 상대로 재판상 청구를 하는 경우 소멸시효의 중단

▶ 대항요건을 갖추지 못한 채권양도의 양수인이 채무자를 상대로 재판상 청구를 하는 경우 소멸시효의 중단

ⓒ 한 개의 채권 중 일부만을 청구하는 소송을 제기한 경우, 소멸시효 중단의 효력발생범위

▶ 한 개의 채권 중 일부에 관하여만 판결을 구한다는 취지를 명백히 하여 소송을 제기한 경우 소멸시효중단의 효력이 그 일부에 관하여만 발생

▶ 일부만을 청구한 경우에도 취지로 보아 채권 전부에 관하여 판결을 구하는 것으로 해석되는 경우 채권의 동일성의 범위 내에서 전부에 관하여 시효중단의 효력 ○

ⓓ 교직원이 학교법인을 상대로 한 의원면직처분 무효확인청구의 소를 제기한 경우 학교법인에 대한 급여청구의 한 실현수단이 될 수 있어 소멸시효의 중단사유인 재판상 청구에 해당

ⓔ 원인채권의 지급을 확보하기 위한 방법으로 어음이 수수된 경우
  ▶ 어음채권에 기하여 청구를 하는 경우 소멸시효의 중단
  ▶ 어음채권을 피보전권리로 하여 채무자의 재산을 가압류함으로써 그 권리를 행사한 경우 소멸시효의 중단
  ▶ 원인채권의 지급을 확보하기 위한 방법으로 어음이 수수되어, 어음채권에 관한 집행권원에 기하여 배당요구를 한 경우 원인채권의 소멸시효 중단
ⓕ 재판상 청구로 연대채무자 1인의 음식료채무의 소멸시효가 중단된 경우 다른 연대채무자의 음식료채무의 소멸시효도 중단
㉯ 시효중단이 인정되지 아니하는 사례
  ⓐ 대여금반환청구의 소를 제기하였다가 이후 그 소를 취하한 경우 소제기로 인한 시효중단의 효력 ✕
  ⓑ 형사소송에서 피해자를 상대로 고소하거나 그 고소에 기하여 형사재판이 개시된 경우 소송촉진등에 관한 특례법에서 정한 배상명령을 신청한 경우를 제외하고는 소멸시효의 중단사유인 재판상의 청구 ✕
  ⓒ 원인채권의 지급을 확보하기 위한 방법으로 어음이 수수되어, 원인채권에 기하여 청구를 한 경우 어음채권의 소멸시효 중단 ✕
  ⓓ 채권자가 동일한 목적을 달성하기 위하여 복수의 채권을 가지고 있어, 그중 하나의 채권을 행사한 경우 다른 채권에 대한 시효중단의 효력 ✕
  ⓔ 청구기각판결의 확정 후 재심을 청구한 경우 시효진행의 중단 ✕
㉢ 시효중단의 효력 발생 시기
㉮ 재판상 청구의 시효중단의 효력 발생 시기
  ▶ 재판상의 청구는 피고에게 소장부본을 송달한 시기가 아니라 소를 제기할 때 중단의 효력
  ▶ 가압류는 가압류를 신청할 때 중단의 효력
㉯ 응소의 시효중단의 효력 발생 시기
  ▶ 피고로서 응소하여 소송에서 적극적으로 권리를 주장하고 그것이 받아들여진 경우에는 응소한 때 중단의 효력
  ▶ 피고가 응소하여 권리를 주장하였으나 소가 각하되거나 취하되는 등의 사유로 본안에서 권리주장에 관한 판단 없이 소송이 종료된 경우에는 그때부터 6월 이내에 재판상의 청구 등 다른 시효중단조치를 취한 경우에 한하여 응소 시에 소급하여 중단의 효력
㉰ 채권양수인이 채무자를 상대로 소를 제기하였다가 양도통지가 없었다는 이유로 청구가 기각되어 확정된 후, 양도통지를 하고 그 확정된 때로부터 6개월 내에 다시 소를 제기한 경우 시효중단의 효력은 전소(前訴)제기 시로 소급하여 발생
② **화해를 위한 소환** : 채권자가 채무자를 상대로 법원에 신청한 화해가 불성립되어 채권자가 그로부터 1월 내에 소를 제기한 경우 채권의 소멸시효 중단의 효력은 화해를 신청한 때에 발생

③ 최 고
　　㉠ 대여금반환채무의 이행을 최고하면서, 최고 후 6개월 내에 재판상의 청구를 한 경우 최고 시에 시효중
　　　단의 효력 ○
　　　▶ 채권자가 채무자에게 등기우편으로 이행청구(최고)를 한 경우 6월 내에 재판상의 청구, 파산절차 참가,
　　　　화해를 위한 소환, 임의출석, 압류 또는 가압류, 가처분을 하지 아니하면 시효중단의 효력 ×
　　　▶ 채권자가 최고를 여러 번 거듭하다가 재판상 청구를 한 경우 재판상 청구를 한 시점을 기준으로 하여
　　　　소급하여 6월 이내에 한 최고 시에 시효중단의 효력 ○
　　㉡ 대여금 지급 청구의 소가 취하된 경우, 재판 외의 최고의 효력 ○
　　㉢ 채무자가 제기한 소에 채권자인 피고가 응소하여 권리를 주장하였으나, 그 소가 각하, 취하된 경우
　　　6개월 이내에 재판상 청구를 하면 응소 시에 소급하여 시효중단의 효력 ○
　　㉣ 채무이행을 최고 받은 채무자가 이행 의무의 존부 등에 대하여 조사를 해 볼 필요가 있다는 이유로
　　　그 이행의 유예를 구한 경우 6월의 기간은 채권자가 회답을 받은 때로부터 기산

2) 압류 · 가압류 · 가처분
① 개 관

의 의	압류 또는 가압류 · 가처분은 반드시 재판상의 청구를 전제로 하지 않을 뿐만 아니라 판결이 있더라도 재판확정 후에는 다시 시효가 진행하므로, 민법은 압류 등을 별도로 시효중단사유로 규정하고 있음
요 건	• 당연무효의 압류 등에는 시효중단효가 인정되지 않음 **기출** 10 · 14 • 채권자가 채무자의 제3채무자에 대한 채권을 압류 또는 가압류한 경우에, 채무자에 대한 채권자의 채권에 관하여 시효중단의 효력이 생김. 또한 채권자가 확정판결에 기한 채권의 실현을 위하여 채무자의 제3채무자에 대한 채권에 관하여 압류 및 추심명령을 받아 그 결정이 제3채무자에게 송달이 되었다면 거기에 소멸시효 중단사유인 최고로서의 효력을 인정해야 함(대판 2003.5.13. 2003다16238) • 판례는 배당요구를 압류에 준하는 것으로 이해(대판 2002.2.26. 2000다25484)
효 력	• 가압류의 집행보전의 효력이 존속하는 동안은 시효중단의 효력이 계속됨 **기출** 09 · 10 • 압류 등이 권리자의 청구에 의하여 또는 법률의 규정에 따르지 않음으로 인하여 취소되면 시효중단의 효력이 없음. 그러나 압류절차를 개시한 이상 집행불능에 그치더라도 시효중단의 효력은 발생(대판 2011.5.13. 2011다10044) • 압류 등은 시효의 이익을 받는 자에 대하여 하지 않은 경우에, 이를 그에게 통지한 후가 아니면 시효중단의 효력이 없음(민법 제176조) • 압류 등에 의하여 시효중단이 발생하는 시점은 다수설 및 판례에 의하면 소 제기에 준하여 집행행위가 있으면 신청 시에 소급하여 중단의 효력이 발생

② 압류 등에 의한 시효중단의 인정 여부

시효중단이 인정되는 사례	• 적법한 가압류가 있었으나 제소기간의 도과로 인하여 가압류가 취소된 경우 소멸시효 중단의 효력 ○ • 권리자인 피고가 응소하여 권리를 주장하였으나 그 소가 취하되어 본안에서 그 권리주장에 관한 판단 없이 소송이 종료된 후 종료된 때부터 6월 내에 가압류를 한 경우 응소 시에 소급하여 시효중단의 효력 ○
시효중단이 인정되지 아니하는 사례	• 가분채권의 일부분을 피보전채권으로 하여 가압류를 한 경우 피보전채권부분만에 한하여 시효중단의 효력이 있고, 나머지 채권에 대하여는 시효중단의 효력 × • 채권자가 연대채무자의 1인에 대하여 압류 · 가압류를 한 경우 다른 연대채무자의 채무에 대해서는 시효중단의 효력 × • 법원의 가압류결정이 있으나, 그 가압류결정이 당연무효인 경우 소멸시효의 중단사유 × • 피압류채권이 기본계약관계의 해지 등으로 소멸하여 압류 자체가 실효된 경우 시효중단 사유는 종료되고 시효가 새로이 진행

3) 승 인

① 개 관

법적 성질	승인은 준법률행위 중 관념의 통지로서 의사표시 규정이 유추적용됨. 따라서 승인하는 자는 행위능력·의사능력이 필요		
당사자	채무자 : 시효중단의 효력 있는 승인에는 상대방의 권리에 관한 처분의 능력이나 권한 있음을 요하지 아니함 (민법 제177조). 기출 10·18·21·23		
권리인식	소멸시효 진행 이전 승인	소멸시효 진행 이후 승인	소멸시효 완성 이후 승인
	소멸시효 중단 ×	소멸시효 중단	소멸시효이익의 포기
방 법	특별한 방식을 요하지 않음(서면·구두, 명시·묵시, 재판상·재판 외 모두 가능)		
효 과	소멸시효 중단시점 : 승인이 상대방에게 도달한 때(채무승인이 있었다는 사실에 대한 증명책임은 채권자에게 있음) 기출 09		

② 승인에 대한 기타 기출지문

㉠ 소멸시효 중단사유인 승인의 방법은 아무런 형식을 요구하지 않고, 명시적이든 묵시적이든 상관 ×

㉡ 계속적인 거래로 인하여 같은 종류를 목적으로 하는 수개의 채권관계가 성립되어 특정채무를 지정하지 아니하고 그 일부의 변제를 한 경우 잔존 채무에 대하여도 승인을 한 것으로 시효중단이나 포기의 효력 ○

㉢ 다수의 채권이 존재하는 경우 채무자가 변제를 충당하여야 할 채무를 지정하지 않고 모든 채무를 변제하기에 부족한 금액을 변제한 경우 특별한 사정이 없는 한 그 변제는 모든 채무에 대한 승인

(3) 시효중단의 효력

기본적 효력	• 시효가 중단되면 그때까지 경과한 시효기간은 그 효력을 잃고, 중단사유가 없어지면 새로 시효가 진행 • 재판상의 청구로 중단된 시효는 재판이 확정된 다음 날부터 새로이 진행
효력이 미치는 인적 범위	소멸시효의 중단은 당사자 및 그 승계인 간에만 효력이 미치고, 시효중단의 효력이 미치는 승계인에는 '시효중단에 관여한 당사자로부터 중단의 효과를 받는 권리를 중단효과 발생 이후에 승계한 자'를 뜻하고, 포괄승계인은 물론 특정승계인도 포함

2. 소멸시효의 정지

(1) 의 의

시효기간이 거의 완성할 무렵 권리자가 중단행위를 하는 것이 불가능 또는 대단히 곤란한 사정이 있는 경우 시효기간의 진행을 일시적으로 멈추게 하고 그러한 사정이 없어졌을 때 다시 나머지 기간을 진행시키는 것

(2) 정지사유

1) 제한능력자를 위한 정지

① 소멸시효의 기간만료 전 6개월 내에 제한능력자에게 법정대리인이 없는 경우 그가 능력자가 되거나 법정대리인이 취임한 때부터 6개월 내에는 시효 완성 ×

② 재산을 관리하는 아버지, 어머니 또는 후견인에 대한 제한능력자의 권리는 그가 능력자가 되거나 후임법정대리인이 취임한 때부터 6개월 내에는 소멸시효 완성 ×

2) 혼인관계의 종료에 의한 정지

3) 상속재산에 관한 정지

상속재산에 속한 권리나 상속재산에 대한 권리는 상속인의 확정, 관리인의 선임 또는 파산선고가 있는 때로부터 6월 내에는 소멸시효 완성 ×

4) 천재 기타 사변에 의한 정지

천재 기타 사변으로 인하여 소멸시효를 중단할 수 없을 경우 그 사유가 종료한 때로부터 1월 내에는 시효가 완성 ×

Ⅳ 소멸시효의 효과

1. 소멸시효 완성의 효과

견해의 대립	채권의 소멸시효가 완성된 경우 권리는 당연히 소멸하나, 변론주의의 원칙상 당사자의 주장이 있어야 판단(통설인 절대적 소멸설)
시효원용권자	• 소멸시효완성을 원용할 수 있는 자 사해행위취소소송에서 수익자는 취소채권자의 피보전채권에 대하여 시효소멸 주장 가능 • 소멸시효완성을 원용할 수 없는 자 소멸시효가 완성된 경우 그 채무자에 대한 다른 일반채권자는 채무자를 대위하여 소멸시효의 완성을 주장할 수 있으나, 독자적으로 소멸시효의 완성 주장 ×

2. 소멸시효의 소급효

① 소멸시효가 완성된 경우 권리는 기산일에 소급하여 소멸
② 원본채권의 소멸시효가 완성된 경우, 소멸시효가 완성된 원금 부분으로부터 그 완성 전에 발생한 이자 또는 지연손해금에는 소멸시효 완성의 효력이 미치나, 변제로 소멸한 원금 부분으로부터 그 변제 전에 발생한 이자 또는 지연손해금에는 영향 ×

3. 소멸시효이익의 포기

(1) 포 기

규 정	소멸시효의 이익은 미리 포기하지 못함(민법 제184조 제1항) 기출 06·11
의사표시	• 시효완성의 이익포기는 의사표시로 상대방에게 도달한 때 효력이 발생 • 시효완성의 이익포기의 의사표시를 할 수 있는 자는 시효완성의 이익을 받을 당사자 또는 대리인에 한정
판 례	• 주채무가 시효로 소멸한 때에는 보증인도 그 시효소멸을 원용할 수 있음 기출 06·08·17·23 • 주채무자가 시효이익을 포기한 경우 보증인에게는 포기의 효과가 미치지 않음 기출 06·11·18 • 시효완성 후에 시효이익을 포기하는 듯한 행위가 있으면 시효완성의 사실을 알고 그 이익을 포기한 것이라고 추정할 수 있음 기출 12

(2) 포기의 효과

시효진행	소멸시효이익의 포기를 하면 그때부터 새로이 소멸시효가 진행 기출 17
판 례	• 소멸시효 완성 후에 채무자가 변제기 유예를 요청한 경우 채무 전부에 대한 시효이익의 포기로 볼 수 있음 • 소멸시효 완성 후에 이루어진 채무자의 채무 일부의 변제는 채무 전부에 대한 시효이익의 포기 • 시효완성 후 소멸시효 중단사유에 해당하는 채무의 승인이 있는 경우 곧바로 시효이익의 포기라고 단정할 수 없음

(3) 포기에 대한 기타의 기출지문

① 가분채무의 일부에 대한 시효이익의 포기는 인정 ○

② 소멸시효의 이익은 미리 포기하지 못하지만, 소멸시효가 완성된 후에는 자유롭게 포기 가능

③ 특정한 채무의 이행을 청구할 수 있는 기간을 제한하고 그 기간이 경과하면 채무가 소멸하도록 하는 약정을 한 경우 소멸시효기간을 단축하는 것으로서 유효 ○

④ 원금채무에 관하여는 소멸시효가 완성되지 아니하였으나 이자채무에 관하여는 소멸시효가 완성된 상태에서 채무를 일부변제한 경우 원금채무에 관하여 묵시적으로 승인하는 한편 이자채무에 관하여 시효완성의 사실을 알고 그 이익을 포기한 것으로 추정

⑤ 근저당권부 피담보채권에 대한 소멸시효가 완성된 후의 시효이익의 포기는 저당부동산의 제3취득자에게 효력 ×

⑥ 소멸시효가 완성된 후에 제소기간 연장요청에 대해 채무자가 동의를 한 경우 시효이익을 포기하는 의사표시 포함 ×

□ 매매예약완결권의 (❶ 제척기간   )이 도과하였는지 여부는 소위 직권
조사 사항으로서 이에 대한 당사자의 주장이 없더라도 법원이 당연히 직권
으로 조사하여 재판에 고려하여야 한다.

❶ 제척기간

□ (❷ 부작위   )를 목적으로 하는 채권의 소멸시효는 위반행위를 한 때
로부터 진행한다.

❷ 부작위

□ 도급받은 자의 공사에 관한 채권은 (❸ 3년간   ) 행사하지 아니하면
소멸시효가 완성한다.

❸ 3년간

□ 시효중단의 효력 있는 승인에는 상대방의 권리에 관한 (❹ 처분의 능력이나 권한
) 있음을 요하지 않는다.

❹ 처분의 능력이나 권한

□ 당사자가 주장하는 소멸시효 기산일이 본래의 기산일과 다른 경우, 특별
한 사정이 없는 한 (❺ 당사자가 주장하는 기산일   )을 기준으로 소멸시
효를 계산하여야 한다.

❺ 당사자가 주장하는 기산일

□ 민법 제163조 제1호 소정의 "1년 이내의 기간으로 정한 금전 또는 물건의
지급을 목적으로 하는 채권"이란 (❻ 1년 이내의 정기   )에 지급되는
채권을 의미한다.

❻ 1년 이내의 정기

□ 채권자가 최고를 여러 번 거듭하다가 재판상 청구를 한 경우, 시효중단의
효력은 (❼ 재판상 청구를 한 시점   )을 기준으로 하여 이로부터 소급하여
6월 이내에 한 최고시에 발생한다.

❼ 재판상 청구를 한 시점

□ 정지조건부 채권의 소멸시효는 (❽ 조건성취 시   )부터 진행된다.

❽ 조건성취 시

□ 매수인이 목적부동산을 인도받아 계속 점유하고 있다면 그 (❾ 소유권이전등기청구권
)의 소멸시효는 진행하지 않는다.

❾ 소유권이전등기청구권

□ 계속적 물품공급계약에 기하여 발생한 외상대금채권은 특별한 사정이 없
는 한 개별거래로 인한 (❿ 각 외상대금채권이 발생한 때   )로부터 개별적으
로 소멸시효가 진행한다.

❿ 각 외상대금채권이 발생한 때

제2편

채권총론

CHAPTER
01 채권법 서론

제1절 채권법의 의의

제2절 채권의 목적(급부)

금전으로 가액을 산정할 수 없는 것이라도 채권의 목적으로 할 수 있음

제3절 채무의 내용(채무구조론)

I 주된 급부의무와 종된 급부의무

II 부수적 주의의무

의 의	급부의무의 내용을 제대로 실현하기 위해 급부에 대한 주의나 배려를 하여야 할 의무
내 용	부동산거래에 있어 일정한 사정에 관한 고지를 받았더라면 그 거래를 하지 않았을 것임이 경험칙상 명백한 경우 신의성실의 원칙상 사전에 그와 같은 사정을 고지할 의무 인정

III 보호의무

1. 의 의

계약교섭과정이나 계약이행단계에서 급부의무와는 무관한 채권자의 생명, 신체, 재산 등의 다른 법익을 침해하지 아니할 의무를 의미

2. 내 용

(1) 사용자의 보호의무

사용자가 근로계약에 수반되는 보호의무를 위반함으로써 피용자가 손해를 입은 경우 손해배상 책임
▶ 사용자가 피용자의 안전을 위한 인적·물적 환경의 정비 등 필요한 조치를 강구할 보호의무를 위반하여 피용자에게 손해가 발생한 경우 사고가 피용자의 업무와 관련성이 없거나 예측할 수 없다면 사용자는 손해배상 책임 ×

(2) 전형계약상의 보호의무

노무도급계약	수급인이 생명·신체·건강을 해치는 일이 없도록 물적 환경을 정비하고 필요한 조치를 강구할 보호의무 부담 - 고의 또는 과실로 보호의무를 위반함으로써 노무수급인의 생명·신체·건강을 침해하여 손해를 입힌 경우 노무도급인은 노무도급계약상의 채무불이행책임과 경합하여 불법행위로 인한 손해배상책임 부담
임대차계약	통상의 임대차관계에서 임차인의 안전을 배려하여 주거나 도난을 방지하는 등의 보호의무까지 부담 ×

3. 보호의무에 대한 기타 기출지문

숙박업자가 고객보호의무를 다하지 못하여 투숙객이 사망한 경우 투숙객의 근친자는 숙박계약상의 채무불이행을 이유로 위자료 청구 ×

☐ 금전으로 가액을 산정할 수 없는 것이라도 (❶   )으로 할 수 있다.

❶ 채권의 목적

☐ 채무의 이행이 일정기간 계속되어야 하는 경우를 계속적 급부라 하며, 일정기간 동안 정기적으로 제공되어야 하는 급부를 (❷   )라고 하는데, 이는 계속적 급부의 특수한 예이다.

❷ 회귀적 급부

☐ (❸   )는 특정물급부와 불특정물급부로 나누어진다.

❸ 주는 급부

☐ 종된 급부의무 위반시 손해배상청구권은 인정되나, (❹   )은 인정되지 않는다.

❹ 계약해제권

☐ 판례는 숙박업자, 기획여행계약에서 여행업자, 고용계약이나 노무도급계약상의 사용자 등의 (❺   )를 인정한다.

❺ 보호의무

제1절 특정물채권

I 목적물의 보존의무

특정물의 인도가 채권의 목적인 경우 그 물건을 인도하기까지 선량한 관리자의 주의로 보존해야 함

▶ 특정물매매의 매수인의 대금지급채무가 이행지체에 빠진 경우라도 목적물이 매수인에게 인도될 때까지는 매매대금의 이자지급의무(매매대금의 이자 상당액의 손해배상의무) ×

II 목적물의 현상인도의무

현상인도의무	특정물인도채무의 경우 채무자는 이행기의 현상대로 목적물을 인도하여야 함
인도장소	채무의 성질 또는 당사자의 의사표시로 변제장소를 정하지 아니한 경우 특정물의 인도는 채권성립 당시에 그 물건이 있던 장소에서 하여야 함

III 목적물이 채무자의 귀책사유에 의하지 아니하고 멸실 · 훼손된 경우

채무자가 선관주의의무를 다한 경우에는 채무불이행책임 부담 ×

I　종류채권에서의 목적물의 품질

품질을 정할 수 없는 경우	채무자는 법률행위의 성질이나 당사자의 의사에 의하여 품질을 정할 수 없는 경우에 중등품질의 물건으로 급부
채무자가 상등품직의 물건을 급부한 경우	채권자가 특히 중등품질의 물건을 급부받아야 할 특수한 사정이 있는 경우가 아니라면, 채무불이행 ×

II　종류채권의 특정

1. 의 의

종류물 중에서 인도할 물건이 구체적으로 결정되는 것

2. 특정의 방법

(1) 채무자가 이행에 필요한 행위를 완료한 경우

지참채무	지참채무는 민법상 채무이행의 원칙으로 채무자가 목적물을 채권자의 주소에 가지고 가서 이행하여야 하는 채무로, 이행준비를 다해서 채권자의 현주소에서 현실제공을 하면 특정
추심채무	채권자가 채무자의 주소에 와서 목적물을 추심하여 이행받는 채무로, 채무자가 인도할 목적물을 분리·지정하고 구두제공을 하면 특정
송부채무	송부채무란 채무자가 채권자에게 물건을 송부해야 하는 채무로, 채무자가 채권자에게 물건을 발송하는 때 발송된 물건으로 특정

(2) 채무자가 채권자의 동의를 얻어 이행할 물건을 지정한 경우

① (제한)종류채권에서 지정권자로 된 채무자가 이행기가 지나도 이행할 물건을 지정하지 않아, 채권자가 상당한 기간을 정하여 최고하였으나 채무자가 이행할 물건을 지정하지 않은 경우 지정권은 채권자에게 이전

② 당사자 사이의 특약으로 지정권을 제3자에게 수여하는 것도 가능

III　종류채권의 특정의 효과

종류채권이 특정된 경우 채권은 특정물채권으로 전환되고, 그 특정물을 인도할 때까지 선량한 관리자의 주의로 보존해야 함

IV　종류채권인지의 여부가 문제되는 사례

채무자가 자신이 가진 주식의 일부분을 담보로 제공하기로 한 경우 담보약정에 기한 채권은 제한종류채권

I 금전채권의 종류

1. 금액채권
일정액의 금전의 지급(인도)을 목적으로 하는 금전채권

2. 금종채권
채권의 목적이 다른 나라 통화로 지급할 것인 경우 그 국가의 강제통용력 있는 각종 통화로 변제 가능

3. 특정금전채권
진열용 또는 소장용 등 특정의 화폐의 인도를 목적으로 하는 금전채권으로 특정물채권임

4. 외화채권

종 류		외화금액채권과 외화금종채권 등이 있고, 외화금종채권의 경우, 그 통화가 변제기에 강제통용력을 상실하였다면 채무자는 그 나라의 다른 통화로 변제하여야 함
대용권	채무자의 대용권	• 우리나라 통화를 외화채권에 변제충당할 경우 현실 이행 시의 외국환시세에 의하여 환산한 우리나라 통화로 변제 • 주채무가 외화채무인 경우, 채권자와 보증인 사이에 미리 약정한 환율로 환산한 원화로 보증채무를 이행하기로 하는 약정도 가능
	채권자의 대용권	채권자가 외화채권에 대한 대용급부의 권리를 행사하여 우리나라 통화로 환산하여 청구하는 경우 사실심 변론 종결 당시의 외국환시세가 우리나라 통화로 환산하는 기준시

5. 외화채권에 대한 기타 기출지문
집행법원이 경매절차에서 외화채권자에 대하여 배당을 할 경우 배당기일 당시의 외국환시세가 우리나라 통화로 환산하는 기준시

II 금전채권의 특수성

1. 금전채무 불이행에 대한 특칙

(1) 요건에 대한 특칙
금전채무불이행에 따른 통상 손해배상의 경우 채권자는 손해의 증명을 요하지 아니하고, 채무자는 과실없음을 항변 ×

(2) 효과에 대한 특칙
① 금전채무의 이행지체로 인하여 발생하는 지연이자는 지연손해배상금의 의미
② 금전채무에 관하여 이행지체에 대비한 지연손해금 비율을 따로 약정한 경우 이는 손해배상액의 예정으로서 감액의 대상

③ 시효중단을 위한 신소를 제기하면서 확정판결에 따른 원금과 함께 원금에 대한 확정 지연손해금 및 이에 대한 지연손해금을 청구하는 경우 확정 지연손해금에 대하여도 이행청구를 받은 다음 날부터 지연손해금을 별도로 지급하여야 함
    ▶ 이미 발생한 이자에 관하여 채무자가 이행을 지체한 경우 그 이자에 대한 지연손해금을 청구 가능
④ 금전채무불이행을 이유로 한 손해배상액의 산정
    ㉠ 지연손해금률에 관한 약정이 있는 경우(손해배상액의 예정) : 약정 지연손해금의 청구
    ㉡ 지연손해금률에 관한 약정이 없는 경우
        ㉮ 금전채무불이행의 손해배상액에 관한 약정이율이 법정이율보다 높은 경우 : 약정이율에 의한 지연손해금 청구
        ㉯ 금전채무불이행의 손해배상액에 관한 약정이율이 없거나 법정이율보다 낮은 경우 : 법정이율에 의한 지연손해금의 청구
        ㉰ 금전채무의 약정이율은 있었지만 이행지체로 인해 발생한 지연손해금에 관한 약정이 없는 경우 : 지연손해금은 그 약정이율에 의해 산정

2. 변론주의의 적용

금전채무의 불이행으로 지연이자 상당의 손해가 발생하였다는 주장을 하지 아니하는 경우 변론주의의 원칙상 지연이자 부분의 손해 인용 ×

제4절   이자채권

Ⅰ 이자채권의 특징

이자채권의 양도	원본채권이 양도될 당시 이미 변제기에 도달한 이자채권의 경우 이자채권도 양도한다는 의사표시가 없는 한 당연히 양도 ×
이자채권의 소멸	원본채권의 소멸시효가 지분권 이자채권(변제기가 도달한 이자채권)의 소멸시효에 앞서 완성된 경우 지분적 이자채권 자체의 소멸시효는 완성되지 않았더라도 지분적 이자채권도 소멸

Ⅱ 이자의 제한

① 이자제한법의 최고이자율을 초과하는 이자에 대하여 준소비대차계약, 경개계약을 체결한 경우 그 초과부분은 무효 ○
② 이자제한법상 제한이자를 초과하는 이자채권을 자동채권으로 하여 상계의 의사표시를 한 경우 그 상계의 효력 ×

Ⅲ 이 율

- 법정이율은 민사에 있어서는 연 5분, 상사에 있어서는 연 6분

제5절 선택채권

Ⅰ 선택채권의 특정

1. 선택에 의한 특정

법적 성질	선택권은 형성권에 해당하므로 선택권 행사에는 조건이나 기한 부가 ×
당사자의 선택권 행사	선택의 의사표시가 상대방에게 도달한 경우 선택의 효력이 발생하여 상대방의 동의가 없으면 철회 ×
제3자의 선택권 행사	제3자의 선택의 의사표시는 채무자 및 채권자 모두에게 행사되어야 함

2. 급부불능으로 인한 특정

원시적 불능의 경우	여러 급부들 중에 처음부터 불능한 것이 있는 경우, 잔존하는 급부에 채권이 존재
후발적 불능의 경우	• 선택채권에서 선택권 없는 당사자의 과실로 인하여 수개의 급부 중 일부가 이행불능이 된 경우 선택채권의 존속에 영향 × • 선택권 없는 당사자의 과실로 이행불능이 된 급부를 선택한 경우 계약해제 또는 전보배상청구권 행사 가능

Ⅱ 선택권의 이전

당사자 일방이 선택권자인 경우	• 선택권행사의 기간이 있는 경우에 선택권자가 그 기간 내에 선택권을 행사하지 아니하는 경우에는 상대방은 상당한 기간을 정하여 그 선택을 최고할 수 있고 선택권자가 그 기간 내에 선택하지 아니하면 선택권은 상대방에게 있음 • 선택권행사의 기간이 없는 경우에 채권의 기한이 도래한 후 상대방이 상당한 기간을 정하여 그 선택을 최고하여도 선택권자가 그 기간 내에 선택하지 아니할 때에도 선택권은 상대방에게 있음
제3자가 선택권자인 경우	• 선택할 제3자가 선택할 수 없는 경우에는 선택권은 채무자에게 있음 • 제3자가 선택하지 아니하는 경우에는 채권자나 채무자는 상당한 기간을 정하여 그 선택을 최고할 수 있고 제3자가 그 기간 내에 선택하지 아니하면 선택권은 채무자에게 있음

III 선택권 행사의 효과

단순·일반 채권화	선택된 급부의 내용에 따라 특정물채권, 종류물채권, 금전채권등이 됨
선택의 소급효	선택채권에서의 선택의 효력은 채권이 발생한 때에 소급하나, 제3자의 이익을 침해 ×

IV 선택채권에 대한 기타 기출지문

1필 또는 수필의 토지 중 일정 면적의 소유권을 상대방에게 양도하기로 하는 계약을 체결한 경우 양도받을 토지 위치가 확정되지 아니하였다면 토지소유자에게 가지는 채권은 선택채권에 해당

제6절 임의채권

☐ 금전채무의 이행지체로 발생하는 지연손해금의 성질은 손해배상금이지 (❶   )가 아니다.

☐ 금전채무에 관하여 이행지체에 대비한 지연손해금 비율을 따로 약정한 경우, 이는 일종의 (❷   )이다.

☐ 특정물매매계약의 매도인은 특별한 사정이 없는 한 그 (❸   )까지 선량한 관리자의 주의로 그 물건을 보존하여야 한다.

☐ 채권의 목적이 다른 나라 통화로 지급할 것인 경우, 채무자는 그 국가의 (❹   ) 있는 각종 통화로 변제할 수 있다.

☐ (❺   )에 관하여는 채권자는 손해의 증명을 요하지 아니하고 채무자는 과실 없음을 항변하지 못한다.

❶ 이자

❷ 손해배상액의 예정

❸ 목적물을 인도할 때

❹ 강제통용력

❺ 금전채무불이행의 손해배상

03 채권의 효력

제1절 서 설

제2절 채무불이행의 유형과 그 효과

I 채무불이행의 일반적 요건

1. 채무불이행의 의의

채무자에게 책임 있는 사유로 채무의 내용에 좇은 이행이 이루어지지 아니하고 있는 상태

2. 채무불이행의 요건

(1) 객관적 요건

이행지체, 이행불능, 불완전이행에 해당할 것

(2) 주관적 요건

1) 채무자의 귀책사유

① 채무불이행에 대하여 채무자의 고의·과실이 있어야 하므로, 채무자가 법률적인 판단을 통하여 자신의 채무가 없다고 믿고 채무의 이행을 거부한 채 소송을 통하여 이를 다툰 경우에는 고의·과실을 인정할 수 있으나, 채무자가 채무가 없다고 믿었고 그렇게 믿은 데 정당한 사유가 있는 경우에는 고의·과실을 인정할 수 없음

② 계약상 채무 이행에 장애가 될 수 있는 사유를 계약체결 시에 예견할 수 있었음에도 상대방에게 고지하지 않은 경우 그 사유로 인해 채무불이행이 되는 것에 잘못이 없었더라도 채무자의 귀책사유 인정

2) 법정대리인·이행보조자의 귀책사유

① 법정대리인

② 이행보조자 및 이행보조자의 피용자

이행보조자	• 일반적으로 채무자의 의사관여 아래 그 채무의 이행행위에 속하는 활동을 하는 사람이면 충분하고, 채무자의 지시 또는 감독을 받는 관계에 있을 것 불요 • 임대인이 임차인과의 임대차계약상의 약정에 따라 제3자에게 도급을 주어 임차목적물을 수선한 경우 공사수급인인 제3자는 이행보조자인 피용자
이행보조자의 피용자	이행보조자의 피용자도 일반적으로 채무자의 의사관여 아래 그 채무의 이행행위에 속하는 활동을 하는 사람이면 충분하고, 채무자의 지시 또는 감독을 받는 관계에 있을 것 불요
복이행보조자	채무의 이행을 위하여 제3자를 복이행보조자로서 사용함에 있어, 채무자가 승낙하였거나 적어도 묵시적으로 동의한 경우 복이행보조자의 고의·과실에 관하여 책임 부담

③ 효 과

ⓐ 이행보조자의 행위가 채무자의 이행업무와 객관적, 외형적으로 관련된 경우 그 행위가 채권자에게 불법행위가 되더라도 채무자는 채무불이행책임 부담

ⓑ 임대인의 이행보조자가 임차인으로 하여금 임차목적물을 사용·수익하지 못하게 함으로써 임대인은 채무불이행책임을 지고 그 이행보조자는 불법행위책임을 지는 경우 양 책임은 부진정연대채무관계

　▶ 동일한 사실관계에 기하여 채무자와 이행보조자가 각 채무불이행책임과 불법행위책임을 지는 경우 이들의 책임은 부진정연대채무관계

ⓒ 이행보조자의 선임·감독에 상당한 주의를 다하였음을 증명한 경우에도 채무자는 이행보조자의 과책에 대하여 면책 ×

ⓓ 이행보조자의 경과실에 대하여 채무자가 채무불이행책임을 지지 아니한다는 내용의 특약을 하는 경우 원칙적으로 유효 ○

Ⅱ 이행거절

이행거절의 요건		채무를 이행하지 아니할 채무자의 명백한 의사표시가 위법한 것으로 평가되어야 이행거절로 인정되며, 계약을 이행하지 않을 의사를 명백히 표시하였는지 여부는 계약이행에 관한 당사자의 행동과 계약 전·후의 구체적인 사정 등을 종합적으로 고려하여 판단
이행거절의 판단		이행거절의사를 표명했는지 여부에 대한 판단시기는 계약해제 시를 기준으로 하며, 자기의 채무를 아직 다 이행하지 아니하였으면서도 다 이행하였다고 주장하면서 상대방 채무의 이행을 구하는 제소까지 한 경우는 이행거절로 볼 수 있음
이행거절의 효과	손해배상청구	부동산매매계약에서 매도인의 이행거절로 인한 손해액의 산정은 이행거절 당시의 부동산의 시가를 표준
	계약해제	채무를 이행하지 아니할 의사를 명백히 표시한 경우 최고나 자기채무의 이행제공 없이 적법하게 해제 가능

Ⅲ 이행지체

1. 이행지체의 의의

채무가 이행기에 있고 이행이 가능함에도 불구하고 채무자의 귀책사유로 인하여 채무가 이행되지 아니하고 있는 것

2. 이행지체의 요건

(1) 채무가 이행기에 있을 것

1) 확정기한이 있는 채무

① 지체책임이 발생하는 시기 : 확정기한이 있는 채무는 기한이 도래한 때로부터 지체책임

▶ 2016년 1월 12일(화)까지 채무를 이행하기로 한 경우 2016년 1월 13일부터 지체책임

② 약속어음이 발행된 경우

㉠ 대금의 지급을 위하여 매도인에게 지급기일이 물품 공급일자 이후로 된 약속어음을 발행·교부한 경우

▶ 물품대금 지급채무의 이행기는 약속어음의 지급기일

▶ 약속어음이 지급정지사유로 지급기일이 도래하기 전에 지급거절된 경우 지급거절된 때에 물품대금 지급채무의 이행기 도래 ✕

㉡ 매도인이 기존 채무의 이행확보를 위해 약속어음을 발행한 경우 채무의 변제기가 도래하면 원칙적으로 이행지체 책임

▶ 원인채무의 이행확보를 위해 발행한 어음의 반환과 원인채무의 이행이 동시이행관계에 있는 경우 원인채무의 이행기를 도과하면 원칙적으로 이행지체의 책임

㉢ 기한이 정해져 있는 지시채권이나 무기명채권의 경우 기한이 도래한 후 소지인이 증서를 제시하고 이행을 청구한 때부터 지체책임

③ 보전처분의 경우

㉠ 채권의 지급을 금지하는 채권가압류명령이 가압류채무자에게 송달된 경우 채권의 변제기가 도래하면 이행지체 책임

㉡ 채무자의 채권을 가압류한 후 채권의 이행기가 도래한 경우 제3채무자로서는 공탁하지 아니하는 한 이행지체의 책임

㉢ 이행보증계약에 기한 보증인의 보증금지급의무에 관하여 지급금지가처분결정이 있는 경우 이로써 보증인에게 지급거절의 권능 발생 ✕

④ 동시이행항변권과 관련되는 경우

㉠ 쌍무계약의 당사자 일방이 한 번 현실의 제공을 하여 상대방을 수령지체에 빠지게 하였으나, 이행의 제공이 계속되지 않는 경우 동시이행의 항변권은 소멸되지 아니하므로 이행지체를 이유로 한 지연손해금 청구 ✕

㉡ 동시이행관계에 있는 채무에서 상대방이 채무의 이행을 제공하지 아니하는 경우 이행기가 도래하여도 지체책임 ✕

㉢ 선이행의무 있는 중도금을 지급하지 않던 중에 잔대금 지급과 동시이행관계에 있는 매도인의 소유권이전등기서류의 교부가 되지 않은 상태에서 잔대금지급기일이 도과된 경우 도과된 때부터 중도금지급에 대한 이행지체책임 ✕

⑤ 추심채무의 경우 : 매수인이 매도인의 영업소에서 쌀 10포대를 받아가기로 약정한 경우 추심채무에서 매수인이 변제기 이후에 오지 않으면 매도인은 지연에 따른 손해배상책임 ×

　　　▶ 2016년 1월 12일(화)에 채권자가 오지 않아서 이행을 못한 경우 2016년 1월 13일이 지나도 채무자는 지체책임 ×

2) 불확정기한이 있는 채무

① 지체책임이 발생하는 시기 : 불확정기한이 있는 채무는 기한이 도래함을 안 때로부터 지체책임을 지므로, 중도금지급기일을 '1층 골조공사 완료시'로 하여 불확정기한으로 이행기를 정한 경우 1층 골조공사 완료 후 채무자가 그 사실을 안 날의 다음 날부터 지체책임

　　　▶ 채무자가 1층 골조공사 완료 사실을 알지 못하였다면 지체책임 ×

② 금전채무 이행에 불확정한 기한이 있는 경우 기한이 도래함을 알지 못하였다면 이행지체로 인한 지연손해금 지급의무 ×

3) 기한이 없는 채무

① 지체책임의 발생시기 : 기한이 없는 채무(예를 들어 부당이득반환채무)는 이행청구를 받은 다음 날부터 지체책임

② 채무불이행 또는 담보책임과 관련된 경우

　　　㉠ 금전채무의 이행지체로 인한 지연손해금채무는 이행기의 정함이 없는 채무이므로 채권자로부터 이행청구를 받은 때부터 지체책임 부담

　　　㉡ 이행기의 정함이 없는 채권의 양수인이 채무자를 상대로 그 이행을 구하는 소를 제기하고 소송계속 중 채권양도통지가 이루어진 경우 채권양도통지가 도달된 다음 날부터 이행지체의 책임

　　　㉢ 도급계약에서 하자보수에 갈음하는 손해배상채무는 이행의 기한이 없는 채무로서 이행청구를 받은 때부터 이행지체의 책임

　　　㉣ 저당권이 설정된 부동산 매도인의 담보책임에 기한 손해배상채무는 이행청구를 받은 때부터 이행지체의 책임

③ 불법행위와 관련된 경우

　　　㉠ 피보증인의 불법행위로 인해 신원보증인의 채무가 발생한 경우 기한의 정함이 없는 채무이므로 이행청구를 받으면 지체책임

　　　㉡ 불법행위로 인한 손해배상의 경우 불법행위 성립일로부터 재산상 손해와 위자료를 합산한 금액 전부에 대하여 지체책임

　　　　　▶ 불법행위에 있어 위법행위 시점과 손해발생 시점 사이에 시간적 간격이 있는 경우 손해발생 시점이 기산일

(2) 이행이 가능할 것

(3) 이행지체가 채무자에게 책임있는 사유(귀책사유)에 의할 것

(4) 이행하지 아니하는 것이 위법할 것

(5) 책임능력

3. 이행지체의 효과

(1) 이행의 강제

(2) 지연배상청구

(3) 전보배상청구

이행지체에 의한 전보배상에 있어서의 손해액은 본래의 의무이행을 최고한 후 상당한 기간이 경과한 당시의 시가를 표준으로 산정

(4) 책임가중

자기에게 과실이 없는 경우에도 이행지체 중에 생긴 손해를 배상하여야 하나, 이행기에 이행하여도 손해를 면할 수 없는 경우에는 책임 ×

(5) 계약해제

Ⅳ 이행불능

1. 이행불능의 의의와 요건

의 의	채권이 성립한 후에 채무자에게 책임있는 사유로 인하여 이행할 수 없게 된 것
이행불능의 요건	• 채권성립 후에 이행할 수 없게 될 것 – 이행의 가능 여부는 사회생활상의 경험칙 내지 거래상의 통념에 의하여 판단 • 불능이 채무자에게 책임있는 사유에 의할 것 • 불능이 위법할 것

2. 이행불능의 효과

(1) 손해배상청구

① 이행불능으로 인한 전보배상액은 이행불능 당시의 시가 상당액을 표준으로 산정
② 타인의 권리를 매매의 목적으로 하였으나 그 권리를 취득하여 이전하여야 할 매도인의 의무가 매도인의 귀책사유로 인하여 이행불능이 된 경우 매매목적물의 소유권이 매도인에게 속하지 아니함을 알고 있던 매수인은 계약을 해제하거나 손해배상 청구 가능

(2) 계약해제

채권자는 최고없이 계약을 해제할 수 있고, 해제와 전보배상을 함께 청구하는 것도 가능

(3) 대상청구

1) 대상청구권의 행사

① 쌍무계약의 당사자 일방이 대상청구권을 행사하는 경우 상대방에 대하여 반대급부를 이행할 의무 있음
② 매매목적물의 인도 전 화재로 매도인이 수령할 화재보험금에 대하여 매수인이 대상청구권을 행사할 수 있는 경우 그 범위는 매매대금의 범위 내로 제한 ×
③ 대상청구의 대상이 되는 보상금을 채권자가 직접 자신의 명의로 지급받은 경우 채무자에 대한 관계에서 부당이득 ×

2) 대상청구권의 인정 여부

대상청구권이 인정되는 사례	• 매수인에 대한 소유권이전등기의무가 후발적 불능으로 된 것에 대하여 매도인의 귀책사유가 존재하는 경우에도 대상청구권 행사 가능 • 채무자의 과실에 의한 화재로 소실됨으로써 매매목적물에 대한 인도의무가 이행불능으로 된 경우 채권자는 채무자가 지급받게 되는 화재보험금에 대하여 대상청구권 행사 가능 • 매매목적물인 부동산이 수용되어 그 소유권이전등기의무가 이행불능이 된 경우 대상청구권의 행사로써 수용보상금의 반환을 구하거나 수용보상금청구권의 양도 청구 가능
대상청구권이 인정되지 아니하는 사례	대상청구권을 행사하려는 당사자 일방의 반대급부도 그 전부가 이행불능이 되거나 그 일부가 이행불능이 되고 나머지 잔부의 이행만으로는 상대방의 계약목적을 달성할 수 없는 등 아무런 이익이 되지 않는다고 인정되는 경우 당사자 일방은 상대방에게 대상청구권 행사 × – 대상청구권을 행사하려는 일방당사자가 부담하는 급부도 전부불능이 된 경우 대상청구권 행사 ×

3) 대상청구권과 소멸시효

부동산이중매매로 매도인의 소유권이전등기의무가 이행불능된 경우 매수인에게 인정되는 대상청구권의 소멸시효

▶ 소유권이전등기의무가 이행불능되었을 때부터 소멸시효 진행

▶ 이러한 법리는 대상청구권이 채무자의 귀책사유로 발생한 때에도 마찬가지로 적용

(4) 청구권의 경합

채무불이행에 기한 손해배상청구권과 불법행위에 기한 손해배상청구권이 경합하는 경우, 채무자는 어느 한쪽을 주장할 수 있고, 선택적으로 주장하는 것도 가능

3. 이행불능에 해당 여부

이행불능에 해당하는 사례	• 사회생활에 있어서의 경험법칙 또는 거래상의 관념에 비추어 볼 때 채권자가 채무자의 이행의 실현을 기대할 수 없는 경우 • 임차인이 진실한 소유자로부터 목적물의 반환청구를 받는 등의 이유로 이를 사용·수익할 수가 없게 된 경우 • 채무의 일부만이 채무자의 책임 있는 사유로 이행할 수 없게 되었으나 나머지 부분만의 이행으로 계약목적을 달성할 수 없는 경우(전부가 이행불능)
이행불능에 해당하지 아니하는 사례	• 매매의 목적부동산에 이미 제3자의 처분금지가처분등기가 기입된 경우 • 매매목적물인 부동산이 가압류된 경우 • 부동산의 소유권이전등기의무가 부동산에 제3자 명의로 가등기를 마쳐 준 경우 • 매도인의 다른 채권자가 강제경매를 신청하여 그 절차가 진행 중에 있는 경우 • 증여의 대상인 권리가 계약 당시 타인에게 귀속되어 있는 경우 • 매매 목적 부동산에 관하여 매도인이 이중으로 제3자와 매매계약을 체결한 경우 • 임대차계약상 목적물을 사용·수익하게 할 의무를 부담하는 임대인이 소유권을 상실한 경우 • 부동산을 매수한 자가 소유권이전등기를 경료하지 아니한 상태에서 그 부동산의 상속인이 자기명의로 소유권이전등기를 경료한 경우 • 매매의 대상인 권리가 타인에게 귀속되어 있는 경우

Ⅴ 채무불이행의 효과

1. 강제이행

① 강제이행과 손해배상청구는 양립 가능

② 대체적 작위급부를 내용으로 하는 채무불이행이 있는 경우 법원에 대체집행 청구 가능

2. 손해배상

(1) 손해배상의 방법

손해배상방법으로서의 금전배상에서 금전은 우리나라 통화를 의미하지만, 당사자의 약정이 있으면 외국통화로 배상 가능

(2) 손해배상의 범위

통상손해와 특별손해	특별손해 배상에서 그 사정을 알았거나 알 수 있었는지의 여부는 채무의 이행기까지를 기준으로 판단하여야 함
통상손해에 해당하는 사례	• 매수인이 잔금지급을 지체하였으나, 계약을 해제하지 아니한 매도인이 지체된 기간 동안 입은 손해 중 그 미지급 잔금에 대한 법정이율에 따른 이자 상당의 금액 • 불법행위로 인하여 영업용 물건이 멸실되거나 일부 손괴되어, 이를 대체할 다른 물건을 마련하기 위하여 필요한 합리적인 기간 동안 그 물건을 이용하여 영업을 계속하지 못함으로 인한 휴업손해
특별손해에 해당하는 사례	• 금융기관이 소구권을 보전하지 아니하여 어음발행인의 자력이 악화되는 바람에 어음환매자가 어음채권과 원인채권의 어느 것도 받을 수 없어 입은 손해 • 건물을 신축할 목적으로 토지를 매수한 매수인이 설계비 또는 공사계약금을 지출하였다가 토지매매계약이 해제됨으로 입은 손해 • 매수인이 잔금지급을 지체하여 그 기간 동안 개별공시지가가 급등함으로 인해 계약을 해제하지 아니하여 늘어난 매도인의 양도소득세 부담으로 인한 손해 • 매도인이 매수인으로부터 부동산매매대금을 약정기일에 지급받지 못한 결과 제3자로부터 이와 유사한 부동산을 매수하고 그 잔대금을 지급하지 못하여 계약금이 몰수되어 입은 손해

(3) 과실상계

1) 요건과 효과

요 건	• 과실의 의미
	
	  – 불법행위의 성립에 관한 가해자의 과실 : 의무 위반이라는 강력한 과실
	  – 과실상계에서의 피해자의 과실 : 공동생활에 있어 요구되는 약한 의미의 부주의
	
	• 채권자의 단순한 부주의라도 손해가 발생하거나 확대된 원인을 이루는 경우 과실상계 가능

효 과	• 채권자(피해자)의 과실 유무, 비율은 법원의 직권조사사항
	
	  – 채권자(피해자)에게 과실이 인정되는 경우 법원은 손해배상의 책임 및 그 금액을 정함에 있어서 참작하여야 함
	
	• 일개의 손해배상청구권 중 일부가 소송상 청구되어 과실상계를 하는 경우
	
	  – 손해의 전액에서 과실비율에 의한 감액을 하고 그 잔액이 청구액을 초과하지 않을 경우 : 그 잔액을 인용
	  – 잔액이 청구액을 초과할 경우 : 청구의 전액을 인용

2) 과실상계 적용 여부

① 과실상계가 적용되는 사례

② 과실상계가 적용되지 아니하는 사례

　　㉠ 채무내용에 따른 본래의 급부의 이행을 구하는 경우

　　㉡ 채권자의 청구가 연대보증인에 대하여 보증채무의 이행을 구하고 있음이 명백한 경우

　　㉢ 원상회복의무의 이행으로서 이미 지급한 매매대금 기타 급부의 반환을 구하는 경우

③ 과실상계의 법리가 유추적용되는 사례 : 피해자의 부주의가 아닌 체질적인 소인과 같이 귀책사유와 무관한 것인 경우 과실상계의 법리 유추적용

(4) 손해배상액의 예정

1) 의 의

① 계약과 동시에 계약위반으로 인한 손해를 미리 산정하여 계약위반 시에 채권자가 별도의 손해발생 및 손해액의 증명이 없이도 예정배상액을 청구하기로 하는 당사자 간의 합의로, 채무불이행으로 인한 손해액 외에 불법행위로 인한 손해액까지 예정 ×

② 수급인이 약정기한 내에 하자와 미시공 부분에 대한 공사를 완료하지 못할 때 미지급 공사비 등을 포기하고 이를 도급인의 손해배상금으로 충당한다는 내용의 합의각서를 작성한 경우 채무불이행에 관한 손해배상액의 예정에 해당

2) 요 건

채무불이행의 전제가 되는 채권관계가 있어야 하고, 손해의 발생과 손해액에 대한 약정이 체결되어 있어야 함

3) 효 과

① 예정배상액의 청구

　　㉠ 채권자는 배상액 예정의 존재 및 내용, 채무자의 채무불이행 사실을 증명하면 되고, 손해발생 및 손해액에 대한 증명은 불필요하고, 채무자는 자신의 귀책사유 없음을 증명하여 예정배상액의 지급책임을 면할 수 있음

　　㉡ 채무자는 채권자에게 손해가 발생하지 않았다는 사실을 증명하더라도 지급책임을 면할 수 없음

　　㉢ 채권자는 실제손해액이 예정배상액보다 크다는 사실을 증명하더라도 초과 부분을 따로 청구할 수 없음

　　　▶ 계약금으로 수수한 금액에 관하여 매수인이 위약하면 이를 무효로 하고 매도인이 위약하면 그 배액을 상환하기로 하는 약정을 한 경우 실제 손해액이 예정액을 초과하더라도 그 초과액 청구 ×

　　㉣ 통상손해뿐만 아니라 특별손해에 관하여도 예정된 배상액만을 청구 가능

② 예정배상액의 감액
  ㉠ 손해배상예정액이 부당하게 과다한 경우 법원은 당사자의 주장이 없더라도 직권으로 감액할 수 있고, 예정액이 부당하게 과다한지 여부는 사실심의 변론 종결 당시를 기준으로 판단
    ▶ 손해배상의 예정액이 부당하게 과다한지 여부와 관련하여 실제 손해액을 구체적으로 심리·확정할 필요는 없으나 기록상 실제 손해액 또는 예상 손해액을 알 수 있는 경우에는 그 예정액과 대비하여 볼 필요가 있음
  ㉡ 금전채무의 이행지체에 대비한 지연손해금을 따로 약정한 경우 감액의 대상
    ▶ 금전채무의 이행지체에 대비한 지연손해금 비율을 따로 약정한 경우 손해배상액의 예정이므로 법원의 감액 대상
  ㉢ 원상회복의무가 이행지체에 빠진 이후의 지연손해금률에 관하여 약정이 있는 경우 지연손해금률이 법정이율보다 낮더라도 약정에 따른 지연손해금률이 적용
  ㉣ 주채무자인 공사수급인의 연대보증인이 부담하는 지체상금의 과다 여부는 연대보증인이 아니라 공사수급인을 기준으로 판단
  ㉤ 건물신축도급계약의 지체상금액이 부당하게 과다하다고 인정되는 경우 지체상금에 관한 약정은 손해배상액의 예정이므로, 법원은 이를 적당히 감액 가능
    ▶ 도급계약에서 지체상금을 계약 총액에서 지체상금률을 곱하여 산출하기로 약정한 경우 지체상금이 과다한지 여부는 그 비율에 따라 계산한 지체상금 총액으로 판단
③ 과실상계와 손익상계의 적용
  ㉠ 채무자는 채권자의 과실을 증명하여 과실상계 주장 ×
  ㉡ 도급계약에서의 지체상금이 손해배상의 예정으로 인정되어 이를 감액하는 경우 별도로 과실상계를 적용하여 감경 ×

4) 관련 문제
① 위약금
  ㉠ 계약금을 수수하면서 매도인이 계약을 위반할 때에는 매수인에게 계약금의 배액을 지급하고 매수인이 위반할 때에는 계약금의 반환청구권을 상실하기로 약정한 경우 이는 위약금의 약정을 한 것으로 손해배상액 예정의 성질
  ㉡ 위약금이 위약벌로 해석되기 위하여는 특별한 사정의 주장·증명 필요
  ㉢ 일방당사자의 귀책사유로 계약이 해제된 경우에 관해서만 위약금약정을 둔 경우 상대방의 귀책사유로 계약이 해제되는 경우에도 위약금지급의무 ×
② 위약벌
  ㉠ 위약벌의 약정은 손해배상액의 예정에 관한 규정을 유추적용하여 감액 ×
  ㉡ 도급계약서에 계약보증금 외에 지체상금도 규정되어 있는 경우 계약보증금은 위약벌 ×
③ 계약금

(5) 손해배상에 대한 기타 기출지문

① 유명 연예인이 남편과의 물리적 충돌로 멍들고 부은 얼굴 등을 언론에 공개하여 품위유지의무를 위반한 경우 광고모델계약에 관한 채무불이행책임 인정

② 타인에게 증여한 부동산을, 증여사실을 알고 있는 매수인에게 매도한 후 그 타인에게 소유권이전등기를 경료한 경우 매수인이 증여한 사실을 알고 있더라도 매도인은 매수인에게 손해배상책임

③ 채권자가 채권의 목적인 물건 또는 권리의 가액 전부를 손해배상으로 받은 경우 채무자는 그 물건 또는 권리에 관하여 손해배상자의 대위

④ 사용자는 근로계약 불이행에 대한 위약금 또는 손해배상액을 예정하는 계약 체결 ×

Ⅵ 채권자지체

1. 채권자지체의 의의

채무의 이행에 있어서 채권자의 수령 기타의 협력을 필요로 하는 경우, 채무자가 채무의 내용에 좇은 이행의 제공을 하였음에도 불구하고 채권자가 이행을 받을 수 없거나 받지 아니한 경우에는 이행의 제공이 있는 때로부터 지체책임을 인정하는 제도로, 채권자지체가 발생한 사실은 채무자에게 주장·증명책임

2. 채권자지체의 효과

계약해제권 또는 손해배상청구권	판례에 의하면 채권자지체가 성립하는 경우에 원칙적으로 민법에 의한 책임 외에, 채무불이행책임에 따른 손해배상청구권이나 계약해제권을 인정하지는 아니하나, 채권자에게 급부수령 의무 또는 급부이행에의 협력 의무가 있다고 약정한 경우, 또는 신의칙상 채권자에게 수령의무나 협력의무가 있다고 볼 특별한 사정이 있다고 인정되는 경우 수령의무나 협력의무가 이행되지 않으면 계약 목적을 달성할 수 없거나 채무자에게 계약의 유지를 기대할 수 없다고 볼 수 있는 때에는 채무자는 수령의무나 협력의무 위반을 이유로 계약을 해제하는 것이 가능하다고 판시
주의의무의 경감	채권자지체 중에 채무자의 경과실로 목적물이 멸실된 경우 채무자는 멸실로 인한 책임 ×
이자의 정지	채권자지체 중의 이자 있는 채권에 대하여는 채무자는 이자를 지급할 의무 ×
채권자의 책임의 가중	채권자지체로 인하여 목적물의 보관 또는 변제의 비용이 증가된 경우 그 증가액은 채권자 부담

I 채권자대위권

1. 의의와 법적 성질

의의	채무자가 그 재산권을 행사하지 아니하는 경우에 채권자가 자기의 채권을 보전하기 위해 채무자에 갈음하여 그 권리를 행사함으로써 채무자의 책임재산의 유지·충실을 기하는 제도
법적 성질	실체법상의 권리

2. 채권자대위권의 행사요건

(1) 행사요건의 개관

① 피보전권리의 존재, ② 채권보전의 필요성, ③ 채무자의 권리의 불행사, ④ 피대위채권의 존재 등의 요건을 필요로 하며, ①, ②, ③의 요건이 흠결된 경우에는 부적법각하 판결, ④의 요건이 흠결된 경우에는 청구기각 판결

(2) 행사요건의 검토

1) 채권자가 자기의 채권을 보전할 필요가 있을 것

① 피보전채권의 존재

   ㉠ 피보전채권의 존재 여부는 법원의 직권조사사항

   ㉡ 채권자대위권의 피보전채권이 될 수 있는지 여부

      ㉮ 채권자대위권의 피보전채권이 될 수 있는 권리

         ⓐ 물권적 청구권

         ⓑ 소유권이전등기청구권

         ⓒ 토지거래허가신청절차 협력의무의 이행청구권(단, 보전의 필요성이 인정되어야 함)

         ⓓ 특정채권도 피보전채권이 될 수 있으나, 순차매도에서 소유권이전등기청구권이나 임대차에 있어 명도청구권 등에 한정 ✕

      ㉯ 채권자대위권의 피보전채권이 될 수 없는 권리 : 이혼으로 인한 재산분할청구권(협의 또는 심판에 의하여 구체적 내용이 형성된 경우에는 가능)

   ㉢ 채권자대위권을 재판상 행사하는 경우 채권자는 피보전채권의 존재사실 및 보전의 필요성, 기한의 도래 등을 증명하면 족한 것이지, 채권의 발생원인사실 또는 그 채권이 제3채무자인 피고에게 대항할 수 있는 채권이라는 사실까지 증명할 필요 ✕

   ㉣ 채권자가 채무자를 상대로 한 이행청구소송의 확정판결에 기한 청구권을 피보전채권으로 하여 제3채무자를 상대로 채권자대위소송을 제기한 경우 제3채무자는 채권자와 채무자 사이에 확정된 청구권의 존재를 다툴 수 없음

   ㉤ 채권자의 채무자에 대한 채권의 소멸시효가 이미 완성된 경우 제3채무자는 채무자의 채권자에 대한 소멸시효의 항변 원용 ✕

② 채권보전의 필요성

    ㉠ 채권보전의 필요성은 변론종결 당시를 표준으로 판단하고, 채무자가 무자력하여 그 일반재산의 감소를 방치할 필요가 있는 경우에 인정되고 이와 같은 요건의 존재사실은 채권자가 주장·증명하여야 함

    ㉡ 피보전채권은 제3채무자에게 대항할 수 있을 것 불요

    ㉢ 채무자가 제3자 명의로 소유권이전청구권을 보전하기 위한 가등기가 된 부동산을 소유한 경우 적극재산을 산정할 때 제외하여야 함

    ㉣ 피보전채권이 특정채권인 경우 채무자의 무자력 불요

      ▶ 채무자의 제3채무자에 대한 등기청구권을 대위행사하는 경우 채무자의 무자력 불요

    ㉤ 임대차보증금반환채권의 양수인이 임대인의 임차가옥인도청구권을 대위행사하는 경우 임대인의 무자력 불요

③ 채권변제기의 도래 : 법원의 허가를 얻어서 하는 재판상의 대위와 피대위채권의 시효중단을 위한 이행청구 등 보존행위의 대위의 경우에는 피보전채권의 변제기 전에 채권자대위권을 행사 가능

2) 채무자가 스스로 그 권리를 행사하지 아니할 것

① 채권자대위권을 행사하는 경우 채무자의 동의를 받아야 하는 것은 아니며, 채무자가 반대하는 경우에도 행사 가능

② 채무자가 제3채무자에 대한 권리를 재판상 행사하여 패소의 확정판결을 받은 경우 채권자대위권 행사 ×

③ 채무자가 스스로 그 권리를 행사하고 있으나, 행사방법이나 결과가 부적당한 경우 채무자의 권리 대위 행사 ×

3) 채권자대위권의 객체(채권자대위권의 목적)가 될 수 있는지 여부

채권자대위권의 객체가 될 수 있는 권리	• 조합원의 조합탈퇴권(조합탈퇴의 의사표시) • 농지취득자격증명 발급신청권 • 채권자대위권 • 채권자취소권 • 토지거래허가신청절차 협력의무의 이행청구권 • 본안제소명령의 신청권이나 제소기간의 도과에 의한 가처분의 취소신청권 • 제3자에 대한 임대인의 임차목적물 인도청구권(임차인에 의한 대위행사의 경우)
채권자대위권의 객체가 될 수 없는 권리	• 행사상 일신전속권 • 채무자의 제3채무자에 대한 소송에서의 소송수행과 관련한 개개의 소송상 행위 • 임대인의 동의없는 임차권의 양수인이 대위행사하려는 임대인의 권한 • 재심의 소 제기 • 유류분반환청구권 • 채무자의 인수인에 대한 청구권 • 시(市)가 불법점유자들에 대하여 가지는 점포명도청구권 • 계약의 청약 또는 승낙의 의사표시

3. 채권자대위권의 행사방법

(1) 행사의 방법

이행기 도래 전의 대위권행사	채권자의 피보전채권의 이행기가 도래하기 전에 대위행사에 대한 법원의 허가를 얻은 경우 채권자취소권의 대위행사 가능
이행의 상대방	• 채권자가 채무자의 금전채권을 대위행사하는 경우 제3채무자에 대하여 채무자에게 인도할 것을 청구할 수 있음은 물론이고 직접 대위채권자에게 인도할 것을 청구하는 것도 가능 • 채권자는 제3채무자에게 그 명의의 소유권보존등기나 소유권이전등기의 말소절차를 직접 자기에게 이행할 것을 청구 가능

(2) 대위권행사의 통지

채권자에게 대항할 수 없는 경우	대위권 행사의 통지를 받지 못하였으나 채권자가 대위권을 행사한다는 것을 안 경우 대위행사한 권리의 처분을 가지고 채권자에게 대항 × – 채무자와 제3채무자 사이의 합의에 따라 계약을 해제한 것으로 볼 수 있는 경우 채무자는 채권자에게 대항 ×
채권자에게 대항할 수 있는 경우	• 채무자의 토지 소유권이전등기청구권을 대위행사한 후 이를 채무자에게 통지한 후 채무자가 변제수령하는 경우나 채무자의 명의로 소유권이전등기를 경료하는 경우는 처분행위라고 할 수 없으므로 채권자에게 대항 가능 • 채권자대위권을 행사한 후 이를 채무자에게 통지한 후 – 채무자에 대한 변제·상계 등 채무자의 처분행위에 의하지 않고 제3채무자가 항변권을 취득한 경우 제3채무자는 채권자에게 대항 ○ – 채무자가 채무를 불이행함으로써 통지 전에 체결된 약정에 따라 매매계약이 자동적으로 해제되거나, 채무자의 채무불이행을 이유로 제3채무자가 매매계약을 해제한 경우 제3채무자는 채권자에게 대항 ○ – 다만, 채무자와 제3채무자 사이의 합의에 따라 계약을 해제한 것으로 볼 수 있거나, 채무자의 채무불이행을 이유로 하는 계약해제인 것처럼 외관을 갖춘 것이라는 특별한 사정이 있는 경우 제3채무자는 채권자에게 대항 ×

(3) 제3채무자의 지위

1) 채무자에 대한 항변을 주장할 수 있는지 여부

채권자대위권은 채무자의 제3채무자에 대한 권리를 행사하는 것이므로 제3채무자는 채무자에 대해 가지는 모든 항변(권리소멸의 항변, 상계의 항변, 동시이행의 항변 등)으로 채권자에게 대항 가능

2) 채무자의 채권자에 대한 항변을 주장할 수 있는지 여부

① 제3채무자가 채무자의 채권자에 대한 항변사유(동시이행의 항변 등)를 주장할 수는 없으며 채권자도 자기의 제3채무자에 대한 독자적인 사정을 주장할 수 없음

② 피보전채권의 소멸시효 완성의 항변은 채무자의 채권자에 대한 항변이므로 제3채무자는 주장할 수 없음
 ▶ 한편 채권자취소소송에서의 피보전채권의 소멸시효가 완성된 경우 수익자는 소멸시효의 원용권자에 해당

③ 채권자의 채무자에 대한 권리의 인정 여부를 다툴 수 있는지 여부

▶ 채무자가 채권자에 대하여 가지는 항변권이나 형성권 등과 같이 권리자에 의한 행사를 필요로 하는 사유를 주장하는 경우 다툴 수 없음

▶ 채권자의 채무자에 대한 권리의 발생원인이 된 법률행위가 무효라거나 권리가 변제 등으로 소멸하였다는 등의 사유를 주장하는 경우 다툴 수 있음

▶ 법률행위가 무효라거나 권리가 소멸하였다는 사유를 주장하는 경우에는 법원은 채권자의 채무자에 대한 권리가 인정되는지 여부에 관하여 직권으로 심리·판단

4. 채권자대위권의 행사효과

(1) 채무자 처분권의 제한

채권자대위권을 행사한 후 이를 채무자에게 통지한 경우 채무자가 제3채무자에 대한 채권을 포기하였다면 채권자에게 대항 ×

(2) 효과의 귀속

① 급부를 대위수령한 채권자는 이것을 채무자에게 인도하여야 하지만, 채권자의 채무자에 대한 채권과 채무자의 채권자에 대한 채권이 상계적상에 있다면 상계 가능

▶ 채권자대위권 행사의 효과는 채무자에게 귀속하는 것이 원칙이나, 변제의 수령을 요하는 경우에 채무자가 수령하지 아니하는 경우를 대비하여 채권자는 자기에게 인도할 것을 청구할 수 있음

② 채권자대위권을 행사하여 제3채무자에 대하여 소유권보존등기나 소유권이전등기의 말소등기절차를 직접 채권자에게 이행할 것을 청구하는 경우 법원이 채권자에게 직접 말소등기절차를 이행할 것을 명하는 것은 위법 ×

③ 제3채무자가 직접 대위채권자에게 금전을 지급하도록 하는 채권자대위소송의 판결이 확정된 경우

▶ 대위채권자는 자신의 채권에 대한 변제로서 수령하게 되는 것이 아니므로 대위채권자의 채권자는 대위채권자가 제3채무자로부터 지급받을 권리를 압류할 수 없으나, 채무자의 다른 채권자는 피대위채권이 변제 등으로 소멸하기 전이라면 이를 압류, 가압류 가능

(3) 시효의 중단

채권자대위소송의 제기로 인한 소멸시효 중단은 채무자에게 효력 발생(채무자의 제3채무자에 대한 채권이 소멸시효의 중단)

▶ 채권자대위소송의 제기로 인한 피대위권리의 소멸시효 중단

(4) 판결의 효과

대위채권자가 채권자대위소송을 제기하여 확정판결을 받았고, 채무자가 채권자대위소송이 제기된 사실을 어떠한 사유로 인하였든 안 경우 그 판결의 효력은 채무자에게 미침

(5) 비용상환청구권

채권자대위권을 행사하는 과정에서 비용을 지출한 경우 채무자에게 그 비용의 상환을 청구 가능

Ⅱ 채권자취소권

1. 의 의

채무자가 채권자를 해함을 알면서 법률행위에 의하여 자기의 책임재산을 감소시킨 경우, 채권자가 그 법률행위의 효력을 취소하고 책임재산을 회복시키려는 제도

2. 법적 성질

채권자가 채무자의 대리인으로 행사하는 것은 아니고 이는 채권자의 실체법상의 권리

3. 채권자취소권의 행사요건

(1) 피보전채권의 존재

1) 채권자취소권의 피보전채권이 될 수 있는지 여부
① 채권자취소권의 피보전채권이 될 수 있는 권리 : 정지조건부채권
② 채권자취소권의 피보전채권이 될 수 없는 권리
　　㉠ 특정물에 대한 소유권이전등기청구권과 같은 특정채권
　　㉡ 점유취득시효 완성을 원인으로 하는 소유권이전등기청구권

2) 피보전채권의 성립시기
① 원칙적으로 사해행위이전에 발생된 것임을 요하지만 사해행위 당시에 채권 성립의 기초가 되는 법률관계가 발생되어 있고, 가까운 장래에 그 법률관계에 터 잡아 채권이 성립되리라는 점에 대한 고도의 개연성이 있으며, 실제로 가까운 장래에 그 개연성이 현실화되어 채권이 성립된 경우는 예외적으로 사해행위 이후에 성립한 것이라도 가능
　▶ 보증인에 대한 채무자의 구상금채무를 연대보증한 연대보증인이 그 후 보증인인 구상금채권자의 강제집행을 면탈하기 위하여 미리 그 소유부동산을 제3자에게 증여한 경우 구상금채권자는 일정한 사정이 있는 경우 아직 발생하지 아니한 구상금채권을 피보전채권으로 하여 채권자취소권 행사 가능
② 사해행위 이전에 성립되어 있는 이상 액수나 범위가 구체적으로 확정되지 않은 경우라도 피보전채권이 될 수 있음
③ 매매계약을 원인으로 하는 가등기에 기하여 본등기가 경료된 경우 사해행위요건의 구비 여부는 가등기의 원인된 법률행위 당시를 기준으로 판단
④ 사해행위 이전에 성립된 채권을 양수하였으나, 그 대항요건을 사해행위 이후에 갖추었더라도 채권자취소권 행사 가능

3) 피보전채권의 이행기
피보전채권의 이행기의 도래는 채권자취소권의 요건이 아니므로 조건부·기한부 채권자라도 채권자취소권 행사 가능

(2) 사해행위의 존재

1) 사해행위의 개념

채무자가 적극재산을 감소시키거나 소극재산을 증가시킴으로써 채무초과상태에 이르거나 이미 채무초과상태에 있는 것을 심화시킴으로써 채권자를 해하는 행위로, 채권행위나 물권행위 불문

2) 무자력상태

3) 재산권을 목적으로 하는 채무자의 법률행위(사해행위취소권 행사의 대상이 되는 법률행위)

① 사해행위가 될 수 있는 법률행위
  - ㉠ 이혼 시 재산분할
  - ㉡ 상속재산의 분할협의
  - ㉢ 통정허위표시로서 무효이거나 이미 해지된 채무자의 법률행위

② 사해행위가 될 수 없는 법률행위
  - ㉠ 상속의 포기 또는 유증
  - ㉡ 채무자의 책임재산이 아닌 재산에 관한 법률행위
  - ㉢ 채권양도행위가 사해행위에 해당하지 않는 경우의 채무자에 대한 양도통지
    - ▶ 채권양도행위가 사해행위에 해당하지 않는 경우 양도통지는 따로 채권자취소권 행사의 대상 ×

4) 사해행위에 해당 여부

사해행위에 해당하는 사례	• 채무자가 채무초과상태에서 채권자 중의 1인과 통모하여 그에게 부동산을 매도하고 매매대금채권을 그 채권자의 채권과 상계한 경우 • 채무자의 재산이 채무의 전부를 변제하기에 부족한 경우에 채무자가 그의 유일한 재산을 어느 특정 채권자에게 대물변제로 제공하는 행위 • 채무자 소유의 유일한 재산인 부동산에 관한 매매예약완결권이 제척기간 경과가 임박하여 소멸할 예정인 상태에서, 채무자가 제척기간을 연장하기 위하여 새로 매매예약을 하는 경우

사해행위에 해당하지 아니하는 사례	• 저당권이 설정되어 있는 부동산이 사해행위로 양도되었으나, 피담보채권액이 그 부동산의 가액을 초과하는 경우
	    – 부동산 가액 및 근저당권의 채권최고액이 당해 채무액을 초과하여 채권자에게 우선변제권이 확보되어 있는 상태에서, 채무자(또는 연대보증인)가 자신의 유일한 재산을 처분하는 경우
	• 채무초과상태의 채무자가 유일한 재산을 우선변제권 있는 채권자에게 대물변제로 제공하는 경우
	• 수급인의 저당권설정청구권의 행사에 따라 공사대금채무의 담보로 저당권을 설정하는 경우
	    – 수급인으로부터 공사대금채권을 양수받은 자의 저당권설정청구에 의하여 도급인이 저당권을 설정하는 경우
	• 채권자가 주채무자에 대한 채권 전액에 대한 우선변제권을 확보하고 있는 경우 그 주채무의 수탁보증인은 사전구상권을 피보전권리로 하여 채무자의 법률행위를 사해행위로 취소 ×

(3) 사해의사의 존재

채무자의 악의	사해의사는 소극적인 인식으로 족하므로 특정의 채권자를 해하게 된다는 것을 인식할 필요는 없으며, 일반채권자에 대한 관계에서 공동담보에 부족이 생긴다는 정도를 인식하는 것으로 충분
수익자 · 전득자의 악의	• 사해행위인지가 문제되는 법률행위가 대리인에 의하여 이루어진 경우 수익자의 사해의사 또는 전득자의 사해행위에 대한 악의의 유무는 대리인을 표준으로 결정 • 채무자가 악의라는 점은 채권자가, 수익자 또는 전득자의 악의는 추정되므로 수익자 또는 전득자가 선의라는 점은 자신들이 증명할 책임

4. 채권자취소권의 행사방법과 범위

(1) 행사의 당사자, 방법 및 범위

행사의 당사자	• 피고는 사해행위로 인하여 이익을 받은 수익자나 전득자 • 채권자의 채무자에 대한 채권(피보전채권)이 시효로 소멸한 경우 수익자는 소멸시효를 원용하여 채권자에게 대항 가능
행사의 방법	사해행위의 취소 및 원상회복을 법원에 청구하여 재판상 행사하여야 하고, 소송상의 공격·방어방법으로 주장 ×
행사의 범위	채권자가 사해행위의 취소와 원상회복을 청구하는 경우 원칙적으로 자신의 채권액을 초과하여 취소권을 행사할 수 없고, 채권자의 채권액에는 사해행위 이후 사실심 변론 종결시까지 발생한 이자나 지연손해금이 포함

(2) 원상회복의 방법

1) 원물반환

① 채권자가 사해행위의 취소와 원상회복을 구하는 경우 사해행위의 취소만을 먼저 청구한 다음 원상회복을 나중에 청구할 수도 있음

② 수익자 명의의 등기의 말소를 구하는 대신 수익자를 상대로 채무자 앞으로 직접 소유권이전등기절차의 이행청구 가능

③ 수익자 또는 전득자가 사해행위 이후 그 부동산을 직접 사용하거나 제3자에게 임대한 경우 사용이익이나 임료 상당액은 채무자의 책임재산이었다고 볼 수 없으므로 원상회복의 대상 ×

④ 채무자의 수익자에 대한 채권양도가 사해행위로 취소되었으나, 수익자가 제3채무자에게서 아직 채권을 추심하지 아니한 경우 채권자는 수익자가 제3채무자에게 채권양도가 취소되었다는 통지를 하도록 청구 가능

⑤ 사해행위의 목적물이 동산이고 현물반환이 가능한 경우 취소채권자는 직접 자기에게 그 목적물의 인도청구 가능

2) 가액반환

① 저당권이 설정되어 있는 부동산에 관하여 사해행위가 이루어진 경우

　㉠ 사해행위 후 변제 등에 의하여 저당권설정등기가 말소된 경우

　　㉮ 가액 상환 : 저당권이 설정되어 있는 부동산에 관하여 사해행위가 이루어졌으나, 사해행위 후 변제 등에 의하여 저당권설정등기가 말소된 경우 부동산의 가액에서 저당권의 피담보채무액을 공제한 잔액의 한도에서 사해행위를 취소하고 그 가액을 배상청구하는 것은 가능하나 부동산 자체의 회복청구 ×

　　㉯ 가액 산정 : 사실심 변론 종결시를 기준

　㉡ 취소채권자의 가액배상청구권과 수익자의 채무자에 대한 채권과의 상계 주장 ×

② 저당권이 설정된 부동산이 사해행위로 양도된 후 그 저당권의 실행으로 수익자에게 배당이 된 경우 취소채권자는 수익자를 상대로 배당금 상당액의 반환 청구 가능

③ 사해행위 후 그 부동산에 관하여 제3자가 저당권 등의 권리를 취득한 사례 1 : 부동산 자체의 회복을 명하여야 하나, 다만 원물반환이 불가능하거나 현저히 곤란한 경우에는 원상회복의무의 이행으로서 사해행위 목적물의 가액 상당의 배상을 명하여야 함

　▶ 따라서 사해행위 당시 일반 채권자들의 공동담보로 되어 있었던 부동산 가액 전부의 배상을 명하여야 할 것이고, 그 가액에서 제3자가 취득한 저당권의 피담보채권액 공제 ×

④ 사해행위 후 그 부동산에 관하여 제3자가 저당권 등의 권리를 취득한 사례 2
　　㉠ 원상회복의 방법
　　　　㉮ 채권자는 수익자를 상대로 원물반환 대신 그 가액 상당의 배상을 구할 수 있음
　　　　㉯ 채권자가 스스로의 위험이나 불이익을 감수하면서 원물반환을 구하는 것도 가능함
　　　　㉰ 원물반환의 방법으로는 수익자 명의의 등기말소를 구하거나 수익자를 상대로 채무자 앞으로 직접
　　　　　소유권이전등기절차를 이행할 것을 구하는 것 등이 있음
　　㉡ 원상회복청구권의 확정 : 사실심 변론 종결 당시의 채권자의 선택에 따라 확정됨
　　㉢ 사해행위취소 및 원상회복으로서 승소판결이 확정되었으나 수익자 명의의 등기를 말소하는 것이 불가
　　　능하게 된 경우 수익자를 상대로 한, 반복된 채권자취소소송의 제기 ×
⑤ 원상회복이 가액배상의 방법으로 이루어지는 경우 사실심 변론 종결시까지 발생한 이자나 지연손해금을
　더한 피보전채권액의 범위 내에서 채권자취소권 행사
⑥ 사해행위의 목적물인 부동산에 관하여 우선변제권 있는 임차인이 있는 경우 사해행위 이전에 임대차계약
　을 체결하였다면 임차보증금 반환채권액을 가액반환의 범위에서 공제 가능
⑦ 채권자가 사해행위 취소소송을 통해 원상회복만을 구하는 경우에도 가액의 배상을 구하는 취지도 포함되
　어 있으므로, 법원은 가액의 배상명령 가능
⑧ 예외적으로 가액상환을 하는 경우 채권자는 직접 자신에게 지급할 것을 청구 가능

5. 채권자취소권의 행사효과

(1) 행사의 일반적 효과
수인의 채권자 중 일부가 제기한 사해행위취소소송은 모든 채권자의 이익을 위하여 그 효력 ○

(2) 취소의 상대효
① 채권자취소소송이 인용되어 채권자가 승소한 경우 취소권자와 취소의 상대방 사이에서만 사해행위는 무
　효가 될 뿐이고, 채무자와 수익자 사이의 법률관계는 유효하게 존속
② 사해행위가 취소되고 원상회복으로 수익자 명의의 소유권이전등기가 말소되어 채무자의 등기명의가 회
　복된 경우 그 부동산은 채무자의 책임재산으로 취급될 뿐, 채무자가 직접 부동산을 취득하는 권리자가
　되는 것 ×
③ 부동산매매계약이 사해행위로 취소됨에 따라 수익자 명의의 소유권이전등기가 말소되어 채무자의 등기
　명의가 회복된 경우 채무자는 그 부동산의 소유권을 제3자에게 유효하게 양도 ×
④ 채권자취소소송의 확정판결에 따라 회복된 소유권이전등기명의를 기화로 채무자가 제3자에게 소유권이
　전등기를 마쳐 준 경우 채무자의 일반채권자는 제3자를 상대로 소유권이전등기말소 청구 가능
⑤ 채무자의 수익자에 대한 채권양도가 사해행위로 취소되고, 제3채무자에게 채권양도가 취소되었다는 통
　지가 이루어진 경우 채권이 채무자의 책임재산으로 취급될 뿐, 채무자가 직접 채권을 취득하여 권리자로
　되는 것은 아니므로, 채권자는 채무자를 대위하여 제3채무자에게 채권에 관한 지급 청구 ×
⑥ 수익자를 상대로 사해행위의 취소를 구하는 소를 제기하여 채무자와 수익자 사이의 법률행위를 취소하는
　판결이 확정된 경우 판결의 효력으로써 전득자에 대하여 원상회복 청구 ×

⑦ 수익자의 고유채권자로서 이미 가지고 있던 채권 확보를 위하여 수익자가 사해행위로 취득한 근저당권에 배당된 배당금을 가압류한 자에게 사해행위취소 판결의 효력 ✕

⑧ 사해행위 이후에 채권을 취득한 채권자(예를 들어 채무자에게 금전을 대여한 자)는 사해행위 취소에 의하여 회복되는 재산을 채권자의 공동담보로 파악하지 아니한 자로서 사해행위 취소와 원상회복의 효력을 받는 채권자에 포함 ✕

6. 채권자취소권의 존속기간

존속기간	• 채권자가 취소원인을 안 날로부터 1년, 법률행위 있는 날로부터 5년 내에 사해행위취소소송제기 • 사해행위의 취소만을 먼저 구한 다음 원상회복을 나중에 청구하였으나 사해행위취소청구가 채권자취소권의 행사기간 내에 제기된 경우 원상회복청구는 그 기간이 지난 뒤에도 가능 • 채권자취소권을 대위행사하는 채권자가 취소원인을 안 지 1년이 지난 경우에도 채무자가 취소원인을 안 날로부터 1년, 법률행위가 있는 날로부터 5년 내라면 채권자취소의 소를 제기 가능
취소원인을 안 날	채권자가 '취소원인을 안 날'은 채무자가 채권자를 해함을 알면서(사해의사) 사해행위를 하였다는 사실을 알게 된 날을 의미하므로, 단순히 채무자가 재산의 처분행위를 하였다는 사실을 아는 것만으로는 부족하나, 수익자나 전득자의 악의까지 알아야 하는 것 ✕
증명책임	채권자취소권의 존속기간은 제척기간으로, 도과 여부는 상대방인 수익자 또는 전득자에게 증명책임

- 불법행위로 영업용 건물이 일부 멸실된 경우, 그에 따른 휴업손해는 (**❶   **)에 해당한다.

- 중도금지급기일을 '2층 골조공사 완료시'로 한 경우, 그 공사가 완료되었더라도 채무자가 그 완료사실을 (**❷   **)에는, 특별한 사정이 없는 한 지체책임을 지지 않는다.

- 이행기의 정함이 없는 채권을 양수한 채권양수인이 채무자를 상대로 그 이행을 구하는 소를 제기하고 소송 계속 중 채무자에 대한 채권양도통지가 이루어진 경우, 특별한 사정이 없는 한 채무자는 (**❸   **)부터 지체책임을 진다.

- 채권자대위권의 피보전채권이 특정채권인 경우에 채무자의(**❹   **)은 그 요건이 아니다.

- 사해행위의 목적물이 (**❺   **)이고 그 현물반환이 가능한 경우에는 취소채권자는 직접 자기에게 그 목적물의 인도를 청구할 수 있다.

- 동시이행관계에 있는 쌍무계약상 자기채무의 이행을 제공하는 경우 그 채무를 이행함에 있어 상대방의 행위를 필요로 할 때에는 언제든지 현실로 이행을 할 수 있는 준비를 완료하고 그 뜻을 상대방에게 통지하여 그 수령을 최고하여야만 상대방으로 하여금 (**❻   **)에 빠지게 할 수 있는 것이다.

- 피보전채권의 이행기가 도래하기 전이라도 채권자는 (**❼   **)를 얻어 채무자의 제3자에 대한 채권자취소권을 대위행사할 수 있다.

- 채권자 취소의 소는 채권자가 취소원인을 안 날로부터 1년, 법률행위 있은 날로부터 (**❽   **)에 제기하여야 한다.

- 채무이행의 불확정한 기한이 있는 경우에는 채무자는 (**❾   **)로부터 지체책임이 있다.

- 손해배상액의 예정에 있어서 예정배상액의 감액범위에 대한 판단은 (**❿   **)를 기준으로 한다.

❶ 통상손해

❷ 알지 못한 경우

❸ 채권양도통지가 도달된 다음 날

❹ 무자력

❺ 동산

❻ 이행지체

❼ 법원의 허가

❽ 5년 내

❾ 기한이 도래함을 안 때

❿ 사실심 변론종결 당시

CHAPTER 04 다수당사자의 채권관계

제1절 서 설

제2절 분할채권관계

의 의	하나의 가분적 급부에 대하여 채권자나 채무자가 다수 존재하는 경우에, 각 채권자가 급부의 일부에 대해서만 권리를 가지거나 또는 각 채무자가 급부의 일부만을 부담하는 채권관계
성 립	하나의 가분급부에 대하여 수인의 채권자 또는 채무자가 존재한다면 원칙적으로 분할채권관계 성립
효 력	특별한 사정이 없는 한 채권 또는 채무를 균등비율로 부담하고, 1인의 채권자 또는 채무자에게 생긴 사유의 효력은 다른 채권자 또는 채무자에게 영향을 미치지 아니하고, 구상관계는 원칙적으로 발생 ×
예 시	공유하는 부동산을 타인이 무단으로 점유·사용하고 있는 경우 타인에 대하여 지분비율에 따른 부당이득반환채권 취득

제3절 불가분채권관계

의 의		하나의 불가분급부를 목적으로 하는 다수당사자의 채권관계를 의미하며, 불가분채권관계는 다시 불가분채권과 불가분채무가 있음
성 립		불가분채권관계는 급부가 성질상 불가분인 경우, 성질상 가분이지만 의사표시에 의해 불가분채권·채무관계로 정한 경우에 성립
효 력		불가분채권관계에서는 각 채권자는 단독으로 채권 전부의 이행을 청구할 수 있고, 채무자는 모든 채권자를 위하여 1인의 채권자에게 전부 이행할 수 있음
		– 불가분채권자 1인이 채무자에게 이행을 청구하여 이행지체에 빠진 경우 다른 불가분채권자에게도 이행지체 책임
예 시	불가분채권	A의 소유 건물을 B와 C가 공동으로 매수하는 경우, B와 C의 건물인도청구권은 불가분채권이고, A의 건물인도채무는 불가분채무
	불가분채무	• 여러 사람이 공동으로 법률상 원인 없이 타인의 재산을 사용한 경우의 부당이득반환채무 • 공유하는 부동산을 임차인에게 공동으로 임대한 후 임대차 종료시에 반환해야 할 임대차보증금반환채무

I 연대채무

1. 의의와 성립

의 의	수인의 채무자가 각자 채무 전부를 이행할 의무를 부담하되, 채무자 1인의 이행으로 다른 채무자도 그 의무를 면하게 되는 다수당사자의 채권관계
성 립	• 법률행위에 의한 성립 • 법률의 규정에 의한 성립 – 공동차주(임차인, 사용차주)의 차임지급의무는 순수한 연대책임

2. 효 력

(1) 대외적 효력 : 채권자와 채무자 사이의 관계

채권자는 어느 연대채무자에 대하여 또는 동시나 순차로 모든 연대채무자에 대하여 채무의 전부나 일부의 이행청구 가능

(2) 연대채무자 1인에 대하여 생긴 사유의 효력

1) 일체형 절대효 사유

① 수인이 균등한 비율로 연대채무를 부담하던 중 연대채무자 1인에 대해 이행을 청구한 경우 다른 연대채무자의 채무도 이행기 도래

② 수인이 균등한 비율로 연대채무를 부담하던 중 연대채무자 1인의 채무에 대한 시효중단의 효력

▶ 채무의 이행을 청구하여 시효가 중단된 경우 다른 연대채무자에게도 시효중단의 효력 ○

③ 수인이 균등한 비율로 연대채무를 부담하던 중, 채권자에 대하여 반대채권을 가지고 있는 연대채무자가 상계한 경우 나머지 연대채무자는 잔액에 대하여 연대채무 부담

▶ 수인이 균등한 비율로 연대채무를 부담하던 중, 채권자에 대하여 반대채권을 가지고 있는 연대채무자가 상계하지 아니하는 경우 다른 연대채무자는 반대채권을 가지고 있는 연대채무자의 부담부분에 한하여 상계 가능

④ 어느 연대채무자와 채권자 간에 채무의 경개가 있는 경우 채권자의 채권은 모든 연대채무자의 이익을 위하여 소멸

2) 부담부분형 절대효 사유

① 수인이 균등한 비율로 연대채무를 부담하던 중 연대채무자 1인의 채무를 전부 면제해 준 경우 다른 연대채무자는 자기의 부담부분에 한하여 연대채무 부담

▶ 연대채무자 중 1인이 채무 일부를 면제받았으나 그 연대채무자가 지급해야 할 잔존채무액이 부담부분을 초과하는 경우 다른 연대채무자는 채무 전액을 부담

▶ 연대채무자 중 1인이 연대의 면제를 받은 경우 다른 연대채무자는 채무 전액을 부담

② 어느 연대채무자와 채권자 간에 혼동이 있는 경우 그 채무자의 부담부분에 한하여 다른 연대채무자도 의무를 면함

③ 수인이 균등한 비율로 연대채무를 부담하던 중 연대채무자 1인의 채무가 소멸시효완성으로 소멸한 경우 다른 연대채무자는 자기의 부담부분에 한하여 연대채무 부담

3) 상대효 사유

① 어느 연대채무자에 대한 법률행위의 무효나 취소의 원인이 있는 경우 다른 연대채무자의 채무에 영향 ×

② 연대채무자 중 1인이 소유하는 부동산에 대한 압류에 따른 시효중단의 효력은 다른 연대채무자에게는 효력 ×

③ 채권자가 채무자의 연대채무자(제3채무자) 1인에 대한 채권에 대해 압류 및 추심명령을 발령받은 경우 그 추심채무자는 나머지 연대채무자 등에 대하여 여전히 채권자로서 추심권한을 가지므로 다른 연대채무자에게 이행청구 가능

(3) 대외적 효력 : 연대채무자 상호 간의 구상관계

1) 구상의 요건

▶ 연대보증인이 구상권을 행사하는 경우 '자기의 부담부분을 넘은' 변제를 하였을 것

▶ 연대채무자가 구상권을 행사하는 경우 자기의 부담부분을 넘을 것을 요하지 아니하므로 변제 기타 자기의 출재로 일부 공동면책되었다면 구상권 행사 가능

2) 구상의 통지

어느 연대채무자가 다른 연대채무자에게 통지하지 아니하고 변제 기타 자기의 출재로 공동면책이 된 경우 상계로 소멸할 다른 연대채무자의 채권자에 대한 채권은 그 연대채무자에게 이전

3) 구상권자의 보호

연대채무자 중에 상환할 자력이 없는 자가 있는 경우 그 채무자의 부담부분은 구상권자 및 다른 자력이 있는 채무자가 비례하여 분담하나, 구상권자에게 과실이 있는 때에는 다른 연대채무자에 대하여 분담 청구 ×

Ⅱ 부진정연대채무

1. 의 의

부진정연대채무란 하나의 동일한 급부에 대하여 수인의 채무자가 각기 독립하여 그 전부를 급부해야 하는 의무를 부담하는 채무

2. 성 립

부진정연대채무는 주로 동일한 사실관계에 기한 손해를 수인이 각자의 입장에서 전보할 의무를 부담하는 경우에 발생

3. 효력

(1) 대외적 효력 : 채권자와 채무자 사이의 관계

(2) 부진정연대채무자 1인에 대하여 생긴 사유의 효력

1) 절대효

① 공동불법행위자 중 1인이 변제한 경우 변제금액의 한도에서 다른 공동불법행위자에게 공동면책의 효력 ○

② 부진정연대채무의 다액채무자가 일부변제한 경우 변제로 인하여 먼저 소멸하는 부분은 다액채무자가 단독으로 부담하는 부분

▶ 이러한 법리는 사용자의 손해배상액이 피용자 자신의 손해배상액과 달라졌는데 다액채무자인 피용자가 손해배상액의 일부를 변제한 경우에 적용

▶ 공동불법행위자들의 피해자에 대한 과실비율이 달라 손해배상액이 달라졌는데 다액채무자인 공동불법행위자가 손해배상액의 일부를 변제한 경우에도 적용

③ 부진정연대채무자 중 1인이 채권자의 채권을 수동채권으로 하여 상계를 한 경우 다른 채무자에 대하여 상계의 효력 ○

▶ 부진정연대채무자 중 1인이 자신의 채권자에 대한 반대채권으로 상계를 한 경우 상계(상계계약)로 인한 채무소멸의 효력은 소멸한 채무 전액에 관하여 다른 부진정연대채무자에 대하여도 효력 ○

2) 상대효

① 부진정연대채무에서 채무자 1인에 대한 이행청구 또는 채무자 1인이 행한 채무의 승인 등 소멸시효의 중단사유나 시효이익의 포기는 다른 채무자에게 효력 ×

② 공동불법행위자 중 1인에 대하여 손해배상에 관한 권리를 포기하거나 채무를 면제하는 의사표시를 한 경우 다른 공동불법행위자에게 효력 ×

③ 어느 부진정연대채무자가 채권자에 대하여 상계할 채권을 가지고 있음에도 상계를 하지 않은 경우 다른 부진정연대채무자는 그 채권을 가지고 상계 ×

(3) 대외적 효력 : 부진정연대채무자 상호 간의 구상관계

1) 구상의 요건

① 자신의 피보증인의 부담부분을 넘는 변제를 할 것

② 그 초과부분을 다른 채무자들의 부담비율에 의하여 안분 청구할 것

2) 구상의 통지 요부

부진정연대채무에 해당하는 공동불법행위로 인한 손해배상채무에서는 구상요건으로서의 통지에 관한 민법 제426조 유추적용 ×

3) 구상의 범위

① 제3자가 부진정연대채무자의 1인을 위하여 변제를 하여 다른 부진정연대채무자가 공동 면책된 경우 면책된 다른 부진정연대채무자는 면책 범위 내에서 책임부담 부분 비율에 따른 구상책임 부담

② 부진정연대채무자 중 1인이 손해배상채무의 일부를 면제받았으나 후에 다른 부진정연대채무자가 손해배상 전액을 변제한 경우 일부 면제를 받은 부진정연대채무자에게 구상권 행사 가능

4. 예 시

금융기관이 회사 임직원의 대규모 분식회계로 그 회사의 재무구조를 잘못 파악하고 대출을 하여 준 경우 회사의 대출금채무와 임직원의 손해배상채무는 부진정연대채무관계

제5절　보증채무

Ⅰ　보증채무

1. 서 설

(1) 의 의

보증채무란 채권자와 보증인 사이에 체결된 보증계약에 의하여 성립하는 채무로서, 주채무자가 그 채무를 이행하지 않는 경우에 보증인이 이를 보충적으로 이행하여야 할 채무를 의미

(2) 법적 성질

1) 독립성

주채무와는 별개의 독립된 채무로, 보증채무에 대하여만 위약금을 약정하거나 손해배상액의 예정을 하는 것은 가능

2) 부종성

① 보증인이 알지도 못하는 사이에 주채무의 목적이나 형태가 변경되어 주채무의 실질적 동일성이 상실된 경우 보증채무도 소멸

② 보증채무와 소멸시효

　ⓐ 주채무에 대한 소멸시효가 완성되어 주채무가 소멸된 경우 보증채무로 시효소멸

　　▸ 주채무의 시효소멸에도 불구하고 보증채무를 이행하겠다는 의사를 표시하거나 채권자와 그러한 내용의 약정을 한 경우에는 부종성을 부정할 수 있으나, 단지 보증인이 주채무의 시효소멸에 원인을 제공하였다는 것만으로는 부종성을 부정할 수 없음

　ⓑ 주채무가 민사채무이고 보증채무가 상사채무인 경우 보증채무의 소멸시효기간은 그 채무의 성질에 따라 5년의 상사소멸시효(상법 제64조)가 적용

　ⓒ 주채무자가 소멸시효가 완성된 후 시효의 이익을 포기한 경우 보증인에게는 효력 ×

　ⓓ 주채무자에 대한 시효중단의 사유(예를 들어 압류)가 발생한 경우 보증인에 대한 별도의 중단조치가 없어도 시효중단의 효력

③ 주채무자에 대한 채권을 양도하면서 대항요건을 구비한 경우 보증채권에 관하여 별도의 대항요건 구비 불요

④ 주채권과 분리하여 보증채권만을 양도하기로 하는 약정은 효력 ×

2. 성립

무상·편무·요식계약	보증계약을 구두로 체결한 경우 보증계약은 효력 ×

보증계약의 방식	• 보증은 그 의사가 보증인의 기명날인 또는 서명이 있는 서면으로 표시되어야 효력이 발생하므로, 보증의 의사가 전자적 형태로 표시된 경우에는 효력 ×
	• 보증계약의 요식계약성(서면주의)
	
	  – 보증인의 서명 : 보증인이 직접 자신의 이름을 쓰는 것을 의미하므로 타인이 보증인의 이름을 대신 쓰는 것은 해당 ×
	  – 보증인의 기명날인 : 타인이 대행하는 방법으로 하여도 무방

3. 효력

(1) 보증채무의 내용

보증채무의 급부내용	원칙적으로 보증채무의 목적인 급부는 주채무와 동일한 것이어야 함
보증채무의 범위	• 지급보증서에서 보증금액을 정하여 둔 경우 보증채무 자체의 이행지체로 인한 지연손해금은 지급보증의 한도액과는 별도로 부담 • 보증계약 체결 후 채권자가 보증인의 승낙 없이 주채무자에 대하여 변제기를 연장하여 준 경우 보증채무에 대하여 효력 ○ • 계약상의 여러 가지 의무를 부담하는 당사자의 일방을 위하여 그 계약을 보증한 보증인은 피보증인의 원상회복의 의무에 대하여도 책임

(2) 보증채무의 대외적 효력

1) 채권자의 보증인에 대한 권리

주채무의 이행기가 도래하였으나 주채무자가 이를 이행하지 아니하는 경우에 채권자는 보증인에 대하여 보증채무의 이행을 청구할 수 있음

2) 보증인의 권리

① 주채무자가 채권자에게 반대채권을 가지고 있는 경우 보증인은 그 채권 전액으로 상계 가능

② 주채무자가 채권자에 대한 항변을 포기한 경우 보증인에게 효력 ×

③ 주채무에 대한 소멸시효가 완성되어 보증채무를 이행하거나 승인한 경우 특별한 사정이 없는 한 보증인은 여전히 주채무의 시효소멸을 이유로 보증채무의 소멸 주장 가능

(3) 주채무자 또는 보증인에 관하여 생긴 사유의 효력

채권양수인이 채권을 취득한 후 보증인에 대하여 그 채무의 일부를 면제한 경우 주채무자에게 그 면제의 효력 ×

(4) 보증채무의 대내적 효력

1) 수탁보증인의 구상권

① **구상권의 발생요건** : 수탁보증인이 자기의 출재로 주채무를 소멸시킨 경우 주채무자에게 면책된 날 이후의 법정이자 및 피할 수 없는 비용 기타 손해배상을 포함하여 구상 가능

② **사전구상권**
  ㉠ 채권자가 보증계약 후 주채무의 변제기를 연장하여 준 경우 본래의 주채무의 변제기가 도래하였다면 수탁보증인은 사전구상권 행사 가능
  ㉡ 수탁보증인의 사전구상권의 범위
    ▶ 원금, 사전구상에 응할 때까지의 이자, 사전구상에 응할 때까지의 지연손해금
  ㉢ 연대보증인의 다른 보증인에 대한 구상권 행사의 요건
    ▶ 자신의 부담부분을 넘는 변제를 할 것
    ▶ 이미 자기의 부담부분을 변제한 사람 외의 사람에게만 구상권을 행사할 것

③ **구상권의 제한** : 주채무자가 면책행위를 하고도 그 사실을 수탁보증인에게 통지하지 아니하고 있던 중에 수탁보증인도 사전통지를 하지 아니한 채 이중의 면책행위를 한 경우, 주채무자의 면책행위가 유효하고 나중에 이루어진 보증인의 면책행위는 무효 ○

2) 부탁없는 보증인의 구상권

주채무자의 의사에 반하여 보증인이 된 자가 자기의 출재로 주채무를 소멸하게 한 경우 주채무자는 보증인에게 현존이익의 한도에서 배상

4. 보증채무에 대한 기타 기출지문

보증인의 출연행위 당시에는 주채무가 유효하게 존속하고 있었으나, 그 후 주계약이 해제되어 소급적으로 소멸하는 경우 보증인은 채권자를 상대로 부당이득으로 반환청구 가능

Ⅱ 연대보증

특 성	연대보증인에게 채무의 이행을 청구한 경우 최고·검색의 항변권 행사 ×
연대보증에서의 구상관계	연대보증인이 자신의 부담 부분을 넘어 변제하여 공동면책된 경우 다른 연대보증인에게 구상권의 행사 가능

Ⅲ 계속적 보증(근보증)

근보증(계속적 보증)은 계속적 채권관계에 기하여 채무자가 부담하는 현재 또는 장래의 불특정한 채무에 대한 보증을 의미

☐ 주채권과 분리하여 (❶　　　　　　)만을 양도하기로 하는 약정은 그 효력이 없다.

☐ 보증채권을 주채권과 함께 양도하는 경우 (❷　　　　　　)은 주채권의 이전에 관하여만 구비하면 족하다.

☐ 공동임차인의 차임지급의무는 특별한 사정이 없는 한 (❸　　　　　　)이다.

☐ 연대채무자 중 1인이 연대의 면제를 받더라도, 다른 연대채무자는 (❹　　　　　　)을 부담한다.

☐ 부진정연대채무의 다액채무자가 일부변제한 경우, 그 변제로 인하여 먼저 소멸하는 부분은 다액채무자가 (❺　　　　　　)하는 부분이다.

❶ 보증채권

❷ 대항요건

❸ 연대채무

❹ 채무 전액

❺ 단독으로 부담

05 채권양도와 채무인수

제1절 채권의 양도

I 서 설

채권양도의 의의	채권을 그 동일성을 유지하면서 이전하는 양도인과 양수인 사이의 계약
채권양도의 법적 성질	• 채권양도는 처분행위이자 준물권행위 • 채권양도의 원인인 위임이 해지된 경우 지명채권의 양도는 유인행위이므로 채권은 양도인에게 복귀 • 채권양도가 다른 채무의 담보조로 이루어진 후 피담보채무가 변제로 소멸된 경우, 양도채권의 채무자는 채권양수인의 양수금 지급청구 거절 ×

II 지명채권의 양도

1. 의 의

(1) 지명채권의 개념

지명채권이란 채권자가 특정되어 있고, 그 채권의 성립, 양도를 위해서 증서의 작성·교부를 필요로 하지 않는 채권

(2) 지명채권의 양도성

1) 원칙적 인정

장래의 채권도 그 권리의 특정이 가능하고 가까운 장래에 발생할 것임이 상당 정도 기대되는 경우 채권양도의 대상

2) 예외적 제한

채권의 성질상 양도를 허용하지 아니하는 경우	• 매매로 인한 소유권이전등기청구권의 양도는 특별한 사정이 없는 한 양도가 제한되므로 채무자의 동의나 승낙을 받아야 대항력 ○ • 취득시효 완성으로 인한 소유권이전등기청구권의 양도의 경우 매매로 인한 소유권이전등기청구권에 관한 양도제한의 법리 적용 ×

당사자가
양도금지특약을
한 경우
	• 양도금지의 특약이 있는 채권에 대한 압류 및 전부명령이 있는 경우 압류채권자의 선·악의 여부는 전부명령의 효력에 영향이 없으므로 채무자는 특약으로 대항 ×
	• 당사자 사이에 양도금지특약을 체결한 경우
	    – 채권양도금지특약의 존재를 경과실로 알지 못하고 채권을 양수한 자는 악의의 양수인 ×
	    – 채권양수인에게 악의·중과실이 없는 경우에는 채무자는 양수인에게 대항 ×
	    – 채권양수인이 양도금지특약이 있음을 알았거나 중대한 과실로 알지 못하였다면 채권 이전의 효과 발생 ×
	    – 채권양수인의 악의 내지 중과실은 양도금지특약으로 양수인에게 대항하려는 자에게 주장·증명책임

법률상 양도가 금지되는 경우	• 소송행위를 하게 하는 것을 주목적으로 채권양도가 이루어진 경우 신탁법상의 신탁에 해당하지 않아도 신탁법 제6조가 유추적용되므로 무효 ○ • 근로자가 임금채권을 양도한 경우 양수인은 사용자에 대하여 임금지급 청구 ×

(3) 효 과

채권의 이전	• 당사자 간 지명채권 양도의 효과는 통지 또는 승낙과 관계없이 양도계약을 체결함으로써 발생 • 원본채권이 양도될 당시 이미 변제기에 도달한 이자채권의 경우 이자채권도 양도한다는 의사표시가 없는 한 당연히 양도 × • 가압류된 채권이 양도된 경우 채권양수인은 가압류에 의하여 권리가 제한된 상태의 채권을 양수함
채권에 부수하는 권리의 이전	채권을 담보하는 권리(예를 들어 보증, 저당권 등)들도 채권과 더불어 새로운 채권자에게 이전됨
채무자의 항변권 등	채권의 일부 양도가 이루어진 후 각 분할된 부분에 대하여 독립한 분할채권이 성립하여 채무자가 양도인에 대한 반대채권으로 상계하고자 하는 경우 양도인을 비롯한 각 분할채권자 중 어느 누구도 상대방으로 지정하여 상계 가능

2. 채권양도의 대항요건

(1) 대항요건의 필요성

① 채권양도 통지 또는 승낙이 없이 그 채권양도를 채무자에게 대항할 수 있도록 한 당사자 간의 합의는 유효 ○

② 채권양도의 대항요건을 구비하지 아니하였으나, 채무자가 채권양도사실을 알고서 양도인에게 변제한 경우 양수인에 대하여 변제의 유효를 주장 가능

(2) 채무자에 대한 대항요건

1) 채무자에 대한 통지

양도인에 의한 통지	• 양도인이 채무자에게 채권양도를 통지한 경우 채무자의 별도의 승낙이 없더라도 양수인은 채무자에게 이행청구 가능 • 양도인이 양도통지만을 한 경우 통지를 받은 때까지 양도인에 대하여 생긴 사유로써 양수인에게 대항 가능 • 양도인이 채무자에게 채권양도를 통지하였으나, 아직 양도하지 아니하였거나 또는 그 양도가 무효인 경우 선의인 채무자는 양수인에게 대항할 수 있는 사유로 양도인에게 대항 가능 • 채권자와 양수인 사이의 계약에 의해 지명채권이 양도된 경우, 양수인은 채권자에게 채권양도통지절차의 이행청구 가능

대리인에 의한
통지
	• 채권양도의 통지는 사자를 통하여 하거나 대리인으로 하여금 하게 하여도 가능
	• 채권양도통지권한을 위임받은 양수인이 대리관계를 현명하여 양도인 명의로 채권양도의 통지를 한 경우 양도통지는 효력 ○
	
	    – 채권양도통지권한을 위임받은 양수인이 대리관계의 현명을 하지 아니하고 양수인 명의로 된 채권양도통지서를 채무자에게 발송하여 도달한 경우 양도통지는 효력 ×
	    – 채권의 양수인이 양도인으로부터 채권양도통지권한을 위임받지 아니한 상태에서 자기의 명의로 채권양도의 통지를 한 경우 양도통지는 효력 ×

양도계약의 해제	• 지명채권의 양도통지를 한 후 그 양도계약이 해제 또는 합의해제된 경우 채권양수인이 채무자에게 해제 등 사실을 통지하여야 함 • 채권양도인과 양수인과의 채권양도계약이 해제되었고 채권양도인이 채무자에게 양도철회통지를 한 경우 철회에 양수인의 동의가 없었다면 채무자는 채권양수인에게 대항 ×

2) 채무자의 승낙

① **승낙의 상대방** : 대항요건으로서의 채무자의 승낙은 양도인 또는 양수인 모두 상대방이 될 수 있고, 조건을 붙일 수 있음

② **사후승낙에 의한 추인** : 악의 또는 중과실로 채권양수를 받은 후 채무자가 그 양도에 대하여 승낙을 한 경우 사후승낙에 의하여 무효인 채권양도행위가 추인되어 유효하게 되며 양도의 효과는 승낙 시부터 발생

③ **이의를 보류하지 아니하는 승낙**

    ㉠ 지명채권의 양도를 승낙하는 경우 이의를 보류하고 할 수 있고 양도금지의 특약이 있는 채권양도를 승낙함에 있어 조건을 붙여서 할 수도 있음

    ㉡ 채권양도에 대하여 이의를 보류하지 아니하는 승낙을 한 경우

      ▶ 양수인이 채권의 내용 등을 실제와 다르게 인식하고 있는지까지 확인하여 위험을 경고할 의무 ×

      ▶ 양도되는 채권의 성립이나 소멸에 영향을 미치는 사정에 관하여 양수인에게 알려야 할 신의칙상 주의의무가 있다고 볼만한 특별한 사정이 없는 한 그러한 사정을 알리지 아니하였다고 하여 불법행위 성립 ×

      ▶ 채권양수인의 악의·중과실이 인정된다면 양도인에게 대항할 수 있는 사유로 양수인에게 대항 가능

      ▶ 채무자가 이의를 보류하지 아니하고 채권양도를 승낙을 한 경우 양도인에게 대항할 수 있는 사유로써 선의·무중과실인 양수인에게 대항 ×

      ▶ 채무자가 이의를 보류하지 아니하고 승낙을 한 때에는 양도인에게 대항할 수 있는 사유로써 양수인에게 대항하지 못하나, "양도인에게 대항할 수 있는 사유"란 채권의 성립, 존속, 행사를 저지·배척하는 사유를 가리킬 뿐이고, 채권의 귀속은 이에 포함되지 아니하므로, 채권이 이미 타인에게 양도되었다는 사실로써 양수인에게 대항 가능

3) 통지 또는 승낙의 효과

채무자가 채권양도를 승낙한 후에 양도인에 대한 채권을 취득한 경우 양수인에 대하여 상계로써 대항 ×

(3) 채무자 이외의 제3자에 대한 대항요건

확정일자	증서에 대하여 그 작성한 일자에 관한 완전한 증거가 될 수 있는 것으로, 법률상 인정되는 일자, 즉 당사자가 나중에 변경하는 것이 불가능한 것으로 확정된 일자
제3자의 범위	선순위의 근저당권부채권을 양수한 채권자보다 후순위의 근저당권자는 채권양도의 대항요건을 갖추지 아니하면 대항할 수 없는 제3자 ×
대항의 의미	• 지명채권의 양도통지가 확정일자 없는 증서에 의하여 이루어져, 제3자에 대한 대항력을 갖추지 못하였으나 그 후 확정일자를 얻은 경우 그 일자 이후에는 제3자에 대한 대항력 취득 ○ • 양도된 채권이 이미 변제 등으로 소멸된 후에 다른 자를 제2양수인으로 한 확정일자 있는 증서로 채권양도통지를 한 경우 존재하지 아니하는 채권에 대한 양도통지는 무효이므로 제1양수인에 대한 채무변제가 유효 ○

3. 채권양도의 유형과 대항관계

(1) 채권양수인들이 모두 제3자에 대한 대항요건을 갖추지 못한 경우

양수인 중 누구도 우선적 지위를 주장할 수 없으므로, 먼저 채무자에 대한 통지 또는 채무자에 의한 승낙요건을 갖춘 자가 채권을 취득

(2) 채권양수인 중 일방이 제3자에 대한 대항요건을 갖춘 경우

확정일자 있는 증서에 의한 대항요건을 구비한 양수인이 우선함

(3) 채권양수인들이 모두 제3자에 대한 대항요건을 갖춘 경우

1) 양수인 상호 간의 우열

① 채권이 이중으로 양도된 경우 양수인 상호 간의 우열은 확정일자 있는 양도통지가 채무자에게 도달한 일시 또는 확정일자 있는 승낙의 일시의 선후에 의하여 결정

② 채권이 이중으로 양도되어 확정일자 있는 양도통지가 채무자에게 동시에 도달한 경우 각 양수인은 채권 전액에 대하여 채무자에게 이행청구 가능

2) 가압류채권자와 채권양수인의 우열

채권양도와 (가)압류결정의 우열은 확정일자 있는 채권양도 통지와 가압류결정 정본의 제3채무자(채권양도로는 채무자)에 대한 도달의 선후에 의하여 결정

▶ 채권가압류결정이 제3채무자(채권양도로는 채무자)에게 송달된 경우 가압류채무자(채권양도로는 양수인)는 제3채무자에 대하여 이행청구의 소 제기 가능

▶ 채권가압류결정이 채권양도통지보다 먼저 송달된 경우 채권가압류결정의 채권자가 본안소송에서 승소하는 등으로 집행권원을 취득하는 경우에는 가압류에 의하여 권리가 제한된 상태의 채권을 양수받는 양수인에 대한 채권양도는 무효 ○

3) 전부채권자와 채권양수인의 우열

▶ 확정일자 있는 채권양도 통지와 압류 및 전부명령 결정정본의 제3채무자에 대한 도달의 선후에 의하여 그 우열 결정

▶ 전부명령과 채권양도 통지의 선후관계 증명이 없는 경우 동시에 도달한 것으로 추정

▶ 전부명령과 채권양도 통지가 동시에 도달한 경우 양자 사이에는 상호우열이 없으며, 모두 채무자에 대하여 완전한 대항력 ○

▶ 확정일자 있는 채권양도 통지와 채권에 대한 압류 및 전부명령 정본이 제3채무자(채권양도로는 채무자)에게 동시에 도달한 경우 제3채무자는 이중지급의 위험이 있을 수 있으므로, 변제공탁 가능

4. 채권양도에 대한 기타 기출지문

가장채권을 선의로 양수한 채권양수인이 채권을 행사하려는 경우 양도에 관한 합의 외에 채권양도의 대항요건을 갖추어야 함

Ⅲ 증권적 채권의 양도

증서의 배서와 교부는 지시채권 양도의 성립요건에 해당

제2절   채무의 인수

Ⅰ 면책적 채무인수

1. 의 의

채무의 동일성을 유지하면서 채무를 인수인에게 이전시키는 계약으로, 채무의 동일성이 인정된다는 점에서 채무자변경에 의한 경개와 구별됨

2. 채무인수의 요건

(1) 채권자 · 인수인 · 채무자 사이의 계약

(2) 채권자와 인수인 사이의 계약

이해관계 없는 제3자는 채무자의 의사에 반하여 채무 인수 ×

(3) 채무자와 인수인 사이의 계약

채권자의 승낙	면책적 채무인수에 대한 채권자의 승낙은 묵시적으로도 가능하며 직접 인수인을 상대로 인수채무의 이행을 청구하는 것도 묵시적 승낙에 해당
	– 채권자의 승낙이 없다면 채무자와 인수인의 계약에 의한 면책적 채무인수의 효력은 없으나 이행인수로서의 효력은 인정 – 채권자의 채무인수에 대한 승낙은 원칙적으로 채무를 인수한 때에 소급하여 그 효력 ○ – 채권자의 승낙이 있을 때까지 당사자는 철회하거나 변경 가능
승낙의 거절	면책적 채무인수에 대한 채권자의 승낙거절이 있는 경우 거절 후 다시 승낙하여도 채무인수로서의 효력 ×
	– 면책적 채무인수에서 채권자에 대한 최고에 대하여 상당한 기간 내에 확답을 발송하지 아니한 경우 거절로 간주

3. 채무인수의 효과

채무의 이전	면책적 채무인수가 있는 경우 인수채무의 소멸시효기간은 채무인수일로부터 새로이 진행
항변권의 이전	• 인수인은 전 채무자의 항변할 수 있는 사유(채권의 성립·존속·이행을 저지·배척하는 모든 항변)로 채권자에게 대항할 수 있으나, 전(前) 채무자에 대한 항변사유를 가지고 채권자에게 대항 × • 인수된 채무의 발생원인이 되는 계약취소권·해제권은 계약당사자만이 가지는 권리이므로, 특정승계인에 불과한 인수인은 이러한 권리를 주장 ×
보증·담보의 존속 여부	• 전 채무자의 채무에 대한 보증이나 제3자가 제공한 담보는 채무인수로 인하여 소멸하나, 보증인이나 제3자가 채무인수에 동의한 경우 소멸 × • 면책적 채무인수로 인하여 종래의 채무를 담보하는 저당권도 당연히 소멸 ×

Ⅱ 병존적 채무인수

1. 의의와 요건

의 의	기존 채무자의 채무를 존속시키면서 인수인이 동일한 채무를 부담하는 채무인수를 의미하며, 채무의 인수가 면책적인지 중첩적인지 불분명한 경우 병존적 채무인수로 간주
채무인수의 요건	• 병존적 채무인수는 채권자와 채무인수인 사이에 합의가 있다면 채무자의 의사에 반해서도 가능 • 채무자와 인수인의 계약으로 체결되는 병존적 채무인수는 제3자를 위한 계약으로서의 성질 　－ 채무자와 인수인 간 채무인수의 합의는 제3자를 위한 계약으로서 채권자가 수익의 의사표시를 함으로써 인수인에 대한 권리 취득 　－ 채무자와 인수인의 합의에 의한 병존적 채무인수는 제3자를 위한 계약으로, 채권자의 수익의 의사표시는 계약의 성립요건이나 효력발생요건이 아니라 인수인에 대한 채권취득 요건

2. 채무인수의 효과

채무자와 인수인 사이의 관계	병존적 채무인수의 채무자와 인수인 사이의 관계는 주관적 공동관계가 있으면 연대채무관계, 없으면 부진정연대채무관계 　－ 병존적 채무인수인이 채권자에 대한 반대채권으로 채권자의 채권과 상계한 경우 채무자에게 상계의 효력 ○(주관적 공동관계의 유무 불문) 　－ 인수인이 채무자의 부탁을 받지 아니하고 채권자와의 계약으로 채무를 중첩적으로 인수한 경우 부진정연대채무관계
인수채무의 소멸시효	• 병존적 채무인수로 인수인이 부담하는 채무의 소멸시효는 기존채무와 동일한 소멸시효기간 적용 • 채무자와 그의 부탁을 받지 않은 인수인에 의한 병존적 채무인수에서 채권자가 채무자에게 이행청구를 한 경우 병존적 채무인수인에게 시효중단의 효과 ×

3. 예시

기존채무에 관하여 제3자가 채무자를 위하여 어음이나 수표를 발행하는 경우 동일한 채무를 중첩적으로 인수한 것

Ⅲ 이행인수

이행인수의 의의	인수인이 채무자에 대해 채무자의 채무를 이행할 것을 약정하는 채무자와 인수인 사이의 계약
이행인수의 효력	• 이행인수인이 채권자에 대하여 채무자의 채무를 승인한 경우 채무승인의 효력 × • 채무자와 인수인 사이에 이행인수계약이 체결된 경우 채권자는 직접 인수인에게 채무를 이행할 것을 청구 × • 저당권이 설정된 부동산의 매수인이 피담보채무를 인수하면서 그 채무액을 매매대금에서 공제하기로 하고 잔액만을 지급한 경우 매수인은 잔금지급의무를 다한 것 • 부동산매수인이 매매대금 지급에 갈음하여 매도인의 제3자에 대한 채무의 이행을 인수하였는데 인수채무 불이행으로 매도인이 인수채무를 대신 변제한 경우 매수인의 손해배상채무와 매도인의 소유권이전등기의무는 동시이행관계
이행인수의 예시	• 저당권이 설정된 부동산의 매수인이 피담보채무를 인수하면서 그 채무액을 매매대금에서 공제하기로 한 경우 • 부동산매수인이 매매목적물에 관한 임대차보증금반환채무 등을 인수하면서, 그 채무액을 매매대금에서 공제하기로 약정한 경우

Ⅳ 계약인수

계약인수의 성립	3면합의에 의하여 이루어지나, 관계당사자 중 2인이 합의하고 나머지 당사자가 동의 내지 승낙하는 방법으로도 가능
계약인수의 효력	상대방의 승낙을 얻어 계약상 당사자의 지위를 포괄적으로 제3자에게 이전하는 경우 제3자는 종래 계약에서 이미 발생한 채권·채무도 모두 이전받음

☐ 채권양도에 대하여 채무자가 (❶   )을 하였더라도 채무자는 채권이 이미 타인에게 양도되었다는 사실로써 양수인에게 대항할 수 있다.

☐ 당사자 사이에 (❷   )이 있는 채권이라도 압류 및 전부명령에 의하여 이전될 수 있다.

☐ (❸   )는 채권자와 인수인 사이의 합의가 있으면 채무자의 의사에 반하여서도 이루어질 수 있다.

☐ 채무인수가 면책적인지 중첩적인지 불분명한 경우에는 (❹   )로 본다.

☐ 채권양도금지특약의 존재를 (❺   )로 알지 못하고 그 채권을 양수한 자는 악의의 양수인으로 취급되지 않는다.

☐ 부동산의 매수인이 매매목적물에 관한 채무를 인수하는 한편 그 채무액을 매매대금에서 공제하기로 약정한 경우, 그 인수는 특별한 사정이 없는 한 (❻   )로 보아야 한다.

☐ 매매로 인한 소유권이전등기청구권의 양도는 채무자의 (❼   )을 받아야 대항력이 생긴다.

☐ 당사자 간 지명채권 양도의 효과는 특별한 사정이 없는 한 통지 또는 승낙과 관계없이 (❽   )에 발생한다.

☐ 양도인이 채무자에게 채권양도를 통지한 때에는 아직 양도하지 아니하였거나 그 양도가 무효인 경우에도 (❾   )인 채무자는 양수인에게 대항할 수 있는 사유로 양도인에게 대항할 수 있다.

☐ 지명채권의 양도통지를 한 후 그 양도계약이 해제된 경우, 양도인이 그 해제를 이유로 채무자에게 양도채권으로 대항하려면 (❿   )이 그 채무자에게 해제사실을 통지하여야 한다.

❶ 이의를 보류하지 않은 승낙

❷ 양도금지의 특약

❸ 중첩적 채무인수

❹ 중첩적 채무인수

❺ 경과실

❻ 이행인수

❼ 동의나 승낙

❽ 양도계약과 동시

❾ 선의

❿ 양수인

06 채권의 소멸

제1절 서 설

제2절 변 제

Ⅰ 의 의

채무자 또는 제3자의 급부행위에 의하여 채권이 만족을 얻어 채권의 소멸이라는 법률효과를 발생시키는 법률요건

Ⅱ 변제자와 변제수령자

1. 변제자

채무자	채무의 성질상 반드시 변제자 본인의 행위에 의해서만 변제하도록 강제되지 아니하는 경우 제3자를 이행보조자 내지 이행대행자로 사용하여 대위변제 가능	
제3자의 변제	의 의	제3자의 변제란 채무자의 이름으로 변제하는 것이 아니라 자신의 이름으로 타인의 채무를 변제하려는 의사를 가지고 변제하는 것을 의미하고, 제3자가 타인의 채무를 자신의 채무로 오인하여 변제하였다면 제3자 변제 ×
	제3자의 변제의 제한	물상보증인, 이행인수인은 변제할 정당한 이익이 있으므로 채무자의 의사에 반하여 채무변제 가능
	제3자의 변제의 효과	제3자의 변제가 유효하면 채권은 소멸

2. 변제수령자

(1) 채권자

(2) 채권의 준점유자

의 의	채권을 사실상 행사하는 자로서 사실상 행사는 진정한 채권자가 아니면서 채권자로서의 외형을 가진 것을 의미
요 건	• 채권의 준점유자일 것 : 예를 들어 채권자의 대리인이라고 하면서 채권을 행사하는 경우 채권의 준점유자에 해당 • 변제자의 선의·무과실 : 선의는 준점유자에게 변제수령의 권한이 없음을 알지 못하는 것 및 적극적으로 진정한 권리자라고 믿었음을, 무과실은 그렇게 믿는 데에 과실이 없음을 의미하고, 이러한 변제자의 선의·무과실은 변제의 유효를 주장하는 자(변제자)에게 증명책임 • 채권자의 귀책사유는 불요
효 과	• 선의·무과실로 채권의 준점유자에게 변제한 경우 변제자는 반환청구 × • 예금주의 대리인이라고 주장하는 자가 예금주의 통장과 인감을 소지하고 예금반환청구를 한 경우, 그에 대한 변제는 일정한 경우 채권의 준점유자에 대한 변제로서 유효 ○

(3) 증권적 채권의 소지인에 대한 변제

지시채권 증서소지인에 대한 변제는 소지인이 권리자 아님을 알았거나 중대한 과실로 알지 못한 경우를 제외하고 유효 ○

Ⅲ 변제의 제공

채권자의 수령, 협력을 필요로 하는 채무에 있어서 채무자가 그 급부실현에 필요한 준비를 다하고 채권자에게 협력을 구하는 것을 의미

Ⅳ 변제의 충당

1. 의 의

채무자가 같은 채권자에 대하여 수 개의 동종의 채무를 부담하고 있는 경우 또는 한 개의 채무의 변제로 수 개의 급부를 하여야 할 경우에, 변제자가 제공한 급부가 그 채무의 전부를 소멸시킬 수 없는 때에는 어느 채무 또는 급부의 변제에 충당할 것인가를 결정하는 것을 의미

2. 변제충당의 순서

① 변제충당에 관한 민법 제476조 내지 제479조 규정은 임의규정이므로, 충당의 순서에 관한 당사자 간의 합의가 있으면 그에 의하고, 합의가 없는 경우에는 비용·이자·원본 사이에서 충당은 별론으로 하고, 지정변제충당에 의하고 보충적으로 법정변제충당 규정 적용

② 채무자가 비용 및 이자를 전부 소멸케 하지 못하는 급여를 한 경우 지정변제충당에 관한 민법 제476조는 준용되지 아니하므로, 당사자 간의 합의가 있다면 그에 의하고 합의가 없다면 민법 제479조의 법정변제충당 규정 적용

3. 합의충당(계약에 의한 충당)

채무액 일부를 지급하면서 이자 아닌 원본에 충당할 것을 지정하고 채권자가 이의 없이 수령하여 묵시적 합의가 인정되는 경우 지급된 금전은 원본에 충당

4. 지정행위에 의한 충당

변제자에 의한 충당	원본과 지연이자를 합한 전액에 부족한 이행제공을 하면서 원본에 대한 변제로 지정한 경우 이는 법정변제충당에 의하여야 하므로 채권자와 합의가 있거나 묵시적 합의가 인정되는 경우가 아닌 한, 지정은 채권자에 대해 효력이 없어, 채권자는 수령 거절 가능
변제수령자에 의한 충당	변제자가 충당지정을 하지 아니하여 변제수령자가 지정한 경우 변제자가 즉시 이의를 제기하였다면 법정변제충당에 의해 충당

5. 법정충당

(1) 의 의

변제자에 의한 지정과 변제수령자에 의한 지정도 없는 경우, 변제수령자가 지정하였으나 변제자가 즉시 이의를 제기한 경우, 채무자가 채무 전부를 소멸하게 하지 못하는 급여를 하여 비용·이자·원본 사이에서 충당하려는 경우 민법에서 규정한 방법으로 충당하게 되는 것을 의미

(2) 충당의 순서

1) 법정변제충당

① 당사자 간에 변제충당에 대한 특별한 합의나 지정이 없었던 경우 법정변제충당에 따라 변제에 충당
  ▶ 채무 중에 이행기가 도래한 것과 도래하지 아니한 것이 있으면 이행기가 도래한 채무의 변제에 충당
  ▶ 채무 전부의 이행기가 도래한 경우 채무자에게 변제이익이 많은 채무의 변제에 충당
  ▶ 변제의 유예가 있는 채무는 유예기까지 변제기가 도래하지 않은 것으로 간주

② 변제이익이 더 많은 경우
  ▶ 주채무자 이외의 자가 변제자인 경우로서 변제자가 발행 또는 배서한 어음에 의하여 담보되는 채무가 그렇지 않은 채무보다 변제이익이 더 많음
  ▶ 변제자가 주채무자인 경우로서 담보로 주채무자 자신이 발행 또는 배서한 어음에 의하여 담보되는 채무가 그렇지 않은 채무보다 변제이익이 더 많음

③ 변제이익이 같은 경우
  ▶ 변제자가 주채무자이고 연대보증약정이 있는 경우로서 연대보증기간 내의 채무와 연대보증기간 종료 후의 채무 사이의 변제이익
  ▶ 변제자가 주채무자인 경우 보증인이 있는 채무와 보증인이 없는 채무 사이의 변제이익
  ▶ 변제자가 주채무자인 경우로서 물상보증인이 제공한 물적 담보가 있는 채무와 담보가 없는 채무 사이의 변제이익
  ▶ 변제자가 주채무자인 경우로서 제3자가 발행 또는 배서한 어음에 의하여 담보되는 채무와 그렇지 않은 채무의 변제이익

2) 비용 · 이자 · 원본에 대한 충당의 순서

원금채무는 소멸시효가 완성되지 않았으나 이자채무는 소멸시효가 완성된 상태에서 채무자가 변제충당을 지정하지 않고 채무의 일부를 변제한 경우 원금채무 전부에 대한 채무승인과 이자채무에 대한 시효이익을 포기한 것으로서, 이자채무에 먼저 충당

6. 증명책임

자신에게 유리한 변제충당의 지정이나 변제충당의 합의가 있다거나 또는 당해 채무가 법정변제충당에 있어 우선순위에 있어서 당해 채무에 전액 변제충당되었다고 주장하는 자는 그 사실을 주장 · 증명할 책임이 있음

V 변제자대위

1. 의 의

변제로서 당연히 소멸되어야 할 채권자의 채권을 소멸시키지 아니하고 구상권자의 구상권의 확보를 위해 구상권자에게 이전할 수 있도록 하는 것

2. 변제자대위의 요건

(1) 대위의 요건

① 변제 기타 원인으로 채권의 만족을 주었을 것
② 변제자가 채무자에 대하여 구상권을 가질 것
③ 변제할 정당한 이익이 있을 것(법정대위)
④ 변제와 동시에 채권자의 승낙이 있을 것(임의대위)

(2) 요건의 구체적 검토

법정대위의 경우	• 변제할 정당한 이익이 있는 자(예를 들어 보증인)는 채권자의 승낙 여부와 상관없이 변제로 당연히 채권자를 대위하나, 사실상의 이해관계를 가진 자는 변제로 당연히 채권자를 대위 ✕
	• 물상보증인이 대여금채무를 변제하거나 질권 · 저당권의 실행으로 인하여 그 소유권을 잃은 경우
	
	  – 보증채무에 관한 규정(민법 제341조)에 의하여 채무자에 대한 구상권
	  – 채무를 변제할 정당한 이익이 있는 자이므로 채권자의 승낙이 없어도 채권자 대위
	
	• 제3자가 채무자를 위하여 대물변제로 채권 일부의 만족을 준 경우 변제자 대위 인정
	• 물상보증인이나 제3취득자가 채권자의 담보권 실행으로 그에게 만족을 준 경우 당연히 채권자를 대위

임의대위의 경우	변제할 정당한 이익을 가지지 아니한 자라 하더라도 채무자를 위해 변제한 자는 변제와 동시에 채권자의 승낙을 얻어 채권자를 대위 가능

3. 변제자대위의 효과

(1) 대위자와 채무자 사이의 효과

① 채권의 일부에 대하여 대위변제가 있는 경우 채무불이행을 원인으로 하는 계약의 해지 또는 해제는 채권자만이 가능

② 변제할 정당한 이익이 있는 자가 채권의 일부를 대위변제할 경우 대위변제자는 변제한 가액의 범위 내에서 채권자와 함께 그 권리를 행사할 수 있고, 종래 채권자가 가지고 있던 채권 및 담보에 관한 권리를 취득하게 되나, 채권자에게 일부대위변제자에 대하여 우선변제권 인정

(2) 법정대위자 상호 간의 효과

① 보증인과 자기의 재산을 타인의 채무의 담보로 제공한 자(물상보증인) 간의 대위

▶ 인원수에 비례하여 채권자 대위

▶ 자기의 재산을 타인의 채무의 담보로 제공한 자(물상보증인)가 수인인 경우에는 보증인의 부담부분을 제외하고 그 잔액에 대하여 각 재산의 가액에 비례하여 대위

② 보증인과 제3취득자 간의 대위

▶ 보증인은 미리 전세권이나 저당권의 등기에 그 대위를 부기하지 아니하면 전세물이나 저당물에 권리를 취득한 제3자(후순위근저당권자는 불포함)에 대하여 채권자 대위 ✕

▶ 제3취득자는 보증인에 대하여 채권자 대위 ✕

③ 제3취득자와 물상보증인 간의 대위 : 제3취득자는 물상보증인에 대하여 채권자를 대위할 수 없으나, 물상보증인은 제3취득자에 대하여 채권자 대위 가능

(3) 대위자와 채권자 사이의 효과

법정대위할 자가 있는 경우에 채권자의 고의나 과실로 담보가 상실되거나 감소된 경우 대위할 자는 상실, 감소로 인하여 상환을 받을 수 없는 한도에서 책임을 면함

제3절 **대물변제**

변제에 갈음하여 다른 채권을 양도하기로 한 경우	채권자에게 채무변제에 '갈음하여' 다른 채권을 양도하기로 한 경우
	– 채권양도의 요건을 갖추어 대체급부가 이루어짐으로써 원래의 채무는 소멸 – 양도인은 양도 당시 양도대상인 채권의 존재에 대해서는 담보책임을 지지만 채무자의 변제자력까지 담보 ✕
지급을 위하여 약속어음을 교부한 경우	• '지급을 위하여' 또는 그 '담보를 위하여' 어음이 교부된 경우 원인채무는 소멸하지 아니하고 어음상의 채무와 병존 • 기존채무의 지급을 위하여 채권자에게 약속어음을 교부하였는데 채권자가 그 어음과 분리하여 기존채권만을 제3자에게 양도한 경우 채무자는 이중으로 채무를 지급하게 될 위험을 피하기 위하여 채권양수인의 어음의 반환 없는 기존채권의 지급청구 거절 가능

공탁의 요건		• 채권자가 변제를 받지 아니하거나 받을 수 없는 경우 또는 변제자가 과실 없이 채권자를 알 수 없는 경우 채권자를 위하여 변제의 목적물 공탁 가능 • 이행제공을 하였더라도 채권자가 그 수령을 거절하였을 것이 명백한 경우 이행의 제공을 하지 않고 바로 변제공탁 가능
공탁의 효과	채무의 소멸	채권자의 수익의 의사표시 여부와 상관없이 공탁공무원의 수탁처분과 공탁물보관자의 공탁물수령으로 공탁의 효력 발생
	채권자의 공탁물 출급청구권	공탁물 출급청구권에 대하여 가압류 집행이 된 경우 변제의 효력에 영향 ×

제5절 상 계

Ⅰ 의 의

채권자와 채무자가 서로 동종의 채권채무를 가지는 경우에 그 채권·채무를 대등액에서 소멸시키는 당사자 일방의 일방적 의사표시

Ⅱ 요 건

1. 쌍방의 채권이 상계적상에 있을 것

(1) 쌍방의 채권이 대립하고 있을 것

쌍방의 채무가 상계적상에 있었으나 상계의사표시를 아니하는 동안에 일방의 채무가 변제로 소멸한 경우 채권의 대립이라는 상계적상의 요건이 충족되지 아니하므로, 더 이상 상계 ×

(2) 쌍방의 채권이 동종의 목적일 것

① 상계의 대상이 되는 채권은 상대방과 사이에서 직접 발생한 채권뿐만 아니라, 제3자로부터 양수한 채권도 포함
② 각 채무의 이행지가 다른 경우 상계할 수 있으나 상계로 인한 손해를 배상하여야 함
③ 벌금형이 확정된 경우 벌금채권은 상계의 자동채권 가능

(3) 쌍방의 채권이 변제기에 있을 것

① 자동채권과 수동채권의 변제기가 모두 도래한 경우 상계 가능
- ▶ 자동채권의 변제기는 도래하였으나 수동채권의 변제기가 도래하지 않은 경우 상계 가능
- ▶ 자동채권의 변제기가 도래하지 않은 경우 상계 ×

② "각 채무가 상계할 수 있는 때"
- ▶ 이는 양 채권이 모두 변제기가 도래한 경우와 수동채권의 변제기가 도래하지 아니하였다고 하더라도 기한의 이익을 포기할 수 있는 경우를 의미
- ▶ 상대방의 기한의 이익을 박탈하는 결과를 막기 위해 자동채권은 변제기에 있어야 함

③ 자동채권에 조건미성취의 항변권이 붙어 있는 경우 상계 ×

④ 소멸시효가 완성된 채권이 그 완성 전에 상계할 수 있었던 경우 그 채권을 자동채권으로 하여 상계 가능

⑤ '채무의 이행기가 도래한 때'는 채권자가 채무자에게 이행의 청구를 할 수 있는 시기가 도래하였음을 의미하고 채무자가 이행지체에 빠지는 시기(채무자가 이행청구를 받은 때)를 말하는 것 ×
- ▶ 부당이득반환채권과 같이 이행기의 정함이 없는 채권이 자동채권으로 상계될 경우 그 채권의 성립일에 상계적상에서 의미하는 이행기 도래

(4) 상계가 금지되어 있지 않을 것

1) 채권의 성질이 상계를 허용할 것

서로 실제로 이행하지 아니하면 채권의 목적을 달성할 수 없는 부작위채무나 하는 채무의 경우에는 채권의 성질이 상계를 허용하지 아니하여 상계는 불가능

2) 당사자의 약정에 의한 금지

상계금지특약을 한 당사자 일방에게 채무를 부담하고 있는 제3자가 선의로 특약대상 채권을 양수한 경우 그 양수채권으로 자신의 채무와 상계 가능
- ▶ 상계금지특약이 있는 경우 선의의 제3자에게 대항 ×

3) 법률의 규정에 의한 금지

① 불법행위채권을 수동채권으로 하는 상계의 금지
- ㉠ 고의의 불법행위채권을 수동채권으로 하는 상계는 금지되나, 고의의 불법행위채권을 자동채권으로 하는 상계는 가능
  - ▶ 중과실의 불법행위채권을 수동채권으로 하는 상계 가능
- ㉡ 피용자의 고의의 불법행위로 인하여 사용자책임이 성립하는 경우에도 민법 제496조가 적용되어 상계 ×
- ㉢ 고의의 불법행위로 인한 손해배상채권과 채무불이행으로 인한 손해배상채권이 경합하는 경우 채무불이행으로 인한 손해배상채권을 수동채권으로 하는 상계 ×
- ㉣ 고의의 불법행위가 부당이득의 원인이 됨으로써 불법행위로 인한 손해배상채권과 부당이득반환채권이 모두 성립하여 경합하는 경우 피해자가 부당이득반환채권만을 청구하였을 때 상대방이 이를 수동채권으로 하는 상계 ×

② 압류금지채권을 수동채권으로 하는 상계의 금지
　　㉠ 채권이 압류하지 못할 것인 경우 그 채무자는 상계로 채권자에게 대항 ×
　　　▶ 근로자의 임금채권 등 압류금지채권을 수동채권으로 하는 상계 ×
　　㉡ 임금의 전액지급의 원칙에 비추어 사용자가 근로자의 임금채권을 수동채권으로 하여 사용자의 근로자
　　　에 대한 다른 채권으로 상계할 수 없지만, 압류금지채권(임금채권의 2분의 1에 해당하는 금액)에 해당
　　　하지 않는다면 전부명령의 대상
③ 지급금지채권을 수동채권으로 하는 상계의 금지
　　㉠ 지급금지채권을 수동채권으로 하는 상계의 가부
　　　▶ 지급금지명령 이전에 상계적상에 있는 채권이 있는 경우 : 상계 가능
　　　▶ 지급금지명령 당시에 자동채권은 존재하나 상계적상에 있지 아니한 경우 : 자동채권의 변제기가 수동채
　　　　권의 변제기와 동시에 또는 먼저 도래하는 경우에는 가능
　　　▶ 지급금지명령을 받은 후 자동채권이 발생한 경우 : 원칙적으로 상계는 불가하나 자동채권이 수동채권인
　　　　피압류채권과 동시이행관계에 있는 경우에는 상계 가능
　　㉡ 가압류효력 발생 당시 자동채권과 수동채권의 변제기가 도래하였으나 제3채무자가 가압류채무자에
　　　대하여 상계의 의사표시를 하지 아니한 경우 제3채무자는 상계로써 가압류채권자에게 대항 ×
　　㉢ 채권압류 및 전부명령 송달 이전에 제3채무자가 상계적상에 있었던 반대채권을 가진 경우 명령이
　　　송달된 이후에도 상계로 전부채권자에게 대항 가능

2. 상계의 방법
① 채권자가 주채무자에 대하여 상계적상에 있는 자동채권을 상계하지 않은 경우 보증인은 보증채무의 이행
　을 거부할 수 없으며 나아가 보증인의 책임이 면책되는 것도 ×
② 상계의 의사표시 후에 상계를 없었던 것으로 하는 약정은 제3자에게 손해를 미치지 않으면 유효 ○

Ⅲ　효 과

채권의 소멸	• 여러 개의 자동채권이 있고 수동채권의 원리금이 자동채권의 원리금 합계에 미치지 못하는 경우 자동채권의 채권자가 상계의 대상이 되는 자동채권을 지정할 수 있고, 다음으로 자동채권의 채무자가 지정할 수 있으며, 양 당사자가 모두 지정하지 아니한 때에는 법정변제충당의 방법으로 상계충당 • 상계적상의 시점 이전에 수동채권의 변제기가 이미 도래하여 지체가 발생한 경우 상계적상 시점까지의 수동채권의 약정이자 및 지연손해금을 계산한 다음 자동채권으로 그 약정이자 및 지연손해금을 먼저 소각하고 잔액을 가지고 원본을 소각하여야 함
상계의 소급효	양 채무의 변제기가 도래한 후에 상계가 행하여진 경우 상계의 의사표시에 의하여 각 채무가 상계할 수 있었던 때에 소멸한 것으로 보므로 상계적상이 생긴 시점에 소급하여 소멸

Ⅳ　상계에 대한 기타 기출지문
소송상 상계항변에 대한 상계의 재항변 ×

① 대항력을 갖춘 임차인이 보증금반환채권의 양수인이 된 경우 임차인이 임대인의 자신에 대한 보증금반환채무를 인수하게 되어, 임차인의 보증금반환채권은 혼동으로 소멸

② 기존 채권·채무의 당사자가 그 목적물을 소비대차의 목적으로 할 것을 약정하였으나, 당사자의 의사가 명백하지 않을 경우 그 약정은 경개가 아닌 준소비대차

☐ 물상보증인이 채무를 변제하거나 담보권의 실행으로 소유권을 잃은 때에는 보증채무를 이행한 보증인과 마찬가지로 채무자로부터 담보부동산을 취득한 제3자에 대하여 구상권의 범위 내에서 (❶   )에 관하여 채권자를 대위할 수 있다.

❶ 출재한 전액

☐ 변제공탁은 채권자의 수익의 의사표시 여부와 상관없이 공탁공무원의 (❷   )과 공탁물보관자의 공탁물수령으로 그 효력이 발생한다.

❷ 수탁처분

☐ 기존 채권·채무의 당사자가 그 목적물을 소비대차의 목적으로 할 것을 약정한 경우, 당사자의 의사가 명백하지 않을 때에는 특별한 사정이 없는 한 그 약정은 경개가 아닌 (❸   )로 보아야 한다.

❸ 준소비대차

☐ 상계로 인한 채무소멸의 효력은 소멸한 채무 전액에 관하여 다른 부진정연대채무자에 대하여도 미치며, 이는 부진정연대채무자 중 1인이 채권자와 (❹   )을 체결한 경우에도 마찬가지이다.

❹ 상계계약

☐ 고의의 불법행위로 인하여 손해배상채무를 부담하는 자는 그 채무를 (❺   )으로 하여 상계하지 못한다.

❺ 수동채권

"간절"하면 이루어지는 것이 아니라,

"하면" 이루어지는 것이다.

– 작가 이동영 –

제3편

채권각론

CHAPTER 01 계약총론

제1절 서 설

계약의 의의		계약은 서로 대립하는 두 개 이상의 의사표시의 합치로 성립하는 법률행위로, 채권관계의 발생을 목적으로 함
계약의 종류	쌍무계약	당사자 쌍방이 대가적 의미의 채무를 부담하는 계약
	편무계약	당사자 일방만이 채무를 부담하거나 쌍방이 채무를 부담하는 경우에도 그 채무가 서로 대가적 의미를 갖지 아니하는 계약으로, 증여, 사용대차 등이 이에 해당

제2절 계약의 성립

Ⅰ 계약성립요건

① 은행 직원이 예금자로부터 돈을 받아 확인하였으나, 실제로 입금하지 아니한 경우 예금자와 은행 사이에 예금계약은 성립

② 계약이 의사의 불합치로 성립하지 아니한 경우 부당이득반환청구 또는 불법행위로 인한 손해배상청구를 할 수 있는지 여부는 별론으로 하고, 계약체결상의 과실로 인한 손해배상 청구 ×

③ 어느 일방이 교섭단계에서 계약이 확실하게 체결되리라는 정당한 기대 내지 신뢰를 부여하여 상대방이 그 신뢰에 따라 행동하였음에도 상당한 이유 없이 계약의 체결을 거부하여 손해를 입힌 경우 계약자유원칙의 한계를 넘는 위법한 행위로서 불법행위를 구성

Ⅱ 청약과 승낙에 의한 계약의 성립

1. 청 약

(1) 청약의 의의

개 념	청약은 승낙과 결합하여 일정한 계약을 성립시키는 것을 목적으로 하는 일방적·구체적·확정적 의사표시로, 불특정다수인에 대한 것도 유효
구 별	상가나 아파트의 분양광고의 내용은 청약의 유인으로서의 성질을 갖는데 불과하므로, 유인한 자의 청약의 유인으로 인한 피유인자의 의사표시에 대하여 유인한 자가 승낙의 의사표시를 함으로써 비로소 계약 성립

(2) 청약의 효력

1) 청약의 효력발생시기

청약이 상대방에게 발송된 후 도달하기 전에 청약자가 사망하거나 행위능력을 상실한 경우 청약의 효력에는 영향 ×

2) 청약의 구속력(비철회성)

① 청약이 상대방에게 도달하여 그 효력을 발생한 경우 청약을 철회 ×

▶ 청약의 구속력을 철회할 수 있는 예외에 대한 민법규정 ×

② 명예퇴직의 신청(사직원의 제출)을 근로계약에 대한 합의해지의 청약으로 볼 때, 사용자의 승낙으로 근로계약이 합의해지되기 전인 경우 근로자는 임의로 청약의 의사표시 철회 가능

3) 청약의 실질적 효력(승낙적격, 청약의 존속기간)

① 승낙기간을 정하지 아니한 계약의 청약을 한 자가 상당한 기간 내에 승낙의 통지를 받은 경우 계약 성립

▶ 승낙기간을 정하지 않은 계약의 청약은 청약자가 상당한 기간 내에 승낙의 통지를 받지 못한 경우에는 그 효력 상실

② 승낙의 통지가 승낙기간 후에 도달한 경우에 보통 그 기간 내에 도달할 수 있는 발송인 경우 연착의 통지를 하여야 하나, 하지 아니한 때에는 승낙의 통지는 연착 ×

③ 청약자가 승낙에 대한 연착의 통지를 한 경우 승낙은 효력을 상실하고 매매계약은 성립 ×

2. 승 낙

(1) 승낙의 개념 및 유형

승낙의 개념	승낙은 청약의 상대방이 청약에 응하여 계약을 성립시킬 목적으로 특정한 청약자에 대하여 행하는 의사표시를 의미
변경을 가한 승낙	• 승낙자가 청약에 대하여 조건을 붙이거나 변경을 가하여 승낙한 경우 그 청약의 거절과 동시에 새로 청약을 한 것으로 간주 　－ 승낙자가 청약에 대해 그 일부만을 승낙할 경우 청약을 거절하고 새로운 청약을 한 것으로 간주 • 매도인이 매매계약의 합의해제를 청약하였는데, 매수인이 그 청약에 대하여 조건을 붙여 승낙한 경우 합의해제의 청약은 실효 ○ 　－ 매도인이 매수인에게 매매계약의 합의해제를 청약하여 매수인이 조건을 붙이거나 변경을 가하여 승낙한 경우 청약의 거절과 동시에 새로 청약한 것으로 간주 • 조건부 승낙에 대하여 승낙의 의사표시를 하여 그 의사표시가 상대방에게 도달된 경우 당사자 사이에 계약 성립
연착된 승낙	청약자가 연착된 승낙을 새로운 청약으로 보아 승낙한 경우 계약 성립

(2) 승낙의 효력발생시기

승낙의 통지가 승낙기간 내에 청약자에게 도달하였다면, 승낙통지를 발송한 때에 격지자 간의 계약 성립

Ⅲ 기타의 방법에 의한 계약의 성립

의사실현에 의한 계약의 성립	청약자의 의사표시나 관습에 의해 승낙의 통지가 필요하지 않은 경우 계약은 승낙의 의사표시로 인정되는 사실이 있는 때에 성립
교차청약에 의한 계약의 성립	당사자 간에 동일한 내용의 청약이 상호 교차된 경우 양 청약이 상대방에게 도달한 때에 계약 성립

Ⅳ 계약체결상의 과실

의 의		계약체결을 위한 준비과정이나 계약의 성립과정에서 당사자 일방이 자기의 유책사유로 상대방에게 손해를 야기한 경우에, 이를 배상하여야 할 책임을 말하는 것으로, 목적이 불능한 계약을 체결할 때에 불능을 알았거나 알 수 있었을 경우 선의·무과실의 상대방이 계약의 유효를 믿었음으로 받은 손해를 배상하여야 함
원시적 불능으로 인한 계약체결상의 과실책임	요 건	• 원시적 불능으로 무효일 것 • 배상자 측 요건 : 원시적 불능이라는 사실을 알았거나 알 수 있었어야 함 • 상대방 측 요건 : 상대방은 불능의 원인에 대하여 선의·무과실이여야 함
	효 과	계약의 유효를 믿었음으로 인하여 받은 손해를 배상하여야 하고, 그 배상액은 계약이 유효함을 인하여 생길 이익액을 초과 ×

제3절 계약의 효력

Ⅰ 동시이행의 항변권

1. 의의와 요건

의 의	쌍무계약에 있어서의 이행상의 견련관계를 인정하기 위한 제도
요 건	• 당사자 쌍방이 서로 대가적 의미있는 채무를 부담하고 있을 것 • 상대방의 채무가 변제기에 있을 것 • 상대방이 자기의 채무의 이행 또는 그 제공을 하지 않고서 이행을 청구할 것

2. 효 과

(1) 이행거절권능

① 이행거절을 위해서는 채무자가 동시이행의 항변권을 실제로 행사하여야 함

② 원고의 단순이행청구에 대하여 피고가 동시이행의 항변권을 행사하지 않은 경우 법원의 상환이행판결 불가

③ 상환이행판결의 집행을 위한 반대의무의 이행 또는 이행의 제공은 집행개시의 요건

(2) 당연효

① 쌍무계약의 당사자 일방이 한 번 현실의 제공을 하여 상대방을 수령지체에 빠지게 하였으나, 이행의 제공이 계속되지 않는 경우 과거에 이행의 제공이 있었다는 사실만으로 동시이행의 항변권 소멸 ×

② 동시이행관계에 있는 채무에서 상대방이 채무의 이행을 제공하지 아니하는 경우 이행기가 도래하여도 지체책임 ×

▸ 쌍방의 채무가 동시이행관계에 있고, 일방의 채무의 이행기가 도래한 경우 상대방채무의 이행제공이 있을 때까지는 채무를 이행하지 않아도 이행지체의 책임 ×

▸ 쌍무계약에서 쌍방의 채무가 동시이행관계에 있는 경우 항변권을 행사·원용하지 않더라도 이행지체책임 면제의 효력 ○

③ 동시이행의 항변권을 가지고 있으나, 이행거절 의사를 구체적으로 밝히지 않은 경우 이행지체책임 ×

(3) 상계금지효

동시이행의 항변권이 붙은 채권을 자동채권으로 하여 상계할 수는 없으나, 자동채권과 수동채권이 동시이행관계에 있더라도 서로 현실적으로 이행하여야 할 필요가 없는 경우에는 특별한 사정이 없는 한 상계 허용

3. 동시이행항변권의 인정 여부

(1) 동시이행항변권이 인정되는 사례

① 매도인의 소유권이전등기의무, 인도의무와 매수인의 잔대금지급의무

▸ 매도인의 근저당권말소 및 소유권이전등기의무와 매수인의 잔대금지급의무

② 계약이 해제되어 계약당사자가 부담하게 되는 원상회복의무과 손해배상의무

▸ 쌍무계약이 무효로 되어 각 당사자가 그 이행으로 취득한 것에 대해 당사자 쌍방이 부담하는 부당이득반환의무

▸ 매매계약이 착오로 취소된 경우 당사자 쌍방의 원상회복의무

▸ 매매계약의 착오 취소로 인한 매도인의 매매대금반환의무와 매수인의 소유권이전등기 말소의무

③ 임대차가 종료된 경우 임차인의 목적물반환의무와 임대인의 보증금반환의무

▸ 임차보증금반환채권의 양수인에 대한 임대인의 양수금지급의무와 임차인의 임대인에 대한 임차목적물반환의무

④ 수급인의 손해배상채무 또는 하자보수의무와 도급인의 보수지급의무

⑤ 선이행의무자가 이행을 지체하는 동안 상대방의 채무가 이행기에 도래한 경우 각 당사자의 의무

⑥ 가압류등기가 있는 부동산의 매매계약에서 매도인의 소유권이전등기의무 및 가압류등기의 말소의무와 매수인의 대금지급의무

⑦ 각각 별개의 약정으로 상대방에 대하여 채무를 지게 되어 자기의 채무이행과 상대방의 어떤 채무이행과를 견련시켜 동시에 이행하기로 특약한 경우의 각 의무

⑧ 일방이 상대방의 채무인수의무 불이행으로 그 채무를 대신 변제한 경우 그로 인한 상대방의 손해배상채무와 일방의 소유권이전등기의무

⑨ 동시이행의 관계에 있는 쌍방의 채무 중 어느 한 채무가 이행불능이 됨으로 인하여 발생한 손해배상채무 (여전히 다른 채무와 동시이행의 관계)

⑩ 도급인이 수급인의 하수급인에 대한 하도급공사대금채무를 인수한 경우 도급인은 수급인의 하수급인에 대한 하자보수청구권 내지 하자에 갈음한 손해배상채권 등에 기한 동시이행의 항변으로 하수급인에게 대항 가능

(2) 동시이행항변권이 인정되지 아니하는 사례

① 매도인의 토지거래허가 신청절차 협력의무와 매수인의 매매대금 또는 약정에 따른 양도소득세 상당의 금원지급의무

② 채권자의 채권증서반환의무와 채무자의 전부 변제의무

③ 공사도급계약상 도급인의 공사대금지급의무와 수급인의 지체상금지급의무

④ 건물매수인이 아직 건물의 소유권을 취득하지 못한 채 매도인의 동의를 얻어 제3자에게 임대하였으나 매수인(임대인)의 채무불이행으로 매도인이 매매계약을 해제하고 임차인에게 건물의 명도를 구하는 경우 임차인의 건물명도의무와 매수인(임대인)의 보증금반환의무

⑤ 임대차계약 해제에 따른 임차인의 목적물반환의무와 임대인의 목적물을 사용·수익하게 할 의무불이행에 대한 약정지연손해배상의무

⑥ 임대인의 임차보증금반환의무와 임차인의 임차권등기 말소의무

⑦ 계약상의 부수의무 상호 간 또는 그와 주된 급부의무 사이

⑧ 매도인이 매수인으로부터 지급받을 중도금을 원매도인에게 매매잔대금으로 지급하여야 소유권이전등기 소요서류를 매수인에게 제공할 수 있는 특별한 사정을 알고 있는 매수인이 중도금지급의무를 이행하지 않고 있던 중 잔대금지급기일이 도래한 경우, 매수인의 중도금지급의무와 매도인의 소유권이전등기 소요서류의 제공의무

⑨ 매수인이 소유권이전등기를 마치기 전에 매수인으로부터 부동산을 다시 매수한 제3자의 처분금지가처분 신청으로 가처분등기가 이루어진 상태에서 매도인과 매수인 사이의 매매계약이 해제된 경우(가처분등기 말소의무와 대금반환의무는 동시이행의 관계 ×)

4. 동시이행항변권의 행사 가부

(1) 동시이행항변권을 행사할 수 있는 사례

① 목적물 인도와 대금지급이 동시이행관계에 있는 매매에서 매도인이 대금채권을 제3자에게 양도하고 매수인에게 통지한 경우 매수인의 제3자에 대한 동시이행항변권의 행사

② 동시이행관계에 있는 채무에 있어 상대방의 이행제공을 수령하지 않음으로써 수령지체에 빠진 당사자가 그 후 상대방이 자신의 채무의 이행제공 없이 이행을 청구하는 경우 상대방에 대한 동시이행항변권의 행사

③ 쌍무계약의 당사자 일방이 선이행의무를 이행하지 않고 있던 중 상대방 채무의 이행기가 도래한 경우 동시이행항변권의 행사

▶ 불안의 항변권 인정 요건인 상대방(채권자)의 이행이 곤란할 현저한 사유는 채무자에게 선이행의무를 이행하게 하는 것이 공평과 신의칙에 반하게 되는 경우를 말하고 신용불안이나 재산상태 악화와 같이 채권자 측에 발생한 객관적·일반적 사정만 포함되는 것은 아님

▶ 일방의 의무가 선이행의무라도 상대방의 이행이 곤란할 현저한 사유가 있는 경우에는 상대방이 채무이행을 제공할 때까지 자기의 채무이행을 거절 가능

(2) 동시이행의 항변권을 행사할 수 없는 사례

종전의 임차인이 임대인의 동의 아래 임대인으로부터 새로 목적물을 임차한 사람에게 그 목적물을 직접 이전해 준 경우 임대인은 종전 임차인의 보증금반환청구에 대하여 목적물반환과 동시에 이행할 것을 항변 ×

5. 기존채무와 관련하여 어음이 발행된 사례

(1) 채무를 담보하기 위하여 어음이 발행된 사례 1

① 채무자가 어음, 수표의 반환이 없음을 이유로 원인채무의 변제를 거절할 수 있는 것은 이중지급의 위험을 면하게 하려는데 그 목적이 있는 것이지 기존의 원인채권에 터잡은 이행청구권과 상대방의 어음, 수표의 반환청구권이 민법 제536조에 정하는 쌍무계약상의 채권채무관계나 그와 유사한 대가관계가 있어서 그러는 것은 아님

② 원인채무의 이행과 어음, 수표의 반환이 동시이행의 관계에 있다 하더라도 이는 어음, 수표의 반환과 상환으로 하지 아니하면 지급을 할 필요가 없으므로 이를 거절할 수 있다는 것을 의미하는 것에 지나지 아니함

③ 채무자가 어음, 수표의 반환이 없음을 이유로 원인채무의 변제를 거절할 수 있는 권능을 가진다고 하여 채권자가 어음, 수표의 반환을 제공을 하지 아니하면 채무자에게 적법한 이행의 최고를 할 수 없다고 할 수는 없고, 채무자는 원인채무의 이행기를 도과하면 원칙적으로 이행지체의 책임

④ 어음, 수표를 반환하지 않음을 이유로 위와 같은 항변권을 행사하여 그 지급을 거절하고 있는 것이 아닌 한 이행지체의 책임을 면할 수 없음

(2) 채무를 담보하기 위하여 어음이 발행된 사례 2

어음상 권리가 시효완성으로 소멸하여 채무자에게 이중지급의 위험이 없고 채무자가 다른 어음상 채무자에 대하여 권리를 행사할 수도 없는 경우에는 채권자의 원인채권 행사에 대하여 채무자에게 어음상환의 동시이행항변을 인정할 필요가 없으므로 결국 채무자의 동시이행항변권은 부인됨

Ⅱ 위험부담

1. 의 의

쌍무계약으로부터 발생하는 양 채무의 존속상의 견련관계를 인정하는 제도

2. 채무자위험부담주의

쌍무계약의 당사자 일방의 채무가 당사자 쌍방의 책임없는 사유로 이행할 수 없게 된 때에는 채무자는 상대방의 이행 청구 ✕

▶ 채무자의 책임 없는 사유로 채무의 이행이 불능하게 된 경우 채권자는 계약을 해제할 수 없고, 위험부담의 법리(민법 제537조)가 적용

3. 채권자위험부담주의(채권자의 귀책사유로 인한 이행불능)

"채권자의 수령지체 중에 당사자 쌍방의 책임 없는 사유로 이행할 수 없게 된 때"에 해당하기 위해서는 현실 제공이나 구두 제공이 필요

Ⅲ 제3자를 위한 계약

1. 의의와 3자 사이의 법률관계

의 의	계약당사자의 일방이 계약당사자 이외의 자에게 직접 채무를 부담할 것을 내용으로 하는 계약
3자 사이의 법률관계	요약자와 수익자 사이의 법률관계(대가관계)의 효력은 제3자를 위한 계약 자체 및 요약자와 낙약자 사이의 법률관계(기본관계)의 성립이나 효력에 영향 ×

2. 요 건

요약자와 낙약자 간에 유효한 계약의 성립	요약자와 낙약자 간에 유효한 계약이 성립되어 효력을 발생하여야 하며, 대가관계의 효력은 제3자를 위한 계약 또는 요약자와 낙약자 사이의 기본관계의 성립이나 효력에 아무런 영향 ×
제3자 수익의 약정	제3자를 위한 계약이 성립하려면 요약자와 낙약자 간의 계약으로 제3자에게 직접적으로 채권을 취득시키려는 약정이 있어야 함
제3자의 존재 (수익자의 특정)	계약 체결 당시에 수익자가 특정되어 있지 않은 경우에도 제3자를 위한 계약은 성립
제3자를 위한 계약의 목적	• 제3자에게 잔금지급청구권을 귀속시키기로 하는 약정에 조건을 붙이는 경우 조건부 제3자를 위한 계약으로 유효 • 계약당사자가 제3자의 채무를 면제하는 계약을 체결하는 경우 제3자를 위한 계약에 준하는 것으로 유효 ○

3. 효 과

(1) 수익자의 지위

수익자의 권리취득	수익의 의사표시는 계약의 성립 시뿐만 아니라 성립 후에도 할 수 있으며, 낙약자를 상대로 하여야 함
수익자의 법적 지위	수익자는 계약이 무효·취소·해제가 된 경우 보호되는 제3자가 아니며, 계약의 당사자가 아니므로 계약해제권 행사 ×, 원상회복청구권 행사 ×
수익자의 권리의 변경 가부	수익의 의사표시로 제3자에게 권리가 확정적으로 귀속된 경우, 제3자의 권리를 변경·소멸시킬 수 있음을 미리 유보하였거나, 제3자의 동의가 없었다면 제3자의 권리를 임의로 변경·소멸 × – 제3자가 수익의 의사표시를 한 후 제3자의 권리를 임의로 변경·소멸시키는 행위를 한 경우 제3자에 대하여 효력 ×
수익자의 손해배상청구의 가부	• 제3자를 위한 도급계약에서 수익의 의사표시를 한 제3자가 그 계약에 따라 완성된 목적물의 하자로 인해 손해를 입은 경우 낙약자는 제3자에게 해당 손해배상의무 • 제3자가 수익의 의사표시를 한 후 낙약자의 채무불이행을 이유로 요약자가 계약을 해제한 경우, 제3자는 낙약자에게 자기가 입은 손해의 배상청구 가능 • 보상관계(기본관계)를 이루는 계약이 처음부터 무효인 경우 낙약자가 제3자를 위한 계약에 따른 이행을 하지 아니하더라도 제3자는 낙약자에게 손해배상 청구 ×

(2) **요약자의 지위**

① 요약자는 낙약자에 대하여 제3자에게 급부할 것을 요구할 수 있는 권리를 가짐

② 대가관계의 효력 상실을 이유로 기본관계상 낙약자에게 부담하는 채무이행 거절 가능

③ 제3자가 수익의 의사표시를 한 경우 요약자는 낙약자의 채무불이행을 이유로 제3자의 동의 없이 계약 해제 가능

(3) **낙약자의 지위**

기본관계에 의한 항변으로 대항 가부	낙약자는 요약자와의 사이의 법률관계(기본관계)에 기한 항변으로 수익자에게 대항할 수 있으나, 요약자와 수익자 사이의 법률관계(대가관계)에 기한 항변으로 수익자에게 대항 ×
기본관계의 해제로 대항 가부	제3자를 위한 계약관계에서 낙약자와 요약자 사이의 법률관계(기본관계)를 이루는 계약이 무효이거나 해제된 경우 낙약자는 계약해제 등에 기한 원상회복 또는 부당이득을 원인으로 제3자를 상대로 반환 청구 × – 기본관계에서 요약자의 채무불이행이 있는 경우 낙약자는 수익자의 동의없이 기본관계를 이루는 계약을 해제할 수 있고, 요약자에게 원상회복청구 가능 – 제3자를 위한 계약관계에서 낙약자와 요약자 사이의 법률관계(기본관계)를 이루는 계약이 해제된 경우 낙약자는 요약자에게 계약해제에 기한 원상회복을 해야 함
수익자에 대한 채권으로 상계 가부	수익자에 대한 채권으로 수익자의 자신에 대한 채권과 상계 가능
수익자에 대한 확답 최고	채무자(낙약자)가 상당한 기간을 정하여 계약의 이익의 향수 여부의 확답을 제3자에게 최고하였으나, 그 기간 내에 확답을 받지 못한 경우 계약의 이익을 받을 것을 거절한 것으로 간주

4. 제3자를 위한 계약의 종류

타인을 위한 보험이나 병존적 채무인수 등이 이에 해당하나, 이행인수, 면책적 채무인수, 계약인수는 제3자를 위한 계약 ×

I 서 설

1. 의 의

계약의 해제란 유효하게 성립한 계약의 효력을 당사자 일방의 의사표시에 의하여 소급적으로 소멸하게 하여, 계약이 처음부터 성립하지 아니한 것과 같은 상태로 복귀시키는 것(직접효과설)

2. 구별개념

(1) 해제계약(합의해제)

의 의	• 법정해제권의 유무에도 불구하고 계약당사자 쌍방이 합의에 의하여 기존의 계약의 효력을 소멸시켜 당초부터 계약이 체결되지 않았던 것과 같은 상태로 복귀시킬 것을 내용으로 하는 새로운 계약을 의미 • 매매계약을 합의해제한 후 그 합의해제를 무효화시키고, 해제된 매매계약을 부활시키는 약정은 계약자유의 원칙상 적어도 당사자 사이에서는 가능
요 건	• 계약의 합의해제는 명시적으로 이루어진 경우뿐만 아니라 묵시적으로도 가능하며, 계약을 합의해제할 경우 원상회복에 관하여 반드시 약정을 하여야 하는 것은 아님 – 묵시적 합의해지로 인정되기 위해서는 계약에 따른 채무의 이행이 시작된 후에 당사자 쌍방의 계약실현 의사의 결여로 계약을 실현하지 아니할 의사가 일치되어야 함 • 계약이 체결되어 일부가 이행된 상태에서 당사자 쌍방이 장기간에 걸쳐 나머지 의무를 이행하지 아니함으로써 방치한 경우는 묵시적 합의해제로 인정될 수 없으나, 장기간 방치함으로써 당사자 쌍방에게 계약을 실현할 의사가 없거나 계약을 포기할 의사가 있다고 볼 수 있을 정도에 이른 경우는 인정 가능
효 과	• 계약의 합의해제로 원상회복의무를 부담하는 경우 계약해제로 인한 원상회복등기 등이 이루어지기 이전에 해약당사자와 양립되지 아니하는 법률관계를 가지게 되었고 계약해제 사실을 몰랐던 제3자에 대하여는 계약해제 주장 ✕(민법 제548조 제1항 단서의 제3자 보호 규정은 적용 ◯) • 합의에 의하여 계약을 해제할 경우 별도의 약정이 없는 이상 합의해제로 인하여 반환할 금전에 그 받은 날로부터의 이자를 더하여 반환할 의무 ✕(민법 제548조 제2항의 반환할 금전에 이자가산 규정은 적용 ✕) • 계약이 합의에 의하여 해제 또는 해지된 경우 특약을 하거나 손해배상청구를 유보하는 의사표시를 하는 등 다른 사정이 없는 한 채무불이행으로 인한 손해배상 청구 ✕(민법 제551조의 손해배상청구에 관한 규정은 적용 ✕) • 위약금이나 손해배상에 관한 약정 적용 ✕

(2) 해제조건(실권조항)

의 의	실권조항이란 채무불이행이 있는 경우에 채권자의 특별한 의사표시가 없더라도 당연히 계약의 효력을 잃게 하고 채무자의 계약상의 권리를 상실하게 하는 취지의 약정 또는 약관을 의미
효 과	자동해제약정(실권조항)의 내용을 판단하여 양 채무가 동시이행관계인 경우(잔대금과 등기이전의무) 약정에 의하여 자동해제되지 아니하나, 양 채무가 동시이행관계가 아닌 경우(중도금 지급의무가 선이행의무)는 자동해제 ◯

Ⅱ 법정해제

1. 해제권의 발생

(1) 이행지체에 의한 해제권의 발생

1) 채무자의 이행지체가 있을 것

① 동시이행의 관계에 있는 쌍무계약에 있어서 상대방의 채무불이행을 이유로 계약을 해제하려고 하는 경우
  ▶ 자기의 채무를 이행함에 상대방의 행위를 필요로 할 때에는 언제든지 현실로 이행을 할 수 있는 준비를 완료하고 그 뜻을 통지하여 수령을 최고하여 이행지체에 빠지게 하는 것이 필요하고, 단순히 이행의 준비태세를 갖추고 있는 것만으로는 부족

② 매수인이 중도금의 일부만 지급한 채 잔대금 지급일이 지나도록 이를 지급하지 아니하였으나, 매도인의 소유권이전등기의무와 매수인의 중도금 및 잔대금의 지급의무가 동시이행관계에 있는 경우 매도인은 소유권이전에 필요한 등기이전서류를 인도하여 이행하거나 이행의 제공을 하여 매수인을 이행지체에 빠뜨려야 해제권 행사 가능

③ 쌍무계약에 있어서 이행거절의 의사표시가 적법하게 철회된 경우에는 자기채무의 이행을 제공하고 상당한 기간을 정하여 이행을 최고한 후에야 채무불이행을 이유로 계약 해제 가능

2) 채권자가 상당한 기간을 정하여 이행을 최고할 것

① 미리 일정한 기간을 명시하여 최고하는 경우나 최고한 때로부터 상당한 기간이 경과하면 해제권의 발생

② 채무액을 현저히 초과하는 금액의 지급을 최고하고, 이 금액을 지급하지 않으면 수령하지 않을 것이 분명한 경우 채무이행의 최고에 의한 채권자의 해제는 무효 ○

③ 채무자의 급부불이행 사정을 들어 계약을 해제하겠다는 통지를 한 경우 특별한 사정이 없는 한 이행의 최고가 있었다고 볼 수 있으며, 상당한 기간이 경과하도록 이행되지 아니하였다면 채권자는 계약 해제 가능
  ▶ 일정한 기간을 정하여 채무이행을 최고함과 동시에 그 기간 내에 이행이 없을 때에는 계약을 해제하겠다는 의사를 표시한 경우 유효 ○

④ 이행지체를 이유로 계약을 해제하기 위해서는 상당한 기간을 정하여 이행을 최고하여야 하나, 미리 일정 기간을 명시하지 아니한 경우에는 최고한 때로부터 상당한 기간이 경과하면 해제권 발생

⑤ 부동산 매도인이 중도금의 수령을 거절하였을 뿐만 아니라 계약을 이행하지 아니할 의사를 명백히 표시한 경우 소유권이전등기의무 이행기일까지 기다릴 필요 없이 매매계약 해제 가능
  ▶ 채무자가 이행거절의 의사를 명백하게 표시한 경우 이행기 전이라도 최고 없이 계약해제 또는 손해배상 청구 가능
  ▶ 이행거절로 인한 계약해제의 경우 해제자는 상대방의 최고 및 동시이행관계에 있는 자기 채무의 이행을 제공할 필요 ×

3) 채무자가 최고기간을 지나도록 이행하지 않을 것

최고기간이 지나도록 채무자가 이행하지 아니하는 경우 해제권이 발생하지만 최고를 필요로 하지 아니하는 경우에는 이행지체가 있으면 바로 해제권 발생

(2) 이행불능에 의한 해제권의 발생

잔대금지급의무가 소유권이전등기의무와 동시이행관계에 있고, 소유권이전등기의무의 이행불능을 이유로 매수인이 매매계약을 해제하려는 경우 매수인은 잔대금지급의무의 이행제공을 할 필요 ×

(3) 사정변경에 의한 해제권의 발생

사정변경을 이유로 계약을 해제하거나 해지하려는 경우 사정변경에 대한 예견가능성이 있었는지 여부는 추상적·일반적으로 판단할 것이 아니라, 여러 사정을 종합적으로 고려하여 개별적으로 판단하여야 하며, 합리적인 사람의 입장에서 볼 때 사정변경을 예견했다면 계약을 체결하지 않거나 다른 내용으로 체결했을 것이라고 기대되는 경우 예견가능성 ×

2. 해제권의 행사

행사의 방법	• 당사자의 일방이나 쌍방이 해제의 권리가 있는 경우 해제는 상대방에 대한 의사표시로 하고, 의사표시가 상대방에게 도달한 때에 효력 발생 • 당사자의 일방 또는 쌍방이 수인인 경우 계약의 해지나 해제는 전원으로부터 또는 전원에 대하여 하여야 함 • 해제권의 행사의 기간을 정하지 아니한 경우 상당한 기간을 정하여 해제권 행사 여부의 확답을 해제권자에게 최고할 수 있음
해제의 불가분성	• 해제권의 불가분성에 관한 규정인 민법 제547조는 임의규정 • 매수인의 사망으로 매수인의 지위를 상속한 상속인들이 매매계약을 해제하려는 경우 전원이 해제의 의사표시를 하여야 함 • 해지나 해제의 권리가 당사자 1인에 대하여 소멸한 경우 다른 당사자에 대하여도 소멸

3. 해제의 효과

(1) 해제의 효과에 관한 법리구성(직접효과설)

① 매매계약이 해제된 경우 그 계약의 이행으로 변동이 생겼던 물권은 그 계약이 없었던 원상태로 복귀
② 채권자가 채무불이행을 이유로 계약을 해제하는 경우 손해배상액의 예정은 소급적으로 소멸 ×

(2) 원상회복의무

1) 의 의

① 계약 해제의 효과로서 원상회복의무의 반환의 범위는 이익의 현존 여부나 청구인의 선의·악의를 불문하고 특단의 사유가 없는 한 받은 이익의 전부를 포함
② 매매계약의 해제로 매수인이 반환할 사용이익은 매수인이 투입한 현금자본의 기여분 및 매수인의 영업수완 등 노력으로 인한 운용이익을 공제하여 산정
  ▶ 임대인이 임차인에게 임대한 부동산을 매도하기로 하였는데, 임차인이 중도금 지급을 하지 않아 매매계약이 해제된 경우 임차인이 임대차계약에 기하여 부당이득반환의무를 지는 것은 별론으로 하고 매매계약의 해제에 따른 원상회복으로서 임료 상당의 사용이익 반환 의무 ×
  ▶ 계약당사자가 원상회복의무를 부담함에 있어서 당사자 일방이 목적물을 이용한 경우 양도계약의 해제로 인하여 양수인에게 사용이익의 반환을 구함은 별론으로 하고, 훼손으로 볼 수 없는 한 감가비 상당액의 반환청구 ×

③ 대리인에 의해 체결된 계약이 유효하게 해제된 경우 본인이 원상회복의무 부담
④ 원상회복의무의 이행으로서 이미 지급한 매매대금 기타 급부의 반환을 구하는 경우 과실상계의 법리 적용 ×
  ▶ 해제자가 채무불이행의 원인의 일부를 제공한 경우 손해배상에 있어서의 과실상계에 준하여 계약의 해제로 인한 원상회복청구권의 내용 제한 ×

2) 원물반환

계약을 해제한 경우 원상회복은 원칙적으로 원물반환(부동산의 경우는 등기명의의 회복, 채권의 경우는 양도 통지 등)에 의하여야 함

3) 가액반환

① 계약해제에 따른 원물반환이 불가능하게 되어 가액반환하는 경우 목적물의 가액은 처분 당시의 대가 또는 시가 상당액
② 이행지체로 계약이 해제된 경우 원상회복의무의 이행으로 반환할 금전에는 그 받은 날로부터 이자 가산하여야 함
  ▶ 부동산 매매계약 해제된 경우 매매대금 반환의무와 소유권이전등기말소의무가 동시이행관계에 있는지 여부에 관계없이 매도인은 매매대금을 받은 날로부터 법정이자를 가산 지급
③ 계약해제로 인한 원상회복의무로 반환할 매매대금에 가산할 이자는 원상회복의 범위에 속하는 것으로서 일종의 부당이득반환의 성질을 가지고 있으며, 이자에 관하여 약정이 있으면 약정이율이 적용되고 약정이율이 없으면 민사 또는 상사 법정이율이 적용
④ 계약해제시에 반환할 금전에 가산할 이자에 관하여 당사자 사이에 약정이 있는 경우 이행지체로 인한 지연손해금에도 약정이율 적용하며, 이때 약정이율이 법정이율보다 낮은 경우에는 법정이율에 의한 청구
⑤ 원상회복의무가 이행지체에 빠진 이후의 지연손해금률에 관하여 약정이 있는 경우 지연손해금률이 법정이율보다 낮더라도 약정에 따른 지연손해금률이 적용
  ▶ 계약해제로 인한 원상회복의무로 반환할 매매대금에 가산할 이자를 약정한 경우 약정이율은 매매대금 반환의무의 이행지체로 인한 지연손해금률에도 적용 ×

(3) 손해배상

① 채무불이행을 이유로 매매계약을 해제하고 손해배상을 청구하는 경우
  ▶ 원칙 : 이행이익의 배상청구
  ▶ 예외 : 신뢰이익의 배상을 청구할 수 있으나 이행이익의 범위 초과 ×
② 채무가 이행불능으로 되거나, 타인의 권리매매에 있어 그 권리를 매수인에게 이전할 수 없게 된 경우 손해배상액은 이행불능 당시의 목적물의 싯가를 기준

(4) 민법 제548조 제1항 단서의 제3자의 보호

제3자의 의미	• 일반적으로 그 해제된 계약으로부터 생긴 법률효과를 기초로 하여 해제 전에 새로운 이해관계를 가졌을 뿐 아니라 등기, 인도 등으로 완전한 권리를 취득한 자(선의·악의 불문) • 계약해제로 인한 원상회복등기 등이 이루어지기 전에는 계약의 해제를 주장하는 자와 양립되지 아니하는 법률관계를 가지게 되었고 계약해제사실을 몰랐던 제3자(선의만 보호)	
제3자에 해당 여부	해당 ○	• 매매계약이 해제되기 전에 매수인으로부터 토지를 매수하여 소유권을 취득한 자 • 매매계약이 해제되기 전에 매수인의 토지에 저당권을 취득한 자 • 매매계약의 해제로 토지의 소유권을 상실하게 된 매수인으로부터 해제 이전에 토지를 임차하여 임차권등기를 마친 자 • 매매계약이 해제되기 전에 매수인과 매매예약 체결 후 소유권이전등기청구권 보전을 위한 가등기를 마친 자 • 해제된 매매계약에 의하여 채무자의 책임재산이 된 부동산을 가압류 집행한 가압류채권자
	해당 ×	• 잔대금채권을 가압류한 가압류채권자 • 계약상의 채권을 양수한 자나 채권 자체를 압류 또는 전부한 채권자 – 계약상의 채권을 양수한 자는 민법 제548조 제1항 단서의 제3자에 해당하지 아니하므로 계약해제의 효과에 반하여 자신의 권리를 주장할 수 없고, 채무자로부터 이행받은 급부를 원상회복하여야 할 의무가 있음 • 매매계약이 해제되기 전에 매수인으로부터 토지에 대한 소유권이전등기청구권을 양도받은 자

4. 해제권의 소멸

해제권자의 고의나 과실로 인하여 계약의 목적물이 현저히 훼손되거나 반환할 수 없게 된 경우 또는 가공이나 개조로 인하여 다른 종류의 물건으로 변경된 경우 해제권은 소멸

III 약정해제

의 의	계약을 체결하면서 장래의 사정변경에 대비하기 위하여 특약으로 해제권을 유보하는 제도
약정해제의 효과	• 약정해제권을 행사한 경우 해제의 효과로서 손해배상의 청구 × • 소제기로써 계약해제권을 행사한 후 그 소송을 취하한 경우 해제권은 형성권이므로 해제권행사의 효력에는 영향 ×

IV 계약의 해지

의 의	계속적 계약관계에서 당사자 일방의 일방적 의사표시로 그 계약의 효력을 장래를 향하여 소멸시키는 제도
해지의 효과	당사자 일방이 계약을 해지한 경우 계약은 장래에 대하여 효력 소멸

- (❶   )을 정하지 않은 청약은 청약자가 상당한 기간 내에 승낙 통지를 받지 못한 때에 그 효력을 잃는다.

  ❶ 승낙기간

- 격지자 간의 계약은 승낙의 통지를 (❷   )에 성립한다.

  ❷ 발송한 때

- 수량을 지정한 부동산매매계약에서 실제면적이 계약면적에 미달하는 경우, 미달 부분의 원시적 불능을 이유로 (❸   )의 이행을 구할 수 없다.

  ❸ 민법 제535조에 따른 책임

- 선이행의무 있는 중도금지급을 지체하던 중 매매계약이 해제되지 않고 잔대금 지급기일이 도래하면, 특별한 사정이 없는 한 중도금과 이에 대한 지급일 다음 날부터 잔대금지급일까지의 지연손해금 및 잔대금 지급의무와 소유권이전의무는 (❹   )에 있다.

  ❹ 동시이행의 관계

- 제3자를 위한 계약의 낙약자는 기본관계에 기한 항변으로 계약의 이익을 받을 제3자에게 (❺   ).

  ❺ 대항할 수 있다.

- 합의해지 또는 해지계약에는 해제, 해지에 관한 민법 제548조 제2항의 규정은 적용되지 아니하므로, 당사자 사이에 약정이 없는 이상 합의해지로 인하여 반환할 금전에 그 받은 날로부터의 (❻   )를 가하여야 할 의무가 있는 것은 아니다.

  ❻ 이자

- 청약자가 청약의 의사표시를 발송한 후 상대방에게 (❼   )에 사망한 경우라도 그 청약은 유효하고, 상대방이 이를 수령한 후 승낙통지를 청약자의 상속인에게 하였을 때에는 계약은 상속인과 유효하게 성립한다.

  ❼ 도달 전

- 당사자 사이에 동일한 내용의 청약이 상호 교차된 경우에는 양 청약이 상대방에게 (❽   )에 계약이 성립한다.

  ❽ 도달한 때

- 관습에 의하여 승낙의 통지가 필요하지 않은 경우에 계약은 (❾   )이 있는 때에 성립한다.

  ❾ 승낙의 의사표시로 인정되는 사실

- 제3자를 위한 유상 쌍무계약의 경우 요약자는 낙약자의 채무불이행을 이유로 (❿   ) 없이 계약을 해제할 수 있다.

  ❿ 제3자의 동의

I 서 설

1. 의 의

증여자가 무상으로 재산을 수증자에게 수여하는 의사를 표시하고 수증자가 이를 승낙함으로써 성립하는 편무·무상·낙성·불요식 계약으로, 증여의 성립에 반드시 서면이 작성되어야 하는 것은 아님

2. 증여의 효력

(1) 담보책임

① 증여의 목적인 물건의 하자나 흠결에 대하여 알면서 수증자에게 고지하지 않은 경우 증여자는 그에 대한 담보책임 부담

② 증여자가 증여의 목적에 대한 담보책임을 진다는 특약은 효력 ○

(2) 증여계약의 해제

1) 서면에 의하지 아니한 증여의 해제

① 서면에 의하지 않은 증여의 경우 수증자는 이를 해제 가능하며, 서면에 의하지 아니한 증여계약의 해제는 형성권의 제척기간의 적용을 받지 않는 특수한 철회로서, 10년이 경과한 후에 이루어졌어도 원칙적으로 적법

② 증여계약 성립 이후에 그 계약이 존속하는 동안 서면을 작성한 경우 그때부터 당사자가 임의로 해제 ×

2) 망은행위로 인한 증여의 해제

① 수증자가 증여자에 대하여 증여자 또는 그 배우자나 직계혈족에 대한 범죄행위가 있는 경우 증여자는 증여를 해제할 수 있으나, 이미 이행한 부분에 대하여는 영향 ×

② 수증자가 부양의무 있는 경우에 이를 이행하지 아니하는 경우 증여자는 그 증여를 해제할 수 있으나, 해제원인 있음을 안 날로부터 6월을 경과한 때에는 해제권 소멸

③ 증여자의 손자에 대하여 수증자가 범죄행위를 한 경우 증여자는 증여 해제 가능

3) 증여자의 재산상태변경으로 인한 증여의 해제

증여계약 후에 증여자의 재산상태가 현저히 변경되고 그 이행으로 생계에 중대한 영향을 미칠 경우 증여자는 증여 해제 가능

II 특수한 증여

부담부 증여	담보책임	상대부담있는 증여의 경우 증여자는 그 부담의 한도에서 매도인과 같은 담보의 책임
	증여계약의 해제	부담부증여의 수증자가 그 부담을 이행하지 않은 경우 증여자는 자신의 의무를 이행했더라도 증여를 해제할 수 있고, 이미 이행한 부분도 수증자에게 반환청구 가능
정기증여		정기의 급여를 목적으로 한 증여는 증여자 또는 수증자의 사망으로 효력 소멸

제2절 매매

I 의 의

매매는 당사자 일방, 즉 매도인이 일정한 재산권을 상대방인 매수인에게 이전할 것을 약정하고, 매수인은 이에 대하여 대금을 지급할 것을 약정함으로써 성립하는 쌍무·유상·낙성·불요식의 계약

II 매매의 성립

1. 개 관

① 매매계약체결 당시 목적물과 대금이 구체적으로 확정되지 않은 경우 이행기 전까지 확정될 수 있는 방법과 기준이 정해져 있다면 계약 성립

② 매매의 목적인 재산권과 대금에 관한 합의는 있으나, 계약비용·채무이행기·이행장소에 관한 합의가 없는 경우 특별한 사정이 없는 한 매매계약 성립

2. 매매의 예약

(1) 의의와 종류

의 의	장차 매매계약을 체결할 것을 미리 약정하는 채권계약을 의미
종 류	예약당사자 중 일방이 예약완결권을 가지는 경우를 일방예약이라고 하고, 쌍방이 예약완결권을 가지는 경우를 쌍방예약이라고 함

(2) 매매의 일방예약

성립요건		매매예약은 당사자의 합의만으로 성립하며, 매매계약은 예약완결권의 행사에 따라 즉시 효력이 발생하므로 일방예약은 본계약의 요소가 되는 내용이 확정되어 있거나 확정할 수 있어야 함
예약완결권	예약완결권의 행사기간	• 행사기간을 약정한 경우 : 그 기간 내에 행사(행사기간에 특별한 제한 ×) • 그러한 약정이 없는 경우 : 예약이 성립한 때로부터 10년 내에 이를 행사하여야 하고, 그 기간을 지난 때에는 상대방이 예약목적물을 인도받은 경우라도 제척기간의 경과로 소멸 • 행사시기를 특별히 약정한 경우 : 권리의 발생일로부터 10년간의 기간이 경과되면 만료
	예약완결권의 행사	• 예약완결권 행사의 의사표시를 담은 소장 부본을 상대방에게 송달함으로써 재판상 행사하는 경우 소장 부본이 제척기간 내에 상대방에게 도달할 때에 예약완결권 행사의 효력 발생 • 매매예약이 성립한 이후 매매예약완결의 의사표시 전에 예약완결권의 행사가 이행불능이 된 경우 이행불능 이후에 매매예약완결의 의사표시를 하여도 매매의 효력 ×

3. 계약금

(1) 의 의

계약을 체결할 때에 그 계약에 부수하여 당사자의 일방이 상대방에게 교부하는 금전 기타의 유가물을 의미

(2) 법적 성질

해약금	계약금의 교부는 당사자 간의 다른 약정이 없는 한 해제권의 유보를 위해 수수된 해약금으로 추정
위약금	• 계약금에 대하여 위약금으로서의 성격을 인정하기 위해서는 당사자 간의 별도의 위약금특약이 있어야 하고, 이 특약에 의해 위약금은 손해배상액의 예정으로 추정 – 계약금을 위약금으로 하는 특약이 없는 경우 손해배상의 예정액으로서의 성질 × • 계약금이 수수되었으나 위약금으로 하기로 하는 특약이 없는 상태에서 매수인의 귀책사유로 매매계약이 해제된 경우 계약금은 당연히 매도인에게 귀속 × • 당사자의 약정에 따라 해약금과 손해배상의 예정을 겸하는 계약금이 부당하게 과다한 경우 법원은 당사자의 주장이 없더라도 직권으로 감액 가능 • 계약금이 해약금과 손해배상의 예정액으로서의 성질을 겸하고 있는데 손해배상의 예정액으로서는 부당히 과다한 경우 매수인은 과다한 손해배상의 예정으로 감액될 부분을 제외한 나머지 금액을 포기하고 계약을 해제하면서 과다한 부분의 반환 청구 가능 • "임차인이 보증금의 잔액을 지정된 기일까지 납부하지 않을 때에는 임대인은 계약을 해제하고 계약금조로 불입한 보증금은 반환하지 아니한다."는 약정은 있으나 임대인이 계약을 위반할 경우에 관하여는 아무런 합의가 없는 경우 임대인의 채무불이행이 있다면 임차인은 손해를 증명하여 배상청구 가능

(3) 해약금에 의한 해제권의 행사

해제권의 행사요건	• 해약금에 의한 해제권을 배제하기로 약정한 경우 해제권 행사 × • 당사자의 일방이 이행에 착수할 때까지 교부자(매수인)는 이를 포기하고 수령자(매도인)는 그 배액을 상환하여 매매계약 해제 가능 – 이행에 착수한다는 것은 객관적으로 외부에서 인식할 수 있는 정도로 채무의 이행행위의 일부를 하거나 이행을 하기 위하여 필요한 전제행위를 하는 경우를 의미 – 매매계약의 이행을 최고하고 매매잔대금의 지급을 구하는 소송을 제기한 경우 이행에 착수 × • 매도인이 해약금계약에 따라 계약의 이행의 착수 전에 계약을 해제하려는 경우 계약금의 배액을 상환하거나 적어도 이행제공 상태에 두어야 함 – 매도인이 계약금계약에 의한 해제를 하는 경우 해제의사표시와 약정계약금의 배액을 제공하면 되고, 수령거절 시 공탁할 필요 × • 매도인이 위약 시에는 계약금의 배액을 배상하고 매수인이 위약 시에는 지급한 계약금을 매도인이 취득하고 계약은 자동적으로 해제된다는 조항은 해제권유보조항으로 최고나 통지가 있어야 해제 가능 • 계약당사자 중 어느 일방에 대한 약정해제권의 유보 또는 위약벌에 관한 특약의 유무는 채무불이행으로 인한 법정해제권의 성립에 영향 × • 계약금의 일부만 지급되었으나, 매도인이 해약금계약에 의하여 매매계약을 해제하려는 경우 해약금의 기준이 되는 금원은 약정계약금이라고 봄이 타당하므로 약정계약금의 배액을 매수인에게 지급하고 계약해제 가능
해제권의 행사효과	• 계약금계약에 의해 계약이 해제된 경우는 원상회복이나 손해배상의무 부담 × – 매수인이 해약금약정에 따라 매매계약을 해제한 경우 매도인에게 계약금 이상의 손해가 발생한 때에도 손해배상청구 × • 해약금약정이 있는 매매계약을 채무불이행을 이유로 해제하는 경우 해약금약정이 있더라도 법정해제권의 요건을 구비한 경우 이를 행사 가능하나, 실제 손해를 배상청구하는 외에 계약금을 위약금으로 하기로 하는 특약이 없다면 위약금으로 청구 ×

Ⅲ 매매의 효력

1. 매도인의 재산권이전의무

① 매도인이 현존하는 타인 소유의 물건을 매도하기로 약정한 경우 양도계약은 계약당사자 간에 있어서는 유효 ○

② 부동산매매에서의 과실의 귀속

  ▶ 목적물의 인도 전에는 매도인에게 귀속, 인도 후에는 매수인에게 귀속

  ▶ 매매목적물이 인도되지 않았고 매수인도 대금을 완제하지 않은 경우 매도인의 이행지체가 있더라도 과실은 매도인에게 귀속

  ▶ 목적물의 인도 전이라고 하더라도 매수인이 대금을 완납한 경우에는 매수인에게 귀속

③ 매매계약에 관한 비용은 다른 약정이 없는 경우 당사자 쌍방이 균분하여 부담

2. 매도인의 담보책임

(1) 의 의

매매에 의하여 매수인이 취득하는 권리 또는 권리의 객체인 물건에 하자 내지 불완전한 점이 있는 경우에 매도인이 매수인에게 부담하는 책임

(2) 담보책임의 내용

1) 매매의 목적인 권리의 전부가 타인에게 속한 경우

① 의의 : 권리의 전부가 타인에게 속한 경우나 매도인과 타인의 공유에 속하는 경우 매매계약은 당연무효 ×

② 요건 : 매매의 목적인 권리가 전부 타인에게 속하고 매도인이 이를 취득하여 매수인에게 이전할 수 없어야 함

③ 책임의 내용

매수인의 해제권	• 매매의 목적인 권리의 전부가 타인에게 속하여, 매도인이 그 권리를 취득하여 매수인에게 이전할 수 없는 경우 악의의 매수인도 매매계약 해제 가능 • 악의의 매수인은 담보책임을 추궁하여 계약을 해제하거나 채무불이행책임을 추궁하여 계약을 해제하거나 손해배상 청구 가능 • 타인 권리의 매로로 인한 담보책임으로 매수인이 계약을 해제하여 매수인이 진정한 권리자인 타인에게 직접 목적물을 반환한 경우 반환한 범위에서 매도인에게 반환할 의무 부담 ×
손해배상청구권	• 타인의 권리의 매매에서 매도인이 권리를 이전할 수 없게 된 경우 매도인은 이행불능 당시의 목적물의 시가를 기준으로 손해배상액을 산정하여 선의의 매수인에게 배상할 의무 부담 • 매매의 목적이 된 권리가 타인에게 속하여 매도인이 그 권리를 취득하여 매수인에게 이전할 수 없게 된 경우 선의의 매수인이 배상을 청구할 수 있는 손해에는 매수인이 얻을 수 있었던 이익의 상실 포함
선의의 매도인의 해제권	• 매도인이 매매의 목적이 된 권리가 자기에게 속하지 아니함을 알지 못하였고, 그 권리를 취득하여 선의의 매수인에게 이전할 수 없는 경우 매도인은 손해를 배상하고 계약을 해제할 수 있음 • 매수인이 악의인 경우 매도인은 매수인에 대하여 그 권리를 이전할 수 없음을 통지하고 계약을 해제 가능

④ 타인의 권리의 매매에서 담보책임이나 채무불이행책임이 인정 여부에 대한 사례

　　㉠ 진정한 소유자가 제기한 등기말소청구소송에서 매도인과 매수인 앞으로 된 소유권이전등기의 말소를 명한 판결이 확정됨으로써 매도인의 소유권이전의무가 이행불능된 경우 매수인은 매도인에게 민법 제570조에 기한 담보책임을 물을 수 있고, 그 손해배상액 산정의 기준시점은 판결이 확정된 때임

　　㉡ 타인의 권리 매매에서 매도인의 귀책사유로 인하여 이행불능된 경우 담보책임에 의해 손해배상을 청구할 수 없더라도 채무불이행 일반의 규정에 따라 계약을 해제하고 손해배상 청구 가능

　　㉢ 수 개의 권리를 일괄하여 매매의 목적으로 정하였으나 그중 일부의 권리를 이전할 수 없는 경우 민법 제571조 제1항을 적용하여 선의의 매도인은 계약의 일부 해제 ×

2) 매매의 목적인 권리의 일부가 타인에게 속한 경우

① 요건 : 매매의 목적인 권리의 일부가 타인에게 속하고 매도인이 이를 취득하여 매수인에게 이전할 수 없어야 함

② 책임의 내용

매수인의 대금감액청구권	매매의 목적이 된 권리의 일부가 타인에게 속함으로 매도인이 그 권리를 취득하여 매수인에게 이전할 수 없는 경우 매수인은 대금감액 청구 가능(선·악의 불문)
	− 매매의 목적이 된 권리의 일부가 타인에게 속하여 그 권리를 취득하여 매수인에게 이전할 수 없는 경우 매수인은 그 부분의 비율로 대금감액 청구
선의의 매수인의 권리	선의의 매수인은 감액청구 또는 계약해제 외에 손해배상을 청구할 수 있는데, 매매의 목적이 된 권리의 일부가 타인에게 속함으로 인하여 매도인이 그 권리를 취득하여 매수인에게 이전할 수 없는 경우 손해액은 매매의 목적이 된 권리의 일부를 취득하여 선의의 매수인에게 이전할 수 없게 된 때의 이행불능이 된 권리의 시가, 즉 이행이익 상당액임
권리행사기간	매수인이 선의인 경우에는 사실을 안 날로부터, 악의인 경우에는 계약한 날로부터 1년 내에 행사하여야 함

3) 매매목적물의 수량부족 또는 일부멸실의 경우

① 요 건

　　㉠ 당사자가 수량을 지정하여 매매하였는데 목적물의 수량이 부족한 경우

　　　㉮ 수량지정매매에 해당하는 사례

　　　　ⓐ 일정한 면적을 가지고 있다는 데 주안을 두고 대금도 면적을 기준으로 하여 아파트분양계약을 체결한 경우

　　　　ⓑ 면적을 매매가격을 정하는 가장 중요한 요소로 하여 이를 기준으로 가격을 정하였으나, 매매계약서에 토지의 면적당 가격을 기재하지 않은 경우

　　　㉯ 수량지정매매에 해당하지 아니하는 사례 : 토지의 평수에 의한 계산이 대상토지를 특정하고 그 대금을 결정하기 위한 방편에 불과한 경우

　　㉡ 목적물의 일부가 계약 당시 이미 소멸한 경우

② 책임의 내용

　㉠ 선의의 매수인의 권리

　　㉮ 특정물의 수량지정매매에서 수량이 부족한 경우 선의의 매수인은 계약해제권, 손해배상청구권, 대금감액청구권 인정

　　　▶ 수량을 지정한 매매의 목적물이 부족한 경우와 매매목적물의 일부가 계약당시에 이미 멸실된 경우 선의의 매수인은 대금감액 청구 가능

　　　▶ 아파트 분양계약에서 분양자가 공유대지 면적의 일부를 이전할 수 없게 되었고, 그 일부 이행불능이 분양계약 체결 당시 존재한 사유에 의한 경우 수분양자는 분양자에게 부족한 면적비율에 따라 대금 감액 청구 가능

　　㉯ 수량지정매매에 해당하는 부동산매매계약에서 실제면적이 계약면적에 미달하는 경우 대금감액청구 외에 부당이득반환청구 또는 계약체결상의 과실책임 추궁 ×

　㉡ 권리행사기간 : 선의의 매수인이 수량부족 사실을 안 날로부터 1년 내에 행사하여야 함

4) 매매목적인 권리의 용익적 권능이 제한되는 경우

① 요건 : 매매의 목적물이 지상권, 지역권, 전세권, 질권 또는 유치권 등 타인의 제한물권에 의하여 그 용익권능에 있어서 제한이 있어야 하고, 매수인은 선의이어야 함

② 책임의 내용 : 손해배상청구권 또는 해제권

5) 저당권 또는 전세권에 의한 제한이 있는 경우

① 요건 : 저당권 또는 전세권의 행사로 매매목적 부동산의 소유권을 취득할 수 없거나 취득한 소유권을 잃은 경우 또는 매수인이 자기의 출재로 그 소유권을 보전한 경우이어야 함

② 책임의 내용

　㉠ 저당권의 행사로 매매목적 부동산의 소유권을 취득할 수 없게 된 경우 악의의 매수인도 매매계약을 해제하거나 손해배상 청구 ○

　㉡ 가압류목적이 된 부동산을 매수한 사람이 가압류에 기한 강제집행으로 부동산소유권을 상실하게 된 경우 악의의 매수인은 매매계약을 해제하거나 손해배상 청구 ○

　㉢ 가등기의 목적이 된 부동산을 매수한 사람이 가등기에 기한 본등기가 경료됨으로써 그 부동산의 소유권을 상실하게 된 경우 매도인은 민법 제576조에 의한 담보책임 부담

6) 특정물매매에서 목적물에 하자가 있는 경우

① 법적 성질 : 특정물 매도인의 하자담보책임은 매도인의 귀책사유를 요건으로 하지 않는 무과실책임

② 요 건

　㉠ 하자의 존재

　　㉮ 아파트의 6층 607호, 1층 102호 등으로 특정된 아파트 1동씩을 특정하여 매매한 경우 수량지정매매가 아니라 특정물매매

　　㉯ 건축허가를 받을 수 없어 매매목적토지에 건축이 불가능한 경우 이는 법률적 제한으로 매매목적물의 하자에 해당하고, 그 하자의 존부는 매매계약 성립 시를 기준으로 판단

　　㉰ 매매목적물이 거래통념상 기대되는 객관적 성질이나 성능을 갖추지 못한 경우 또는 당사자가 예정하거나 보증한 성질을 갖추지 못한 경우 하자담보책임 부담

⠀⠀⠀⠀⠀㉱ 제조물에 상품적합성이 결여되어 제조물 그 자체에 손해가 발생한 경우 제조물책임이 아니라 하자담보책임 적용
⠀⠀⠀⠀⠀⠀⠀▶ 제조업자나 수입업자로부터 제품을 구매하여 판매한 자가 그 매수인에 대하여 부담하는 민법 제580조 제1항의 하자담보책임 제조물책임에서의 증명책임 완화의 법리가 유추적용 ✕
⠀⠀⠀⠀⠀㉲ 매매목적물의 하자의 발생 및 확대에 가공한 매수인의 잘못이 있는 경우 법원은 이를 참작하여 매도인의 하자담보책임에서의 손해배상의 범위를 정하여야 함
⠀⠀⠀⠀⠀㉳ 경매목적물에 물건의 하자가 있는 경우 하자담보책임 발생 ✕
⠀⠀⠀ⓛ 매수인의 선의·무과실
⠀③ 책임의 내용
⠀⠀⠀㉠ 손해배상청구권 또는 해제권
⠀⠀⠀⠀⠀㉮ 특정물매매계약에 있어 목적물에 하자가 있는 경우 선의, 무과실의 매수인은 계약해제권 또는 손해배상청구권 행사 가능
⠀⠀⠀⠀⠀㉯ 하자담보책임으로 인한 손해배상청구권은 매수인이 매매 목적물을 인도받은 때 발생
⠀⠀⠀⠀⠀㉰ 매매의 목적물에 하자가 있더라도 계약의 목적을 달성할 수 있는 경우 매수인에게 해제권은 인정 ✕
⠀⠀⠀⠀⠀㉱ 매매 목적물인 토지에 폐기물이 매립되어 있어 매수인이 이를 처리하기 위해 비용을 지출한 경우 매수인은 하자담보책임 또는 채무불이행책임을 추궁하여 손해배상을 청구할 수 있으며, 폐기물처리비용이 매매대금을 초과하더라도 손해배상 청구 가능
⠀⠀⠀⠀⠀⠀⠀▶ 폐기물이 매립되어 있어서 매수인에게 이를 처리하기 위한 비용 상당의 손해가 발생한 경우 매도인의 하자담보책임과 채무불이행책임은 경합적으로 인정되므로 매수인은 채무불이행으로 인한 손해배상 청구 가능
⠀⠀⠀⠀⠀⠀⠀▶ 매매목적물의 하자로 확대손해가 발생하여 매도인에게 그 확대손해에 대한 배상책임을 묻는 경우 하자 있는 목적물을 인도한 의무위반사실 및 의무위반에 대하여 귀책사유가 인정되어야 함
⠀⠀⠀ⓛ 권리행사기간
⠀⠀⠀⠀⠀㉮ 하자담보에 기한 손해배상청구권 원칙적으로 10년의 소멸시효에 걸리고 매수인이 매매목적물을 인도받은 때부터 소멸시효가 진행
⠀⠀⠀⠀⠀㉯ 매도인이나 수급인의 담보책임을 기초로 한 손해배상채권의 제척기간(예를 들어 민법 제582조와 같은 규정)이 지난 경우 제척기간이 지나기 전 상대방의 채권과 상계할 수 있었다면, 매수인은 손해배상채권을 자동채권으로 하여 상계 가능

7) 종류매매에서 목적물에 하자가 있는 경우
① 법적 성질 : 특정물(특정된 종류물) 매도인의 하자담보책임은 매도인의 귀책사유를 요건으로 하지 않는 무과실책임
② 요건 : 과실상계 규정은 준용되지 아니하나, 법원은 하자 발생 및 그 확대에 가공한 매수인의 잘못을 참작하여 손해배상의 범위를 정함
③ 책임의 내용 : 매매목적물의 하자가 경미한 반면 매도인에게 하자 없는 물건의 급부의무를 지우면 다른 구제방법에 비하여 지나치게 큰 불이익이 발생되는 경우 매수인의 완전물급부청구권 행사를 제한 가능

8) 채권매도인의 담보책임

매도인이 변제기에 도달하지 않은 채권을 매도하면서 그 채무자의 자력을 담보한 경우 변제기의 자력을 담보한 것으로 추정

9) 경매에서의 담보책임

① 요건 : 경매절차의 무효로 매수인[경락인(註)]이 경매 부동산의 소유권을 취득하지 못하게 된 경우 경매 채권자 또는 채무자를 상대로 배당금 상당의 부당이득반환을 청구할 수 있으나, 경매에 따른 담보책임 추궁 ×

② 책임의 내용

　㉠ 채무자가 물건 또는 권리의 흠결을 알고 고지하지 아니하거나 채권자가 이를 알고 경매를 청구한 경우 경락인은 흠결을 안 채무자나 채권자에게 손해배상 청구 가능

　㉡ 수량지정매매의 목적물을 경락받았으나, 수량이 부족한 경우 선의의 경락인은 1차적으로 채무자에게 계약의 해제 또는 손해배상을 청구하거나, 채무자가 변제자력이 없는 경우에는 2차적으로 채권자에게 대금 전부나 일부의 반환 청구 ○

3. 매수인의 의무

대금지급의무	• 매수인이 매매목적물을 대금지급 전에 인도받았으나, 대금지급의무와 소유권이전등기의무가 동시이행관계에 있는 경우 매매대금이자 지급 의무 × • 대금의 지급은 채권자의 현주소에서 하는 것이 원칙이나, 매매의 목적물의 인도와 동시에 대금을 지급하는 경우에는 그 인도장소에서 이를 지급하여야 함 – 자전거 매매에 있어 자전거의 인도와 동시에 대금을 지급할 경우 자전거인도장소에서 대금 지급
대금지급거절	• 매매계약을 맺은 후에야 등기부상 매매목적물이 매도인의 소유가 아닌 것을 발견한 경우 매수인은 민법 제588조에 의하여 중도금 지급거절 가능 • 매매계약에서 목적물에 대하여 권리를 주장하는 제3자가 있는 경우 자기의 의무이행을 거절할 수 있고, 지체책임 ×

4. 담보책임과 관련된 기타 기출지문

① 매도인이 매매 목적물인 토지에 폐기물을 불법으로 매립하고, 그 토지를 매도한 경우 특별한 사정이 없는 한 불법행위 성립

② 임차권매매계약이 성립하였고, 매도인이 임대인의 임대차계약상의 의무이행을 담보한다는 특별한 약정을 하지 아니한 경우 임차권 매도인에게 민법 제576조에 따른 담보책임 ×

Ⅳ 환매와 재매매의 예약

매매등기와 동시에 환매권 보류를 등기한 경우 제3자에 대하여 효력이 있으므로 부동산 매매등기가 이루어지고 5년 후에 환매권의 보류를 등기하였다면 제3자에 대하여 효력 ×

소비대차의 성립		소비대차는 낙성계약이므로 차주가 현실로 금전 등을 수수하거나 현실의 수수가 있는 것과 같은 경제적 이익을 취득하여야 소비대차 성립하는 것은 아님
소비대차의 효력	대주의 담보책임	이자부 소비대차에서 목적물의 하자가 중대하여 계약의 목적을 달성할 수 없는 경우 선의 · 무과실의 차주는 계약 해제 가능
	차주의 목적물반환의무	소비대차의 차주가 반환시기를 약정한 경우에는 차주는 약정시기에 차용물과 같은 종류 · 품질 · 수량의 물건을 반환하여야 함
대물대차		금전대차에서 차주가 금전에 갈음하여 유가증권 기타 물건의 인도를 받은 때에는 인도 시의 가액이 차용액

I 의의와 임대차의 존속기간

의 의		임대차는 임대인이 임차인에게 목적물을 사용 · 수익하게 할 것을 약정하고, 임차인은 이에 대하여 차임을 지급할 것을 약정함으로써 성립하는 쌍무 · 유상 · 낙성 · 불요식계약으로, 임대인에게 임대목적물에 대한 소유권 기타 임대할 권한이 없는 경우에도 임대차계약은 유효하게 성립
임대차의 존속기간	존속기간을 정한 경우	• 민법 제651조에 대한 헌법재판소의 위헌결정으로 현재는 건물임대차의 존속기간 제한 × • 임대차기간을 영구로 정한 약정은 이를 무효로 볼만한 특별한 사정이 없는 한 계약자유의 원칙상 허용
	존속기간을 정하지 아니한 경우	토지임대차의 기간의 약정이 없는 경우 각 당사자는 언제든지 임대차계약의 해지 통고 가능하며, 상대방이 통고를 받은 날로부터 토지, 건물 기타 공작물에 대하여는 임대인이 해지를 통고한 경우 6월, 임차인이 해지를 통고한 경우 1월의 기간이 경과하면 해지 효력 발생

II 임대인의 의무

1. 임대인의 수선의무(임차물을 사용 · 수익하게 할 의무)

수선의무의 불이행의 경우	• 임대인이 도급을 주어 임차물을 공사하던 중 수급인의 과실에 의한 화재로 임차인의 손해가 발생한 경우 임대인은 임차인에 대하여 채무불이행에 따른 손해배상책임 부담 • 임대인의 수선의무와 관련하여 임차인이 차임지급을 거절할 수 있는 경우 　– 임대인이 목적물을 사용 · 수익하게 할 의무를 불이행하여 목적물의 사용 · 수익이 부분적으로 지장이 있는 상태인 경우 　– 임대인이 수선의무를 이행함으로써 목적물의 사용 · 수익에 지장이 초래된 경우
수선의무를 부담하지 아니하는 경우	임대차계약 존속 중 주택에 사소한 파손이 생겼으나 임차인의 사용 · 수익을 방해할 정도가 아닌 경우 임대인은 수선의무 부담 ×

2. 필요비상환의무

요 건	임차인이 본래 임대인이 부담하여야 할 임차목적물의 보존에 필요한 비용을 지출할 것
효 과	임차인이 임차물의 보존에 관한 필요비를 지출한 경우 임대인에게 상환의무가 인정되나, 임대인이 임차인에게 필요비상환의무를 이행하지 않는 경우 임차인은 지출한 필요비 금액의 한도에서 차임의 지급을 거절할 수 있음

3. 유익비상환의무

요 건	임차인이 목적물의 객관적 가치를 증가시키기 위해 투입한 비용의 결과가 임차목적물의 구성부분이 되어 독립성을 상실하고 임대차 종료 시에 가액의 증가가 현존할 것
효 과	임차인은 임대차 종료 시에 임대인에게 그 상환을 청구할 수 있음

Ⅲ 임차인의 권리

1. 임차물의 사용·수익권

2. 임차권의 대항력

부동산임차인은 반대약정이 없으면 임대인에 대하여 임대차등기절차에 협력할 것을 청구할 수 있음

3. 부속물매수청구권

의 의	건물 기타 공작물의 임차인이 그 사용의 편익을 위하여 임대인의 동의를 얻어 이에 부속한 물건이나, 임대인으로부터 매수한 부속물에 대하여 임대차의 종료시에 임대인에 대하여 그 부속물의 매수를 청구할 수 있는 권리
행사의 요건	일시사용을 위한 임대차가 명백한 경우나, 임차인의 채무불이행으로 임대차계약이 해지된 경우 임차인의 부속물매수청구권 행사 ×
행사의 효과	부속물매수청구권은 형성권으로 임차인의 일방적인 의사표시에 의하여 매매계약이 성립된 것과 같은 효과가 발생

4. 지상물매수청구권

(1) 의 의

건물 기타 공작물의 소유 또는 식목, 채염, 목축을 목적으로 한 토지임대차의 기간이 만료한 경우 건물, 수목 기타 지상시설이 현존한 때에, 임차인에 계약의 갱신을 청구하였으나 임대인이 이를 원하지 아니하는 경우 임대인에게 건물 등의 매수를 청구할 수 있는 권리

(2) 행사의 요건

1) 지상물매수청구권행사의 주체

토지임차인이 지상물만 타인에게 양도한 후 임대차가 종료된 경우나, 임차인의 채무불이행으로 임대차계약이 해지된 경우 지상물매수청구권 행사 ×

2) 지상물매수청구권행사의 상대방

원칙적으로 임차권 소멸 당시의 토지소유자인 임대인이 이에 해당하나, 임차지상의 자기소유의 건물에 대하여 보존등기를 경료하여 제3자에게 대항할 수 있는 차지권을 가지고 있는 임차인은 그 임대인의 지위를 승계한 자에게도 행사 가능

▶ 토지임차인의 지상물매수청구권 행사의 상대방은 원칙적으로 임차권 소멸 당시의 토지소유자인 임대인이나, 이미 토지소유권을 상실한 경우에는 그 임대인의 지위를 승계한 자

3) 지상물매수청구권행사의 대상

① 임대차계약 종료 시에 경제적 가치가 잔존하고 있고, 행정관청의 허가를 받은 적법한 건물이 아니더라도 무관

  ▶ 임대차계약 당시의 기존건물이거나 임대인의 동의를 얻어 신축한 것일 것을 요하지 아니하고 지상 건물이 객관적으로 경제적 가치가 있는지 여부나 임대인에게 소용이 있는지 여부를 불문하고, 건물이 토지의 임대 목적에 반하여 축조되고 임대인이 예상할 수 없을 정도의 고가의 것이라는 등의 특별한 사정이 없을 것

  ▶ 임차인 소유의 건물이 임차 토지 외에 임차인 또는 제3자 소유의 토지 위에 걸쳐서 건립되어 있는 경우 임차지 상에 있는 건물 부분 중 구분소유의 객체가 될 수 있는 부분에 한하여 지상물매수청구 가능

② 지상물매수청구권의 대상이 되는 건물에 근저당권이 설정되어 있는 경우 건물의 매수가격은 시가 상당액이고, 근저당권의 말소등기가 될 때까지 임대인은 채권최고액에 상당한 대금의 지급 거절 가능

③ 종전 임차인으로부터 미등기무허가건물을 매수하여 점유하고 있는 경우 소유자로서의 등기명의가 없다 하더라도 법률상 또는 사실상의 처분권을 가지고 있으므로 지상물매수청구권 행사 가능

4) 지상물매수청구권의 행사시기

① 토지임대인이 임차인을 상대로 제기한 토지인도 및 건물철거청구소송에서 패소하여 그 패소판결이 확정된 경우 확정판결에 의하여 건물철거가 집행되지 아니한 이상 임차인으로서는 건물매수청구권을 행사하여 별소로 건물매매대금 지급 청구 가능

② 존속기간을 정하지 아니한 임대차에서 당사자 일방의 해지통고로 임대차가 종료된 경우 임차인은 계약갱신청구의 유무에 관계없이 건물매수청구권 행사 ○

(3) 행사의 효과

① 임차인이 임대차기간이 만료된 후 임차지상의 자기소유의 건물에 관한 매수청구권을 행사한 경우 임대인이 매수할 의사가 없다 하더라도 매매에 준하는 법률관계 성립

② 토지임차인의 지상물매수청구권행사로 인한 건물명도 및 그 소유권이전등기의무와 토지임대인의 건물대금지급의무는 동시이행의 관계

③ 토지 임차인이 지상 건물에 관하여 매수청구권을 행사하였으나, 임대인에게 건물에 대한 명도와 소유권이전등기를 마쳐주지 아니한 경우 임대인에게 그 매매대금에 대한 지연손해금 청구 ×

④ 토지임차인이 지상물매수청구권을 행사한 후에 지상건물 등의 점유·사용을 통하여 그 부지를 계속하여 점유·사용하는 경우 그로 인한 부당이득으로서 부지의 임료 상당액반환 의무 ○

Ⅳ 임차인의 의무

1. 차임지급의무

차임지급의 연체	• 건물 기타 공작물의 소유 또는 식목, 채염, 목축을 목적으로 한 토지임대차에서, 임차인의 차임연체액이 2기의 차임액에 달하는 경우 임대인은 계약 해지 가능 • 토지임대인이 변제기를 경과한 최후 2년의 차임채권에 의하여 그 지상에 있는 임차인소유의 건물을 압류한 경우 저당권과 동일한 효력 ○ • 임차인의 차임 연체로 인하여 그 임대차계약이 해지된 경우 임대차 종료일까지의 연체 차임뿐만 아니라 그 이후부터 인도완료일까지 차임 상당의 부당이득금도 반환할 의무가 있음
차임의 감액청구	임차물의 일부가 임차인의 과실없이 멸실되어 사용·수익할 수 없게 된 경우 임차인은 그 부분의 비율에 의한 차임의 감액 청구 ○

2. 임차물의 보관 및 목적물반환의무

(1) 임차목적물에 화재가 있는 경우

1) 목적물 반환의무가 이행불능이 된 경우
▶ 자기가 책임질 수 없는 사유로 인한 것이라는 증명을 하지 못하면 임차인은 이행불능으로 인한 손해배상 책임
▶ 화재 등의 구체적인 발생 원인이 밝혀지지 아니한 경우도 동일
▶ 목적물 반환의무가 이행불능 상태는 아니지만 화재로 인하여 훼손되었음을 이유로 손해배상을 구하는 경우도 동일

2) 선관주의의무에 대한 증명책임을 부담하는 경우
▶ 임차건물이 화재로 소훼되어 그 화재의 발생원인이 불명인 경우
▶ 임대차의 종료 당시 임차목적물반환채무가 이행불능상태는 아니지만 반환된 임차건물이 화재로 인하여 훼손되었음을 이유로 임대인이 손해배상을 구하는 경우

3) 고용한 피용자의 과실이 있는 경우
임차인이 고용한 피용자의 과실로 인하여 임차목적물이 화재로 멸실된 경우 임대인은 임차인에게 사용자책임을 주장하거나 임차인이 선량한 관리자의 주의의무에 위반하여 임차목적물을 멸실시킨 것이 되므로 임대인은 임차인에게 채무불이행으로 인한 손해배상 청구 가능
▶ 임차인의 피용자에게는 계약관계가 없기 때문에 채무불이행으로 인한 손해배상 청구 ✕
▶ 임차인의 손해배상책임과 피용자의 손해배상책임은 부진정연대채무관계에 있으므로, 임차인과 피용자에 대하여 손해배상액 전부의 이행 청구 가능

4) 임대인의 지배영역의 하자로 인한 화재의 경우
화재가 임대인이 지배, 관리하는 영역에 존재하는 하자로 발생한 것으로 추단되는 경우, 특별한 사정이 없는 한, 임차인은 목적물 반환의무의 이행불능 등으로 인한 손해배상책임 ✕

5) 임차 외 건물부분에 대한 손해배상을 청구하는 경우
구조상 불가분의 일체를 이루는 임차 외 건물부분에 발생한 손해에 대하여 채무불이행을 원인으로 하는 손해배상을 청구하는 경우 화재 발생과 관련된 임차인의 계약상 의무 위반이 있었고, 의무 위반과 손해 사이에 상당인과관계가 있으며, 손해가 의무 위반에 따라 배상하여야 할 손해의 범위 내에 있다는 점에 대하여 임대인이 주장·증명하여야 함

(2) 임차인의 통지의무

임차물에 대하여 권리를 주장하는 자가 있고 임대인이 그 사실을 모르고 있는 경우 임차인은 지체 없이 임대인에게 통지 의무

(3) 임차인의 차임상당액반환의무

토지임차인이 임대차가 종료하였음에도 임차지상의 자기소유의 지상건물 등의 점유·사용을 통하여 그 부지를 계속하여 점유·사용하고 있다고 인정되는 경우 부지 임료 상당액의 부당이득을 하고 있는 것으로 볼 수 있으므로 임대인은 차임 상당의 부당이득반환 청구 가능

(4) 임차인의 원상회복의무

임대인의 귀책사유로 임대차계약이 해지된 경우 임차인은 손해배상을 청구할 수 있으나 원상회복의무 부담

3. 임대인의 보존행위 인용의무

① 임대인이 임대물의 보존에 필요한 행위를 하는 경우 임차인은 거절 ✕
② 임차인의 의사에 반하는 임대인의 보존행위로 임차인이 임차목적을 달성할 수 없는 경우 임대차계약 해지 가능

Ⅴ 임차권의 양도와 전대

1. 임대인의 동의가 있는 경우

① 임차인이 임대인의 동의를 얻어 임차물을 전대한 경우 전차인은 직접 임대인에 대하여 의무 부담
② 임대인의 동의를 얻은 전대차계약의 내용을 변경하거나 차임을 감액하여 전차인이 임대인에 대하여 직접 부담하는 의무의 범위가 변경되는 경우 전차인은 변경된 전대차계약의 내용을 임대인에게 주장할 수 있음

2. 임대인의 동의가 없는 경우

(1) 동의없는 임차권의 양도 또는 전대

① 임차인이 임대인의 동의 없이 그 권리를 양도하거나 임차물을 전대한 경우 임대인은 임대차계약 해지 가능
② 임차인이 임대인의 동의를 받지 않고 제3자에게 임차권을 양도하거나 전대하여, 임차물을 사용·수익하게 한 경우 임차인에 대하여 여전히 차임청구권을 가지므로 제3자에게 차임상당 손해배상청구나 부당이득반환청구 ✕

(2) 동의없는 소부분의 전대

건물임차인이 임대인의 동의 없이 건물의 소부분을 전대한 경우 임대인은 임대차계약 해지 ✕

(3) 임대인의 동의없는 무단전대 사례

① 임대인은 소유권에 기한 물권적 청구권을 행사하여 전차인에게 전차목적물의 반환 청구 가능

② 동의없는 전대차가 이루어진 경우라고 하더라도 임대차계약을 해지하거나 임대차계약이 적법하게 종료되지 아니하는 한 차임청구권 상실 ×

③ 동의없는 전대차의 전차인에게 불법점유를 이유로 차임 상당의 부당이득 반환 청구 ×

④ 동의없는 전대차임을 이유로 임대차계약을 해지하지 아니하는 한 임대차계약은 여전히 유효 ○

⑤ 토지임차인이 임대인의 동의없이 임차목적물을 무단전대한 경우에는 전차인은 지상물매수청구권 행사 ×

(4) 임대인의 동의를 얻은 전대 사례

① 임대인의 동의를 얻지 아니한 전대차계약도 당사자 사이에서는 유효 ○

② 임대인의 동의를 얻어 전대차계약을 체결하였다면 그 후 임대차계약을 해지하더라도 전차인의 권리는 소멸 ×

③ 전대차가 임대인의 동의를 얻은 여부와 상관없이 임차물을 전대하여 그 임대차기간 및 전대차기간이 모두 만료된 경우 임대인으로서는 전차인에 대하여 소유권에 기한 반환청구권을 행사할 수 있고, 전차인으로서도 목적물을 임대인에게 직접 명도함으로써 임차인(전대인)에 대한 목적물명도의무를 면하게 됨

④ 임차인(전대인)의 채무불이행을 이유로 임대인이 임대차계약을 해지하고 전차인에게 목적물반환청구권을 행사한 경우 전차인은 전대인에 대한 보증금반환채권으로 임대인의 목적물반환청구에 대항 ×

⑤ 전차인이 임대인의 동의를 얻어 전대인으로부터 부속물을 매수하였다면, 전대차 종료 시에 임대인에게 부속물매수 청구 ○

Ⅵ 임대차보증금 및 권리금

보증금	보증금계약	임대차계약에서 보증금의 지급약정이 있는 경우 보증금의 수수는 임대차계약의 성립요건은 아니나, 임대차에 종된 계약으로서 보증금계약은 낙성계약이 아니라 요물계약임을 유의
	담보적 기능	• 임대차보증금반환채권을 양도한 후 통지나 승낙이 이루어진 경우 임대차목적물을 인도하기 전까지 연체차임 등 임차인의 모든 채무를 임대차보증금에서 당연히 공제 가능 • 임대인은 보증금반환채권에 대한 전부명령이 송달된 후에 연체차임이 발생한 경우 보증금반환채권은 임대인의 채권이 발생하는 것을 해제조건으로 하는 것이므로 연체차임을 보증금에서 공제 가능 • 임대차관계가 계속되고 있는 경우 임대차계약 종료 전 연체차임이 별도의 의사표시 없이 임대차보증금에서 당연히 공제 ×
권리금		원칙적으로 유형·무형의 재산적 가치의 양수 또는 약정기간 동안의 이용이 유효하게 이루어졌다면 임대인은 권리금의 반환의무 부담하지 아니하나, 임대인의 사정으로 임차권보장약정이 중도 해지됨으로써 약정기간 동안의 재산적 가치를 이용케 해주지 못하였다는 등의 특별한 사정이 있는 경우 임대인은 그가 받은 권리금의 반환의무 부담

임대차에 대한 기타 기출지문

1. 임대차에 있어서 강행규정과 임의규정의 구별

강행규정	토지임차인의 지상물매수청구권(민법 제643조), 임차인의 차임감액청구권(민법 제628조), 임대차기간의 약정이 없는 임차인의 해지통고(민법 제635조), 임차인의 차임연체로 인한 임대인의 해지권(민법 제640조)
임의규정	임차인의 비용상환청구권에 관한 규정(민법 제626조)

2. 지상시설 포기약정을 한 경우

토지임차인이 임대인과의 사이에 건물 기타 지상시설 일체를 포기하기로 약정을 한 경우 임차인에게 불리한 것으로서 민법 제652조에 의하여 무효 ○

▶ 임대차기간 만료 시에 임차인이 지상 건물을 철거하여 토지를 임대인에게 반환하기로 하는 약정을 한 경우 임차인에게 불리한 것으로서 무효 ○

▶ 임차인이 임차건물을 증·개축 기타 필요한 시설을 하되 임대인에게 그 투입비용의 변상을 포기하기로 특약을 한 경우 이는 임차인이 임차건물을 반환 시에 비용상환청구등 일체의 권리를 포기하는 대신 원상복구의무도 부담하지 아니한다는 내용의 약정으로 유효 ○

제7절 고 용

① 관행이나 사회통념에 비추어 노무의 제공에 보수를 수반하는 것이 보통인 경우, 보수에 관한 묵시적 합의가 있었다고 봄이 상당하므로 노무자는 보수청구 가능

② 고용된 기업으로부터 적을 옮겨 다른 기업의 업무에 종사하게 하는 전적은 근로자의 동의가 있어야 효력 발생

③ 고용기간이 있는 고용계약을 해지할 수 있는 부득이한 사유에는 고용계약상 의무의 중대한 위반이 있는 경우도 포함

I　의 의

당사자 일방인 수급인이 어느 일을 완성할 것을 약정하고 상대방인 도급인이 그 일의 결과에 대하여 보수를 지급할 것을 약정함으로써 성립하는 쌍무·유상·낙성·불요식계약

II　수급인의 의무

1. 일을 완성할 의무

이행보조자 또는 이행대행자를 사용하여 공사를 이행한 경우 도급계약의 불이행 ×

2. 완성물의 인도의무

3. 완성물의 소유권이전의무

4. 수급인의 담보책임

(1) 담보책임의 법적 성질

수급인의 하자담보책임은 무과실책임이므로, 민법 제580조 제1항 단서의 조항이 적용될 여지가 없는데 이는 동조항을 적용하게 되면 도급인이 선의·무과실일 경우에 한하여 수급인의 담보책임을 추궁할 수 있기 때문임

(2) 담보책임의 성립요건

일의 완성에 하자가 있어야 하나, 목적물의 하자가 도급인이 제공한 재료의 성질 또는 도급인의 지시에 기인하는 경우가 아니어야 하고, 수급인의 귀책사유는 불문

(3) 담보책임의 내용

1) 하자보수청구권

완성된 목적물 또는 완성 전의 성취된 부분에 하자가 있는 때에는 도급인은 수급인에 대하여 상당한 기간을 정하여 그 하자의 보수를 청구할 수 있음

2) 손해배상청구권

① 손해배상의 범위 : 도급인이 그가 분양한 아파트의 하자와 관련하여 구분소유자들로부터 손해배상청구를 당하여 손해배상금 및 지연손해금을 지급한 경우 지연손해금은 도급인이 자신의 채무의 이행을 지체함에 따라 발생한 것으로 수급인의 도급계약상의 채무불이행과 상당인과관계가 있는 손해 ×

② 완성된 목적물의 하자로 인한 손해배상청구

▶ 원칙적으로 하자보수나 보수에 갈음한 손해배상 청구(수리비용)

▶ 하자가 중요하면서 보수에 과다한 비용을 요할 경우 하자가 중요한 경우에는 비록 보수에 과다한 비용이 필요하더라도 보수에 갈음하는 비용, 즉 실제로 보수에 필요한 비용이 모두 손해배상에 포함(수리비용)

▶ 하자가 중요하지 아니하면서 보수에 과다한 비용을 요할 경우 하자로 인하여 입은 손해배상 청구(하자 없이 시공하였을 경우의 목적물의 교환가치와 하자가 있는 현재의 상태대로의 교환가치와의 차액)

③ 하자보수에 갈음하는 손해배상을 청구할 경우의 구체적 법률관계
  ㉠ 도급인이 하자보수에 갈음하여 손해배상을 청구하는 때에 수급인의 공사대금채권이 손해배상액을 초과하는 경우 손해배상액과 동시이행의 관계에 있는 공사대금채권은 도급인이 손해배상채무를 이행할 때까지 지급거절할 수 있으나, 손해배상액을 초과하는 공사대금채권은 지급 거절 ×
  ㉡ 하자보수에 갈음한 손해배상청구권은 보수청구권과 병존하여 처음부터 도급인에게 존재하는 권리이고, 하자가 발생하여 보수가 필요하게 된 시점에 성립
  ㉢ 완성된 목적물에 하자가 있어 수급인에게 하자보수에 갈음한 손해배상을 청구하는 경우 손해배상의 액수 즉 하자보수비는 목적물의 완성시가 아니라 손해배상 청구시를 기준으로 산정
  ㉣ 완성된 건물 등에 중대한 하자가 있고 건물 등이 무너질 위험성이 있어서 보수가 불가능하고 다시 건축할 수밖에 없는 경우 건물 등을 철거하고 다시 건축하는 데 드는 비용 상당액을 하자로 인한 손해배상으로 청구 가능
④ **하자담보책임과 채무불이행책임의 경합** : 액젓저장탱크의 제작도급계약에 의하여 완성된 저장탱크에 균열이 발생하여 액젓이 변질된 경우 수급인의 하자담보책임과 채무불이행책임이 경합적으로 인정
⑤ **지체상금의 발생 여부**
  ㉠ 수급인이 책임질 수 없는 사유로 인하여 공사가 지연된 경우 지체상금이 발생하지 아니하므로 그 기간만큼 지체상금에서 공제하게 되나, 단순 장마로 인하여 공사를 지체한 경우 지체상금이 발생(귀책사유 인정)
  ㉡ 지체상금 발생의 시기는 특별한 사정이 없는 한 약정 준공일이나, 그 종기는 도급인이 계약을 해제할 수 있었을 때(실제로 해제한 때가 아니고)부터 도급인이 다른 업자에게 의뢰하여 같은 건물을 완성할 수 있었던 시점까지로 제한
⑥ **지체상금의 적용 여부**
  ㉠ 지체상금약정은 수급인이 약정준공일보다 늦게 공사를 완료하거나 수급인의 귀책사유로 도급계약이 해제된 경우뿐 아니라 도급인의 귀책사유로 도급계약이 해제된 경우에도 적용
  ㉡ 지체상금약정은 수급인이 완공예정일을 지나서 공사를 완료하였을 경우에 손해배상의 예정을 약정한 것이므로, 예정된 준공기한 전에 도급계약이 해제되어 공사를 완료하지 아니한 경우에는 지체상금약정 적용 ×

3) 해제권
① 건물 기타 토지의 공작물이 완성된 목적물의 하자로 인하여 계약의 목적을 달성할 수 없는 경우 도급계약 해제 ×
② 건축공사도급계약이 수급인의 채무불이행을 이유로 중도해제되었다면 도급인이 지급하여야 할 미완성건물에 대한 보수는 수급인이 실제로 지출한 비용이 아니라 공사를 중단할 당시의 공사기성고비율에 의한 금액
  ▶ 건축공사가 상당한 정도로 진척되어 원상회복이 중대한 사회적, 경제적 손실을 초래하게 되고 완성된 부분이 도급인에게 이익이 되는 경우 수급인의 채무불이행을 이유로 한 도급인의 해제로 계약은 미완성부분에 대하여서만 실효되고 수급인은 해제한 때의 상태 그대로 건물을 도급인에게 인도하고 도급인은 완성부분에 상당한 보수 지급
③ 약정된 공사기한 내의 공사완공이 불가능하다는 것이 명백한 경우 도급인은 그 공사기한이 도래하기 전이라도 계약을 해제할 수 있으나, 수급인에 대하여 상당한 기간 내에 완공할 것을 최고하여야 하며, 예외적으로 수급인이 미리 이행하지 아니할 의사를 표시한 때에는 최고 없이도 계약 해제 가능

(4) 담보책임의 존속기간

수급인의 하자담보책임에 관한 제척기간은 재판상 또는 재판 외의 권리행사기간

(5) 담보책임의 면제

하자담보책임을 면제하는 약정이 있더라도 수급인이 사실을 알면서 고지하지 아니한 경우 그 책임이 면제 ×

(6) 동시이행항변권의 행사

① 기성고에 따라 공사대금을 분할하여 지급하기로 약정한 경우 하자보수의무와 동시이행관계에 있는 공사대금지급채무는 당해 하자가 발생한 부분의 기성공사대금에 한정 ×

② 도급인이 하자의 보수에 갈음하여 손해배상을 청구하는 경우 그 손해배상의 액에 상응하는 보수의 액에 관하여만 동시이행항변권을 행사하여 도급인 자신의 채무이행을 거절할 수 있을 뿐, 그 나머지 액의 보수에 관하여는 지급 거절 ×

③ 도급인이 파산 직전에 놓여 공사대금지급의무의 이행이 곤란한 현저한 사유가 있는 경우 수급인의 건물신축의무가 선이행의무일지라도 도급인으로부터 공사대금을 지급받을 때까지 공사진행 중단 가능

④ 도급인의 하자보수에 갈음하는 손해배상채권이 수급인의 공사대금채권과 동시이행의 관계에 있는 경우 도급인이 손해배상채권을 자동채권으로 하여 수급인의 별개의 자기에 대한 대여금채권을 수동채권으로 하는 상계 ×(동시이행의 항변권이 붙은 채권을 자동채권으로 하는 상계는 허용되지 아니한다는 취지)

Ⅲ 완성된 목적물의 소유권 귀속

당사자 간의 약정이 있는 경우	도급인 명의로 건축허가를 받아 소유권보존등기를 하기로 하는 등 완성된 건물의 소유권을 도급인에게 귀속시키기로 합의한 것으로 보일 경우 그 건물의 소유권은 도급인에게 원시적으로 귀속 － 수급인이 자기의 노력과 재료를 들여 건물을 완성하더라도 완성된 건물의 소유권을 도급인에게 귀속시키기로 합의한 것으로 보여질 경우 건물의 소유권은 도급인에게 원시적으로 귀속
당사자 간의 약정이 없는 경우	• 도급인이 자기의 노력과 재료를 들여 건물을 완성한 경우 건물의 소유권은 도급인에게 원시적으로 귀속 • 수급인이 재료의 전부 또는 주요부분을 제공한 경우 완성된 건물의 소유권은 수급인에게 귀속 • 건축주의 사정으로 건축공사가 중단되었던 미완성의 건물을 인도받아 나머지 공사를 마치고 완공한 경우 공사가 중단된 시점에서 사회통념상 독립한 건물이라고 볼 수 있는 형태와 구조를 갖추고 있었다면 원래의 건축주가 건물의 소유권을 원시취득

Ⅳ 도급인의 의무

보수지급의무	• 공사도급계약이 중도 해제되어 기성고에 따른 공사비를 정산해야 할 경우 특단의 사정이 없는 한 기성부분과 미시공부분에 실제로 소요되거나 소요될 공사비를 기초로 산출한 기성고비율을 약정공사비에 적용하여 공사비 산정 • 도급인이 인도받은 목적물에 하자가 있는 경우 하자의 보수나 하자의 보수에 갈음하는 손해배상을 청구하지 아니하고 막바로 보수지급 거절 ×
보수지급의무의 담보	수급인은 도급인에 대한 공사대금채권을 담보하기 위하여 저당권설정 청구를 할 수 있음 － 부동산공사 수급인의 저당권설정청구권은 공사대금채권의 양도에 따라 양수인에게 이전

Ⅴ 도급의 종료

1. 도급인의 임의해제

① 수급인이 일을 완성하기 전인 경우 도급인은 손해를 배상하고 계약 해제 가능(소급효가 배제되는 해지의 의미)

② 일의 완성 전 도급인의 일방적인 의사에 기해 도급계약을 해제하는 경우 도급인은 수급인에 대한 손해배상에 있어서 과실상계나 손해배상예정액 감액 주장 ×

2. 도급인의 파산과 해제

Ⅵ 제작물공급계약

제작물공급계약에서 그 제작물이 대체물인 경우에는 매매에 관한 규정, 부대체물인 경우 도급에 관한 규정이 적용

제9절 여행계약

Ⅰ 의 의

당사자 일방인 여행주최자가 상대방인 여행자에게 운송, 숙박, 관광 또는 그 밖의 여행 관련 용역을 결합하여 제공하기로 약정하고 여행자가 그 대금을 지급하기로 약정함으로 성립하는 쌍무·유상·낙성·불요식계약

Ⅱ 여행계약의 효력

여행자의 의무	여행대금의 지급에 대하여 당사자의 약정 및 관습이 없는 경우 여행자는 여행 종료 후에 지체 없이 지급
여행주최자의 담보책임	• 여행에 하자가 있는 경우 여행자는 여행주최자에게 하자의 시정 또는 대금의 감액을 청구할 수 있으나, 시정에 지나치게 많은 비용이 드는 경우 시정 청구 × • 여행계약이 중요한 하자로 해지되었다면 여행주최자는 대금청구권을 상실하지만, 여행자가 이미 실행된 여행으로 이익을 얻은 경우 여행주최자에게 상환 • 여행계약의 담보책임 존속기간 규정과 다른 합의가 있는 경우, 그 합의가 여행자에게 유리하다면 효력 ○

Ⅲ 여행계약의 종료

① 여행자가 여행을 시작하기 전인 경우 언제든지 여행계약을 해제할 수 있으나, 여행주최자에게 발생한 손해 배상 ○

② 예측할 수 없는 천재지변으로 여행주최자가 여행계약을 해지한 경우 여행주최자는 귀환운송의 의무를 지며 계약 해지로 발생한 추가비용은 그 해지사유가 어느 당사자의 사정에 속하는 경우에는 그 당사자가 부담하고, 누구의 사정에도 속하지 아니하는 경우에는 각 당사자가 절반씩 부담

I   의 의

① 당사자 일방인 위임인이 상대방인 수임인에 대하여 사무의 처리를 위탁하고, 수임인이 이를 승낙함으로써
  성립하는 편무·무상·낙성·불요식계약, 다만, 특약으로 유상으로 하는 경우에는 쌍무·유상계약
② 위임계약은 불요식 계약이므로, 위임장의 작성·교부는 위임계약의 성립요건 ×

II   위임의 효력

1. 수임인의 의무

(1) 위임사무처리의무

선량한 관리자의 주의의무	유·무상위임의 수임인은 선량한 관리자의 주의의무 부담
위임사무의 처리	• 위임인의 승낙이 있거나 부득이한 사유가 있는 경우 수임인은 제3자로 하여금 자기에 갈음하여 위임사무를 처리하게 할 수 있음 • 수임인이 위임인의 지명에 의하여 복수임인을 선임한 경우 그 부적임 또는 불성실함을 알고 위임인에게 대한 통지나 그 해임을 태만한 때가 아니면 책임 ×

(2) 부수의무

보고의무	수임인은 위임인의 청구가 있는 경우에는 위임사무의 처리상황을 보고하고 위임이 종료한 경우에는 지체 없이 그 전말을 보고하여야 함
취득물인도의무	• 수임인이 위임사무를 처리함에 있어 받은 대체물을 위임인에게 인도하여야 하는 경우 특정물과 같은 것으로 간주되는 그 대체물을 위임인에게 인도하여야 함 • 수임인이 위임사무의 처리로 인하여 받은 금전을 위임인에게 반환할 경우 반환할 금전의 범위도 위임종료 시를 기준으로 결정

2. 위임인의 의무

보수지급의무		수임인이 위임사무를 처리하는 중에 자기의 책임 없는 사유로 위임이 종료된 경우 이미 처리한 사무의 비율에 따른 보수청구 가능
기타의 의무	비용선급의무	위임사무의 처리에 비용을 요하는 경우 위임사무가 완료되지 아니하였다고 하더라도 위임인에게 그 비용의 선급청구 가능(유·무상위임 불문)
	필요비상환의무	수임인이 위임사무의 처리에 관하여 필요비를 지출한 경우 위임인에 대하여 지출한 날 이후의 이자청구 가능
	손해배상의무	수임인이 위임사무를 처리하기 위하여 과실 없이 손해를 입은 경우 위임인의 과실 유무와 관계없이 손해의 배상청구 가능

Ⅲ 위임의 종료

위임의 상호해지의 자유	위임계약은 각 당사자가 언제든지 해지할 수 있으나, 부득이한 사유 없이 상대방의 불리한 시기에 계약을 해지한 경우에는 손해 배상 – 위임인에게 불리한 시기에 부득이한 사유로 계약을 해지한 경우 수임인은 그 해지로 인해 위임인에게 발생한 손해배상 의무 ×
기타 종료사유	당사자 한쪽의 사망이나 파산, 수임인이 성년후견개시의 심판을 받은 경우에 종료하나, 위임인이 성년후견개시의 심판을 받은 경우는 위임의 종료사유 ×

Ⅳ 위임과 관련된 사례

① 변호사에게 보수에 관하여 명시적으로 약정하지 않은 경우 응분의 보수를 지급할 묵시의 약정이 있는 것으로 간주
② 경찰관의 긴급구호요청에 따라 치료행위를 한 경우 국가와 보건의료기관 사이에 치료위임계약이 체결된 것으로 간주 ×
③ 현재 수행하는 사무가 의뢰받은 사무와 밀접하게 연관되는 범위 안에 있으나, 별도의 위임이 없는 경우에도 변리사는 필요한 조치를 취하도록 의뢰인에게 설명하고 조언할 의무
④ 대변제청구권을 보전하기 위하여 수임인이 위임인의 채권을 대위행사하는 경우 위임인의 무자력 요건 ×

제12절 임 치

Ⅰ 의 의

당사자 일방인 임치임이 상대방인 수치인에게 금전이나 유가증권 기타 물건의 보관을 위탁하고 수치인이 이를 승낙함으로써 성립하는 편무·무상·낙성·불요식계약, 다만, 특약으로 유상으로 하는 경우에는 쌍무·유상계약

Ⅱ 임치의 효력

1. 수치인의 의무

임치물보관의무	수치인은 선량한 관리자의 의무로 임치물을 보관하여야 하나, 이는 유상수치인에 한하고 무상수치인은 자기의 재산과 동일한 주의로 보관하는 것으로 충분
부수의무	임치인에 대하여 권리를 주장하는 제3자가 수치인에 대하여 소를 제기하거나 압류한 경우에는 수치인은 지체 없이 그 사실을 임치인에게 통지하여야 함
임치물반환의무	임치가 종료하는 경우 수치인은 임치물 그 자체를 반환하여야 하며, 이는 임치물이 대체물인 경우에도 마찬가지이므로 임치물이 전부 멸실한 경우에는 임치물반환의무는 이행불능이 되는 것이며, 임치물이 대체물인 경우에도 그와 동종·동량의 물건으로 인도할 의무는 없음

2. 임치인의 의무

임치인의 보수지급의무(특약이 있는 경우)

Ⅲ 임치의 종료

기간의 약정있는 임치의 해지	임치기간의 약정이 있는 때에는 수치인은 부득이한 사유없이 그 기간만료 전에 계약을 해지하지 못하나, 임치인은 언제든지 계약해지 가능
기간의 약정없는 임치의 해지	임치기간의 약정이 없는 때에는 각 당사자는 언제든지 계약해지 가능

제13절 조 합

Ⅰ 의 의

2인 이상이 상호출자하여 공동사업을 경영할 것을 약정함으로써 성립하는 쌍무·유상·낙성·불요식계약(다수설)

Ⅱ 조합계약의 성립

1. 조합계약의 인정 여부

조합계약에
해당하는 사례
	• 2인이 상호 출자하여 부동산 임대사업을 하기로 약정하고 이를 위해 부동산을 취득한 경우 조합계약이
	성립하며 부동산은 전 조합원의 합유가 됨
	• 당사자들이 공동이행방식의 공동수급체를 구성하여 도급인으로부터 공사를 수급받는 경우
	
	   – 구성원들이 상인인, 공동수급체를 구성하는 수급인들이 공사도급계약에 따라 도급인에게 하자보수
	    이행의무를 부담하는 경우 하자보수의무는 구성원 전원의 상행위에 의하여 부담한 채무로서 연대하
	    여 이행할 의무 ○

조합계약에 해당하지 아니하는 사례	• 수인이 공동사업을 경영할 목적 없이 전매차익만을 얻기 위해 상호 협력한 경우 • 영리사업을 목적으로 하면서 당사자 중의 일부만이 이익을 분배받고 다른 자는 전혀 이익분배를 받지 않는 경우

2. 출자의무

금전을 출자의 목적으로 한 조합원이 출자시기를 지체한 경우 연체이자를 지급하는 외에 손해배상의무 부담

Ⅲ 조합의 법률관계

1. 조합의 대내관계(업무집행)

업무집행자의 선임	조합계약으로 업무집행자를 정하지 아니한 경우 조합원의 3분의 2 이상의 찬성으로써 선임
특별사무의 집행	• 조합의 업무집행은 조합원의 과반수로써 결정하고, 업무집행자 수인인 때에는 그 과반수로써 결정하게 되나 업무집행자가 1인만 있는 경우 조합재산의 처분·변경은 그 업무집행자가 단독으로 결정 • 동업자들이 공동으로 처리해야 할 업무를 동업자 중 1인에게 그 업무집행을 위임하여 처리하도록 한 경우 다른 동업자는 그 1인의 업무집행과정에서 발생한 불법행위에 대해 사용자책임 부담
통상사무의 집행	각 조합원 또는 각 업무집행자가 전행할 수 있으나 그 사무의 완료 전에 다른 조합원 또는 다른 업무집행자의 이의가 있는 때에는 즉시 중지하여야 함

2. 조합의 대외관계(조합대리)

① 대표조합원이 그 대표 자격을 밝히고 어음상의 서명을 하는 경우 조합의 대표 자격을 밝히기만 하면 유효한 것이며 전 조합원을 구체적으로 표시할 필요 ×

② 업무집행조합원을 두지 않아 조합원의 과반수가 조합명의로 제3자와 법률행위를 한 경우 그 법률행위의 효과는 전 조합원에게 귀속

③ 동업약정에 따라 공동으로 토지를 매수하여 소유권이전등기의 이행을 구하는 소를 제기하는 경우 고유필수적 공동소송이므로 단독으로 제기 ×

Ⅳ 조합의 재산관계

1. 조합원의 출자

조합원이 출자하기로 한 부동산이 조합재산으로 인정되려면 권리이전절차가 완료되어야 하며, 완료 전에는 제3자에게 조합재산으로 주장 ×

2. 조합재산

(1) 합유적 귀속

1) 보전처분 내지 강제집행의 가부

① 조합의 채권도 전 조합원에게 합유적으로 귀속하게 되므로 조합원 중 1인에 대한 채권자는 그 조합원 개인을 집행채무자로 하여 조합의 채권에 대하여 강제집행 ×

② 수급체의 조합원 중 1인만을 가압류채무자로 한 가압류명령이 있는 경우 조합재산에 가압류집행 ×

③ 조합재산을 구성하는 개개의 재산에 대한 합유지분은 압류 기타 강제집행의 대상 ×

④ 조합원의 지분에 대한 압류는 조합원의 장래의 이익배당 및 지분의 반환을 받을 권리에 대하여 효력 ○

2) 상계의 가부

조합의 채무자는 조합에 대하여 부담하는 채무와 조합원에 대한 채권을 상계 ×

3) 조합지분의 양도

조합원이 다른 조합원 전원의 동의하에 조합지분을 양도한 경우 조합원 지위의 변동은 조합지분의 양도양수에 관한 약정으로써 바로 효력 발생

▸ 다른 조합원의 동의 없이 각자 지분을 자유로이 양도할 수 있도록 조합원 상호 간에 약정하거나 사후적으로 지분 양도를 인정하는 합의를 하는 경우 유효 ○

▸ 2인이 동업하는 조합의 조합원 1인이 다른 조합원의 동의 없이 한 조합채권의 양도행위는 무효 ○

4) 손해배상청구의 가부

업무집행자로 선임된 조합원이 권한을 넘은 행위로 조합자금을 허비한 경우 다른 조합원은 조합관계를 벗어나 개인의 지위에서 손해배상 청구 ×

(2) 조합채무에 대한 책임

① 조합채권자가 그 채권발생 당시에 조합원의 손실부담의 비율을 알지 못한 경우 각 조합원에게 균분하여 그 권리 행사

② 조합원 중에 변제할 자력 없는 자가 있는 경우 변제할 수 없는 부분은 다른 조합원이 균분하여 변제할 책임

3. 손익분배

(1) 손익분배의 비율

① 조합계약의 당사자가 손익분배의 비율을 정하지 아니한 경우 각 조합원의 출자가액에 비례하여 결정

② 공동수급체와 도급인이 공사도급계약에서 발생한 채권과 관련하여 개별 구성원으로 하여금 지분비율에 따라 직접 도급인에 대하여 권리를 취득하게 하는 약정을 하는 경우 공사도급계약과 관련하여 도급인에 대하여 가지는 채권이 공동수급체 구성원 각자에게 지분비율에 따라 구분하여 귀속 가능

(2) 출자의무의 불이행

1) 동시이행항변권의 행사 가부

업무집행조합원이 아직 자신이 출자의무를 이행하지 않은 상태에서 다른 조합원에게 출자의무의 이행을 청구한 경우 다른 조합원은 동시이행의 항변권 행사 ×

2) 조합계약 해제의 가부

동업계약과 같은 조합계약에서 일부 조합원이 출자의무를 전혀 이행하지 않은 경우 다른 조합원들은 조합의 해산청구를 하거나 탈퇴를 하거나 또는 제명할 수 있을 뿐, 조합계약을 해제 또는 해지하고 출자의무 미이행 조합원에게 원상회복 의무를 부담시키는 것은 ×

3) 이익분배청구권과의 관계

① 공동수급체의 구성원 중 1인이 그 출자의무를 불이행한 경우 출자의무의 불이행을 이유로 이익분배 자체를 거부하거나, 지급할 이익분배금에서 출자금이나 연체이자 공제 ×

② '출자의무와 이익분배를 직접 연계시키는 특약'을 하는 것은 계약자유의 원칙상 허용되므로 출자의무를 이행한 경우에 한하여 이익분배를 받을 수 있다고 약정하거나 출자의무의 불이행 정도에 따라 이익분배금을 전부 또는 일부 삭감하기로 약정하는 것은 가능

③ 구성원에 대한 공동수급체의 출자금 채권과 공동수급체에 대한 구성원의 이익분배청구권이 상계적상에 있으면 상계 가능

Ⅴ 조합의 탈퇴

조합원의 탈퇴	임의탈퇴	• 업무집행조합원이 정하여져 있더라도 임의탈퇴는 전원에 대한 의사표시로 하여야 함 • 2인으로 구성된 조합에서 한 사람이 탈퇴하는 경우 조합관계는 종료되나 해산이나 청산이 되지 않고, 합유에 속한 조합재산은 남은 조합원의 단독소유가 되어 탈퇴로 인한 계산 필요 • 조합원이 부동산 사용권을 존속기한을 정하지 않고 출자하였다가 탈퇴한 경우 탈퇴 시 부동산 사용권이 소멸한다고 볼 수는 없고, 그러한 사용권은 공동사업을 유지할 수 있도록 일정한 기간 동안 존속
	지분계산	• 탈퇴한 조합원의 지분은 출자의 종류 여하에 불구하고 금전으로 반환 가능 • 조합원이 탈퇴하는 경우의 지분의 계산은 잔존조합원은 탈퇴조합원의 출자가액에 비례하여 산정한 지분비율에 따라 탈퇴 당시의 조합재산 중 일정액을 탈퇴조합원의 지분으로 하여 그에 해당하는 금액을 금전으로 반환
조합원의 제명		조합원의 제명은 정당한 사유가 있는 때에 한하여 다른 조합원의 일치로써 이를 결정할 수 있고, 제명결정은 제명된 조합원에게 통지하지 않으면 대항 ×
조합원지위의 승계		조합원이 사망한 경우 조합의 지위를 승계하기로 약정하였다는 특별한 사정이 없는 한 조합원의 지위는 상속인에게 승계 ×

Ⅵ 조합의 해산과 청산

해산과 청산에 대한 규정	조합의 해산사유와 청산에 관한 규정과 다른 내용의 특약을 한 경우 강행규정이 아니므로 그 특약은 유효
조합의 해산	조합의 목적달성이 매우 곤란하다고 인정되는 객관적인 사정이 있거나 조합원 간의 신뢰관계가 파괴됨으로써 조합업무의 원활한 운영을 기대할 수 없는 경우 조합해산 청구 가능
잔여재산의 분배청구	• 해산결의 이후 조합원의 자동제명사유가 발생한 경우 그 조합원은 출자지분에 비례한 잔여재산분배 청구 가능 • 조합관계가 종료되었지만 조합의 잔무로서 처리할 일이 없고, 다만 잔여재산의 분배만이 남아 있을 경우 청산절차를 밟을 필요가 없이 각 조합원은 자신의 잔여재산분배 비율을 초과하여 잔여재산을 보유하고 있는 조합원에 대하여 바로 잔여재산의 분배 청구 가능

제14절 종신정기금

제15절 화 해

I 화해의 의의와 요건

의 의	당사자들이 서로 양보하여 그들 사이의 다툼을 끝낼 것을 약정함으로써 성립하는 쌍무·유상·낙성·불요식 계약을 의미하며, 채권자와 채무자 간의 잔존채무액의 계산행위는 특별한 사정이 없는 한 화해계약 ×
요 건	당사자가 임의로 처분할 수 없는 법률관계는 화해계약의 대상 ×

II 화해의 효과

기본적 효과		화해계약이 성립된 경우 화해계약에 의하여 새로운 법률관계가 발생, 즉 화해계약으로 당사자 일방이 양보할 권리가 소멸되고 상대방이 화해로 인하여 그 권리를 취득하는 효력 ○
화해계약의 취소	착오취소가 가능한 사례	• 화해당사자의 자격 또는 화해의 목적인 분쟁 이외의 사항에 착오가 있는 경우 착오취소 가능 • 환자가 의료과실로 사망한 것으로 전제하고 의사가 손해배상금을 지급하기로 하는 합의가 이루어졌으나 사인(死因)이 진료와는 관련이 없는 것으로 판명된 경우 합의는 그 목적이 아닌 망인의 사인에 관한 착오로 이루어진 화해이므로 착오취소 가능
	사기취소가 가능한 사례	화해의 목적인 분쟁에 관한 사항에 착오가 있는 경우 사기취소 가능
화해의 효력범위		교통사고 피해자 본인이 가해자와 손해배상에 관하여 합의한 경우 그 화해의 효력은 피해자의 부모들이 가지는 위자료청구권에 영향 ×

□ 매매의 일방예약이 행해진 경우, 예약완결권자가 상대방에게 (❶   )를 표시하면 매매의 효력이 생긴다.

❶ 매매를 완결할 의사

□ 수임인은 위임의 본지에 따라 (❷   )로써 위임사무를 처리하여야 한다. 이는 위임계약이 유상이든 무상이든 관계없이 수임인이 언제나 부담하는 기본채무이다.

❷ 선량한 관리자의 주의

□ 민법 제673조에 따라 수급인이 일을 완성하기 전에 도급인이 손해를 배상하고 도급계약을 해제하는 경우, 도급인은 특별한 사정이 없는 한 그 손해배상과 관련하여 수급인의 부주의를 이유로 (❸   )를 주장할 수 없다.

❸ 과실상계

□ 여행에 (❹   )로 인해 여행계약이 중도에 해지된 경우, 여행자는 실행된 여행으로 얻은 이익을 여행주최자에게 상환하여야 한다.

❹ 중대한 하자

□ 임대차기간의 약정이 없는 때에는 당사자는 언제든지 계약해지의 통고를 할 수 있다. 상대방이 통고를 받은 날로부터 토지, 건물 기타 공작물에 대하여는 임대인이 해지를 통고한 경우에는 (❺   ), 임차인이 해지를 통고한 경우에는 1월의 기간이 경과하면 해지의 효력이 생긴다.

❺ 6월

□ 조합계약으로 (❻   )를 정하지 아니한 경우에는 조합원의 3분의 2 이상의 찬성으로써 이를 선임한다.

❻ 업무집행자

□ 매매예약의 완결권은 일종의 형성권으로서 당사자 사이에 행사기간을 약정한 때에는 그 기간 내에, 약정이 없는 때에는 예약이 성립한 때부터 (❼   )에 이를 행사하여야 하고, 그 기간이 지난 때에는 예약완결권은 제척기간의 경과로 소멸한다.

❼ 10년 내

□ 도급인이 완성된 목적물의 하자로 인하여 계약의 목적을 달성할 수 없는 때에는 계약을 해제할 수 있다. 그러나 (❽   )에 대하여는 그러하지 아니하다.

❽ 건물 기타 토지의 공작물

□ 화해계약은 착오를 이유로 하여 취소하지 못한다. 그러나 화해당사자의 자격 또는 화해의 목적인 (❾   )가 있는 때에는 그러하지 아니하다.

❾ 분쟁 이외의 사항에 착오

□ 경매목적물에 (❿   )가 있는 경우 하자담보책임은 발생하지 않는다.

❿ 물건의 하자

CHAPTER 03 법정채권관계

제1절 사무관리

I 의의

법률상 의무없이 타인을 위하여 그의 사무를 처리하는 행위를 의미

II 사무관리의 성립요건

타인의 사무관리	사무는 사람의 생활에서 재산적 이익을 부여하는 모든 행위를, 관리란 일의 처리를 말하며, 타인은 관리자 외의 자로 사무관리의 이익이 귀속되는 자를 의미
타인을 위하여 하는 의사(사무관리의사)가 존재할 것	• 타인을 위한 의사(관리의사)와 자기를 위한 의사가 병존하는 경우에도 사무관리는 성립하나, 사무를 처리한 자에게 타인을 위하여 처리한다는 관리의사가 없는 경우 사무관리 성립 × • 타인을 위하여 사무를 처리하는 의사는 외부적으로 표시될 필요가 없으며, 사무를 관리할 당시에 확정되어 있을 필요 ×
법률상의 의무가 없을 것	제3자와의 약정에 따라 타인의 사무를 처리한 경우 의무 없이 타인의 사무를 처리한 것이 아니므로 그 타인과의 관계에서는 사무관리 ×
본인에게 불리하거나 본인의 의사에 반한다는 것이 명백하지 않을 것	처음부터 본인의 의사에 반하는 것이 명백한 경우에는 사무관리는 성립하지 아니하며, 본인 자신이 직접 관리하겠다는 의사가 외부적으로 명백히 표현된 경우에도 사무관리는 더 이상 성립 ×

III 사무관리의 효과

1. 일반적 효과

사무관리가 인정되면 위법한 행위로 인정되지 아니함

2. 관리자의 주의의무 및 손해배상책임

과실책임의 원칙	관리자는 본인에 대하여 선관주의의무를 부담하며, 이를 위반한 경우에는 손해배상책임 부담
무과실의 손해배상책임	관리자는 그 사무의 성질에 좇아 가장 본인에게 이익되는 방법으로 이를 관리하여야 하고, 관리자가 본인의 의사를 알거나 알 수 있는 경우에는 사무의 성질이 아니라 그 의사에 적합하도록 관리하여야 하나, 이에 위반하는 경우에는 과실없는 때에도 손해배상책임 부담
중과실의 손해배상책임	관리자가 타인의 생명, 신체, 명예, 재산에 대한 급박한 위해를 면하게 하기 위하여 사무를 관리한 경우 고의나 중대한 과실이 없으면 이로 인한 손해배상 책임 ×

3. 관리자의 의무

통지의무	관리자가 관리를 개시한 경우 지체 없이 본인에게 통지하여야 하지만, 본인이 이미 이를 안 때에는 통지의무 ×
보고의무	본인의 청구가 있는 경우에 사무처리의 상황을 보고하여야 하며, 사무처리가 종료된 경우에는 지체 없이 그 전말을 보고하여야 함
금전소비시 이자와 손해배상책임	관리인이 본인에게 인도할 금전을 자기를 위하여 소비한 경우 소비한 날 이후의 이자뿐만 아니라 그에 따른 손해까지 배상해야 함

4. 본인의 의무

(1) 비용상환의무

① 관리자가 본인을 위하여 필요비 또는 유익비를 지출했거나 필요 또는 유익한 채무를 부담한 경우에는 본인의 이득 여하에 관계없이 부당이득 반환의 성질을 가지는 비용상환의무, 채무대변제의무, 담보제공의무 부담

▶ 관리자가 본인을 위하여 필요 또는 유익한 채무를 부담한 경우 본인에게 자기에 갈음하여 이를 변제하게 할 수 있고 그 채무가 변제기에 있지 아니한 때에는 상당한 담보를 제공하게 할 수 있음

② 사무처리의 긴급성 등으로 국가의 사무에 대하여 사인의 개입이 정당화되는 경우 국가의 사무를 처리하면서 지출한 필요비나 유익비상환 청구 가능

③ 관리자가 본인의 의사에 반하는 관리행위로 인하여 필요비 또는 유익비를 지출한 경우 본인의 현존이익의 한도에서 상환의무 부담

④ 의무 없이 타인을 위하여 사무를 관리한 경우 타인에 대하여 사무관리규정에 따라 비용상환 등을 청구할 수 있는 외에 사무관리에 의하여 사실상 이익을 얻은 다른 제3자에 대하여 직접 부당이득반환 청구 ×

(2) 손해보상의무

관리자가 사무관리를 하면서 과실 없이 손해를 입은 경우 본인의 현존이익의 한도 내에서 그 손해보상의무 부담

(3) 보수지급의무

의무 없이 타인을 위하여 사무를 관리한 경우 본인의 보수지급의무는 인정 ×

제2절 부당이득

Ⅰ 부당이득의 의의

채무를 이중으로 변제받거나 타인의 물건이 부합하는 경우와 같이 법률상 원인 없이 타인의 재산이나 노무로 인하여 얻은 이득을 의미

Ⅱ 부당이득의 요건

1. 타인의 재산 또는 노무로 인한 이득의 취득

(1) 이익의 취득

부당이득반환청구권의 요건인 수익자의 이득은 실질적으로 귀속된 이득을 의미

(2) 부당이득의 취득의 인정 여부에 사례

부당이득의 취득 ○	• 소유권과 같은 물권의 취득뿐만 아니라 채권의 취득도 부당이득에 해당 • 어업권자가 강행규정인 수산업법에 위반하여 어업권을 임대한 경우 임차인을 상대로 차임의 지급을 청구할 수는 없지만 어장을 점유 · 사용함으로써 얻은 이익을 부당이득반환 청구 가능 • 타인 소유의 토지 위에 권한 없이 건물을 소유하고 있으나, 사용 · 수익하지 않은 경우 　－ 토지소유자에게 토지의 차임에 상당하는 부당이득반환의무 부담 　－ 건물소유자가 미등기건물의 원시취득자로서 그 건물에 관하여 사실상의 처분권을 보유하게 된 양수인이 따로 존재하는 경우에도 같은 법리 적용
부당이득의 취득 ×	• 임차인이 임대차계약 종료 이후에도 동시이행의 항변권을 행사하여 임차건물을 계속 점유하기는 하였으나 실질적인 이득을 얻지 못한 경우 부당이득반환의무 × 　－ 임대차계약이 합의해지된 후, 임차인이 임차목적물을 계속 점유하였으나, 이를 사용 · 수익하지 않은 경우 임대인은 차임 상당액의 부당이득반환 청구 × 　－ 임차인이 동시이행의 항변권에 기하여 임차목적물을 점유하고 사용 · 수익한 경우 손해배상책임은 지지 아니하나, 사용 · 수익으로 인하여 실질적으로 얻은 이익이 있으면 부당이득으로서 반환 • 타인의 토지를 권원 없이 점유하여 나무를 심어 키운 후 처분한 경우 그 점유자는 토지의 차임 상당액과는 별도로 나무의 처분대금까지 부당이득으로 반환 × • 송금의뢰인이 수취인의 예금구좌에 계좌이체를 한 경우 수취인이 계좌이체금액 상당의 예금채권을 취득하게 되므로 수취인에 대하여 이체된 금액 상당의 부당이득반환청구권을 가지게 되지만, 수취은행에 대하여는 부당이득반환청구권 취득 ×

2. 손해의 발생

법률상 원인 없는 이득이 있다 하더라도 그로 인하여 타인에게 손해가 발생하지 아니한 경우 그 타인은 부당이득반환청구 ✕

3. 이득과 손해 사이에 인과관계가 있을 것

① 계약의 한쪽 당사자가 상대방의 지시 등으로 급부과정을 단축하여 상대방과 또 다른 계약관계를 맺고 있는 제3자에게 직접 급부를 하는 경우(삼각관계에서 급부가 이루어진 경우) 제3자가 아니라 계약의 다른 상대방에게 청구하여야 함

▶ 계약의 한쪽 당사자가 상대방의 지시 등으로 급부과정을 단축하여 상대방과 또 다른 계약관계를 맺고 있는 제3자에게 직접 급부를 하는 경우 계약의 한쪽 당사자가 상대방에게 급부를 한 원인관계인 법률관계에 무효 등의 흠이 있거나 계약이 해제되었다는 이유로 제3자에게 직접 부당이득반환청구 ✕

② 유효한 도급계약에 기하여 수급인이 도급인으로부터 제3자 소유 물건의 점유를 이전받아 수리한 결과 그 물건의 가치가 증가한 경우 수급인은 제3자에 대해 부당이득반환 청구 ✕

4. 법률상 원인이 없을 것

매수인의 점유권한 인정	토지의 매수인이 아직 소유권이전등기를 마치지 않았으나 인도받아 점유·사용하는 경우 점유·사용에 대한 부당이득반환청구 ✕
횡령한 금전에 의한 변제	채무자가 피해자에게서 횡령한 금전을 자신의 채권자에 대한 채무변제에 사용하는 경우 – 채권자가 금전이 횡령한 것이라는 사실에 대하여 악의 또는 중대한 과실이 없는 한 법률상 원인이 있는 것 – 채무자가 횡령한 돈을 제3자에게 증여한 경우에도 같은 법리 적용
타인 소유건물의 점유	법률상 원인 없이 타인 소유의 건물을 점유하여 거주하는 경우 건물의 차임상당액을 부당이득으로 반환할 의무
의사표시의 취소권의 소멸	하자 있는 의사표시에 터 잡아 돈을 교부하였으나, 그 의사표시의 취소권이 소멸한 경우 부당이득반환청구권 행사 ✕

III 부당이득의 효과

1. 부당이득의 반환의무

① 수익자가 법률상 원인 없이 이득한 재산을 처분함으로 인하여 원물반환이 불가능한 경우 반환하여야 할 가액은 그 처분 당시의 대가

② 부당이득반환의무는 수익자에게 고의 또는 과실이 있는 경우에만 인정되는 것은 아님

2. 부당이득반환의 범위

선의의 수익자의 반환범위	• 선의의 수익자가 패소한 경우 그 소를 제기한 때부터 악의의 수익자로 간주 • 수익자가 이익을 받은 후 법률상 원인없음을 안 경우 그때부터 악의의 수익자로서 이익반환의 책임 • 부당이득으로 취득한 금전은 취득자의 소비 여부를 불문하고 현존하는 것으로 추정 • 부동산을 매도하고 목적물을 인도하지 않은 상태에서 매수인으로부터 중도금까지 받았으나 매매계약이 처음부터 무효인 경우 매도인이 선의라면 그 받은 이익이 현존한 한도에서 부당이득반환책임
악의의 수익자의 반환범위	• 악의의 수익자가 부당이득반환을 하는 경우 '악의'란 자신의 이익 보유가 법률상 원인 없는 것임을 인식하는 것을 말하고, 부당이득반환의무의 발생요건에 해당하는 사실이 있음을 인식하는 것만으로는 부족 • 매매계약이 무효로 되는 때에 매도인이 악의의 수익자인 경우 반환할 매매대금에 붙인 법정이자는 부당이득반환의 성질

3. 부당이득반환의 범위와 관련된 사례

부당이득반환청구권과 불법행위로 인한 손해배상청구권 중 어느 하나에 관한 소를 제기하여 승소 확정판결을 받았으나 채권의 만족을 얻지 못한 경우, 나머지 청구권에 관한 소를 제기할 수 있으나, 손해배상청구의 소를 먼저 제기하는 바람에 과실상계에 기한 책임 제한에 따라 그 승소액이 제한된 경우 인정받지 못한 부분에 대한 부당이득반환청구권의 행사 허용

IV 특수한 부당이득

1. 비채변제

(1) 비채변제의 유형

악의의 비채변제	채무자가 채무 없음을 알고 임의로 변제한 경우에는 반환청구할 수 없으나, 악의의 비채변제라도 변제를 강제당한 경우나 변제 거절로 인한 사실상의 손해를 피하기 위하여 부득이 변제하게 된 경우 반환청구 가능
도의관념에 적합한 비채변제	채무 없는 자가 착오로 변제하였으나 도의관념에 적합한 경우 반환 청구 ×

(2) 비채변제의 증명책임과 적용범위

증명책임	비채변제를 원인으로 부당이득반환을 청구하는 경우 채무가 존재하지 아니한 사실은 부당이득반환을 청구하는 자에게 증명책임
적용범위	• 채무 없음을 알지 못하고 변제한 경우 과실 유무를 불문하고 비채변제에 관한 규정(민법 제742조) 적용 × • 납세의무자와 과세관청 사이의 조세법률관계에서 발생한 부당이득에는 비채변제의 규정이 적용 × • 위탁교육 후의 의무재직기간 근무불이행시 급여를 반환하도록 한 약정에 따라 근로자가 연수시간 중 지급받은 급여 일부를 반환한 경우 그 급여반환은 비채변제 ×, 도의관념에 적합한 비채변제 ×

2. 타인의 채무의 변제

채무자 아닌 자가 착오로 인하여 타인의 채무를 변제한 경우 채권자가 선의로 증서를 훼멸하거나 담보를 포기하거나 시효로 인하여 그 채권을 잃은 때에는 변제자는 그 반환청구 ×

3. 변제기 전의 변제

변제기에 있지 아니한 채무를 변제한 때에는 그 반환을 청구하지 못하나, 채무자가 착오로 인하여 변제한 경우 채권자는 이로 인하여 얻은 이익을 반환해야 함

4. 불법원인급여

(1) 의 의

민법 제746조는 법이 불법에 조력할 수 없다는 취지로, 민법 제103조와 표리일체를 이루어 사법의 이상을 실현하고자 하는 규정

(2) 성립요건

불 법	• 불법은 강행법규위반이 아니라, 선량한 풍속 및 사회질서의 위반을 의미 • 무효인 명의신탁약정에 따라 명의수탁자 명의로 등기를 한 경우 불법원인급여 ×
급여의 원인이 불법일 것	불법원인급여로 인해 반환을 청구하지 못하는 이익은 종국적인 것을 의미하므로 도박자금으로 금원을 대여함으로 발생한 채권을 담보하기 위한 근저당권설정등기가 경료되었을 뿐인 경우 불법원인급여로 인한 이익이 종국적인 것은 아니기 때문에 등기설정자는 무효인 근저당권설정등기의 말소 청구 가능
불법의 원인이 급여자에게도 있을 것	• 불법의 원인이 수익자에게만 있는 경우에는 급여한 것을 반환청구할 수 있으므로 반환청구가 부정되는 경우는 불법의 원인이 급여자에게만 있는 경우 또는 급여자와 수익자 모두에게 있는 경우를 의미 • 수익자의 불법성이 급여자의 그것보다 현저히 큰 데 반하여 급여자의 불법성은 미약한 경우 급여자의 반환청구 허용

(3) 효 과

성매매의 유인·강요의 수단으로 이용되는 선불금 등으로 제공한 금품은 불법원인급여에 해당하여 반환 청구 ×

(4) 불법원인급여의 반환약정

불법원인급여 후 급부를 이행받은 자가 급부의 원인행위와 별도의 약정으로 급부 그 자체 또는 그에 갈음한 대가물의 반환을 특약하는 경우

▶ 반환약정 자체가 사회질서에 반하여 무효가 되지 않는 한 유효 ○
▶ 반환약정이 사회질서에 반하여 무효라는 점은 수익자가 증명하여야 함

I 서 설

1. 불법행위의 의의

고의 또는 과실로 위법하게 타인에게 손해를 가하는 행위를 의미

2. 불법행위책임과 계약책임

공통점		• 채무자 또는 가해자에게 귀책사유가 있어야 한다는 점 • 과실상계 적용 • 통상의 손해를 그 한도로 한다는 점 • 손해배상자의 대위가 인정
차이점	증명책임	불법행위책임에서는 손해를 입은 피해자가 가해자의 귀책사유를 증명하여야 하나, 계약책임에서는 채무자가 자신에게 귀책사유가 없음을 적극적으로 증명하여야 함
	소멸시효	손해배상채권의 소멸시효(채무불이행으로 인한 경우는 원칙적으로 채무불이행시부터 10년, 불법행위로 인한 경우는 피해자나 그 법정대리인이 그 손해 및 가해자를 안 날로부터 3년, 불법행위를 한 날로부터 10년)
	양자의 관계	불법행위의 당사자 사이에 계약관계가 있고 가해사실이 계약과 관련을 가지는 경우에 불법행위책임과 계약책임에 의한 청구권은 요건과 효과가 각각 다른 별개의 청구권이므로 경합(청구권 경합설)

II 일반불법행위의 성립요건

성립요건의 개관		고의·과실, 위법성, 책임능력, 손해의 발생, 가해행위와 손해발생 사이의 인과관계
위법성의 구체적 검토		• 법적 작위의무(고지의무)가 객관적으로 인정된다면 의무자가 그 작위의무의 존재를 인식하지 못한 경우에도 위법성 인정 • 가해행위의 위법성이 인정되어야 불법행위가 성립하나, 타인의 불법행위에 대하여 자기 또는 제3자의 이익을 방위하기 위하여 부득이 타인에게 손해를 가한 경우이거나, 급박한 위난을 피하기 위해 부득이 타인에게 손해를 가한 경우에는 손배상책임 ✕ • 자신의 과실로 위난이 초래된 자초위난의 경우에는 손해배상책임 ○ • 금전을 대여한 채권자가 고의 또는 과실로 이자제한법을 위반하여 최고이자율을 초과하는 이자를 받아 채무자에게 손해를 입힌 경우 손해배상책임 ○
책임능력의 구체적 검토	책임능력의 의의	책임능력이란 자기행위의 책임을 인식할 수 있는 능력을 의미하며, 일반인에게는 구비되어 있는 것이 보통이므로 가해자 측에서 책임을 면하려면 책임무능력의 사실을 증명하여야 함
	심신상실자의 책임능력	심신상실 중에 타인에게 손해를 가한 자는 배상의 책임이 없으나, 고의 또는 과실로 인하여 심신상실을 초래한 때에는 불법행위책임 부담

Ⅲ 특수한 불법행위

1. 책임무능력자의 감독자책임

감독자의 책임 요건	책임능력 없는 미성년자를 감독할 법정의무자는 감독의무자 자신이 감독의무를 해태하지 아니하였음을 증명하지 아니하는 한 책임 부담
책임능력 있는 미성년자의 불법행위와 감독자책임	책임능력이 있는 미성년자가 불법행위책임을 지는 때에 그 손해가 미성년자의 감독의무의 의무 위반과 상당인과관계가 있는 경우 감독의무자도 일반불법행위책임 부담

2. 사용자책임

(1) 의 의

타인을 사용하여 어느 사무에 종사하게 한 사람이 사무집행에 관하여 피용자가 타인에게 가한 손해를 배상하는 책임

(2) 요 건

1) 어느 사무에 종사시키기 위해 타인을 사용할 것

사용자책임의 사용관계는 사용자가 피용자를 실질적으로 지휘·감독하는 관계에 있어야 하나, 명의대여관계에서의 사용자책임의 사용관계는 실제적으로 지휘·감독을 하였느냐의 여부에 관계없이 객관적으로 지휘·감독을 하여야 할 관계에 있는지 여부에 따라 결정

2) 피용자가 사무집행에 관하여 제3자에게 손해를 주었을 것

피용자의 불법행위가 외형상 객관적으로 사용자의 사무집행행위로 보일 경우 행위자의 주관적 사정을 고려함이 없이 사무집행에 관하여 한 행위로 간주

3) 피용자의 불법행위책임

4) 사용자가 면책사유를 증명하지 못하였을 것

사용자가 피용자의 선임 및 그 사무감독에 상당한 주의를 한 경우 또는 상당한 주의를 하여도 손해가 발생할 경우에는 배상책임을 면함

(3) 배상책임

배상범위	피용자의 불법행위에 기한 손해배상채무가 시효로 인해 소멸한 경우 그것에 의해 사용자책임에 기한 손해배상채무까지 소멸 ×
과실상계	사용자에게 사용자책임이 인정되나, 피해자에게 과실이 있는 경우에는 사용자는 과실상계 주장 가능 – 사용관계에 있는 피용자가 고의로 불법행위를 한 경우 피용자는 신의칙상 과실상계를 주장할 수 없으나, 사용자는 특별한 사정이 없는 한 과실상계를 주장 가능 – 피용자의 고의에 의한 불법행위로 인하여 사용자책임을 부담하는 사용자의 책임의 범위를 정하는 경우 피해자의 과실을 고려하여 책임제한 가능

(4) 구상관계

① 피용자와 부진정연대무를 부담하는 사용자가 피해자에게 배상한 경우 피용자에 대하여 구상권 행사 가능

② 피용자와 공동불법행위를 한 제3자가 있어 이들과 부진정연대채무관계에 있는 사용자가 피해자에게 손해 전부를 배상한 경우 사용자는 제3자의 부담부분에 한하여 구상권 행사 가능

③ 사용자가 피용자의 불법행위로 인하여 직접 손해를 입었거나 피해자인 제3자에게 사용자로서의 손해배상 책임을 부담한 결과로 손해를 입게 된 경우 신의칙상 상당하다고 인정되는 한도 내에서만 피용자에 대하여 손해배상을 청구하거나 구상권 행사 가능

(5) 사용자책임 인정 여부에 대한 사례

1) 사용자책임이 인정되는 사례

① 도급인이 수급인에 대하여 특정한 행위를 지휘하거나 특정한 사업을 도급시키는 노무도급의 경우
  - ▶ 도급인이 수급인의 일의 진행 및 방법에 관하여 구체적인 지휘·감독권을 유보한 경우(도급인은 수급인이나 수급인의 피용자의 불법행위에 대한 사용자책임)
  - ▶ 수급인이 도급받은 일에 관하여 제3자에게 손해를 가한 경우 도급인에게 도급 또는 지시에 관하여 중대한 과실이 인정된다면 도급인은 제3자에게 손해배상 책임

② 고용계약이 무효이더라도 사실상의 지휘·감독관계가 인정되는 경우

③ 행위자의 주관과는 무관하게 행위의 외형상 객관적으로 사무집행행위와 관련이 있다고 보이는 경우

④ 피용자가 고의에 기하여 다른 사람에게 가해행위를 한 경우(외형적, 객관적으로 사용자의 사무집행행위와 관련된 것이라고 보인다면 사용자책임)

⑤ 책임무능력자의 가해행위에 관하여 그 대리감독자에게 고의 또는 과실이 인정됨으로써 별도로 불법행위의 일반요건을 충족한 경우(대리감독자의 사용자 또는 사용자에 갈음한 감독자는 사용자책임)

⑥ 어떤 사업에 관하여 명의사용을 허락받은 자가 그 사업에 관하여 고의 또는 과실로 다른 사람에게 손해를 가한 경우(명의사용을 허락한 사람은 사용자책임)

⑦ 지입차량의 차주가 고용한 운전자의 과실로 인한 불법행위로 인해 타인에게 손해가 발생한 경우(지입회사의 사용자책임)

⑧ 파견사업주는 파견근로자에 대한 사용관계가 인정되면 파견근로자의 사용자책임이 인정되나, 파견근로자가 사용사업주의 구체적인 지시·감독을 받아 사용사업주의 업무를 행하던 중에 불법행위를 한 경우에 파견사업주가 파견근로자의 선발 및 일반적 지휘·감독권의 행사에 있어서 주의를 다하였다고 인정되는 때에는 면책

2) 사용자책임이 인정되지 아니하는 사례

① 퇴직 이후 피용자가 사무집행과 관련하여 제3자에게 손해를 가한 경우

② 피용자의 행위가 사용자의 사무집행행위 해당하지 않음을 피해자가 알았거나 중대한 과실로 알지 못한 경우

③ 법인이 피해자인 경우 법인의 법률상 대리인이 가해자인 피용자의 행위가 사용자의 사무집행행위에 해당하지 않음을 안 경우

3. 공작물의 점유자와 소유자의 책임

의 의	공작물의 하자로 인한 손해가 공작물의 하자와 관련한 위험이 현실화되어 발생한 것이 아니라면 공작물의 설치 또는 보존상 하자로 인하여 발생한 손해 ×	
요 건	점유자의 손해배상책임	공작물 보존의 하자로 인하여 타인에게 손해를 가한 경우 그 점유자가 손해의 방지에 필요한 주의를 해태하지 아니하였다면 손해배상 책임 ×
	소유자의 손해배상책임	• 공작물의 설치·보존의 하자로 인해 타인에게 입힌 손해에 대하여 점유자가 면책된 경우 공작물의 소유자는 과실이 없어도 배상책임(무과실책임) • 건물의 축조의 하자로 인하여 임차인이 연탄가스중독으로 사망한 경우 건물소유자인 임대인은 공작물책임 • 화재가 공작물 자체의 설치·보존상의 하자에 의하여 직접 발생한 경우 간접점유자인 건물의 소유자는 직접점유자가 손해 방지에 필요한 주의를 해태하지 아니한 경우에 한하여 공작물책임

4. 공동불법행위

(1) 의 의

수인이 공동으로 타인에게 손해를 가한 경우를 의미하고, 그 가해행위에 가담한 사람들은 연대하여 손해배상책임을 지게 됨

(2) 요 건

협의의 공동불법행위	공동불법행위자 각인의 행위는 각각 독립하여 불법행위의 요건을 구비하여야 하고, 행위자 상호 간의 공모는 공동불법행위자 상호 간 의사의 공통이나 공동의 인식이 필요하지 아니하고 객관적으로 각 행위에 관련공동성이 있으면 충분
가해자 불명의 불법행위	• 공동 아닌 수인의 행위 중 어느 자의 행위가 그 손해를 가한 것인지를 알 수 없는 경우에도 공동불법행위책임을 부담하나, 개별행위자의 행위와 손해발생 사이에 인과관계가 존재하지 아니함을 증명하면 면책되고, 손해의 일부가 자신의 행위에서 비롯된 것이 아님을 증명하면 배상책임이 그 범위로 감축됨 • 다수의 의사가 의료행위에 관여하여 그중 누구의 과실에 의하여 의료사고가 발생한 것인지 분명하게 특정할 수 없는 경우 관여한 의사들 모두의 공동불법행위책임
교사 또는 방조	• 교사자 또는 방조자도 공동불법행위자로 보게 되는데, 작위의무 있는 자의 부작위에 의한 과실방조는 공동불법행위책임 부담 • 불법행위를 방지할 작위의무 있는 사람이 제반 조치를 취하지 아니하는 부작위로 인하여 불법행위자의 실행행위를 용이하게 하는 경우 공동불법행위책임 부담

(3) 효 과

1) 책임의 연대성과 배상범위

책임의 연대성	• 수인이 공동의 불법행위로 타인에게 손해를 가한 경우 부진정연대채무관계 • 공동불법행위자 중 1인이 다른 가해자에 비하여 불법행위에 가공한 정도가 경미한 경우 손해배상액의 일부로 제한 ×
배상범위	공동불법행위에 의한 직접적 손해와 통상손해·특별손해를 배상하여야 함

2) 과실상계 및 손익상계

① 불법행위에 경합된 당사자들의 과실 정도에 관한 사실인정이나 그 비율을 정하는 것은 특별한 사정이 없는 한 사실심의 전권사항

② 공동불법행위자 중 1인이 피해자의 부주의를 이용하여 고의로 불법행위를 한 경우 그는 과실상계를 주장하지 못하나 다른 공동불법행위자는 주장 가능

  ▶ 피해자의 부주의를 이용하여 고의의 공동불법행위책임을 부담하는 자는 과실상계 주장 ×

  ▶ 피용자의 고의에 의한 불법행위로 인하여 사용자책임을 부담하는 사용자는 과실상계 주장 가능

  ▶ 피용자의 고의의 불법행위로 인하여 사용자책임이 성립하는 경우 사용자는 피해자의 고의의 불법행위채권을 수동채권으로 하는 상계 주장 ×

③ 공동불법행위에 의한 손해배상책임이 인정되나 피해자의 과실을 들어 과실상계를 하는 경우 피해자의 과실은 공동불법행위자 각인에 대한 과실로 개별적으로 평가할 것이 아니고 그들 전원에 대한 과실로서 전체적으로 평가하여야 함

④ 피해자가 공동불법행위자별로 별개의 소를 제기하여 소송을 진행하는 경우 과실상계비율과 손해액도 달리 인정될 수 있으므로, 전소에서 승소한 금액이 후소에서 산정된 손해액에 미치지 못한다면 그 차액을 피해자에게 지급할 의무 ○

⑤ 고용주인의 공사현장에서 근로자의 업무상 부주의로 인하여 다른 근로자가 크게 부상당하여, 그 근로자가 지급받은 휴업보상금은 손익상계의 대상 ○

  ▶ 채무불이행이나 불법행위로 얻은 이익이 아닌, 그 책임원인 이외의 원인에 의하여 채권자가 얻은 이익은 손익상계의 대상 ×

⑥ 교통사고 사례에서 동승자인 피해자와 운전자가 신분상 또는 생활관계상 일체를 이루고 있다는 구체적 사정이 인정되는 경우 운전자의 과실을 피해자 측의 과실로 보아 동승자에 대하여 과실상계 적용 가능

3) 구상관계

① 부진정연대채무를 부담하고 있는 공동불법행위자 중 1인의 보증인의 변제로 공동면책된 경우 주채무자뿐만 아니라 다른 공동불법행위자에게도 구상권 행사 가능

② 어느 공동불법행위자를 위하여 보증인이 된 사람이 피보증인을 위하여 손해배상채무를 변제한 경우 그 보증인은 피보증인이 아닌 다른 공동불법행위자에 대하여 그 부담부분에 한하여 구상권 행사 가능

③ 공동불법행위자 중 1인이 자기의 부담 부분 이상을 변제하여 공동의 면책을 얻게 하였을 경우
  ▶ 다른 공동불법행위자에게 그 부담 부분의 비율에 따라 구상권 행사
  ▶ 구상권을 갖기 위하여는 피해자의 손해 전부를 배상하여야 할 필요는 없으나, 자기의 부담 부분을 초과하여 배상하여야 함
④ 공동불법행위자 중 1인이 구상권을 행사하는 경우
  ▶ 구상의무를 부담하는 다른 공동불법행위자가 수인인 경우 구상권자에 대한 채무는 각자의 부담부분에 따른 분할채무
  ▶ 구상권자인 공동불법행위자 측에 과실이 없는 경우(내부적인 부담부분이 전혀 없는 경우) 수인의 구상의무 사이의 관계를 부진정연대채무관계
⑤ 공동불법행위자 중 1인의 손해배상채무가 시효로 소멸한 후에 다른 공동불법행위자 1인이 피해자에게 자기의 부담부분을 넘는 손해를 배상한 경우 그 공동불법행위자는 다른 공동불법행위자에게 구상권 행사 가능
  ▶ 공동불법행위자가 다른 공동불법행위자에 대한 구상권을 취득한 이후에 피해자의 그 다른 공동불법행위자에 대한 손해배상채권이 시효로 소멸된 경우 이미 취득한 구상권이 소멸된다고 할 수 없으므로, 구상권 행사 가능
⑥ 공동불법행위자의 다른 공동불법행위자에 대한 구상권의 소멸시효기간은 구상권자가 공동면책행위를 한 때로부터 기산하여야 할 것이고, 그 기간은 일반채권과 같이 10년
⑦ 공동불법행위자 중 1인이 다른 공동불법행위자에 대하여 구상권을 행사하려는 경우
  ▶ 자기의 부담부분 이상을 변제하여 공동의 면책을 얻었음을 주장·증명하여야 함
  ▶ 피해자의 다른 공동불법행위자에 대한 손해배상청구권이 시효소멸한 후에 구상권을 행사하는 경우에도 같은 법리 적용
⑧ 2인 이상의 공동불법행위로 인하여 호의동승한 사람이 피해를 입은 경우
  ▶ 호의동승으로 인한 감액 비율을 참작하여 공동불법행위자들이 동승자에 대하여 배상하여야 할 수액을 결정하게 되는데 이는 호의동승으로 인해 동승운전자의 책임이 제한된다면, 그 효과는 다른 공동불법행위자(다른 가해차량 운전자)에게도 인정된다는 의미
⑨ 차량의 운전자가 현저하게 난폭운전을 한다거나 그 밖의 사유로 인하여 사고발생의 위험성이 상당한 정도로 우려된다는 것을 동승자가 인식할 수 있었다는 특별한 사정이 있는 경우라면 차량의 동승자에게는 운전자에게 안전운행을 촉구할 주의의무 인정(호의동승자에게 안전운행을 촉구할 주의의무가 인정된다면 호의동승으로 인한 배상액감경사유로 삼을 수 있다는 취지임)

Ⅳ 불법행위의 효과

1. 손해배상의 방법

금전배상의 원칙	민법이 금전배상주의를 취하고 있으나 당사자 간에 다른 특약이 있는 경우 금전배상 이외의 방법으로 손해배상 가능
명예훼손에 적용되는 특칙	• 명예훼손에 있어서 피해자의 청구가 있는 경우 법원은 손해배상에 갈음하거나 손해배상과 함께 명예회복에 적당한 처분을 명할 수 있으나, 명예회복에 적당한 처분에는 사죄광고는 포함 × • 법인의 명예가 훼손된 경우 사죄광고는 허용되지 아니하지만 위자료 청구는 가능 • 명예에 관한 권리(일종의 인격권)의 침해의 우려가 있는 경우 사전 예방적 구제수단으로 침해행위의 정지·방지 등의 금지청구권 가능 • 언론사의 인터넷 홈페이지에 게재된 기사로 인하여 명예를 침해당하여 그 기사의 삭제를 청구하는 경우 기사가 진실이라고 믿은데 상당한 이유가 있었다는 사정은 기사삭제를 구하는 방해배제청구권 저지사유 ×

2. 손해배상의 범위 및 산정

(1) 손해배상의 범위

① 불법행위로 인하여 배상할 손해는 원칙적으로 통상손해에 한하되, 가해자의 예견가능성이 있다면 특별손해도 배상의 대상에 포함

② 불법행위로 인한 특별손해는 특별한 사정에 관해서 알았거나 알 수 있었던 것으로 족하고, 손해액에 대한 예견가능성은 불요

(2) 배상액의 산정

1) 배상액의 산정시기

불법행위의 당시를 기준으로 하나 위법행위 시점과 손해의 발생 시점에 시간적 간격이 있는 경우 불법행위로 인한 손해배상책임이 성립하는 시기는 손해의 발생 시점

2) 재산적 손해의 산정

① 장례비는 손해배상의 대상

② 불법행위로 인하여 건물이 훼손되어 사용 및 수리가 불가능한 경우 손해배상액의 기준이 되는 건물의 시가에는 건물의 철거비용 포함 ×

③ 일반육체노동을 하는 사람의 가동연한은 특별한 사정이 없는 한 경험칙상 만 65세

④ 사립고등학교 교사로 근무하던 피해자가 불법행위로 사망한 경우 관계규정을 위반하여 영리를 목적으로 한 업무로 얻은 소득은 일실수익의 기초에서 제외

⑤ 타인 소유의 토지에 관하여 등기관계서류를 위조하여 원인무효의 소유권이전등기를 경료하고 이를 다른 사람에게 매도하여 순차로 소유권이전등기가 경료된 후에 토지의 진정한 소유자가 최종 매수인을 상대로 말소등기청구소송을 제기하여 그 소유자 승소의 판결이 확정된 경우 불법행위로 인하여 최종 매수인이 입은 손해는 토지의 소유권상실로 인한 손해가 아니라 매매대금

⑥ 불법행위로 인하여 물건이 훼손·멸실된 경우 그로 인한 손해
  ▶ 건물이 훼손되어 수리가 불가능한 경우에는 그 상태로 사용이 가능하다면 그로 인한 교환가치의 감소분이, 사용이 불가능하다면 그 건물의 교환가치가 통상의 손해
  ▶ 건물이 훼손되었으나 수리가 가능한 경우에는 그 수리에 소요되는 수리비가 통상의 손해일 것이나, 훼손된 건물을 원상으로 회복시키는 데 소요되는 수리비가 건물의 교환가치를 초과하는 경우에는 교환가치, 수리로 인하여 훼손 전보다 건물의 교환가치가 증가하는 경우에는 그 수리비에서 교환가치 증가분을 공제한 금액이 그 손해

3) 정신적 손해의 산정
① 불법행위에 의하여 재산권이 침해된 경우 특별한 사정이 없는 한 그 재산적 손해의 배상에 의하여 정신적 고통도 회복
  ▶ 타인의 불법행위 등에 의하여 재산권이 침해된 경우 재산적 손해의 배상에 의하여 회복할 수 없는 정신적 손해가 발생하였다면, 가해자가 그러한 사정을 알았거나 알 수 있었을 경우에 한하여 그 손해에 대한 위자료를 청구 가능
② 타인의 불법행위로 생명을 잃은 피해자의 직계비속의 배우자도 직계비속에 비견할 정신적 고통을 받는다고 할 것이므로 그에 대한 위자료 청구 가능

(3) 배상액 산정시 고려사항

① 피해자의 부주의를 이용하여 고의의 불법행위를 한 경우 피해자의 그 부주의를 이유로 과실상계 주장 ×
② 가해행위와 피해자 측의 요인이 경합하여 손해가 발생하거나 확대되었으나, 그 피해자 측의 요인이 체질적인 소인과 같이 피해자 측의 귀책사유와 무관한 경우 과실상계의 법리 유추적용 ○
③ 불법행위로 인하여 손해와 이득이 발생하고 동시에 피해자에게 과실이 인정되는 경우 먼저 산정된 손해액에서 과실상계를 한 다음 손익상계를 하여야 함
④ 불법행위로 인한 손해배상의 배상의무자는 그 손해가 고의 또는 중대한 과실에 의한 것이 아니고 그 배상으로 인하여 배상자의 생계에 중대한 영향을 미치게 될 경우 법원에 배상액의 경감청구

3. 배상액의 합의

후발손해가 합의 당시의 사정으로 보아 예상이 불가능한 것으로서 당사자가 후발손해를 예상하였더라면 사회통념상 그 합의금액으로는 화해하지 않았을 것이라고 보는 것이 상당할 만큼 그 손해가 중대한 것일 때에는 당사자의 의사가 이러한 손해에 대해서까지 그 배상청구권을 포기한 것이라고 볼 수 없음

4. 불법행위에 의한 손해배상청구권

(1) 손해배상청구권자

피해자가 손해배상청구권을 가지나, 타인의 불법행위로 모체 내에서 사망한 태아는 불법행위로 인한 손해배상청구권 ×

(2) 손해배상청구권의 내용

불법행위로 인한 손해배상채무에서는 특별한 사정이 없는 한 채무 성립과 동시에 지연손해금이 발생

(3) 손해배상자의 대위

불법행위에 의하여 훼손되거나 소재불명으로 된 물건에 관하여 피해자가 그 가액 전부의 배상을 받은 경우에는 그 물건에 관한 권리는 당연히 손해배상자에게 이전

(4) 손해배상청구권의 시효

① 가해행위와 이로 인한 현실적인 손해의 발생 사이에 시간적 간격이 있는 불법행위의 경우 소멸시효의 기산점이 되는 불법행위를 안 날은 그러한 손해가 그 후 현실화된 것을 안 날을 의미

② 가해자가 피해자의 토지를 계속하여 불법점거하는 경우, 피해자가 토지의 소유권을 상실하지 아니하는 한 이로 인한 손해배상청구권의 소멸시효기간은 나날이 발생한 새로운 각 손해를 안 날부터 별개로 진행

③ 피해자 본인의 손해배상청구권과 피해자의 근친자들의 위자료청구권은 발생원인은 같지만 독립한 별개의 청구권이므로 피해자의 손해배상청구권이 시효로 인하여 소멸하였다 하더라도 근친자들의 위자료청구권에는 영향 ×

④ 미성년자가 성폭력, 성추행, 성희롱, 그 밖의 성적(性的) 침해를 당한 경우에 이로 인한 손해배상청구권의 소멸시효는 성년이 될 때까지는 진행 ×

(5) 유족 고유의 손해배상청구권

민법 제752조에서 생명침해의 경우 피해자의 직계존속, 직계비속, 배우자에게 위자료청구권을 인정하고 있는데, 이들에게는 증명책임을 면제하여 준다는 의미가 있으므로 그 이외의 자(사실혼 배우자 등)는 자신의 정신적 고통을 증명함으로써 위자료청구 가능

☐ 타인의 사무처리가 (❶　　　　　　)에 반한다는 것이 명백하다면 특별한 사정이 없는 한 사무관리는 성립하지 않는다.

❶ 본인의 의사

☐ 사무관리의 성립요건인 (❷　　　　　　　　　　)는 관리자 자신의 이익을 위한 의사와 병존할 수 있다.

❷ 타인을 위하여 사무를 처리하는 의사

☐ 미성년자가 성폭력, 성추행, 성희롱, 그 밖의 성적(性的) 침해를 당한 경우에 이로 인한 손해배상청구권의 소멸시효는 그가 (❸　　　　　　　)까지는 진행되지 아니한다.

❸ 성년이 될 때

☐ 수익자가 취득한 것이 금전상의 이득인 경우, 특별한 사정이 없는 한 그 금전은 이를 취득한 자가 소비하였는지 여부를 불문하고 (❹　　)하는 것으로 추정된다.

❹ 현존

☐ 법률상 원인 없이 이득을 얻은 자는 있지만 그로 인해 손해를 입은 자가 없는 경우, (❺　　　　　　　　　)은 인정되지 않는다.

❺ 부당이득반환청구권

☐ 도급인이 수급인의 일의 진행과 방법에 관해 구체적으로 지휘·감독한 경우, 수급인의 그 도급업무와 관련된 불법행위로 인한 제3자의 손해에 대해 도급인은 (❻　　　　　　)을 진다.

❻ 사용자책임

☐ 가해자의 1인이 다른 가해자에 비하여 불법행위에 가공한 정도가 (❼　　　　　　)하다고 하더라도 피해자에 대한 관계에서 그 가해자의 책임범위를 위와 같이 정하여진 손해배상액의 일부로 제한하여 인정할 수는 없다.

❼ 경미

☐ (❽　　　　　　　　　)를 한 피용자가 신의칙상 과실상계를 주장할 수 없는 경우에도 사용자는 특별한 사정이 없는 한 과실상계를 주장할 수 있다.

❽ 고의로 불법행위

☐ 선의의 수익자가 부당이득반환청구소송에서 패소한 때에는 그 (❾　　　　　　)부터 악의의 수익자로 간주된다.

❾ 소가 제기된 때

☐ 채무불이행책임을 면하기 위해서는 채무자가 자기에게 과실 없음을 증명해야 하지만, 불법행위에서 고의 또는 과실의 증명책임은 원칙적으로 (❿　　　　　　)가 부담한다.

❿ 피해자

1. 채무자의 의사에 반하여 법률행위를 할 수 있는지 여부에 대한 문제

① **채권자** : 채무자의 의사에 반하여 채무면제, 변제기의 유예 가능
② **이해관계 없는 제3자** : 채무자의 의사에 반하여 변제 ×, 면책적 채무인수 ×
③ **이해관계 없는 제3자** : 보증, 병존적 채무인수 ○

2. 매매계약의 불능과 관련된 문제 (1)

① 계약목적이 원시적·객관적 전부불능인 경우 악의 또는 과실이 있는 매도인은 선의·무과실의 매수인이 계약의 유효를 믿었음으로 받은 손해를 배상하여야 함
② 계약목적이 원시적·주관적 전부불능인 경우 선의의 매수인은 악의의 매도인에게 계약상 급부의 이행 청구 가능
③ 쌍방의 귀책사유 없이 매도인의 채무가 후발적·객관적 전부불능된 경우 위험부담의 문제로 매도인은 재산권이전의무를 면하고, 매수인에게 매매대금의 지급 청구 ×
④ 매도인의 귀책사유로 그의 채무가 후발적·객관적 전부불능된 경우 이행불능의 문제로 매수인은 손해배상청구권(전보배상청구권), 계약해제권 및 대상청구권 등을 행사
⑤ 급부의 후발적 불능이 매도인의 귀책사유에 기한 경우 매수인은 대상청구권 행사 가능

3. 매매계약의 불능과 관련된 문제 (2)

① 쌍무계약의 당사자 일방의 채무가 채권자의 귀책사유로 이행불능이 된 경우 위험부담의 법리(민법 제538조)가 적용되어 채무자가 채무를 면함으로써 이익을 얻었다면 채권자에게 상환
② 쌍방의 귀책사유 없이 매도인의 채무가 후발적·객관적 전부불능된 경우
  ▸ 위험부담의 문제로 매도인은 재산권이전의무를 면하고, 매수인에게 매매대금의 지급 청구 ×
  ▸ 매수인이 매매대금을 지급하였다면 부당이득반환의 법리에 의하여 매매계약관계 정리
  ▸ 매수인은 이미 지급한 매매대금을 부당이득으로 반환청구할 수 있고, 대상청구권을 행사할 수도 있음
③ 쌍무계약의 당사자 일방의 채무가 채권자의 수령지체 중 쌍방의 책임없는 사유로 이행불능이 된 경우 위험부담의 법리(민법 제538조)가 적용되어 매도인은 매수인에게 매매대금지급 청구 가능

4. 매매계약의 불능과 관련된 문제 (3)

① 계약목적이 원시적·객관적 전부불능인 경우 악의 또는 과실이 있는 매도인은 선의·무과실의 매수인이 계약의 유효를 믿었음으로 받은 손해를 배상하여야 함

② 매도인의 귀책사유로 매매목적물에 대한 소유권이전등기의무가 후발적 불능으로 된 경우 전보배상청구권이나 매매계약 해제 가능

③ 쌍무계약의 당사자 일방의 채무가 당사자 쌍방의 책임없는 사유로 이행불능이 된 경우 위험부담의 법리(민법 제537조) 적용

④ 쌍무계약의 당사자 일방의 채무가 채권자의 귀책사유로 이행불능이 된 경우 위험부담의 법리(민법 제538조) 적용

⑤ 쌍무계약의 당사자 일방의 채무가 채권자의 수령지체 중 쌍방의 책임없는 사유로 이행불능이 된 경우 위험부담의 법리(민법 제538조) 적용

5. 부동산매수인이 소유권이전등기를 경료하기 전에 제3자의 과실로 목적물이 멸실된 경우의 문제

① 제3자의 채권침해가 인정되지 아니하는 한 매수인은 제3자에게 불법행위로 인한 손해배상 청구 ×

② 매수인은 매도인에게 매매목적물에 대한 소유권이전등기청구 ×

③ 매수인은 매도인에게 매매목적물에 대해 채무불이행으로 인한 손해배상 청구 ×

④ 위험부담의 문제가 되어 매수인은 매도인에게 계약금에 대해 부당이득반환 청구 가능

⑤ 대상청구권을 행사하는 경우 매수인은 매도인에게 제3자에 대한 손해배상채권 양도 청구 가능

6. 부당이득의 반환범위가 현존이익으로 한정되는지 여부의 문제

① 선의의 부당이득자의 반환의무 : 현존이익으로 한정

② 실종선고가 취소된 경우, 실종선고를 직접원인으로 하여 선의로 재산을 취득한 자의 반환의무 : 현존이익으로 한정

③ 법률행위가 제한능력을 이유로 취소되는 경우, 제한능력자의 상환의무 : 현존이익으로 한정

④ 수탁보증인이 과실 없이 변제 기타의 출재로 주채무를 소멸시킨 경우, 주채무자의 수탁보증인에 대한 구상의무 : 현존이익으로 한정 ×(연대채무자의 구상권은 면책된 날 이후의 법정이자 및 피할 수 없는 비용 기타 손해배상을 포함)

⑤ 사무관리를 함에 있어 관리자가 과실 없이 손해를 받은 경우, 본인의 관리자에 대한 무과실손해 보상의무 : 현존이익으로 한정

7. 甲과 乙의 과실로 丙에게 손해를 입힌 공동불법행위에 대한 문제

① 丙이 자신에게 발생한 손해 1억원 중 일단 6,000만원만을 甲에게 청구하는 일부청구소송에서 피해자 丙에게도 30%의 과실이 있었음이 밝혀진 경우 판례의 태도인 외측설에 의할 때, 丙의 손해액은 전 손해액 1억원에 대하여 丙의 과실을 30%로 하여 상계한 7,000만원이 되며 결국 丙의 청구액이 6,000만원으로 7,000만원보다 적기 때문에 법원은 甲이 지급하여야 할 손해배상액으로 6,000만원을 전부 인정

② 甲과 乙의 과실로 丙에게 손해를 입힌 공동불법행위 사안에서 甲과 丙이 군인이고 그들이 직무를 수행하던 중 丙이 사고를 당한 경우 민간인 乙은 丙에 대하여 그 손해 중 국가 등이 민간인 乙에 대한 구상의무를 부담한다면 그 내부적인 관계에서 부담하여야 할 부분을 제외한 나머지 자신의 부담부분에 한하여 손해배상의무 부담

☐ 계약목적이 (❶   )인 경우 악의 또는 과실이 있는 매도인은 선의·무과실의 매수인이 계약의 유효를 믿었음으로 받은 손해를 배상하여야 한다.

☐ 쌍방의 귀책사유 없이 매도인의 채무가 후발적·객관적 전부불능된 경우에 이는 (❷   )의 문제로 매도인은 재산권이전의무를 면하고, 매수인에게 매매대금의 지급을 청구할 수 없다.

☐ 쌍무계약의 당사자 일방의 채무가 (❸   ) 중 쌍방의 책임없는 사유로 이행불능이 된 경우 위험부담의 법리(민법 제538조)가 적용되어 매도인은 매수인에게 매매대금의 지급을 청구할 수 있다.

☐ 부동산매수인이 소유권이전등기를 경료하기 전에 제3자의 과실로 목적물이 멸실된 경우, 제3자의 채권침해가 인정되지 아니하는 한 매수인은 제3자에게 (❹   )을 청구할 수 없다.

☐ 실종선고가 취소된 경우, 실종선고를 직접원인으로 하여 선의로 재산을 취득한 자의 반환의무는 (❺   )으로 한정된다.

❶ 원시적·객관적 전부불능

❷ 위험부담

❸ 채권자의 수령지체

❹ 불법행위로 인한 손해배상

❺ 현존이익

우리가 쓰는 것 중
가장 값비싼 것은 시간이다.

– 테오프라스토스 –

사회보험법

I 서 설

1. 목적과 기본이념

목 적	사회보장기본법(이하 "사보법")은 사회보장에 관한 국민의 권리와 국가 및 지방자치단체의 책임을 정하고 사회보장정책의 수립·추진과 관련 제도에 관한 기본적인 사항을 규정함으로써 국민의 복지증진에 이바지하는 것
기본이념	사회보장은 모든 국민이 다양한 사회적 위험으로부터 벗어나 행복하고 인간다운 생활을 향유할 수 있도록 자립을 지원하며, 사회참여·자아실현에 필요한 제도와 여건을 조성하여 사회통합과 행복한 복지사회를 실현하는 것

2. 사회보장의 기본개념

사회보장	출산, 양육, 실업, 노령, 장애, 질병, 빈곤 및 사망 등의 사회적 위험으로부터 모든 국민을 보호하고 국민 삶의 질을 향상시키는 데 필요한 소득·서비스를 보장하는 사회보험, 공공부조, 사회서비스
사회보험	국민에게 발생하는 사회적 위험을 보험의 방식으로 대처함으로써 국민의 건강과 소득을 보장하는 제도
공공부조	국가와 지방자치단체의 책임 하에 생활 유지 능력이 없거나 생활이 어려운 국민의 최저생활을 보장하고 자립을 지원하는 제도

3. 다른 법률과의 관계

사회보장에 관한 다른 법률을 제정하거나 개정하는 경우 사보법에 부합되도록 하여야 함

II 사회보장의 책임

1. 국가와 지방자치단체의 책임

국가의 책임	중장기 사회보장 재정추계를 격년으로 실시하고 공표
국가와 지방자치단체의 책임	① 모든 국민의 인간다운 생활을 유지·증진할 책임 ② 사회보장에 관한 책임과 역할을 합리적으로 분담 ③ 국가 발전수준에 부응하고 사회환경의 변화에 선제적으로 대응하며 지속가능한 사회보장제도를 확립하고 매년 필요한 재원 조달

2. 국가등과 가정

① 국가와 지방자치단체는 가정이 건전하게 유지되고 기능이 향상되도록 노력

② 국가와 지방자치단체는 가정과 지역공동체의 자발적인 복지활동 촉진

3. 국민의 책임

모든 국민은 자신의 능력을 최대한 발휘하여 자립·자활(自活)할 수 있도록 노력

4. 외국인에 대한 적용

국내에 거주하는 외국인에게 사회보장제도를 적용할 때에는 상호주의의 원칙 적용

Ⅲ 사회보장을 받을 권리(사회보장수급권)

1. 급여수준

① 국가와 지방자치단체는 모든 국민이 건강하고 문화적인 생활을 유지할 수 있도록 사회보장급여의 수준 향상을 위하여 노력

② 국가는 관계 법령에서 정하는 바에 따라 최저보장수준과 최저임금 매년 공표

③ 국가와 지방자치단체는 최저보장수준과 최저임금 등을 고려하여 사회보장급여의 수준 결정

2. 급여신청

① 관계 법령에서 정하는 바에 따라 국가나 지방자치단체에 신청, 다만 관계 법령에서 따로 정하는 경우에는 국가나 지방자치단체가 대신 신청 가능

② 다른 기관에 신청한 경우에는 그 기관은 지체 없이 이를 정당한 권한이 있는 기관에 이송, 이 경우 정당한 권한이 있는 기관에 이송된 날을 사회보장급여의 신청일로 간주

3. 수급권의 보호, 제한 및 포기

보 호	사회보장수급권은 양도하거나 담보로 제공할 수 없으며, 압류할 수 없음
제 한	사회보장수급권은 제한되거나 정지될 수 없으나, 관계 법령에서 따로 정하고 있는 경우에는 제한·정지 가능하며, 제한되거나 정지되는 경우에는 제한·정지하는 목적에 필요한 최소한의 범위에 그쳐야 함
포 기	① 정당한 권한이 있는 기관에 서면으로 통지하여 포기 가능 ② 사회보장수급권의 포기는 취소할 수 있으나, 사회보장수급권을 포기하는 것이 다른 사람에게 피해를 주거나 사회보장에 관한 관계 법령에 위반되는 경우에는 사회보장수급권 포기 불가

4. 불법행위에 대한 구상권

제3자의 불법행위로 피해를 입은 국민이 사회보장수급권을 가지게 된 경우 그 불법행위의 책임이 있는 자에 대하여 구상권 행사 가능

Ⅳ   사회보장 기본계획의 수립

1. 사회보장 기본계획의 수립

기본계획의 수립연한	보건복지부장관은 관계 중앙행정기관의 장과 협의하여 사회보장에 관한 기본계획을 5년마다 수립
기본계획에 포함되어야 할 사항	① 국내외 사회보장환경의 변화와 전망 ② 사회보장의 기본목표 및 중장기 추진방향 ③ 주요 추진과제 및 추진방법 ④ 필요한 재원의 규모와 조달방안 ⑤ 사회보장 관련 기금 운용방안 ⑥ 사회보장 전달체계 ⑦ 그 밖에 사회보장정책의 추진에 필요한 사항
기본계획의 확정 및 변경	사회보장위원회와 국무회의의 심의를 거쳐 확정하고, 기본계획 중 대통령령으로 정하는 중요한 사항을 변경하려고 하는 경우에도 동일

2. 다른 계획과의 관계

기본계획은 다른 법령에 따라 수립되는 사회보장에 관한 계획에 우선하며 그 계획의 기본이 됨

3. 연도별 시행계획의 수립·시행 등

① 보건복지부장관 및 관계 중앙행정기관의 장은 기본계획에 따라 사회보장과 관련된 소관 주요 시책의 시행계획을 매년 수립·시행
② 보건복지부장관은 시행계획에 따른 추진실적의 평가를 위한 지침을 작성하여 매년 1월 31일까지 관계 중앙행정기관의 장에게 통보하고, 관계 중앙행정기관의 장은 통보받은 평가지침에 따라 전년도 시행계획의 추진실적을 평가한 후 그 결과를 매년 3월 31일까지 보건복지부장관에게 제출

Ⅴ 사회보장위원회

1. 소 속

사회보장에 관한 주요시책을 심의·조정하기 위하여 국무총리 소속으로 사회보장위원회 설치

2. 구 성

① 근로자를 대표하는 사람, 사용자를 대표하는 사람, 사회보장에 관한 학식과 경험이 풍부한 사람, 변호사 자격이 있는 사람 중에서 대통령이 위촉하는 위원이 ㉠ 심신장애로 인하여 직무를 수행할 수 없게 된 경우, ㉡ 직무와 관련된 비위사실이 있는 경우, ㉢ 직무태만, 품위손상이나 그 밖의 사유로 인하여 위원으로 적합하지 아니하다고 인정되는 경우, ㉣ 위원 스스로 직무를 수행하는 것이 곤란하다고 의사를 밝히는 경우 등의 어느 하나에 해당하는 때에는 대통령은 해당 위원을 해촉 가능
② 위원회에 간사 2명을 두고, 간사는 국무조정실 사회조정실장과 보건복지부 사회복지정책실장으로 보함
③ 보궐위원의 임기는 전임자 임기의 남은 기간

3. 운 영

실무위원회의 설치	• 위원회를 효율적으로 운영하고 위원회의 심의·조정사항을 전문적으로 검토하기 위하여 위원회에 실무위원회 두며, 실무위원회에 분야별 전문위원회를 둘 수 있음 • 실무위원회는 공동위원장 2명을 포함하여 30명 이내의 위원으로 구성
사무국의 설치	위원회의 사무를 효율적으로 처리하기 위하여 보건복지부에 사무국을 두어야 함

4. 직무(위원회의 심의·조정사항)

① 사회보장 증진을 위한 기본계획
② 사회보장 관련 주요 계획
③ 사회보장제도의 평가 및 개선
④ 사회보장제도의 신설 또는 변경에 따른 우선순위
⑤ 둘 이상의 중앙행정기관이 관련된 주요 사회보장정책
⑥ 사회보장급여 및 비용 부담
⑦ 국가와 지방자치단체의 역할 및 비용 분담
⑧ 사회보장의 재정추계 및 재원조달 방안
⑨ 사회보장 전달체계 운영 및 개선
⑩ 사회보장통계
⑪ 사회보장정보의 보호 및 관리
⑫ 중앙행정기관의 장등의 신청에 따른 조정
⑬ 그 밖에 위원장이 심의에 부치는 사항

5. 관계행정기관의 협력

① 위원장은 확정된 기본계획과 심의·조정한 결과를 관계 중앙행정기관의 장과 지방자치단체의 장에게 통지

② 관계 중앙행정기관의 장과 지방자치단체의 장은 위원회의 심의·조정 사항을 반영하여 사회보장제도를 운영 또는 개선하여야 하고, 이들은 사회보장제도의 운영 또는 개선에 관한 결과를 보건복지부장관에게 제출

Ⅵ 사회보장정책의 기본방향

평생사회안전망의 구축·운영	국가와 지방자치단체는 모든 국민이 생애 동안 삶의 질을 유지·증진할 수 있도록 평생사회안전망 구축하여야 하고, 평생사회안전망을 구축·운영함에 있어 사회적 취약계층을 위한 공공부조를 마련하여 최저생활 보장하여야 함
사회서비스 보장	국가와 지방자치단체는 모든 국민의 인간다운 생활과 자립, 사회참여, 자아실현 등을 지원하여 삶의 질이 향상될 수 있도록 사회서비스에 관한 시책 마련
소득 보장	국가와 지방자치단체는 공공부문과 민간부문의 소득보장제도가 효과적으로 연계되도록 하여야 함

Ⅶ 사회보장제도의 운영

1. 운영원칙

보편성	국가와 지방자치단체가 사회보장제도를 운영할 때에는 이 제도를 필요로 하는 모든 국민에게 적용
시행책임	사회보험은 국가의 책임으로 시행하고, 공공부조와 사회서비스는 국가와 지방자치단체의 책임으로 시행하는 것을 원칙으로 하나, 국가와 지방자치단체의 재정 형편 등을 고려하여 협의·조정 가능

2. 협의 및 조정

① 국가와 지방자치단체는 사회보장제도를 신설하거나 변경할 경우 기존 제도와의 관계 등을 사전에 충분히 검토하고 상호협력하여 사회보장급여가 중복 또는 누락되지 아니하도록 하여야 함

② 보건복지부장관은 사회보장급여 관련 업무에 공통적으로 적용되는 기준 마련 가능

3. 민간의 참여

① 국가와 지방자치단체는 민간부문의 참여를 유도할 수 있도록 정책을 개발·시행하고 그 여건 조성

② 국가와 지방자치단체는 개인·법인 또는 단체가 사회보장에 참여하는 데에 드는 경비의 전부 또는 일부를 지원하거나 그 업무를 수행하기 위하여 필요한 지원 가능

4. 비용의 부담

① 사회보장비용의 부담은 국가, 지방자치단체 및 민간부문 간에 합리적으로 조정

② 사회보험에 드는 비용은 사용자, 피용자(被傭者) 및 자영업자가 부담하는 것을 원칙으로 하되, 국가가 그 비용의 일부 부담 가능

③ 공공부조 및 관계 법령에서 정하는 일정 소득 수준 이하의 국민에 대한 사회서비스에 드는 비용의 전부 또는 일부는 국가와 지방자치단체가 부담

④ 부담 능력이 있는 국민에 대한 사회서비스에 드는 비용은 그 수익자가 부담함을 원칙으로 하되, 국가와 지방자치단체가 비용의 일부 부담 가능

5. 국가와 지방자치단체의 책무

사회보장 전달체계의 구축	국가와 지방자치단체는 공공부문과 민간부문의 사회보장 전달체계가 효율적으로 연계되도록 노력
사회보장 급여의 관리	보건복지부장관은 사회서비스의 품질기준 마련, 평가 및 개선 등의 업무를 수행하기 위하여 전담기구 설치 가능
전문인력의 양성 등	국가와 지방자치단체는 사회보장제도의 발전을 위하여 전문인력의 양성 등에 노력하여야 함. 보건복지부장관은 관계 중앙행정기관, 지방자치단체, 공공기관 및 법인·단체 등의 직원을 대상으로 사회보장에 관한 교육을 매년 1회 이상 실시 가능
사회보장 통계의 작성	국가와 지방자치단체는 사회보장에 관한 통계를 작성·관리하여야 하고, 보건복지부장관은 사회보장통계 운용지침을 마련하여 매년 12월 31일까지 관계 중앙행정기관의 장과 지방자치단체의 장에게 통보
업무의 민간위탁	보건복지부장관은 관련 자료의 수집·조사 및 분석에 관한 업무 등을 다음의 기관 또는 단체에 위탁 가능 ① 정부출연연구기관 등의 설립·운영 및 육성에 관한 법률에 따라 설립된 정부출연연구기관 ② 고등교육법에 따른 학교 ③ 특정연구기관 육성법에 따른 특정연구기관 ④ 국공립 연구기관
설명, 상담 및 통지	국가와 지방자치단체는 사회보장 관계 법령에서 규정한 권리나 의무를 해당 국민에게 설명하도록 노력하여야 하고, 사회보장에 관한 상담에 응하여야 하며, 사회보장에 관한 사항을 해당 국민에게 알려야 함

Ⅷ 사회보장정보의 관리

1. 사회보장정보시스템의 구축·운영

① 국가와 지방자치단체는 국민편익의 증진과 사회보장업무의 효율성 향상을 위하여 사회보장업무를 전자적으로 관리하도록 노력

② 국가는 관계 중앙행정기관과 지방자치단체에서 시행하는 사회보장수급권자 선정 및 급여 관리 등에 관한 정보를 통합·연계하여 처리·기록 및 관리하는 시스템(이하 "사회보장정보시스템") 구축·운영할 수 있는데, 사회보장정보시스템을 통해 보건복지부장관은 다른 법령에 따라 국가 및 지방자치단체로부터 위탁받은 사회보장에 관한 업무를 수행 가능

③ 관계 중앙행정기관 및 지방자치단체의 장은 사회보장정보시스템의 활용이 필요한 경우 사전에 보건복지부장관과 협의, 보건복지부장관은 관련 업무에 필요한 범위에서 정보를 제공할 수 있고 정보를 제공받은 관계 중앙행정기관 및 지방자치단체의 장은 제공받은 목적의 범위에서 보유·이용 가능

④ 보건복지부장관은 사회보장정보시스템의 운영·지원을 위하여 한국사회보장정보원 설치 가능

민감정보 및 고유식별정보의 처리(영 제21조)

① 보건복지부장관(법 제37조 제7항에 따른 전담기구를 포함한다)은 다음 각 호의 사무를 수행하기 위하여 불가피한 경우 각 호의 구분에 따른 자료를 처리할 수 있다.

1. 법 제37조 및 이 영 제19조 제1항부터 제3항까지의 규정에 따른 사회보장정보시스템의 구축 및 운영 등에 관한 사무 :「개인정보 보호법」제23조에 따른 건강에 관한 정보(건강관리, 건강검진 및 의료비 지원에 관한 정보만 해당한다), 같은 법 시행령 제18조 제2호에 따른 범죄경력자료에 해당하는 정보, 같은 영 제19조 제1호부터 제4호까지의 규정에 따른 주민등록번호, 여권번호, 운전면허번호 또는 외국인등록번호가 포함된 자료

2. 법 제43조에 따른 사회보장 행정데이터 분석센터의 설치·운영에 관한 사무 :「개인정보 보호법」제23조에 따른 건강에 관한 정보가 포함된 자료 `기출` 24

② 위원회는 법 제42조에 따른 사회보장 행정데이터의 제공 요청에 관한 사무를 수행하기 위하여 불가피한 경우「개인정보 보호법」제23조에 따른 건강에 관한 정보가 포함된 자료를 처리할 수 있다.

---

2. 개인정보 등의 보호

국가와 지방자치단체, 공공기관, 법인·단체, 개인이 조사하거나 제공받은 개인·법인 또는 단체의 정보는 이 법과 관련 법률에 근거하지 아니하고 보유, 이용, 제공 불가

Ⅸ 사회보장행정데이터 분석센터

보건복지부장관은 사회보장행정데이터 분석센터 설치·운영 가능

☐ (❶   )은 사회보장 분야 전문 인력 양성을 위하여 관계 중앙행정기관, 지방자치단체, 공공기관 및 법인·단체 등의 직원을 대상으로 사회보장에 관한 교육을 매년 1회 이상 실시할 수 있다.

❶ 보건복지부장관

☐ 보건복지부장관은 정책개선안을 종합하여 이를 추계 실시 해의 다음 해 3월 31일까지 (❷   )에 보고하여야 한다.

❷ 사회보장위원회

☐ 국가와 지방자치단체는 모든 국민의 인간다운 생활과 자립, 사회참여, 자아실현 등을 지원하여 삶의 질이 향상될 수 있도록 (❸   )을 마련하여야 한다.

❸ 사회서비스에 관한 시책

☐ 보건복지부장관은 관계 중앙행정기관의 장과 협의하여 사회보장 증진을 위하여 사회보장에 관한 기본계획을 (❹   )마다 수립하여야 한다.

❹ 5년

☐ (❺   )는 가정이 건전하게 유지되고 그 기능이 향상되도록 노력하여야 한다.

❺ 국가와 지방자치단체

☐ 국가와 지방자치단체는 효과적인 사회보장정책의 수립·시행을 위하여 (❻   )를 작성·관리하여야 한다.

❻ 사회보장에 관한 통계

☐ 사회보장위원회에 두는 실무위원회는 공동위원장 2명을 포함하여 (❼   )의 위원으로 구성한다.

❼ 30명 이내

☐ 국내에 거주하는 외국인에게 사회보장제도를 적용할 때에는 (❽   )에 따르되, 관계 법령에서 정하는 바에 따른다.

❽ 상호주의

☐ (❾   )란 국가와 지방자치단체의 책임하에 생활유지능력이 없거나 생활이 어려운 국민의 최저생활을 보장하고 자립을 지원하는 제도를 말한다.

❾ 공공부조

☐ 제3자의 불법행위로 피해를 입은 국민이 그로 인하여 (❿   )을 가지게 된 경우 사회보장제도를 운영하는 자는 그 불법행위의 책임이 있는 자에 대하여 관계법령에서 정하는 바에 따라 구상권을 행사할 수 있다.

❿ 사회보장수급권

Ⅰ 고용보험법의 의의

Ⅱ 고용보험법의 기능

제2절 고용보험법의 주요 내용

Ⅰ 서 설

1. 용어의 정의

피보험자	① 고용보험 및 산업재해보상보험의 보험료징수 등에 관한 법률(이하 "징수법")에 따라 보험에 가입되거나 가입된 것으로 보는 근로자, 예술인 또는 노무제공자 ② 징수법에 따라 고용보험에 가입하거나 가입된 것으로 보는 자영업자(이하 "자영업자인 피보험자")
이 직	피보험자와 사업주 사이의 고용관계가 끝나게 되는 것(예술인 및 노무제공자의 경우에는 문화예술용역 관련 계약 또는 노무제공계약이 끝나는 것)
실 업	근로의 의사와 능력이 있음에도 불구하고 취업하지 못한 상태에 있는 것
실업의 인정	수급자격자가 실업한 상태에서 적극적으로 직업을 구하기 위하여 노력하고 있다고 인정하는 것
보 수	소득세법에 따른 근로소득에서 대통령령으로 정하는 금품을 뺀 금액
일용근로자	1개월 미만 동안 고용되는 사람

2. 국고의 부담

국가는 매년 보험사업에 드는 비용의 일부를 일반회계에서 부담

3. 고용보험위원회

소 속	고용보험법(이하 "고보법")및 징수법(보험에 관한 사항만 해당)의 시행에 관한 주요 사항을 심의하기 위하여 고용노동부에 고용보험위원회(이하 "위원회") 설치
구 성	① 위원회는 위원장 1명을 포함한 20명 이내의 위원으로 구성 ② 위원회의 위원장은 고용노동부차관, 위원은 다음의 사람 중에서 각각 같은 수(數)로 고용노동부장관이 임명하거나 위촉하는 사람 ⃟ ⃝ 근로자를 대표하는 사람 ⓛ 사용자를 대표하는 사람 ⓒ 공익을 대표하는 사람 ⓔ 정부를 대표하는 사람 ③ 위원회는 심의 사항을 사전에 검토・조정하기 위하여 위원회에 전문위원회를 둘 수 있음
심의 사항	① 보험제도 및 보험사업의 개선에 관한 사항 ② 징수법에 따른 보험료율의 결정에 관한 사항 ③ 보험사업의 평가에 관한 사항 ④ 기금운용 계획의 수립 및 기금의 운용 결과에 관한 사항 ⑤ 그 밖에 위원장이 보험제도 및 보험사업과 관련하여 위원회의 심의가 필요하다고 인정하는 사항

고용보험위원회의 구성(영 제1조의3)

① 법 제7조 제4항 제1호 및 제2호에 따른 근로자와 사용자를 대표하는 사람은 각각 전국 규모의 노동단체와 전국 규모의 사용자단체에서 추천하는 사람 중에서 고용노동부장관이 위촉한다.

② 법 제7조 제4항 제3호에 따른 공익을 대표하는 사람은 고용보험과 그 밖의 고용노동 분야 전반에 관하여 학식과 경험이 풍부한 사람 중에서 고용노동부장관이 위촉한다.

③ 법 제7조 제4항 제4호에 따른 <u>정부를 대표하는 사람은 고용보험 관련 중앙행정기관의 고위공무원단에 속하는 공무원 중에서 고용노동부장관이 임명한다.</u> `기출` 23・24

위원의 임기 등(영 제1조의4)

① <u>법 제7조 제4항 제1호부터 제3호까지의 규정에 따른 위촉위원(이하 "위촉위원")의 임기는 2년으로 한다. 다만, 보궐위원의 임기는 전임자 임기의 남은 기간으로 한다.</u> `기출` 23

② 위촉위원은 제1항에 따른 임기가 만료된 경우에도 후임위원이 위촉될 때까지 그 직무를 수행할 수 있다.

③ 고용노동부장관은 위촉위원이 다음 각 호의 어느 하나에 해당하는 경우에는 해당 위원을 해촉(解囑)할 수 있다.
  1. 심신장애로 인하여 직무를 수행할 수 없게 된 경우
  2. 직무와 관련된 비위사실이 있는 경우
  3. 직무태만, 품위손상이나 그 밖의 사유로 인하여 위원으로 적합하지 아니하다고 인정되는 경우
  4. 위원 스스로 직무를 수행하는 것이 곤란하다고 의사를 밝히는 경우

위원장의 직무(영 제1조의5)

① 법 제7조에 따른 고용보험위원회(이하 "위원회")의 위원장은 위원회를 대표하며, 위원회의 사무를 총괄한다.

② <u>위원장이 부득이한 사유로 직무를 수행할 수 없을 때에는 위원장이 미리 지명하는 위원이 그 직무를 대행한다.</u> `기출` 23

회의(영 제1조의6)

① 위원장은 위원회의 회의를 소집하고, 그 의장이 된다.

② <u>위원회의 회의는 재적위원 과반수의 출석으로 개의(開議)하고 출석위원 과반수의 찬성으로 의결한다.</u> `기출` 23

4. 적용범위

(1) 적용 제외 사업

① 다음의 어느 하나에 해당하는 공사. 다만, 건설산업기본법에 따른 건설사업자, 주택법에 따른 주택건설사업자, 전기공사업법에 따른 공사업자, 정보통신공사업법에 따른 정보통신공사업자, 소방시설공사업법에 따른 소방시설업자, 국가유산수리 등에 관한 법률에 따른 국가유산수리업자가 시공하는 공사는 제외
  ㉠ 징수법 시행령에 따른 총공사금액이 2천만원 미만인 공사
  ㉡ 연면적 100제곱미터 이하인 건축물의 건축 또는 연면적이 200제곱미터 이하인 건축물의 대수선에 관한 공사
② 가구 내 고용활동 및 달리 분류되지 아니한 자가소비 생산활동

(2) 적용 제외 근로자

① 해당 사업에서 1개월간 소정근로시간이 60시간 미만이거나 1주간의 소정근로시간이 15시간 미만인 근로자. 다만, 해당 사업에서 3개월 이상 계속하여 근로를 제공하는 근로자나 일용근로자는 이 법의 적용대상
② 국가공무원법과 지방공무원법에 따른 공무원. 다만, 대통령령으로 정하는 바에 따라 별정직 및 임기제 공무원의 경우는 본인의 의사에 따라 고용보험에 가입 가능

③ 사립학교교직원 연금법의 적용을 받는 사람

④ 별정우체국법에 따른 별정우체국 직원

⑤ 농업·임업 및 어업 중 법인이 아닌 자가 상시 4명 이하의 근로자를 사용하는 사업에 종사하는 근로자. 다만, 본인의 의사로 고용보험에 가입을 신청하는 사람은 고용보험에 가입 가능

⑥ 65세 이후에 고용(65세 전부터 피보험 자격을 유지하던 사람이 65세 이후에 계속하여 고용된 경우는 제외)되거나 자영업을 개시한 사람에게는 제4장 및 제5장(실업급여 및 육아휴직 급여등)을 적용하지 아니함

5. 보험관계의 성립·소멸

보험관계의 성립 및 소멸에 대하여는 징수법으로 정하는 바에 따름

Ⅱ 피보험자의 관리

1. 피보험자격의 취득일

원 칙	근로자인 피보험자는 고보법이 적용되는 사업에 고용된 날에 피보험자격 취득
예 외	다음의 경우에는 각각 그 해당되는 날에 피보험자격을 취득한 것으로 간주 ① 적용 제외 근로자였던 자가 고보법의 적용을 받게 된 경우에는 그 적용을 받게 된 날 ② 징수법에 따른 보험관계 성립일 전에 고용된 근로자의 경우에는 그 보험관계가 성립한 날
자영업자인 피보험자의 자격취득일	자영업자인 피보험자는 보험관계가 성립한 날에 피보험자격 취득

2. 피보험자격의 상실일

피보험자격의 상실일	① 근로자인 피보험자가 적용 제외 근로자에 해당하게 된 경우에는 그 적용 제외 대상자가 된 날 ② 징수법에 따라 보험관계가 소멸한 경우에는 그 보험관계가 소멸한 날 ③ 근로자인 피보험자가 이직한 경우에는 이직한 날의 다음 날 ④ 근로자인 피보험자가 사망한 경우에는 사망한 날의 다음 날
자영업자인 피보험자의 자격상실일	자영업자인 피보험자는 보험관계가 소멸한 날에 피보험자격 상실

3. 피보험자격에 관한 신고 등

(1) 사업주의 신고

사업주는 그 사업에 고용된 근로자의 피보험자격의 취득 및 상실 등에 관한 사항을 고용노동부장관에게 신고

> **피보험자격의 취득 또는 상실 신고 등(영 제7조)**
> ① 사업주나 하수급인(下受給人)은 법 제15조에 따라 고용노동부장관에게 그 사업에 고용된 근로자의 피보험자격 취득
> 및 상실에 관한 사항을 신고하려는 경우에는 그 사유가 발생한 날이 속하는 달의 다음 달 15일까지(근로자가 그 기일
> 이전에 신고할 것을 요구하는 경우에는 지체 없이) 신고해야 한다. 이 경우 사업주나 하수급인이 해당하는 달에 고용한
> 일용근로자의 근로일수, 임금 등이 적힌 근로내용 확인신고서를 그 사유가 발생한 날의 다음 달 15일까지 고용노동부장관
> 에게 제출한 경우에는 피보험자격의 취득 및 상실을 신고한 것으로 본다. [기출] 13 · 21
> ② 징수법 제11조 제3항에 따라 사업의 개시 또는 종료 신고를 한 사업주는 제1항에 따른 신고기간 내에 고용노동부장관에게
> 피보험자격의 취득 또는 상실 신고를 해야 한다.

(2) 근로자의 신고

사업주가 피보험자격에 관한 사항을 신고하지 아니하면 근로자가 신고 가능

(3) 자영업자인 피보험자의 신고의무 면제

자영업자인 피보험자는 피보험자격의 취득 및 상실에 관한 신고를 하지 아니함

4. 피보험자격의 확인

피보험자 또는 피보험자였던 사람은 언제든지 고용노동부장관에게 피보험자격의 취득 또는 상실에 관한 확인 청구 가능

Ⅲ 고용안정 · 직업능력개발 사업

1. 고용창출의 지원

의 의	고용노동부장관은 고용환경 개선, 근무형태 변경 등으로 고용의 기회를 확대한 사업주에게 필요한 지원 가능
지원요건	① 근로시간 단축, 교대근로 개편, 정기적인 교육훈련 또는 안식휴가 부여 등(이하 "일자리 함께하기")을 통하여 실업자를 고용함으로써 근로자 수가 증가한 경우 ② 고용노동부장관이 정하는 시설을 설치·운영하여 고용환경을 개선하고 실업자를 고용하여 근로자 수가 증가한 경우 ③ 직무의 분할, 근무체계 개편 또는 시간제직무 개발 등을 통하여 실업자를 근로계약기간을 정하지 않고 시간제로 근무하는 형태로 하여 새로 고용하는 경우 ④ 위원회에서 심의·의결한 성장유망업종, 인력수급 불일치 업종, 국내복귀기업 또는 지역특화산업 등 고용지원이 필요한 업종에 해당하는 기업이 실업자를 고용하는 경우 ⑤ 위원회에서 심의·의결한 업종에 해당하는 우선지원 대상기업이 고용노동부장관이 정하는 전문적인 자격을 갖춘 자(이하 "전문인력")를 고용하는 경우 ⑥ 임금피크제, 임금을 감액하는 제도 또는 그 밖의 임금체계 개편 등을 통하여 15세 이상 34세 이하의 청년 실업자를 고용하는 경우 ⑦ 고용노동부장관이 고령자 또는 준고령자가 근무하기에 적합한 것으로 인정하는 직무에 고령자 또는 준고령자를 새로 고용하는 경우

2. 고용조정의 지원

(1) 의 의

고용노동부장관은 고용조정이 불가피하게 된 사업주가 근로자에 대한 휴업 등이나 근로자의 고용안정을 위한 조치를 하는 경우에는 사업주에게, 고용안정을 위한 조치로 근로자의 임금이 평균임금의 100분의 50 미만으로 감소할 경우, 그 근로자에게도 필요한 지원 가능

(2) 고용유지 지원금

1) 지원요건

① 고용노동부장관은 경기의 변동, 산업구조의 변화 등에 따른 사업 규모의 축소, 사업의 폐업 또는 전환으로 고용조정이 불가피하게 된 사업주가 근로자에 대한 휴업, 휴직, 직업전환에 필요한 직업능력개발 훈련, 인력의 재배치 등을 실시하거나 그 밖에 근로자의 고용안정을 위한 조치를 하는 경우 그 사업주에게 필요한 지원 가능

② 휴직이나 휴직 등 고용안정을 위한 조치로 근로자의 임금이 평균임금의 100분의 50 미만(지급되는 임금이 없는 경우 포함)으로 감소할 경우 그 근로자에게도 필요한 지원 가능

2) 지원금액

① **고용유지지원금의 금액** : 고용유지지원금은 다음에 해당하는 금액. 다만, 고용노동부장관이 실업의 급증 등 고용사정이 악화되어 고용안정을 위하여 필요하다고 인정할 때에는 1년의 범위에서 고용노동부장관이 정하여 고시하는 기간에 사업주가 피보험자의 임금을 보전하기 위하여 지급한 금품의 4분의 3 이상 10분의 9 이하로서 고용노동부장관이 정하여 고시하는 비율[우선지원 대상기업에 해당하지 않는 기업(이하 "대규모기업")의 경우에는 3분의 2]에 해당하는 금액

  ㉠ 근로시간 조정, 교대제 개편, 휴업 또는 휴직 등으로 단축된 근로시간이 역에 따른 1개월의 기간 동안 100분의 50 미만인 경우 : 단축된 근로시간 또는 휴직기간에 대하여 사업주가 피보험자의 임금을 보전하기 위하여 지급한 금품의 3분의 2(대규모기업의 경우에는 2분의 1)에 해당하는 금액

  ㉡ 근로시간 조정, 교대제 개편, 휴업 또는 휴직 등으로 단축된 근로시간이 역에 따른 1개월의 기간 동안 100분의 50 이상인 경우 : 단축된 근로시간 또는 휴직기간에 대하여 사업주가 피보험자의 임금을 보전하기 위하여 지급한 금품의 3분의 2에 해당하는 금액

② **고용유지지원금의 범위**

  ㉠ 고용유지지원금은 그 조치를 실시한 일수(둘 이상의 고용유지조치를 동시에 실시한 날은 1일로 간주)의 합계가 그 보험연도의 기간 중에 180일에 이를 때까지만 각각의 고용유지조치에 대하여 고용유지지원금 지급

  ㉡ 지급되는 고용유지지원금은 고용유지조치별 대상 근로자 1명당 고용노동부장관이 정하여 고시하는 금액을 초과 불가

  ㉢ 지급되는 고용유지지원금은 고용유지조치별 대상 근로자 1명당 고용노동부장관이 정하여 고시하는 금액 초과 불가

3) 지원제한

① 고용노동부장관은 고용유지조치계획과 다르게 고용유지조치를 이행한 사업주에게는 해당 사실이 발생한 날이 속한 달에 대한 고용유지지원금의 전부 또는 일부를 지급하지 아니할 수 있음

② 사업주가 고용유지조치 기간 동안 근로자를 새로 고용하거나 3년 이상 연속하여 같은 달에 고용유지조치를 실시하는 경우에는 관할 직업안정기관의 장이 불가피하다고 인정하는 경우를 제외하고는 해당 달에 대한 고용유지지원금을 지급하지 아니함

3. 고령자등 고용촉진의 지원

(1) 의 의

고용노동부장관은 고령자등 고용촉진의 지원을 위해 일정한 요건을 구비한 실업자를 피보험자로 고용한 사업주에게 고용촉진장려금을 지급해야 하고, 일정한 요건을 구비한 사업자에게 고령자 계속고용장려금, 고령자 고용지원금, 출산육아기 고용안정장려금 등을 지원하는 것이 가능

(2) 출산육아기 고용안정장려금

1) 지원요건

고용노동부장관은 다음의 어느 하나에 해당하는 사업주에게 출산육아기 고용안정장려금 지급

① 피보험자인 근로자에게 고평법에 따른 육아휴직 또는 육아기 근로시간 단축(이하 "육아휴직등")을 30일[근기법에 따른 출산전후휴가(이하 "출산전후휴가")의 기간과 중복되는 기간은 제외] 이상 허용한 우선지원대상기업의 사업주

② 피보험자인 근로자에게 출산전후휴가, 근기법에 따른 유산·사산 휴가(이하 "유산·사산 휴가") 또는 육아휴직등을 30일 이상 부여하거나 허용하고 대체인력을 고용하거나 파견근로자를 대체인력으로 사용한 경우로서 다음 각 목의 요건을 모두 갖춘 우선지원대상기업의 사업주

  ㉠ 다음의 어느 하나에 해당할 것

    ㉮ 출산전후휴가, 유산·사산 휴가 또는 육아휴직등의 시작일 전 2개월이 되는 날(출산전후휴가에 연이어 유산·사산 휴가 또는 육아휴직등을 시작하는 경우에는 출산전후휴가 시작일 전 2개월이 되는 날) 이후 새로 대체인력을 고용하거나 파견근로자를 대체인력으로 사용하여 30일 이상 계속 고용하거나 사용한 경우

    ㉯ 피보험자인 근로자에게 임신 중에 60일을 초과하여 근로시간 단축을 허용하고 대체인력을 고용하거나 파견근로자를 대체인력으로 사용한 경우로서 그 근로자가 근로시간 단축 종료에 연이어 출산전후휴가, 유산·사산 휴가 또는 육아휴직등을 시작한 이후에도 같은 대체인력을 계속 고용하거나 사용한 경우. 이 경우 대체인력을 고용하거나 사용한 기간은 30일 이상이어야 한다.

  ㉡ 새로 대체인력을 고용하거나 파견근로자를 대체인력으로 사용하기 전 3개월부터 대체인력의 고용 또는 사용 후 1년까지(해당 대체인력의 고용기간 또는 사용기간이 1년 미만인 경우에는 그 고용관계 또는 사용관계 종료 시까지) 고용조정으로 다른 근로자(새로 고용 또는 사용한 대체인력보다 나중에 고용된 근로자는 제외)를 이직시키지 않을 것

③ 피보험자인 근로자에게 육아휴직등을 30일 이상 허용하거나 부여한 경우로서 해당 근로자의 업무 전부 또는 일부를 대신하여 수행할 근로자(이하 "업무분담자")를 지정하고 해당 업무분담자에게 업무분담에 대한 금전적 지원을 한 우선지원대상기업의 사업주. 다만, 육아기 근로시간 단축 근로자에 대한 업무분담자를 지정한 경우에는 육아기 근로시간 단축 근로자의 단축된 근로시간이 주당 10시간 이상

2) 신청기간

출산육아기 고용안정장려금 지급 신청 기간은 육아휴직등, 출산전후휴가, 유산·사산 휴가 또는 육아기 근로시간 단축의 종료일부터 12개월 이내

Ⅳ 실업급여

1. 실업급여

(1) 실업급여의 종류

구직급여와 취업촉진 수당

(2) 취업촉진 수당의 종류

① 조기재취업 수당
② 직업능력개발 수당
③ 광역 구직활동비
④ 이주비

(3) 실업급여의 지급

실업급여수급 계좌로의 입금	실업급여수급계좌의 해당 금융기관은 고보법에 따른 실업급여만이 실업급여수급계좌에 입금되도록 관리
수급자격자에 대한 직접 지급	① 직업안정기관의 장은 정보통신장애나 이체가 제한되는 불가피한 사유로 인하여 실업급여를 실업급여수급계좌로 이체할 수 없을 때에는 해당 실업급여 금액을 수급자격자에게 직접 현금으로 지급 가능 ② 직업안정기관의 장은 수급자격 인정신청을 한 사람에게 신청인이 원하는 경우에는 해당 실업급여를 실업급여수급계좌로 받을 수 있다는 사실 안내

(4) 수급권의 보호

실업급여를 받을 권리는 양도 또는 압류하거나 담보로 제공할 수 없으며 지정된 실업급여수급계좌에 입금된 금액 전액에 관한 채권은 압류할 수 없음

2. 구직급여

(1) 구직급여의 수급요건

통상근로자의 수급요건	구직급여는 이직한 근로자인 피보험자가 다음의 요건을 모두 갖춘 경우에 지급 ① 기준기간 동안의 피보험 단위기간이 합산하여 180일 이상일 것 ② 근로의 의사와 능력이 있음에도 불구하고 취업(영리를 목적으로 사업을 영위하는 경우 포함)하지 못한 상태에 있을 것 ③ 이직사유가 수급자격의 제한 사유에 해당하지 아니할 것 ④ 재취업을 위한 노력을 적극적으로 할 것
일용근로자에게 추가되는 수급요건	① 수급자격 인정신청일이 속한 달의 직전 달 초일부터 수급자격 인정신청일까지의 근로일 수의 합이 같은 기간 동안의 총 일수의 3분의 1 미만일 것 또는 건설일용근로자로서 수급자격 인정신청일 이전 14일간 연속하여 근로내역이 없을 것 ② 최종 이직 당시의 기준기간 동안의 피보험 단위기간 중 다른 사업에서 수급자격의 제한 사유에 해당하는 사유로 이직한 사실이 있는 경우에는 그 피보험 단위기간 중 90일 이상을 일용근로자로 근로하였을 것

(2) 피보험 단위기간

① 근로자의 피보험 단위기간은 피보험기간 중 보수 지급의 기초가 된 날을 합하여 계산. 다만, 자영업자인 피보험자의 경우에는 그 수급자격과 관련된 폐업 당시의 적용 사업에의 보험가입기간 중에서 실제로 납부한 고용보험료에 해당하는 기간으로 함

② 피보험 단위기간을 계산할 때에는 최후로 피보험자격을 취득한 날 이전에 구직급여를 받은 사실이 있는 경우에는 그 구직급여와 관련된 피보험자격 상실일 이전의 피보험 단위기간은 불포함

③ 근로자인 피보험자가 기준기간 동안에 근로자 · 예술인 · 노무제공자 중 둘 이상에 해당하는 사람으로 종사한 경우의 피보험 단위기간은 대통령령으로 정하는 바에 따름

(3) 실업의 신고

구직급여를 지급받으려는 사람은 이직 후 지체 없이 직업안정기관에 출석하여 실업을 신고하여야 함. 다만, 재난으로 출석하기 어려운 경우 등 고용노동부령으로 정하는 사유가 있는 경우에는 고용정보시스템을 통하여 신고 가능

(4) 수급자격의 인정

인정신청	구직급여를 지급받으려는 사람은 직업안정기관의 장에게 구직급여의 수급 요건을 갖추었다는 사실(이하 "수급자격")을 인정하여 줄 것을 신청
고려사항	수급자격인정신청인이 피보험자로서 마지막에 이직한 사업에 고용되기 전에 피보험자로서 이직한 사실이 있을 것, 마지막 이직 이전의 이직과 관련하여 구직급여를 받은 사실이 없을 것의 요건을 모두 갖춘 경우에는 마지막에 이직한 사업을 기준으로 수급자격의 인정 여부 결정. 다만, 마지막 이직 당시 일용근로자로서 피보험 단위기간이 1개월 미만인 사람이 수급자격을 갖추지 못한 경우에는 일용근로자가 아닌 근로자로서 마지막으로 이직한 사업을 기준으로 결정
인정결정통지	직업안정기관의 장은 수급자격의 인정신청을 받으면 그 신청인에 대한 수급자격의 인정 여부를 결정하고, 신청인에게 그 결과 통지

(5) 실업의 인정

1) 구직급여의 지급

구직급여는 수급자격자가 실업한 상태에 있는 날 중에서 직업안정기관의 장으로부터 실업의 인정을 받은 날에 대하여 지급

2) 실업의 인정방법

① 실업의 인정을 받으려는 수급자격자는 실업의 신고를 한 날부터 계산하기 시작하여 1주부터 4주의 범위에서 직업안정기관의 장이 지정한 날(실업인정일)에 출석하여 재취업을 위한 노력을 하였음을 신고하여야 하고, 직업안정기관의 장은 직전 실업인정일의 다음 날부터 그 실업인정일까지의 각각의 날에 대하여 실업 인정. 다만, 다음에 해당하는 사람은 고용노동부령으로 정하는 기준에 따라 실업 인정

ㄱ 직업능력개발 훈련 등을 받는 수급자격자

ㄴ 천재지변, 대량 실업의 발생 등 대통령령으로 정하는 사유가 발생한 경우의 수급자격자

ㄷ 그 밖에 대통령령으로 정하는 수급자격자

② 수급자격자가 다음의 어느 하나에 해당하면 직업안정기관에 출석할 수 없었던 사유를 적은 증명서를 제출하여 실업의 인정을 받을 수 있음

  ㉠ 질병이나 부상으로 직업안정기관에 출석할 수 없었던 경우로서 그 기간이 계속하여 7일 미만인 경우

  ㉡ 직업안정기관의 직업소개에 따른 구인자와의 면접 등으로 직업안정기관에 출석할 수 없었던 경우

  ㉢ 직업안정기관의 장이 지시한 직업능력개발 훈련 등을 받기 위하여 직업안정기관에 출석할 수 없었던 경우

  ㉣ 천재지변이나 그 밖의 부득이한 사유로 직업안정기관에 출석할 수 없었던 경우

3) 재취업활동 인정기준

① 재취업활동으로 인정되는 경우

  ㉠ 구인업체를 방문하거나 우편·인터넷 등을 이용하여 구인에 응모한 경우

  ㉡ 채용관련 행사에 참여하여 채용을 위한 면접에 응한 경우

  ㉢ 직업능력개발 훈련 등을 받는 경우 중 고용노동부장관이 정한 경우

  ㉣ 직업안정기관에서 실시하는 직업지도 프로그램에 참여한 경우

  ㉤ 해당 실업인정일부터 30일 이내에 취업하기로 확정된 경우

  ㉥ 국민 평생 직업능력 개발법에 따른 직업능력개발 훈련시설(법인 포함)이나 학원의 설립·운영 및 과외교습에 관한 법률에 따른 학원 등에서 재취업을 위하여 수강 중인 경우로서 따로 재취업활동이 필요하지 아니하다고 직업안정기관의 장이 인정하는 경우

  ㉦ 구인업체가 부족한 경우 등 노동시장의 여건상 고용정보의 제공이 어려운 경우로서 직업지도를 위하여 필요하다고 판단되어 직업안정기관의 장이 소개한 사회봉사활동에 참여하는 경우

  ㉧ 고용노동부장관이 정하는 바에 따라 자영업 준비활동을 한 경우

  ㉨ 직업안정기관의 지원을 받아 재취업활동에 관한 계획을 수립하는 경우

  ㉩ 위의 규정에 준하는 경우로서 고용노동부장관이 정하는 경우

② 재취업활동으로 인정되지 않는 경우

  ㉠ 임신·출산·육아·노약자의 간호, 그 밖의 가사상의 이유로 이직한 사람 중 그 이직 원인이 아직 소멸되었다고 보기 어려운 경우

  ㉡ 질병·부상 등 정신적·육체적 조건으로 통상 취업이 곤란하다고 인정되는 경우

  ㉢ 산업재해보상보험법(이하 "산재법")에 따른 휴업급여의 지급 대상이 되는 경우

  ㉣ 직업안정기관의 장이 미리 지정하여 준 직업소개나 직업지도를 위한 출석일에 정당한 사유 없이 출석하지 아니한 경우(출석하지 아니한 기간으로 한정)

  ㉤ 위의 규정에 준하는 경우로서 고용노동부장관이 정하는 경우

(6) 실업인정대상기간 중의 취업 등의 신고

① 수급자격자는 실업의 인정을 받으려 하는 기간(이하 "실업인정대상기간") 중에 고용노동부령으로 정하는 기준에 해당하는 취업을 한 경우에는 그 사실을 직업안정기관의 장에게 신고하여야 하고, 직업안정기관의 장은 필요하다고 인정하면 수급자격자의 실업인정대상기간 중의 취업 사실에 대하여 조사 가능

② 수급자격자는 취업한 사실이 있는 경우에는 취업한 날 이후 최초의 실업인정일에 제출하는 실업인정신청서에 그 사실을 적어야 함

(7) 구직급여일액

구직급여일액의 계산	수급자격자의 기초일액에 100분의 60을 곱한 금액으로 하거나, 산정된 구직급여일액이 최저구직급여일액 보다 낮은 경우에는 최저구직급여일액
최저구직급여일액	최저기초일액으로 구직급여액을 계산하는 경우에는 그 수급자격자의 기초일액에 100분의 80을 곱한 금액

(8) 수급기간 및 수급일수

의 의	① 구직급여는 고보법에 따로 규정이 있는 경우 외에는 그 구직급여의 수급자격과 관련된 이직일의 다음 날부터 계산하기 시작하여 12개월 내에 소정급여일수를 한도로 하여 지급 ② 12개월의 기간 중 임신·출산·육아, 그 밖에 대통령령으로 정하는 사유로 취업할 수 없는 사람이 그 사실을 수급기간에 직업안정기관에 신고한 경우에는 12개월의 기간에 그 취업할 수 없는 기간을 가산 한 기간(4년을 넘을 때에는 4년)에 소정급여일수를 한도로 하여 구직급여 지급
신고의 의제	다음에 해당하는 경우에는 해당 최초 요양일에 신고를 한 것으로 간주 ① 산재법에 따른 요양급여를 받는 경우 ② 질병 또는 부상으로 3개월 이상의 요양이 필요하여 이직하였고, 이직 기간 동안 취업활동이 곤란하였던 사실이 요양기간과 부상·질병상태를 구체적으로 밝힌 주치의사의 소견과 요양을 위하여 이직하였다 는 사업주의 의견을 통하여 확인된 경우
수급기간의 연기사유	① 본인의 질병이나 부상(상병급여를 받은 경우의 질병이나 부상은 제외) ② 배우자의 질병이나 부상 ③ 본인과 배우자의 직계존속 및 직계비속의 질병이나 부상 ④ 배우자의 국외발령 등에 따른 동거 목적의 거소 이전 ⑤ 병역법에 따른 의무복무 ⑥ 범죄혐의로 인한 구속이나 형의 집행(형법 또는 직무와 관련된 법률을 위반하여 금고 이상의 형을 선고 받아 수급자격이 없는 자는 제외) ⑦ 그 밖에 이에 준하는 경우로서 노동부령이 정하는 사유

(9) 소정급여일수 및 피보험기간

1) 의 의

① 하나의 수급자격에 따라 구직급여를 지급받을 수 있는 날(이하 "소정급여일수")은 대기기간이 끝난 다음 날부터 계산하기 시작하여 피보험기간과 연령에 따라 [별표 1]에서 정한 일수가 되는 날까지

구직급여의 소정급여일수(고보법 [별표 1])

구 분		피보험기간				
		1년 미만	1년 이상 3년 미만	3년 이상 5년 미만	5년 이상 10년 미만	10년 이상
이직일 현재 연령	50세 미만	120일	150일	180일	210일	240일
	50세 이상	120일	180일	210일	240일	270일

비고 : 장애인고용촉진 및 직업재활법 제2조 제1호에 따른 장애인은 50세 이상인 것으로 보아 위 표를 적용

② 수급자격자가 소정급여일수 내에 임신·출산·육아, 그 밖에 대통령령으로 정하는 사유로 수급기간을 연장한 경우에는 그 기간만큼 구직급여를 유예하여 지급

2) 피보험기간

피보험기간은 그 수급자격과 관련된 이직 당시의 적용 사업에서 고용된 기간(적용 제외 근로자로 고용된 기간은 제외). 다만, 자영업자인 피보험자의 경우에는 그 수급자격과 관련된 폐업 당시의 적용 사업에의 보험가입기간 중에서 실제로 납부한 고용보험료에 해당하는 기간

3. 연장급여

(1) 훈련연장급여

의 의	직업안정기관의 장은 수급자격자의 연령·경력 등을 고려할 때 재취업을 위하여 직업능력개발 훈련 등을 받도록 지시 가능
지급대상 (요건 전부 충족 필요)	① 직업능력개발 훈련을 받으면 재취업을 하기가 쉽다고 인정될 것 ② 국가기술자격증이 없거나 있더라도 그 기술에 대한 노동시장의 수요가 급격히 감소했을 것 ③ 최근 1년간 직업능력개발훈련을 받지 않았을 것 ④ 실업의 신고일부터 직업안정기관의 장의 직업소개 또는 직업상담(심층상담 또는 집단상담으로 한정)에 3회 이상 응했으나 취업되지 않았을 것
지급기간	• 직업안정기관의 장은 직업능력개발 훈련 등을 받도록 지시한 경우에는 수급자격자가 그 직업능력개발 훈련 등을 받는 기간 중 실업의 인정을 받은 날에 대하여는 소정급여일수를 초과하여 구직급여를 연장하여 지급 가능 • 이 경우 연장하여 지급하는 구직급여(훈련연장급여)의 지급 기간은 2년 이내

(2) 개별연장급여

의 의	직업안정기관의 장은 취업이 특히 곤란하고 생활이 어려운 수급자격자로서 대통령령으로 정하는 사람에게는 그가 실업의 인정을 받은 날에 대하여 소정급여일수를 초과하여 구직급여를 연장하여 지급 가능
지급대상	취업이 특히 곤란하고 생활이 어려운 수급자격자로서 대통령령으로 정하는 사람이란 다음의 요건을 모두 갖춘 수급자격자 ① 실업신고일부터 구직급여의 지급이 끝날 때까지 직업안정기관의 장의 직업소개에 3회 이상 응하였으나 취업되지 않은 사람으로서 다음의 어느 하나에 해당하는 부양가족이 있는 사람, 즉 18세 미만이나 65세 이상인 사람, 장애인고용촉진 및 직업재활법에 따른 장애인, 1개월 이상의 요양이 요구되는 환자, 소득이 없는 배우자, 학업 중인 사람으로서 고용노동부장관이 정하여 고시하는 사람 등의 부양가족이 있는 사람 ② 급여기초 임금일액과 본인과 배우자의 재산합계액이 각각 고용노동부장관이 정하여 고시한 기준 이하인 사람
지급기간	연장하여 지급하는 구직급여("개별연장급여")는 60일의 범위에서 대통령령으로 정하는 기간 동안 지급. 개별연장급여 지급일수는 최대 60일로 하되, 일정 기간 동안 실업급여를 반복하여 수급한 정도를 고려하여 고용노동부장관이 정하는 기준에 따라 그 지급기간을 60일 미만으로 규정 가능

(3) 연장급여의 상호조정 등

① 연장급여는 그 수급자격자가 지급받을 수 있는 구직급여의 지급이 끝난 후에 지급

② 훈련연장급여를 지급받고 있는 수급자격자에게는 그 훈련연장급여의 지급이 끝난 후가 아니면 개별연장급여 및 특별연장급여를 지급하지 아니함

③ 개별연장급여 또는 특별연장급여를 지급받고 있는 수급자격자가 훈련연장급여를 지급받게 되면 개별연장급여나 특별연장급여를 지급하지 아니함

④ 특별연장급여를 지급받고 있는 수급자격자에게는 특별연장급여의 지급이 끝난 후가 아니면 개별연장급여를 지급하지 아니하고, 개별연장급여를 지급받고 있는 수급자격자에게는 개별연장급여의 지급이 끝난 후가 아니면 특별연장급여를 지급하지 아니함

(4) 지급되지 아니한 구직급여

수급자격자가 사망한 경우 그 수급자격자에게 지급되어야 할 구직급여로서 아직 지급되지 아니한 것이 있는 경우에는 그 수급자격자의 배우자(사실상의 혼인 관계에 있는 사람 포함)·자녀·부모·손자녀·조부모 또는 형제자매로서 수급자격자와 생계를 같이하고 있던 사람의 청구에 따라 그 미지급분을 지급. 이때 지급되지 않은 구직급여의 지급을 청구하려는 사람("미지급급여청구자")은 미지급 실업급여 청구서를 사망한 수급자격자의 신청지 관할 직업안정기관의 장에게 제출

4. 이직 사유에 따른 구직급여의 수급자격의 제한

(1) 중대한 귀책사유로 해고된 피보험자로서 다음의 어느 하나에 해당한다고 직업안정기관의 장이 인정하는 경우

① 형법 또는 직무와 관련된 법률을 위반하여 금고 이상의 형을 선고받은 경우
② 사업에 막대한 지장을 초래하거나 재산상 손해를 끼친 경우로서 고용노동부령으로 정하는 기준에 해당하는 경우
③ 정당한 사유 없이 근로계약 또는 취업규칙 등을 위반하여 장기간 무단 결근한 경우

(2) 자기 사정으로 이직한 피보험자로서 다음의 어느 하나에 해당한다고 직업안정기관의 장이 인정하는 경우

① 전직 또는 자영업을 하기 위하여 이직한 경우
② 중대한 귀책사유가 있는 사람이 해고되지 아니하고 사업주의 권고로 이직한 경우
③ 그 밖에 고용노동부령으로 정하는 정당한 사유에 해당하지 아니하는 사유로 이직한 경우

5. 취업촉진 수당

(1) 조기재취업 수당

지급요건	① 조기재취업 수당은 수급자격자(외국인근로자의 고용 등에 관한 법률에 따른 외국인 근로자는 제외)가 안정된 직업에 재취직하거나 스스로 영리를 목적으로 하는 사업을 영위하는 경우로서 대통령령으로 정하는 기준에 해당하면 지급 ② 수급자격자가 안정된 직업에 재취업한 날 또는 스스로 영리를 목적으로 하는 사업을 시작한 날 이전의 2년 이내에 조기재취업 수당을 지급받은 사실이 있는 경우에는 조기재취업 수당을 지급하지 아니함
지급액	조기재취업 수당의 금액은 구직급여일액에 미지급일수의 2분의 1을 곱한 금액

(2) 이주비

지급요건	수급자격자가 다음의 요건을 모두 갖춘 경우에 지급 ① 취업하거나 직업훈련 등을 받게 된 경우로서 고용노동부장관이 정하는 기준에 따라 거주지 관할 직업안정기관의 장이 주거의 변경이 필요하다고 인정할 것 ② 해당 수급자격자를 고용하는 사업주로부터 주거의 이전에 드는 비용이 지급되지 아니하거나 지급되더라도 그 금액이 이주비에 미달할 것 ③ 취업을 위한 이주인 경우 1년 이상의 근로계약기간을 정하여 취업할 것
지급액	이주비의 금액은 수급자격자 및 그 수급자격자에 의존하여 생계를 유지하는 동거 친족의 이주에 일반적으로 드는 비용으로 하되, 그 금액의 산정은 고용노동부령으로 규정

6. 자영업자인 피보험자에 대한 실업급여 적용의 특례

(1) 자영업자인 피보험자의 실업급여의 종류

자영업자인 피보험자의 실업급여에는 구직급여와 취업촉진 수당이 포함되나, 연장급여와 조기재취업 수당은 제외

(2) 구직급여의 수급 요건

구직급여는 폐업한 자영업자인 피보험자가 다음의 요건을 모두 갖춘 경우에 지급

① 폐업일 이전 24개월간 자영업자인 피보험자로서 갖춘 피보험 단위기간이 합산하여 1년 이상일 것
② 근로의 의사와 능력이 있음에도 불구하고 취업을 하지 못한 상태에 있을 것
③ 폐업사유가 수급자격의 제한 사유에 해당하지 아니할 것
④ 재취업을 위한 노력을 적극적으로 할 것

(3) 구직급여일액

자영업자인 피보험자로서 폐업한 수급자격자에 대한 구직급여일액은 그 수급자격자의 기초일액에 100분의 60을 곱한 금액

(4) 소정급여일수

자영업자인 피보험자로서 폐업한 수급자격자에 대한 소정급여일수는 대기기간이 끝난 다음 날부터 계산하기 시작하여 피보험기간에 따라 [별표 2]에서 정한 일수가 되는 날까지

자영업자의 구직급여의 소정급여일수(고보법 [별표 2])

구 분	피보험기간			
	1년 이상 3년 미만	3년 이상 5년 미만	5년 이상 10년 미만	10년 이상
소정급여일수	120일	150일	180일	210일

(5) 폐업사유에 따른 수급자격의 제한

폐업한 자영업자인 피보험자가 다음의 어느 하나에 해당한다고 직업안정기관의 장이 인정하는 경우에는 수급자격이 없는 것으로 간주

① 법령을 위반하여 허가 취소를 받거나 영업 정지를 받음에 따라 폐업한 경우
② 방화(放火) 등 피보험자 본인의 중대한 귀책사유로서 자영업자인 피보험자가 본인의 사업장 또는 사업장 내의 주요 생산·판매시설 등에 대하여 형법 제13장의 죄를 범하여 금고 이상의 형을 선고받고 폐업한 경우나 자영업자인 피보험자가 본인의 사업과 관련하여 형법 제347조, 제350조, 제351조(제347조 및 제350조의 상습범으로 한정), 제355조, 제356조 또는 특정경제범죄 가중처벌 등에 관한 법률 제3조에 따라 징역형을 선고받고 폐업한 경우
③ 매출액 등이 급격하게 감소하는 등 고용노동부령으로 정하는 사유가 아닌 경우로서 전직 또는 자영업을 다시 하기 위하여 폐업한 경우
④ 그 밖에 고용노동부령으로 정하는 정당한 사유에 해당하지 아니하는 사유로 폐업한 경우

(6) 자영업자인 피보험자에 대한 실업급여의 지급 제한

고용노동부장관은 보험료를 체납한 사람에게는 실업급여를 지급하지 아니할 수 있음. 자영업자인 피보험자가 해당 고용보험가입기간 동안 고용보험료를 [별표 2의4]의 구분에 따른 횟수 이상 체납한 경우에는 실업급여를 지급하지 않음. 다만, 자영업자인 피보험자가 최초의 실업인정일까지 체납한 고용보험료 및 그에 따른 연체금을 전부 납부한 경우에는 실업급여 지급

자영업자 실업급여 지급이 제한되는 보험료체납횟수(고보법 시행규칙 [별표 2의4])			
구 분	피보험기간		
	1년 이상~2년 미만	2년 이상~3년 미만	3년 이상
체납횟수	1회	2회	3회

Ⅴ 육아휴직 급여와 육아기 근로시간 단축급여

1. 육아휴직 급여

(1) 지급요건

고용노동부장관은 육아휴직을 30일(근기법에 따른 출산전후휴가기간과 중복되는 기간은 제외) 이상 부여받은 피보험자 중 육아휴직을 시작한 날 이전에 피보험 단위기간이 합산하여 180일 이상인 피보험자에게 육아휴직 급여 지급

(2) 지급신청

신청절차	① 육아휴직 급여를 지급받으려는 사람은 육아휴직을 시작한 날 이후 1개월부터 육아휴직이 끝난 날 이후 12개월 이내에 신청. 다만, 해당 기간에 대통령령으로 정하는 사유로 육아휴직 급여를 신청할 수 없었던 사람은 그 사유가 끝난 후 30일 이내에 신청 ② 피보험자가 육아휴직 급여 지급신청을 하는 경우 육아휴직 기간 중에 이직하거나 고용노동부령으로 정하는 기준에 해당하는 취업을 한 사실이 있는 경우에는 해당 신청서에 그 사실 기재. 피보험자는 이직 또는 취업을 한 날 이후 최초로 제출하는 육아휴직 급여 신청서에 이직 또는 취업을 한 사실 기재
신청기간 연장사유	① 천재지변 ② 본인이나 배우자의 질병, 부상 ③ 본인과 배우자의 직계존속 및 직계비속의 질병, 부상 ④ 병역법에 따른 의무복무 ⑤ 범죄혐의로 인한 구속이나 형의 집행

(3) 지급특례

1) 부모가 모두 육아휴직을 하는 경우

같은 자녀에 대하여 자녀의 출생 후 18개월이 될 때까지 피보험자인 부모가 모두 육아휴직을 하는 경우(부모의 육아휴직기간이 전부 또는 일부 겹치지 않은 경우 포함) 그 부모인 피보험자의 육아휴직 급여의 월별 지급액은 다음의 구분에 따라 산정한 금액

① **육아휴직 시작일부터 6개월까지** : 육아휴직 시작일을 기준으로 한 각 피보험자의 월 통상임금에 해당하는 금액. 이 경우 그 월별 지급액의 상한액은 다음의 구분에 따르며, 그 월별 지급액의 하한액은 부모 각각에 대하여 70만원

  ㉠ 부모가 육아휴직을 사용한 기간이 각각 1개월인 경우 : 부모 각각에 대하여 월 250만원

  ㉡ 부모가 육아휴직을 사용한 기간이 각각 2개월인 경우 : 부모 각각에 대하여 첫 번째 달과 두 번째 달 모두 월 250만원

  ㉢ 부모가 육아휴직을 사용한 기간이 각각 3개월인 경우 : 부모 각각에 대하여 첫 번째 달과 두 번째 달은 월 250만원, 세 번째 달은 월 300만원

  ㉣ 부모가 육아휴직을 사용한 기간이 각각 4개월인 경우 : 부모 각각에 대하여 첫 번째 달과 두 번째 달은 월 250만원, 세 번째 달은 월 300만원, 네 번째 달은 월 350만원

  ㉤ 부모가 육아휴직을 사용한 기간이 각각 5개월인 경우 : 부모 각각에 대하여 첫 번째 달과 두 번째 달은 월 250만원, 세 번째 달은 월 300만원, 네 번째 달은 월 350만원, 다섯 번째 달은 월 400만원

  ㉥ 부모가 육아휴직을 사용한 기간이 각각 6개월인 경우 : 부모 각각에 대하여 첫 번째 달과 두 번째 달은 월 250만원, 세 번째 달은 월 300만원, 네 번째 달은 월 350만원, 다섯 번째 달은 월 400만원, 여섯 번째 달은 월 450만원

② **육아휴직 7개월째부터 육아휴직 종료일까지** : 육아휴직 시작일을 기준으로 한 각 피보험자의 월 통상임금의 100분의 80에 해당하는 금액. 다만, 해당 금액이 160만원을 넘는 경우에는 부모 각각에 대하여 160만원으로 하고, 해당 금액이 70만원보다 적은 경우에는 부모 각각에 대하여 70만원

2) 임신을 이유로 육아휴직을 하는 경우

임신 중인 여성 근로자가 임신을 이유로 육아휴직을 하는 경우에는 임신 중인 태아를 자녀로 보고, 임신 중인 여성 근로자와 그 배우자를 부모로 간주

3) 한부모가족의 모 또는 부가 육아휴직을 하는 경우

한부모가족지원법의 모 또는 부에 해당하는 피보험자가 육아휴직을 하는 경우 그 육아휴직 급여의 월별 지급액은 다음의 구분에 따름

① **육아휴직 시작일부터 3개월까지** : 육아휴직 시작일을 기준으로 한 월 통상임금에 해당하는 금액. 다만, 해당 금액이 300만원을 넘는 경우에는 300만원으로 하고, 해당 금액이 70만원보다 적은 경우에는 70만원

② **육아휴직 4개월째부터 6개월째까지** : 육아휴직 시작일을 기준으로 한 월 통상임금에 해당하는 금액. 다만, 해당 금액이 200만원을 넘는 경우에는 200만원으로 하고, 해당 금액이 70만원보다 적은 경우에는 70만원

③ **육아휴직 7개월째부터 종료일까지** : 육아휴직 시작일을 기준으로 한 월 통상임금의 100분의 80에 해당하는 금액. 다만, 해당 금액이 160만원을 넘는 경우에는 160만원으로 하고, 해당 금액이 70만원보다 적은 경우에는 70만원

(4) 육아휴직 급여의 지급 제한 등

① 피보험자가 육아휴직 기간 중에 그 사업에서 이직한 경우에는 그 이직하였을 때부터 육아휴직 급여를 지급하지 아니함

② 피보험자가 육아휴직 기간 중에 취업을 한 경우에는 그 취업한 기간에 대해서는 육아휴직 급여를 지급하지 아니함

③ 피보험자가 사업주로부터 육아휴직을 이유로 금품을 지급받은 경우 급여를 감액하여 지급 가능

④ 거짓이나 그 밖의 부정한 방법으로 육아휴직 급여를 받았거나 받으려 한 사람에게는 그 급여를 받은 날 또는 받으려 한 날부터의 육아휴직 급여를 지급하지 아니함. 다만, 그 급여와 관련된 육아휴직 이후에 새로 육아휴직 급여 요건을 갖춘 경우 그 새로운 요건에 따른 육아휴직 급여는 가능

⑤ 육아휴직 기간 중 취업한 사실을 기재하지 아니하거나 거짓으로 기재하여 육아휴직 급여를 받았거나 받으려 한 사람에 대해서는 위반횟수 등을 고려하여 지급이 제한되는 육아휴직 급여의 범위를 달리 정할 수 있음

2. 육아기 근로시간 단축급여

지급요건	고용노동부장관은 고평법에 따른 육아기 근로시간 단축을 30일(근기법에 따른 출산전후휴가기간과 중복되는 기간은 제외) 이상 실시한 피보험자 중 육아기 근로시간 단축을 시작한 날 이전에 피보험 단위기간이 합산하여 180일 이상인 피보험자에게 육아기 근로시간 단축 급여 지급
단축급여 신청	육아기 근로시간 단축 급여를 지급받으려는 사람은 육아기 근로시간 단축을 시작한 날 이후 1개월부터 끝난 날 이후 12개월 이내에 신청. 다만, 해당 기간에 대통령령으로 정하는 사유로 육아기 근로시간 단축 급여를 신청할 수 없었던 사람은 그 사유가 끝난 후 30일 이내에 신청
육아기 근로시간 단축급여액	① 육아기 근로시간 단축 급여 신청기간의 연장 사유에 관하여는 육아휴직 급여 신청기간의 연장 사유 규정을 준용. 이 경우 "육아휴직 급여"는 "육아기 근로시간 단축 급여"로 간주 ② 육아기 근로시간 단축 급여액은 다음의 계산식에 따라 산정. 다만, 육아기 근로시간 단축 급여의 지급대상 기간이 1개월을 채우지 못하는 경우에는 다음의 계산식에 따라 산출된 금액을 그 달의 일수로 나누어 산출한 금액에 그 달에 육아기 근로시간 단축을 사용한 일수를 곱하여 산정

Ⅵ 예술인인 피보험자에 대한 고용보험 특례

1. 예술인에 대한 구직급여

(1) 지급요건

예술인의 구직급여는 다음의 요건을 모두 갖춘 경우에 지급. 다만, ⑥은 최종 이직 당시 단기예술인이었던 사람만 해당

① 이직일 이전 24개월 동안의 피보험 단위기간이 통산하여 9개월 이상일 것

② 근로 또는 노무제공의 의사와 능력이 있음에도 불구하고 취업(영리를 목적으로 사업을 영위하는 경우 포함)하지 못한 상태에 있을 것

③ 이직사유가 수급자격의 제한 사유에 해당하지 아니할 것. 다만, 예술인이 이직할 당시 소득감소로 인하여 이직하였다고 직업안정기관의 장이 인정하는 경우에는 수급자격의 제한 사유에 해당하지 아니하는 것으로 간주

④ 이직일 이전 24개월 중 3개월 이상을 예술인인 피보험자로 피보험자격을 유지하였을 것

⑤ 재취업을 위한 노력을 적극적으로 할 것

⑥ 다음의 요건을 모두 갖출 것

    ㉠ 수급자격의 인정신청일 이전 1개월 동안의 노무제공일수가 10일 미만이거나 수급자격 인정신청일 이전 14일간 연속하여 노무제공내역이 없을 것

    ㉡ 최종 이직일 이전 24개월 동안의 피보험 단위기간 중 다른 사업에서 수급자격의 제한 사유에 해당하는 사유로 이직한 사실이 있는 경우에는 그 피보험 단위기간 중 90일 이상을 단기예술인으로 종사하였을 것

(2) 구직급여일액

① 예술인의 구직급여일액은 기초일액에 100분의 60을 곱한 금액

② 구직급여일액의 상한액은 근로자인 피보험자의 구직급여 상한액 등을 고려하여 6만 6천원으로 함

③ 예술인은 실업의 신고일부터 계산하기 시작하여 7일간은 대기기간으로 보아 구직급여를 지급하지 아니함. 다만, ㉠ 예술인이 이직할 당시 소득감소로 인하여 이직하였다고 직업안정기관의 장이 인정하는 경우나, ㉡ 수급자격의 인정신청을 한 경우로서 가장 나중에 상실한 피보험자격과 관련된 이직사유를 소득감소로 인한 이직으로 직업안정기관의 장이 인정하는 경우에는 각 사유별로 ㉠은 4주, ㉡은 2주를 대기기간으로 보아 구직급여를 지급하지 아니하며, 위의 각 사유 중 둘 이상에 해당하는 경우에는 그 대기기간이 가장 긴 기간을 대기기간으로 간주

2. 예술인의 출산전후급여

고용노동부장관은 예술인인 피보험자 또는 피보험자였던 사람이 출산 또는 유산·사산을 이유로 노무를 제공할 수 없는 경우에는 출산전후급여 등을 지급. 다만, 같은 자녀에 대하여 출산전후휴가 급여 등 및 출산전후급여 등의 지급요건을 동시에 충족하는 경우 등에 대해서는 대통령령으로 정하는 바에 따라 지급

> **예술인의 출산전후급여등의 지급요건 등(영 제104조의9)**
>
> ① 고용노동부장관은 법 제77조의4 제2항에 따라 예술인 피보험자 또는 피보험자였던 사람이 다음 각 호의 요건을 모두 갖춘 경우에 출산전후급여 등(이하 "출산전후급여등")을 지급한다.
>
>   1. 다음 각 목의 구분에 따른 요건을 갖출 것
>
>   가. 출산 또는 유산·사산을 한 날 현재 피보험자인 예술인 : 출산 또는 유산·사산을 한 날 이전에 예술인으로서의 피보험 단위기간이 합산하여 3개월 이상일 것
>
>   나. 출산 또는 유산·사산을 한 날 현재 피보험자가 아닌 예술인 : 출산 또는 유산·사산을 한 날 이전 18개월 동안 예술인으로서의 피보험 단위기간이 합산하여 3개월 이상일 것
>
>   2. 제2항에 따른 출산전후급여등의 지급기간에 노무제공을 하지 않을 것. 다만, 그 지급기간 중 노무제공 또는 자영업으로 발생한 소득이 각각 고용노동부장관이 정하여 고시하는 금액 미만인 경우에는 노무제공을 하지 않은 것으로 본다.
>
>   3. 출산 또는 유산·사산을 한 날부터 12개월 이내에 출산전후급여등을 신청할 것. 다만, 다음 각 목의 어느 하나에 해당하는 사유로 그 기간까지 신청할 수 없었던 경우에는 그 사유가 끝난 날부터 30일 이내에 신청해야 한다.
>
>   가. 천재지변
>
>   나. 본인, 배우자 또는 본인·배우자의 직계존속·직계비속의 질병이나 부상
>
>   다. 범죄 혐의로 인한 구속이나 형의 집행

② 출산전후급여등의 지급기간은 다음 각 호의 구분에 따른다.
  1. 예술인인 피보험자 또는 피보험자였던 사람이 출산한 경우 : 출산 전과 후를 연속하여 다음 각 목의 구분에 따른 기간으로 하되, 출산 후에 45일(가목의 경우에는 60일) 이상이 되도록 할 것
    가. 한 번에 둘 이상의 자녀를 임신한 경우 : 120일
    나. 고용노동부령으로 정하는 미숙아를 출산한 경우 : 100일
    다. 가목 및 나목 외의 경우 : 90일
  2. 예술인인 피보험자 또는 피보험자였던 사람이 유산 또는 사산한 경우 : 다음 각 목에 해당하는 기간
    가. 임신기간이 15주 이내인 경우 : 유산 또는 사산한 날부터 10일 `기출` `23`
    나. 삭제 〈2025.2.18.〉
    다. 임신기간이 16주 이상 21주 이내인 경우 : 유산 또는 사산한 날부터 30일
    라. 임신기간이 22주 이상 27주 이내인 경우 : 유산 또는 사산한 날부터 60일
    마. 임신기간이 28주 이상인 경우 : 유산 또는 사산한 날부터 90일

Ⅶ 노무제공자인 피보험자에 대한 고용보험 특례

노무제공자인 피보험자의 범위(영 제104조의11)
① 법 제77조의6 제1항에서 "대통령령으로 정하는 직종에 종사하는 사람"이란 다음 각 호의 어느 하나에 해당하는 사람을 말한다.
  1. 보험을 모집하는 사람으로서 다음 각 목의 어느 하나에 해당하는 사람
    가. 보험업법 제84조 제1항에 따라 등록한 보험설계사
    나. 우체국 예금·보험에 관한 법률에 따른 우체국보험의 모집을 전업으로 하는 사람 `기출` `22`
  2. 통계법 제22조에 따라 통계청장이 고시하는 직업에 관한 표준분류(이하 "한국표준직업분류표")의 세분류에 따른 학습·교구 관련 방문강사 등 회원의 가정 등을 직접 방문하여 아동이나 학생 등을 가르치는 사람
  3. 한국표준직업분류표의 세분류에 따른 택배원 또는 세세분류에 따른 그 외 배달원인 사람으로서 택배사업[소화물을 집화(集貨)·수송 과정을 거쳐 배송하는 사업. 이하 제11호 라목에서 같다]에서 집화 또는 배송 업무를 하는 사람
  4. 대부업 등의 등록 및 금융이용자 보호에 관한 법률 제3조 제1항 단서에 따른 대출모집인
  5. 여신전문금융업법 제14조의2 제1항 제2호에 따른 신용카드회원모집인(전업으로 하는 사람만 해당)
  6. 방문판매 등에 관한 법률 제2조 제2호에 따른 방문판매원 또는 같은 조 제8호에 따른 후원방문판매원으로서 상시적으로 방문판매업무를 하는 사람. 다만, 자가 소비를 위한 방문판매원·후원방문판매원 및 제2호 또는 제7호에 동시에 해당하는 사람은 제외한다. `기출` `22`
  7. 한국표준직업분류표의 세분류에 따른 대여 제품 방문 점검원 `기출` `22`
  8. 가전제품의 판매를 위한 배송업무를 주로 수행하고 가전제품의 설치, 시운전 등을 통해 작동상태를 확인하는 사람 `기출` `22`
  9. 초·중등교육법 제2조에 따른 학교에서 운영하는 방과후학교의 과정을 담당하는 강사 `기출` `22`
  10. 건설기계관리법 제3조 제1항에 따라 등록된 건설기계를 직접 운전하는 사람
  11. 화물자동차 운수사업법 제2조 제11호에 따른 화물차주로서 다음 각 목의 어느 하나에 해당하는 사람
  12. 한국표준직업분류표의 세분류에 따른 늘찬배달원으로서 퀵서비스업자(소화물을 집화·수송 과정을 거치지 않고 배송하는 사업을 말한다)로부터 업무를 의뢰받아 배송 업무를 하는 사람. 다만, 다음 각 목의 사람은 제외한다.
    가. 제3호에 해당하는 사람
    나. 자동차관리법 제3조 제1항 제3호의 화물자동차로 배송 업무를 하는 사람
  13. 대리운전업자(자동차 이용자의 요청에 따라 목적지까지 유상으로 그 자동차를 운전하도록 하는 사업의 사업주를 말한다)로부터 업무를 의뢰받아 대리운전 업무를 하는 사람
  14. 소프트웨어 진흥법에 따른 소프트웨어사업에서 노무를 제공하는 같은 법에 따른 소프트웨어기술자

15. 관광진흥법 제38조 제1항 단서에 따른 관광통역안내의 자격을 가진 사람으로서 외국인 관광객을 대상으로 관광안내를 하는 사람
16. 도로교통법에 따른 어린이통학버스를 운전하는 사람
17. 체육시설의 설치·이용에 관한 법률 제7조에 따라 직장체육시설로 설치된 골프장 또는 같은 법 제19조에 따라 체육시설업의 등록을 한 골프장에서 골프경기를 보조하는 골프장 캐디

Ⅷ 고용보험기금

1. 기금의 관리·운용

① 기금은 고용노동부장관이 관리·운용하고, 기금의 관리·운용에 관한 세부 사항은 국가재정법의 규정에 따름
② 고용노동부장관은 다음의 방법에 따라 기금을 관리·운용
  ㉠ 금융기관에의 예탁
  ㉡ 재정자금에의 예탁
  ㉢ 국가·지방자치단체 또는 금융기관에서 직접 발행하거나 채무이행을 보증하는 유가증권의 매입
  ㉣ 보험사업의 수행 또는 기금 증식을 위한 부동산의 취득 및 처분
  ㉤ 그 밖에 대통령령으로 정하는 기금 증식 방법(자본시장과 금융투자업에 관한 법률에 따른 증권의 매입)
③ 고용노동부장관은 기금을 관리·운용할 때에는 그 수익이 대통령령으로 정하는 수준[1년 만기 정기예금 이자율(전국을 영업구역으로 하는 은행이 적용하는 이자율)이나 예상물가상승률 등을 고려하여 고용노동부장관이 정하는 수익률] 이상 되도록 하여야 함
④ 기금수입징수관은 기금징수액보고서를, 기금재무관은 기금지출원인행위액 보고서를, 기금지출관은 기금지출액보고서를 매월 말일을 기준으로 작성하여 다음 달 20일까지 고용노동부장관에게 제출하여 기금의 운용상황 보고

2. 기금의 용도

① 고용안정·직업능력개발 사업에 필요한 경비
② 실업급여의 지급
③ 국민연금 보험료의 지원
④ 육아휴직 급여 및 출산전후휴가 급여등의 지급
⑤ 보험료의 반환
⑥ 일시 차입금의 상환금과 이자
⑦ 고보법과 징수법에 따른 업무를 대행하거나 위탁받은 자에 대한 출연금
⑧ 그 밖에 고보법의 시행을 위하여 필요한 경비로서 대통령령으로 정하는 경비와 고용안정·직업능력개발이나 실업급여의 지급에 따른 사업의 수행에 딸린 경비

3. 기금운용 계획 등

승인 및 공표	① 고용노동부장관은 매년 기금운용 계획을 세워 고용보험위원회 및 국무회의의 심의를 거쳐 대통령의 승인을 받아야 함 ② 고용노동부장관은 매년 기금의 운용 결과에 대하여 고용보험위원회의 심의를 거쳐 공표
포함되어야 할 사항	① 기금의 수입과 지출에 관한 사항 ② 해당 연도의 사업계획·지출원인행위계획과 자금계획에 관한 사항 ③ 전년도 이월자금의 처리에 관한 사항 ④ 적립금에 관한 사항 ⑤ 그 밖에 기금운용에 필요한 사항

4. 기금계정의 설치

① 고용노동부장관은 한국은행에 고용보험기금계정 설치
② 고용보험기금계정은 고용안정·직업능력개발 사업 및 실업급여, 자영업자의 고용안정·직업능력개발 사업 및 자영업자의 실업급여로 구분하여 관리

5. 잉여금과 손실금의 처리

① 기금의 결산상 잉여금이 생기면 이를 적립금으로 적립
② 기금의 결산상 손실금이 생기면 적립금을 사용하여 이를 보전(補塡) 가능

6. 차입금

기금을 지출할 때 자금 부족이 발생하거나 발생할 것으로 예상되는 경우에는 기금의 부담으로 금융기관·다른 기금과 그 밖의 재원 등으로부터 차입 가능

IX 심사청구 및 재심사청구

1. 심사청구

(1) 심사대상

피보험자격의 취득·상실에 대한 확인, 실업급여 및 육아휴직 급여와 출산전후휴가급여 등에 관한 처분(이하 "원처분등")에 이의가 있는 자는 심사관에게 심사 청구 가능

(2) 청구기간

심사의 청구는 확인 또는 처분이 있음을 안 날부터 90일 이내에 제기. 심사청구는 시효중단에 관하여 재판상의 청구로 간주

(3) 대리인의 선임

심사청구인은 법정대리인 외에 다음의 어느 하나에 해당하는 자를 대리인으로 선임 가능

① 청구인의 배우자, 직계존속·비속 또는 형제자매

② 청구인인 법인의 임원 또는 직원

③ 변호사나 공인노무사

④ 심사위원회의 허가를 받은 자

(4) 고용보험심사관의 심사

1) 고용보험심사관의 임명

① 심사를 행하게 하기 위하여 고용보험심사관(이하 "심사관") 임명

② 심사관은 심사청구를 받으면 30일 이내에 그 심사청구에 대해 결정. 다만, 부득이한 사정으로 그 기간에 결정할 수 없을 때에는 한 차례만 10일을 넘지 아니하는 범위에서 그 기간 연장 가능

③ 당사자는 심사관에게 심리·결정의 공정을 기대하기 어려운 사정이 있으면 그 심사관에 대한 기피신청을 고용노동부장관에게 할 수 있음

④ 심사청구인이 사망한 경우 그 심사청구인이 실업급여의 수급권자이면 유족이, 그 외의 자인 때에는 상속인 또는 심사청구의 대상인 원처분등에 관계되는 권리 또는 이익을 승계한 자가 각각 심사청구인의 지위 승계

2) 심사청구의 방식

① 피보험자격의 취득·상실 확인에 대한 심사의 청구는 근로복지공단을, 실업급여 및 육아휴직 급여와 출산전후휴가 급여 등에 관한 처분에 대한 심사의 청구는 직업안정기관의 장을 거쳐 심사관에게 하여야 함

② 직업안정기관 또는 근로복지공단은 심사청구서를 받은 날부터 5일 이내에 의견서를 첨부하여 심사청구서를 심사관에게 보내야 함

③ 심사의 청구는 문서로 하여야 함

3) 보정 및 각하결정

① 심사청구 기간(심사의 청구는 확인 또는 처분이 있음을 안 날부터 90일 이내에, 재심사의 청구는 심사청구에 대한 결정이 있음을 안 날부터 90일 이내에 각각 제기)이 지났거나 법령으로 정한 방식을 위반하여 보정하지 못할 것인 경우에 심사관은 그 심사의 청구를 결정으로 각하

② 심사의 청구가 법령으로 정한 방식을 어긴 것이라도 보정할 수 있는 것인 경우에 심사관은 상당한 기간을 정하여 심사청구인에게 심사의 청구를 보정명령 가능. 다만, 보정할 사항이 경미한 경우에는 심사관이 직권으로 보정 가능

③ 심사관은 심사청구인이 보정을 하지 아니하면 결정으로써 그 심사청구 각하

4) 원처분등의 집행 정지

① 심사의 청구는 원처분등의 집행을 정지시키지 아니하나, 심사관은 원처분등의 집행에 의하여 발생하는 중대한 위해를 피하기 위하여 긴급한 필요가 있다고 인정하면 직권으로 그 집행 정지 가능

② 심사관은 집행을 정지시키려고 할 때에는 그 이유를 적은 문서로 그 사실을 직업안정기관의 장 또는 근로복지공단에 알려야 함

③ 직업안정기관의 장 또는 근로복지공단은 통지를 받으면 지체 없이 그 집행 정지

④ 심사관은 집행을 정지시킨 경우에는 지체 없이 심사청구인에게 그 사실을 문서로 알려야 함

5) 심사관의 권한

① 심사관은 심사의 청구에 대한 심리를 위하여 필요하다고 인정하면 심사청구인의 신청 또는 직권으로 다음의 조사 가능

　　㉠ 심사청구인 또는 관계인을 지정 장소에 출석하게 하여 질문하거나 의견을 진술하게 하는 것

　　㉡ 심사청구인 또는 관계인에게 증거가 될 수 있는 문서와 그 밖의 물건을 제출하게 하는 것

　　㉢ 전문적인 지식이나 경험을 가진 제3자로 하여금 감정하게 하는 것

　　㉣ 사건에 관계가 있는 사업장 또는 그 밖의 장소에 출입하여 사업주·종업원이나 그 밖의 관계인에게 질문하거나 문서와 그 밖의 물건을 검사하는 것

② 심사관이 사건에 관계가 있는 사업장 또는 그 밖의 장소에 출입하여 사업주·종업원이나 그 밖의 관계인에게 질문과 검사를 하는 경우에는 그 권한을 나타내는 증표를 지니고 관계인에게 내보여야 함

(5) 심사청구에 대한 결정

심사관은 심사의 청구에 대한 심리를 마쳤을 때에는 원처분등의 전부 또는 일부를 취소하거나 심사청구의 전부 또는 일부 기각

1) 결정방법

결정은 문서로 하여야 함. 심사관은 결정을 하면 심사청구인 및 원처분 등을 한 직업안정기관의 장 또는 근로복지공단에 각각 결정서의 정본을 보내야 함

2) 결정효력

결정은 심사청구인 및 직업안정기관의 장 또는 근로복지공단에 결정서의 정본을 보낸 날부터 효력 발생. 결정은 원처분 등을 행한 직업안정기관의 장 또는 근로복지공단 기속

2. 재심사청구

(1) 심사대상

심사관의 심사청구에 대한 결정에 이의가 있는 자는 심사위원회에 재심사 청구 가능

(2) 청구기간

재심사의 청구는 심사청구에 대한 결정이 있음을 안 날부터 90일 이내에 각각 제기. 재심사의 청구는 시효중단에 관하여 재판상의 청구로 간주

(3) 대리인의 선임

재심사청구인은 법정대리인 외에 다음의 어느 하나에 해당하는 자를 대리인으로 선임 가능

① 청구인의 배우자, 직계존속·비속 또는 형제자매

② 청구인인 법인의 임원 또는 직원

③ 변호사나 공인노무사

④ 심사위원회의 허가를 받은 자

(4) 고용보험심사위원회의 재심사

1) 심사위원회의 구성

① 재심사를 하게 하기 위하여 고용노동부에 고용보험심사위원회(이하 "심사위원회") 설치

② 심사위원회는 근로자를 대표하는 사람 및 사용자를 대표하는 사람 각 1명 이상을 포함한 15명 이내의 위원으로 구성

③ 위원 중 2명은 상임위원으로 함

④ 다음의 어느 하나에 해당하는 사람은 위원에 임명될 수 없음

　　㉠ 피성년후견인·피한정후견인 또는 파산의 선고를 받고 복권되지 아니한 사람

　　㉡ 금고 이상의 실형을 선고받고 그 집행이 끝나거나(집행이 끝난 것으로 보는 경우 포함) 집행이 면제된 날부터 3년이 지나지 아니한 사람

　　㉢ 금고 이상의 형의 집행유예를 선고받고 그 유예기간 중에 있는 사람

⑤ 위원 중 공무원이 아닌 위원이 다음의 어느 하나에 해당되는 경우에는 해촉(解囑) 가능

　　㉠ 심신장애로 인하여 직무를 수행할 수 없게 된 경우

　　㉡ 직무와 관련된 비위사실이 있는 경우

　　㉢ 직무태만, 품위손상이나 그 밖의 사유로 인하여 위원으로 적합하지 아니하다고 인정되는 경우

　　㉣ 위원 스스로 직무를 수행하는 것이 곤란하다고 의사를 밝히는 경우

⑥ 상임위원은 정당에 가입하거나 정치 관여 금지

⑦ 심사위원회는 재심사의 청구를 받으면 50일 이내에 재결(裁決)을 하여야 하나, 부득이한 사정으로 그 기간에 재결할 수 없을 때에는 한 차례만 10일을 넘지 아니하는 범위에서 그 기간 연장 가능

⑧ 심사위원회에 사무국을 두어야 함

2) 재심사청구

재심사는 원처분등을 행한 직업안정기관의 장 또는 근로복지공단을 상대방으로 하여 청구

3) 심 리

① 심사위원회는 재심사의 청구를 받으면 그 청구에 대한 심리 기일 및 장소를 정하여 심리 기일 3일 전까지 당사자 및 그 사건을 심사한 심사관에게 알려야 함

② 당사자는 심사위원회에 문서나 구두로 그 의견 진술 가능

③ 심사위원회의 재심사청구에 대한 심리는 공개하여야 하나, 당사자의 양쪽 또는 어느 한 쪽이 신청한 경우에는 공개하지 아니할 수 있음

④ 심사위원회는 심리조서를 작성하여야 함

⑤ 당사자나 관계인은 심리조서의 열람 신청 가능

⑥ 위원회는 당사자나 관계인이 열람 신청을 하면 정당한 사유 없이 거부 불가

⑦ 심사위원회는 재심사청구의 심리를 위하여 심사관과 동일한 권한 행사 가능. 심사위원회의 요구에 의하여 지정 장소에 출석한 재심사청구인 또는 관계인과 전문적인 지식이나 경험을 이용하여 감정을 한 감정인에게는 고용노동부장관이 정하는 실비 변상

X   소멸시효 및 국민기초생활 보장법의 수급자에 대한 특례

1. 소멸시효

소멸시효의 완성 (권리의 소멸시효 기간은 3년)	① 지원금을 지급받거나 반환받을 권리
	② 취업촉진 수당을 지급받거나 반환받을 권리
	③ 구직급여를 반환받을 권리
	④ 육아휴직 급여, 육아기 근로시간 단축 급여 및 출산전후휴가 급여 등을 반환받을 권리
소멸시효의 중단	소멸시효의 중단에 관하여는 산재법 준용

2. 국민기초생활 보장법의 수급자에 대한 특례

국민기초생활 보장법에 따라 자활을 위한 근로기회를 제공하기 위한 사업은 고보법의 적용을 받는 사업으로 간주. 이 경우 해당 사업에 참가하여 유급으로 근로하는 국민기초생활 보장법에 따른 수급자는 고보법의 적용을 받는 근로자로 보고, 보장기관(같은 법에 따라 사업을 위탁하여 행하는 경우는 그 위탁기관)은 고보법의 적용을 받는 사업주로 간주

XI   벌 칙

1. 형 벌

(1) 5년 이하의 징역 또는 5천만원 이하의 벌금

① 사업주와 공모하여 거짓이나 그 밖의 부정한 방법으로 다음에 따른 지원금 또는 급여를 받은 자와 공모한 사업주는 각각 5년 이하의 징역 또는 5천만원 이하의 벌금에 처함

    ㉠ 고용안정·직업능력개발 사업의 지원금

    ㉡ 실업급여

    ㉢ 육아휴직 급여, 육아기 근로시간 단축 급여 및 출산전후휴가 급여등

    ㉣ 구직급여 및 출산전후급여등

(2) 3년 이하의 징역 또는 3천만원 이하의 벌금

① 다음의 어느 하나에 해당하는 자는 3년 이하의 징역 또는 3천만원 이하의 벌금에 처함

    ㉠ 근로자가 고용노동부장관에게 피보험자격의 취득 또는 상실에 관한 피보험자격을 확인청구한 것을 이유(예술인, 노무제공자의 피보험자격확인에 준용되는 경우 포함)로 그 근로자를 해고하거나 그 밖에 근로자에게 불이익한 처우를 한 사업주

    ㉡ 거짓이나 그 밖의 부정한 방법으로 고용안정·직업능력개발 사업의 지원금 또는 실업급여, 육아휴직 급여, 육아기 근로시간 단축 급여 및 출산전후휴가 급여, 실업급여 및 출산전후급여등을 받은 자. 다만, 사업주와 공모하여 거짓이나 그 밖의 부정한 방법으로 지원금 또는 급여를 받은 자와 공모한 사업주는 제외

2. 과태료

(1) 300만원 이하의 과태료 부과 처분

다음의 어느 하나에 해당하는 사업주, 보험사무대행기관, 노무제공플랫폼사업자의 대표자 또는 대리인·사용인, 그 밖의 종업원에게는 300만원 이하의 과태료 부과

① 근로자의 피보험자격의 취득 및 상실 등에 관한 사항(예술인, 노무제공자의 피보험자격 등에 준용되는 경우 포함) 또는 사업의 특성 및 규모 등을 고려하여 대통령령으로 정하는 사업이, 하나의 사업에 다수의 도급이 이루어져 원수급인이 다수인 경우나 하나의 사업이 여러 차례의 도급으로 이루어져 하수급인이 다수인 경우에, 하수급인이 사용하는 예술인의 피보험자격의 취득 및 상실 등에 관한 사항 또는 노무제공 플랫폼이용계약을 체결하는 경우 노무제공자의 피보험자격의 취득 및 상실 등에 관한 사항 등을 신고를 하지 아니하거나 거짓으로 신고한 자

② 이직확인서를 발급하여 주지 아니하거나 거짓으로 작성하여 발급하여 준 자(예술인, 노무제공자의 구직급여에 준용되는 경우 포함)

③ 이직확인서를 제출하지 아니하거나 거짓으로 작성하여 제출한 자(예술인, 노무제공자의 구직급여에 준용되는 경우 포함)

④ 고용노동부장관의 요구에 따르지 아니하여 보고를 하지 아니하거나 거짓으로 보고한 자, 같은 요구에 따르지 아니하여 문서를 제출하지 아니하거나 거짓으로 적은 문서를 제출한 자 또는 출석하지 아니한 자(예술인, 노무제공자의 출산전후급여등에 준용되는 경우 포함)

⑤ 실업급여를 지급받기 위하여 증명서교부를 청구하는 이직한 사람의 요구에 따르지 아니하여 증명서를 내주지 아니한 자(예술인, 노무제공자의 출산전후급여등에 준용되는 경우 포함)

⑥ 고용노동부 소속 직원의 질문에 답변하지 아니하거나 거짓으로 진술한 자 또는 조사를 거부·방해하거나 기피한 자(예술인, 노무제공자의 출산전후급여등에 준용되는 경우 포함)

(2) 100만원 이하의 과태료 부과 처분

① 다음의 어느 하나에 해당하는 피보험자, 수급자격자 또는 지급되지 아니한 실업급여의 지급을 청구하는 자에게는 100만원 이하의 과태료 부과

ⓐ 고용노동부장관에 의해 요구된 보고를 하지 아니하거나 거짓으로 보고한 자, 문서를 제출하지 아니하거나 거짓으로 적은 문서를 제출한 자 또는 출석하지 아니한 자(예술인, 노무제공자의 출산전후급여등에 준용되는 경우 포함)

ⓑ 고용노동부 소속 직원의 질문에 답변하지 아니하거나 거짓으로 진술한 자 또는 검사를 거부·방해하거나 기피한 자(예술인, 노무제공자의 출산전후급여등에 준용되는 경우 포함)

② 심사 또는 재심사의 청구를 받아 하는 심사관 및 심사위원회의 질문에 답변하지 아니하거나 거짓으로 진술한 자 또는 검사를 거부·방해하거나 기피한 자에게는 100만원 이하의 과태료 부과(예술인, 노무제공자의 출산전후급여등에 준용되는 경우 포함).

□ 직업안정기관 또는 근로복지공단은 심사청구서를 받은 날부터 (❶)에 의견서를 첨부하여 심사청구서를 고용보험심사관에 보내야 한다.

□ 고용보험에 가입한 임기제 공무원에 대한 보험료는 소속기관과 고용보험에 가입한 임기제 공무원이 각각 (❷)씩 부담한다.

□ 실업급여수급계좌의 해당 금융기관은 (❸)만이 실업급여수급계좌에 입금되도록 관리하여야 한다.

□ 훈련연장급여를 지급받고 있는 수급자격자에게는 그 훈련연장급여의 지급이 끝난 후가 아니면 (❹)를 지급하지 아니한다.

□ 고용보험위원회의 위원장은 (❺)이 되고, 위원은 근로자를 대표하는 사람, 사용자를 대표하는 사람, 공익을 대표하는 사람, 정부를 대표하는 사람 중에서 각각 같은 수(數)로 고용노동부장관이 임명하거나 위촉하는 사람이 된다.

□ 마지막 이직 당시 일용근로자로서 피보험 단위기간이 (❻) 미만인 사람이 구직급여 수급자격을 갖추지 못한 경우에는 일용근로자가 아닌 근로자로서 마지막으로 이직한 사업을 기준으로 수급자격의 인정 여부를 결정한다.

□ 고용보험위원회의 위촉위원 중 근로자를 대표하는 사람, 사용자를 대표하는 사람, 공익을 대표하는 사람의 임기는 (❼)으로 한다.

□ 자영업자인 피보험자로서 폐업한 수급자격자에 대한 구직급여일액은 그 수급자격자의 기초일액에 (❽)을 곱한 금액으로 한다.

□ 고용산재보험료징수법에 따른 보험관계성립일 전에 고용된 근로자의 경우에는 그 (❾)에 피보험자격을 취득한 것으로 본다.

□ 사업주가 고용유지조치기간 동안 근로자를 새로 고용하는 경우에는 (❿)이 불가피하다고 인정하는 경우를 제외하고는 해당 달에 대한 고용유지지원금을 지급하지 아니한다.

❶ 5일 이내

❷ 2분의 1

❸ 고용보험법에 따른 실업급여

❹ 개별연장급여 및 특별연장급여

❺ 고용노동부차관

❻ 1개월

❼ 2년

❽ 100분의 60

❾ 보험관계가 성립한 날

❿ 관할 직업안정기관의 장

CHAPTER 03 산업재해보상보험법

제1절 서설

I 의의

1. 보험의 관장과 보험연도

산재법에 따른 산업재해보상보험 사업(보험사업)은 고용노동부장관이 관장하고, 보험사업의 보험연도는 정부의 회계연도에 따름

2. 국가의 부담 및 지원

국가는 회계연도마다 예산의 범위에서 보험사업의 사무 집행에 드는 비용을 일반회계에서 부담하여야 하고, 국가는 회계연도마다 예산의 범위에서 보험사업에 드는 비용의 일부 지원 가능

3. 용어의 정의

업무상의 재해	업무상의 사유에 따른 근로자의 부상·질병·장해 또는 사망
근로자·임금· 평균임금·통상임금	근기법에 따른 근로자·임금·평균임금·통상임금을 의미. 다만, 근기법에 따라 임금 또는 평균임금을 결정하기 어렵다고 인정되면 고용노동부장관이 정하여 고시하는 금액을 해당 임금 또는 평균임금으로 함
유족	사망한 사람의 배우자(사실상 혼인 관계에 있는 사람 포함)·자녀·부모·손자녀·조부모 또는 형제자매
치유	부상 또는 질병이 완치되거나 치료의 효과를 더 이상 기대할 수 없고 그 증상이 고정된 상태에 이르게 된 것
장해	부상 또는 질병이 치유되었으나 정신적 또는 육체적 훼손으로 인하여 노동능력이 상실되거나 감소된 상태
중증요양상태	업무상의 부상 또는 질병에 따른 정신적 또는 육체적 훼손으로 노동능력이 상실되거나 감소된 상태로서 그 부상 또는 질병이 치유되지 아니한 상태
진폐	분진을 흡입하여 폐에 생기는 섬유증식성 변화를 주된 증상으로 하는 질병
출퇴근	취업과 관련하여 주거와 취업장소 사이의 이동 또는 한 취업장소에서 다른 취업장소로의 이동

원 칙	근로자를 사용하는 모든 사업 또는 사업장(이하 "사업")에 적용. 다만, 위험률·규모 및 장소 등을 고려하여 대통령령으로 정하는 사업에 대하여는 이 법을 적용하지 아니함
대통령령으로 정하는 적용 제외 사업	① 공무원 재해보상법 또는 군인 재해보상법에 따라 재해보상이 되는 사업. 다만, 공무원 재해보상법에 따라 순직유족급여 또는 위험직무순직유족급여에 관한 규정을 적용받는 경우는 제외 ② 선원법·어선원 및 어선 재해보상보험법 또는 사립학교교직원 연금법에 따라 재해보상이 되는 사업 ③ 가구 내 고용활동 ④ 농업, 임업(벌목업 제외), 어업 및 수렵업 중 법인이 아닌 자의 사업으로서 상시근로자 수가 5명 미만인 사업

Ⅲ 산업재해보상보험 및 예방심의위원회

1. 구 성

① 산업재해보상보험 및 예방에 관한 중요 사항을 심의하게 하기 위하여 고용노동부에 산업재해보상보험 및 예방심의위원회(이하 "위원회") 설치. 위원회는 근로자를 대표하는 사람, 사용자를 대표하는 사람 및 공익을 대표하는 사람으로 구성하되, 그 수는 각각 같은 수로 함

② 위원회는 그 심의 사항을 검토하고, 위원회의 심의를 보조하게 하기 위하여 위원회에 전문위원회를 둘 수 있음

위원회의 구성(영 제4조)

위원회의 위원은 다음 각 호의 구분에 따라 각각 고용노동부장관이 임명하거나 위촉한다.

1. 근로자를 대표하는 위원은 총연합단체인 노동조합이 추천하는 사람 5명
2. 사용자를 대표하는 위원은 전국을 대표하는 사용자 단체가 추천하는 사람 5명 기출 24
3. 공익을 대표하는 위원은 다음 각 목의 사람 5명
   가. 고용노동부차관
   나. 고용노동부에서 산업재해보상보험 업무를 담당하는 고위공무원 또는 산업재해 예방 업무를 담당하는 고위공무원 중 1명
   다. 시민단체(「비영리민간단체 지원법」 제2조에 따른 비영리민간단체를 말한다)에서 추천한 사람과 사회보험 또는 산업재해 예방에 관한 학식과 경험이 풍부한 사람 중 3명

위원의 임기 등(영 제5조)

① 위원의 임기는 3년으로 하되, 연임할 수 있다. 다만, 제4조 제3호 가목 또는 나목에 해당하는 위원의 임기는 그 재직기간으로 한다. 기출 17·24
② 보궐위원의 임기는 전임자의 남은 임기로 한다. 기출 17·24
③ 고용노동부장관은 제4조에 따른 위원회의 위촉위원이 다음 각 호의 어느 하나에 해당하는 경우에는 해당 위원을 해촉(解囑)할 수 있다. 기출 17
   1. 심신장애로 인하여 직무를 수행할 수 없게 된 경우
   2. 직무와 관련된 비위사실이 있는 경우
   3. 직무태만, 품위손상이나 그 밖의 사유로 인하여 위원으로 적합하지 아니하다고 인정되는 경우
   4. 위원 스스로 직무를 수행하는 것이 곤란하다고 의사를 밝히는 경우

2. 심 의

심의사항	① 요양급여의 범위나 비용 등 요양급여의 산정 기준에 관한 사항 ② 징수법에 따른 산재보험료율의 결정에 관한 사항 ③ 산업재해보상보험 및 예방기금의 운용계획 수립에 관한 사항 ④ 산업안전보건법에 따른 산업안전·보건 업무와 관련되는 주요 정책 및 산업재해 예방에 관한 기본계획 ⑤ 그 밖에 고용노동부장관이 산업재해보상보험 사업 및 산업안전·보건 업무에 관하여 심의에 부치는 사항
의 결	재적위원 과반수 출석으로 개의하고, 출석위원 과반수의 찬성으로 의결

제2절 **근로복지공단**

Ⅰ 공단의 사업

1. 공단의 수행 사업

① 보험가입자와 수급권자에 관한 기록의 관리·유지

② 징수법에 따른 보험료와 그 밖의 징수금의 징수

③ 보험급여의 결정과 지급

④ 보험급여 결정 등에 관한 심사청구의 심리·결정

⑤ 산업재해보상보험 시설의 설치·운영

⑥ 업무상 재해를 입은 근로자 등의 진료·요양 및 재활

⑦ 재활보조기구의 연구개발·검정 및 보급

⑧ 보험급여 결정 및 지급을 위한 업무상 질병 관련 연구

⑨ 근로자 등의 건강을 유지·증진하기 위하여 필요한 건강진단 등 예방 사업

⑩ 근로자의 복지 증진을 위한 사업

⑪ 그 밖에 정부로부터 위탁받은 사업

⑫ 산업재해보상보험 시설의 설치·운영, 업무상 재해를 입은 근로자 등의 진료·요양 및 재활, 재활보조기구의 연구개발·검정 및 보급, 보험급여 결정 및 지급을 위한 업무상 질병 관련 연구, 근로자 등의 건강을 유지·증진하기 위하여 필요한 건강진단 등 예방 사업, 근로자의 복지 증진을 위한 사업과 그 밖에 정부로부터 위탁받은 사업 등에 딸린 사업

2. 의료기관 등의 설치·운영

공단은 업무상 재해를 입은 근로자 등의 진료·요양 및 재활, 재활보조기구의 연구개발·검정 및 보급, 보험급여 결정 및 지급을 위한 업무상 질병 관련 연구, 근로자 등의 건강을 유지·증진하기 위하여 필요한 건강진단 등 예방 사업을 위하여 의료기관, 연구기관 등을 설치·운영할 수 있음

3. 보험급여자문위원회의 설치

보험급여의 결정과 지급에 따른 사업의 수행에 필요한 자문을 하기 위하여 공단에 관계 전문가 등으로 구성되는 보험급여자문위원회를 둘 수 있음

Ⅱ 공단업무의 지도·감독

① 공단은 회계연도마다 사업 운영계획과 예산에 관하여 고용노동부장관의 승인을 받아야 함
② 공단은 회계연도마다 회계연도가 끝난 후 2개월 이내에 사업 실적과 결산을 고용노동부장관에게 보고
③ 고용노동부장관은 공단에 대하여 그 사업에 관한 보고를 명하거나 사업 또는 재산 상황을 검사할 수 있고, 필요하다고 인정하면 정관을 변경하도록 명하는 등 감독을 위하여 필요한 조치 가능

제3절 업무상 재해

Ⅰ 업무상 재해

1. 의 의

업무상의 사유에 따른 근로자의 부상·질병·장해 또는 사망

2. 업무수행성과 업무기인성

(1) 의 의

업무수행성은 근로자가 근로계약에 따라 사업주의 지배·관리 하에 있는 상태를 말하고, 업무기인성은 업무와 재해 간에 상당인과관계가 존재하는 것을 의미

(2) 업무상의 재해의 인정기준

1) 업무상 사고나 질병 또는 출퇴근 재해로 인한 재해

근로자가 다음의 어느 하나에 해당하는 사유로 부상·질병 또는 장해가 발생하거나 사망하면 업무상의 재해로 간주. 다만, 업무와 재해 사이에 상당인과관계가 없는 경우에는 그러하지 아니함

① 업무상 사고
  ㉠ 근로자가 근로계약에 따른 업무나 그에 따르는 행위를 하던 중 발생한 사고
  ㉡ 사업주가 제공한 시설물 등을 이용하던 중 그 시설물 등의 결함이나 관리소홀로 발생한 사고
  ㉢ 사업주가 주관하거나 사업주의 지시에 따라 참여한 행사나 행사준비 중에 발생한 사고
  ㉣ 휴게시간 중 사업주의 지배관리 하에 있다고 볼 수 있는 행위로 발생한 사고
  ㉤ 그 밖에 업무와 관련하여 발생한 사고
② 업무상 질병
  ㉠ 업무수행 과정에서 물리적 인자(因子), 화학물질, 분진, 병원체, 신체에 부담을 주는 업무 등 근로자의 건강에 장해를 일으킬 수 있는 요인을 취급하거나 그에 노출되어 발생한 질병
  ㉡ 업무상 부상이 원인이 되어 발생한 질병
  ㉢ 근기법에 따른 직장 내 괴롭힘, 고객의 폭언 등으로 인한 업무상 정신적 스트레스가 원인이 되어 발생한 질병
  ㉣ 그 밖에 업무와 관련하여 발생한 질병
③ 출퇴근 재해
  ㉠ 사업주가 제공한 교통수단이나 그에 준하는 교통수단을 이용하는 등 사업주의 지배관리 하에서 출퇴근하는 중 발생한 사고
  ㉡ 그 밖에 통상적인 경로와 방법으로 출퇴근하는 중 발생한 사고
2) 고의 · 자해행위나 범죄행위로 인한 재해

근로자의 고의 · 자해행위나 범죄행위 또는 그것이 원인이 되어 발생한 부상 · 질병 · 장해 또는 사망은 업무상의 재해로 보지 아니하나, 그 부상 · 질병 · 장해 또는 사망이 정상적인 인식능력 등이 뚜렷하게 낮아진 상태에서 한 행위로 발생한 경우로서 대통령령으로 정하는 사유가 있으면 업무상의 재해로 간주

Ⅱ 업무상 사고

1. 업무수행 중의 사고

(1) 근로계약에 따른 업무 중에 발생한 사고

① 근로계약에 따른 업무수행 행위
② 업무수행 과정에서 하는 용변 등 생리적 필요 행위
③ 업무를 준비하거나 마무리하는 행위, 그 밖에 업무에 따르는 필요적 부수행위

(2) 긴급상황에서의 사고

천재지변 · 화재 등 사업장 내에 발생한 돌발적인 사고에 따른 긴급피난 · 구조행위 등 사회통념상 예견되는 행위

(3) 출장업무 중의 사고

근로자가 사업주의 지시를 받아 사업장 밖에서 업무를 수행하던 중에 발생한 사고는 업무상 사고로 간주. 다만, 사업주의 구체적인 지시를 위반한 행위, 근로자의 사적(私的) 행위 또는 정상적인 출장 경로를 벗어났을 때 발생한 사고는 업무상 사고로 보지 아니함

2. 시설물 등의 결함 등에 따른 사고

① 사업주가 제공한 시설물, 장비 또는 차량 등의 결함이나 사업주의 관리 소홀로 발생한 사고는 업무상 사고로 간주

② 사업주가 제공한 시설물 등을 사업주의 구체적인 지시를 위반하여 이용한 행위로 발생한 사고와 그 시설물 등의 관리 또는 이용권이 근로자의 전속적 권한에 속하는 경우에 그 관리 또는 이용 중에 발생한 사고는 업무상 사고로 보지 아니함

3. 휴게시간 중의 사고

휴게시간 중 사업주의 지배·관리 하에 있다고 볼 수 있는 행위로 발생한 사고는 업무상 사고로 간주

4. 출퇴근 재해

(1) 사업주가 제공한 교통수단이나 그에 준하는 교통수단을 이용하는 등 사업주의 지배·관리 하에서 출퇴근하는 중 발생한 사고

사업주가 출퇴근용으로 제공한 교통수단이나 사업주가 제공한 것으로 볼 수 있는 교통수단으로, 출퇴근용으로 이용한 교통수단의 관리 또는 이용권이 근로자 측의 전속적 권한에 속하지 아니한 교통수단을 이용하던 중에 사고가 발생한 경우 출퇴근 재해로 간주

(2) 그 밖에 통상적인 경로와 방법으로 출퇴근하는 중 발생한 사고

출퇴근 사고 중에서 출퇴근 경로 일탈 또는 중단이 있는 경우에는 해당 일탈 또는 중단 중의 사고 및 그 후의 이동 중의 사고에 대하여는 출퇴근 재해로 보지 아니함. 다만, 일탈 또는 중단이 일상생활에 필요한 행위로서 대통령령으로 정하는 사유가 있는 경우에는 출퇴근 재해로 간주

1) 출퇴근 재해에 해당하는 경우

출퇴근 경로의 일탈 또는 중단이 일상생활에 필요한 행위로서 다음의 사유가 있는 경우에는 출퇴근 재해로 간주

① 일상생활에 필요한 용품을 구입하는 행위

② 고등교육법에 따른 학교 또는 직업교육훈련 촉진법에 따른 직업교육훈련기관에서 직업능력 개발향상에 기여할 수 있는 교육이나 훈련 등을 받는 행위

③ 선거권이나 국민투표권의 행사

④ 근로자가 사실상 보호하고 있는 아동 또는 장애인을 보육기관 또는 교육기관에 데려주거나 해당 기관으로부터 데려오는 행위

⑤ 의료기관 또는 보건소에서 질병의 치료나 예방을 목적으로 진료를 받는 행위

⑥ 근로자의 돌봄이 필요한 가족 중 의료기관 등에서 요양 중인 가족을 돌보는 행위

⑦ 기타 이에 준하는 행위로서 고용노동부장관이 일상생활에 필요한 행위라고 인정하는 행위

2) 출퇴근 재해가 아닌 경우

출퇴근 경로 일탈 또는 중단이 있는 경우에는 해당 일탈 또는 중단 중의 사고 및 그 후의 이동 중의 사고에 대하여는 출퇴근 재해로 보지 아니함

3) 출퇴근재해 적용 제외 직종

출퇴근 경로와 방법이 일정하지 아니한 직종으로 대통령령으로 정하는 경우에는 출퇴근 재해를 적용하지 아니함. 대통령령으로 정하는 경우란 다음의 어느 하나에 해당하는 직종에 종사하는 사람(중·소기업 사업주 등에 대한 특례에 따라 자기 또는 유족을 보험급여를 받을 수 있는 자로 하여 보험에 가입한 사람으로서 근로자를 사용하지 않는 사람)이 본인의 주거지에 업무에 사용하는 자동차 등의 차고지를 보유하고 있는 경우를 의미

① 여객자동차 운수사업법에 따른 수요응답형 여객자동차운송사업

② 여객자동차 운수사업법 시행령에 따른 개인택시운송사업

③ 퀵서비스업[소화물의 집화(集貨)·수송 과정 없이 그 배송만을 업무로 하는 사업]

Ⅲ 업무상 질병

1. 의 의

근로자가 업무수행 중에 그 업무에 기인하는 사유로 질병에 걸리는 경우를 의미. 공단은 근로자의 업무상 질병 또는 업무상 질병에 따른 사망의 인정 여부를 판정할 때에는 그 근로자의 성별, 연령, 건강 정도 및 체질 등을 고려

2. 업무상질병판정위원회

(1) 구 성

업무상 질병의 인정 여부를 심의하기 위하여 공단 소속 기관에 업무상질병 판정위원회(이하 "판정위원회") 설치

① 판정위원회의 심의에서 제외되는 질병과 판정위원회의 심의 절차는 고용노동부령으로 규정

② 판정위원회의 구성과 운영에 필요한 사항은 고용노동부령으로 규정

③ 판정위원회는 위원장 1명을 포함하여 180명 이내의 위원으로 구성. 이 경우 판정위원회의 위원장은 상임으로 하고, 위원장을 제외한 위원은 비상임

④ 판정위원회의 위원장 및 위원은 ㉠ 변호사 또는 공인노무사, ㉡ 고등교육법에 따른 학교에서 조교수 이상으로 재직하고 있거나 재직하였던 사람, ㉢ 의사, 치과의사 또는 한의사, ㉣ 산업재해보상보험 관련 업무에 5년 이상 종사한 사람, ㉤ 국가기술자격법에 따른 산업위생관리 또는 인간공학 분야 기사 이상의 자격을 취득하고 관련 업무에 5년 이상 종사한 사람 등의 어느 하나에 해당하는 사람 중에서 공단 이사장이 위촉하거나 임명

⑤ 판정위원회의 위원장과 위원의 임기는 2년으로 하되, 연임 가능

(2) 심 의

① 공단의 분사무소(소속 기관)의 장은 판정위원회의 심의가 필요한 질병에 대하여 보험급여의 신청 또는 청구를 받으면 판정위원회에 업무상 질병으로 인정할지 여부에 대한 심의 의뢰

② 판정위원회는 심의를 의뢰받은 날부터 20일 이내에 업무상 질병으로 인정되는지를 심의하여 그 결과를 심의를 의뢰한 소속 기관의 장에게 알려야 함. 다만, 부득이한 사유로 그 기간 내에 심의를 마칠 수 없으면 10일을 넘지 않는 범위에서 한 차례만 그 기간 연장 가능

(3) 운 영

① 판정위원회의 위원장은 회의를 소집하고, 그 의장이 됨. 다만, 판정위원회의 원활한 운영을 위하여 필요
하면 위원장이 지명하는 위원이 회의 주재 가능

② 판정위원회의 회의는 위원장(위원장이 지명하는 위원이 회의를 주재하는 경우에는 그 위원) 및 회의를
개최할 때마다 위원장이 지정하는 위원 6명으로 구성. 이 경우 위원장은 의사, 치과의사 또는 한의사에
해당하는 위원 2명 이상을 지정

③ 판정위원회의 위원장이 회의를 소집하려면 회의 개최 5일 전까지 일시·장소 및 안건을 위원장이 지정하
는 위원에게 서면으로 알려야 함. 다만, 긴급한 경우에는 회의 개최 전날까지 구두(口頭), 전화, 그 밖의
방법으로 알릴 수 있음

④ 판정위원회의 회의는 구성원 과반수의 출석과 출석위원 과반수의 찬성으로 의결

(4) 심사제외 대상 질병

① 진폐

② 이황화탄소 중독증

③ 유해·위험요인에 일시적으로 다량 노출되어 나타나는 급성 중독 증상 또는 소견 등의 질병

④ 업무상의 재해인지 판단하기 위한 진찰을 한 결과 업무와의 관련성이 매우 높다는 소견이 있는 질병

⑤ 한국산업안전공단 등에 자문한 결과 업무와의 관련성이 높다고 인정된 질병

⑥ 그 밖에 업무와 그 질병 사이에 상당인과관계가 있는지를 명백히 알 수 있는 경우로서 공단이 정하는
질병

제4절 **보험급여**

I 보험급여의 종류와 산정기준

보험급여의 종류	① 요양급여 ② 휴업급여 ③ 장해급여 ④ 간병급여 ⑤ 유족급여 ⑥ 상병보상연금 ⑦ 장례비 ⑧ 직업재활급여
진폐에 따른 보험급여의 종류	요양급여, 간병급여, 장례비, 직업재활급여, 진폐보상연금, 진폐유족연금
건강손상자녀에 대한 보험급여의 종류	요양급여, 장해급여, 간병급여, 장례비, 직업재활급여

Ⅱ 사망의 추정

1. 사망의 추정

  ① 사망으로 추정되는 사람은 그 사고가 발생한 날 또는 행방불명된 날에 사망한 것으로 추정

  ② 생사가 밝혀지지 아니하였던 사람이 사고가 발생한 날 또는 행방불명된 날부터 3개월 이내에 사망한 것이 확인되었으나, 그 사망 시기가 밝혀지지 아니한 경우에도 그 사고가 발생한 날 또는 행방불명된 날에 사망한 것으로 추정

  ③ 따라서 사고가 발생한 날 또는 행방불명된 날에 사망한 것으로 추정하여 사망에 따른 보험급여(유족급여와 장례비) 지급

2. 생존확인의 신고 및 보험금의 징수

  ① 보험급여를 지급한 후에 그 근로자의 생존이 확인되면 보험급여를 받은 사람과 보험가입자는 그 근로자의 생존이 확인된 날부터 15일 이내에 공단에 근로자 생존확인 신고

  ② 공단은 사망의 추정으로 보험급여를 지급한 후에 그 근로자의 생존이 확인되면 그 급여를 받은 사람이 선의인 경우에는 받은 금액을, 악의인 경우에는 받은 금액의 2배에 해당하는 금액 징수

Ⅲ 요양급여 등

1. 요양급여

(1) 지급사유

  ① 요양급여는 근로자가 업무상의 사유로 부상을 당하거나 질병에 걸린 경우에 그 근로자에게 지급

  ② 부상 또는 질병이 3일 이내의 요양으로 치유될 수 있으면 요양급여를 지급하지 아니함

(2) 요양급여의 범위

  1) 개 관

  ① 진찰 및 검사

  ② 약제 또는 진료재료와 의지(義肢) 그 밖의 보조기의 지급

  ③ 처치, 수술, 그 밖의 치료

  ④ 재활치료

  ⑤ 입 원

  ⑥ 간호 및 간병

  ⑦ 이 송

  ⑧ 그 밖에 고용노동부령으로 정하는 사항

2) 간병

① 간병의 범위

- ㉠ 간병은 요양 중인 근로자의 부상·질병 상태 및 간병이 필요한 정도에 따라 구분하여 제공. 다만, 요양 중인 근로자가 중환자실이나 회복실에서 요양 중인 경우 그 기간에는 별도의 간병을 제공하지 않음
- ㉡ 간병은 요양 중인 근로자의 부상·질병 상태가 의학적으로 다른 사람의 간병이 필요하다고 인정되는 경우로서 다음의 어느 하나에 해당하는 사람에게 제공
  - ㉮ 두 손의 손가락을 모두 잃거나 사용하지 못하게 되어 혼자 힘으로 식사를 할 수 없는 사람
  - ㉯ 두 눈의 실명 등으로 일상생활에 필요한 동작을 혼자 힘으로 할 수 없는 사람
  - ㉰ 뇌의 손상으로 정신이 혼미하거나 착란을 일으켜 일상생활에 필요한 동작을 혼자 힘으로 할 수 없는 사람
  - ㉱ 신경계통 또는 정신의 장해로 의사소통을 할 수 없는 등 치료에 뚜렷한 지장이 있는 사람
  - ㉲ 신체 표면면적의 35퍼센트 이상에 걸친 화상을 입어 수시로 적절한 조치를 할 필요가 있는 사람

② 간병을 할 수 있는 사람의 범위

- ㉠ 간병을 할 수 있는 사람
  - ㉮ 간호사 또는 간호조무사
  - ㉯ 요양보호사 등 공단이 인정하는 간병 교육을 받은 사람
  - ㉰ 해당 근로자의 배우자(사실상 혼인관계에 있는 사람 포함), 부모, 13세 이상의 자녀 또는 형제자매
  - ㉱ 그 밖에 간병에 필요한 지식이나 자격을 갖춘 사람 중에서 간병을 받을 근로자가 지정하는 사람
- ㉡ 간병의 대상이 되는 근로자의 부상·질병상태 등이 전문적인 간병을 필요로 하는 경우에는 간호사·간호조무사 또는 요양보호사 등 공단이 인정하는 간병교육을 받은 사람만 간병을 하도록 할 수 있음

③ 동행간호인 : 해당 근로자의 부상·질병 상태로 보아 이송 시 간호인의 동행이 필요하다고 인정되는 경우에는 간호인 1명이 동행 가능. 다만, 의학적으로 특별히 필요하다고 인정되는 경우에는 2명까지 동행 가능

2. 요양급여의 신청

- ① 요양급여(진폐에 따른 요양급여 제외)는 받으려는 사람은 소속 사업장, 재해발생 경위, 그 재해에 대한 의학적 소견, 그 밖에 고용노동부령으로 정하는 사항을 적은 서류를 첨부하여 공단에 요양급여 신청
- ② 공단은 요양급여의 신청을 받으면 그 신청을 받은 날부터 7일 이내에 요양급여를 지급할지를 결정하여 신청인(요양급여의 신청을 대행한 경우에는 산재보험 의료기관 포함) 및 보험가입자에게 알려야 함. 처리기간 7일에는 판정위원회의 심의에 걸리는 기간, 조사기간, 진찰기간, 요양급여 신청과 관련된 서류의 보완에 걸리는 기간, 보험가입자에 대한 통지 및 의견 청취에 걸리는 기간, 업무상 재해의 인정 여부를 판단하기 위한 역학조사나 그 밖에 필요한 조사에 걸리는 기간 등은 불산입. 공단은 요양급여에 관한 결정을 할 때 필요하면 자문의사에게 자문하거나 자문의사회의의 심의를 거칠 수 있음
- ③ 근로자를 진료한 산재보험의료기관은 그 근로자의 재해가 업무상의 재해로 판단되면 그 근로자의 동의를 받아 요양급여의 신청 대행 가능

3. 지급방법

원칙 (현물급여)	산재보험의료기관에서의 요양
예외 (현금급여)	부득이한 경우에는 요양을 갈음하여 산재보험의료기관이 아닌 의료기관에서 응급진료 등 긴급하게 요양을 한 경우의 요양비, 의지(義肢)나 그 밖의 보조기의 지급, 간병, 이송에 드는 비용, 그 밖에 공단이 정당한 사유가 있다고 인정하는 요양비 등 지급 가능

4. 재요양

의 의	요양급여를 받은 사람이 치유 후 요양의 대상이 되었던 업무상의 부상 또는 질병이 재발하거나 치유 당시보다 상태가 악화되어 이를 치유하기 위한 적극적인 치료가 필요하다는 의학적 소견이 있으면 다시 요양급여(재요양) 수급 가능
요 건	① 치유된 업무상 부상 또는 질병과 재요양의 대상이 되는 부상 또는 질병 사이에 상당인과관계가 있을 것 ② 재요양의 대상이 되는 부상 또는 질병의 상태가 치유 당시보다 악화된 경우로서 나이나 그 밖에 업무 외의 사유로 악화된 경우가 아닐 것 ③ 재요양의 대상이 되는 부상 또는 질병의 상태가 재요양을 통해 호전되는 등 치료효과를 기대할 수 있을 것

Ⅳ 휴업급여 등

1. 휴업급여

원 칙	휴업급여는 업무상 사유로 부상을 당하거나 질병에 걸린 근로자에게 요양으로 취업하지 못한 기간에 대하여 지급하되, 1일당 지급액은 평균임금의 100분의 70에 상당하는 금액. 다만, 취업하지 못한 기간이 3일 이내이면 지급하지 아니함
저소득 근로자의 휴업급여	① 1일당 휴업급여 지급액이 최저 보상기준 금액의 100분의 80보다 적거나 같으면 그 근로자에 대하여는 평균임금의 100분의 90에 상당하는 금액을 1일당 휴업급여 지급액으로 함. 다만, 그 근로자의 평균임금의 100분의 90에 상당하는 금액이 최저 보상기준 금액의 100분의 80보다 많은 경우에는 최저 보상기준 금액의 100분의 80에 상당하는 금액이 1일당 휴업급여 지급액 ② 산정한 휴업급여 지급액이 최저임금액보다 적으면 그 최저임금액이 그 근로자의 1일당 휴업급여 지급액
고령자의 휴업급여	휴업급여를 받는 근로자가 61세가 되면 그 이후의 휴업급여는 연령에 따라 일정한 비율로 감액된 금액 지급. 다만, 61세 이후에 취업 중인 사람이 업무상의 재해로 요양하거나 61세 전에 업무상 질병으로 장해급여를 받은 사람이 61세 이후에 그 업무상 질병으로 최초로 요양하는 경우에는 업무상의 재해로 요양을 시작한 날부터 2년간 휴업급여를 감액하지 아니함
재요양 기간 중의 휴업급여	① 재요양을 받는 사람에 대하여는 재요양 당시의 임금을 기준으로 산정한 평균임금의 100분의 70에 상당하는 금액이 1일당 휴업급여 지급액. 이 경우 평균임금 산정사유 발생일은 대통령령으로 규정 ② 1일당 휴업급여 지급액이 최저임금액보다 적거나 재요양 당시 평균임금산정의 대상이 되는 임금이 없으면 최저임금액이 1일당 휴업급여 지급액 ③ 장해보상연금을 지급받는 사람이 재요양하는 경우에는 1일당 장해보상연금액(장해보상연금액을 365로 나눈 금액)과 1일당 휴업급여 지급액을 합한 금액이 장해보상연금의 산정에 적용되는 평균임금의 100분의 70을 초과하면 그 초과하는 금액 중 휴업급여에 해당하는 금액은 지급하지 아니함 ④ 재요양 기간 중의 휴업급여를 산정할 때에는 저소득 근로자의 휴업급여 규정을 적용하지 아니함

2. 부분휴업급여

요양 또는 재요양을 받고 있는 근로자가 그 요양기간 중 일정기간 또는 단시간 취업을 하는 경우에는 그 취업한 날에 해당하는 그 근로자의 평균임금에서 그 취업한 날에 대한 임금을 뺀 금액의 100분의 80에 상당하는 금액 지급 가능. 다만, 최저임금액을 1일당 휴업급여 지급액으로 하는 경우에는 최저임금액([별표 1] 제2호에 따라 감액하는 경우에는 그 감액한 금액)에서 취업한 날에 대한 임금을 뺀 금액을 지급할 수 있음

Ⅴ 장해급여 등

1. 지급요건

① 장해급여는 근로자가 업무상의 사유로 부상을 당하거나 질병에 걸려 치유된 후 신체 등에 장해가 있는 경우에 그 근로자에게 지급
② 남아 있는 장해가 신체장해등급 1급에서 14급 중에 해당해야 함

2. 장해등급의 기준

신체장해등급표에 의한 인정	장해등급의 기준은 우선 신체장해등급표에 의함
장해등급의 재판정	① 공단은 장해보상연금 또는 진폐보상연금 수급권자 중 그 장해상태가 호전되거나 악화되어 치유 당시 결정된 장해등급 또는 진폐장해등급이 변경될 가능성이 있는 사람에 대하여는 그 수급권자의 신청 또는 직권으로 장해등급 재판정 가능 ② 장해등급 등의 재판정 결과 장해등급 등이 변경되면 그 변경된 장해등급 등에 따라 장해급여 또는 진폐보상연금 지급 ③ 장해등급 등 재판정은 1회 실시하되, 장해보상연금 또는 진폐보상연금의 지급 결정을 한 날을 기준으로 2년이 지난 날부터 1년 이내

3. 장해급여의 지급

(1) 지급유형

장해급여는 장해등급에 따라 장해보상연금 또는 장해보상일시금으로 하되, 그 장해등급의 기준은 대통령령으로 규정

(2) 지급방법

① 장해보상연금 또는 장해보상일시금은 수급권자의 선택에 따라 지급. 다만, 동력을 완전히 상실한 장해등급의 근로자에게는 장해보상연금을 지급하고, 장해급여 청구사유 발생 당시 대한민국 국민이 아닌 사람으로서 외국에서 거주하고 있는 근로자에게는 장해보상일시금 지급
② 노동력을 완전히 상실한 장해등급에서는(제1급~제3급)은 장해보상연금을 지급하고, 제4급부터 제7급까지는 수급권자의 선택에 따라 연금 또는 일시금을 지급하며, 제8급 이하에서는 일시금 지급

(3) 지급액

장해보상일시금	장해등급에 따라 장해급여표에 정해진 일수에 따라 평균임금을 곱한 금액 전부 지급
장해보상연금	① 장해보상연금은 매년 이를 12등분하여 매달 25일에 그 달 치의 금액을 지급하되, 지급일이 토요일이거나 공휴일이면 그 전날 지급 ② 장해보상연금은 수급권자가 신청하면 그 연금의 최초 1년분 또는 2년분의 2분의 1에 상당하는 금액 미리 지급 가능. 미리 지급하는 금액에 대하여는 100분의 5의 비율 범위에서 대통령령으로 정하는 바에 따라 이자 공제 가능 ③ 장해보상연금 수급권자의 수급권이 소멸한 경우에 이미 지급한 연금액을 지급 당시의 각각의 평균임금으로 나눈 일수(日數)의 합계가 장해보상일시금의 일수에 못 미치면 그 못 미치는 일수에 수급권 소멸 당시의 평균임금을 곱하여 산정한 금액을 유족 또는 그 근로자에게 일시금으로 지급

(4) 장해보상연금 등의 수급권의 소멸

장해보상연금 또는 진폐보상연금의 수급권자가 다음의 어느 하나에 해당하면 수급권 소멸
① 사망한 경우
② 대한민국 국민이었던 수급권자가 국적을 상실하고 외국에서 거주하고 있거나 외국에서 거주하기 위하여 출국하는 경우
③ 대한민국 국민이 아닌 수급권자가 외국에서 거주하기 위하여 출국하는 경우
④ 장해등급 또는 진폐장해등급이 변경되어 장해보상연금 또는 진폐보상연금의 지급 대상에서 제외되는 경우

4. 재요양에 따른 장해급여

① 장해보상연금의 수급권자가 재요양을 받는 경우에도 그 연금의 지급을 정지하지 아니함
② 재요양을 받고 치유된 후 장해상태가 종전에 비하여 호전되거나 악화된 경우에는 그 호전 또는 악화된 장해상태에 해당하는 장해등급에 따라 장해급여 지급

Ⅵ 유족급여 등

1. 유족급여

지급사유	유족급여는 근로자가 업무상의 사유로 사망한 경우에 유족에게 지급
급여의 종류	유족보상연금이나 유족보상일시금

2. 유족보상연금

(1) 수급자격자의 범위

① 유족보상연금을 받을 수 있는 자격이 있는 사람(유족보상연금 수급자격자)은 근로자가 사망할 당시 그 근로자와 생계를 같이 하고 있던 유족(그 근로자가 사망할 당시 대한민국 국민이 아닌 사람으로서 외국에서 거주하고 있던 유족은 제외) 중 배우자와 다음의 어느 하나에 해당하는 사람으로 함. 이 경우 근로자와 생계를 같이 하고 있던 유족의 판단 기준은 대통령령으로 규정
㉠ 부모 또는 조부모로서 각각 60세 이상인 사람
㉡ 자녀로서 25세 미만인 사람, 손자녀로서 25세 미만인 사람

ⓒ 형제자매로서 19세 미만이거나 60세 이상인 사람

ⓔ 위의 규정 중 어느 하나에 해당하지 아니하는 자녀·부모·손자녀·조부모 또는 형제자매로서 장애인 중 고용노동부령으로 정한 장애 정도에 해당하는 사람

② 근로자가 사망할 당시 태아였던 자녀가 출생한 경우에는 출생한 때부터 장래에 향하여 근로자가 사망할 당시 그 근로자와 생계를 같이 하고 있던 유족으로 간주

③ 유족보상연금 수급자격자 중 유족보상연금을 받을 권리의 순위는 배우자·자녀·부모·손자녀·조부모 및 형제자매의 순서

(2) 생계를 같이하는 유족의 범위

근로자와 생계를 같이 하고 있던 유족이란 ① 근로자와 주민등록법에 따른 주민등록표상의 세대를 같이 하고 동거하던 유족으로서 근로자의 소득으로 생계의 전부 또는 상당 부분을 유지하고 있던 사람, ② 근로자의 소득으로 생계의 전부 또는 상당 부분을 유지하고 있던 유족으로서 학업·취업·요양, 그 밖에 주거상의 형편 등으로 주민등록을 달리하였거나 동거하지 않았던 사람, ③ ①, ②의 유족 외의 유족으로서 근로자가 정기적으로 지급하는 금품이나 경제적 지원으로 생계의 전부 또는 대부분을 유지하고 있던 사람

(3) 수급자격자의 자격상실과 순위이전 등

① 유족보상연금 수급자격자인 유족이 다음의 어느 하나에 해당하는 경우에는 자격 상실

ⓐ 사망한 경우

ⓑ 재혼한 때(사망한 근로자의 배우자만 해당하며, 재혼에는 사실상 혼인 관계에 있는 경우 포함)

ⓒ 사망한 근로자와의 친족 관계가 끝난 경우

ⓓ 자녀가 25세가 된 때, 손자녀가 25세가 된 때 또는 형제자매가 19세가 된 때

ⓔ 장애인이었던 사람으로서 그 장애 상태가 해소된 경우

ⓕ 근로자가 사망할 당시 대한민국 국민이었던 유족보상연금 수급자격자가 국적을 상실하고 외국에서 거주하고 있거나 외국에서 거주하기 위하여 출국하는 경우

ⓖ 대한민국 국민이 아닌 유족보상연금 수급자격자가 외국에서 거주하기 위하여 출국하는 경우

② 유족보상연금을 받을 권리가 있는 유족보상연금 수급자격자(이하 "유족보상연금 수급권자")가 그 자격을 잃은 경우에 유족보상연금을 받을 권리는 같은 순위자가 있으면 같은 순위자에게, 같은 순위자가 없으면 다음 순위자에게 이전

③ 유족보상연금 수급권자가 3개월 이상 행방불명이면 대통령령으로 정하는 바에 따라 연금 지급을 정지하고, 같은 순위자가 있으면 같은 순위자에게, 같은 순위자가 없으면 다음 순위자에게 유족보상연금 지급

유족보상연금액의 조정(영 제63조)

공단은 다음 각 호의 사유가 발생하면 유족보상연금 수급권자의 청구에 의하거나 직권으로 그 사유가 발생한 달의 다음 달 분부터 유족보상연금의 금액을 조정한다.

1. 근로자의 사망 당시 태아였던 자녀가 출생한 경우 [기출] 24
2. 제62조 제3항에 따라 지급정지가 해제된 경우
3. 유족보상연금 수급자격자가 법 제64조 제1항에 따라 자격을 잃은 경우
4. 유족보상연금 수급자격자가 행방불명이 된 경우

(4) 연금의 산정과 지급

① 유족급여(산재법 [별표 3])

유족급여(산재법 [별표 3]) 기출 13 · 23

유족급여의 종류	유족급여의 금액
유족보상연금	유족보상연금액은 다음의 기본금액과 가산금액을 합한 금액으로 한다. 1. 기본금액 : 급여기초연액(평균임금에 365를 곱하여 얻은 금액)의 100분의 47에 상당하는 금액 2. 가산금액 : 유족보상연금수급권자 및 근로자가 사망할 당시 그 근로자와 생계를 같이 하고 있던 유족보상연금수급자격자 1인당 급여기초연액의 100분의 5에 상당하는 금액의 합산액. 다만, 그 합산금액이 급여기초연액의 100분의 20을 넘을 때에는 급여기초연액의 100분의 20에 상당하는 금액으로 한다.
유족보상일시금	평균임금의 1,300일분

② 유족보상연금을 받을 수 있는 자격이 있는 사람이 원하면 [별표 3]의 유족보상일시금의 100분의 50에 상당하는 금액을 일시금으로 지급하고 유족보상연금은 100분의 50을 감액하여 지급

③ 유족보상연금을 받던 사람이 그 수급자격을 잃은 경우 다른 수급자격자가 없고 이미 지급한 연금액을 지급 당시의 각각의 평균임금으로 나누어 산정한 일수의 합계가 1,300일에 못 미치면 그 못 미치는 일수에 수급자격 상실 당시의 평균임금을 곱하여 산정한 금액을 수급자격 상실 당시의 유족에게 일시금으로 지급

(5) 연금의 지급기간 및 지급시기

① 유족보상연금의 지급은 그 지급사유가 발생한 달의 다음 달 첫날부터 시작되며, 그 지급받을 권리가 소멸한 달의 말일에 종료

② 유족보상연금은 그 지급을 정지할 사유가 발생한 때에는 그 사유가 발생한 달의 다음 달 첫날부터 그 사유가 소멸한 달의 말일까지 지급 정지

③ 유족보상연금은 매년 이를 12등분하여 매달 25일에 그 달 치의 금액을 지급하되, 지급일이 토요일이거나 공휴일이면 그 전날에 지급

④ 유족보상연금을 받을 권리가 소멸한 경우에는 지급일 전이라도 지급 가능

⑤ ①에서 ④의 유족보상연금에 대한 설명은 장해보상연금, 진폐보상연금 또는 진폐유족연금에 대하여도 그대로 적용

3. 유족보상일시금

지급사유	유족보상일시금은 근로자가 사망할 당시 유족보상연금을 받을 수 있는 자격이 있는 사람이 없는 경우에 지급
지급액	평균임금의 1,300일분 지급

수급권자의 순위	① 유족 간의 수급권의 순위는 다음의 순서로 하되, ㉠~㉢의 사람 사이에서는 각각 그 적힌 순서에 따름. 이 경우 같은 순위의 수급권자가 2명 이상이면 그 유족에게 똑같이 나누어 지급
	㉠ 근로자가 사망할 당시 그 근로자와 생계를 같이 하고 있던 배우자·자녀·부모·손자녀 및 조부모 ㉡ 근로자가 사망할 당시 그 근로자와 생계를 같이 하고 있지 아니하던 배우자·자녀·부모·손자녀 및 조부모 또는 근로자가 사망할 당시 근로자와 생계를 같이 하고 있던 형제자매 ㉢ 형제자매
	② ①의 경우 부모는 양부모(養父母)를 선순위로, 실부모(實父母)를 후순위로 하고, 조부모는 양부모의 부모를 선순위로, 실부모의 부모를 후순위로, 부모의 양부모를 선순위로, 부모의 실부모를 후순위 ③ 수급권자인 유족이 사망한 경우 그 보험급여는 같은 순위자가 있으면 같은 순위자에게, 같은 순위자가 없으면 다음 순위자에게 지급 ④ 수급권자의 순위는 장해보상연금 차액일시금, 유족보상연금 차액일시금의 경우에도 적용
유언에 의한 수급권자의 지정	근로자가 유언으로 보험급여를 받을 유족을 지정하면 유족보상일시금의 수급권자의 순위와 관계없이 그 순위에 따름

Ⅶ 상병보상연금 등

1. 상병보상연금

(1) 지급사유

요양급여를 받는 근로자가 요양을 시작한 지 2년이 지난 날 이후에 다음의 요건 모두에 해당하는 상태가 계속되면 휴업급여 대신 상병보상연금을 그 근로자에게 지급

① 그 부상이나 질병이 치유되지 아니한 상태일 것
② 그 부상이나 질병에 따른 중증요양상태의 정도가 중증요양상태등급 기준에 해당할 것
③ 요양으로 인하여 취업하지 못하였을 것

(2) 상병보상연금의 지급

상병보상연금은 [별표 4]에 따른 중증요양상태등급에 따라 지급

상병보상연금표(산재법 [별표 4])

중증요양상태등급	상병보상연금
제1급	평균임금의 329일분
제2급	평균임금의 291일분
제3급	평균임금의 257일분

2. 저소득 근로자의 상병보상연금

① 상병보상연금을 산정할 때 그 근로자의 평균임금이 최저임금액에 70분의 100을 곱한 금액보다 적을 때에는 최저임금액의 70분의 100에 해당하는 금액을 그 근로자의 평균임금으로 보아 산정
② 산정한 상병보상연금액을 365로 나눈 1일당 상병보상연금 지급액이 1일당 휴업급여 지급액보다 적으면 저소득근로자의 휴업급여 지급액을 1일당 상병보상연금 지급액으로 함

3. 고령자의 상병보상연금

상병보상연금을 받는 근로자가 61세가 되면 그 이후의 상병보상연금은 산재법 [별표 5]에 따른 1일당 상병보 상연금 지급기준에 따라 산정한 금액 지급

4. 재요양 기간 중의 상병보상연금

지급요건	재요양을 시작한 지 2년이 지난 후에 부상·질병 상태가 상병보상연금 지급요건 모두에 해당하는 사람에 게는 휴업급여 대신 중증요양상태등급에 따라 상병보상연금 지급. 이 경우 상병보상연금을 산정할 때에는 재요양 기간 중의 휴업급여 산정에 적용되는 평균임금을 적용하되, 그 평균임금이 최저임금액에 70분의 100을 곱한 금액보다 적거나 재요양 당시 평균임금 산정의 대상이 되는 임금이 없을 때에는 최저임금액의 70분의 100에 해당하는 금액을 그 근로자의 평균임금으로 보아 산정	
지급액	상병보상연금 수급자의 61세 도과	상병보상연금을 받는 근로자가 61세가 된 이후에는 1일당 상병보상연금 지급액에서 평균임금을 기준으로 산정한 1일당 장해보상연금 지급액을 뺀 금액을 1일당 상병보상 연금 지급액으로 함
	장해보상연금 수급자의 연금산정	상병보상연금을 받는 근로자가 장해보상연금을 받고 있으면 중증요양상태등급별 상 병보상연금의 지급일수에서 장해등급별 장해보상연금의 지급일수를 뺀 일수에 평균 임금을 곱하여 산정한 금액을 그 근로자의 상병보상연금으로 함
	장해보상연금 수급자의 재요양	장해보상연금을 받는 근로자가 재요양하는 경우에는 상병보상연금을 지급하지 아니 함. 다만, 재요양 중에 중증요양상태등급이 높아지면 재요양을 시작한 때부터 2년이 지난 것으로 보아 상병보상연금을 지급. 재요양 기간 중 상병보상연금을 산정할 때에 는 저소득 근로자의 상병보상연금 규정을 적용하지 아니함

Ⅷ 간병급여와 장례비 등

1. 간병급여의 지급방법, 기준 및 급여액

지급방법	간병급여는 간병급여의 지급 대상에 해당되는 사람이 실제로 간병을 받은 날에 대하여 지급
지급기준	① 간병급여의 지급 기준은 고용노동부장관이 작성하는 고용형태별근로실태조사의 직종별 월급여 총액 등을 기초로 하여 고용노동부장관이 고시하는 금액으로 함. 이 경우 수시 간병급여의 대상자에게 지급할 간병급여의 금액은 상시 간병급여의 지급 대상자에게 지급할 금액의 3분의 2에 해당하는 금액으로 함 ② 간병급여 수급권자가 재요양을 받는 경우 그 재요양 기간 중에는 간병급여를 지급하지 아니함

2. 장례비

(1) 지급사유

근로자가 업무상 재해로 사망한 경우에 인정

(2) 지급액

장례비는 근로자가 업무상의 사유로 사망한 경우에 지급하되, 평균임금의 120일분에 상당하는 금액을 그 장례를 지낸 유족에게 지급. 다만, 장례를 지낼 유족이 없거나 그 밖에 부득이한 사유로 유족이 아닌 사람이 장례를 지낸 경우에는 평균임금의 120일분에 상당하는 금액의 범위에서 실제 드는 비용을 그 장례를 지낸 사람에게 지급

(3) 최고금액과 최저금액

장례비가 대통령령으로 정하는 바에 따라 고용노동부장관이 고시하는 최고 금액을 초과하거나 최저 금액에 미달하면 그 최고 금액 또는 최저 금액을 각각 장례비로 함

> **장례비 최고·최저 금액의 산정(영 제66조)** 기출 24
> ① 법 제71조 제2항에 따른 장례비의 최고금액 및 최저금액은 다음 각 호의 구분에 따라 산정한다.
>   1. 장례비 최고금액 : 전년도 장례비 수급권자에게 지급된 1명당 평균 장례비 90일분 + 최고 보상기준 금액의 30일분
>   2. 장례비 최저금액 : 전년도 장례비 수급권자에게 지급된 1명당 평균 장례비 90일분 + 최저 보상기준 금액의 30일분
> ② 장례비 최고금액 및 최저금액을 산정할 때 10원 미만은 버린다.
> ③ 장례비 최고금액 및 최저금액의 적용기간은 다음 연도 1월 1일부터 12월 31일까지로 한다.

Ⅸ 직업재활급여 등

1. 직업훈련비용

직업훈련기관	훈련대상자에 대한 직업훈련은 공단과 계약을 체결한 직업훈련기관에서 실시
직업훈련대상자 (요건 전부 충족 필요)	① 장해등급등 제1급부터 제12급까지의 어느 하나에 해당하거나, 업무상의 사유로 발생한 부상 또는 질병으로 인하여 요양 중으로서 그 부상 또는 질병의 상태가 치유 후에도 장해등급 제1급부터 제12급까지의 어느 하나에 해당할 것이라는 내용의 의학적 소견이 있을 것 ② 취업하고 있지 아니한 사람일 것 ③ 다른 직업훈련을 받고 있지 아니할 것 ④ 직업복귀계획을 수립하였을 것
직업훈련비용의 지급	직업훈련에 드는 비용(직업훈련비용)은 직업훈련을 실시한 직업훈련기관에 지급. 다만, 직업훈련기관이 장애인고용촉진 및 직업재활법, 고보법 또는 국민 평생 직업능력 개발법이나 그 밖에 다른 법령에 따라 직업훈련비용에 상당한 비용을 받은 경우 등 대통령령으로 정하는 경우에는 지급하지 아니함
지급액과 지급기간	직업훈련비용의 금액은 고용노동부장관이 훈련비용, 훈련기간 및 노동시장의 여건 등을 고려하여 고시하는 금액의 범위에서 실제 드는 비용으로 하되, 직업훈련비용을 지급하는 훈련기간은 12개월 이내로 함

2. 직업훈련수당

지급요건	직업훈련수당은 직업훈련을 받는 훈련대상자에게 그 직업훈련으로 인하여 취업하지 못하는 기간에 대하여 지급
지급액	1일당 지급액은 최저임금액에 상당하는 금액

3. 직장복귀지원금 등

(1) 지급요건

직장복귀지원금, 직장적응훈련비 및 재활운동비는 장해급여자에 대하여 고용을 유지하거나 직장적응훈련 또는 재활운동을 실시하는 사업주에게 각각 지급. 아래의 각 지급요건에서 요양종결일 또는 직장복귀일을 적용할 때 장해급여자 중 장해급여를 받은 자는 요양종결일을 적용하고, 장해급여를 받을 것이 명백한 자는 직장복귀일을 적용

1) 직장복귀지원금

직장복귀지원금은 사업주가 장해급여자에 대하여 요양종결일 또는 직장복귀일부터 6개월 이상 고용을 유지하고 그에 따른 임금을 지급한 경우에 지급. 다만, 장해급여자가 요양종결일 또는 직장복귀일부터 6개월이 되기 전에 자발적으로 퇴직한 경우에는 그 퇴직한 날까지의 직장복귀지원금 지급

2) 직장적응훈련비

직장적응훈련비는 사업주가 장해급여자에 대하여 그 직무수행이나 다른 직무로 전환하는 데에 필요한 직장적응훈련을 실시한 경우로서 다음의 요건 모두에 해당하는 경우에 지급

① 요양종결일 또는 직장복귀일 직전 3개월부터 요양종결일 또는 직장복귀일 이후 6개월 이내에 직장적응훈련을 시작하였을 것

② 직장적응훈련이 끝난 날의 다음 날부터 6개월 이상 해당 장해급여자에 대한 고용을 유지하였을 것. 다만, 장해급여자가 직장적응훈련이 끝난 날의 다음 날부터 6개월이 되기 전에 자발적으로 퇴직한 경우에는 그렇지 않음

3) 재활운동비

재활운동비는 사업주가 장해급여자에 대하여 그 직무수행이나 다른 직무로 전환하는 데 필요한 재활운동을 실시한 경우로서 다음의 요건 모두에 해당하는 경우에 지급

① 요양종결일 또는 직장복귀일부터 6개월 이내에 재활운동을 시작하였을 것

② 재활운동이 끝난 날의 다음 날부터 6개월 이상 해당 장해급여자에 대한 고용을 유지하였을 것. 다만, 장해급여자가 재활운동이 끝난 날의 다음 날부터 6개월이 되기 전에 자발적으로 퇴직한 경우에는 그렇지 않음

(2) 지급액과 지급기간

① 직장복귀지원금은 고용노동부장관이 임금수준 및 노동시장의 여건 등을 고려하여 고시하는 금액의 범위에서 사업주가 장해급여자에게 지급한 임금액으로 하되, 그 지급기간은 12개월 이내

② 직장적응훈련비 및 재활운동비는 고용노동부장관이 직장적응훈련 또는 재활운동에 드는 비용을 고려하여 고시하는 금액의 범위에서 실제 드는 비용으로 하되, 그 지급기간은 3개월 이내

③ 장해급여자를 고용하고 있는 사업주가 고보법에 따른 지원금, 장애인고용촉진 및 직업재활법에 따른 장애인 고용장려금이나 그 밖에 다른 법령에 따라 직장복귀지원금, 직장적응훈련비 또는 재활운동비(이하 "직장복귀지원금 등")에 해당하는 금액을 받은 경우 등 대통령령으로 정하는 경우에는 그 받은 금액을 빼고 직장복귀지원금 등을 지급

X 기타 보험급여의 일시지급 등

1. 다른 보상이나 배상과의 관계

근기법과의 관계	① 수급권자가 이 법에 따라 보험급여를 받았거나 받을 수 있으면 보험가입자는 동일한 사유에 대하여 근기법에 따른 재해보상 책임 면제 ② 요양급여를 받는 근로자가 요양을 시작한 후 3년이 지난 날 이후에 상병보상연금을 지급받고 있으면, 사용자가 일시보상을 하였을 경우 또는 사업을 계속할 수 없게 된 경우에는 해고가 제한되지 아니한다는 근기법 제23조 제2항 단서를 적용할 때 그 사용자는 그 3년이 지난 날 이후에는 같은 법에 따른 일시보상을 지급한 것으로 간주
민법과의 관계	① 수급권자가 동일한 사유에 대하여 이 법에 따른 보험급여를 받으면 보험가입자는 그 금액의 한도 안에서 민법이나 그 밖의 법령에 따른 손해배상의 책임 면제. 이 경우 장해보상연금 또는 유족보상연금을 받고 있는 사람은 장해보상일시금 또는 유족보상일시금을 받은 것으로 간주 ② 수급권자가 동일한 사유로 민법이나 그 밖의 법령에 따라 이 법의 보험급여에 상당한 금품을 받으면 공단은 수급권자가 지급받은 금품의 가액 또는 요양서비스를 제공받은 경우 그 요양에 드는 비용으로 환산한 금액의 한도 안에서 이 법에 따른 보험급여를 지급하지 아니하나, ①의 후단에 따라 수급권자가 지급받은 것으로 보게 되는 장해보상일시금 또는 유족보상일시금에 해당하는 연금액에 대하여는 그러하지 아니함

2. 미지급의 보험급여

① 보험급여의 수급권자가 사망한 경우에 그 수급권자에게 지급하여야 할 보험급여로서 아직 지급되지 아니한 보험급여가 있으면 그 수급권자의 유족(유족급여의 경우에는 그 유족급여를 받을 수 있는 다른 유족)의 청구에 따라 그 보험급여 지급

② 그 수급권자가 사망 전에 보험급여를 청구하지 아니하면 유족의 청구에 따라 그 보험급여 지급

3. 보험급여의 지급

(1) 지급기한

보험급여는 지급 결정일부터 14일 이내에 지급

(2) 지급방법

보험급여수급계좌	① 공단은 수급권자의 신청이 있는 경우에는 보험급여를 수급권자 명의의 지정된 계좌(이하 "보험급여수급계좌")로 입금 ② 보험급여수급계좌의 해당 금융기관은 이 법에 따른 보험급여만이 보험급여수급계좌에 입금되도록 관리
현금지급	① 정보통신장애나 그 밖에 대통령령으로 정하는 불가피한 사유로 보험급여를 보험급여수급계좌로 이체할 수 없을 때에는 대통령령으로 정하는 바에 따라 보험급여를 지급 가능. "정보통신장애나 그 밖에 대통령령으로 정하는 불가피한 사유"란 다음의 어느 하나에 해당하는 경우를 의미 　㉠ 보험급여수급계좌가 개설된 금융기관이 폐업, 업무정지, 정보통신장애 등으로 정상영업이 불가능하여 보험급여를 보험급여수급계좌로 이체할 수 없는 경우 　㉡ 그 밖에 고용노동부장관이 보험급여를 보험급여 지급 결정일부터 14일 이내에 보험급여수급계좌로 이체하는 것이 불가능하다고 인정하는 경우 ② 공단은 보험급여를 보험급여수급계좌로 이체할 수 없을 때에는 수급권자에게 해당 보험급여를 직접 현금으로 지급 가능 ③ 공단은 수급권자가 보험급여 수급신청을 하면 보험급여를 보험급여수급계좌로 받을 수 있다는 사실을 수급권자에게 안내

4. 부당이득의 징수

(1) 부당이득의 징수

1) 수급권자의 부정행위에 따른 징수

① 공단은 보험급여를 받은 사람이 다음의 어느 하나에 해당하면 그 급여액에 해당하는 금액(거짓이나 그 밖의 부정한 방법으로 보험급여를 받은 경우에는 그 급여액의 2배에 해당하는 금액) 징수. 이 경우 공단이 국민건강보험공단 등에 청구하여 받은 금액은 징수할 금액에서 제외

  ㉠ 거짓이나 그 밖의 부정한 방법으로 보험급여를 받은 경우

  ㉡ 수급권자 또는 수급권이 있었던 사람이 신고의무를 이행하지 아니하여 부당하게 보험급여를 지급받은 경우

  ㉢ 그 밖에 잘못 지급된 보험급여가 있는 경우

② 거짓이나 그 밖의 부정한 방법으로 보험급여를 받은 경우 보험급여의 지급이 보험가입자 · 산재보험의료기관 또는 직업훈련기관의 거짓된 신고, 진단 또는 증명으로 인한 것이면 그 보험가입자 · 산재보험의료기관 또는 직업훈련기관도 연대하여 책임 부담

2) 산재보험의료기관이나 약국의 부정행위에 따른 징수

공단은 산재보험의료기관이나 약국이 다음의 어느 하나에 해당하면 그 진료비나 약제비에 해당하는 금액 징수. 다만, 거짓이나 그 밖의 부정한 방법으로 진료비나 약제비를 지급받은 경우에는 그 진료비나 약제비의 2배에 해당하는 금액(과징금을 부과하는 경우에는 그 진료비에 해당하는 금액) 징수

① 거짓이나 그 밖의 부정한 방법으로 진료비나 약제비를 지급받은 경우

② 요양급여의 산정 기준 및 합병증등 조치비용 산정 기준을 위반하여 부당하게 진료비나 약제비를 지급받은 경우

③ 그 밖에 진료비나 약제비를 잘못 지급받은 경우

(2) 자진신고자에 대한 특례

공단은 거짓이나 그 밖의 부정한 방법으로 보험급여, 진료비 또는 약제비를 받은 자(연대책임을 지는 자 포함)가 부정수급에 대한 조사가 시작되기 전에 부정수급 사실을 자진 신고한 경우에는 그 보험급여액, 진료비 또는 약제비에 해당하는 금액을 초과하는 부분은 징수 면제 가능

5. 공단의 손해배상청구권 대위

대위요건	근로복지공단은 제3자의 행위에 따른 재해로 보험급여를 지급한 경우에는 그 급여액의 한도 안에서 급여를 받은 사람의 제3자에 대한 손해배상청구권 대위(代位). 다만, 보험가입자인 둘 이상의 사업주가 같은 장소에서 하나의 사업을 분할하여 각각 행하다가 그중 사업주를 달리하는 근로자의 행위로 재해가 발생하면 그러하지 아니함
수급권자가 손해배상을 받은 경우	수급권자가 제3자로부터 동일한 사유로 이 법의 보험급여에 상당하는 손해배상을 받으면 공단은 그 배상액을 대통령령으로 정하는 방법에 따라 환산한 금액의 한도 안에서 이 법에 따른 보험급여를 지급하지 아니함
재해의 신고	수급권자 및 보험가입자는 제3자의 행위로 재해가 발생하면 지체 없이 공단에 신고

6. 수급권의 보호

① 근로자의 보험급여를 받을 권리는 퇴직하여도 소멸되지 아니함
② 보험급여를 받을 권리는 양도 또는 압류하거나 담보로 제공할 수 없음
③ 지정된 보험급여수급계좌의 예금 중 보험급여수급계좌에 입금된 금액 전액 이하의 금액에 관한 채권은 압류할 수 없음

7. 공과금의 면제

보험급여로서 지급된 금품에 대하여는 국가나 지방자치단체의 공과금을 부과하지 아니함

제5절 | 진폐에 따른 보험급여의 특례

I 진폐보상연금 등

진폐보상연금	① 진폐보상연금은 업무상 질병인 진폐에 걸린 근로자(이하 "진폐근로자")에게 지급 ② 진폐보상연금은 평균임금을 기준으로 하여 진폐장해등급별 진폐장해연금과 기초연금을 합산한 금액으로 하고, 이 경우 기초연금은 최저임금액의 100분의 60에 365를 곱하여 산정한 금액으로 함 ③ 진폐보상연금을 받던 사람이 그 진폐장해등급이 변경된 경우에는 변경된 날이 속한 달의 다음 달부터 기초연금과 변경된 진폐장해등급에 해당하는 진폐장해연금을 합산한 금액 지급
진폐유족연금	① 진폐유족연금은 진폐근로자가 진폐로 사망한 경우에 유족에게 지급 ② 진폐유족연금은 사망 당시 진폐근로자에게 지급하고 있거나 지급하기로 결정된 진폐보상연금과 같은 금액으로 하나, 이 경우 진폐유족연금은 유족보상연금을 초과할 수 없음 ③ 진폐에 대한 진단을 받지 아니한 근로자가 업무상 질병인 진폐로 사망한 경우에 그 근로자에 대한 진폐유족연금은 기초연금과 진폐장해등급별로 산정한 진폐장해연금을 합산한 금액 ④ 진폐유족연금을 받을 수 있는 유족의 범위 및 순위, 자격상실과 지급정지,연금의 지급기간 및 지급시기 등은 유족보상연금의 그것과 동일

II 진폐의 진단

1. 진폐의 진단

① 공단은 요양급여 등을 청구하면 건강진단기관에 진폐판정에 필요한 진단 의뢰
② 건강진단기관은 진폐에 대한 진단을 의뢰받으면 고용노동부령으로 정하는 바에 따라 진폐에 대한 진단을 실시하고 그 진단결과를 공단에 제출
③ 진단을 받는 근로자에게는 고용노동부장관이 정하여 고시하는 금액을 진단수당으로 지급할 수 있으나, 장해보상연금 또는 진폐보상연금을 받고 있는 사람에게는 진단수당을 지급하지 아니함

2. 진폐심사회의

설 치	진단결과에 대하여 진폐병형 및 합병증 등을 심사하기 위하여 공단에 관계 전문가 등으로 구성된 진폐심사회의(이하 "진폐심사회의") 설치
구 성	① 진폐심사회의는 위원장 1명을 포함하여 45명 이내의 위원으로 구성 ② 진폐심사회의 위원장 및 위원은 직업환경의학과 전문의로서 3년 이상 근무한 경력이 있는 사람, 영상의학과 전문의로서 3년 이상 근무한 경력이 있는 사람, 내과 전문의로서 호흡기 분야에 3년 이상 근무한 경력이 있는 사람 중에서 공단 이사장이 위촉 ③ 진폐심사회의 위원의 임기는 3년
심 사	① 근로자의 상태가 진폐에 해당하는지 여부에 관한 사항 ② 진폐가 요양대상에 해당하는지 여부에 관한 사항 ③ 진폐의 장해정도에 관한 사항 ④ 그 밖에 진폐의 요양 및 장해 심사 등에 관한 사항

제6절   건강손상자녀에 대한 보험급여의 특례

제7절   노무제공자에 대한 특례[1]

I   노무제공자 등의 정의

1. 노무제공자[2]

자신이 아닌 다른 사람의 사업을 위하여 다음의 어느 하나에 해당하는 방법에 따라 자신이 직접 노무를 제공하고 그 대가를 지급받는 사람으로서 업무상 재해로부터의 보호 필요성, 노무제공 형태 등을 고려하여 대통령령으로 정하는 직종에 종사하는 사람

① 노무제공자가 사업주로부터 직접 노무제공을 요청받은 경우

② 노무제공자가 사업주로부터 일하는 사람의 노무제공을 중개·알선하기 위한 전자적 정보처리시스템(이하 "온라인 플랫폼")을 통해 노무제공을 요청받는 경우

---

1) 산재법 제125조에 따르면 특수형태근로종사자가 산재보험을 적용받기 위해서는 '특정 사업에의 전속성' 요건을 충족하여야 하는데, 온라인 플랫폼 등을 통해 복수의 사업에 노무를 제공하는 경우에는 이러한 요건을 충족하지 못하여 산업재해 보호의 사각지대가 발생하고 있고, 특수형태근로종사자가 '특정 사업에의 전속성' 요건을 충족하더라도, 주된 사업장 외의 보조사업장에서 업무상 재해를 입은 경우에는 산재보험이 적용되지 않는 상황이므로 산재보험의 전속성 요건을 폐지하고, 기존 특수형태근로종사자 및 온라인 플랫폼 종사자 등을 포괄하는 개념으로 "노무제공자"의 정의를 신설하여 산재보험의 적용을 받을 수 있도록 하며, 이로 인하여 새롭게 보험의 적용을 받는 사람들의 노무제공 특성에 맞는 보험 적용·징수 체계와 급여·보상 제도를 마련함으로써 산재보험을 통한 보호 범위를 보다 확대하려는 취지에서 산재법 제125조를 삭제하고 산재법 제3장의4(산재법 제91조의15 이하)에서 노무제공자에 대한 특례를 신설하였다.

2) 2022.6.10. 신설한 노무제공자에 대한 특례에 의하면 산재법의 근로자는 직업의 종류와 관계없이 임금을 목적으로 사업이나 사업장에 근로를 제공하는 사람을 말함에도 불구하고(산재법 제5조 제2호), 노무제공자를 산재법의 적용을 받는 근로자로 보고, 노무제공자의 노무를 제공받는 사업을 산재법의 적용을 받는 사업으로 보고 있다(산재법 제91조의16).

노무제공자의 범위(영 제83조의5)

법 제91조의15 제1호 각 목 외의 부분에서 "대통령령으로 정하는 직종에 종사하는 사람"이란 다음 각 호의 사람을 말한다.

1. 보험을 모집하는 사람으로서 다음 각 목의 어느 하나에 해당하는 사람
   가. 보험업법 제83조 제1항 제1호에 따른 보험설계사
   나. 새마을금고법 및 신용협동조합법에 따른 공제의 모집을 전업으로 하는 사람 **기출** 24
   다. 우체국예금·보험에 관한 법률에 따른 우체국보험의 모집을 전업으로 하는 사람 **기출** 24
2. 건설기계관리법 제3조 제1항에 따라 등록된 건설기계를 직접 운전하는 사람
3. 통계법 제22조에 따라 통계청장이 고시하는 직업에 관한 표준분류(이하 "한국표준직업분류표")의 세분류에 따른 학습·교구 관련 방문강사 등 회원의 가정 등을 직접 방문하여 아동이나 학생 등을 가르치는 사람
4. 체육시설의 설치·이용에 관한 법률 제7조에 따라 직장체육시설로 설치된 골프장 또는 같은 법 제19조에 따라 체육시설업의 등록을 한 골프장에서 골프경기를 보조하는 골프장 캐디
5. 한국표준직업분류표의 세분류에 따른 택배원 또는 세세분류에 따른 그 외 배달원으로서 다음 각 목의 어느 하나에 해당하는 사람
   가. 생활물류서비스산업발전법 제2조 제6호 가목에 따른 택배서비스종사자로서 집화 또는 배송(설치를 수반하는 배송을 포함) 업무를 하는 사람
   나. 가목 외의 택배사업(소화물을 집화·수송 과정을 거쳐 배송하는 사업)에서 집화 또는 배송 업무를 하는 사람
6. 한국표준직업분류표의 세분류에 따른 늘찬배달원으로서 퀵서비스업의 사업주로부터 업무를 의뢰받아 배송 업무를 하는 사람. 다만, 제5호 또는 제14호에 해당하는 사람은 제외한다.
7. 대부업 등의 등록 및 금융이용자 보호에 관한 법률 제3조 제1항 단서에 따른 대출모집인
8. 여신전문금융업법 제14조의2 제1항 제2호에 따른 신용카드회원 모집인
9. 다음 각 목의 어느 하나에 해당하는 사업자로부터 업무를 의뢰받아 자동차를 운전하는 사람
   가. 대리운전자(자동차 이용자의 요청에 따라 그 이용자와 동승하여 해당 자동차를 목적지까지 운전하는 사업의 사업주)
   나. 탁송업자(자동차 이용자의 요청에 따라 그 이용자와 동승하지 않고 해당 자동차를 목적지까지 운전하는 사업의 사업주)
   다. 대리주차업자(자동차 이용자의 요청에 따라 그 이용자를 대신하여 해당 자동차를 주차하는 사업의 사업주)
10. 방문판매 등에 관한 법률 제2조 제2호에 따른 방문판매원 또는 같은 조 제8호에 따른 후원방문판매원으로서 방문판매 업무를 하는 사람. 다만, 다음 각 목의 어느 하나에 해당하는 경우는 제외한다.
    가. 방문판매는 하지 않고 자가 소비만 하는 경우
    나. 제3호 또는 제11호에 해당하는 경우
11. 한국표준직업분류표의 세분류에 따른 대여 제품 방문점검원
12. 한국표준직업분류표의 세분류에 따른 가전제품 설치 및 수리원으로서 가전제품의 판매를 위한 배송 업무를 주로 수행하고 가전제품의 설치·시운전 등을 통해 작동상태를 확인하는 사람
13. 화물자동차 운수사업법 제2조 제1호에 따른 화물자동차 중 고용노동부령으로 정하는 자동차를 운전하는 사람
14. 화물자동차 운수사업법 제2조 제11호에 따른 화물차주로서 다음 각 목의 어느 하나에 해당하는 자동차를 운전하는 사람 및 그 밖에 화물을 운송하기 위하여 다음 각 목의 어느 하나에 해당하는 자동차를 운전하는 사람. 다만, 제5호, 제12호 또는 제13호에 해당하는 사람은 제외한다.
    가. 자동차관리법 제3조 제1항 제3호에 따른 화물자동차
    나. 자동차관리법 제3조 제1항 제4호에 따른 특수자동차 중 견인형 자동차 또는 특수작업형 사다리차(이사 등을 위하여 높은 건물에 필요한 물건을 올리기 위한 자동차)
15. 소프트웨어 진흥법 제2조 제3호에 따른 소프트웨어사업에서 노무를 제공하는 같은 조 제10호에 따른 소프트웨어 기술자
16. 다음 각 목의 어느 하나에 해당하는 강사
    가. 초·중등교육법 제2조에 따른 학교에서 운영하는 방과후학교의 과정을 담당하는 강사
    나. 유아교육법 제2조 제2호에 따른 유치원에서 운영하는 같은 조 제6호에 따른 방과후 과정을 담당하는 강사
    다. 영유아보육법 제2조 제3호에 따른 어린이집에서 운영하는 같은 법 제29조 제4항에 따른 특별활동프로그램을 담당하는 강사
17. 관광진흥법 제38조 제1항 단서에 따른 관광통역안내의 자격을 가진 사람으로서 외국인 관광객을 대상으로 관광안내를 하는 사람
18. 도로교통법 제2조 제23호에 따른 어린이통학버스를 운전하는 사람

2. 플랫폼 종사자

온라인 플랫폼을 통해 노무를 제공하는 노무제공자

3. 플랫폼 운영자

온라인 플랫폼을 이용하여 플랫폼 종사자의 노무제공을 중개 또는 알선하는 것을 업으로 하는 자

4. 플랫폼 이용 사업자

플랫폼 종사자로부터 노무를 제공받아 사업을 영위하는 자. 다만, 플랫폼 운영자가 플랫폼 종사자의 노무를 직접 제공받아 사업을 영위하는 경우 플랫폼 운영자를 플랫폼 이용 사업자로 간주

5. 보 수

노무제공자가 이 법의 적용을 받는 사업에서 노무제공의 대가로 지급받은 사업소득 및 기타소득에서 대통령령으로 정하는 금품을 뺀 금액. 다만, 노무제공의 특성에 따라 소득확인이 어렵다고 대통령령으로 정하는 직종의 보수는 고용노동부장관이 고시하는 금액

6. 평균보수

① 이를 산정하여야 할 사유가 발생한 날이 속하는 달의 전전달 말일부터 이전 3개월 동안 노무제공자가 재해가 발생한 사업에서 지급받은 보수와 같은 기간 동안 해당 사업 외의 사업에서 지급받은 보수를 모두 합산한 금액을 해당 기간의 총 일수로 나눈 금액

② 다만, 노무제공의 특성에 따라 소득확인이 어렵거나 소득의 종류나 내용에 따라 평균보수를 산정하기 곤란하다고 인정되는 경우에는 고용노동부장관이 고시하는 금액

Ⅱ   노무제공자에 대한 보험급여의 산정

1. 노무제공자에 대한 보험급여의 산정기준

① 노무제공자의 평균보수 산정사유 발생일은 대통령령으로 규정

② 노무제공자에 대해 보험급여에 관한 규정을 적용할 때에는 "임금"은 "보수"로, "평균임금"은 "평균보수"로 보며, 업무상 재해를 입은 노무제공자가 평균보수 산정기간 동안 근로자(대통령령으로 정하는 일용근로자는 제외)로서 지급받은 임금이 있는 경우에는 그 기간의 보수와 임금을 합산한 금액을 해당 기간의 총일수로 나누어 평균보수 산정

③ 노무제공자에 대한 보험급여를 산정하는 경우 해당 노무제공자의 평균보수를 산정하여야 할 사유가 발생한 날부터 1년이 지난 이후에는 매년 소비자물가변동률에 따라 평균보수 증감

④ 노무제공자에 대한 보험급여의 산정에 관하여 보험급여를 산정할 때 해당 근로자의 근로 형태가 특이하거나 진폐 등 대통령령으로 정하는 직업병으로 보험급여를 받게 되어 근로자의 보호에 적당하지 아니한 경우 대통령령으로 정하는 산정 방법에 따라 산정한 금액을 평균임금으로 하는 규정은 적용되지 아니함

2. 노무제공자에 대한 업무상의 재해의 인정기준

노무제공자에 대하여는 일반적인 업무상의 재해의 인정기준 규정을 적용하되 구체적인 인정기준은 노무제공형태 등을 고려하여 대통령령으로 규정

제8절 근로복지사업

제9절 산업재해보상보험 및 예방기금

I 산업재해보상보험 및 예방기금의 설치 및 조성

고용노동부장관은 보험사업, 산업재해 예방 사업에 필요한 재원을 확보하고, 보험급여에 충당하기 위하여 산업재해보상보험 및 예방기금(이하 "기금") 설치
① 기금은 보험료, 기금운용 수익금, 적립금, 기금의 결산상 잉여금, 정부 또는 정부 아닌 자의 출연금 및 기부금, 차입금, 그 밖의 수입금을 재원으로 하여 조성
② 정부는 산업재해 예방 사업을 수행하기 위하여 회계연도마다 기금지출예산 총액의 100분의 3의 범위에서 정부의 출연금으로 세출예산에 계상(計上)

II 기금의 관리 및 운용

기금의 용도	① 보험급여의 지급 및 반환금의 반환 ② 차입금 및 이자의 상환 ③ 공단에의 출연 ④ 산업재해 예방에 필요한 비용 ⑤ 재해근로자의 복지 증진 ⑥ 한국산업안전보건공단에의 출연 ⑦ 근로복지공단과 국민건강보험공단에의 출연 ⑧ 그 밖에 보험사업 및 기금의 관리와 운용
기금의 관리·운용사업	① 기금은 고용노동부장관이 관리·운용 ② 고용노동부장관은 다음의 방법에 따라 기금을 관리·운용 ⓐ 금융기관 또는 체신관서에의 예입(預入) 및 금전신탁 ⓑ 재정자금에의 예탁 ⓒ 투자신탁 등의 수익증권 매입 ⓓ 국가·지방자치단체 또는 금융기관이 직접 발행하거나 채무이행을 보증하는 유가증권의 매입 ⓔ 그 밖에 기금 증식을 위하여 대통령령으로 정하는 사업 ③ 고용노동부장관은 기금을 관리·운용할 때에는 그 수익이 대통령령으로 정하는 수준 이상이 되도록 하여야 함 ④ 기금은 국가회계법에 따라 회계처리 ⑤ 고용노동부장관은 기금의 관리·운용에 관한 업무의 일부를 공단 또는 한국산업안전보건공단에 위탁 가능

I 심사청구

1. 심사대상

다음에 해당하는 공단의 결정 등(보험급여 결정 등)에 불복하는 자는 공단에 심사청구 가능

① 보험급여에 관한 결정

② 진료비에 관한 결정

③ 약제비에 관한 결정

④ 진료계획 변경 조치 등

⑤ 보험급여의 일시지급에 관한 결정, 합병증 등 예방관리에 관한 조치

⑥ 부당이득의 징수에 관한 결정

⑦ 수급권의 대위에 관한 결정

2. 청구기간

심사청구는 보험급여 결정 등이 있음을 안 날부터 90일 이내

3. 산업재해보상보험심사위원회의 심사

(1) 산업재해보상보험심사위원회의 설치 및 구성

설 치	심사청구를 심의하기 위하여 근로복지공단에 관계 전문가 등으로 구성되는 산업재해보상보험심사위원회 (이하 심사위원회) 설치
구 성	① 산업재해보상보험심사위원회는 위원장 1명을 포함하여 150명 이내의 위원으로 구성하되, 위원 중 2명 은 상임으로 함 ② 심사위원회의 위원은 다음의 어느 하나에 해당하는 사람 중에서 공단 이사장이 위촉하거나 임명 　㉠ 판사·검사·변호사 또는 경력 5년 이상의 공인노무사 　㉡ 고등교육법에 따른 학교에서 조교수 이상으로 재직하고 있거나 재직하였던 사람 　㉢ 노동 관계 업무 또는 산업재해보상보험 관련 업무에 10년 이상 종사한 사람 　㉣ 사회보험이나 산업의학에 관한 학식과 경험이 풍부한 사람 ③ 심사위원회의 위원장은 상임위원 중에서 공단 이사장이 임명 ④ 심사위원회의 위원 중 5분의 2에 해당하는 위원은 근로자 단체 및 사용자 단체가 각각 추천하는 사람 중에서 위촉. 이 경우 근로자 단체 및 사용자 단체가 추천한 위원은 같은 수로 함 ⑤ 심사위원회 위원의 임기는 3년으로 하되, 연임할 수 있음. 다만, 임기가 끝난 위원은 그 후임자가 위촉 되거나 임명될 때까지 그 직무를 수행할 수 있음

(2) 심사청구의 방식

① 심사청구는 그 보험급여 결정 등을 한 공단의 소속 기관을 거쳐 공단에 제기
② 심사청구서를 받은 공단의 소속 기관은 5일 이내에 의견서를 첨부하여 공단에 보내야 함
③ 보험급여 결정 등에 대하여는 행정심판법에 따른 행정심판을 제기할 수 없음

(3) 보정 및 각하결정

① 공단은 심사청구가 심사청구 기간이 지나 제기되었거나 법령의 방식을 위반하여 보정(補正)할 수 없는 경우 또는 보정 기간에 보정하지 아니한 경우에는 각하결정을 하여야 함
② 심사청구가 법령의 방식을 위반한 것이라도 보정할 수 있는 경우에는 공단은 상당한 기간을 정하여 심사청구인에게 보정할 것을 요구할 수 있음. 다만, 보정할 사항이 경미한 경우에는 공단이 직권으로 보정 가능
③ 공단은 직권으로 심사청구를 보정한 경우에는 그 사실을 심사청구인에게 알려야 함

(4) 보험급여 결정 등의 집행정지

① 심사청구는 해당 보험급여 결정 등의 집행을 정지시키지 않으나, 공단은 그 집행으로 발생할 중대한 손실을 피하기 위하여 긴급한 필요가 있다고 인정하면 그 집행 정지 가능
② 공단은 집행을 정지시킨 경우에는 지체 없이 심사청구인 및 해당 보험급여 결정 등을 한 공단의 소속 기관에 문서로 알려야 함

(5) 심사청구에 대한 심리 · 결정

심사기간	공단은 재해근로자나 유족으로부터 심사청구를 받으면 심사청구서를 받은 날부터 60일 이내에 심사위원회의 심의를 거쳐 심사청구에 대한 결정을 하여야 하나, 다만, 부득이한 사유로 그 기간 이내에 결정을 할 수 없으면 한 차례만 20일을 넘지 아니하는 범위에서 그 기간을 연장 가능. 심사청구 기간이 지난 후에 제기된 심사청구 등 대통령령으로 정하는 사유에 해당하는 경우에는 심사위원회의 심의를 거치지 아니할 수 있음
심의제외 대상	① 업무상질병판정위원회의 심의를 거쳐 업무상 질병의 인정 여부가 결정된 경우 ② 진폐인 경우 ③ 이황화탄소 중독인 경우 ④ 각하 결정 사유에 해당하는 경우 ⑤ 그 밖에 심사청구의 대상이 되는 보험급여 결정 등이 적법한지를 명백히 알 수 있는 경우
결정기간의 연장	결정기간을 연장할 때에는 최초의 결정기간이 끝나기 7일 전까지 심사청구인 및 보험급여 결정 등을 한 공단의 소속 기관에 알려야 함
공단의 심리권한	공단은 심사청구의 심리를 위하여 필요하면 청구인의 신청 또는 직권으로 다음의 행위를 할 수 있음 ① 청구인 또는 관계인을 지정 장소에 출석하게 하여 질문하거나 의견을 진술하게 하는 것 ② 청구인 또는 관계인에게 증거가 될 수 있는 문서나 그 밖의 물건을 제출하게 하는 것 ③ 전문적인 지식이나 경험을 가진 제3자에게 감정하게 하는 것 ④ 소속 직원에게 사건에 관계가 있는 사업장이나 그 밖의 장소에 출입하여 사업주 · 근로자, 그 밖의 관계인에게 질문하게 하거나, 문서나 그 밖의 물건을 검사하게 하는 것(공단의 소속 직원은 그 권한을 표시하는 증표를 지니고 이를 관계인에게 내보여야 함) ⑤ 심사청구와 관계가 있는 근로자에게 공단이 지정하는 의사 · 치과의사 또는 한의사(의사 등)의 진단을 받게 하는 것

Ⅱ 재심사청구

1. 심사대상

심사청구에 대한 결정에 불복하는 자는 산업재해보상보험 재심사위원회에 재심사청구를 할 수 있으나, 판정위원회의 심의를 거친 보험급여에 관한 결정에 불복하는 자는 심사청구를 하지 아니하고 재심사청구 가능

2. 청구기간

재심사청구는 심사청구에 대한 결정이 있음을 안 날부터 90일 이내에 제기하여야 함. 다만, 심사청구를 거치지 아니하고 재심사청구를 하는 경우에는 보험급여에 관한 결정이 있음을 안 날부터 90일 이내에 제기하여야 함

3. 산업재해보상보험재심사위원회의 재심사

(1) 산업재해보상보험재심사위원회의 설치 및 구성

설 치	재심사청구를 심리·재결하기 위하여 고용노동부에 산업재해보상보험재심사위원회(이하 "재심사위원회") 설치
구 성	① 재심사위원회는 위원장 1명을 포함한 90명 이내의 위원으로 구성하되, 위원 중 2명은 상임위원으로, 1명은 당연직위원으로 함. 재심사위원회에 위원장과 3명 이내의 부위원장을 두며, 위원장은 재심사위원회를 대표하며, 위원회의 사무를 총괄. 부위원장은 재심사위원회가 위원 중에서 선출. 부위원장은 위원장을 보좌하며, 위원장이 부득이한 사유로 직무를 수행할 수 없을 때에는 그 직무 대행 ② 재심사위원회의 위원 중 5분의 2에 해당하는 위원은 ④의 ⓒ부터 ⑩까지에 해당하는 사람 중에서 근로자 단체 및 사용자 단체가 각각 추천하는 사람으로 구성. 이 경우 근로자 단체 및 사용자 단체가 추천한 사람은 같은 수로 하여야 함 ③ 근로자단체나 사용자단체가 각각 추천하는 사람이 위촉하려는 전체 위원 수의 5분의 1보다 적은 경우에는 ②의 후단을 적용하지 아니하고 근로자단체와 사용자단체가 추천하는 위원 수를 전체 위원 수의 5분의 2 미만으로 할 수 있음 ④ 재심사위원회의 위원장 및 위원은 다음의 어느 하나에 해당하는 사람 중에서 고용노동부장관의 제청으로 대통령이 임명. 다만, 당연직위원은 고용노동부장관이 소속 3급의 일반직 공무원 또는 고위공무원단에 속하는 일반직 공무원 중에서 지명하는 사람으로 함 　ⓐ 3급 이상의 공무원 또는 고위공무원단에 속하는 일반직 공무원으로 재직하고 있거나 재직하였던 사람 　ⓑ 판사·검사·변호사 또는 경력 10년 이상의 공인노무사 　ⓒ 고등교육법에 따른 학교에서 부교수 이상으로 재직하고 있거나 재직하였던 사람 　ⓓ 노동관계 업무 또는 산업재해보상보험 관련 업무에 15년 이상 종사한 사람 　ⓔ 사회보험이나 산업의학에 관한 학식과 경험이 풍부한 사람 ⑤ 다음의 어느 하나에 해당하는 사람은 위원에 임명될 수 없음 　ⓐ 피성년후견인·피한정후견인 또는 파산선고를 받고 복권되지 아니한 사람 　ⓑ 금고 이상의 실형을 선고받고 그 집행이 끝나거나(집행이 끝난 것으로 보는 경우 포함) 집행이 면제된 날부터 3년이 지나지 아니한 사람 　ⓒ 금고 이상의 형의 집행유예를 선고받고 그 유예기간 중에 있는 사람 　ⓓ 심신 상실자·심신 박약자 ⑥ 재심사위원회 위원(당연직위원은 제외)의 임기는 3년으로 하되 연임할 수 있고, 위원장이나 위원의 임기가 끝난 경우 그 후임자가 임명될 때까지 그 직무 수행 ⑦ 재심사위원회의 위원은 ⓐ 금고 이상의 형을 선고받은 경우, ⓑ 오랜 심신 쇠약으로 직무를 수행할 수 없게 된 경우, ⓒ 직무와 관련된 비위사실이 있거나 재심사위원회 위원직을 유지하기에 적합하지 아니하다고 인정되는 비위사실이 있는 경우 등 외에는 그 의사에 반하여 면직되지 아니함 ⑧ 재심사위원회에 사무국을 두어야 함

(2) 심사청구의 방식

① 재심사청구는 그 보험급여 결정 등을 한 공단의 소속 기관을 거쳐 산업재해보상보험 재심사위원회에 제기
② 재심사 청구서를 받은 산업재해보상보험재심사위원회의 소속 기관은 5일 이내에 의견서를 첨부하여 산업재해보상보험재심사위원회에 보내야 함

(3) 위원의 제척 · 기피 · 회피

제 척	재심사위원회의 위원은 다음의 어느 하나에 해당하는 경우에는 그 사건의 심리 · 재결에서 제척 ① 위원 또는 그 배우자나 배우자였던 사람이 그 사건의 당사자가 되거나 그 사건에 관하여 공동권리자 또는 의무자의 관계에 있는 경우 ② 위원이 그 사건의 당사자와 민법에 따른 친족이거나 친족이었던 경우 ③ 위원이 그 사건에 관하여 증언이나 감정을 한 경우 ④ 위원이 그 사건에 관하여 당사자의 대리인으로서 관여하거나 관여하였던 경우 ⑤ 위원이 그 사건의 대상이 된 보험급여 결정 등에 관여한 경우
기 피	당사자는 위원에게 심리 · 재결의 공정을 기대하기 어려운 사정이 있는 경우에는 기피신청을 할 수 있음
회 피	위원은 제척이나 기피의 사유에 해당하면 스스로 그 사건의 심리 · 재결 회피 가능
준 용	사건의 심리 · 재결에 관한 사무에 관여하는 위원 아닌 직원에게도 제척 · 기피 · 회피규정 준용

(4) 재심사청구에 대한 심리와 재결

재심사기간	재심사위원회는 재심사청구를 받은 날로부터 60일 이내에 재심사청구에 대한 결정. 부득이한 사유로 60일 이내에 결정을 할 수 없으면 1차에 한하여 20일을 넘지 아니하는 범위 내에서 심사기간 연장 가능
재심사청구에 대한 결정	재심사청구에 대한 결정은 문서로 하여야 하고, 재심사청구에 대한 재결을 하면 공단 및 재심사청구인에게 재결서 정본을 보내야 함. 재심사청구에 대한 재결을 할 때에는 재심사청구인에게 재결에 관하여 행정소송을 제기할 수 있는지 여부, 제기하는 경우에는 절차 및 청구기간을 알려야 함
재심사청구에 대한 재결의 효력	재심사위원회의 재결은 공단을 기속(羈束)

(5) 재결에 대한 불복

심사위원회의 재결에 대한 불복이 있는 자는 재심사청구에 대한 재결이 있음을 안 날로부터 90일 이내에 행정소송을 제기하여야 하며, 재결이 있은 후 1년이 경과하면 이를 제기하지 못함

Ⅲ 기 타

심사청구인 및 재심사청구인의 지위승계	심사청구인 또는 재심사청구인이 사망한 경우 그 청구인이 보험급여의 수급권자이면 유족이, 그 밖의 자이면 상속인 또는 심사청구나 재심사청구의 대상인 보험급여에 관련된 권리 · 이익을 승계한 자가 각각 청구인의 지위 승계
다른 법률과의 관계	① 심사청구 및 재심사청구의 제기는 시효의 중단에 관하여 민법에 따른 재판상의 청구로 간주 ② 재심사청구에 대한 재결은 행정소송법을 적용할 때 행정심판에 대한 재결로 간주 ③ 심사청구 및 재심사청구에 관하여 이 법에서 정하고 있지 아니한 사항에 대하여는 행정심판법에 따름

제11절 보 칙

I 시효 등

소멸시효의 완성	① 다음의 권리는 3년간 행사하지 아니하면 시효로 말미암아 소멸. 다만, 보험급여 중 장해급여, 유족급여, 장례비, 진폐보상연금 및 진폐유족연금을 받을 권리는 5년간 행사하지 아니하면 시효의 완성으로 소멸
	
	  ㉠ 보험급여를 받을 권리
	  ㉡ 산재보험의료기관의 권리
	  ㉢ 약국의 권리
	  ㉣ 보험가입자의 권리
	  ㉤ 국민건강보험공단 등의 권리
	
	② 소멸시효에 관하여는 이 법에 규정된 것 외에는 민법에 따름

소멸시효의 중단	소멸시효는 수급권자의 청구로 중단. 이 경우 청구가 업무상의 재해 여부의 판단이 필요한 최초의 청구인 경우에는 그 청구로 인한 시효중단의 효력은 다른 보험급여(요양급여, 휴업급여, 장해급여, 간병급여, 유족급여, 상병보상연금, 장례비, 직업재활급여)에도 미침

II 보험급여의 일시 중지

1. 일시중지 사유

공단은 보험급여를 받고자 하는 사람이 다음의 어느 하나에 해당되면 보험급여의 지급을 일시 중지 가능
① 요양 중인 근로자가 공단의 의료기관 변경 요양 지시를 정당한 사유 없이 따르지 아니하는 경우
② 공단이 직권으로 실시하는 장해등급 또는 진폐장해등급 재판정 요구에 따르지 아니하는 경우
③ 보고·서류제출 또는 신고를 하지 아니하는 경우
④ 질문이나 조사에 따르지 아니하는 경우
⑤ 진찰 요구에 따르지 아니하는 경우

2. 일시중지 절차

① 공단은 보험급여의 지급을 일시 중지하기 전에 그 보험급여를 받으려는 사람에게 상당한 기간을 정하여 문서로 의무이행 촉구
② 일시 중지할 수 있는 보험급여는 보험급여를 받으려는 사람이 의무를 이행하지 아니하여 그 보험급여를 받으려는 사람에게 지급될 보험급여의 지급결정이 곤란하거나 이에 지장을 주게 되는 모든 보험급여로 하되, 요양 중인 근로자가 공단의 전원 요양 지시를 정당한 사유 없이 따르지 아니하는 경우에는 휴업급여 또는 상병보상연금 또는 진폐보상연금으로 함
③ 보험급여를 일시 중지할 수 있는 기간은 공단이 의무를 이행하도록 지정한 날의 다음 날부터 그 의무를 이행한 날의 전날까지

Ⅰ 형벌(징역 또는 벌금)

① 공동이용하는 전산정보자료를 목적 외의 용도로 이용하거나 활용한 자는 3년 이하의 징역 또는 3천만원 이하의 벌금에 처함

② 산재보험 의료기관이나 약국의 종사자로서 거짓이나 그 밖의 부정한 방법으로 진료비나 약제비를 지급받은 자는 3년 이하의 징역 또는 3천만원 이하의 벌금에 처함

③ 다음의 어느 하나에 해당하는 자는 2년 이하의 징역 또는 2천만원 이하의 벌금에 처함

    ㉠ 거짓이나 그 밖의 부정한 방법으로 보험급여를 받은 자

    ㉡ 거짓이나 그 밖의 부정한 방법으로 보험급여를 받도록 시키거나 도와준 자

    ㉢ 불이익 처우 금지규정을 위반하여 근로자를 해고하거나 그 밖에 근로자에게 불이익한 처우를 한 사업주

④ 공단의 임직원이나 그 직에 있었던 자가 그 직무상 지득한 비밀을 누설한 자는 2년 이하의 징역 또는 1천만원 이하의 벌금에 처함

Ⅱ 과태료

300만원 이하의 과태료 부과처분	플랫폼 종사자에 관한 보험사무의 효율적 처리를 위하여 근로복지공단이 플랫폼 운영자에게 청구한 해당 온라인 플랫폼의 이용 및 보험관계의 확인에 필요한 자료 또는 정보의 제공 요청에 따르지 아니한 자
200만원 이하의 과태료 부과처분	① 근로복지공단 또는 이와 비슷한 명칭을 사용한 자 ② 공단이 아닌 자에게 진료비를 청구한 자
100만원 이하의 과태료 부과처분	① 진료계획을 정당한 사유 없이 제출하지 아니하는 자 ② 심사청구인이 공단의 질문에 답변하지 아니하거나 거짓된 답변을 하거나 검사를 거부·방해 또는 기피한 자 ③ 사업주, 당해 사업에 종사하는 근로자, 보험사무조합 또는 진료를 담당한 의사가 보험사업에 관하여 필요한 보고를 하지 아니하거나 거짓된 보고를 한 자 또는 서류나 물건의 제출명령에 따르지 아니한 자 ④ 공단의 소속 직원의 질문에 답변을 거부하거나 조사를 거부·방해 또는 기피한 자

CHAPTER 03 KEYWORD 확인학습

☐ 산업재해보상보험 및 예방심의위원회는 근로자를 대표하는 사람, 사용자를 대표하는 사람 및 공익을 대표하는 사람으로 구성하되, 그 수는 각각 (❶)로 한다.

❶ 같은 수

☐ 근로복지공단은 근로자의 사망 당시 태아였던 자녀가 출생한 경우 유족보상연금 수급권자의 청구에 의하거나 직권으로 그 사유가 발생한 (❷)부터 유족보상연금의 금액을 조정한다.

❷ 달의 다음 달분

☐ (❸)란 온라인 플랫폼을 이용하여 플랫폼 종사자의 노무제공을 중개 또는 알선하는 것을 업으로 하는 자를 말한다.

❸ 플랫폼 운영자

☐ 업무상질병판정위원회의 위원장과 위원의 임기는 (❹)으로 하되, 연임할 수 있다.

❹ 2년

☐ (❺)란 업무상의 부상 또는 질병에 따른 정신적 또는 육체적 훼손으로 노동능력이 상실되거나 감소된 상태로서 그 부상 또는 질병이 치유되지 아니한 상태를 말한다.

❺ 중증요양상태

☐ 재심사청구에 대한 재심사위원회의 재결은 근로복지공단을 (❻)한다.

❻ 기속(羈束)

☐ 업무상질병판정위원회는 심의를 의뢰받은 날부터 (❼)에 업무상 질병으로 인정되는지를 심의하여 그 결과를 심의를 의뢰한 소속 기관의 장에게 알려야 한다. 다만, 부득이한 사유로 그 기간 내에 심의를 마칠 수 없으면 10일을 넘지 않는 범위에서 한 차례만 그 기간을 연장할 수 있다.

❼ 20일 이내

☐ 심사 청구에 대한 결정에 불복하는 재심사청구의 제기는 시효의 중단에 관하여 민법 제168조에 따른 (❽)로 본다.

❽ 재판상의 청구

☐ 요양급여를 받는 근로자가 요양을 시작한 지 (❾)이 지난 날 이후에 상병보상연금수급요건 모두에 해당하는 상태가 계속되면 휴업급여 대신 상병보상연금을 그 근로자에게 지급한다.

❾ 2년

☐ 휴업급여는 업무상 사유로 부상을 당하거나 질병에 걸린 근로자에게 요양으로 취업하지 못한 기간에 대하여 지급하되, 1일당 지급액은 (❿)에 상당하는 금액으로 한다. 다만, 취업하지 못한 기간이 3일 이내이면 지급하지 아니한다.

❿ 평균임금의 100분의 70

CHAPTER 04 국민연금법

제1절 서 설

근로자에서 제외되는 사람(영 제2조)

국민연금법(이하 "법") 제3조 제1항 제1호 단서에 따라 근로자에서 제외되는 사람은 다음 각 호와 같다. [기출] 14

1. 일용근로자나 1개월 미만의 기한을 정하여 근로를 제공하는 사람. 다만, 1개월 이상 계속하여 근로를 제공하는 사람으로서 다음 각 목의 어느 하나에 해당하는 사람은 근로자에 포함된다.
   가. 건설산업기본법 제2조 제4호 각 목 외의 부분 본문에 따른 건설공사의 사업장 등 보건복지부장관이 정하여 고시하는 사업장에서 근로를 제공하는 경우 : 1개월 동안의 근로일수가 8일 이상이거나 1개월 동안의 소득(제3조 제1항 제2호에 따른 소득만 해당)이 보건복지부장관이 정하여 고시하는 금액 이상인 사람
   나. 가목 외의 사업장에서 근로를 제공하는 경우 : 1개월 동안의 근로일수가 8일 이상 또는 1개월 동안의 근로시간이 60시간 이상이거나 1개월 동안의 소득이 보건복지부장관이 정하여 고시하는 금액 이상인 사람
2. 소재지가 일정하지 아니한 사업장에 종사하는 근로자
3. 법인의 이사 중 소득이 없는 사람
4. 1개월 동안의 소정근로시간이 60시간 미만인 단시간근로자. 다만, 해당 단시간근로자 중 다음 각 목의 어느 하나에 해당하는 사람은 근로자에 포함된다.
   가. 3개월 이상 계속하여 근로를 제공하는 사람으로서 고등교육법 제14조 제2항에 따른 강사
   나. 3개월 이상 계속하여 근로를 제공하는 사람으로서 사용자의 동의를 받아 근로자로 적용되기를 희망하는 사람
   다. 둘 이상 사업장에 근로를 제공하면서 각 사업장의 1개월 소정근로시간의 합이 60시간 이상인 사람으로서 1개월 소정근로시간이 60시간 미만인 사업장에서 근로자로 적용되기를 희망하는 사람
   라. 1개월 이상 계속하여 근로를 제공하는 사람으로서 1개월 동안의 소득이 보건복지부장관이 정하여 고시하는 금액 이상인 사람

제2절 국민연금가입자

Ⅰ 가입대상자 및 가입대상 제외자

가입대상자	'국내'에 거주하는 '18세 이상 60세 미만'인 국민
가입대상 제외자	공무원연금법, 군인연금법, 사립학교교직원 연금법 및 별정우체국법을 적용을 받는 공무원·군인, 교직원 및 별정우체국 직원, 그 밖에 대통령령이 정하는 자는 제외. 즉, 노령연금의 수급권을 취득한 자 중 60세 미만의 특수 직종 근로자, 조기노령연금의 수급권을 취득한 자. 단, 조기노령연금의 지급이 정지 중인 자는 제외

Ⅱ 가입자의 종류[3]

1. 사업장가입자

(1) 종류와 가입조건

종류	가입요건
당연적용 사업장가입자	근로자 1인 이상 사업장에 종사하는 18세 이상 60세 미만의 자
외국인 사업장가입자	18세 이상 60세 미만으로 당연적용사업장에 사용되고 있거나 국내에 거주하는 외국인인 자(법 제126조)
당연적용제외자 (임의가입자로 가입 가능)	• 사업장가입자의 당연적용대상에서 제외되는 자 • 공무원연금법, 공무원 재해보상법, 사립학교교직원연금법, 별정우체국법에 따른 퇴직연금, 장해연금, 퇴직연금일시금이나 군인연금법에 따른 퇴역연금, 퇴역연금일시금, 군인 재해보상법에 따른 상이연금을 받을 권리를 얻은 자(퇴직연금 등 수급권자) • 국민기초생활보장법에 의한 수급자

(2) 당연적용사업장

① 사업의 종류, 근로자의 수 등을 고려하여 대통령령으로 정하는 사업장(당연적용사업장)의 18세 이상 60세 미만인 근로자와 사용자는 당연히 사업장가입자

② 당연적용사업장은 다음 중 어느 하나에 해당하는 사업장

　　㉠ 1명 이상의 근로자를 사용하는 사업장

　　㉡ 주한 외국 기관으로서 1명 이상의 대한민국 국민인 근로자를 사용하는 사업장

③ 사업장 상호 간에 본점과 지점·대리점·출장소 등의 관계에 있고 그 사업 경영이 일체로 되어 있는 경우에는 이를 하나의 사업장으로 보아 당연적용사업장으로 간주

(3) 사업장가입자 제외대상

① 공무원연금법, 공무원 재해보상법, 사립학교교직원 연금법 또는 별정우체국법에 따른 퇴직연금, 장해연금 또는 퇴직연금일시금이나 군인연금법에 따른 퇴역연금, 퇴역연금일시금, 군인 재해보상법에 따른 상이연금을 받을 권리를 얻은 자(퇴직연금 등 수급권자). 다만, 퇴직연금 등 수급권자가 국민연금과 직역연금의 연계에 관한 법률에 따라 연계 신청을 한 경우에는 그러하지 아니함

② 국민연금에 가입된 사업장에 종사하는 18세 미만 근로자는 사업장가입자가 되는 것으로 간주. 다만 본인이 원하지 아니하면 사업장가입자가 되지 아니할 수 있음

③ 국민기초생활 보장법에 따른 생계급여 수급자 또는 의료급여 수급자는 본인 희망에 따라 사업장가입자가 되지 아니할 수 있음

(4) 사업장가입자 자격의 취득시기

① 사업장에 고용된 때 또는 그 사업장의 사용자가 된 때

② 당연적용사업장으로 된 때

---

[3] 가입자는 사업장가입자, 지역가입자, 임의가입자 및 임의계속가입자로 구분한다(연금법 제7조).

(5) 사업장가입자 자격의 상실시기

다음의 어느 하나에 해당하게 된 날의 다음 날에 자격 상실

① 사망한 때

② 국적을 상실하거나 국외로 이주한 때

③ 사용관계가 끝난 때

④ 60세가 된 때

⑤ 국민연금 가입 대상 제외자에 해당하게 된 때(해당하게 된 날에 상실)

2. 지역가입자

(1) 종류와 가입조건

종 류	가입요건
당연적용 지역가입자	18세 이상 60세 미만으로서 사업장가입자가 아닌 자
특례적용 지역가입자	지역가입자의 요건을 갖춘 자로서 60세 이상 65세 미만인 자(법률 제8541호 부칙 제10조)
외국인 지역가입자	18세 이상 60세 미만으로 당연적용사업장에 사용되고 있거나 국내에 거주하는 외국인인 자(법 제126조)
당연적용제외자 (임의가입자로 가입 가능)	1. 다음에 해당하는 배우자로서 별도의 소득이 없는 자 - 국민연금 가입대상에서 제외되는 자 - 사업장가입자·지역가입자 및 임의계속가입자 - 노령연금 수급권자·퇴직연금 등 수급권자 2. 18세 이상 27세 미만인 자로서 학생이거나 군복무 등의 이유로 소득이 없는 자(연금보험료 납부사실이 있는 자는 제외) 3. 퇴직연금 등 수급권자 4. 국민기초생활보장법에 따른 수급권자 5. 1년 이상 행방불명된 자

(2) 지역가입자 제외대상

① 다음의 어느 하나에 해당하는 자의 배우자로서 별도의 소득이 없는 자

　　㉠ 국민연금 가입 대상에서 제외되는 자

　　㉡ 사업장가입자, 지역가입자 및 임의계속가입자

　　㉢ 노령연금 수급권자 및 퇴직연금 등 수급권자

② 퇴직연금 등 수급권자. 다만, 퇴직연금 등 수급권자가 국민연금과 직역연금의 연계에 관한 법률에 따라 연계 신청을 한 경우에는 그러하지 아니함

③ 18세 이상 27세 미만인 자로서 학생이거나 군 복무 등의 이유로 소득이 없는 자(연금보험료를 납부한 사실이 있는 자는 제외)

④ 국민기초생활 보장법에 따른 생계급여 수급자 또는 의료급여 수급자

⑤ 1년 이상 행방불명된 자

(3) 행방불명된 자에 대한 인정기준 및 방법

① 행방불명된 자의 증명은 특별자치도지사·시장·군수·구청장(자치구의 구청장)이 확인하는 바에 따름
② 행방불명기간의 기산일은 특별자치도지사·시장·군수·구청장이 확인한 날
③ 행방불명된 자의 연금보험료가 납부된 사실이 있는 경우에는 연금보험료가 납부된 기간은 행방불명된 기간에 산입하지 아니함
④ 연금보험료가 납부된 자가 다시 행방불명된 것으로 확인되는 경우 행방불명된 기간은 연금보험료 납부 후 다시 행방불명된 것으로 확인된 날부터 기산

(4) 지역가입자 자격의 취득시기

사유발생시	① 사업장가입자의 자격을 상실한 때 ② 국민연금 가입 대상 제외자에 해당하지 아니하게 된 때 ③ 배우자가 별도의 소득이 있게 된 때 ④ 18세 이상 27세 미만인 자가 소득이 있게 된 때
신고시	배우자가 별도의 소득이 있게 된 때, 18세 이상 27세 미만인 자가 소득이 있게 된 때로서 소득이 있게 된 때를 알 수 없는 경우에는 신고를 한 날에 그 자격 취득

(5) 지역가입자 자격의 상실시기

다음의 어느 하나에 해당하게 된 날의 다음 날에 자격 상실. 다만, 국민연금 가입 대상 제외자에 해당하게 된 때와 사업장가입자의 자격을 취득한 때의 경우에는 그에 해당하게 된 날에 그 자격 상실.
① 사망한 때
② 국적을 상실하거나 국외로 이주한 때
③ 국민연금 가입 대상 제외자에 해당하게 된 때
④ 사업장가입자의 자격을 취득한 때
⑤ 배우자로서 별도의 소득이 없게 된 때
⑥ 60세가 된 때

3. 임의가입자

임의가입대상	① 사업장가입자도 아니고 지역가입자도 아닌 자로서 18세 이상 60세 미만인 자는 국민연금공단에 가입신청을 하는 경우 임의가입자가 될 수 있음 ② 임의가입자는 국민연금공단에 신청하여 탈퇴할 수 있음
임의가입자 자격의 취득시기	임의가입자는 가입 신청이 수리된 날에 자격 취득
임의가입자 자격의 상실시기	다음의 어느 하나에 해당하게 된 날의 다음 날에 자격 상실. 다만, ⑥과 ⑦의 경우에는 그에 해당하게 된 날에 그 자격 상실 ① 사망한 때 ② 국적을 상실하거나 국외로 이주한 때 ③ 탈퇴 신청이 수리된 때 ④ 60세가 된 때 ⑤ 대통령령으로 정하는 기간 이상 계속하여 연금보험료를 체납한 때(3개월 이상) ⑥ 사업장가입자 또는 지역가입자의 자격을 취득한 때 ⑦ 국민연금 가입 대상 제외자에 해당하게 된 때

Ⅲ 국민연금가입기간의 계산

1. 국민연금 가입기간의 계산

(1) 가입기간

국민연금 가입기간(이하 "가입기간")은 월 단위로 계산하되, 가입자의 자격을 취득한 날이 속하는 달의 다음 달부터 자격을 상실한 날의 전날이 속하는 달까지. 다만, 다음의 어느 하나에 해당하는 경우 자격을 취득한 날이 속하는 달은 가입기간에 산입하되, 가입자가 그 자격을 상실한 날의 전날이 속하는 달에 자격을 다시 취득하면 다시 취득한 달을 중복하여 가입기간에 산입하지 아니함

① 가입자가 자격을 취득한 날이 그 속하는 달의 초일인 경우(자격 취득일이 속하는 달에 다시 그 자격을 상실하는 경우는 제외)

② 임의계속가입자의 자격을 취득한 경우

③ 가입자가 희망하는 경우

(2) 산입기간의 제외

① 가입기간을 계산할 때 연금보험료를 내지 아니한 기간은 가입기간에 산입하지 아니함. 다만, 사용자가 근로자의 임금에서 기여금을 공제하고 연금보험료를 내지 아니한 경우에는 그 내지 아니한 기간의 2분의 1에 해당하는 기간을 근로자의 가입기간으로 산입. 이 경우 1개월 미만의 기간은 1개월로 함

② 지급받은 반환일시금이 환수할 급여에 해당하는 경우 이를 반납하지 아니하는 때에는 그에 상응하는 기간을 가입기간에 산입하지 아니함

(3) 기여금의 개별납부

① 국민건강보험공단이 근로자에게 그 사업장의 체납 사실을 통지한 경우에는 통지된 체납월(滯納月)의 다음 달부터 체납 기간은 가입기간에 산입하지 아니함. 이 경우 그 근로자는 가입기간에 산입되지 아니한 체납기간에 해당하는 기여금 및 부담금을 건강보험공단에 낼 수 있으며, 다음에 따른 기간을 가입기간에 산입

　㉠ 기여금 납부 : 체납기간의 2분의 1에 해당하는 기간. 이 경우 1개월 미만의 기간은 1개월로 함

　㉡ 기여금과 부담금 납부 : 체납기간에 해당하는 기간

② 기여금 및 부담금을 납부할 때 월별 납부 기한으로부터 10년이 지난 경우에는 이자를 더하여 납부

③ 건강보험공단이 사용자가 체납한 연금보험료를 사용자로부터 납부받거나 징수한 경우에는 근로자가 중복하여 낸 기여금 및 부담금을 해당 근로자에게 대통령령으로 정하는 이자를 더하여 돌려주어야 함

2. 출산에 대한 가입기간 추가산입

① 2 이상의 자녀가 있는 가입자 또는 가입자였던 자가 노령연금수급권을 취득한 때(가입기간이 추가 산입되면 노령연금수급권을 취득할 수 있는 경우 포함)에는 다음에 따른 기간을 가입기간에 추가로 산입. 다만, 추가로 산입하는 기간은 50개월을 초과할 수 없으며, 자녀 수의 인정방법 등에 관하여 필요한 사항은 대통령령으로 규정

　㉠ 자녀가 2명인 경우 : 12개월

　㉡ 자녀가 3명 이상인 경우 : 둘째 자녀에 대하여 인정되는 12개월에 2자녀를 초과하는 자녀 1명마다 18개월을 더한 개월 수

② 추가 가입기간은 부모가 모두 가입자 또는 가입자였던 자인 경우에는 부와 모의 합의에 따라 2명 중 1명의 가입기간에만 산입하되, 합의하지 아니한 경우에는 균등 배분하여 각각의 가입기간에 산입

③ 가입기간을 추가로 산입하는 데 필요한 재원은 국가가 전부 또는 일부 부담

3. 가입기간의 합산

가입자의 자격을 상실한 후 다시 그 자격을 취득한 자에 대하여는 전후(前後)의 가입기간 합산하고, 가입자의 가입 종류가 변동되면 그 가입자의 가입기간은 각 종류별 가입기간을 합산한 기간으로 함

제3절　국민연금공단

제4절　급 여

Ⅰ　급여의 종류

노령연금, 장애연금, 유족연금, 반환일시금

Ⅱ　급여의 지급

급여는 수급권자의 청구에 의하여, 공단이 지급. 연금액은 그 지급사유에 따라 기본연금액과 부양가족연금액을 기초로 하여 산정. 실제로는 연금의 종류에 따라 기본연금액에 연금종류별 지급률과 제한율을 곱한 후 부양가족연금액을 합하여 산정

Ⅲ　내 용

1. 부양가족연금액

(1) 부양가족연금액

① 부양가족연금액은 수급권자(유족연금의 경우에는 사망한 가입자 또는 가입자였던 자)를 기준으로 하는 다음의 자로서 수급권자에 의하여 생계를 유지하고 있는 자에 대하여 다음에 규정된 각각의 금액. 이 경우 생계유지에 관한 대상자별 인정기준은 대통령령으로 규정

ㄱ 배우자 : 연 15만원

ㄴ 19세 미만이거나 장애상태에 있는 자녀(배우자가 혼인 전에 얻은 자녀 포함) : 연 10만원

ㄷ 60세 이상이거나 장애상태에 있는 부모(부 또는 모의 배우자, 배우자의 부모 포함) : 연 10만원

② 부양가족연금액을 수급권자에게 적용하는 경우에는 금액의 조정을 위하여 미리 국민연금심의위원회의 심의를 거쳐야 하고, 조정된 부양가족연금액의 적용 기간은 해당 조정연도 1월부터 12월까지

(2) 부양가족연금액 계산에서의 제외

① 부양가족이 다음의 어느 하나에 해당하면 부양가족연금액 계산에서 제외

   ㉠ 연금 수급권자(국민연금과 직역연금의 연계에 관한 법률에 따른 연계급여 수급권자 포함)

   ㉡ 퇴직연금 등 수급권자

   ㉢ 공무원연금법, 공무원 재해보상법, 사립학교교직원 연금법, 별정우체국법, 군인연금법 또는 군인 재해보상법에 따른 퇴직유족연금, 퇴역유족연금, 장해유족연금, 상이유족연금, 순직유족연금, 직무상 유족연금, 위험직무순직유족연금 또는 유족연금 수급권자

② 부양가족에 해당하는 자는 부양가족연금액을 계산할 때 2명 이상의 연금 수급권자의 부양가족연금 계산 대상이 될 수 없음

③ 부양가족이 다음의 어느 하나에 해당하게 되면 부양가족연금액의 계산에서 제외

   ㉠ 사망한 때

   ㉡ 수급권자에 의한 생계유지의 상태가 끝난 때

   ㉢ 배우자가 이혼한 때

   ㉣ 자녀가 다른 사람의 양자가 되거나 파양(罷養)된 때

   ㉤ 자녀가 19세가 된 때. 다만, 장애상태에 있는 자녀는 제외

   ㉥ 장애상태에 있던 자녀 또는 부모가 그 장애상태에 해당하지 아니하게 된 때

   ㉦ 배우자가 혼인 전에 얻은 자녀와의 관계가 이혼으로 인하여 종료된 때

   ㉧ 재혼한 부 또는 모의 배우자와 수급자의 관계가 부모와 그 배우자의 이혼으로 인하여 종료된 경우

> 연금액 = 기본연금액 × 연금종별 지급률 및 제한율 + 부양가족연금액

(3) 부양가족연금액 및 유족연금 지급 대상의 장애 인정기준

장애상태란 장애등급 1급 또는 2급에 해당하는 상태 또는 장애의 정도가 심한 장애인으로서 대통령령으로 정하는 장애 정도에 해당하는 상태

2. 연금 지급기간 및 지급시기

지급기간	연금은 지급하여야 할 사유가 생긴 날(반납금, 추납보험료 또는 체납된 연금보험료를 냄에 따라 연금을 지급하여야 할 사유가 생긴 경우에는 해당 금액을 낸 날)이 속하는 달의 다음 달부터 수급권이 소멸한 날이 속하는 달까지 지급
지급시기	연금은 매월 25일에 그 달의 금액을 지급하되, 지급일이 토요일이나 공휴일이면 그 전날에 지급. 다만, 수급권이 소멸하거나 연금지급이 정지된 경우에는 그 지급일 전에 지급 가능
지급정지	연금은 지급을 정지하여야 할 사유가 생기면 그 사유가 생긴 날이 속하는 달의 다음 달부터 그 사유가 소멸한 날이 속하는 달까지는 지급하지 아니함

3. 수급권 보호 및 조세 기타 공과금의 면제

수급권은 이를 양도 · 압류하거나 담보에 제공할 수 없음. 수급권자에게 지급된 급여로서 대통령령으로 정하는 금액 이하의 급여는 압류할 수 없고, 급여수급전용계좌에 입금된 급여와 이에 관한 채권은 압류할 수 없음. 국민연금법(이하 "연금법")에 의한 급여로서 지급된 금액에 대하여는 조세특례제한법이나 그 밖의 법률 또는 지방자치단체가 조례가 정하는 바에 의하여 조세, 그 밖에 국가 또는 지방자치단체의 공과금 감면.

Ⅳ 노령연금

1. 노령연금의 유형

유 형	지급사유
완전노령연금	가입기간이 10년 이상으로 가입자 또는 가입자였던 자가 60세에 도달하면 지급
조기노령연금	가입기간이 10년 이상으로 55세 이상인 가입자가 소득이 있는 업무에 종사하지 아니하는 경우에 지급
소득활동에 따른 노령연금	가입기간이 10년 이상으로 60세 이상 65세 미만인 가입자가 소득이 있는 업무에 종사하고 있는 경우에 지급
분할연금	혼인기간이 5년 이상인 자가 이혼한 후 배우자였던 자의 노령연금을 분할하여 지급
특례노령연금	1988년 기준으로 45세 이상 60세 미만인 가입자에게만 적용하여, 가입기간이 5년 이상으로 60세에 도달하면 지급

2. 완전노령연금

수급요건	가입기간이 10년 이상인 가입자 또는 가입자였던 자에 대하여는 60세(특수 직종 근로자는 55세)가 된 때부터 그가 생존하는 동안 노령연금 지급
급여수준	노령연금액은 다음의 구분에 따른 금액에 부양가족연금액을 더한 금액으로 함 ① 가입기간이 20년 이상인 경우 : 기본연금액 ② 가입기간이 10년 이상 20년 미만인 경우 : 기본연금액의 1천분의 500에 해당하는 금액에 가입기간 10년을 초과하는 1년(1년 미만이면 매 1개월을 12분의 1년으로 계산)마다 기본연금액의 1천분의 50에 해당하는 금액을 더한 금액

3. 분할연금

수급요건	① 혼인기간(배우자의 가입기간 중의 혼인기간으로 별거, 가출 등의 사유로 인하여 실질적인 혼인관계가 존재하지 아니하였던 기간을 제외한 기간)이 5년 이상인 자가 다음의 요건을 모두 갖추면 그때부터 그가 생존하는 동안 배우자였던 자의 노령연금을 분할한 일정한 금액의 연금(분할연금)을 받을 수 있음 　㉠ 배우자와 이혼하였을 것 　㉡ 배우자였던 사람이 노령연금수급권자일 것 　㉢ 60세가 되었을 것 ② 분할연금은 위의 요건을 모두 갖추게 된 때부터 5년 이내에 청구
분할연금청구의 특례	① 60세에 도달하기 이전에 이혼하는 경우에는 이혼의 효력이 발생하는 때부터 분할연금을 미리 청구(이하 "분할연금 선청구")할 수 있음 ② 분할연금 선청구는 이혼의 효력이 발생하는 때부터 3년 이내에 하여야 하며, 60세에 도달하기 이전에 분할연금 선청구 취소 가능. 이 경우 분할연금 선청구 및 선청구의 취소는 1회에 한함 ③ 분할연금을 선청구한 경우라고 하더라도 수급요건을 모두 갖추게 된 때에 분할연금 지급
급여수준	① 분할연금액은 배우자였던 자의 노령연금액(부양가족연금액 제외) 중 혼인기간에 해당하는 연금액을 균등하게 나눈 금액 ② 민법에 따라 연금의 분할에 관하여 별도로 결정된 경우에는 그에 따름

Ⅴ 장애연금

1. 장애연금의 수급권자

(1) 수급요건

가입자 또는 가입자였던 자가 질병이나 부상으로 신체상 또는 정신상의 장애가 있고 다음의 요건을 모두 충족하는 경우에는 장애 정도를 결정하는 기준이 되는 날부터 그 장애가 계속되는 기간 동안 장애 정도에 따라 장애연금 지급

① 해당 질병 또는 부상의 초진일 당시 연령이 18세(다만, 18세 전에 가입한 경우에는 가입자가 된 날) 이상이고 노령연금의 지급 연령 미만일 것

② 다음의 어느 하나에 해당할 것

   ㉠ 해당 질병 또는 부상의 초진일 당시 연금보험료를 낸 기간이 가입대상기간의 3분의 1 이상일 것

   ㉡ 해당 질병 또는 부상의 초진일 5년 전부터 초진일까지의 기간 중 연금보험료를 낸 기간이 3년 이상일 것. 다만, 가입대상기간 중 체납기간이 3년 이상인 경우는 제외

   ㉢ 해당 질병 또는 부상의 초진일 당시 가입기간이 10년 이상일 것

(2) 장애결정 기준일

① 초진일부터 1년 6개월이 지나기 전에 완치일이 있는 경우 : 완치일

② 초진일부터 1년 6개월이 지날 때까지 완치일이 없는 경우 : 초진일부터 1년 6개월이 되는 날의 다음 날

③ 초진일부터 1년 6개월이 되는 날의 다음 날에 장애연금의 지급 대상이 되지 아니하였으나, 그 후 그 질병이나 부상이 악화된 경우 : 장애연금의 지급을 청구한 날(노령연금 지급연령 전에 청구한 경우만 해당)과 완치일 중 빠른 날

④ 장애연금의 수급권이 소멸된 사람이 장애연금 수급권을 취득할 당시의 질병이나 부상이 악화된 경우 : 청구일과 완치일 중 빠른 날

(3) 예 외

① 초진일이 가입 대상에서 제외된 기간 중에 있는 경우

② 초진일이 국외이주·국적상실 기간 중에 있는 경우

③ 반환일시금을 지급받은 경우

2. 장애연금액

장애연금액은 장애등급에 따라 다음의 금액으로 함

① 장애등급 1급에 해당하는 자 : 기본연금액에 부양가족연금액을 더한 금액

② 장애등급 2급에 해당하는 자 : 기본연금액의 1천분의 800에 해당하는 금액에 부양가족연금액을 더한 금액

③ 장애등급 3급에 해당하는 자 : 기본연금액의 1천분의 600에 해당하는 금액에 부양가족연금액을 더한 금액

④ 장애등급 4급에 해당하는 자 : 기본연금액의 1천분의 2천250에 해당하는 금액을 일시보상금으로 지급

3. 장애연금액의 변경 등

① 공단은 장애연금 수급권자의 장애 정도를 심사하여 장애등급이 다르게 되면 그 등급에 따라 장애연금액을 변경하고, 장애등급에 해당되지 아니하면 장애연금 수급권 소멸

② 장애연금의 수급권자는 그 장애가 악화되면 공단에 장애연금액의 변경 청구 가능

③ 장애 정도를 결정할 때에는 완치일을 기준으로 하며, 다음의 구분에 따른 날까지 완치되지 않은 경우에는 그 해당하는 날을 기준으로 장애 정도 결정

    ㉠ ①의 경우 : 장애 정도의 변화개연성에 따라 공단이 지정한 주기가 도래한 날이 속하는 달의 말일 등 대통령령으로 정하는 날

    ㉡ ②의 경우 : 수급권자가 장애연금액의 변경을 청구한 날

④ 60세 이상인 장애연금 수급권자에 대하여는 장애연금액의 변경규정을 적용하지 아니함

Ⅵ 유족연금

1. 유족연금의 수급권자

(1) 수급요건

① 다음의 어느 하나에 해당하는 사람이 사망하면 그 유족에게 유족연금 지급

    ㉠ 노령연금 수급권자

    ㉡ 가입기간이 10년 이상인 가입자 또는 가입자였던 자

    ㉢ 연금보험료를 낸 기간이 가입대상기간의 3분의 1 이상인 가입자 또는 가입자였던 자

    ㉣ 사망일 5년 전부터 사망일까지의 기간 중 연금보험료를 낸 기간이 3년 이상인 가입자 또는 가입자였던 자(다만, 가입대상기간 중 체납기간이 3년 이상인 사람은 제외)

    ㉤ 장애등급이 2급 이상인 장애연금 수급권자

② 연금보험료를 낸 기간이 가입대상기간의 3분의 1 이상인 가입자 또는 가입자였던 자, 사망일 5년 전부터 사망일까지의 기간 중 연금보험료를 낸 기간이 3년 이상인 가입자 또는 가입자였던 자(다만, 가입대상기간 중 체납기간이 3년 이상인 사람은 제외)가 다음의 기간 중 사망하는 경우에는 유족연금을 지급하지 아니함

    ㉠ 가입 대상에서 제외되는 기간

    ㉡ 국외이주·국적상실 기간

(2) 유족의 범위 등

① 유족연금을 지급받을 수 있는 유족은 (1) ①에 해당하는 사람이 사망할 당시(민법상 보통실종에 따른 실종선고를 받은 경우에는 실종기간의 개시 당시를, 특별실종에 따른 실종선고를 받은 경우에는 사망의 원인이 된 위난 발생 당시) 그에 의하여 생계를 유지하고 있던 다음의 자. 이 경우 가입자 또는 가입자였던 자에 의하여 생계를 유지하고 있던 자에 관한 인정 기준은 대통령령으로 규정

    ㉠ 배우자

    ㉡ 자녀. 다만, 25세 미만이거나 장애상태에 있는 사람만 해당

    ㉢ 부모(배우자의 부모 포함). 다만, 60세 이상이거나 장애상태에 있는 사람만 해당

ⓔ 손자녀. 다만, 19세 미만이거나 장애상태에 있는 사람만 해당

ⓜ 조부모(배우자의 조부모 포함). 다만, 60세 이상이거나 장애상태에 있는 사람만 해당

- 배우자, 남편 또는 아내에는 사실상의 혼인관계에 있는 자를 포함한다(법 제3조 제2항). **기출** **19**
- 수급권을 취득할 당시 가입자 또는 가입자였던 자의 태아가 출생하면 그 자녀는 가입자 또는 가입자였던 자에 의하여 생계를 유지하고 있던 자녀로 본다(법 제3조 제3항).

---

② 유족연금은 ①에서 정한 ㉠~㉤의 순위에 따라 최우선 순위자에게만 지급. 다만, 배우자인 유족의 수급권이 소멸되거나 정지되면 자녀(25세 미만이거나 장애상태에 있는 사람)인 유족에게 지급

③ 같은 순위의 유족이 2명 이상이면 그 유족연금액을 똑같이 나누어 지급하되, 지급 방법은 대통령령으로 규정

(3) 유족연금 수급권의 소멸

① 유족연금 수급권자가 다음의 어느 하나에 해당하게 되면 그 수급권은 소멸

㉠ 수급권자가 사망한 때

㉡ 배우자인 수급권자가 재혼한 때

㉢ 자녀나 손자녀인 수급권자가 파양된 때

㉣ 장애상태에 해당하지 아니한 자녀인 수급권자가 25세가 된 때 또는 장애상태에 해당하지 아니한 손자녀인 수급권자가 19세가 된 때

② 부모, 손자녀 또는 조부모인 유족의 유족연금 수급권은 가입자 또는 가입자였던 사람이 사망할 당시에 그 가입자 또는 가입자였던 사람의 태아가 출생하여 수급권을 갖게 되면 소멸

2. 유족연금액

유족연금액은 가입기간에 따라 다음의 금액에 부양가족연금액을 더한 금액. 다만, 노령연금 수급권자가 사망한 경우의 유족연금액은 사망한 자가 지급받던 노령연금액을 초과할 수 없음

① 가입기간이 10년 미만 : 기본연금액의 1천분의 400에 해당하는 금액

② 가입기간이 10년 이상 20년 미만 : 기본연금액의 1천분의 500에 해당하는 금액

③ 가입기간이 20년 이상 : 기본연금액의 1천분의 600에 해당하는 금액

3. 유족연금의 지급정지

(1) 필요적 지급정지

1) 배우자에 대한 지급정지

유족연금의 수급권자인 배우자에 대하여는 수급권이 발생한 때부터 3년 동안 유족연금을 지급한 후 55세가 될 때까지 지급 정지. 다만, 그 수급권자가 다음의 어느 하나에 해당하면 지급을 정지하지 아니함

① 장애상태인 경우

② 가입자 또는 가입자였던 자의 25세 미만인 자녀 또는 장애상태인 자녀의 생계를 유지한 경우

③ 대통령령으로 정하는 소득이 있는 업무에 종사하지 아니하는 경우

2) 배우자등의 소재불명으로 인한 지급정지

① 유족연금의 수급권자인 배우자의 소재를 1년 이상 알 수 없는 때에는 유족인 자녀의 신청에 의하여 그 소재 불명(不明)의 기간 동안 그에게 지급하여야 할 유족연금은 지급 정지

② 배우자 외의 자에 대한 유족연금의 수급권자가 2명 이상인 경우 그 수급권자 중에서 1년 이상 소재를 알 수 없는 자가 있으면 다른 수급권자의 신청에 따라 그 소재 불명의 기간에 해당하는 그에 대한 유족연금의 지급 정지

3) 입양으로 인한 지급정지

자녀나 손자녀인 수급권자가 다른 사람에게 입양된 때에는 그에 해당하게 된 때부터 유족연금의 지급 정지

4) 장애로 인한 지급정지

장애로 수급권을 취득한 자가 장애상태에 해당하지 아니하게 된 때에는 그에 해당하게 된 때부터 유족연금의 지급 정지

(2) 임의적 지급정지

유족연금의 수급권자인 배우자의 소재를 1년 이상 알 수 없는 경우로서 지급정지 신청을 할 수 있는 유족인 자녀가 없거나 자녀가 지급정지 신청을 하지 않는 경우, 유족연금의 수급권자인 배우자 외의 사람이 2명 이상이고 그 일부 또는 모두의 소재를 1년 이상 알 수 없는 경우로서 지급정지 신청을 할 수 있는 사람이 없거나 다른 수급권자가 지급정지 신청을 하지 않는 경우, 유족연금의 수급권자인 배우자 외의 사람이 1명이고 그 사람의 소재를 1년 이상 알 수 없는 경우 등에는 유족연금의 지급 정지 가능

Ⅶ　반환일시금

1. 수급요건

① 가입자 또는 가입자였던 자가 다음의 어느 하나에 해당하게 되면 본인이나 그 유족의 청구에 의하여 반환일시금을 지급받을 수 있음

　㉠ 가입기간이 10년 미만인 자가 60세가 된 때

　㉡ 가입자 또는 가입자였던 자가 사망한 때. 다만, 유족연금이 지급되는 경우에는 그러하지 아니함

　㉢ 국적을 상실하거나 국외로 이주한 때

② 반환일시금의 액수는 가입자 또는 가입자였던 자가 납부한 연금보험료(사업장가입자 또는 사업장가입자였던 자의 경우에는 사용자의 부담금 포함)에 대통령령으로 정하는 이자를 더한 금액

③ 반환일시금의 지급을 청구할 경우 유족의 범위와 청구의 우선순위 등에 관하여는 유족연금의 경우와 동일

2. 반납금 납부와 가입기간

① 반환일시금을 받은 자로서 다시 가입자의 자격을 취득한 자는 지급받은 반환일시금에 대통령령으로 정하는 이자를 더한 금액(반납금)을 공단에 낼 수 있음

② 반납금은 대통령령으로 정하는 바에 따라 분할하여 납부하게 할 수 있음. 이 경우 대통령령으로 정하는 이자를 더하여야 함

③ 위의 반납금을 낸 경우에는 그에 상응하는 기간은 가입기간에 넣어 계산

3. 반환일시금 수급권의 소멸

반환일시금의 수급권은 다음의 어느 하나에 해당하면 소멸

① 수급권자가 다시 가입자로 된 때
② 수급권자가 노령연금의 수급권을 취득한 때
③ 수급권자가 장애연금의 수급권을 취득한 때
④ 수급권자의 유족이 유족연금의 수급권을 취득한 때

제5절 **급여의 제한 및 정지**

급여의 지급정지사유	수급권자가 다음의 어느 하나에 해당하면 급여의 전부 또는 일부의 지급 정지 가능 ① 수급권자가 정당한 사유 없이 공단의 서류, 그 밖의 자료 제출 요구에 응하지 아니한 때 ② 장애연금 또는 유족연금의 수급권자가 정당한 사유 없이 공단의 진단 요구 또는 확인에 응하지 아니한 때 ③ 장애연금 수급권자가 고의나 중대한 과실로 요양 지시에 따르지 아니하거나 정당한 사유 없이 요양 지시에 따르지 아니하여 회복을 방해한 때 ④ 수급권자가 정당한 사유 없이 수급권의 발생·변경·소멸·정지 및 급여액의 산정·지급 등에 관련된 사항을 신고를 하지 아니한 때
급여의 일시중지	급여의 지급을 정지하려는 경우에는 지급을 정지하기 전에 대통령령으로 정하는 바에 따라 급여의 지급 일시 중지 가능

제6절 **연금보험료 징수**

I 연금보험료 등의 독촉 및 체납처분

1. 연금보험료 등의 독촉

① 건강보험공단은 사업장가입자와 지역가입자가 연금보험료와 그에 따른 징수금을 기한(납부 기한을 연장한 경우에는 그 기한)까지 내지 아니하거나 제2차 납부의무자가 연금보험료, 연체금, 체납처분비를 기한까지 내지 아니하면 대통령령으로 정하는 바에 따라 기한을 정하여 독촉
② 건강보험공단은 독촉할 경우에는 10일 이상의 납부 기한을 정하여 독촉장 발부
③ 연금보험료를 연대하여 내야 하는 자 중 1명에게 한 독촉은 다른 연대 납부의무자에게도 효력있음

> **연금보험료 등의 독촉(영 제64조)** 기출 24
> ① 건강보험공단은 법 제95조 제1항에 따라 사업장가입자의 연금보험료와 그에 따른 징수금의 납부를 독촉할 때에는 납부 기한이 지난 후 20일 이내에 해당 사업장가입자의 사용자에게 독촉장을 발부하여야 한다.
> ② 건강보험공단은 법 제95조 제1항에 따라 지역가입자의 연금보험료와 그에 따른 징수금의 납부를 독촉할 때에는 납부 기한이 지난 후 3개월 이내에 해당 가입자에게 독촉장을 발부하여야 한다.
> ③ 건강보험공단은 법 제95조 제1항에 따라 제2차 납부의무자의 연금보험료, 연체금, 체납처분비의 납부를 독촉할 때에는 납부 기한이 지난 후 20일 이내에 제2차 납부의무자에게 독촉장을 발부하여야 한다.

2. 체납처분

① 건강보험공단은 독촉을 받은 자가 그 기한까지 연금보험료와 그에 따른 징수금을 내지 아니하면 보건복지부장관의 승인을 받아 국세 체납처분의 예에 따라 징수 가능. 이 경우 징수한 금액이 체납된 연금보험료와 그에 따른 징수금에 미치지 못하는 경우에는 그 징수한 금액을 체납된 연금보험료와 그에 따른 징수금에 충당

② 건강보험공단은 체납처분을 하기 전에 연금보험료 등의 체납내역, 압류 가능한 재산의 종류, 압류 예정 사실 및 국세징수법에 따른 소액금융재산에 대한 압류 금지 사실 등이 포함된 통보서 발송. 다만, 법인 해산 등 긴급히 체납처분을 할 필요가 있는 경우로서 대통령령으로 정하는 경우에는 그러하지 아니함

③ 건강보험공단은 국세 체납처분의 예에 따라 압류한 재산을 매각할 때 전문지식이 필요하거나 그 밖에 특수한 사정이 있어 직접 매각하는 것이 적당하지 아니하다고 인정되면 한국자산관리공사에 매각을 대행 시킬 수 있음. 이 경우 한국자산관리공사가 한 매각은 건강보험공단이 한 것으로 간주

④ 건강보험공단은 한국자산관리공사가 매각을 대행하는 경우에는 보건복지부령으로 정하는 바에 따라 수수료를 지급할 수 있음

Ⅱ 체납보험료의 분할납부

① 건강보험공단은 연금보험료를 2회 이상 체납한 지역가입자에 대하여 보건복지부령으로 정하는 바에 따라 분할납부 승인 가능

② 건강보험공단은 연금보험료를 2회 이상 체납한 지역가입자에 대하여 체납처분을 하기 전에 분할납부를 신청할 수 있음을 알리고, 보건복지부령으로 정하는 바에 따라 분할납부 신청의 절차·방법 등에 관한 사항 안내

③ 건강보험공단은 분할납부 승인을 받은 사람이 정당한 사유 없이 2회 이상 그 승인된 보험료를 납부하지 아니하면 분할납부의 승인 취소

Ⅲ 연체금

연체금 및 연체가산금	① 건강보험공단은 연금보험료의 납부의무자가 납부 기한(납부 기한을 연장한 경우에는 그 기한)까지 연금보험료를 내지 아니하면 그 납부 기한이 경과한 날부터 매 1일이 경과할 때마다 체납된 연금보험료의 1천500분의 1에 해당하는 금액을 가산한 연체금 징수. 이 경우 연체금은 체납된 연금보험료의 1천분의 20을 초과하지 못함 ② 건강보험공단은 연금보험료의 납부의무자가 체납된 연금보험료를 내지 아니하면 납부 기한 후 30일이 경과한 날부터 매 1일이 경과할 때마다 체납된 연금보험료의 6천분의 1에 해당하는 연체금을 가산하여 징수. 이 경우 연체금은 체납된 연금보험료의 1천분의 50을 초과하지 못함
연체금징수 예외	연체금의 징수요건에 해당되어도 천재지변, 전쟁, 사변, 사업장폐쇄, 화재 등 재해발생, 사업장 납부의무자가 체납한 경우 등의 사유가 있는 경우에는 연체금 및 연체금 가산료를 징수하지 아니할 수 있음

I　연금기금의 설치·운용

1. 기금의 설치 및 조성

① 보건복지부장관은 국민연금사업에 필요한 재원을 원활하게 확보하고, 이 법에 따른 급여에 충당하기 위한 책임준비금으로서 국민연금기금(이하 "기금") 설치

② 기금은 연금보험료, 기금 운용 수익금, 적립금, 공단의 수입지출 결산상의 잉여금으로 조성

2. 국민연금기금운용위원회

① 기금의 운용에 관한 다음의 사항을 심의·의결하기 위하여 보건복지부에 국민연금기금운용위원회(이하 "운용위원회") 설치

　㉠ 기금운용지침에 관한 사항

　㉡ 기금을 관리기금에 위탁할 경우 예탁이자율의 협의에 관한 사항

　㉢ 기금 운용 계획에 관한 사항

　㉣ 기금의 운용 내용과 사용 내용에 관한 사항

　㉤ 그 밖에 기금운용에 관한 중요사항으로서 운용위원회 위원장이 회의에 부치는 사항

② 운용위원회는 위원장인 보건복지부장관, 당연직 위원인 기획재정부차관·농림축산식품부차관·산업통상자원부차관·고용노동부차관과 공단 이사장 및 위원장이 위촉하는 다음의 위원으로 구성

　㉠ 사용자를 대표하는 위원으로서 사용자 단체가 추천하는 자 3명

　㉡ 근로자를 대표하는 위원으로서 노동조합을 대표하는 연합단체가 추천하는 자 3명

　㉢ 지역가입자를 대표하는 위원으로서 다음의 자

　　㉮ 농어업인 단체가 추천하는 자 2명

　　㉯ 농어업인 단체 외의 자영자 관련 단체가 추천하는 자 2명

　　㉰ 소비자단체 및 시민단체가 추천하는 자 2명

　㉣ 관계 전문가로서 국민연금에 관한 학식과 경험이 풍부한 자 2명

③ 위원의 임기는 2년으로 하고, 1차만 연임 가능. 다만, 위원장과 당연직 위원의 임기는 그 재임 기간

④ 위원장은 운용위원회의 회의를 소집하고 그 의장이 됨

⑤ 운용위원회의 회의는 연 4회 이상 개최하여야 하며, 재적 위원 과반수의 출석으로 개회하고, 출석 위원 과반수의 찬성으로 의결. 이 경우 출석하지 아니한 위원은 의결권을 행사하지 아니한 것으로 간주

⑥ 보건복지부장관은 운용위원회의 요구에 따라 회의에 필요한 자료 사전에 제출

기금운용지침	① 운용위원회는 가입자의 권익이 극대화되도록 매년 다음 사항에 관한 국민연금기금운용지침(이하 "기금운용지침") 마련
	㉠ 공공사업에 사용할 기금 자산의 비율 ㉡ 공공사업에 대한 기금 배분의 우선순위 ㉢ 가입자·가입자였던 자 및 수급권자의 복지증진을 위한 사업비 ㉣ 기금증식을 위한 가입자 및 가입자였던 자에 대한 대여사업비 ㉤ 기금의 관리·운용 현황에 관한 공시 대상 및 방법
	② 보건복지부장관은 다음 연도의 국민연금기금운용지침안(이하 "기금운용지침안")을 작성하여 4월 말일까지 운용위원회에 제출하여야 하고, 운용위원회는 기금운용지침안을 5월 말일까지 심의·의결
기금 운용계획 등	① 보건복지부장관은 매년 기금 운용 계획을 수립하여 운용위원회 및 국무회의의 심의를 거쳐 대통령의 승인을 얻어야 하며, 정부는 이를 전년도 10월 말까지 국회에 보고 ② 보건복지부장관은 기금의 운용 내용을, 기획재정부장관은 관리기금에 예탁된 기금의 사용 내용을 각각 다음 연도 6월 말까지 운용위원회에 제출 ③ 운용위원회의 위원장은 정부가 작성한 기금의 운용 내용과 사용 내용을 운용위원회의 심의를 거쳐 국회에 제출하고 공시

제8절 심사청구 및 재심사청구

Ⅰ 심사청구

1. 심사대상

가입자의 자격, 기준소득월액, 연금보험료, 그 밖의 이 법에 따른 징수금과 급여에 관한 공단 또는 건강보험공단의 처분에 이의가 있는 자는 그 처분을 한 공단 또는 건강보험공단에 심사청구 가능

2. 청구기간

심사청구는 그 처분이 있음을 안 날부터 90일 이내에 문서(전자문서 포함)로 하여야 하며, 처분이 있은 날부터 180일을 경과하면 이를 제기하지 못함. 다만, 정당한 사유로 그 기간에 심사청구를 할 수 없었음을 증명하면 그 기간이 지난 후에도 심사청구 가능

3. 국민연금심사위원회 및 징수심사위원회의 심사

(1) 심사위원회의의 설치, 구성 및 의결

설 치	심사청구 사항을 심사하기 위하여 국민연금공단에 국민연금심사위원회(이하 "심사위원회")를 두고, 건강보험공단에 징수심사위원회 설치
구 성	① 심사위원회의 위원장은 공단의 상임이사 중 공단이사장이 임명하는 자로 하며, 위원장 1명을 포함한 26명 이내의 위원으로 국민연금심사위원회 구성. ② 위원은 공단의 실장급 이상의 임직원, 사용자단체가 추천하는 자, 근로자단체가 추천하는 자, 지역가입자를 대표하는 단체가 추천하는 자, 법률이나 의료 또는 사회보험분야에 관한 학식과 경험이 있는 사람으로서 변호사 자격 또는 의사 자격을 취득한 후 5년 이상 실무에 종사한 사람·고등교육법에 따른 학교에서 사회보험관련학과의 조교수 이상으로 재직한 사람·박사학위를 취득한 후 사회보험관련분야에서 5년 이상 근무한 사람·사회보험관련분야에서 10년 이상 근무한 사람에 해당하는 자 중에서 공단이사장이 임명하거나 위촉
임 기	심사위원회 위원의 임기는 2년으로 하며, 2차례만 연임 가능. 다만, 공단의 임직원인 위원의 임기는 그 직위의 재임기간
의 결	심사위원회의 회의는 위원장과 위원장이 회의마다 지정하는 7명의 위원으로 구성하되, 구성원 과반수의 출석으로 시작하고 출석 위원 과반수의 찬성으로 의결

(2) 심사청구에 대한 결정

결정기관	심사위원회 및 징수심사위원회의 심사의결을 거쳐 공단이 결정
결정유형	① 공단은 심사청구가 적법하지 아니한 경우에는 그 심사청구를 각하하는 결정을 하고, 심사청구가 이유 없다고 인정한 경우에는 심사청구를 기각하는 결정을 하며, 심사청구가 이유 있다고 인정한 경우에는 처분을 취소하거나 변경하는 결정을 함. ② 공단은 결정을 하면 지체 없이 청구인에게 결정서의 정본을 보내야 함. 한편 청구인은 결정이 있기 전까지는 언제든지 심사청구를 문서로 취하 가능
결정기간	공단은 심사청구를 받은 날부터 60일 이내에 결정. 다만, 부득이한 사정이 있는 경우에는 위원장이 직권으로 30일을 연장할 수 있고, 결정기간을 연장하면 결정기간이 끝나기 7일 전까지 청구인에게 이를 알려야 함. 보정기간은 결정기간에 산입하지 아니함

II 재심사청구

1. 심사대상

심사청구에 대한 국민연금공단 및 건강보험공단의 결정에 불복하는 자는 재심사청구서에 따라 국민연금재심사위원회에 재심사 청구 가능

2. 청구기간

심사청구에 대한 결정에 불복하는 자는 그 결정통지를 받은 날부터 90일 이내에 재심사청구서에 따라 국민연금재심사위원회에 재심사 청구 가능

3. 국민연금재심사위원회의 재심사

(1) 재심사위원회의 설치, 구성 및 의결

설 치	재심사청구 사항을 심사하기 위하여 보건복지부에 국민연금재심사위원회(이하 "재심사위원회") 설치
구 성	① 재심사위원회는 위원장 1명을 포함한 20명 이내의 위원으로 구성. 이 경우 공무원이 아닌 위원이 전체 위원의 과반수가 되도록 하여야 함 ② 재심사위원회의 위원장은 보건복지부 연금정책국장으로 함
의 결	재심사위원회의 회의는 위원장과 위원장이 회의마다 지정하는 6명의 위원으로 구성. 재심사위원회의 회의는 재적 위원 과반수의 출석으로 시작하고 출석 위원 과반수의 찬성으로 의결

(2) 재심사청구에 대한 재결

재심사위원회의 재심사와 재결에 관한 절차에 관하여는 행정심판법 준용

(3) 재결에 대한 불복

① 재심사청구사항에 대한 재심사위원회의 재심사는 행정심판법에 따른 행정심판으로 간주하므로 재심사위원회의 재결에 불복이 있으면 행정소송 제기 가능
② 그러나 심사청구 및 재심사청구의 절차를 거치지 아니하고 행정소송을 제기할 수도 있음
③ 행정소송은 재심사위원회의 재결 또는 공단의 처분이 있음을 안 날로부터 90일 이내에 제기하여야 하며, 재결 또는 처분이 있은 날로부터 1년을 경과하면 이를 제기하지 못함

제9절 시 효

I 소멸시효의 완성

연금보험료, 환수금, 그 밖의 이 법에 따른 징수금을 징수하거나 환수할 권리는 3년간, 급여를 받거나 과오납금을 반환받을 수급권자 또는 가입자 등의 권리는 5년간, 반환일시금을 지급받을 권리는 10년간 행사하지 아니하면 각각 소멸시효 완성

II 소멸시효의 중단 및 정지

① 연금보험료나 그 밖의 이 법에 따른 징수금 등의 납입 고지, 독촉과 급여의 지급 또는 과오납금 등의 반환청구는 소멸시효 중단의 효력이 있고, 중단된 소멸시효는 납입 고지나 독촉에 따른 납입 기간이 지난 때부터 새로 진행
② 급여를 지급받을 권리는 그 급여 전액에 대하여 지급이 정지되어 있는 동안은 시효가 진행되지 아니함
③ 급여의 지급이나 과오납금 등의 반환청구에 관한 기간을 계산할 때 그 서류의 송달에 들어간 일수는 그 기간에 산입하지 아니함

I 형벌(징역이나 벌금)

① 3년 이하의 징역이나 3천만원 이하의 벌금 : 거짓이나 그 밖의 부정한 방법으로 급여를 받은 자

② 3년 이하의 징역 또는 1천만원 이하의 벌금 : 전산정보자료를 국민연금사업을 수행하기 위한 목적 외의 용도로 이용하거나 활용한 자

③ 다음의 어느 하나에 해당하는 자는 1년 이하의 징역이나 1천만원 이하의 벌금에 처함

    ㉠ 부담금의 전부 또는 일부를 사업장가입자에게 부담하게 하거나 임금에서 기여금을 공제할 때 기여금을 초과하는 금액을 사업장가입자의 임금에서 공제한 사용자

    ㉡ 납부 기한까지 정당한 사유 없이 연금보험료를 내지 아니한 사용자

    ㉢ 근로자가 가입자로 되는 것을 방해하거나 부담금의 증가를 기피할 목적으로 정당한 사유 없이 근로자의 승급 또는 임금 인상을 하지 아니하거나 해고나 그 밖의 불리한 대우를 한 사용자

    ㉣ 업무를 수행하면서 알게 된 비밀을 누설한 자

II 과태료

1. 50만원 이하의 과태료

① 당연적용사업장에 해당된 사실등을 공단에 신고를 하지 아니하거나 거짓으로 신고한 사용자

② 공단 또는 공단의 직원이 서류나 그 밖의 자료 제출을 요구하거나 조사·질문을 할 때 이를 거부·기피·방해하거나 거짓으로 답변한 사용자

2. 10만원 이하의 과태료

① 지역가입자, 임의가입자 및 임의계속가입자의 자격 및 소득에 관한 사항 등을 신고하지 아니하거나 수급권 변경 등을 신고를 하지 아니한 자, 수급권자 또는 수급자가 사망한 경우 사망사실을 안 날부터 1개월 이내에 공단에 신고하지 아니한 자

② 공단으로부터 사업장가입자의 자격 취득·상실에 관한 확인사항등을 통지받은 후 그 사항을 사업장가입자 또는 그 자격을 상실한 자에게 통지하지 아니한 자

③ 공단 또는 공단의 직원이 서류나 그 밖의 소득·재산 등에 관한 자료의 제출을 요구하거나 조사·질문할 때 이를 거부·기피·방해하거나 거짓으로 답변한 가입자, 가입자였던 자 또는 수급권자

- 장애연금액은 장애등급 2급에 해당하는 자에 대하여는 기본연금액의 (❶ _____)에 해당하는 금액에 부양가족연금액을 더한 금액으로 한다.

- 장애연금 수급권자가 (❷ _____)로 요양 지시에 따르지 아니하거나 정당한 사유 없이 요양지시에 따르지 아니하여 회복을 방해한 때에는 급여의 전부 또는 일부의 지급을 정지할 수 있다.

- 가입자의 자격, 기준소득월액, 연금보험료, 그 밖의 이 법에 따른 징수금과 급여에 관한 국민연금공단 또는 국민건강보험공단의 처분에 이의가 있는 자는 그 처분을 한 국민연금공단 또는 국민건강보험공단에 (❸ _____)를 할 수 있다.

- 심사청구에 대한 결정에 불복하는 자는 그 결정통지를 받은 날부터 (❹ _____)에 국민연금재심사위원회에 재심사를 청구할 수 있다.

- (❺ _____)은 다음 연도의 국민연금기금운용지침안을 작성하여 4월 말일까지 국민연금기금운용위원회에 제출하여야 하고, 국민연금기금운용위원회는 국민연금기금운용지침안을 5월 말일까지 심의 · 의결하여야 한다.

- 국민연금법상의 급여는 노령연금, 장애연금, 유족연금, (❻ _____) 으로 나뉜다.

- 국민연금공단은 장애연금 수급권자의 장애 정도를 심사하여 장애등급이 다르게 되면 그 등급에 따라 장애연금액을 변경하고, (❼ _____) 아니하면 장애연금 수급권을 소멸시킨다.

- 연금법상 임의가입자는 가입 신청이 (❽ _____)에 자격을 취득한다.

- 연금법상 연금은 (❾ _____)에 그 달의 금액을 지급하되, 지급일이 토요일이나 공휴일이면 그 전날에 지급한다.

- 지역가입자가 국적을 상실하거나 국외로 이주한 때에는 (❿ _____)에 자격을 상실한다.

---

❶ 1천분의 800

❷ 고의나 중대한 과실

❸ 심사청구

❹ 90일 이내

❺ 보건복지부장관

❻ 반환일시금

❼ 장애등급에 해당되지

❽ 수리된 날

❾ 매월 25일

❿ 그에 해당하게 된 날의 다음 날

제1절 **서 설**

I 목 적

국민건강보험법(이하 "건강법")은 국민의 질병·부상에 대한 예방·진단·치료·재활과 출산·사망 및 건강증진에 대하여 보험급여를 실시함으로써 국민보건 향상과 사회보장 증진에 이바지함

II 건강보험정책심의위원회

① 건강보험정책에 관한 다음의 사항을 심의·의결하기 위하여 보건복지부장관 소속으로 건강보험정책심의위원회(이하 "심의위원회") 설치
   ㉠ 종합계획 및 시행계획에 관한 사항(심의에 한정)
   ㉡ 요양급여의 기준
   ㉢ 요양급여비용에 관한 사항
   ㉣ 직장가입자의 보험료율
   ㉤ 지역가입자의 보험료율과 재산보험료부과점수당 금액
   ㉥ 그 밖에 건강보험에 관한 주요 사항으로서 대통령령으로 정하는 사항
② 심의위원회는 위원장 1명과 부위원장 1명을 포함하여 25명의 위원으로 구성
③ 심의위원회의 위원장은 보건복지부차관이 되고, 부위원장은 다음 ④에 규정된 ㉣의 위원 중에서 위원장이 지명하는 사람
④ 심의위원회의 위원은 다음에 해당하는 사람을 보건복지부장관이 임명 또는 위촉
   ㉠ 근로자단체 및 사용자단체가 추천하는 각 2명
   ㉡ 시민단체(비영리민간단체지원법에 따른 비영리민간단체), 소비자단체, 농어업인단체 및 자영업자단체가 추천하는 각 1명
   ㉢ 의료계를 대표하는 단체 및 약업계를 대표하는 단체가 추천하는 8명
   ㉣ 다음에 해당하는 8명
      ㉮ 대통령령으로 정하는 중앙행정기관 소속 공무원 2명
      ㉯ 국민건강보험공단의 이사장 및 건강보험심사평가원의 원장이 추천하는 각 1명
      ㉰ 건강보험에 관한 학식과 경험이 풍부한 4명

⑤ 심의위원회 위원(대통령령으로 정하는 중앙행정기관 소속 공무원인 위원 제외)의 임기는 3년. 다만, 위원의 사임 등으로 새로 위촉된 위원의 임기는 전임위원 임기의 남은 기간

⑥ 보건복지부장관은 심의위원회가 보험료 부과 관련 제도 개선에 관한 건강보험 가입자의 소득 파악 실태에 관한 조사 및 연구에 관한 사항, 가입자의 소득 파악 및 소득에 대한 보험료 부과 강화를 위한 개선 방안에 관한 사항, 그 밖에 보험료 부과와 관련된 제도 개선 사항으로서 심의위원회 위원장이 회의에 부치는 사항 등을 심의한 경우(의결은 제외), 국회에 보고

제2절 가입자

I 서 설

1. 자격요건

건강법의 가입자가 될 수 있는 사람은 국내에 거주하는 국민으로서, 적용 제외 대상자가 아닌 모든 사람이 일단 자격요건을 가지고 이는 가입자와 피부양자 모두에게 요구됨

2. 적용 제외 대상

① 의료급여법에 따라 의료급여를 받는 사람(수급권자)

② 독립유공자예우에 관한 법률 및 국가유공자 등 예우 및 지원에 관한 법률에 따라 의료보호를 받는 사람(유공자 등 의료보호대상자). 다만, 다음의 어느 하나에 해당하는 사람은 가입자 또는 피부양자가 됨

  ㉠ 유공자 등 의료보호대상자 중 건강보험의 적용을 보험자에게 신청한 사람

  ㉡ 건강보험을 적용받고 있던 사람이 유공자등 의료보호대상자로 되었으나 건강보험의 적용 배제신청을 보험자에게 하지 아니한 사람

③ 외국 정부 근로자에 대한 특례 : 정부는 외국 정부가 사용자인 사업장의 근로자의 건강보험에 관하여는 외국 정부와 한 합의에 따라 이를 따로 정할 수 있으므로, 원칙적으로 적용 제외 대상자이지만, 외국정부와의 합의에 따라 국민건강보험제도의 대상이 될 수 있음

④ 재외국민 또는 외국인에 대한 특례 : 국내에 체류하는 재외국민 또는 외국인으로서 대통령령으로 정하는 사람은 건강법의 적용을 받는 가입자 또는 피부양자가 됨

Ⅱ 가 입

가입자는 직장가입자와 지역가입자로 구분

1. 가입자의 종류

(1) 직장가입자

다음의 어느 하나에 해당하는 사람을 제외한 모든 사업장의 근로자 및 사용자와 공무원 및 교직원

① 고용기간이 1개월 미만인 일용근로자

② 병역법에 따른 현역병(지원에 의하지 아니하고 임용된 하사 포함), 전환복무된 사람 및 군간부후보생

③ 선거에 당선되어 취임하는 공무원으로서 매월 보수 또는 보수에 준하는 급료를 받지 아니하는 사람

④ 그 밖에 사업장의 특성, 고용 형태 및 사업의 종류 등을 고려하여 대통령령으로 정하는 사업장의 근로자 및 사용자와 공무원 및 교직원

> **직장가입자에서 제외되는 사람(영 제9조)**
> 1. 비상근 근로자 또는 1개월 동안의 소정 근로시간이 60시간 미만인 단시간근로자 `기출 22`
> 2. 비상근 교직원 또는 1개월 동안의 소정 근로시간이 60시간 미만인 시간제공무원 및 교직원
> 3. 소재지가 일정하지 아니한 사업장의 근로자 및 사용자
> 4. 근로자가 없거나 제1호에 해당하는 근로자만을 고용하고 있는 사업장의 사업주

(2) 지역가입자

직장가입자와 그 피부양자를 제외한 가입자

2. 피부양자

다음의 어느 하나에 해당하는 사람 중 직장가입자에게 주로 생계를 의존하는 사람으로서 소득 및 재산이 보건복지부령으로 정하는 기준 이하에 해당하는 사람

① 직장가입자의 배우자

② 직장가입자의 직계존속(배우자의 직계존속 포함)

③ 직장가입자의 직계비속(배우자의 직계비속 포함) 및 배우자

④ 직장가입자의 형제, 자매

> **피부양자 자격의 인정기준 등(규칙 제2조)**
> ① 「국민건강보험법」(이하 "법"이라 한다) 제5조 제2항에 따른 피부양자 자격의 인정기준은 다음 각 호의 요건을 모두 충족하는 것으로 한다.
> 　1. [별표 1]에 따른 부양요건에 해당할 것
> 　2. [별표 1의2]에 따른 소득 및 재산요건에 해당할 것
> ② 피부양자는 다음 각 호의 어느 하나에 해당하는 날에 그 자격을 취득한다.
> 　1. 신생아의 경우 : 출생한 날
> 　2. 직장가입자의 자격 취득일 또는 가입자의 자격 변동일부터 90일 이내에 피부양자의 자격취득 신고를 한 경우 : 직장가입자의 자격 취득일 또는 해당 가입자의 자격 변동일
> 　3. 직장가입자의 자격 취득일 또는 가입자의 자격 변동일부터 90일을 넘겨 피부양자 자격취득 신고를 한 경우 : 법 제13조에 따른 국민건강보험공단(이하 "공단"이라 한다)에 별지 제1호서식의 피부양자 자격(취득·상실) 신고서를 제출한 날. 다만, 천재지변, 질병·사고 등 공단이 정하는 본인의 책임이 없는 부득이한 사유로 90일을 넘겨 피부양자 자격취득 신고를 한 경우에는 직장가입자의 자격 취득일 또는 가입자의 자격 변동일로 한다.

③ 피부양자는 다음 각 호의 어느 하나에 해당하게 된 날에 그 자격을 상실한다.
1. 사망한 날의 다음 날 `기출` 24
2. 대한민국의 국적을 잃은 날의 다음 날 `기출` 24
3. 국내에 거주하지 아니하게 된 날의 다음 날
4. 직장가입자가 자격을 상실한 날 `기출` 24
5. 법 제5조 제1항 제1호에 따른 수급권자가 된 날
6. 법 제5조 제1항 제2호에 따른 유공자등 의료보호대상자인 피부양자가 공단에 건강보험의 적용배제 신청을 한 날의 다음 날
7. 직장가입자 또는 다른 직장가입자의 피부양자 자격을 취득한 경우에는 그 자격을 취득한 날
8. 피부양자 자격을 취득한 사람이 본인의 신고에 따라 피부양자 자격 상실 신고를 한 경우에는 신고한 날의 다음 날
`기출` 24
9. 제1항에 따른 요건을 충족하지 아니하는 경우에는 공단이 그 요건을 충족하지 아니한다고 확인한 날의 다음 날
10. 제9호에도 불구하고 「국민건강보험법 시행령」(이하 "영"이라 한다) 제41조의2 제3항에 따라 영 제41조 제1항 제3호 및 제4호의 소득(이하 "사업소득등"이라 한다)의 발생 사실과 그 금액을 신고하여 공단이 제1항 제2호에 따른 소득요건을 충족하지 않는다고 확인한 경우에는 그 사업소득등이 발생한 날이 속하는 달의 다음 달 말일
11. 제9호에도 불구하고 영 제41조의2 제3항에 따라 사업소득등의 발생 사실과 그 금액을 신고하지 않았으나 공단이 제1항 제2호에 따른 소득요건을 충족하지 않음을 확인한 경우에는 그 사업소득등이 발생한 날이 속하는 달의 말일
12. 제9호부터 제11호까지의 규정에도 불구하고 거짓이나 그 밖의 부정한 방법으로 영 제41조의2 제1항에 따른 소득월액의 조정 신청 또는 이 규칙에 따른 피부양자 자격 취득 신고를 하여 피부양자 자격을 취득한 것을 공단이 확인한 경우에는 그 자격을 취득한 날

Ⅲ 가입자 자격의 취득과 상실

1. 자격취득

(1) 자격취득의 시기

가입자는 원칙적으로 국내에 거주하게 된 날에 직장가입자 또는 지역가입자의 자격을 얻음. 다만, 다음의 어느 하나에 해당하는 사람은 그 해당되는 날에 각각 자격을 얻음

① 수급권자이었던 사람은 그 대상자에서 제외된 날

② 직장가입자의 피부양자이었던 사람은 그 자격을 잃은 날

③ 유공자등 의료보호대상자이었던 사람은 그 대상자에서 제외된 날

④ 보험자에게 건강보험의 적용을 신청한 유공자등 의료보호대상자는 그 신청한 날

(2) 자격취득의 신고

자격을 얻은 경우 그 직장가입자의 사용자 및 지역가입자의 세대주는 그 명세를 보건복지부령으로 정하는 바에 따라 자격을 취득한 날부터 14일 이내에 보험자에게 신고

2. 자격변동

(1) 자격변동의 시기

가입자는 다음의 어느 하나에 해당하게 된 날에 그 자격 변동

① 지역가입자가 적용대상사업장의 사용자로 되거나, 근로자·공무원 또는 교직원(이하 "근로자등")으로 사용된 날

② 직장가입자가 다른 적용대상사업장의 사용자로 되거나 근로자등으로 사용된 날

③ 직장가입자인 근로자등이 그 사용관계가 끝난 날의 다음 날

④ 적용대상사업장에 휴업·폐업 등 보건복지부령으로 정하는 사유가 발생한 날의 다음 날

⑤ 지역가입자가 다른 세대로 전입한 날

(2) 자격변동의 신고

① 지역가입자가 직장가입자로 자격이 변동된 경우에는 당해 직장가입자의 사용자가, 직장가입자 또는 피부양자가 지역가입자로 자격이 변동된 경우에는 당해 지역가입자의 세대주가 각각 그 내역을 자격변동일부터 14일 이내에 보험자에게 신고

② 법무부장관 및 국방부장관은 직장가입자나 지역가입자가 병역법에 따른 현역병(지원에 의하지 아니하고 임용된 하사 포함), 전환복무된 사람 및 군간부후보생에 해당하게 되거나, 교도소, 그 밖에 이에 준하는 시설에 수용되어 있는 경우, 보건복지부령으로 정하는 바에 따라 그 사유에 해당된 날부터 1개월 이내에 보험자에게 알려야 함

3. 자격상실의 시기

국민건강보험제도의 가입자는 다음의 경우에 그 해당하게 된 날에 그 자격 상실

① 사망한 날의 다음 날

② 국적을 잃은 날의 다음 날

③ 국내에 거주하지 아니하게 된 날의 다음 날

④ 직장가입자의 피부양자가 된 날

⑤ 수급권자가 된 날

⑥ 건강보험을 적용받고 있던 사람이 유공자 등 의료보호대상자가 되어 건강보험의 적용배제신청을 한 날

I　보험자

국민건강보험제도는 사회보험제도의 하나로서 감독 및 최종 책임은 보건복지부장관이 지게 되지만, 운영주체로서 보험자는 법인 형태의 국민건강보험공단(이하 "공단")

II　국민건강보험공단

법인격	공단은 일종의 공법인으로서 주된 사무소의 소재지에 설립등기를 함으로써 성립. 설립등기는 목적, 명칭, 주된 사무소 및 분사무소의 소재지, 이사장의 성명·주소 및 주민등록번호 등을 포함. 공단의 주된 사무소의 소재지는 정관으로 정하며, 필요하면 정관으로 정하는 바에 따라 분사무소 설치 가능
업 무	① 가입자 및 피부양자의 자격관리 ② 보험료와 그 밖에 이 법에 따른 징수금의 부과·징수 ③ 보험급여의 관리 ④ 가입자 및 피부양자의 질병의 조기발견·예방 및 건강관리를 위하여 요양급여 실시 현황과 건강검진 결과 등을 활용하여 실시하는 예방사업으로서 대통령령으로 정하는 사업 ⑤ 보험급여 비용의 지급 ⑥ 자산의 관리·운영 및 증식사업 ⑦ 의료시설의 운영 ⑧ 건강보험에 관한 교육훈련 및 홍보 ⑨ 건강보험에 관한 조사연구 및 국제협력 ⑩ 이 법에서 공단의 업무로 정하고 있는 사항 ⑪ 연금법, 징수법, 임금채권보장법 및 석면피해구제법(이하 "징수위탁근거법")에 따라 위탁받은 업무 ⑫ 그 밖에 이 법 또는 다른 법령에 따라 위탁받은 업무 ⑬ 그 밖에 건강보험과 관련하여 보건복지부장관이 필요하다고 인정한 업무
해 산	공단의 해산에 관하여는 법률로 규정

Ⅰ 　의 의

1. 보험급여의 개념

국민건강보험의 적용을 받는 가입자 및 피부양자의 질병·부상에 대한 예방·진단·치료·재활과 출산·사망 및 건강증진에 대하여 건강법에 따라 국민건강보험공단이 현물 또는 현금 형태로 제공하는 서비스

2. 보험급여의 형태

현물급여	요양기관(병·의원 등) 등으로부터 가입자 또는 피부양자가 직접 제공받는 의료 서비스 일체를 현물급여라 하며, 요양급여, 건강검진이 대표적
현금급여	가입자 및 피부양자의 신청에 따라 공단에서 현금으로 지급하는 것을 현금급여라 하며, 임신·출산 진료비, 요양비(출산비 포함), 본인부담액 상한제, 장애인 보조기기에 대한 보험급여 등이 대표적

Ⅱ 　요양급여

1. 요양급여 제공

가입자 및 피부양자의 질병·부상·출산 등에 대하여 진찰·검사, 약제·치료 재료의 지급, 처치·수술 기타의 치료, 예방·재활, 입원, 간호, 이송의 급여 제공

2. 요양급여의 범위

약 제	보건복지부장관이 요양급여의 대상으로 결정하여 고시한 것
약제를 제외한 요양급여	보건복지부장관이 비급여의 대상으로 정한 것을 제외한 일체의 것

Ⅲ 요양급여비용

1. 본인일부부담

① 요양급여를 받는 자는 대통령령으로 정하는 바에 따라 비용의 일부(이하 "본인일부부담금")를 부담. 이 경우 선별급여에 대해서는 다른 요양급여에 비하여 본인일부부담금을 상향 조정 가능

② 본인이 연간 부담하는 본인일부부담금의 총액 및 요양이나 출산의 비용으로 부담한 금액(요양이나 출산의 비용으로 부담한 금액이 보건복지부장관이 정하여 고시한 금액보다 큰 경우에는 그 고시한 금액)에서 요양비로 지급받은 금액을 제외한 금액의 합계액이 대통령령으로 정하는 금액("본인부담상한액")을 초과한 경우에는 공단이 그 초과 금액을 부담. 이 경우 공단은 당사자에게 그 초과 금액을 통보하고, 지급

2. 요양급여비용의 산정

(1) 요양급여비용계약의 체결

① 요양급여비용은 공단의 이사장과 대통령령으로 정하는 의약계를 대표하는 사람들의 계약으로 정함. 이 경우 계약기간은 1년

② 계약은 그 직전 계약기간 만료일이 속하는 연도의 5월 31일까지 체결하여야 하며, 그 기한까지 계약이 체결되지 아니하는 경우 보건복지부장관이 그 직전 계약기간 만료일이 속하는 연도의 6월 30일까지 심의위원회의 의결을 거쳐 요양급여비용을 정함. 이 경우 보건복지부장관이 정하는 요양급여비용은 계약으로 정한 요양급여비용으로 간주

③ 공단의 이사장은 재정운영위원회의 심의·의결을 거쳐 계약 체결

④ 심사평가원은 공단의 이사장이 계약을 체결하기 위하여 필요한 자료를 요청하면 그 요청에 성실히 따라야 함

(2) 요양급여비용계약의 효력

① 계약이 체결되면 그 계약은 공단과 각 요양기관 사이에 체결된 것으로 간주

② 요양급여비용이 정해지면 보건복지부장관은 그 요양급여비용의 명세를 지체 없이 고시

(3) 약제·치료재료에 대한 요양급여비용의 산정

약제·치료재료(이하 "약제·치료재료")에 대한 요양급여비용은 요양기관의 약제·치료재료 구입금액 등을 고려하여 대통령령으로 정하는 바에 따라 달리 산정 가능

3. 요양급여의 적정성 평가

① 심사평가원은 요양급여에 대한 의료의 질을 향상시키기 위하여 요양급여의 적정성 평가를 실시할 수 있고, 요양기관의 인력·시설·장비, 환자안전 등 요양급여와 관련된 사항을 포함하여 평가할 수 있음. 심사평가원은 평가 결과를 평가대상 요양기관에 통보하여야 하며, 평가 결과에 따라 요양급여비용을 가산 또는 감산할 경우에는 그 결정사항이 포함된 평가 결과를 가감대상 요양기관 및 공단에 통보

② 심사평가원의 원장은 적정성평가를 위하여 제공받은 자료의 사실 여부를 확인할 필요가 있으면 소속 직원으로 하여금 해당 사항을 확인하게 할 수 있음. 심사평가원은 매년 진료심사평가위원회의 심의를 거쳐 다음 해의 적정성평가 계획 수립

Ⅳ 기타 급여

1. 건강검진

(1) 건강검진의 실시

공단은 가입자 및 피부양자에 대하여 질병의 조기발견과 그에 따른 요양급여를 하기 위하여 건강검진 실시

(2) 건강검진의 종류 및 대상

① 일반건강검진 : 직장가입자, 세대주인 지역가입자, 20세 이상인 지역가입자 및 20세 이상인 피부양자
② 암검진 : 암관리법에 따른 암의 종류별 검진주기와 연령 기준 등에 해당하는 사람
③ 영유아건강검진 : 6세 미만의 가입자 및 피부양자

(3) 검진항목의 설계

건강검진의 검진항목은 성별, 연령 등의 특성 및 생애 주기에 맞게 설계

건강검진(영 제25조)

① 법 제52조에 따른 건강검진(이하 "건강검진")은 <u>2년마다 1회 이상 실시하되, 사무직에 종사하지 않는 직장가입자에 대해서는 1년에 1회 실시</u>한다. 다만, 암검진은 암관리법 시행령에서 정한 바에 따르며, 영유아건강검진은 영유아의 나이 등을 고려하여 보건복지부장관이 정하여 고시하는 바에 따라 검진주기와 검진횟수를 다르게 할 수 있다. `기출` 23
② 건강검진은 건강검진기본법 제14조에 따라 지정된 건강검진기관(이하 "검진기관")에서 실시해야 한다.
③ 공단은 건강검진을 실시하려면 건강검진의 실시에 관한 사항을 다음 각 호의 구분에 따라 통보해야 한다.
  1. 일반건강검진 및 암검진 : 직장가입자에게 실시하는 건강검진의 경우에는 <u>해당 사용자에게</u>, 직장가입자의 피부양자 및 지역가입자에게 실시하는 건강검진의 경우에는 <u>검진을 받는 사람에게 통보</u> `기출` 23
  2. 영유아건강검진 : 직장가입자의 피부양자인 영유아에게 실시하는 건강검진의 경우에는 <u>그 직장가입자에게</u>, 지역가입자인 영유아에게 실시하는 건강검진의 경우에는 해당 세대주에게 통보
④ 건강검진을 실시한 검진기관은 공단에 건강검진의 결과를 통보해야 하며, 공단은 이를 건강검진을 받은 사람에게 통보해야 한다. 다만, 검진기관이 건강검진을 받은 사람에게 직접 통보한 경우에는 공단은 그 통보를 생략할 수 있다. `기출` 23
⑤ 건강검진의 검사항목, 방법, 그에 드는 비용, 건강검진 결과 등의 통보 절차, 그 밖에 건강검진을 실시하는 데 필요한 사항은 보건복지부장관이 정하여 고시한다.

---

2. 요양비등의 지급

요양비등수급계좌	공단은 이 법에 따른 보험급여로 지급되는 현금(이하 "요양비등")을 받는 수급자의 신청이 있는 경우에는 요양비등을 수급자 명의의 지정된 계좌(이하 "요양비등수급계좌")로 입금. 다만, 정보통신장애나 그 밖에 대통령령으로 정하는 불가피한 사유로 요양비등수급계좌로 이체할 수 없을 때에는 직접 현금으로 지급하는 등 대통령령으로 정하는 바에 따라 요양비등 지급 가능
현금지급	공단은 수급자가 요양비등수급계좌를 개설한 금융기관이 폐업 또는 업무정지나 정보통신장애 등으로 정상영업이 불가능하거나 이에 준하는 불가피한 사유로 이체할 수 없을 때에는 직접 현금으로 지급

건강보험심사평가원

I 서 설

설 립	요양급여비용을 심사하고 요양급여의 적정성을 평가하기 위하여 건강보험심사평가원 설립
업 무	① 요양급여비용의 심사 ② 요양급여의 적정성 평가 ③ 심사기준 및 평가기준의 개발 ④ ①부터 ③까지의 규정에 따른 업무와 관련된 조사연구 및 국제협력 ⑤ 다른 법률에 따라 지급되는 급여비용의 심사 또는 의료의 적정성 평가에 관하여 위탁받은 업무 ⑥ 그 밖에 이 법 또는 다른 법령에 따라 위탁받은 업무 ⑦ 건강보험과 관련하여 보건복지부장관이 필요하다고 인정한 업무 ⑧ 그 밖에 보험급여 비용의 심사와 보험급여의 적정성 평가와 관련하여 대통령령으로 정하는 업무
법인격 등	심사평가원은 법인으로 하고, 심사평가원은 주된 사무소의 소재지에서 설립등기를 함으로써 성립

제6절 **보험료**

I 의 의

국민건강보험 급여와 관련 사업에 사용되는 재원의 조달방법은 정기적인 기여금인 보험료와 운영 등에 필요한 비용을 국가에서 부담하는 국가부담, 그리고 본인 일부부담액 등을 재원으로 하고, 보험료를 통한 재원조달방식은 일종의 정률방식을 채택하고 있으며 가입자의 종류에 따라 약간씩 상이함

II 보험료 징수기준

1. 징수기준

자격의 취득과 징수	보험료는 가입자의 자격을 취득한 날이 속하는 달의 다음 달부터 가입자의 자격을 잃은 날의 전날이 속하는 달까지 징수. 다만, 가입자의 자격을 매월 1일에 취득한 경우 또는 유공자등 의료보호대상자 중 건강보험 적용 신청으로 가입자의 자격을 취득하는 경우에는 그 달부터 징수
자격의 변동과 징수	가입자의 자격이 변동된 경우에는 변동된 날이 속하는 달의 보험료는 변동되기 전의 자격을 기준으로 징수. 다만, 가입자의 자격이 매월 1일에 변동된 경우에는 변동된 자격을 기준으로 징수

2. 월별 보험료액의 산정

(1) 직장가입자와 지역가입자

직장가입자	① 보수월액보험료 : 보수월액에 보험료율을 곱하여 얻은 금액 ② 보수 외 소득월액보험료 : 보수 외 소득월액에 보험료율을 곱하여 얻은 금액
지역가입자	지역가입자의 월별 보험료액은 소득(지역가입자의 소득월액에 보험료율을 곱하여 얻은 금액)과 재산(재산보험료부과점수에 재산보험료부과점수당 금액을 곱하여 얻은 금액)을 합산한 금액으로 하되, 보험료액은 세대 단위로 산정

(2) 월별보험료액의 상하한액

월별 보험료액의 상한	① 직장가입자의 보수월액보험료 : 전전년도 평균 보수월액보험료의 30배에 해당하는 금액을 고려하여 보건복지부장관이 정하여 고시하는 금액 ② 직장가입자의 보수 외 소득월액보험료 및 지역가입자의 월별 보험료액 : 전전년도 평균 보수월액보험료의 15배에 해당하는 금액을 고려하여 보건복지부장관이 정하여 고시하는 금액
월별 보험료액의 하한	① 직장가입자의 보수월액보험료 : 전전년도 평균 보수월액보험료의 1천분의 50 이상 1천분의 85 미만의 범위에서 보건복지부장관이 정하여 고시하는 금액 ② 지역가입자의 월별 보험료액 : 직장가입자의 보수월액보험료의 100분의 90 이상 100분의 100 이하의 범위에서 보건복지부장관이 정하여 고시하는 금액

3. 직장가입자의 보수월액

(1) 보수의 범위

보수에 포함되는 금품	보수는 근로자등이 근로를 제공하고 사용자·국가 또는 지방자치단체로부터 지급받는 금품(실비변상적인 성격을 갖는 금품은 제외)으로서 근로의 대가로 받은 봉급, 급료, 보수, 세비(歲費), 임금, 상여, 수당, 그 밖에 이와 유사한 성질의 금품
제외되는 금품	① 퇴직금 ② 현상금·번역료 및 원고료 ③ 소득세법에 따른 비과세근로소득 ④ 실비변상적인 성격의 것
현물로 지급되는 경우	보수의 전부 또는 일부가 현물로 지급되는 경우에는 그 지역의 시가를 기준으로 공단이 정하는 가액을 그에 해당하는 보수로 간주

(2) 보수월액 산정을 위한 보수등의 통보

사용자는 매년 3월 10일까지 전년도 직장가입자에게 지급한 보수의 총액과 직장가입자가 해당 사업자 등에 종사한 기간 등 보수월액의 산정에 필요한 사항을 공단에 통보

(3) 보수월액의 결정 등

1) 산정방식

직장가입자의 보수월액은 직장가입자가 지급받는 보수를 기준으로 하여 산정. 즉, 공단은 통보받은 전년도 보수의 총액을 전년도 중 직장가입자가 당해 사업장 등에 종사한 기간의 월수로 나누어서 받은 금액을 매년 보수월액으로 결정

2) 둘 이상의 건강보험적용사업장에서 보수를 받고 있는 경우

각 사업장에서 받고 있는 보수를 기준으로 각각 보수월액 결정

3) 자격 취득·변동 시 보수월액의 결정

공단은 직장가입자의 자격을 취득하거나, 다른 직장가입자로 자격이 변동되거나, 지역가입자에서 직장가입자로 자격이 변동된 사람이 있을 때에는 다음의 구분에 따른 금액을 해당 직장가입자의 보수월액으로 결정

① 연·분기·월·주 또는 그 밖의 일정기간으로 보수가 정해지는 경우 : 그 보수액을 그 기간의 총 일수로 나눈 금액의 30배에 상당하는 금액

② 일(日)·시간·생산량 또는 도급(都給)으로 보수가 정해지는 경우 : 직장가입자의 자격을 취득하거나 자격이 변동된 달의 전 1개월 동안에 그 사업장에서 해당 직장가입자와 같은 업무에 종사하고 같은 보수를 받는 사람의 보수액을 평균한 금액

③ 보수월액을 산정하기 곤란한 경우 : 직장가입자의 자격을 취득하거나 자격이 변동된 달의 전 1개월 동안 같은 업무에 종사하고 있는 사람이 받는 보수액을 평균한 금액

(4) 휴직자등의 보수월액

휴직이나 그 밖의 사유로 보수의 전부 또는 일부가 지급되지 아니하는 가입자의 보수월액보험료는 해당 사유가 생기기 전 달의 보수월액을 기준으로 산정

(5) 보수관련 자료가 없거나 불명확한 경우의 보수월액

보건복지부장관이 정하여 고시하는 금액을 보수로 간주

(6) 보수가 지급되지 아니하는 사용자의 보수월액

1) 확인금액

해당 연도 중 해당 사업장에서 발생한 보건복지부령으로 정하는 수입으로서 객관적인 자료를 통하여 확인된 금액으로 함

2) 신고금액

수입을 확인할 수 있는 객관적인 자료가 없는 경우에는 사용자의 신고금액으로 함

3) 가장 높은 근로자의 보수월액

확인금액 또는 신고금액이 해당 사업장에서 가장 높은 보수월액을 적용받는 근로자의 보수월액보다 낮은 경우(확인금액이 0원 이하인 경우는 제외)에는 그 근로자의 보수월액을 해당 사용자의 보수월액으로 함

4) 근로자의 보수월액을 평균한 금액

① 사용자가 수입을 증명할 수 있는 자료제출과 수입금액 통보를 하지 않고, 수입을 확인할 수 있는 객관적인 자료도 없는 경우

② 해당 연도 중 해당 사업장에서 발생한 보건복지부령으로 정하는 수입으로서 객관적인 자료를 통한 확인금액이 0원 이하인 경우

4. 직장가입자의 소득월액

직장가입자의 보수 외 소득월액은 보수월액의 산정에 포함된 보수를 제외한 직장가입자의 소득('보수 외 소득')이 대통령령으로 정하는 금액(연 2,000만원)을 초과하는 경우, 다음의 계산식에 따른 값을 보건복지부령으로 정하는 바에 따라 평가하여 산정. 지역가입자의 소득월액은 지역가입자의 연간 소득을 12개월로 나눈 값을 보건복지부령으로 정하는 바에 따라 평가하여 산정.

$$（연간 보수 외 소득 - 연 2,000만원） \times 1/12$$

5. 직장가입자의 보험료율 등

① 직장가입자의 보험료율은 1천분의 80의 범위에서 심의위원회의 의결을 거쳐 대통령령으로 규정. 국외에서 업무에 종사하고 있는 직장가입자에 대한 보험료율은 직장가입자 보험료율의 100분의 50

② 지역가입자의 보험료율과 재산보험료부과점수당 금액은 심의위원회의 의결을 거쳐 대통령령으로 규정

> **보험료율 및 재산보험료부과점수당 금액(영 제44조)**
> ① 법 제73조 제1항에 따른 <u>직장가입자의 보험료율</u> 및 같은 조 제3항에 따른 <u>지역가입자의 보험료율은 각각 1만분의 709로</u> 한다. `기출` 23
> ② 법 제73조 제3항에 따른 <u>지역가입자의 재산보험료부과점수당 금액은 208.4원으로</u> 한다.

6. 보험료부과점수

① 재산보험료부과점수는 지역가입자의 재산을 기준으로 산정. 다만, 대통령령으로 정하는 지역가입자가 실제 거주를 목적으로 대통령령으로 정하는 기준 이하의 주택을 구입 또는 임차하기 위하여 다음의 어느 하나에 해당하는 대출을 받고 그 사실을 공단에 통보하는 경우에는 해당 대출금액을 대통령령으로 정하는 바에 따라 평가하여 재산보험료부과점수 산정 시 제외
    ㉠ 금융실명거래 및 비밀보장에 관한 법률에 따른 금융회사등(이하 "금융회사등")으로부터 받은 대출
    ㉡ 주택도시기금법에 따른 주택도시기금을 재원으로 하는 대출 등 보건복지부장관이 정하여 고시하는 대출

② 재산보험료부과점수의 산정방법과 산정기준을 정할 때 법령에 따라 재산권의 행사가 제한되는 재산에 대하여는 다른 재산과 달리 정할 수 있음

③ 지역가입자는 금융회사등이나 주택도시기금으로부터 대출을 받은 사실을 공단에 통보할 때 신용정보, 금융자산, 금융거래의 내용에 대한 자료·정보 중 대출금액 등 대통령령으로 정하는 자료·정보(이하 "금융정보등")를 공단에 제출하여야 하며, 재산보험료부과점수 산정을 위하여 필요한 금융정보등을 공단에 제공하는 것에 대하여 동의한다는 서면을 함께 제출

Ⅲ   보험료의 면제 및 경감

1. 보험료의 면제

① 공단은 직장가입자가 국외에 체류하거나, 병역법에 따른 현역병(지원에 의하지 아니하고 임용된 하사 포함)·전환복무된 사람·군간부후보생이거나, 교도소·그 밖에 이에 준하는 시설에 수용되어 있는 경우에는(국외에 체류하는 경우는 3개월 이상 국외에 체류하는 경우에 한정) 그 가입자의 보험료 면제. 다만, 국외에 체류하는 직장가입자의 경우에는 국내에 거주하는 피부양자가 없을 때에만 보험료 면제

② 지역가입자가 국외에 체류하거나 병역법에 따른 현역병(지원에 의하지 아니하고 임용된 하사 포함), 전환복무된 사람 및 군간부후보생이거나 교도소, 그 밖에 이에 준하는 시설에 수용되어 있는 경우에는 그 가입자가 속한 세대의 보험료를 산정할 때 그 가입자의 소득월액 및 재산보험료부과점수 제외

③ 보험료의 면제나 보험료의 산정에서 제외되는 소득월액 및 재산보험료부과점수에 대하여는 급여정지 사유가 생긴 날이 속하는 달의 다음 달부터 사유가 없어진 날이 속하는 달까지 적용. 다만, 다음의 어느 하나에 해당하는 경우에는 그 달의 보험료를 면제하지 아니하거나 보험료의 산정에서 소득월액 및 재산보험료부과점수를 제외하지 아니함
　㉠ 급여정지 사유가 매월 1일에 없어진 경우
　㉡ 국외에 체류하는 가입자 또는 그 피부양자가 국내에 입국하여 입국일이 속하는 달에 보험급여를 받고 그 달에 출국하는 경우

2. 보험료의 경감

① 다음의 어느 하나에 해당하는 가입자 중 보건복지부령으로 정하는 가입자에 대하여는 그 가입자 또는 그 가입자가 속한 세대의 보험료의 일부 경감 가능
　㉠ 섬·벽지(僻地)·농어촌 등 대통령령으로 정하는 지역에 거주하는 사람
　㉡ 65세 이상인 사람
　㉢ 장애인복지법에 따라 등록한 장애인
　㉣ 국가유공자 등 예우 및 지원에 관한 법률에 따른 국가유공자
　㉤ 휴직자
　㉥ 그 밖에 생활이 어렵거나 천재지변 등의 사유로 보험료를 경감할 필요가 있다고 보건복지부장관이 정하여 고시하는 사람

> **보험료 경감대상자(규칙 제46조)** 기출 19
> 법 제75조 제1항 각 호 외의 부분에서 "보건복지부령으로 정하는 가입자"란 다음 각 호의 어느 하나에 해당하는 사람을 말한다.
> 　1. 영 제45조 제1호에 해당하는 지역에 거주하는 가입자
> 　2. 영 제45조 제2호에 해당하는 지역에 거주하는 지역가입자로서 다음 각 목의 어느 하나에 해당하는 사람. 다만, 영 제45조 제2호 나목 및 다목에 해당하는 지역의 경우 라목에 해당하는 사람은 제외한다.
> 　　가. 농어업·농어촌 및 식품산업 기본법 제3조 제2호에 따른 농어업인
> 　　나. 수산업법 제2조 제12호에 따른 어업인
> 　　다. 광업법 제3조 제2호에 따른 광업에 종사하는 사람
> 　　라. 소득세법 제19조에 따른 사업소득이 연간 500만원 이하인 사람
> 　3. 영 제45조 제3호에 해당하는 지역에 거주하는 직장가입자로서 보건복지부장관이 정하여 고시하는 사람
> 　4. 법 제75조 제1항 제2호부터 제4호까지에 해당하는 지역가입자
> 　5. 법 제75조 제1항 제5호에 해당하는 직장가입자 중 휴직기간이 1개월 이상인 사람
> 　6. 법 제75조 제1항 제6호에 해당하는 가입자

② 보험료 납부의무자가 다음의 어느 하나에 해당하는 경우에는 대통령령으로 정하는 바에 따라 보험료를 감액하는 등 재산상의 이익을 제공 가능. 공단은 전자문서로 납입 고지를 받거나 계좌 또는 신용카드 자동이체의 방법으로 보험료를 내는 납부의무자에 대해서는 그에 따라 절감되는 우편요금 등 행정비용의 범위에서 공단의 정관으로 정하는 바에 따라 보험료를 감액하거나 감액하는 금액에 상당하는 금품 제공 가능
　㉠ 보험료의 납입 고지 또는 독촉을 전자문서로 받는 경우
　㉡ 보험료를 계좌 또는 신용카드 자동이체의 방법으로 내는 경우

Ⅳ 보험료의 부담 및 납부

1. 보험료의 부담

(1) 직장가입자

보수월액보험료	① 직장가입자와 다음의 구분에 따른 자가 각각 보험료액의 100분의 50씩 부담 ㉠ 직장가입자가 근로자인 경우에는 사업장의 사업주 ㉡ 직장가입자가 공무원인 경우에는 그 공무원이 소속되어 있는 국가 또는 지방자치단체 ㉢ 직장가입자가 교직원(사립학교에 근무하는 교원은 제외)인 경우에는 교직원이 소속되어 있는 사립학교를 설립·운영하는 사용자 ② 직장가입자가 교직원으로서 사립학교에 근무하는 교원이면 보험료액은 그 직장가입자가 100분의 50을, 교직원이 소속되어 있는 사립학교를 설립·운영하는 사용자가 100분의 30을, 국가가 100분의 20을 각각 부담 ③ 직장가입자가 교직원인 경우 교직원이 소속되어 있는 사립학교를 설립·운영하는 사용자가 부담액 전부를 부담할 수 없으면 그 부족액을 학교에 속하는 회계에서 부담하게 할 수 있음
보수 외 소득월액보험료	직장가입자가 부담

(2) 지역가입자

지역가입자의 보험료는 그 가입자가 속한 세대의 지역가입자 전원이 연대하여 부담

2. 보험료의 납부

(1) 납부의무자

직장가입자	① 보수월액보험료 : 사용자가 납부하며 사업장의 사용자가 2명 이상인 때에는 그 사업장의 사용자는 해당 직장가입자의 보험료를 연대하여 납부 ② 보수 외 소득월액보험료 : 직장가입자
지역가입자	그 가입자가 속한 세대의 지역가입자 전원이 연대하여 납부. 다만, 소득 및 재산이 없는 미성년자와 소득 및 재산 등을 고려하여 대통령령으로 정하는 기준에 해당하는 미성년자는 납부의무를 부담하지 아니함
원천징수	사용자는 보수월액보험료 중 직장가입자가 부담하여야 하는 그 달의 보험료액을 그 보수에서 공제하여 납부. 이 경우 직장가입자에게 공제액을 알려야 함

(2) 제2차 납부의무

① 법인의 재산으로 그 법인이 납부하여야 하는 보험료, 연체금 및 체납처분비를 충당하여도 부족한 경우에는 해당 법인에게 보험료의 납부의무가 부과된 날 현재의 무한책임사원 또는 과점주주가 그 부족한 금액에 대하여 제2차 납부의무 부담. 다만, 과점주주의 경우에는 그 부족한 금액을 그 법인의 발행주식 총수(의결권이 없는 주식은 제외) 또는 출자총액으로 나눈 금액에 해당 과점주주가 실질적으로 권리를 행사하는 주식 수(의결권이 없는 주식은 제외) 또는 출자액을 곱하여 산출한 금액 한도.

② 사업이 양도·양수된 경우에 양도일 이전에 양도인에게 납부의무가 부과된 보험료, 연체금 및 체납처분비를 양도인의 재산으로 충당하여도 부족한 경우에는 사업의 양수인이 그 부족한 금액에 대하여 양수한 재산의 가액을 한도로 제2차 납부의무 부담. 이 경우 양수인의 범위 및 양수한 재산의 가액은 대통령령으로 규정

3. 보험료 납부기한

① 보험료 납부의무가 있는 자는 가입자에 대한 그 달의 보험료를 그 다음 달 10일까지 납부. 다만, 직장가입자의 보수 외 소득월액보험료 및 지역가입자의 보험료는 보건복지부령으로 정하는 바에 따라 분기별로 납부 가능

② 공단은 납입 고지의 송달 지연 등 보건복지부령으로 정하는 사유가 있는 경우 납부의무자의 신청에 따라 납부기한부터 1개월의 범위에서 납부기한 연장 가능. 이 경우 납부기한 연장을 신청하는 방법, 절차 등에 필요한 사항은 보건복지부령으로 규정

Ⅴ 연체금 등의 징수

1. 연체금

① 공단은 보험료등의 납부의무자가 납부기한까지 보험료등을 내지 아니하면 그 납부기한이 지난 날부터 매 1일이 경과할 때마다 다음에 해당하는 연체금 징수

　㉠ 보험료 또는 보험급여 제한 기간 중 받은 보험급여에 대한 징수금을 체납한 경우 : 해당 체납금액의 1천500분의 1에 해당하는 금액. 이 경우 연체금은 해당 체납금액의 1천분의 20을 넘지 못함

　㉡ 기타 이 법에 따른 징수금을 체납한 경우 : 해당 체납금액의 1천분의 1에 해당하는 금액. 이 경우 연체금은 해당 체납금액의 1천분의 30을 넘지 못함

② 공단은 보험료등의 납부의무자가 체납된 보험료등을 내지 아니하면 납부기한 후 30일이 지난 날부터 매 1일이 경과할 때마다 다음에 해당하는 연체금을 ①에 따른 연체금에 더하여 징수

　㉠ 보험료 또는 보험급여 제한 기간 중 받은 보험급여에 대한 징수금을 체납한 경우 : 해당 체납금액의 6천분의 1에 해당하는 금액. 이 경우 연체금(①㉠의 연체금을 포함한 금액)은 해당 체납금액의 1천분의 50을 넘지 못함

　㉡ 기타 이 법에 따른 징수금을 체납한 경우 : 해당 체납금액의 3천분의 1에 해당하는 금액. 이 경우 연체금(①㉡의 연체금을 포함한 금액)은 해당 체납금액의 1천분의 90을 넘지 못함

③ 공단은 천재지변이나 그 밖에 보건복지부령으로 정하는 부득이한 사유가 있으면 연체금을 징수하지 아니할 수 있음

> **연체금 징수의 예외(규칙 제51조)** 기출 24
> 법 제80조 제3항에서 "보건복지부령으로 정하는 부득이한 사유"란 다음 각 호의 어느 하나에 해당하는 경우를 말한다.
> 1. 전쟁 또는 사변으로 인하여 체납한 경우
> 2. 연체금의 금액이 공단의 정관으로 정하는 금액 이하인 경우
> 3. 사업장 또는 사립학교의 폐업·폐쇄 또는 폐교로 체납액을 징수할 수 없는 경우
> 4. 화재로 피해가 발생해 체납한 경우
> 5. 그 밖에 보건복지부장관이 연체금을 징수하기 곤란한 부득이한 사유가 있다고 인정하는 경우

2. 체납보험료의 분할납부

① 공단은 보험료를 3회 이상 체납한 자가 신청하는 경우 보건복지부령으로 정하는 바에 따라 분할납부 승인가능

② 공단은 보험료를 3회 이상 체납한 자에 대하여 체납처분을 하기 전에 분할납부를 신청할 수 있음을 알리고, 보건복지부령으로 정하는 바에 따라 분할납부 신청의 절차·방법 등에 관한 사항 안내

③ 공단은 분할납부 승인을 받은 자가 정당한 사유 없이 5회(승인받은 분할납부 횟수가 5회 미만인 경우에는 해당 분할납부 횟수) 이상 그 승인된 보험료를 납부하지 아니하면 그 분할납부의 승인 취소

3. 가산금

① 사업장의 사용자가 대통령령으로 정하는 사유에 해당되어 직장가입자가 될 수 없는 자를 거짓으로 보험자에게 직장가입자로 신고한 경우 공단은 ㉠의 금액에서 ㉡의 금액을 뺀 금액의 100분의 10에 상당하는 가산금을 그 사용자에게 부과하여 징수

　㉠ 사용자가 직장가입자로 신고한 사람이 직장가입자로 처리된 기간 동안 그 가입자가 부담하여야 하는 보험료의 총액

　㉡ 직장가입자로 처리된 기간 동안 공단이 해당 가입자에 대하여 부과한 보험료의 총액

② 공단은 가산금이 소액이거나 그 밖에 가산금을 징수하는 것이 적절하지 아니하다고 인정되는 등 대통령령으로 정하는 경우에는 징수하지 아니할 수 있음

4. 결손처분

공단은 다음에 해당하는 사유가 있는 때에는 재정운영위원회의 의결을 얻어 보험료 등을 결손처분 가능

① 체납처분이 끝나고 체납액에 충당될 배분금액이 그 체납액에 미치지 못하는 경우

② 해당 권리에 대한 소멸시효가 완성된 경우

③ 그 밖에 징수할 가능성이 없다고 인정되는 경우로서 대통령령으로 정하는 경우

> **결손처분(영 제50조)**
> 법 제84조 제1항 제3호에서 "대통령령으로 정하는 경우"란 다음 각 호의 경우를 말한다.
> 1. 체납자의 재산이 없거나 체납처분의 목적물인 총재산의 견적가격이 체납처분비에 충당하고 나면 남을 여지가 없음이 확인된 경우
> 2. 체납처분의 목적물인 총재산이 보험료등보다 우선하는 국세, 지방세, 전세권·질권·저당권 또는 동산·채권 등의 담보에 관한 법률에 따른 담보권에 따라 담보된 채권 등의 변제에 충당하고 나면 남을 여지가 없음이 확인된 경우
> 3. 그 밖에 징수할 가능성이 없다고 재정운영위원회에서 의결한 경우

제7절	보험급여수급권의 제한과 보호

I 보험급여수급권의 제한

1. 급여의 제한

(1) 급여의 제한사유

공단은 보험급여를 받을 수 있는 사람이 다음의 어느 하나에 해당하면 보험급여를 하지 아니함

① 고의 또는 중대한 과실로 인한 범죄행위에 그 원인이 있거나 고의로 사고를 일으킨 경우

② 고의 또는 중대한 과실로 공단이나 요양기관의 요양에 관한 지시에 따르지 아니한 경우

③ 고의 또는 중대한 과실로 문서와 그 밖의 물건의 제출을 거부하거나 질문 또는 진단을 기피한 경우

④ 업무상 또는 공무상 질병·부상·재해로 인하여 다른 법령에 의한 보험급여나 보상(報償) 또는 보상(補償)을 받게 되는 경우

(2) 중복급여에 따른 지급제한

공단은 보험급여를 받을 수 있는 사람이 다른 법령에 따라 국가나 지방자치단체로부터 보험급여에 상당하는 급여를 받거나 보험급여에 상당하는 비용을 지급받게 되는 경우에는 그 한도에서 보험급여를 하지 아니함

(3) 가입자에 대한 지급제한

1) 지급의 제한

공단은 가입자가 1개월 이상 다음의 보험료를 체납한 경우 그 체납한 보험료를 완납할 때까지 그 가입자 및 피부양자에 대하여 보험급여를 실시하지 아니할 수 있음. 다만, 월별 보험료의 총체납횟수(이미 납부된 체납보험료는 총체납횟수에서 제외하며, 보험료의 체납기간은 고려하지 아니함)가 6회 미만이거나 가입자 및 피부양자의 소득·재산 등이 대통령령으로 정하는 기준 미만인 경우에는 그러하지 아니함

① 보수 외 소득월액보험료

② 세대단위의 보험료

2) 제한의 완화

① 체납 직장가입자 : 공단은 보험료 납부의무를 부담하는 사용자가 보수월액보험료를 체납한 경우에는 그 체납에 대하여 직장가입자 본인에게 귀책사유가 있는 경우에 한하여 지급 제한. 이 경우 해당 직장가입자의 피부양자에게도 지급 제한

② 분할납부 승인 : 공단으로부터 분할납부 승인을 받고 그 승인된 보험료를 1회 이상 낸 경우에는 보험급여를 할 수 있음. 다만, 분할납부 승인을 받은 사람이 정당한 사유 없이 5회(승인받은 분할납부 횟수가 5회 미만인 경우에는 해당 분할납부 횟수) 이상 그 승인된 보험료를 내지 아니한 경우에는 그러하지 아니함

2. 급여의 정지

보험급여를 받을 수 있는 사람이 다음의 어느 하나에 해당하면 그 기간에는 보험급여를 하지 아니하나, ②와 ③의 경우에는 요양급여 실시

① 국외에 체류하는 경우

② 병역법에 따른 현역병(지원에 의하지 아니하고 임용된 하사 포함), 전환복무된 사람 및 군간부후보생인 경우

③ 교도소, 그 밖에 이에 준하는 시설에 수용되어 있는 경우

Ⅱ   보험급여수급권의 보호

1. 요양비 등의 지급

공단은 이 법에 따라 지급의무가 있는 요양비 또는 부가급여의 청구를 받으면 지체 없이 지급

2. 구상권

(1) 손해배상청구권의 대위

제3자의 행위에 의한 보험급여 사유가 생겨 가입자 또는 피부양자에게 보험급여를 한 경우에는 그 급여에 들어간 비용 한도에서 그 제3자에게 손해배상을 청구할 권리를 얻음

(2) 보험급여의 면책

보험급여를 받은 자가 제3자로부터 이미 손해배상을 받은 때에는 공단은 그 배상액의 한도 내에서 보험급여를 하지 아니함

I 이의신청

1. 이의신청대상

공단에 대한 이의신청	가입자 및 피부양자의 자격, 보험료 등, 보험급여 또는 보험급여 비용에 관한 공단의 처분에 이의가 있는 자는 공단에 이의신청 가능
심사평가원에 대한 이의신청	요양급여비용 및 요양급여의 적정성에 대한 평가 등에 관한 건강보험심사평가원의 처분에 이의가 있는 공단, 요양기관 또는 그 밖의 자는 건강보험심사평가원에 이의신청 가능

2. 이의신청기간

① 정당한 사유로 이의신청을 할 수 없었음을 소명한 경우를 제외하고는 처분이 있음을 안 날부터 90일 이내에 문서(전자문서 포함)로 하여야 하며 처분이 있은 날부터 180일을 지나면 제기하지 못함

② 요양기관이 심사평가원의 요양급여의 대상 여부의 확인에 대하여 이의신청을 하려면 확인결과를 통보받은 날로부터 30일 이내

3. 이의신청위원회의 설치 및 구성

설 치	이의신청을 효율적으로 처리하기 위하여 공단 및 심사평가원에 각각 이의신청위원회 설치
구 성	① 이의신청위원회는 각각 위원장 1명을 포함한 25명의 위원으로 구성 ② 공단에 설치하는 이의신청위원회의 위원장은 공단의 이사장이 지명하는 공단의 상임이사가 되고, 위원은 공단의 이사장이 임명하거나 위촉하는 ⊙ 공단의 임직원 1명, ⓒ 사용자단체 및 근로자단체가 각각 4명씩 추천하는 8명, ⓒ 시민단체, 소비자단체, 농어업인단체 및 자영업자단체가 각각 2명씩 추천하는 8명, ⓔ 변호사, 사회보험 및 의료에 관한 학식과 경험이 풍부한 사람 7명 등으로 함 ③ 심사평가원에 설치하는 이의신청위원회의 위원장은 심사평가원의 원장이 지명하는 심사평가원의 상임이사가 되고, 위원은 심사평가원의 원장이 임명하거나 위촉하는 ⊙ 심사평가원의 임직원 1명, ⓒ 가입자를 대표하는 단체(시민단체 포함)가 추천하는 사람 5명, ⓒ 변호사, 사회보험에 관한 학식과 경험이 풍부한 사람 4명, ⓔ 의약 관련 단체가 추천하는 사람 14명 등으로 함 ④ 공단의 이사장이 위촉하거나 심사평가원의 원장이 위촉하는 위원의 임기는 3년

4. 이의신청방식

이의신청 및 그에 대한 결정은 보건복지부령으로 정하는 서식에 따름

5. 이의신청에 대한 결정

결정통지	공단과 심사평가원은 이의신청에 대한 결정을 하였을 때에는 지체 없이 신청인에게 결정서의 정본을 보내고, 이해관계인에게는 그 사본을 보내야 함
결정기간	① 공단과 심사평가원은 이의신청을 받은 날부터 60일 이내에 결정. 다만, 부득이한 사정이 있는 경우에는 30일의 범위에서 그 기간 연장 가능 ② 공단과 심사평가원은 결정기간을 연장하려면 결정기간이 끝나기 7일 전까지 이의신청을 한 자에게 그 사실을 알려야 함

Ⅱ   심판청구

1. 심판대상

이의신청에 대한 결정에 불복이 있는 자는 건강보험분쟁조정위원회에 심판청구 가능

2. 청구기간

심판청구는 정당한 사유로 이의신청을 할 수 없었음을 소명한 경우를 제외하고는 결정이 있음을 안 날부터 90일 이내에 문서(전자문서 포함)로 하여야 하며 결정이 있은 날부터 180일을 지나면 제기하지 못함

3. 심판청구서의 제출

심판청구를 하고자 하는 자는 심판청구서를 이의신청에 대한 결정을 행한 공단 또는 심사평가원에 제출하거나 건강보험분쟁조정위원회에 제출하여야 함

4. 건강보험분쟁조정위원회의 설치 및 구성

① 심판청구를 심리·의결하기 위하여 보건복지부에 건강보험분쟁조정위원회 설치
② 분쟁조정위원회는 위원장을 포함한 60명 이내의 위원으로 구성하고, 위원장을 제외한 위원 중 1명은 당연직위원. 이 경우 공무원이 아닌 위원이 전체 위원의 과반수가 되도록 하여야 함
③ 분쟁조정위원회의 회의는 위원장, 당연직위원 및 위원장이 매 회의마다 지정하는 7명의 위원을 포함하여 총 9명으로 구성하되, 공무원이 아닌 위원이 과반수가 되도록 하여야 함
④ 분쟁조정위원회는 구성원 과반수의 출석과 출석위원 과반수의 찬성으로 의결

5. 심판청구에 대한 결정

결정통지	분쟁조정위원회의 위원장은 심판청구에 대하여 결정을 하였을 때에는 다음의 사항을 적은 결정서에 서명 또는 기명날인하여 지체 없이 청구인에게는 결정서의 정본을 보내고, 처분을 한 자 및 이해관계인에게는 그 사본을 보내야 함 ① 청구인의 성명·주민등록번호 및 주소 ② 처분을 한 자 ③ 결정의 주문(主文) ④ 심판청구의 취지 ⑤ 결정 이유 ⑥ 결정 연월일
결정기간	① 분쟁조정위원회는 심판청구서가 제출된 날부터 60일 이내에 결정. 다만, 부득이한 사정이 있는 경우에는 30일의 범위에서 그 기간 연장 가능 ② 결정기간을 연장하려면 결정기간이 끝나기 7일 전까지 청구인에게 그 사실을 알려야 함

6. 결정에 대한 불복

공단 또는 심사평가원의 처분에 이의가 있는 자, 이의신청 또는 심판청구에 대한 결정에 불복하는 자는 행정소송법이 정하는 바에 의하여 행정소송을 제기할 수 있음

Ⅰ 소멸시효

소멸시효의 완성 (권리의 소멸시효 기간은 3년)	① 보험료, 연체금 및 가산금을 징수할 권리 ② 보험료, 연체금 및 가산금으로 과오납부한 금액을 환급받을 권리 ③ 보험급여를 받을 권리 ④ 보험급여 비용을 받을 권리 ⑤ 과다납부된 본인일부부담금을 돌려받을 권리 ⑥ 근로복지공단의 권리
소멸시효의 중단 사유	① 보험료의 고지 또는 독촉 ② 보험급여 또는 보험급여비용의 청구

Ⅱ 서류의 보존

① 요양기관은 요양급여가 끝난 날부터 5년간 보건복지부령으로 정하는 바에 따라 요양급여비용의 청구에 관한 서류 보존. 다만, 약국 등 보건복지부령으로 정하는 요양기관은 처방전을 요양급여비용을 청구한 날부터 3년간 보존
② 사용자는 3년간 보건복지부령으로 정하는 바에 따라 자격관리 및 보험료 산정 등 건강보험에 관한 서류 보존
③ 요양비를 청구한 준요양기관은 요양비를 지급받은 날부터 3년간 보건복지부령으로 정하는 바에 따라 요양비 청구에 관한 서류 보존
④ 보조기기에 대한 보험급여를 청구한 자는 보험급여를 지급받은 날부터 3년간 보건복지부령으로 정하는 바에 따라 보험급여청구에 관한 서류 보존

Ⅲ 과징금

① 보건복지부장관은 요양기관이 업무정지처분을 하여야 하는 경우로서 그 업무정지처분이 해당 요양기관을 이용하는 사람에게 심한 불편을 주거나 보건복지부장관이 정하는 특별한 사유가 있다고 인정되면 업무정지처분을 갈음하여 속임수나 그 밖의 부당한 방법으로 부담하게 한 금액의 5배 이하의 금액을 과징금으로 부과·징수 가능. 이 경우 보건복지부장관은 12개월의 범위에서 분할납부를 하게 할 수 있음
② 보건복지부장관은 약제를 요양급여에서 적용정지하는 경우 다음의 어느 하나에 해당하는 때에는 요양급여의 적용정지에 갈음하여 대통령령으로 정하는 바에 따라 다음의 구분에 따른 범위에서 과징금을 부과·징수 가능. 이 경우 보건복지부장관은 12개월의 범위에서 분할납부를 하게 할 수 있음
  ㉠ 환자진료에 불편을 초래하는 등 공공복리에 지장을 줄 것으로 예상되는 때 : 해당 약제에 대한 요양급여비용 총액의 100분의 200을 넘지 아니하는 범위
  ㉡ 국민건강에 심각한 위험을 초래할 것이 예상되는 등 특별한 사유가 있다고 인정되는 때 : 해당 약제에 대한 요양급여비용 총액의 100분의 60을 넘지 아니하는 범위

③ 보건복지부장관은 과징금 부과대상이 된 약제가 과징금이 부과된 날부터 5년의 범위에서 대통령령으로 정하는 기간 내에 다시 과징금 부과대상이 되는 경우에는 대통령령으로 정하는 바에 따라 다음의 구분에 따른 범위에서 과징금을 부과·징수 가능

  ㉠ ②㉠에서 정하는 사유로 과징금 부과대상이 되는 경우 : 해당 약제에 대한 요양급여비용 총액의 100분의 350을 넘지 아니하는 범위

  ㉡ ②㉡에서 정하는 사유로 과징금 부과대상이 되는 경우 : 해당 약제에 대한 요양급여비용 총액의 100분의 100을 넘지 아니하는 범위

④ 대통령령으로 해당 약제에 대한 요양급여비용 총액을 정할 때에는 그 약제의 과거 요양급여실적 등을 고려하여 1년간의 요양급여 총액을 넘지 않는 범위에서 정하여야 함

Ⅳ 약제에 대한 쟁송 시 손실상당액의 징수 및 지급

1. 손실상당액의 징수

공단은 요양급여비용 상한금액의 감액 및 요양급여의 적용 정지 또는 조정(이하 "조정등")에 대하여 약제의 제조업자등이 청구 또는 제기한 행정심판 또는 행정소송에 대하여 행정심판위원회 또는 법원의 결정이나 재결, 판결이 다음의 요건을 모두 충족하는 경우에는 조정등이 집행정지된 기간 동안 공단에 발생한 손실에 상당하는 금액을 약제의 제조업자등에게서 징수 가능

① 행정심판위원회 또는 법원이 집행정지 결정을 한 경우

② 행정심판이나 행정소송에 대한 각하 또는 기각(일부 기각 포함) 재결 또는 판결이 확정되거나 청구취하 또는 소취하로 심판 또는 소송이 종결된 경우

2. 손실상당액의 지급

공단은 심판 또는 소송에 대한 결정이나 재결, 판결이 다음의 요건을 모두 충족하는 경우에는 조정등으로 인하여 약제의 제조업자등에게 발생한 손실에 상당하는 금액 지급

① 행정심판위원회 또는 법원의 집행정지 결정이 없거나 집행정지 결정이 취소된 경우

② 행정심판이나 행정소송에 대한 인용(일부 인용 포함) 재결 또는 판결이 확정된 경우

3. 손실상당액의 산정

① 손실에 상당하는 금액은 집행정지 기간 동안 공단이 지급한 요양급여비용과 집행정지가 결정되지 않았다면 공단이 지급하여야 할 요양급여비용의 차액으로 산정. 다만, 요양급여대상에서 제외되거나 요양급여의 적용을 정지하는 내용의 조정등의 경우에는 요양급여비용 차액의 100분의 40을 초과할 수 없음

② 손실에 상당하는 금액은 해당 조정등이 없었다면 공단이 지급하여야 할 요양급여비용과 조정등에 따라 공단이 지급한 요양급여비용의 차액으로 산정. 다만, 요양급여대상에서 제외되거나 요양급여의 적용을 정지하는 내용의 조정등의 경우에는 요양급여비용 차액의 100분의 40을 초과할 수 없음

③ 공단은 손실에 상당하는 금액을 징수 또는 지급하는 경우 대통령령으로 정하는 이자 가산

I 형 벌

1. 5년 이하의 징역 또는 5천만원 이하의 벌금

가입자 및 피부양자의 개인정보를 누설하거나 직무상 목적 외의 용도로 이용 또는 정당한 사유 없이 제3자에게 제공한 자

2. 3년 이하의 징역 또는 3천만원 이하의 벌금

① 대행청구단체의 종사자로서 거짓이나 그 밖의 부정한 방법으로 요양급여비용을 청구한 자
② 업무를 수행하면서 알게 된 정보를 누설하거나 직무상 목적 외의 용도로 이용 또는 제3자에게 제공한 자

3. 3년 이하의 징역 또는 1천만원 이하의 벌금

공동이용하는 전산정보자료를 목적 외의 용도로 이용하거나 활용한 자

4. 2년 이하의 징역 또는 2천만원 이하의 벌금

거짓이나 그 밖의 부정한 방법으로 보험급여를 받거나 타인으로 하여금 보험급여를 받게 한 사람

5. 1년 이하의 징역 또는 1천만원 이하의 벌금

① 선별급여의 실시조건을 충족하지 못하거나 실시제한 요양기관임에도 불구하고 선별급여를 제공한 요양기관의 개설자
② 대행청구단체가 아닌 자로 하여금 대행하게 한 자
③ 근로자의 권익 보호 규정을 위반한 사용자
④ 업무정지기간 중 요양급여금지 규정을 위반한 요양기관의 개설자

6. 1천만원 이하의 벌금

① 보고와 검사규정에 위반하여 보고 또는 서류제출을 하지 아니한 자
② 거짓으로 보고하거나 거짓 서류를 제출한 자
③ 검사 또는 질문을 거부·방해 또는 기피한 자

7. 500만원 이하의 벌금

정당한 이유 없이 요양급여를 거부하거나 요양비명세서 또는 요양 명세를 적은 영수증을 요양을 받은 자에게 교부하지 아니한 자

Ⅱ 　과태료

1. 500만원 이하의 과태료
① 사업장의 신고를 하지 아니하거나 거짓으로 신고한 사용자
② 정당한 사유 없이 신고·서류제출을 하지 아니하거나 거짓으로 신고·서류제출을 한 자
③ 정당한 사유 없이 보고·서류제출을 하지 아니하거나 거짓으로 보고·서류제출을 한 자
④ 행정처분을 받은 사실 또는 행정처분절차가 진행 중인 사실을 지체 없이 알리지 아니한 자
⑤ 정당한 사유 없이 제조업자 등의 금지행위 등을 위반하여 서류를 제출하지 아니하거나 거짓으로 제출한 자

2. 100만원 이하의 과태료
① 제12조 제4항(건강보험증)을 위반하여 정당한 사유 없이 건강보험증이나 신분증명서로 가입자 또는 피부양자의 본인 여부 및 그 자격을 확인하지 아니하고 요양급여를 실시한 자
② 제96조의4(서류의 보존)를 위반하여 서류를 보존하지 아니한 자
③ 제103조(공단 등에 대한 감독 등)에 따른 명령을 위반한 자
④ 제105조(유사명칭의 사용금지)를 위반한 자

□ 국민건강보험공단은 주된 사무소의 소재지에서 (❶   )를 함
  으로써 성립한다.

❶ 설립등기

□ 국민건강보험공단의 주된 사무소의 소재지는 (❷   )으로 정
  한다.

❷ 정관

□ 가입자 및 피부양자의 자격, 보험료등, 보험급여, 보험급여 비용에 관한
  국민건강보험공단의 처분에 이의가 있는 자는 공단에 (❸   )
  을 할 수 있다.

❸ 이의신청

□ 이의신청은 처분이 있음을 안 날부터 90일 이내에 문서(전자문서를 포함)
  로 하여야 하며 처분이 있은 날부터 (❹   )을 지나면 제기하지
  못한다. 다만, 정당한 사유로 그 기간에 이의신청을 할 수 없었음을 소명한
  경우에는 그러하지 아니하다.

❹ 180일

□ 휴직이나 그 밖의 사유로 보수의 전부 또는 일부가 지급되지 아니하는 가입
  자의 보수월액보험료는 (❺   )의 보수월액을
  기준으로 산정한다.

❺ 해당 사유가 생기기
  전 달

□ 직장가입자의 보수월액보험료의 상한은 보험료가 부과되는 연도의 전전년
  도 직장가입자 평균 보수 월액보험료의 (❻   )에 해당하는 금
  액을 고려하여 보건복지부장관이 정하여 고시하는 금액으로 한다.

❻ 30배

□ 국민건강보험공단은 가입자가 (❼   ) 이상 보험료를 체납한
  경우 그 체납한 보험료를 완납할 때까지 그 가입자 및 피부양자에 대하여
  보험급여를 실시하지 아니할 수 있다.

❼ 1개월

□ 건강검진은 2년마다 1회 이상 실시하되, 사무직에 종사하지 않는 직장가입
  자에 대해서는 (❽   ) 실시한다. 다만, 암검진은 암관리법 시
  행령에서 정한 바에 따르며, 영유아건강검진은 영유아의 나이 등을 고려하
  여 보건복지부장관이 정하여 고시하는 바에 따라 검진주기와 검진횟수를
  다르게 할 수 있다.

❽ 1년에 1회

□ 영유아건강검진 대상은 (❾   )의 가입자 및 피부양자이다.

❾ 6세 미만

□ 직장가입자의 보수 외 소득월액보험료는 (❿   )가 납부한다.

❿ 직장가입자

고용보험 및 산업재해보상보험의 보험료징수 등에 관한 법률

제1절 서 설

I 용어의 정의

보 험	고보법에 따른 고용보험 또는 산재법에 따른 산업재해보상보험
근로자	근기법에 따른 근로자를 의미
보 수	소득세법에 따른 근로소득에서 대통령령으로 정하는 금품을 뺀 금액. 다만, 고용보험료를 징수하는 경우에는 근로자가 휴직이나 그 밖에 이와 비슷한 상태에 있는 기간 중에 사업주 외의 자로부터 지급받는 금품 중 고용노동부장관이 정하여 고시하는 금품은 보수로 간주
원수급인	사업이 여러 차례의 도급에 의하여 행하여지는 경우에 최초로 사업을 도급받아 행하는 자. 다만, 발주자가 사업의 전부 또는 일부를 직접 하는 경우에는 발주자가 직접 하는 부분(발주자가 직접 하다가 사업의 진행 경과에 따라 도급하는 경우에는 발주자가 직접 하는 것으로 간주)에 대하여 발주자를 원수급인으로 간주
하수급인	원수급인으로부터 그 사업의 전부 또는 일부를 도급받아 하는 자와 그 자로부터 그 사업의 전부 또는 일부를 도급받아 하는 자
정보통신망	정보통신망 이용촉진 및 정보보호 등에 관한 법률에 따른 정보통신망
보험료 등	보험료, 이 법에 따른 가산금·연체금·체납처분비 및 징수금

II 기준보수

의 의	보험료를 산정하거나 보험급여액을 산정할 때 기초가 되는 근로자의 보수를 산정·확정하기 곤란한 경우에 고용노동부장관이 정하여 고시하는 금액을 기준으로 하여 보험사무를 처리하게 되는데 이를 기준보수라고 함
기준보수의 적용사유	다음의 어느 하나에 해당하는 경우에는 기준보수를 근로자, 예술인이나 노무제공자의 보수 또는 보수액으로 할 수 있음 ① 사업 또는 사업장(이하 "사업")의 폐업·도산 등으로 근로자, 예술인 또는 노무제공자의 보수 또는 보수액을 산정·확인하기 곤란한 경우 ② 보수 관련 자료가 없거나 명확하지 않은 경우 ③ 사업의 이전 등으로 사업의 소재지를 파악하기 곤란한 경우 ④ 예술인(고보법을 적용하기 위한 소득 기준을 충족하는 예술인으로서 대통령령으로 정하는 사람과 단기예술인은 제외) 및 노무제공자(고보법을 적용하기 위한 소득 기준을 충족하는 노무제공자로서 대통령령으로 정하는 사람과 단기노무제공자는 제외)의 보수액이 기준보수보다 적은 경우

기준보수의 결정	① 기준보수는 사업의 규모, 근로·노무 형태, 보수·보수액 수준 등을 고려하여 고용보험위원회의 심의를 거쳐 시간·일 또는 월 단위로 정하되, 사업의 종류별 또는 지역별로 구분하여 정할 수 있음
	② 통상근로자로서 월정액으로 보수를 지급받는 근로자에게는 월단위 기준보수 적용
	③ 단시간근로자, 근로시간에 따라 보수를 지급받는 근로자(이하 "시간급근로자"), 근로일에 따라 일당 형식의 보수를 지급받는 근로자(이하 "일급근로자")에게는 주당 소정근로시간을 실제 근로한 시간으로 보아 시간단위 기준보수 적용. 다만, 시간급근로자 또는 일급근로자임이 명확하지 아니하거나 주당 소정근로시간을 확정할 수 없는 경우에는 월단위 기준보수 적용
	④ 예술인에게는 월단위 기준보수 적용
	⑤ 노무제공자에게는 월단위 기준보수 적용

Ⅲ 보험사업의 수행주체

고보법 및 산재법에 따른 보험사업에 관하여 이 법에서 정한 사항은 고용노동부장관으로부터 위탁을 받아 산재법에 따른 근로복지공단(이하 "공단")이 수행. 다만, 다음에 해당하는 징수업무는 건강법에 따른 국민건강보험공단(이하 "건강보험공단")이 고용노동부장관으로부터 위탁을 받아 수행
① 보험료 등(개산보험료 및 확정보험료, 징수금 제외)의 고지 및 수납
② 보험료 등의 체납관리

제2절 보험관계의 성립 및 소멸

Ⅰ 보험의 가입 및 해지등

1. 보험의 가입

(1) 당연가입

1) 고보법상의 고용보험가입
고보법을 적용받는 사업의 사업주와 근로자(고보법에 따른 적용 제외 근로자는 제외)는 당연히 고보법에 따른 고용보험의 보험가입자

2) 산재법상의 고용보험가입
산재법을 적용받는 사업의 사업주는 당연히 산재법의 보험가입자

(2) 임의가입
① 고보법에 따라 산업별 특성 및 규모 등을 고려하여 같은 법이 적용되지 아니하는 사업의 사업주가 근로자의 과반수의 동의를 받아 공단의 승인을 받으면 그 사업의 사업주와 근로자는 고용보험에 가입 가능
② 산재법에 따라 위험률 규모 및 장소 등을 고려하여 같은 법이 적용되지 아니하는 사업의 사업주는 공단의 승인을 받아 산재보험에 가입 가능

(3) 의제가입

고용보험의 의제가입	사업주 및 근로자가 고용보험의 당연가입자가 되는 사업이 사업규모의 변동 등의 사유로 고보법에 따른 적용 제외 사업에 해당하게 되었을 때에는 그 사업주 및 근로자는 그날부터 고용보험에 가입한 것으로 간주
산업재해보상 보험의 의제가입	사업주가 산업재해보상보험의 당연가입자가 되는 사업이 사업규모의 변동 등의 사유로 산재법에 따른 적용 제외 사업에 해당하게 되었을 때에는 그 사업주는 그날부터 산재보험에 가입한 것으로 간주
근로자를 고용하지 아니하게 되었을 경우	고용보험이나 산업재해보상보험에 가입한 사업주가 그 사업을 운영하다가 근로자를 고용하지 아니하게 되었을 때에는 그날부터 1년의 범위에서 근로자를 사용하지 아니한 기간에도 보험에 가입한 것으로 간주

2. 보험의 해지 및 직권소멸

(1) 보험의 해지

당연가입사업	당연가입의 본질상 당연가입사업의 보험계약의 해지는 불가능
임의가입사업	① 고용보험 또는 산업재해보상보험에 가입한 사업주가 보험계약을 해지할 때에는 미리 공단의 승인을 받아야 함. 이 경우 보험계약의 해지는 그 보험계약이 성립한 보험연도가 끝난 후에 하여야 함 ② 사업주가 고용보험계약을 해지할 때에는 근로자 과반수의 동의를 받아야 함
의제가입사업	의제가입 보험계약의 해지에는 임의가입사업에 적용되는 규정 준용

(2) 직권소멸

공단은 사업 실체가 없는 등의 사유로 계속하여 보험관계를 유지할 수 없다고 인정하는 경우에는 그 보험관계를 소멸시킬 수 있음

Ⅱ 보험관계의 성립 및 소멸

1. 보험관계의 성립일

당연가입사업	① 고용보험과 산업재해보상보험의 당연가입자가 되는 사업의 경우에는 그 사업이 시작된 날 ② 사업규모의 변동 등으로 당연가입사업에 해당되게 되는 경우에는 그 해당하게 된 날
임의가입사업	근로복지공단의 승인을 받아 보험에 가입한 경우에는 공단이 그 사업의 사업주로부터 보험가입승인신청서를 접수한 날의 다음 날
일괄적용사업	일괄적용을 받는 사업의 경우에는 처음 하는 사업이 시작된 날
도급사업에서 하수급인이 보험료납부를 인수한 경우	보험에 가입한 하수급인의 경우에는 그 하도급공사의 착공일

2. 보험관계의 소멸일

① 사업이 폐업 또는 끝난 날의 다음 날

② 보험계약을 해지하는 경우에는 그 해지에 관하여 공단의 승인을 받은 날의 다음 날

③ 공단이 보험관계를 소멸시키는 경우에는 그 소멸을 결정·통지한 날의 다음 날

④ 사업을 운영하다가 근로자를 고용하지 아니하게 된 가입사업주의 경우에는 근로자를 사용하지 아니한 첫날부터 1년이 되는 날의 다음 날

Ⅲ 보험관계의 신고

1. 보험관계의 신고

① 사업주는 고용보험, 산업재해보상보험의 당연 보험가입자가 된 경우에는 그 보험관계가 성립한 날부터 14일 이내에, 사업의 폐업·종료 등으로 인하여 보험관계가 소멸한 경우에는 그 보험관계가 소멸한 날부터 14일 이내에 공단에 보험관계의 성립 또는 소멸 신고. 다만, 다음에 해당하는 사업의 경우에는 그 구분에 따라 보험관계 성립신고를 하여야 함

   ㉠ 보험관계가 성립한 날부터 14일 이내에 종료되는 사업 : 사업이 종료되는 날의 전날까지

   ㉡ 산재법 제6조 단서에 따른 대통령령으로 정하는 사업 : 그 일정 기간의 종료일부터 14일 이내

② 사업주는 일괄적용을 받는 사업의 경우에는 처음 하는 사업을 시작하는 날부터 14일 이내에, 일괄적용을 받고 있는 사업이 사업의 폐업·종료 등으로 일괄적용관계가 소멸한 경우에는 소멸한 날부터 14일 이내에 공단에 일괄적용관계의 성립 또는 소멸 신고

③ 일괄적용사업의 사업주는 그 각각의 사업의 개시일 및 종료일(사업 종료의 신고는 고용보험의 경우만)부터 각각 14일 이내에 그 개시 및 종료 사실을 공단에 신고 . 다만, 사업의 개시일부터 14일 이내에 끝나는 사업의 경우에는 그 끝나는 날의 전날까지 신고

2. 보험관계의 변경신고

보험에 가입한 사업주는 ① 사업주(법인인 경우에는 대표자)의 이름 및 주민등록번호, ② 사업의 명칭 및 소재지, ③ 사업의 종류, ④ 사업자등록번호(법인인 경우에는 법인등록번호 포함), ⑤ 건설공사 또는 벌목업 등 기간의 정함이 있는 사업의 경우 사업의 기간, ⑥ 우선지원 대상기업의 해당 여부에 변경이 있는 경우 상시근로자수 등이 변경된 경우에는 그날부터 14일 이내에 그 변경사항을 공단에 신고. 다만, ⑥은 다음 보험연도 첫날부터 14일 이내에 신고

제3절 보험료

Ⅰ 보험료

1. 종류

보험사업에 드는 비용에 충당하기 위하여 보험가입자로부터 다음의 보험료 징수
① 고용안정·직업능력개발사업 및 실업급여의 보험료(이하 "고용보험료")
② 산재보험의 보험료(이하 "산재보험료")

2. 부담

고용보험료	① 고용보험 가입자인 근로자가 부담하여야 하는 고용보험료는 자기의 보수총액에 실업급여의 보험료율의 2분의 1을 곱한 금액. 다만, 사업주로부터 보수를 지급받지 아니하는 근로자는 보수로 보는 금품의 총액에 실업급여의 보험료율을 곱한 금액을 부담하여야 하고, 휴직이나 그 밖에 이와 비슷한 상태에 있는 기간 중에 사업주로부터 보수를 지급받는 근로자로서 고용노동부장관이 정하여 고시하는 사유에 해당하는 근로자는 그 기간에 지급받는 보수의 총액에 실업급여의 보험료율을 곱한 금액 부담 ② 고보법에 따라 65세 이후에 고용(65세 전부터 피보험자격을 유지하던 사람이 65세 이후에 계속하여 고용된 경우는 제외)되거나 자영업을 개시한 자에 대하여는 고용보험료 중 실업급여의 보험료를 징수하지 아니함 ③ 사업주가 부담하여야 하는 고용보험료는 그 사업에 종사하는 고용보험 가입자인 근로자의 개인별 보수총액(보수로 보는 금품의 총액과 보수의 총액은 제외)에 다음을 각각 곱하여 산출한 각각의 금액을 합한 금액 　㉠ 고용안정·직업능력개발사업의 보험료율 　㉡ 실업급여의 보험료율의 2분의 1
산재보험료	사업주가 부담하여야 하는 산재보험료는 그 사업주가 경영하는 사업에 종사하는 근로자의 개인별 보수총액에 다음에 따른 산재보험료율을 곱한 금액을 합한 금액. 다만, 출퇴근 경로와 방법이 일정하지 아니한 직종으로 대통령령으로 정하는 경우에는 ①에 따른 산재보험료율만을 곱하여 산정 ① 같은 종류의 사업에 적용되는 산재보험료율 ② 통상적인 경로와 방법으로 출퇴근하는 중 발생한 사고로 인한 업무상의 재해에 관한 산재보험료율

Ⅱ 보험료율의 결정

1. 고용보험료율

(1) 보험료율의 결정

① 고용보험료율은 보험수지의 동향과 경제상황 등을 고려하여 1000분의 30의 범위에서 고용안정·직업능력개발사업의 보험료율 및 실업급여의 보험료율로 구분하여 대통령령으로 규정
② 고용보험료율을 결정하거나 변경하려면 고보법에 따른 고용보험위원회의 심의를 거쳐야 함
③ 자영업자에게 적용하는 고용보험료율은 보험수지의 동향과 경제상황 등을 고려하여 1000분의 30의 범위에서 고용안정·직업능력개발사업의 보험료율 및 실업급여의 보험료율로 구분하여 대통령령으로 규정

(2) 실업급여보험료율

① 실업급여의 보험료율 : 1천분의 18

② 자영업자의 실업급여의 보험료율 : 1천분의 20

(3) 안정 · 직업보험료율

고용보험료율(영 제12조)

① 법 제14조 제1항에 따른 고용보험료율은 다음 각 호와 같다.

1. 고용안정 · 직업능력개발사업의 보험료율은 다음 각 목의 구분에 따른 보험료율

가. 상시근로자수가 150인 미만인 사업주의 사업 : 1만분의 25 **기출** 22 · 24

나. 상시근로자수가 150인 이상인 사업주의 사업으로서 우선지원대상기업의 범위에 해당하는 사업 : 1만분의 45

다. 상시근로자수가 150인 이상 1천인 미만인 사업주의 사업으로서 나목에 해당하지 아니하는 사업 : 1만분의 65

라. 상시근로자수가 1천인 이상인 사업주의 사업으로서 나목에 해당하지 아니하는 사업 및 국가 · 지방자치단체가 직접 행하는 사업 : 1만분의 85 **기출** 21 · 24

2. 실업급여의 보험료율 : 1천분의 18

② 제1항 제1호를 적용할 때 상시근로자수는 해당 사업주가 하는 국내의 모든 사업의 상시근로자수를 합산한 수로 한다. 다만, 공동주택관리법 제2조 제1항 제1호 가목에 따른 공동주택을 관리하는 사업의 경우에는 각 사업별로 상시근로자수를 산정한다.

2. 산재보험료율

(1) 보험료율의 결정

① 산재보험료율은 매년 6월 30일 현재 과거 3년 동안의 보수총액에 대한 산재보험급여총액의 비율을 기초로 하여, 산재법에 따른 연금 등 산재보험급여에 드는 금액, 재해예방 및 재해근로자의 복지증진에 드는 비용 등을 고려하여 사업의 종류별로 구분하여 고용노동부령으로 규정. 이 경우 업무상의 재해를 이유로 지급된 보험급여액은 산재보험급여총액에 포함시키지 아니함

② 산재보험의 보험관계가 성립한 후 3년이 지나지 아니한 사업에 대한 산재보험료율은 고용노동부령으로 정하는 바에 따라 산업재해보상보험 및 예방심의위원회의 심의를 거쳐 고용노동부장관이 사업의 종류별로 따로 규정

③ 고용노동부장관은 산재보험료율을 정하는 경우에는 특정 사업 종류의 산재보험료율이 전체 사업의 평균 산재보험료율의 20배를 초과하지 아니하도록 하여야 함

④ 고용노동부장관은 특정 사업 종류의 산재보험료율이 인상되거나 인하되는 경우에는 직전 보험연도 산재보험료율의 100분의 30의 범위에서 조정하여야 함

⑤ 업무상의 재해에 관한 산재보험료율은 사업의 종류를 구분하지 아니하고 그 재해로 인하여 연금 등 산재보험급여에 드는 금액, 재해예방 및 재해근로자의 복지증진에 드는 비용 등을 고려하여 고용노동부령으로 규정

(2) 동일한 사업주가 하나의 장소에서 사업의 종류가 다른 2개 이상의 사업을 운영하는 경우

① 동일한 사업주가 하나의 장소에서 사업의 종류가 다른 사업을 둘 이상 하는 경우에는 그중 근로자 수 및 보수총액 등의 비중이 큰 주된 사업(이하 "주된 사업")에 적용되는 산재보험료율을 그 장소의 모든 사업에 적용

② 주된 사업의 결정은 다음의 순서에 따름

　㉠ 근로자 수가 많은 사업

　㉡ 근로자 수가 같거나 그 수를 파악할 수 없는 경우에는 보수총액이 많은 사업

　㉢ 주된 사업을 결정할 수 없는 경우에는 매출액이 많은 제품을 제조하거나 서비스를 제공하는 사업

Ⅲ 산재예방요율의 특례

1. 의 의

대통령령으로 정하는 사업으로서 산재보험의 보험관계가 성립한 사업의 사업주가 해당 사업 근로자의 안전 보건을 위하여 재해예방활동을 실시하고 이에 대하여 고용노동부장관의 인정을 받은 때에는 그 사업에 대하여 적용되는 통상적인 경로와 방법으로 출퇴근하는 중 발생한 사고로 인한 업무상의 재해에 관한 산재보험료율의 100분의 30의 범위에서 대통령령으로 정하는 바에 따라 인하한 비율을 같은 종류의 사업에 적용되는 산재보험료율과 합하여 그 사업에 대한 다음 보험연도의 산재보험료율(이하 "산재예방요율")로 할 수 있음

2. 재해예방활동

① 산재예방요율을 적용할 때 재해예방활동의 내용·인정기간, 산재예방요율의 적용기간 등 그 밖에 필요한 사항은 사업주가 실시하는 재해예방활동별로 구분하여 대통령령으로 규정

② 개별실적요율이나 산재예방요율에 따른 산재보험료율을 모두 적용받을 수 있는 사업의 경우에는 그 사업에 적용되는 산재보험료율에 각각 인상 또는 인하한 비율을 합하여(인상 및 인하한 비율이 동시에 발생한 경우에는 같은 값만큼 서로 상계하여 계산) 얻은 값만큼을 인상하거나 인하한 비율을 그 사업에 대한 다음 보험연도 산재보험료율로 함

3. 재해예방활동인정의 취소

① 고용노동부장관은 산재예방요율을 적용받는 사업이 다음의 어느 하나에 해당하는 경우에는 재해예방활동의 인정 취소

　㉠ 거짓이나 그 밖의 부정한 방법으로 재해예방활동의 인정을 받은 경우

　㉡ 재해예방활동의 인정기간 중 산업안전보건법에 따른 중대재해가 발생한 경우. 다만, 산업안전보건법에 따른 사업주의 의무와 직접적으로 관련이 없는 재해로서 대통령령으로 정하는 재해는 제외

　㉢ 그 밖에 재해예방활동의 목적을 달성한 것으로 인정하기 곤란한 경우 등 대통령령으로 정하는 사유에 해당하는 경우

② 거짓이나 그 밖의 부정한 방법으로 재해예방활동을 인정받아 재해예방활동의 인정이 취소된 사업의 경우에는 산재예방요율 적용을 취소하고, 산재예방요율을 적용받은 기간에 대한 산재보험료를 다시 산정하여 부과

③ 재해예방활동의 인정기간 중 중대재해가 발생하여 재해예방활동의 인정이 취소된 사업에 대하여는 해당 보험연도 재해예방활동의 인정기간비율에 따라 산재예방요율을 적용하여 다음 보험연도의 산재보험요율 산정

Ⅳ 보험료의 부과 · 징수 및 산정

1. 보험료의 부과 · 징수

① 보험료는 공단이 매월 부과하고, 건강보험공단이 징수

② 건설업 등 대통령령으로 정하는 사업의 경우에는 법 제17조(건설업 등의 개산보험료의 신고와 납부) 및 제19조(건설업 등의 확정보험료의 신고 · 납부 및 정산)에 따름

③ 건설업 등 대통령령으로 정하는 사업이란 다음의 사업 의미
  ㉠ 건설업(건설장비운영업은 제외)
  ㉡ 임업 중 벌목업

2. 월별보험료의 산정

① 공단이 매월 부과하는 보험(이하 "월별보험료")는 근로자 또는 예술인의 개인별 월평균보수에 고용보험료율 및 산재보험료율을 각각 곱한 금액을 합산하여 산정. 다만, 월평균보수를 산정하기 곤란한 일용근로자 등 대통령령으로 정하는 사람에 대한 월별보험료는 대통령령으로 정하는 바에 따라 산정한 금액을 개인별 월평균보수로 보아 산정

② 월평균보수는 사업주가 지급한 보수 · 보수액 및 고용보험료를 징수하는 경우에는 근로자가 휴직이나 그 밖에 이와 비슷한 상태에 있는 기간 중에 사업주 외의 자로부터 지급받는 금품 중 고용노동부장관이 정하여 고시하는 금품을 기준으로 산정. 이 경우 월평균보수의 산정방법, 적용기간 등은 대통령령으로 정하는 바에 따름

3. 월 중간 고용관계 변동 등에 따른 월별보험료 산정

다음의 어느 하나에 해당하는 경우 월별보험료는 해당 월의 다음 달부터 산정. 다만, 매월 1일에 다음의 어느 하나에 해당하는 경우에는 그 달부터 산정.

① 근로자가 월의 중간에 새로이 고용된 경우

② 근로자가 월의 중간에 동일한 사업주의 하나의 사업장에서 다른 사업장으로 전근되는 경우

③ 근로자의 휴직 등 대통령령으로 정하는 사유가 월의 중간에 종료된 경우

> **월 중간에 종료되는 고용관계 변동 사유(영 제19조의4)**
> 법 제16조의4 제3호에서 "근로자의 휴직 등 대통령령으로 정하는 사유"란 다음 각 호의 어느 하나에 해당하는 사유를 말한다.
>   1. 근로자의 휴업 · 휴직
>   2. 근로기준법 제74조 제1항부터 제3항까지의 규정에 따른 출산전후휴가 또는 유산 · 사산 휴가
>   3. 그 밖에 근로자가 근로를 제공하지 않은 상태로서 고용노동부장관이 인정하는 사유

V 월별보험료의 납부 및 고지

납부기한	사업주는 그 달의 월별보험료를 다음 달 10일까지 납부. 제16조의6(조사 등에 따른 월별보험료 산정) 및 제16조의9 제2항(공단은 사업주가 보수총액을 신고하지 아니하거나 사실과 다르게 신고한 경우에는 제16조의6 제1항을 준용하여 보험료 산정)에 따라 산정된 보험료는 건강보험공단이 정하여 고지한 기한까지 납부
고 지	① 건강보험공단은 사업주에게 다음의 사항을 적은 문서로써 납부기한 10일 전까지 월별보험료의 납입고지 　　㉠ 징수하고자 하는 보험료 등의 종류 　　㉡ 납부하여야 할 보험료 등의 금액 　　㉢ 납부기한 및 장소 ② 건강보험공단은 납입의 고지를 하는 경우에는 사업주가 신청한 때에는 전자문서교환방식 등에 의하여 전자문서로 고지 가능 ③ 전자문서로 고지한 경우 고용노동부령으로 정하는 정보통신망에 저장하거나 납부의무자가 지정한 전자우편주소에 입력된 때에 그 사업주에게 도달된 것으로 간주 ④ 연대납부의무자 중 1명에게 한 고지는 다른 연대납부의무자에게도 효력이 있는 것으로 간주 ⑤ 건강보험공단은 제2차 납부의무자에게 납부의무가 발생한 경우 납입의 고지를 하여야 하며, 원납부의무자인 법인인 사업주 및 사업양도인에게 그 사실을 통지. 이 경우 납입의 고지 방법, 고지의 도달 등에 관한 사항은 이미 살핀 내용과 동일

VI 월별부과 · 고지제외 대상사업

대상사업	① 건설업 등 대통령령으로 정하는 사업의 경우에는 법 제17조(건설업 등의 개산보험료의 신고와 납부) 및 제19조(건설업 등의 확정보험료의 신고·납부 및 정산)에 따름 ② 건설업 등 대통령령으로 정하는 사업이란 다음의 사업 의미 　　㉠ 건설업(건설장비운영업은 제외) 　　㉡ 임업 중 벌목업
보험료 납부방법의 변경	사업종류의 변경으로 보험료 납부방법이 변경되는 경우에는 사업종류의 변경일 전일을 변경 전 사업 폐지일로, 사업종류의 변경일을 새로운 사업성립일로 간주

Ⅶ 보험료율의 인상 또는 인하 등에 따른 조치

조정 및 징수	공단은 보험료율이 인상 또는 인하된 때에는 월별보험료 및 개산보험료를 증액 또는 감액 조정하고, 월별보험료가 증액된 때에는 건강보험공단이, 개산보험료가 증액된 때에는 공단이 각각 징수. 이 경우 사업주에 대한 통지, 납부기한 등 필요한 사항은 대통령령으로 규정
통 지	① 공단은 보험료를 감액 조정한 경우에는 보험료율의 인하를 결정한 날부터 20일 이내에 그 감액 조정 사실을 사업주에게 알려야 함 ② 보험료를 감액 조정한 결과 사업주가 이미 납부한 금액이 납부하여야 할 금액보다 많은 경우 공단은 잘못 낸 금액의 충당 및 반환을 결정하고 사업주에게 이를 알려야 함 ③ 공단 또는 국민건강보험공단은 보험료를 증액 조정한 경우에는 납부기한을 정하여 보험료를 추가로 낼 것을 사업주에게 알려야 함 ④ 보험료의 추가 납부를 통지받은 사업주는 납부기한까지 증액된 보험료를 내야 함. 다만, 공단 또는 건강보험공단은 정당한 사유가 있다고 인정되는 경우에는 30일의 범위에서 그 납부기한을 한 번 연장 가능
신청에 의한 감액	공단은 사업주가 보험연도 중에 사업의 규모를 축소하여 실제의 개산보험료 총액이 이미 신고한 개산보험료 총액보다 대통령령이 정하는 기준(100분의 30) 이상으로 감소하게 된 경우에는 사업주의 신청을 받아 그 초과액을 감액 가능

Ⅷ 보험료 등의 경감 및 면제특례

보험료 등의 경감	① 고용노동부장관은 천재지변이나 그 밖에 대통령령으로 정하는 특수한 사유(화재, 폭발 및 전쟁의 피해, 그 밖에 이에 준하는 재난)가 있어 보험료를 경감할 필요가 있다고 인정하는 보험가입자에 대하여 고보법에 따른 고용보험위원회 또는 산재법에 따른 산업재해보상보험 및 예방심의위원회 심의를 거쳐 보험료와 이 법에 따른 그 밖의 징수금을 경감 가능. 이 경우 경감비율은 100분의 50의 범위에서 대통령령으로 규정 ② 경감비율은 보험료와 그 밖의 징수금의 100분의 30 ③ 공단은 보수총액 또는 개산보험료를 기한까지 고용·산재정보통신망을 통하여 신고하는 사업주에 대하여는 그 월별보험료 또는 개산보험료에서 대통령령으로 정하는 금액을 경감 가능. 다만, 월별보험료 또는 개산보험료가 10만원 미만인 경우에는 그러하지 아니함 ④ 공단은 월별보험료 또는 개산보험료를 자동계좌이체의 방법으로 내는 사업주에게는 월별보험료 또는 개산보험료를 경감하거나 추첨에 따라 경품을 제공하는 등 재산상의 이익을 제공 가능
산재보험료등의 면제특례	산재법에 따른 노무제공자("산재보험 노무제공자")로부터 노무를 제공받는 사업주가 다음의 어느 하나에 해당하는 신고를 한 때에는 산재보험 노무제공자 노무 제공 신고일(산재보험 노무제공자로부터 최초로 노무를 제공받은 날 및 산재보험 노무제공자의 업무내용 등에 대한 신고) 이전의 산재보험료 및 이에 대한 가산금·연체금(이하 "산재보험료등")의 전부 또는 일부 면제 가능 ① 보험관계의 신고 및 해당 산재보험 노무제공자에 대한 노무제공 신고 ② 사업주가 이미 보험관계의 신고를 한 경우에는 해당 산재보험 노무제공자에 대한 노무제공 신고

Ⅸ 보험료 등의 충당 및 반환

1. 보험료 등 과납액의 충당 · 반환

① 공단은 보험료 등의 납부의무자가 잘못 낸 금액을 반환하고자 하는 때에는 다음의 순위에 따라 보험료등과 환수금에 우선 충당하고 나머지 금액이 있으면 그 납부의무자에게 반환결정하고, 건강보험공단이 그 금액 지급. 다만, 개산보험료, 확정보험료 및 징수금에 따른 나머지 금액은 공단이 지급
   ㉠ 체납처분비
   ㉡ 월별보험료, 개산보험료 또는 확정보험료
   ㉢ 연체금
   ㉣ 가산금
   ㉤ 보험급여액의 징수금
   ㉥ 환수금
② 잘못 낸 금액이 고용보험과 관련될 때에는 고용보험료, 관련 징수금, 환수금 및 체납처분비에 충당하고, 산재보험과 관련되는 경우에는 산재보험료, 관련 징수금 및 체납처분비에 충당하여야 하며, 같은 순위의 보험료, 환수금, 이 법에 따른 그 밖의 징수금과 체납처분비가 둘 이상 있을 때에는 납부기한이 빠른 보험료, 환수금, 이 법에 따른 그 밖의 징수금과 체납처분비를 선순위로 함

2. 산재보험 진료비 등의 충당

공단은 산재법의 규정에 따라 근로자가 요양한 산재보험의료기관에 진료비를 지급하거나 약제를 지급하는 약국에 약제비를 지급하는 때에는 그 의료기관 또는 약국이 산재보험가입자로서 납부하여야 하는 산재보험료, 이 법에 따른 그 밖의 징수금과 체납처분비에 우선 충당하고 그 잔액을 지급 가능. 이 경우 충당은 위의 ㉠~㉥의 순위에 따름

제4절 가산금, 연체금 등의 징수 및 납부 등

Ⅰ 가산금 및 연체금의 징수

1. 가산금의 징수

① 근로복지공단은 사업주가 납부기한까지 확정보험료를 신고하지 아니하거나 신고한 확정보험료가 사실과 달라 보험료를 징수하는 경우에는 그 징수하여야 할 보험료의 100분의 10에 상당하는 가산금을 부과하여 징수. 다만, 가산금이 소액이거나 그 밖에 가산금을 징수하는 것이 적절하지 아니하다고 인정되어 대통령령으로 정하는 경우 또는 대통령령으로 정하는 금액을 초과하는 부분에 대하여는 그러하지 아니함
② 대통령령으로 정하는 경우란 ㉠ 가산금의 금액이 3천원 미만인 경우, ㉡ 보수총액 또는 확정보험료를 신고하지 아니한 사유가 천재지변이나 그 밖에 고용노동부장관이 인정하는 부득이한 사유에 해당하는 경우를 의미
③ 공단은 확정보험료 수정신고서를 제출한 사업주에게는 가산금의 100분의 50을 경감

2. 연체금의 징수

① 건강보험공단은 사업주가 납부기한까지 보험료 또는 이 법에 따른 그 밖의 징수금을 내지 아니한 경우에는 그 납부기한이 지난 날부터 매 1일이 지날 때마다 체납된 보험료, 그 밖의 징수금의 1천500분의 1에 해당하는 금액을 가산한 연체금 징수. 이 경우 연체금은 체납된 보험료 등의 1천분의 20을 초과하지 못함

② 건강보험공단은 사업주가 보험료 또는 이 법에 따른 그 밖의 징수금을 내지 아니하면 납부기한 후 30일이 지난 날부터 매 1일이 지날 때마다 체납된 보험료, 그 밖의 징수금의 6천분의 1에 해당하는 연체금을 ①에 따른 연체금에 더하여 징수. 이 경우 연체금은 체납된 보험료, 그 밖의 징수금의 1천분의 50을 넘지 못함

③ 건강보험공단은 채무자 회생 및 파산에 관한 법률에 따른 징수의 유예가 있거나 그 밖에 연체금을 징수하는 것이 적절하지 아니하다고 인정되어 대통령령으로 정하는 경우에는 연체금을 징수하지 아니할 수 있음

Ⅱ 산재보험가입자로부터의 보험급여액의 징수사유

보험급여액의 징수사유	① 공단은 다음의 어느 하나에 해당하는 재해에 대하여 산재보험급여를 지급하는 경우에는 그 급여에 해당하는 금액의 전부 또는 일부를 사업주로부터 징수 가능 ㉠ 사업주가 보험관계 성립신고를 게을리한 기간 중에 발생한 재해 ㉡ 사업주가 산재보험료의 납부를 게을리한 기간 중에 발생한 재해
징수결정의 통지	공단은 산재보험급여액의 전부 또는 일부를 징수하기로 결정하였으면 지체 없이 그 사실을 사업주에게 알려야 함

Ⅲ 징수금의 통지 및 독촉

1. 징수금의 통지 및 독촉

징수금의 통지	공단 또는 건강보험공단은 보험료[개산보험료 및 확정보험료는 제외] 또는 이 법에 의한 그 밖의 징수금을 징수하는 경우에는 납부의무자에게 그 금액과 납부기한을 문서로 통지. 다만, 자동계좌이체의 방법으로 보험료를 납부하는 사업주가 동의하는 경우에는 정보통신망을 이용한 전자문서로 통지할 수 있으며, 이 경우 그 전자문서는 당해 사업주가 지정한 컴퓨터 등에 입력된 때에 도달된 것으로 간주
징수금의 독촉	① 건강보험공단은 납부의무자가 보험료등을 납부기한까지 내지 아니하면 기한을 정하여 해당 보험료등을 낼 것을 독촉 ② 건강보험공단은 독촉을 하는 경우에는 독촉장 발급. 이 경우의 납부기한은 독촉장 발급일부터 10일 이상의 여유가 있도록 하여야 함 ③ 건강보험공단은 납부의무자의 신청이 있으면 독촉을 전자문서교환방식 등에 의하여 전자문서로 할 수 있음. 이 경우 전자문서 독촉에 대한 신청방법·절차 등에 필요한 사항은 고용노동부령으로 규정 ④ 전자문서로 독촉한 경우 고용노동부령으로 정하는 정보통신망에 저장하거나 납부의무자가 지정한 전자우편주소에 입력된 때에 그 사업주에게 도달된 것으로 간주 ⑤ 연대납부의무자 중 1명에게 한 독촉은 다른 연대납부의무자에게도 효력이 있는 것으로 간주

2. 징수금의 체납처분 등

① 건강보험공단은 독촉을 받은 자가 그 기한까지 보험료나 이 법에 따른 그 밖의 징수금을 납부하지 아니한 때에는 고용노동부장관의 승인을 얻어 국세체납처분의 예에 따라 징수 가능

② 건강보험공단은 국세체납처분의 예에 따라 압류한 재산을 공매하는 경우에 전문지식이 필요하거나 그 밖의 특수한 사정이 있어 직접 공매하기에 적당하지 아니하다고 인정하면 한국자산관리공사로 하여금 압류한 재산의 공매를 대행하게 할 수 있음. 이 경우 공매는 공단이 한 것으로 간주

③ 건강보험공단은 한국자산관리공사로 하여금 공매를 대행하게 하는 경우에는 고용노동부령이 정하는 바에 따라 수수료 지급 가능

④ 한국자산관리공사가 공매를 대행하는 경우에 한국자산관리공사의 임·직원은 형법 제129조 내지 제132조의 적용에 있어서 공무원으로 간주

IV 납부기한 전 징수

납부기한 전 징수 사유	① 공단 또는 건강보험공단은 사업주에게 다음의 어느 하나에 해당하는 사유가 있는 경우에는 납부기한 전이라도 이미 납부의무가 확정된 보험료, 이 법에 따른 그 밖의 징수금 징수 가능. 다만, 보험료와 이 법에 따른 그 밖의 징수금의 총액이 500만원 미만인 경우에는 그러하지 아니함 ⊙ 국세를 체납하여 체납처분을 받은 경우 ⓛ 지방세 또는 공과금을 체납하여 체납처분을 받은 경우 ⓒ 강제집행을 받은 경우 ⓔ 어음법 및 수표법에 따른 어음교환소에서 거래정지처분을 받은 경우 ⓜ 경매가 개시된 경우 ⓗ 법인이 해산한 경우
새로운 납부기한 및 기한 변경사유의 통지	공단 또는 건강보험공단은 납부기한 전에 보험료와 이 법에 따른 그 밖의 징수금을 징수할 때에는 새로운 납부기한 및 납부기한의 변경사유를 적어 사업주에게 알려야 함. 이 경우 이미 납부 통지를 하였을 때에는 납부기한의 변경을 알려야 함

Ⅴ 보험료 등의 분할납부

분할 납부의 사유	① 사업주는 다음의 어느 하나에 해당하는 경우에는 납부기한이 지난 보험료와 징수법에 따른 그 밖의 징수금에 대하여 분할 납부를 승인하여 줄 것을 건강보험공단에 신청 가능 　㉠ 보험의 당연가입자인 사업주로서 보험관계 성립일부터 1년 이상이 지나서 보험관계 성립신고를 한 경우 　㉡ 납부기한이 연장되었으나 연장된 납부기한이 지나 3회 이상 체납한 경우
분할 납부의 승인 및 취소	① 건강보험공단은 분할 납부를 신청한 사업주에 대하여 납부능력을 확인하여 보험료와 이 법에 따른 그 밖의 징수금의 분할 납부 승인 가능 ② 건강보험공단은 분할 납부 승인을 받은 사업주가 다음의 어느 하나에 해당하게 된 경우에는 분할 납부의 승인을 취소하고 분할 납부의 대상이 되는 보험료와 이 법에 따른 그 밖의 징수금을 한꺼번에 징수 가능 　㉠ 분할 납부하여야 하는 보험료와 이 법에 따른 그 밖의 징수금을 정당한 사유 없이 두 번 이상 내지 아니한 경우 　㉡ 납부기한 전 징수사유가 발생한 경우

Ⅵ 납부의무의 승계

1. 법인의 합병으로 인한 납부의무의 승계

법인이 합병한 때에 합병 후 존속하는 법인 또는 합병으로 인하여 설립되는 법인은 합병으로 인하여 소멸된 법인에게 부과되거나 그 법인이 납부하여야 하는 보험료와 징수법에 따른 그 밖의 징수금과 체납처분비 납부 의무 부담

2. 상속으로 인한 납부의무의 승계

① 상속이 개시된 때에 그 상속인(민법의 규정에 따라 포괄적 유증을 받은 자 포함) 또는 민법의 규정에 따른 상속재산관리인(이하 "상속재산관리인")은 피상속인에게 부과되거나 그 피상속인이 납부하여야 하는 보험료, 이 법에 따른 그 밖의 징수금과 체납처분비를 상속받은 재산의 한도에서 낼 의무 부담
② 상속인이 2명 이상이면 각 상속인은 피상속인에게 부과되거나 그 피상속인이 내야 하는 보험료, 이 법에 따른 그 밖의 징수금과 체납처분비를 민법에 따른 상속분에 따라 나누어 계산한 후, 상속받은 재산의 한도에서 연대하여 낼 의무 부담. 이 경우 각 상속인은 그 상속인 중에서 피상속인의 보험료, 이 법에 따른 그 밖의 징수금과 체납처분비를 낼 대표자를 정하여 건강보험공단에 신고
③ 상속인의 존재 여부가 분명하지 아니할 때에는 상속인에게 하여야 하는 보험료, 징수법에 따른 그 밖의 징수금과 체납처분비의 납부 고지 · 독촉 또는 그 밖에 필요한 조치는 상속재산관리인에게 하여야 함
④ 상속인의 존재 여부가 분명하지 아니하고 상속재산관리인도 없으면 건강보험공단은 피상속인의 주소지를 관할하는 법원에 상속재산관리인의 선임 청구 가능
⑤ 피상속인에 대한 처분 또는 절차는 상속인 또는 상속재산관리인에 대하여도 효력

Ⅶ 연대납부의무

① 공동사업에 관계되는 보험료, 이 법에 따른 그 밖의 징수금과 체납처분비는 공동사업자가 연대하여 낼 의무 부담
② 법인이 분할 또는 분할합병되는 경우 분할되는 법인에 대하여 분할일 또는 분할합병일 이전에 부과되거나 납부의무가 성립한 보험료, 이 법에 따른 그 밖의 징수금과 체납처분비는 다음의 법인이 연대하여 낼 책임 부담
   ㉠ 분할되는 법인
   ㉡ 분할 또는 분할합병으로 설립되는 법인
   ㉢ 분할되는 법인의 일부가 다른 법인과 합병하여 그 다른 법인이 존속하는 경우 그 다른 법인
③ 법인이 분할 또는 분할합병으로 해산되는 경우 해산되는 법인에 대하여 부과되거나 그 법인이 내야 하는 보험료, 이 법에 따른 그 밖의 징수금과 체납처분비는 법인이 연대하여 낼 책임 부담

Ⅷ 고액·상습 체납자의 인적사항 공개

① 건강보험공단은 납부기한의 다음 날부터 1년이 지난 보험료와 그 밖의 징수금과 체납처분비(결손처분한 보험료, 이 법에 따른 그 밖의 징수금과 체납처분비로서 징수권 소멸시효가 완성되지 아니한 것 포함)의 총액이 5천만원 이상인 체납자가 납부능력이 있음에도 불구하고 체납한 경우에는 그 인적사항 및 체납액 등(이하 "인적사항등")을 공개 가능. 다만, 체납된 보험료, 이 법에 따른 그 밖의 징수금과 체납처분비와 관련하여 행정심판 또는 행정소송이 계류 중인 경우, 그 밖에 체납된 금액의 일부납부 등 대통령령으로 정하는 사유가 있을 때에는 그러하지 아니함
② 체납자의 인적사항 등에 대한 공개 여부를 심의하기 위하여 건강보험공단에 보험료정보공개심의위원회(이하 "위원회") 설치
③ 건강보험공단은 위원회의 심의를 거쳐 인적사항 등의 공개가 결정된 자에게 공개대상자임을 알림으로써 소명의 기회를 주어야 하며, 통지일부터 6개월이 지난 후 위원회로 하여금 체납액의 납부이행 등을 고려하여 체납자 인적사항 등의 공개 여부를 재심의하게 한 후 공개대상자 선정
④ 체납자 인적사항 등의 공개는 관보에 게재하거나, 고용·산재정보통신망 또는 건강보험공단게시판에 게시하는 방법에 따름

IX 징수금의 결손처분

결손처분의 사유	건강보험공단은 다음의 어느 하나에 해당하는 사유가 있을 때에는 고용노동부장관의 승인을 받아 보험료와 이 법에 따른 그 밖의 징수금을 결손처분 가능 ① 체납처분이 끝나고 체납액에 충당된 배분금액이 그 체납액보다 적은 경우 ② 소멸시효가 완성된 경우 ③ 체납자의 행방이 분명하지 않은 경우 ④ 체납자의 재산이 없거나 체납처분의 목적물인 총재산의 견적가격이 체납처분비에 충당하고 나면 나머지가 생길 여지가 없음이 확인된 경우 ⑤ 체납처분의 목적물인 총재산이 보험료, 그 밖의 징수금보다 우선하는 국세·지방세 등의 채권 변제에 충당하고 나면 나머지가 생길 여지가 없음이 확인된 경우 ⑥ 채무자 회생 및 파산에 관한 법률에 따라 체납회사가 보험료 등의 납부책임을 지지 않게 된 경우
결손처분의 취소	건강보험공단은 결손처분을 한 후 압류할 수 있는 다른 재산을 발견한 경우에는 지체 없이 그 처분을 취소하고 다시 체납처분을 하여야 함

X 금융거래정보의 제공 요청 등

1. 금융거래정보의 제공 요청

① 건강보험공단은 다음의 어느 하나에 해당하는 체납자의 재산조회를 위하여 필요한 경우에는 금융실명거래 및 비밀보장에 관한 법률에 따른 금융회사 등의 특정점포에 금융거래 관련 정보 또는 자료(이하 "금융거래정보")의 제공을 요청할 수 있으며, 해당 금융회사 등의 특정점포는 이를 제공하여야 함

  ㉠ 납부기한의 다음 날부터 1년이 지난 보험료, 그 밖의 징수금 및 체납처분비의 총액이 500만원 이상인 자

  ㉡ 1년에 세 번 이상 체납하고 납부기한이 지난 보험료, 그 밖의 징수금 및 체납처분비의 총액이 500만원 이상인 자

② 건강보험공단이 금융거래정보의 제공을 요청할 때에는 금융실명거래 및 비밀보장에 관한 법률에 따른 금융위원회가 정하는 표준양식으로 하여야 함

③ 금융거래정보의 제공 요청은 체납자의 재산 조회를 위하여 필요한 최소한도에 그쳐야 함

④ 금융회사 등이 건강보험공단에 금융거래정보를 제공하는 경우에는 그 금융회사 등은 금융거래정보를 제공한 날부터 10일 이내에 제공한 금융거래정보의 주요내용·사용목적·제공받은 자 및 제공일자 등을 거래자에게 서면으로 알려야 함. 이 경우 통지에 드는 비용에 관하여는 금융실명거래 및 비밀보장에 관한 법률 준용

⑤ 건강보험공단은 금융회사 등에 대하여 금융거래정보를 요청하는 경우에는 그 사실을 기록하여야 하며, 금융거래정보를 요청한 날부터 5년간 그 기록을 보관하여야 함

⑥ 금융거래정보를 알게 된 자는 그 알게 된 금융거래정보를 타인에게 제공 또는 누설하거나 그 목적 외의 용도로 이용하여서는 아니 됨

2. 보험료징수의 우선순위

보험료와 이 법에 따른 그 밖의 징수금은 국세 및 지방세를 제외한 다른 채권보다 우선하여 징수. 다만, 보험료 등의 납부기한 전에 전세권·질권·저당권 또는 동산·채권 등의 담보에 관한 법률에 따른 담보권의 설정을 등기하거나 등록한 사실이 증명되는 재산을 매각하여 그 매각대금 중에서 보험료 등을 징수하는 경우에 그 전세권·질권·저당권 또는 동산·채권 등의 담보에 관한 법률에 따른 담보권에 의하여 담보된 채권에 대하여는 그러하지 아니함

제5절   보험사무대행기관

I   보험사무대행기관

1. 보험대행기관의 인가

① 사업주 등을 구성원으로 하는 단체로서 특별법에 따라 설립된 단체, 민법에 따라 고용노동부장관의 허가를 받아 설립된 법인 및 그 밖에 대통령령으로 정하는 기준에 해당하는 법인, 공인노무사 또는 세무사(이하 "법인 등")는 사업주로부터 위임을 받아 보험료 신고, 고용보험 피보험자에 관한 신고 등 사업주가 지방고용노동관서 또는 공단에 대하여 하여야 할 보험에 관한 사무(이하 "보험사무") 대행 가능

② 법인 등이 보험사무를 대행하고자 하는 경우에는 대통령령이 정하는 바에 따라 공단의 인가를 받아야 함

③ 인가를 받은 법인 등(보험사무대행기관)이 인가받은 사항을 변경하고자 하는 경우에는 수탁대상지역 등 대통령령이 정하는 사항에 관하여는 공단의 인가를 받아야 하며, 소재지 등 고용노동부령이 정하는 사항에 관하여는 공단에 신고하여야 함

④ 보험사무대행기관이 업무의 전부 또는 일부를 폐지하고자 할 때에는 공단에 신고하여야 함

2. 보험사무대행기관 인가의 취소

(1) 인가의 취소 사유

공단은 보험사무대행기관이 다음의 어느 하나에 해당하는 경우에는 그 인가를 취소할 수 있으나, 거짓이나 그 밖의 부정한 방법으로 인가를 받은 경우에는 인가를 취소하여야 함

① 거짓이나 그 밖의 부정한 방법으로 인가를 받은 경우

② 정당한 사유 없이 계속하여 2개월 이상 보험사무를 중단한 경우

③ 보험사무를 거짓이나 그 밖의 부정한 방법으로 운영한 경우

④ 그 밖에 이 법 또는 이 법에 따른 명령을 위반한 경우

(2) 인가의 제한 기간

업무가 전부 폐지되거나 인가가 취소된 보험사무대행기관은 폐지신고일 또는 인가취소일부터 1년의 범위에서 대통령령으로 정하는 기간 동안은 보험사무대행기관으로 다시 인가받을 수 없음

① 업무 전부에 대한 폐지 신고를 한 경우 : 3개월. 다만, 인가취소 절차가 진행 중인 기간(행정절차법에 따른 처분의 사전 통지 시점부터 인가취소 처분 여부를 결정하기 전까지의 기간)에 업무 전부에 대한 폐지 신고를 한 경우에는 다음의 구분에 따름

  ㉠ 거짓이나 그 밖의 부정한 방법으로 인가를 받아 인가취소의 사전 통지를 받은 경우 : 1년

  ㉡ 정당한 사유 없이 계속하여 2개월 이상 보험사무를 중단한 경우, 보험사무를 거짓이나 그 밖의 부정한 방법으로 운영한 경우, 그 밖에 이 법 또는 이 법에 따른 명령을 위반한 경우 등의 어느 하나에 해당하는 사유로 인가취소의 사전 통지를 받은 경우 : 6개월

② 거짓이나 그 밖의 부정한 방법으로 인가를 받아 인가가 취소된 경우 : 1년

③ 정당한 사유 없이 계속하여 2개월 이상 보험사무를 중단한 경우, 보험사무를 거짓이나 그 밖의 부정한 방법으로 운영한 경우, 그 밖에 이 법 또는 이 법에 따른 명령을 위반한 경우 등의 어느 하나에 해당하는 사유로 인가가 취소된 경우 : 6개월

(3) 취소사실의 통지

공단은 보험사무대행기관의 인가를 취소하면 지체 없이 그 사실을 해당 보험사무대행기관과 보험사무를 위임한 사업주에게 알려야 함

3. 보험사무의 위임의 범위

① 보수총액 등의 신고

② 개산보험료·확정보험료의 신고·수정신고에 관한 사무

③ 고용보험 피보험자의 자격 관리에 관한 사무

④ 보험관계의 성립·변경·소멸의 신고

⑤ 그 밖에 사업주가 지방노동관서 또는 공단에 대하여 하여야 할 보험에 관한 사무

4. 보험사무대행기관에 대한 통지

공단은 보험료, 이 법에 따른 그 밖의 징수금의 납입의 통지 등을 보험사무대행기관에 함으로써 그 사업주에 대한 통지를 갈음함

5. 보험사무대행기관의 의무

공단이 가산금, 연체금 및 산재보험급여에 해당하는 금액을 징수하는 경우에 그 징수사유가 보험사무대행기관의 귀책사유로 인한 것일 때에는 그 한도 안에서 보험사무대행기관이 해당 금액을 내야 함

Ⅱ 보험사무대행기관에 대한 지원 등

공단은 보험사무대행기관이 보험사무를 대행한 때에는 대통령령이 정하는 바에 따라 징수비용과 그 밖의 지원금을 교부 가능

Ⅰ　시효

1. 소멸시효의 완성(권리의 소멸시효 기간은 3년)

보험료, 이 법에 따른 그 밖의 징수금을 징수하거나 그 반환받을 수 있는 권리는 3년간 행사하지 아니하면 시효로 인하여 소멸하며, 나아가 소멸시효에 관하여는 이 법에 규정된 것을 제외하고는 민법에 따름

2. 소멸시효의 중단

소멸시효의 중단 사유	① 월별보험료의 고지 ② 보험료 등 과납액의 반환의 청구 ③ 보험료 또는 징수금의 통지 또는 독촉 ④ 체납처분 절차에 따라 하는 교부 청구 또는 압류
중단 이후의 소멸시효의 진행	중단된 소멸시효는 다음의 기한 또는 기간이 지난 때부터 새로 진행 ① 고지한 월별보험료의 납부기한 ② 독촉에 의한 납부기한 ③ 통지받은 납부기한 ④ 교부청구 중의 기간 ⑤ 압류기간

3. 보험료 정산에 따른 권리의 소멸시효

① 보험료의 정산에 따라 사업주가 반환받을 권리 및 건강보험공단이 징수할 권리의 소멸시효는 다음 보험연도의 첫날(보험연도 중에 보험관계가 소멸한 사업의 경우에는 보험관계가 소멸한 날)부터 진행

② 건설업 등의 확정보험료의 정산에 따라 사업주가 반환받을 권리 및 공단이 징수할 권리의 소멸시효는 다음 보험연도의 첫날(보험연도 중에 보험관계가 소멸한 사업의 경우에는 보험관계가 소멸한 날)부터 진행

Ⅱ　보고

공단 또는 건강보험공단은 보험료의 성실신고 및 보험사무대행기관의 지도 등을 위하여 필요하다고 인정되어 대통령령으로 정하는 경우에는 이 법을 적용받는 사업의 사업주, 그 사업에 종사하는 근로자, 보험사무대행기관 및 보험사무대행기관이었던 자에 대하여 이 법 시행에 필요한 보고 및 관계서류의 제출을 요구할 수 있음

I 해외파견자에 대한 특례

① 산재법의 규정에 따라 산재보험의 적용을 받는 해외파견자의 산재보험료 산정의 기초가 되는 보수액은 그 사업에 사용되는 같은 직종 근로자의 보수나 그 밖의 사정을 고려하여 고용노동부장관이 정하는 금액으로 하고, 산재보험료율은 해외파견자의 재해율 및 재해보상에 필요한 금액 등을 고려하여 고용노동부장관이 정하여 고시함
② 산재보험 가입자의 해외파견자에 대한 보험가입의 신청 및 승인, 보험료의 신고 및 납부 등에 관하여 필요한 사항은 고용노동부령으로 규정

II 예술인 고용보험 특례

1. 보험가입

고보법에 따라 고용보험의 적용을 받는 예술인과 이들을 상대방으로 하여 문화예술용역 관련 계약을 체결한 사업의 사업주는 당연히 고용보험의 보험가입자

2. 보수액

예술인의 보수액은 소득세법에 따른 사업소득 및 같은 법에 따른 기타 소득에서 대통령령으로 정하는 금품을 뺀 금액

3. 보험료 및 보험료율

보험료	예술인의 월별 고용보험료는 전년도 보수총액을 전년도에 노무제공을 한 개월 수로 나눈 금액인 월평균보수에 고용보험료율을 곱한 금액으로 산정
보험료율	① 예술인과 이들을 상대방으로 하여 문화예술용역 관련 계약을 체결한 사업의 사업주에 대한 고용보험료율은 종사형태 등을 반영하여 고보법에 따른 고용보험위원회의 심의를 거쳐 대통령령으로 달리 정할 수 있음 ② 현재 대통령령으로 정한 고용보험료율은 1천분의 16 ③ 예술인에 대한 고용보험료의 상한액을 정하는 경우, 보험료가 부과되는 연도의 전전년도 보험가입자의 고용보험료 평균액의 10배 이내에서 고용노동부장관이 고시하는 금액

Ⅲ 자영업자에 대한 특례

1. 보험가입

① 근로자를 사용하지 아니하거나 50명 미만의 근로자를 사용하는 사업주로서 대통령령으로 정하는 요건을 갖춘 자영업자(이하 "자영업자")는 공단의 승인을 받아 자기를 이 법에 따른 근로자로 보아 고용보험에 가입 가능

② 보험에 가입한 자영업자가 50명 이상의 근로자를 사용하게 된 경우에도 본인이 피보험자격을 유지하려는 경우에는 계속하여 보험에 가입된 것으로 간주

2. 보수액

① 자영업자에 대한 고용보험료 산정의 기초가 되는 보수액은 자영업자의 소득, 보수수준 등을 고려하여 고용노동부장관이 정하여 고시함

② 자영업자는 보험가입 승인을 신청하려는 경우에는 본인이 원하는 혜택수준을 고려하여 고시된 보수액 중 어느 하나 선택

③ 자영업자는 선택한 보수액을 다음 보험연도에 변경하려는 경우에는 직전 연도의 12월 20일까지 고시된 보수액 중 어느 하나를 다시 선택하여 공단에 보수액의 변경을 신청 가능

3. 보험료 및 보험료율

(1) 보험료

자영업자가 부담하여야 하는 고용안정·직업능력개발사업 및 실업급여에 대한 고용보험료는 선택한 보수액에 고용보험료율을 곱한 금액. 이 경우 월(月)의 중간에 보험관계가 성립하거나 소멸하는 경우에는 그 고용보험료는 일수에 비례하여 계산.

(2) 보험료율

① 자영업자에게 적용하는 고용보험료율은 보험수지의 동향과 경제상황 등을 고려하여 1000분의 30의 범위에서 고용안정·직업능력개발사업의 보험료율 및 실업급여의 보험료율로 구분하여 대통령령으로 규정

② 이 경우 고용보험료율의 결정 및 변경은 고보법에 따른 고용보험위원회의 심의를 거쳐야 함

> **자영업자 고용보험료율(영 제56조의19)**
> ① 법 제49조의2 제7항에 따른 고용보험료율은 다음 각 호와 같다.
>   1. 고용안정·직업능력개발사업의 보험료율 : 1만분의 25
>   2. 실업급여의 보험료율 : 1천분의 20
> ② 공단은 제1항에 따른 자영업자 보험료율이 인상되거나 인하된 경우에는 자영업자에 대한 고용보험료를 증액 또는 감액 조정하여야 한다.

4. 부과·징수

고용보험료는 공단이 매월 부과하고, 건강보험공단이 징수

5. 보험료의 납부

고용보험에 가입한 자영업자는 매월 부과된 보험료를 다음 달 10일까지 납부

6. 보험관계의 소멸

고용보험에 가입한 자영업자가 자신에게 부과된 월(月)의 고용보험료를 계속하여 6개월간 납부하지 아니한 경우에는 마지막으로 납부한 고용보험료에 해당되는 피보험기간의 다음 날에 보험관계가 소멸. 다만, 천재지변이나 그 밖에 부득이한 사유로 고용보험료를 낼 수 없었음을 증명하면 그러하지 아니함

제9절 벌 칙

Ⅰ 형 벌

금융회사등의 특정점포가 제공한 금융거래정보를 알게 된 경우, 이를 타인에게 제공 또는 누설하거나 그 목적 외의 용도로 이용한 자(예술인, 노무제공자의 고용보험 특례, 산재보험 노무제공자의 산재보험 특례에 준용되는 경우 포함)는 5년 이하의 징역 또는 3천만원 이하의 벌금에 처함. 이 경우 징역형과 벌금형은 병과 가능

Ⅱ 과태료

1. 300만원 이하의 과태료

① 보험관계의 신고(예술인, 노무제공자의 고용보험 특례 및 산재보험 노무제공자의 산재보험 특례에 준용되는 경우 포함), 보험관계의 변경신고(예술인, 노무제공자의 고용보험 특례 및 산재보험 노무제공자의 산재보험 특례에 준용되는 경우 포함), 보수총액 등의 신고, 개산보험료의 신고 및 확정보험료의 신고를 하지 아니하거나 거짓 신고를 한 자

② 금융거래정보의 제공을 요청받고 정당한 사유 없이 금융거래정보의 제공을 거부한 자(예술인, 노무제공자의 고용보험 특례, 산재보험 노무제공자의 산재보험 특례에 준용되는 경우 포함)

③ 공단이 산재보험 노무제공자에 대한 보험료의 부과·징수 등을 위하여 산재보험 노무제공자의 노무를 제공받는 사업의 도급인, 보험회사 등 대통령령으로 정하는 기관·단체에 산재보험 노무제공자의 월 보수액 등 보험료 부과·징수 등에 필요한 자료 또는 정보의 제공을 요청하였으나 그 요청에 따르지 아니한 자

④ 공단 또는 건강보험공단의 보고 요구(예술인, 노무제공자의 고용보험 특례 및 산재보험 노무제공자의 산재보험 특례에 준용되는 경우 포함), 공단 또는 건강보험공단의 노무제공플랫폼사업자 및 노무제공플랫폼사업자였던 자에 대한 보고 요구, 플랫폼 운영자 및 플랫폼 운영자였던 자였던 자에 대한 보고 요구에 불응하여 보고를 하지 아니하거나 거짓으로 보고한 자 또는 관계서류를 제출하지 아니하거나 거짓으로 적은 관계서류를 제출한 자

⑤ 공단 소속 직원의 질문(예술인의 고용보험 특례에 준용되는 경우 포함), 공단이 노무제공플랫폼사업자 및 노무제공플랫폼사업자였던 자에 대하여 소속 직원으로 하여금 해당 사업자의 사무소에 출입하여 행하게 한 관계인에 대한 질문, 공단이 플랫폼 운영자 및 플랫폼 운영자였던 자에 대하여 소속 직원으로 하여금 해당 플랫폼 운영자의 사무소에 출입하여 행하게 한 관계인에 대한 질문에 거짓으로 답변한 자 또는 조사를 거부·방해 또는 기피한 자

⑥ 산재보험 노무제공자의 산재보험 특례 및 플랫폼 운영자의 산재보험 특례에 따른 월 보수액 등 신고를 하지 아니하거나 거짓 신고를 한 자

⑦ 플랫폼 운영자의 산재보험 특례에 따른 산재보험료 원천공제 및 납부를 위한 전용 계좌를 개설하지 아니한 자

⑧ 플랫폼 운영자의 산재보험 특례에 따른 플랫폼 종사자의 월 보수액 등 신고와 관련된 정보를 보관하지 아니한 자

2. 50만원 이하의 과태료

제36조(보험사무대행기관의 장부비치 등)에 따른 장부 또는 그 밖의 서류를 갖추어 두지 아니하거나 거짓으로 적은 자

- 자영업자에 대한 고용보험료 산정의 기초가 되는 보수액은 자영업자의 소득, 보수수준 등을 고려하여 (❶   )이 정하여 고시한다.

❶ 고용노동부장관

- 보험가입자로부터 징수하는 고용보험료 및 산재보험료는 (❷   )이 매월 부과하고, 국민건강보험공단이 이를 징수한다.

❷ 근로복지공단

- 근로복지공단은 보험료율이 인상 또는 인하된 때에는 월별보험료 및 개산보험료를 증액 또는 감액 조정하고, 월별보험료가 증액된 때에는 (❸   )이, 개산보험료가 증액된 때에는 근로복지공단이 각각 징수한다.

❸ 국민건강보험공단

- 국민건강보험공단은 보험료정보공개심의위원회의 심의를 거쳐 인적사항 등의 공개가 결정된 자에 대하여 공개대상자임을 알림으로써 소명할 기회를 주어야 하며, (❹   )이 지난 후 위원회로 하여금 체납액의 납부이행등을 고려하여 체납자 인적사항등의 공개 여부를 재심의하게 한 후 공개대상자를 선정한다.

❹ 통지일부터 6개월

- 보험에 가입한 사업주는 그 이름, 사업의 소재지 등 대통령령으로 정하는 사항이 변경된 경우에는 그날부터 (❺   )에 그 변경사항을 근로복지공단에 신고하여야 한다.

❺ 14일 이내

- 고용보험법을 적용하지 아니하는 사업의 사업주가 (❻   )의 동의를 받아 근로복지공단의 승인을 받으면 그 사업의 사업주와 근로자는 고용보험에 가입할 수 있다.

❻ 근로자의 과반수

- 근로복지공단 또는 국민건강보험공단은 사업주가 국세를 체납하여 체납처분을 받은 경우에는 납부기한 전이라도 이미 납부의무가 확정된 보험료, 이 법에 따른 그 밖의 징수금을 징수할 수 있다. 다만, 보험료와 이 법에 따른 그 밖의 징수금의 총액이 (❼   ) 미만인 경우에는 그러하지 아니하다.

❼ 500만원

- 건설업 중 (❽   )은 보험료의 월별 부과·징수 제외대상사업에서 제외되므로, 제외대상사업에 해당하지 아니한다.

❽ 건설장비운영업

- 임업 중 (❾   )은 보험료의 월별 부과·징수 제외대상사업에 해당한다.

❾ 벌목업

- 사업주는 전년도에 근로자에게 지급한 보수총액 등을 매년 (❿   )까지 근로복지공단에 신고하여야 한다.

❿ 3월 15일

잊지 마세요.

당신이 버티고 버텨
가려던 곳을

- 작자 미상 -

2025 시대에듀 EBS 공인노무사 1차 필수 3법 핵심요약집

초 판 발 행	2025년 05월 15일(인쇄 2025년 04월 08일)
발 행 인	박영일
책 임 편 집	이해욱
편 저	EBS 교수진
편 집 진 행	안효상 · 이재성 · 김민지
표 지 디 자 인	박종우
편 집 디 자 인	표미영 · 하한우
발 행 처	(주)시대고시기획
출 판 등 록	제10-1521호
주 소	서울시 마포구 큰우물로 75 [도화동 538 성지 B/D] 9F
전 화	1600-3600
팩 스	02-701-8823
홈 페 이 지	www.sdedu.co.kr
I S B N	979-11-383-9170-2 (13360)
정 가	25,000원